陈兴良刑法学
CHEN XINGLIANG CRIMINAL LAW

国家出版基金项目
NATIONAL PUBLICATION FOUNDATION

● 陈兴良 /著

刑法研究（第八卷）

刑法总论 III

Research on Criminal Law

中国人民大学出版社
·北京·

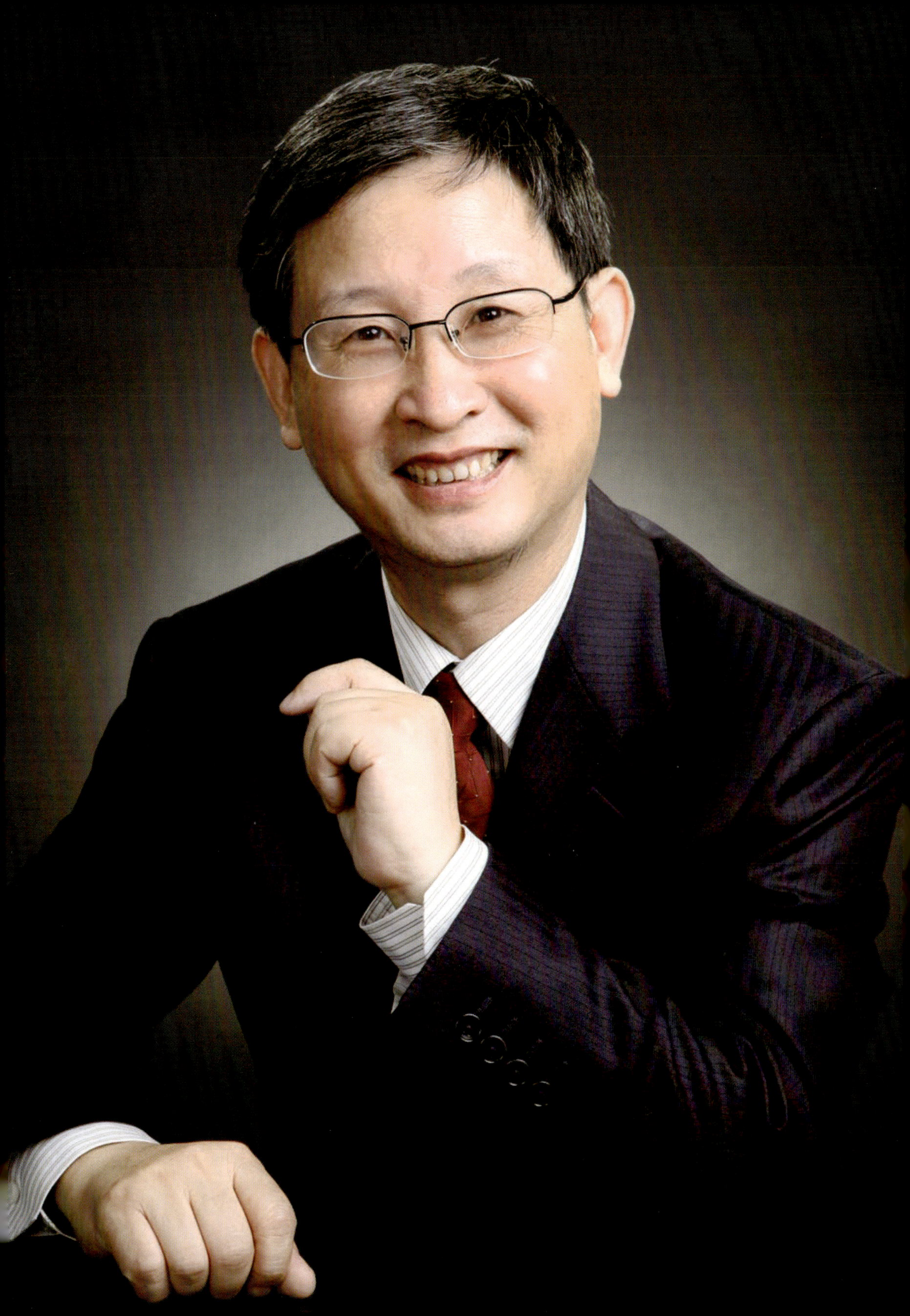

总　目　录

第一卷　刑法绪论 I

第一编　刑法绪论
　　一、刑法理念
　　二、刑事法治

第二卷　刑法绪论 II

　　二、刑事法治（续）
　　三、刑事政策
　　四、刑法立法

第三卷　刑法绪论 III

　　四、刑法立法（续）
　　五、刑法原则
　　六、刑法人物
　　七、刑法随笔

第四卷　刑法理论Ⅰ

第二编　刑法理论
　　一、刑法哲学
　　二、刑法教义学
　　三、刑法知识论

第五卷　刑法理论Ⅱ

　　三、刑法知识论（续）
　　四、判例刑法学

第六卷　刑法总论Ⅰ

第三编　刑法总论
　　一、犯罪概论
　　二、犯罪论体系
　　三、构成要件

第七卷　刑法总论Ⅱ

　　三、构成要件（续）
　　四、违法性

第八卷　刑法总论Ⅲ

　　四、违法性（续）
　　五、有责性
　　六、未完成罪

第九卷 刑法总论 Ⅳ

七、共同犯罪
八、单位犯罪
九、竞合论

第十卷 刑法总论 Ⅴ

十、刑罚概论
十一、刑罚体系
十二、刑罚适用

第十一卷 刑法各论 Ⅰ

第四编 刑法各论
一、概述
二、公共安全犯罪
三、经济秩序犯罪

第十二卷 刑法各论 Ⅱ

四、侵犯人身犯罪
五、侵犯财产犯罪
六、社会秩序犯罪

第十三卷 刑法各论 Ⅲ

六、社会秩序犯罪（续）
七、贪污贿赂犯罪

本卷目录

四、违法性（续） ·· 1

聚众斗殴抑或正当防卫：案件定性与界限区分
　　——对常熟聚众斗殴案的评论 ·· 2
张磊职务正当防卫过当案的定罪与量刑 ·· 6
互殴与防卫的界限 ·· 16
正当防卫如何才能避免沦为僵尸条款——以于欢故意伤害案一审判决为例的
　　刑法教义学分析 ··· 33
赵宇正当防卫案的法理评析 ·· 59
防卫过当的司法认定——唐雪故意伤害案的法理分析 ·························· 67
紧急避险的法理分析 ·· 72

五、有责性 ·· 78

罪责序说 ·· 79
从刑事责任理论到责任主义——一个学术史的考察 ····························· 95
责任论的法理构造 ·· 125
刑法中的责任：以非难可能性为中心的考察 ······································ 154
主观恶性论 ·· 177
论主观恶性中的心理事实 ·· 193

论主观恶性的规范评价	204
刑事责任能力研究	217
论醉酒人犯罪的刑事责任根据	229
故意责任论	235
刑法中的故意及其构造	250
过失责任论	277
过失犯论的法理展开	293
过失犯的危险犯：以中德立法比较为视角	321
过失犯的规范构造：以朱平书等危险物品肇事案为线索	344
纯正的过失犯与不纯正的过失犯：立法比较与学理探究	369
阶层理论在过失犯认定中的司法适用	393
违法性认识研究	412
违法性认识：中国刑法语境下的探讨	434
期待可能性问题研究	447
期待可能性的体系性地位——以罪责构造的变动为线索的考察	469
论犯罪的目的和动机及其两者关系	486
"应当知道"的刑法界说	494
论无罪过事件的体系性地位	503

六、未完成罪 512

客观未遂论的滥觞——一个学术史的考察	513
未完成罪研究	547
不能犯与未遂犯——一个比较法的分析	564

四、违法性（续）

聚众斗殴抑或正当防卫：案件定性与界限区分
——对常熟聚众斗殴案的评论

何强聚众斗殴案、曾勇聚众斗殴案和李毅夫聚众斗殴案[①]经过江苏省常熟市人民法院长达十多天的审理，终于落下了帷幕，法院的判决出台了。这虽然还不是终审判决，但它还是为这起引起社会广泛关注的案件给出了一个法律上的裁断。

根据一审法院的判决，何强、曾勇和李毅夫等人的行为分别构成了聚众斗殴罪，并被根据其犯罪情节判处了相应的刑罚。这对于那些事先从网络上看过该案部分斗殴视频的人士来说，也许有些失望。因为从视频来看，曾勇等二十多人持刀进入何强所在公司的办公室，随后双方发生了激烈的打斗。在一般人来看，这场打斗是曾勇等人挑起的不法侵害，而何强等人是正当防卫。那么，一审法院为什么将何强和曾勇双方的行为都认定为聚众斗殴呢？这里涉及事实和法律两个层面的问题。

从事实层面来看，一审判决为我们还原了整个事件的经过，将我们的视线从发生打斗的那个场面往前拉到导致这场打斗发生的前因。一审判决为我们勾勒了

[①] 虽然本起聚众斗殴案件被分为三个案件分别审理，但互相关联，因此，本文概括称之为本案。

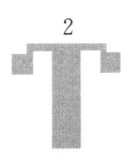

事件发生的三个环节：一是起因。本案是由归还赌债引起的纠纷。在本案中，何强的老板徐建忠欠曾勇等人巨额赌债，徐建忠指派何强等人就归还赌债事宜与曾勇交涉，由此引发争端，为此后的斗殴埋下了伏笔。二是冲突。在为归还赌债谈判未果的情况下，何强与曾勇之间互相产生冲突，主要表现在何强与曾勇在电话中双方恶语相向、互有挑衅，致使矛盾激化。三是殴斗。在上述冲突的基础上，曾勇纠集二十多人持刀赶往忠发公司。而何强预料到曾勇会打上门来，亦不示弱，电话召集多人在办公室等候，并准备了菜刀等工具。

以上三个环节可以说是环环相扣，这是一个事件从前因到后果的完整演变过程。对本案性质的法律评价如果仅仅着眼于第三个环节，置前两个环节而不顾，就会只看到曾勇率人打上门来，从而片面地得出何强等人的行为是正当防卫的结论。如果我们把上述三个环节联系起来看，就会赞同法院的判决：这是一起由归还赌债纠纷引发的聚众斗殴案件。

在法律层面来看，聚众斗殴和正当防卫是不同性质的两种行为。聚众斗殴罪是一种严重扰乱社会秩序的犯罪，是刑法打击的重点。而持械聚众斗殴，属于刑法第292条规定的聚众斗殴罪的加重处罚事由。

在司法实践中，聚众斗殴罪的表现形式是多种多样的：既有黑恶势力为争霸一方而引发的斗殴，也有各种纠纷引发的斗殴；既有事先双方预谋的聚众斗殴，又有一方主动发起、另一方临时起意加入的聚众斗殴。以上无论何种聚众斗殴，都具有对社会秩序的破坏性。

本案是由归还赌债纠纷引发的聚众斗殴。就赌博的非法性和赌债的不受法律保护而言，本案在起因上具有不法的性质。本案也不是事先双方预谋的聚众斗殴，而属于一方主动发起、另一方临时起意加入的聚众斗殴。在这种形式的聚众斗殴当中，主动发起一方之行为的聚众斗殴性质是十分明确的。至于临时起意加入的一方之行为能否被认定为聚众斗殴，尤其是与正当防卫如何区分，这是一个较为复杂的问题。

关于这个问题，江苏省高级人民法院刑三庭2007年出台的《关于聚众斗殴刑事案件适用法律问题专题研讨》曾经指出：对于一方有斗殴故意，纠集三人以

上进行斗殴，另一方开始没有斗殴的故意，但在事态发展过程中产生斗殴故意并纠集多人进行互殴的情形，对双方均可认定构成聚众斗殴罪，但要注意区分聚众斗殴罪与正当防卫的界限。①

我认为，在一方主动挑起斗殴、另一方被动参加聚众斗殴的情形中，考察被动方的行为是聚众斗殴还是正当防卫，应当从起因是否合法、目的是否正当以及手段是否相当这三个方面进行分析。

第一，就起因是否合法而言，正当防卫是正与不正之关系，而聚众斗殴是不正与不正之关系。在本案中，双方纠纷的起因是赌债，系非法利益之争，双方是不正与不正之关系。就此而言，何强等人的行为并不符合正当防卫的起因合法性的要件。

第二，就目的是否正当而言，正当防卫是为了保护国家、公共利益、本人或者他人的人身、财产和其他权利而为，具有目的的正当性。而聚众斗殴是为了争霸、泄愤或者满足其他非法欲求而为。从本案的情况来看，整个斗殴是围绕赌债展开的：曾勇一方的目的是实现非法债权，何强一方的目的是减免非法债务。当然，在斗殴过程中双方持械会给对方造成人身侵害，但因为整个事件是聚众斗殴，因此不能把在斗殴过程中为防护自身而抵御对方打斗的行为视为正当防卫。否则，任何打架加以分解都能变成互相的正当防卫，而这显然是不能成立的。

第三，就手段的相当性而言，在聚众斗殴中一方突然加大侵害或者采取致命凶器进行侵害，仍然不能否认受到生命威胁的一方为保护自己的生命而采取正当防卫行为的权利。在本案中双方从一开始均系持械斗殴：曾勇一方是持械打上门来，何强一方是早有预料事先准备刀具。在这种情况下，双方进行了斗殴，造成人员伤害，因此，双方的行为都构成聚众斗殴罪。

本案本来并不是一个十分复杂的刑事案件，之所以被社会广为关注，我以为与一开始曾勇一方畏罪潜逃、没有及时归案有关。聚众斗殴罪是性质严重的聚众

---

① 参见江苏省高级人民法院刑事审判第三庭：《关于聚众斗殴刑事案件适用法律问题专题研讨》，载最高人民法院编：《刑事审判参考》，第60集，131页，北京，法律出版社，2008。

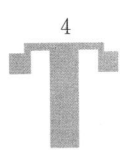

犯罪，而且参与斗殴双方的行为是彼此俱罪，理当一并被追究刑事责任。

现在常熟市人民法院对相关涉案人员分为三案进行审理，在整个审理过程中充分保障了各被告人的诉讼权利。在本案判决中，考虑到本起聚众斗殴尚未造成严重后果，结合曾勇与何强双方在犯罪中的不同情节，尤其是曾勇等人主动挑起聚众斗殴的责任，对双方实行区别对待；对同一方的被告人也按照各自在聚众斗殴中所处的地位和所起的作用进行分别量刑，体现了宽严相济刑事政策。这是值得肯定的。

（本文原载《人民法院报》，2012-04-13）

张磊职务正当防卫过当案的定罪与量刑

一、本案事实认定和证据分析

（一）事实认定

一审法院经审理查明：2009年12月，被害人郭永华的侄子郭红松托人携带礼品向女青年余静静求婚，被余静静拒绝。后经协商，由时与余静静谈恋爱的代奎的父母赔偿郭红松家1 360元。2010年1月12日16时许，郭永华、郭永文酒后在关岭县坡贡镇街上与代寸忠、代朋良、代奎相遇，双方因赔偿之事发生争执并抓打。16时15分，坡贡镇派出所值班协警王道胜接到报警电话称，有人在坡贡镇粮管所门口打架，要求出警。王道胜遂向坡贡镇派出所主持工作的副所长即被告人张磊报告。张磊随即带领王道胜驾驶警车赶到现场，见郭永文、郭永华与代寸忠、代朋良正在抓打。张磊、王道胜上前制止，郭永华、郭永文不听劝阻，反而过来抓打张磊、王道胜。张磊将郭永文推倒在地，郭永文捡起砖头准备击打张磊，张磊见状掏出佩带的六四式手枪进行警告，郭永文被迫扔掉砖头。此时，郭永华也被王道胜制服。随后张磊、王道胜带着冲突双方郭永华、郭永文和代寸忠、代朋良准备回派出所调查处理。一行人走到坡贡镇政府岔路口时遇到醉酒的被害人郭永志。郭永志得

知与代家发生打斗的情况后欲上前殴打代寸忠,被张磊、王道胜阻止。郭永华和郭永志即上前抓打张磊,将张磊推到街道边沟里。张磊从边沟里起来后,面对郭永志、郭永华的抓扯往后退让,同时掏出手枪朝天鸣枪示警。郭永志、郭永华继续向张磊扑去,张磊边退边再次朝天鸣枪示警。张磊在郭永志上前抓扯的过程中击发第三枪,击中郭永志的右大腿。接着,张磊挣脱郭永志继续抓扯时击发第四枪,击中郭永华的左面部,郭永华倒地死亡。郭永志见状再次扑向张磊,张磊击发第五枪,击中郭永志的左额颞部,郭永志倒地死亡。经法医鉴定,死者郭永华、郭永志案发当日醉酒,二人均系枪弹伤致严重颅脑贯通伤死亡。

一审法院同时查明:案发后,被告人张磊用手机分别向关岭县公安局、坡贡镇负责人报告此事,并在现场等候处理。公安机关调查期间张磊如实供述了犯罪事实。张磊在羁押期间,检举揭发同监室犯罪嫌疑人盗窃摩托车的犯罪事实,使公安机关得以侦破系列盗窃案。

(二) 证据分析

一审庭审中,公诉机关出示了现场勘查笔录、鉴定结论、证人证言、被告人供述、书证、物证等证据证明本案事实。本案焦点问题是需查明张磊是在何种情况下开枪射击致死被害人。从具体证据来看,被告人张磊的前期供述和协警王道胜的前期证言均称是被害人郭永志、郭永华抓住张磊的手与张磊抢枪过程中,双方拉扯使枪支在左右摇晃时击发;被害人亲属郭永丽、郭永文等人陈述是张磊一手将蹲着的郭永华往上拉、一手朝郭永华的头部开枪打死郭永华,随后开枪将郭永志击倒在地,郭永志呼救时张磊又朝郭永志头部开枪将其打死。张磊的供述、王道胜的证言与郭永丽、郭永华等人的证言证实的情况较为悬殊,双方的说法与众多现场目击证人的证言也存在矛盾,故该两种存在利害关系的陈述均不能被全部采信。尽管本案较多目击证人的证言有不一致之处,但多数证人都证实没听到被害人讲要抢枪,只看见被害人与张磊拉扯,没看见被害人抢枪。目击证人李兴文、张甲距打斗现场较近(分别为2米和5米左右),其证言较为详细。李兴文证实:"张磊朝地上打了一枪,戴白手套的那个(郭永华)就狠狠地扑过来抓张磊拿枪的那只手,张磊用另一只手挡住了那人,同时用枪对准那人的头开了一

7

枪,那人当时就松手倒了下去。那个年轻点的人(郭永志)双手张开想去扑张磊,张磊往后一退,那人只是用手拉了一下张磊的手,但被张磊扯开了,在没扑着张磊的情况下,张磊就朝那年轻人的头部开枪击中了他"。张甲证实:"张磊朝地上开了一枪,郭永志的大腿就着了一枪,他中枪后一拐一拐地还往前面扑。郭永华听到枪声之后,往前扑得更厉害,当郭永华的一只手拉着张磊的一只肩膀的时候,张磊就用枪对着他的头开了一枪,郭永华当场就倒了下去。大腿中枪的郭永志又往张磊那里扑,张磊立刻往后面退,郭永志没扑着张磊,张磊在躲过他往后退的同时朝他头部开枪,郭永志当场就倒地了"。李兴文、张甲二人证实张磊开枪时被害人离张磊有40至50厘米的距离,与专家分析认定的射击距离(郭永华左下眼睑下方射入口射击距离为20~30厘米,郭永志右大腿射击距离为20~30厘米,郭永志左额颞部射入口符合贴近射击特征)及被害人中枪的顺序相印证,二人的证言应当采信。

张磊后期供述称:开始两枪是合法鸣枪,第三枪是在与郭永华拉拽过程中击发的,第四枪是为了保护枪支不被抢走,避开郭永志的时候击发的,存在使用枪支不当的行为,第五枪也是在和郭永志拉拽的过程中击发的。并认为"受到郭永志、郭永华二人的抓打,他们二人的行为对我的生命没有造成直接威胁,我可以选择不拔枪出来制止。若我不拔枪出来制止,就不会有二人被打死的严重危害后果。郭永志、郭永华二人对我攻击、抓打,我的行为是正当防卫,但由于他们对我的抓打行为与我使用枪支的行为不对等,所以我的防卫行为已经超过了必要限度"。协警王道胜后期陈述是二被害人继续对张磊猛扑和双方相互抓扯时其听到了第四声和第五声枪响。一审庭审中,张磊对证人张甲、李兴文等人的证言无异议。

综合全案证据看,无论是安顺警方、遵义警方收集的证据,还是联合调查组收集的证据,虽然证据之间有不尽一致的地方,但也足以认定本案基本事实。

二、本案定性意见及理由

一审法院认为:本案中,张磊接警、出警是依法执行公务的行为。张磊在执

行公务过程中遭受郭永志、郭永华的不法侵害,在鸣枪示警后,郭永志、郭永华仍未停止对其实施侵害,郭永志、郭永华的行为属暴力袭警行为,张磊为制止不法侵害开枪射击具有防卫性质。从本案具体案情看,张磊前往现场处置的是一起普通治安案件,现场多名目击证人均证实张磊是在被害人与其推搡、拉扯过程中开枪射击被害人头部的,没有听到二郭说过要缴张磊的枪或看到二郭当时正在抢枪。现场勘查笔录、尸检报告及证人证言证实,被害人郭永华中枪倒地时右手还握着一只手套。从这一细节看,认定郭永华当时在抢张磊的手枪难以成立。《中华人民共和国人民警察使用警械和武器条例》第9条规定:人民警察判明有"以暴力方法抗拒或者阻碍人民警察依法履行职责或暴力袭击人民警察,危及人民警察生命安全"的暴力犯罪行为,经警告无效的,可以使用武器;《刑法》第20条第3款规定"对正在进行行凶、杀人、抢劫、强奸、绑架以及其他严重危及人身安全的暴力犯罪,采取防卫行为,造成不法侵害人伤亡的,不属防卫过当,不负刑事责任"。但适用上列规定的前提必须是危及人民警察生命安全或严重危及公民人身安全的暴力犯罪。对行凶行为需要区分暴力侵害的严重程度,行凶不应该是一般的拳脚相加之类的暴力侵害,对于一些充其量只能造成轻伤害的轻微暴力侵害,不能适用特殊防卫。故张磊对于未危及其生命安全、赤手空拳与其推搡、抓扯的被害人,不能适用特殊防卫。其朝二郭头部开枪打死二郭属防卫过当。张磊作为一个从警多年、受过多次警务培训的公安干警,对于持枪射击被害人头部的行为会造成的严重后果应当明知。其主观心态既不属疏忽大意的过失,也不属于过于自信的过失。其行为应被定性为防卫过当的故意杀人。

三、本案量刑意见及理由

一审法院认为:被告人张磊在依法处警过程中,遭到被害人郭永志、郭永华暴力阻挠和攻击时,经鸣枪示警无效后,予以开枪射击。其行为符合《最高人民法院、最高人民检察院、公安部、国家安全部、司法部关于人民警察执行职务中实行正当防卫的具体规定》第1条第7项"人民警察遭到暴力侵袭"的情形,具

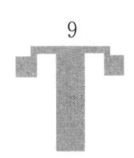

有防卫性质。但张磊在二被害人对其徒手抓扯并未危及其生命安全的情况下，持枪近距离射击二被害人的要害部位，造成二被害人当场死亡的严重结果，其防卫明显超过必要限度造成重大损害，系防卫过当。其行为构成故意杀人罪，依法应当负刑事责任。对被告人张磊及其辩护人所提张磊系正当防卫，不应承担刑事责任的辩解及辩护意见，法院不予采纳。公诉机关指控罪名成立，法院予以确认。被告人张磊犯故意杀人罪，应当依照《中华人民共和国刑法》第 232 条之规定："故意杀人的，处死刑、无期徒刑或者十年以上有期徒刑；情节较轻的，处三年以上十年以下有期徒刑"。被告人张磊系防卫过当，应当依照《中华人民共和国刑法》第 20 条第 2 款、第 63 条第 1 款之规定："正当防卫明显超过必要限度造成重大损害的，应当负刑事责任，但是应当减轻或者免除处罚"，"犯罪分子具有本法规定的减轻处罚情节的，应当在法定刑以下判处刑罚"。被告人张磊系自首，应当依照《中华人民共和国刑法》第 67 条第 1 款之规定："对于自首的犯罪分子，可以从轻或者减轻处罚"。被告人张磊具有立功表现，应当依照《中华人民共和国刑法》第 68 条第 1 款之规定："犯罪分子有揭发他人犯罪行为，查证属实的，或者提供重要线索，从而得以侦破其他案件等立功表现的，可以从轻或者减轻处罚"。据此，根据被告人张磊犯罪的事实、犯罪的性质、情节和对社会的危害程度，依照《中华人民共和国刑法》第 232 条、第 20 条第 2 款、第 63 条、第 67 条第 1 款和第 68 条第 1 款之规定，拟判决：被告人张磊犯故意杀人罪，判处有期徒刑 8 年。

四、法理评判

张磊系一名警察，2010 年 1 月 12 日在出警处置治安案件过程中，受到一个治安案件当事人与另外一个当事人的亲属的袭击，在鸣枪示警未能阻止的情况下，持枪将该二人击毙。本案发生以后，引起了公众的广泛关注，社会观感不一：既有对民警当众持枪杀人表示愤慨，要求严惩凶手以儆效尤的；也有对袭警行为加以谴责，要求将袭警行为犯罪化以保障执法民警人身安全的；如此等等，

不一而足。确实,本案从一个侧面反映了当前我国警民关系的紧张,也对于如何约束警察权的行使、避免警察权的滥用提出了课题。当然,这些都是案外需要思考的问题。现在法院所面临的问题是:对于本案在刑法上如何定罪处罚?应该说,本案是一个法律上的疑难案件。在对张磊定罪量刑的过程中,涉及事实认定、法律定性和刑罚裁量这三个方面的问题。可以说,关于本案的一审判决以事实为根据、以法律为准绳,对以上问题都能够严格依法处理,使本案处理的法律效果与社会效果得到了统一:既惩罚了违法使用枪支的民警,告慰了两名死者,又确认了本案所具有的职务正当防卫的前提,以防卫过当构成故意杀人罪对被告人定罪处罚,做到了罚当其罪、罪刑相当。

（一）事实认定

在本案的认定中,涉及的是事实认定问题,即:两名死者在被枪击之前,是否有袭警行为?这种袭警行为是否构成抢夺枪支?对上述两个事实问题的认定,直接关系到本案的定性。如果在本案中根本就不存在袭警行为,被告人张磊在没有任何使用枪支的事实前提的情况下将两名死者击毙,那么,被告人张磊的行为就是一种枪杀无辜的行为,这是一种十分严重的杀人犯罪行为,应当受到法律的严惩。反之,如果两名死者存在袭警行为,而且袭警行为构成了抢夺枪支,那么,被告人张磊属于依法使用枪支,其击毙两名死者的行为不仅不构成犯罪,而且是职务上的正当防卫行为,应当受到表彰。由此可见,本案事实的认定对于被告人张磊行为的定性至关重要。一审判决根据在场群众的证人证言、被告人张磊的供述、鉴定结论等证据,客观地还原了案发当时的场景,为本案的定性提供了事实根据。

根据一审判决的认定,在案发时确实存在死者的袭警行为:"郭永华和郭永志即上前抓打张磊,将张磊推到街道边沟里。张磊从边沟里起来后,面对郭永志、郭永华的抓扯往后退让,同时掏出手枪朝天鸣枪示警。郭永志、郭永华继续向张磊扑去,张磊边退边再次朝天鸣枪示警。"在以上两名死者中,郭永华系治安案件的当事人,在一开始就与另一治安案件当事人郭永文对张磊及协警王道胜欲带他们到派出所处理的执法行为进行过反抗,被张磊与王道胜制服。此后,在

张磊带他们到派出所的途中,遇见另一名死者郭永志,郭永志上前欲打对方当事人,在张磊与王道胜制止时发生冲突,并对张磊进行袭击。这一袭击行为具有袭警的性质,是对张磊作为警察执行职务活动的非法干预。在这种情况下,张磊鸣枪示警,完全是一种合法处置行为。因此,可以排除张磊在没有任何使用枪支的事实前提的情况下将两名死者击毙的可能性。一审判决对两名死者袭警行为的认定是具有事实根据的。

同时,一审判决也否定了两名死者的行为构成了抢夺枪支,指出:"从本案具体案情看,张磊前往现场处置的是一起普通治安案件,现场多名目击证人均证实张磊是在被害人与其推搡、拉扯过程中开枪射击被害人头部的,没有听到二郭说过要缴张磊的枪或看到二郭当时正在抢枪。现场勘查笔录、尸检报告及证人证言证实,被害人郭永华中枪倒地时右手还握着一只手套。从这一细节看,认定郭永华当时在抢张磊手枪的行为难以成立。"应该说,这一认定是具有事实根据的。在本案中,张磊供述是在两名死者抢枪的情况下开枪将两名死者击毙的。但一审判决并未听信这一供述,而是根据在场群众的证言和死者的状况,否定了两名死者抢枪的被告人张磊供述,为本案的定性奠定了扎实的事实基础。

(二)法律定性

张磊在处警过程中使用枪支,对其行为的法律评价涉及《中华人民共和国人民警察使用警械和武器条例》的规定(以下简称《条例》)。根据《条例》的规定,警察使用枪支的条件其实可以分为程序性条件与实体性条件。这里的程序性条件是指对于使用枪支在程序上的要求,例如《条例》第9条对于使用武器就规定了警告程序,包括鸣枪示警。当然,《条例》第9条也规定了另外的情形,即在来不及警告或者警告后可能导致更为严重危害后果的情况下,可以直接使用武器。在本案中,张磊在对死者开枪之前进行了鸣枪示警,这是符合使用武器的程序要求的,应当予以确认。实体性条件是指对于使用枪支在实体上的要求。对此,《条例》第9条规定了15种可以使用武器的情形,这是对使用武器的积极条件的规定。此外,《条例》第10条还规定了两种不得使用武器的情形,这是对使用武器的消极条件的规定。从本案的情况来看,张磊在处警时面临袭警行为,属

于《条例》第9条第10项规定的"以暴力方法抗拒或者阻碍人民警察依法履行职责或者暴力袭击人民警察,危及人民警察生命安全"的情形,可以使用武器。因此,张磊使用武器本身是具有正当性与合法性的。但是,《条例》第4条还对使用武器的限度作了明文规定,即"人民警察使用警械和武器,应当以制止违法犯罪行为,尽量减少人员伤亡、财产损失为原则"。根据这一规定,即使是在符合使用武器条件的情况下,也应当受到程度上的严格限制,避免武器的滥用。《条例》第14条还对于超过限度使用武器的法律后果作了规定:"人民警察违法使用警械、武器,造成不应有的人员伤亡、财产损失,构成犯罪的,依法追究刑事责任。"在本案中,张磊虽然具备使用枪支的条件,但显然超过了限度,属于过度使用武器的情形。在张磊所射击的五枪中,前两枪是鸣枪示警,第三枪击中郭永志的右大腿,尚符合限度条件,但第四枪近距离击中郭永华的左面部,第五枪击中郭永志的左额颞部,致使上述二人死亡,属于滥用枪支,造成了不应有的死亡,应当依法追究张磊的刑事责任。

在对张磊追究刑事责任的时候,首先应当确认张磊存在防卫前提,因为1983年9月4日最高人民法院等部门颁布的《关于人民警察执行职务中实行正当防卫的具体规定》第1条第7项明文规定,人民警察遇到暴力侵袭,可以对不法侵害人实行正当防卫。这种正当防卫就是职务正当防卫,它是一种较为特殊的正当防卫。但即使是职务正当防卫,也应当遵循不能超出必要限度的规定。值得注意的是,一审判决排除了本案属于无过当之防卫即特殊防卫的可能性。因为根据我国刑法第20条第3款的规定,只有对正在进行的行凶、杀人、抢劫、强奸、绑架以及其他严重危及人身安全的暴力犯罪实行正当防卫,才不受防卫限度的限制。在本案中,张磊面对的袭警行为主要是推搡、抓扯等肢体性的轻微暴力,尚没有达到严重危及人身安全的程度。因此,一审判决认为不能适用特殊防卫。这是完全正确的。不法侵害的程度较为轻微,然而,张磊对两名死者近距离开枪,击中要害部位致其死亡。该行为明显超过了正当防卫的必要限度,对张磊按照正当防卫过当追究刑事责任是合乎法律规定的。

在对张磊进行刑事追究的时候,还涉及如何认定罪名的问题。对此也是有争

议的：第一种观点认为张磊的行为是一种滥用职权的行为，应以滥用职权罪定罪。第二种观点认为张磊的行为属于过失致人死亡，应当以过失致人死亡罪定罪。而第三种观点认为张磊的行为属于故意杀人，应以故意杀人罪定罪。在以上三种观点主张的罪名中，滥用职权罪属于渎职罪，张磊滥用枪支的行为当然具有滥用职权的性质，但并非对国家机关工作人员的滥用职权行为都定滥用职权罪，我国刑法第397条第2款第二句明确规定："本法另有规定的，依照规定。"也就是说，国家机关工作人员的滥用职权行为如果符合其他规定、构成其他犯罪的，应当优先适用其他规定定罪。据此，可以排除滥用职权罪。那么，对张磊的行为是定过失致人死亡罪呢还是故意杀人罪？这两个罪名都属于杀人罪，只不过在主观上有过失与故意之分。就防卫过当构成犯罪的罪过形式而言，是根据实施过当行为的主观心理状态认定其罪过形式，还是根据对防卫限度的主观心理状态来认定其罪过形式，在刑法理论上存在争论。在我国司法实践中，一般都是根据实施过当行为的主观心理状态来认定罪过形式。本案的一审法院认定："张磊作为一个从警多年、受过多次警务培训的公安干警，对持枪射击被害人头部的行为会造成的严重后果其应当明知。其主观心态既不属疏忽大意的过失，也不属于过于自信的过失。其行为应被定性为防卫过当的故意杀人。"我认为，这一关于防卫过当的罪名认定是具有充分的事实根据与法律根据的，符合本案的实际情况。

（三）刑罚裁量

在对张磊进行量刑的时候，应当同时依据我国刑法第232条关于故意杀人罪的法定刑和刑法第20条第2款关于防卫过当的处罚原则。刑法第232条规定，故意杀人的，处死刑、无期徒刑、10年以上有期徒刑；情节较轻的，处3年以上10年以下有期徒刑。就张磊的故意杀人行为本身而言，杀死二人，显然不属于情节较轻的情形，应当在10年以上裁量刑罚。但根据刑法第20条第2款的规定，对于防卫过当的，应当减轻处罚或者免除处罚。这里的应当，是指必须。这是一种强制性规定，司法机关在量刑时必须遵守这一规定。对于张磊，考虑到其杀死二人，显然不能免除处罚，而是应当减轻处罚。这里的减轻处罚，是指应当在3年以上10年以下这个法定刑幅度量刑。最终，一审法院根据张磊犯罪的起

因、情节、后果以及犯罪后的自首及立功表现，判处张磊有期徒刑 8 年。我认为是罚当其罪的。

随着一审宣判，本案的一审程序结束了。本案告示人民警察在执行职务中，即使遇到袭警等不法侵害，也应当冷静处置，依法履行职务，不得滥用武器，造成不应有的死亡后果，否则将承担刑事责任。本案的处理，反映了人民法院严格依法办案，既保护被害人的合法权益，也实事求是地对被告人定罪量刑，体现了司法公正，本案的一审判决对于此后处理同类型案件具有重要的启示。

（本文原载陈兴良主编：《刑事法判解》，第 15 卷，北京，人民法院出版社，2014）

互殴与防卫的界限

在关于正当防卫的讨论中,经常涉及互殴问题。可以说,互殴与防卫是对立的,两者之间存在着互相排斥的关系,即一个案件只要存在互殴,则在一般情况下排斥正当防卫的成立。[①] 反之,一个案件如欲成立正当防卫,则必先排除互殴。在这个意义上说,某些情况下是否存在互殴直接关系到正当防卫成立与否。因此,互殴就成为正当防卫成立的消极条件。本文以具有参考性的四个案例为线索,对于面对他人侵害的反击行为,在何种情况下应当被认定为防卫、在何种情况下应当被认定为斗殴这一司法实践中迫切需要解决的问题,从刑法理论上加以探讨,以期进一步厘清互殴与防卫的关系。

一、"姜方平故意伤害案":基于斗殴意图的反击行为,不能被认定为防卫

互殴,亦称为互相斗殴。斗殴是我国古代刑法中的一个罪名。根据《唐律疏

---

① 之所以说是"在一般情况下",是因为如果在互殴过程中,一方确已停止侵害,另一方在明知对方已停止侵害的情况下仍然加害对方,或者双方以较为轻缓的方式互殴,另一方突然加大打击力度侵害对方,可能造成另一方死伤后果的,则被加害方有权实行正当防卫。本文对此问题不予专门讨论。

议》的规定，相争为斗，相击为殴。因此，斗殴是一种侵犯他人人身权利的犯罪行为，为法律所禁止。《唐律》对互相斗殴也作了专门的规定，其斗讼篇指出："诸斗两相殴伤者，各随轻重，两论如律。"由此可见，互相斗殴的双方都构成犯罪，各自承担刑事责任。在我国刑法中，对斗殴行为规定了聚众斗殴罪。当然，聚众斗殴可以分为单方斗殴与双方斗殴。其中，双方斗殴属于互殴。如果是单个人的斗殴，只有在造成他人伤害的情况下，才能以故意伤害罪论处。至于单个人之间的互殴，则视后果，分别定罪。应该说，在对互殴的法律规制上，我国刑法与古代法律之间并无根本的区分。

关于互殴，所争议者，主要在于是否排除正当防卫的问题。目前在我国司法实践中，关于正当防卫在定性上的争议大多与互殴相关。因此，正确地认定互殴就成为正当防卫认定中的一个重要问题。

在刑法理论上，互殴是指参与者在其主观上的不法侵害故意的支配下，客观上所实施的连续的互相侵害的行为。因此，对于互殴主要是从不具有防卫意图的角度排除其防卫性。因为，从客观上看，互殴的双方都是对他方的殴打行为予以反击，容易与正当防卫混为一谈。因此，只有主观上的不法侵害故意，才能将互殴行为从正当防卫中予以排除。这一思路当然是具有合理性的。然而，这里的不法侵害故意如何认定是一个难题。如果不能解决这个问题，则势必会扩大或者限缩互殴的范围，从而影响正当防卫的正确认定。

互殴的核心是互相斗殴。尽管斗殴是互相的，但还是存在着谁先动手与谁后动手的区分。先动手的一方的行为具有对他方的人身侵害性，属于侵害行为，这是没有问题的；后动手的一方的行为具有对他方侵害行为的防御性，属于反击行为。在一般情况下，反击行为构成正当防卫。那么，为什么在互殴的情况下，不能把后动手的一方的反击行为认定为防卫呢？实际上，在所有的正当防卫案件中，都存在先动手与后动手的情况，一般都是把先动手的一方的行为认定为不法侵害，把后动手的一方的行为认定为正当防卫。那么，这一认定思路为什么在互殴中失效了呢？从主观上看，把先动手的一方的故意认定为不法侵害的意图，这是没有疑问的。而后动手的一方的主观上为什么不是防卫的意图，而也是斗殴的

意图呢？对此，必须进行深入分析才能得出正确的结论，否则，就会在很大程度上混淆互殴与防卫的关系。

"姜方平故意伤害案"是一个涉及互殴与防卫区分的参考性案例①，其案情介绍如下：2001年7月15日晚，姜方平得知与其有过纠纷的郑水良当日曾持铁棍在H镇M村姜金木家向其父姜良新挑衅后，便前往郑水良家滋事。因郑水良不在家，姜方平便返回，并从路过的叶小飞家的厨房内取了一把菜刀藏于身后。当姜方平行至该村柳根根门前路上时，郑水良赶至并持铁棍打姜方平，姜方平即持菜刀与郑水良对打，并用菜刀砍郑的左手腕关节，姜方平也被随即赶至的郑水良之女郑华仙砍伤。经法医鉴定，郑水良所受损伤属轻伤。

本案辩护人认为，姜方平是在郑水良先用铁棍打自己时，为避免自己遭受进一步伤害才用菜刀砍伤郑水良的，其行为应属于正当防卫。但法院认为，根据本案事实，姜方平在得知与其父有过纠纷的郑水良对其父实施挑衅后，即四处寻找郑水良并准备菜刀蓄意报复，其事先就有斗殴的故意，之后亦积极实施了伤害行为，故不得认定为正当防卫。

从本案中可以提炼出以下裁判规则："基于斗殴故意实施的反击行为，不能被认定为正当防卫。"② 对此，裁判理由作了如下论证："理论上，根据行为人是否具有正当防卫的目的，一般都将防卫挑拨、互相斗殴等情形排除在正当防卫行为之外。所谓互相斗殴，是指双方都有非法侵害对方的意图而发生的互相侵害行为。由于互相斗殴的双方主观上都有加害对方的故意，都是不法侵害，所以不存在侵害者与防卫者之分。同时，由于双方都不具有正当防卫的目的，因而无论谁先谁后动手，都不能被认定为防卫行为。"③

从以上裁判理由中，我们可以发现这样一种审判思路，即互殴的认定并不是

---

① 该案刊登在《刑事审判参考》第30辑。该案除了涉及故意伤害罪，还涉及非法持有、私藏枪支罪。本文只论及故意伤害罪部分。——特此说明

② 陈兴良主编：《人民法院刑事指导案例裁判要旨集成》，10页，北京，北京大学出版社，2013。

③ 陈兴良、张军、胡云腾主编：《人民法院刑事指导案例裁判要旨通纂》，33页，北京，北京大学出版社，2013。

根据即时产生的主观意图，而是根据事先已经具有的报复心理。因此，法院认定姜方平事先就具有斗殴故意。正是这种事先的斗殴故意，使在本案中谁先动手谁后动手都不重要。所以，以上裁判要旨确切的表达应该是："基于事先产生的斗殴意图所实施的反击行为，不能被认定为正当防卫。"也就是说，只有事先产生斗殴意图才能排除防卫意图。如果是在遭受他人不法侵害时即时产生了反击意图，就不能将之认定为互殴的意图，因此也就不能排除正当防卫的成立。这一裁判要旨对于区分互殴与防卫具有重要的参考意义。

二、"周巧瑜故意伤害案"：对不法侵害即时进行的反击行为，不能被认定为互殴

在我国司法实践中，互殴的认定在很大程度上被扩大化，因此限缩了正当防卫或者防卫过当的成立范围。这是有所不妥的。例如，在"周巧瑜故意伤害案"中，互殴的认定就直接关系到对案件的定性。关于"周巧瑜故意伤害案"，一审判决认定的事实如下：2012年12月24日21时许，周巧瑜和丈夫张某途经昌平区北七家镇平西府村村口红绿灯处，因朱某（男，殁年27岁）的朋友段某驾车拉载朱某、刘某等人险些撞到张某和周巧瑜而发生口角并互殴。互殴过程中，周巧瑜使用捡拾的水泥板砸击朱某头部，造成朱某因颅脑损伤于同年12月30日抢救无效死亡。

在以上对案情的叙述中，对起因的描述过于简单，显得轻描淡写，只是说"发生口角并互殴"。据此，一审判决就认定被告周巧瑜是在互殴中将朱某故意伤害致死，因此构成故意伤害罪，在有自首情节的情况下，判处周巧瑜有期徒刑13年。而二审判决仍然维持了一审判决的定性，只是减轻刑罚，改判为有期徒刑8年。那么，本案的具体情节又是怎样的呢？通过本案的被告人供述和证人证言，我们可以还原当时发生殴打的具体细节。

周巧瑜的供述是：2012年12月24日晚上9点多钟，她和丈夫张某吃完饭，从平西府村北口出来，由南向北过马路，走到马路中间的时候，从西边过来一辆土黄色的轿车闯红灯，差点撞到他们。轿车急刹车后停在了路边，其老公瞪了对

方一眼，说了一句"你们怎么开车的"。这时从车上下来四个人，被她打的那个人上来就拽张某的衣服，骂张，还要打。她上去拉，另外几个人踹她的肚子，揪她的头发，掐着她的脖子往边上拽。这时对方把她老公往地上按，后对方看见挡道路了，就把她老公往路边上拉。这时她老公就打电话报警，对方拉，张某没法打（电话），就把电话给她，她就报警。这时车上又下来两个人，看她打电话报警就跑了，她把对方的车号记下来了。那四个人还继续打张某，把张某拉到路基绿化带边上按着打。她打完电话回来，对方沿着小路跑，张某就去追。在快3路公交车站抓住后来被她打伤的人，另外三个人也来围着张某。被她打的那个人把张某按在地上，趴在张某的身上打。她上去拉那个人，那个人回身起来就给了她一拳，打在她的嘴巴上。张某看那人打她，坐起来就拽着那个人不放，那人就跟张某撕扯，揪着张某的耳朵，不叫张某拽。这时她从地上捡起了一块铺马路的地砖，给了那个人后脑勺一下，打完之后砖头掉地上碎了。这时另外两个人就过来拉她，对方说："砸就砸了，让他们走吧。"张某拽着不让走，这时警察就来了。

张某的证言是：2012年12月24日晚上10点多钟，他和妻子周巧瑜在平西府村吃完饭，从平西府村北口出来由南向北过红绿灯回宏福苑。这时有一辆银灰色的轿车从西向东闯红灯过来，差点撞到他们，距离他们不到一米的时候停下了。他当时愣了几秒钟，就瞪了司机一眼。后从车上下来四个人，从副驾驶座下来的人站在他的左侧，右手抓住他的脖领子，用左手打他的脸。另外三个人，正面两人，后面一人上来也用拳头打他的头。周巧瑜上来拉他，叫他走。这四个人满身酒气，对方看周巧瑜拉他，就打周巧瑜，第一下打周巧瑜的嘴巴，还有一个人踹周巧瑜的肚子。他拿出手机报警，副驾驶座下来的人还在打他，他就把手机交给周巧瑜让她报警，当时电话已经拨通了。周巧瑜到边上报警，对方边拖边打，还说他不想活了、弄死他，把他拖到马路边。那辆车就开跑了。对方四个人在便道上继续打他，就是第一个抓他的那个人把他的衣服拉开，把他里边的衣服扯破了。后对方四个人把他摁倒在地上，用脚踹他的头。副驾驶座下来的那个人用拳头打他的头，趴在他身上掐他的脖子打。他抓着对方的衣服。同时还有人打他，他喊救命、抱着头。突然就都站起来了，那几个人说他妻子砸到对方了。这

时警察就到了。

　　杨某的证言是：2012年12月24日21时30分许，他、刘某、朱某、郭某及段某吃完饭回家途中，在平西府中街村口的十字路口转向灯突然变红，司机段某突然踩了一脚刹车，吓到车前的两个人。对方一男一女是夫妻，开口骂人。朱某下车和对方两个人理论之后就与张某互相撕扯在一起。他和刘某、郭某便下车拉架。对方女的看到他们人多也上来撕扯他们，他也还手了，用拳头打对方。刘某、郭某也动手打对方。对方女子报警了，他们便说："算了吧，你们受伤了，我们也受伤了，大家扯平了。"司机段某一开始把车停在路边一直没下车，他们四个人便要离开，走到快速公交车站后边时，对方男子追上来，便和朱某扭打在一起，两个人都倒在地上。他、刘某、郭某又动手打了对方男子，用脚踢。这时对方女的拿起一块水泥板砸向朱某后脑勺，朱某就坐在地上起不来了。后警察就到现场了。

　　从以上三份材料我们可以大体上了解当时发生的情况。这三份材料分别代表了三方视角：周巧瑜的供述是被告人的视角，张某的证言是被告方证人的视角，而杨某的证言则是被害方证人的视角。尽管基于各方的立场，在对案发经过的叙述上存在些微差异，但基本上可以据此还原案发时的场景。

　　根据以上材料，我们可以确定以下事实：

　　（1）案发的起因是段某驾驶车辆突然急刹车，对正在行走的周巧瑜夫妇造成了惊吓（被告方说对方闯红灯和酒后驾车无法印证）。

　　（2）周巧瑜的丈夫对此表示了不满（被告方说是瞪了一眼，被害方说是骂了他们）。

　　（3）死者朱某从副驾驶座上率先下车，对周巧瑜夫妇进行推搡（被告方说是殴打，被害方说是撕扯）。

　　（4）车上其他三个人下车加入殴打（被告方说是加入殴打，被害方说是拉架）。

　　（5）在撕扯中被害方四人都对周巧瑜夫妇进行了殴打，周巧瑜夫妇打电话报警，张某抓住朱某的衣服。

21

（6）打后被害方四人欲跑，张某追上去，抓住朱某的衣服不让其跑，朱某摁住张某进行殴打。

（7）周巧瑜见状捡起马路上的地砖砸向朱某的后脑勺，致朱某受伤。

（8）朱某7天后抢救无效死亡。

关于这个案件的是非曲直，从以上呈现的事实中是容易判断的。显然，被害方有错在先，被告方表示不满以后，如果被害方道歉或者克制自己不下车推搡对方，就不会发生此后的悲剧。正是死者朱某率先下车，对张某进行推搡。此后其他三人下车，自称是拉架，但其实参与了对张某的殴打，导致一场交通纠纷转化为一起治安事件。被告方只有两人，对方是四人，双方力量相差悬殊。在纠纷过程中，周巧瑜夫妇处于劣势。张某拿出电话报警，后又把电话交给周巧瑜报警，都表明被告方是在寻求警方的保护。殴打以后，朱某等人欲跑，但张某紧追，拉住朱某的衣服不放，并非不愿停止纠纷，而是在被殴打之后，不想让对方逃跑，拉住对方是等待警察到场解决问题。在此过程中，朱某又将张某压倒在地进行殴打。见此情形，周巧瑜捡起马路上的一块地砖砸向朱某的后脑勺，致朱某重伤，7天后不治身亡。根据以上情况，笔者认为不能把本案定性为互殴，而是朱某一方对被告方的寻衅滋事。在这种情况下，周巧瑜为解救其丈夫免遭朱某殴打而实施的行为就具有了防卫的性质。至于防卫是否过当，可以另行讨论。

在本案中，周巧瑜辩解自己的行为属正当防卫。她说："我没想伤害他，当时他们一直在打我老公，我怕老公出事，才想用砖头制止他们的。"对此辩解法院并未采信。二审判决指出："在案证据证明，双方因交通问题发生纠纷，进而发生互殴，各自的行为缺乏防卫性质。周巧瑜使用砖头砸朱某头部，导致对方死亡，其行为不构成正当防卫。"可以说，本案中互殴的轻率定性，在我国司法实践中是极为普遍的。如果按照本案的逻辑，那么只要是对他人的侵害行为的反击都会被认定为互殴，除非在本人或者他人遭受侵害的情况下束手待毙。如此一来，哪还有正当防卫存在的余地？

本案促使我们进一步思考：互殴到底应当如何界定，即互殴的构成条件是什么？是否只要在案件中存在互相的打斗行为，就一概认定为互殴？笔者认为，在

现实生活中确实存在着互殴，但这里的互殴必须以打斗双方事先存在斗殴意图为前提。正如"姜方子故意伤害案"的裁判要旨所言，只有双方事先具有斗殴意图，才使谁先动手谁后动手这个问题变得不重要。如果双方事先不存在这种斗殴意图，则谁先动手谁后动手这个问题就是十分重要的。其重要性表现在：先动手的一方是不法侵害，后动手的一方具有防卫性。而在本案中，双方并没有事先的斗殴意图，是在死者方首先挑起事端对张某进行殴打之后，周巧瑜为解救张某而对朱某实施了较为严重的还击。对于本案，至少应当认定为防卫过当。由此可以得出结论：本案之所以不能被认定为互殴，原因就在于双方事先没有斗殴意图。

三、"常熟市何强、曾勇等人聚众斗殴案"：具有积极的加害意思的反击行为，应当被认定为互殴

在司法实践中，如果双方事先具有斗殴意图，则不仅谁先动手谁后动手不重要，而且打斗的场所也变得不重要。存在重大争议的"常熟市何强、曾勇等人聚众斗殴案"就是一个极为典型的案例。法院判决认定的案件事实如下：2010年11—12月间，常熟市忠发投资咨询有限公司（以下简称忠发公司）法定代表人徐建忠经他人介绍多次至澳门赌博，欠下曾勇（另案处理）等人为其提供的巨额赌资。后曾勇亲自或指使杨佳、龚军、朱刚（均另案处理）等人多次向徐建忠讨要该笔赌债。2011年4月2日上午，何强受徐建忠指派，与张胜、陈强等人至常熟市枫林路来雅咖啡店与杨佳等人就如何归还该笔赌债谈判未果。期间李毅夫（另案处理）携带菜刀与他人在咖啡店外等候，在杨佳等人离开咖啡店时进行跟踪。其后何强等人返回公司。何强向徐建忠报告相关情况后，其他人返回暂住地。当日中午，何强在与杨佳通过手机通话的过程中，发生言语冲突。后何强主动打电话给之前从未联系过的曾勇，双方恶语相向、互有挑衅。何强随即三次打电话给张胜，要求其带人至忠发公司。张胜随即纠集了陈强、张人礼、龙云中及李毅夫至忠发公司，并在该公司内准备了菜刀等工具。待人员就位、工具准备完毕后，何强再次主动拨打曾勇的电话，通话中言语刺激、互相挑衅，致矛盾升级

激化。曾勇便纠集杨佳、龚军、胡炜等人,持刀赶至常熟市××路8号忠发公司。当何强等人通过监控看到有多人下车持刀上楼时,何强等人在徐建忠办公室持刀以待。在曾勇等人进入徐建忠办公室后,何强、张胜、陈强、张人礼及李毅夫与曾勇等人相互持械斗殴,龙云中持电脑等物品参与斗殴,造成何强及龚军、胡炜受轻微伤,忠发公司部分物品毁损。

本案案情的特点是:曾勇为讨要赌债而与何强等人发生纠纷,双方在电话交谈中互相挑衅。何强在预想到曾勇会前来公司斗殴的情况下,事先做好了各种准备。当曾勇带多人到达现场时,双方发生了持械斗殴。

本文讨论的问题是:在何强等人已经预想到曾勇等人会前来公司斗殴并且做了预先准备的情况下,是对双方的行为以聚众斗殴罪论处,还是认定何强等人的行为属于正当防卫?

辩护人为何强等人的行为作了正当防卫的辩护,其辩护意见如下:在整个事件中,当事的六人是坐在自己单位的办公室里,不是在惹是生非、危害社会,他们所有的动作行为都不具有社会危害性。而对方是强拿恶要的非法讨债行为,动辄几十人拿着砍刀上门行凶,是赤裸裸的犯罪行为。虽然是欠了债务,但我方在积极地沟通如何还款,并非欠债不还或赖账。他们是在刀架到脖子上并被实施暴力的情况下,在人身安全受到威胁并且来不及得到公共安全保障部门救济的情况下,不得已才反抗的。其行为是典型的正当防卫,而不应被定性为聚众斗殴。

对于此辩护意见,法院未予采纳,而是作出了有罪判决。法院的判决认为:本案系赌债纠纷引发,为非法利益之争,不受法律保护。双方经谈判未果后发生言语冲突、互有挑衅,曾勇一方即纠集人员,携带刀具,上门斗殴,其行为构成聚众斗殴罪;何强纠集张胜等人,主观上具有斗殴故意,客观上纠集人员、准备工具、实施了相互斗殴的行为,其行为亦构成聚众斗殴罪。

对于本案,法院是以互相斗殴定性的,由此排除了何强等人的行为构成正当防卫。在此,引起争议的问题是:曾勇等人持械到何强所在公司进行斗殴,何强等人只是消极地应战。在这种情况下,为什么何强等人的行为也构成斗殴而不是正当防卫?

在事实层面来看，法院的判决为我们还原了整个事件的经过，将我们的视线从发生打斗的那个场面往前拉到此前导致这场打斗发生的前因。法院的判决为我们勾勒了事件发生的三个环节：一是起因：本案是由归还赌债引起的纠纷。在本案中，何强的老板徐建忠欠曾勇等人巨额赌债，徐建忠指派何强等人就归还赌债事宜与曾勇交涉，由此引发争端，为此后的斗殴埋下了伏笔。二是冲突：在为归还赌债谈判未果的情况下，何强与曾勇之间产生了冲突，主要表现在何强与曾勇在电话中双方恶语相向、互有挑衅，致矛盾激化。三是殴斗：在上述冲突的基础上，曾勇纠集二十余人持刀赶往忠发公司。而何强预料到曾勇会打上门来，亦不甘示弱，电话召集多人在办公室里等候，并准备了菜刀等工具。以上三个环节可以说是环环相扣，构成一个事件从前因到后果的完整演变过程。对本案性质的法律评价如果仅仅着眼于第三个环节，置前两个环节于不顾，就会只看到曾勇率人打上门来，从而片面地得出何强等人的行为是正当防卫的结论。如果我们把上述三个环节联系起来看，就会赞同法院的判决，即这是一起由归还赌债纠纷引发的聚众斗殴案件。

笔者曾经将本案的性质归纳为"一方主动挑起斗殴，另一方被动参加聚众斗殴"的情形，并认为考察被动方的行为是聚众斗殴还是正当防卫，应当从起因是否合法、目的是否正当以及手段是否相当这三个方面进行分析。

第一，就起因是否合法而言，正当防卫是正与不正之关系，而聚众斗殴是不正与不正之关系。在本案中，双方纠纷的起因是赌债，系非法利益之争，双方均为不法，是不正与不正之关系。就此而言，何强等人的行为并不符合正当防卫的起因合法性要件。

第二，就目的是否正当而言，正当防卫是为了保护国家、公共利益、本人或者他人的人身、财产和其他权利，具有目的正当性，而聚众斗殴是为了争霸、泄愤或者满足其他非法欲求。从本案的情况看，整个斗殴是围绕赌债展开的：曾勇一方的目的是实现非法债权，何强一方的目的是减免非法债务。当然，在斗殴过程中双方持械会给对方造成人身侵害，但因为整个事件是聚众斗殴，因此不能把在斗殴过程中为防护自身而抵御对方打斗的行为视为正当防卫，否则，对任何打

架加以分解它都会变成互相的正当防卫,这显然是不能成立的。

第三,就手段的相当性而言,聚众斗殴中一方突然加大侵害或者持致命凶器进行侵害时,仍然不能否认生命受到威胁的一方为保护自己的生命而作出正当防卫行为的权利。在本案中双方从一开始均系持械斗殴:曾勇一方是持械打上门来,何强一方是早有预料事先准备刀具。在此情况下,双方进行的斗殴,造成的人员伤害,都构成了聚众斗殴罪。①

对于本案,如果仅从曾勇等人持械进入何强等人所在公司进行斗殴这一过程看,很容易得出何强等人的行为属于正当防卫的结论。而如果把前面因索要赌债而互相在电话中进行言语挑衅,并引发双方斗殴的整个经过综合起来看,则应当认为在打斗之前,双方都已经具有了斗殴意图。对于这种事先具有斗殴意图的反击行为,应当认定为是互殴而不是正当防卫。因此,将"基于事先产生的斗殴意图所实施的反击行为,不能认定为正当防卫"的裁判规则适用于本案,也会否定何强等人的行为构成正当防卫。如同本文前面所述,在事先具有斗殴意图的情况下,谁先动手谁后动手并不重要,而且在此地动手还是在彼地动手也不重要。只要在斗殴意图的支配下,双方实施了互相斗殴的行为,无论是谁先动手,也无论在何地动手,双方的行为都构成互殴,也就否定了正当防卫成立的可能性。

在本案中,曾勇等人到何强所在公司进行斗殴,对此情况,何强等人早有预料并做了工具上的准备。因此,对于何强等人来说,首先涉及刑法理论上的一个问题,那就是预期的侵害问题。事实上,何强等人并不是消极地在等待曾勇等人的上门斗殴,而是积极地准备工具,这又涉及刑法理论上的另一个问题,那就是积极的加害意思。对此,应从理论上进行分析。

预期的侵害也称为预期的危险,是指预想到侵害的存在。这种预期又可以分为抽象的预期和现实的预期。抽象的预期是指对于将来可能发生但并不十分确定的侵害,采取了预先的防御措施。例如,预先想到小偷可能到自己家里来盗窃,

---

① 参见陈兴良:《聚众斗殴抑或正当防卫:本案定性与界限区分》,载《人民法院报》,2012-04-13,003版。

因此采取了会致小偷伤残的防御措施。这种防御措施如果将危害公共安全，如为了防名贵花木失窃，在自家花房入口架设电网，则无论是致小偷伤亡还是致他人伤亡，均构成危害公共安全罪；如果并不危害公共安全，如在自家围墙上放置玻璃碎片，由此扎伤小偷，则应当认为其具有正当防卫的性质。现实的预期是指对于他人前来侵害已有预见，但并没有回避，而是准备了工具，在他人前来侵害的时候对他人进行了防卫。

关于预期的侵害，日本刑法学界主要讨论上述现实的预期侵害，并且是在双方具有防卫的紧迫性这一题目下展开讨论的。日本学者在论及尽管行为人已经预期到某种侵害，却并不回避，对此应该如何处理的问题时指出："所谓预期的危险，是指有意不回避某种当然能预见到的利益冲突状况。为此，可能也会被认为是，与自己创出利益冲突状况没有什么不同，因而可否定存在紧迫性。然而，当预见到对方的侵害时，总要求履行回避义务，这显然会限制行动自由。因此，在基于合理理由而不回避所预期的对方的侵害时，还是应肯定存在侵害的紧迫性。"① 由此可见，在具有预期侵害的情况下，并不回避这种侵害，在受到不法侵害时采取防卫措施的，应当认为具有防卫的紧迫性，并不否定行为人的防卫权。在本案中，仅仅根据何强等人获知曾勇将前来斗殴而事先准备工具这一点，尚不能认定其具有斗殴的故意，并据此将案件认定为互殴，从而排除正当防卫。问题的关键在于，还要进一步排除积极的加害意思。有对于积极的加害意思，有日本学者举例指出："在核心派的成员召开政治会议之时，遭到对立阵营革命派的袭击，而将革命派赶出了会场。预想到对方还会再来，而在会场用桌椅等构筑防御工事，并准备了铁管，等待对方的再次攻击。革命派果然再次过来，双方进入争斗状态。该案的争论焦点在于，核心派成员的准备行为是构成集团性暴力、伤害或准备凶器集合罪，还是构成正当防卫？对此，最高裁判所认为，《刑法》第36条的正当防卫以存在侵害的紧迫性为要件，但其宗旨并不在于，对已经预期

---

① ［日］西田典之：《日本刑法总论》，2版，刘明祥、王昭武译，139页，北京，法律出版社，2013。

的侵害，科以应当回避的义务，因此，即便是当然或几乎已确实地预期到侵害，也不应认为这种预期可直接导致侵害的紧迫性的丧失，然而，从该条将侵害的紧迫性作为要件的宗旨来看，在不限于不回避所预期到的侵害，而是出于利用此机会积极地向对方实施加害行为的意思而面对侵害的场合，认为这种行为并未满足侵害的紧迫性要件，这是合适的。这一般称为积极的加害意思。已经确立的判例理论认为，具有积极的加害意思时，否定存在紧迫性，既不成立正当防卫，也不成立防卫过当。"[①] 对于这里的"积极的加害意思"，我们也可以理解为双方事先具有斗殴的意图。这种事先的斗殴意图既可以是互相明示的，也可以是互相默示的。在本案中，何强等人的行为究竟属于在预期侵害即将发生情况下的防卫准备，还是在具有加害意思的斗殴意图支配下的互殴行为，就是一个值得探讨的问题。

从本案判决所认定的事实来看，"被告人何强与杨佳通过手机通话过程中，双方发生言语冲突，后被告人何强主动打电话给之前从未联系过的曾勇，双方恶语相向、互有挑衅。被告人何强随即三次打电话给被告人张胜，要求其带人至忠发公司。被告人张胜随即纠集了陈强、张人礼、龙云中及李毅夫至忠发公司，并在该公司内准备菜刀等工具。待人员就位、工具准备完毕后，被告人何强再次主动拨打曾勇电话，通话中言语刺激、互相挑衅，致使矛盾升级激化。"从判决书对案件事实的叙述中我们可以得出如下结论：何强等人并不是在得知曾勇等人要来寻衅后，消极准备工具、事先防御，而是事先在电话中互相挑衅，并在准备工具后再次打电话刺激对方。因此，本案中何强等人的行为被认定为互殴行为是具有事实根据和法理根据的。

四、"胡咏平故意伤害案"：预先准备工具的反击行为，不能被否定防卫性

在具有预期侵害的情况下，还存在一个事先准备工具的问题。现实生活中，

---

① [日]西田典之：《日本刑法总论》，2版，刘明祥、王昭武译，140页，北京，法律出版社，2013。

事先得知他人将对自己实行侵害,为了防御而准备工具的,能否由此推定为具有斗殴意图而否定此后反击行为的防卫性?这是一个关涉防卫与互殴区分的重要问题。不可否认,对此我国的司法实践中是存在分歧意见的,由此直接影响了对正当防卫的认定。"胡咏平故意伤害案"即为一例,其具体案情如下[①]:

  2002年3月19日下午3时许,胡咏平在厦门市某公司上班期间,与同事张成兵(案发后在逃)因搬材料问题发生口角,张成兵扬言下班后要找人殴打胡咏平,并提前离厂。胡咏平从同事处得知张成兵的扬言后即准备了两根钢筋条并将之磨成锐器藏在身上。当日下午5时许,张成兵纠集邱海华(案发后在逃)、邱序道在公司门口附近等候。在张成兵指认后,邱序道上前拦住刚刚下班的胡咏平,要把胡拉到路边。胡咏平不从,邱序道遂打了胡咏平两个耳光。胡咏平即掏出一根钢筋条朝邱序道的左胸部刺去,并转身逃跑。张成兵、邱海华见状,立即追赶并持钢管殴打胡咏平。尔后,张成兵、邱海华逃离现场,邱序道被送医院救治。经法医鉴定,邱序道左胸部被刺后导致休克、心包填塞、心脏破裂,损伤程度为重伤。

  对于本案,厦门市杏林区人民法院认为:被告人胡咏平在下班路上遭受被害人邱序道不法侵害时,即掏出钢筋条刺中邱序道,其行为属于防卫性质。被害人邱序道在殴打被告人胡咏平时未使用凶器,其侵害行为尚未达到对被告人胡咏平的性命构成威胁的程度,被告人胡咏平却使用凶器进行还击,致使被害人重伤。其防卫行为明显超过必要限度造成重大损害,属于防卫过当,构成故意伤害罪,但依法应当减轻处罚。据此,判决胡咏平犯故意伤害罪,判处有期徒刑1年。

  上述判决认定胡咏平刺伤被害人邱序道的行为具有防卫性,这是完全正确的。但是以邱序道未使用凶器为由,认定胡咏平的防卫行为超过了必要限度,则有所不妥。如果现场的不法侵害人只是邱序道一个人,这一认定当然是合理的,但现场除了邱序道,还有手持钢管的张成兵和邱海华两个人。本案实际上是三个

---

① 参见陈兴良、张军、胡云腾主编:《人民法院刑事指导案例裁判要旨通纂》,458页,北京,北京大学出版社,2013。

不法侵害人对一个人实施共同不法侵害。邱序道徒手打胡咏平两个耳光，只是这一不法侵害的序幕而已。如果不是胡咏平采取刺伤邱序道的防卫行为，张成兵和邱海华就会对胡咏平实施更为严重的不法侵害。即使是在胡咏平刺伤邱序道以后，张成兵、邱海华也立即追赶并持钢管殴打胡咏平。由此可见，只是根据邱序道一人的侵害行为就认定胡咏平的防卫行为过当，并不符合案件的实际情况。即便如此，厦门市杏林区人民检察院还是提出了抗诉，称胡咏平的行为不属于防卫过当。其理由如下：

（1）胡咏平主观上具有斗殴的故意。当他得知张成兵扬言要叫人殴打他后，应当向公司领导报告以平息事态，后退让回避。而胡咏平不但不报告，反而积极准备工具，说明他不惧怕威胁，有一种"逞能"心态——你敢叫人来打我，我就打你们，应推定其主观上具有斗殴的故意。

（2）胡咏平没有遭受正在进行的不法侵害。胡咏平遭受两耳光属于轻微伤害，对其人身安全造成的危害并不是重大的和紧迫的，不属于"正在进行的不法侵害"，不具有防卫的前提条件。

（3）胡咏平客观上实施了故意伤害的行为。根据刑法理论，行为人只有在不法侵害确实已经发生，且迫不得已无法逃避时，才能就地取材或夺取对方工具进行防卫。但胡咏平在脸部被打后，本可以向周围群众呼救或逃跑，但他立即掏出事先准备好的钢筋条捅刺对方，致对方重伤，属事前防卫，其行为已构成故意伤害罪。

以上抗诉意见几乎囊括了我国一些司法机关对正当防卫的所有误解与曲解，而这种误解与曲解居然发生在1997年刑法修订时从立法上扩大公民防卫权的背景之下。这着实有些令人难以理解。到底是一种什么样的思维定势导致对正当防卫的立法精神视而不见？

在以上抗诉意见中，我们可以列举出如下对正当防卫的错误观念：

（1）事先准备工具就推定为具有斗殴故意。抗诉意见不是根据客观事实，而是根据被告人事先准备工具而武断地推定被告人具有斗殴之故意，以此否定本案所具有的防卫性。在一个案件中，若不法侵害属于斗殴性质，则面对不法侵害采

取的防卫行为不可能是斗殴。只有在互殴的情况下，才能排除正当防卫。而是否属于互殴，要根据事先是否具有互殴的约定进行判断。不能简单地把面对不法侵害的防卫意图错误地推定为斗殴的故意。对此，本案的裁判理由论证了当人身受到威胁以后准备防卫工具的正当性，指出："行为人在人身受到威胁后但尚未受到危害前便准备工具的行为本身并不能说明是为了防卫还是斗殴，其目的只能根据相关事实和证据来确定，而不能恣意推测。"

（2）正当防卫须出于迫不得已。我国刑法根本就没有规定正当防卫必须迫不得已，只是对紧急避险规定了迫不得已。在刑法理论上都以此作为正当防卫与紧急避险的区分之一。但检察院的抗诉意见明确地把迫不得已当作正当防卫的条件，要求被告人只有在无法逃跑的情况下，才能实行正当防卫。这明显违反了刑法关于正当防卫的规定。正如本案的裁判理由指出的："抗诉机关认为，当一个人的人身安全面临威胁时，只能报告单位领导或公安机关，而不能做防卫准备，出门时只能徒手空拳，受到不法侵害时，只能呼救或逃跑，只有呼救或逃跑无效时才能就地取材或夺取对方工具进行防卫。这一观点显然不合情理，不利于对公民合法权利的保护，也与正当防卫的立法精神相悖。"

（3）防卫工具只能是就地取材或者夺取对方工具。这也是对正当防卫的严重误解。没有任何一部法律或者司法解释规定，防卫工具只能是就地取材或者夺取对方工具。只要具备了防卫条件，无论是事先准备的工具还是就地取材的工具，抑或夺取对方的工具，都可以构成正当防卫。对此，本案的裁判理由指出："被告人胡咏平在其人身安全受到威胁后遭到危害前准备防卫工具，并无不当，也不为法律所当然禁止。"

在本案中，二审判决驳回了抗诉，维持了一审判决。这虽然并不尽如人意，但毕竟肯定了防卫性质。

在本案中，涉及事先准备工具是否就应当被认定为具有斗殴故意的问题。可以说，法院判决否定了将事先准备工具等同于具有斗殴故意的观点，而确认了"在人身安全受到威胁后准备适当的防卫工具，在遭受不法侵害时利用该工具进

行反击的，不影响正当防卫的成立"[①]。根据以上裁判要旨，基于预期的侵害，对于事先准备工具的行为并不能得出行为人具有斗殴故意而否定此后的行为具有防卫性的结论。

五、结论

基于上述分析，关于防卫与互殴的界限，我们基本上可以得出以下结论：（1）基于斗殴意图的反击行为，不能被认定为防卫。（2）对不法侵害即时进行的反击行为，不能被认定为互殴。（3）具有积极的加害意思的反击行为，应当被认定为互殴。（4）预先准备工具的反击行为，不能被否定行为的防卫性。

(本文原载《法学》，2015（6））

[①] 陈兴良主编：《人民法院刑事指导案例裁判要旨集成》，12页，北京，北京大学出版社，2013。

正当防卫如何才能避免沦为僵尸条款

——以于欢故意伤害案一审判决为例的刑法教义学分析

正当防卫制度在我国刑法中占据着十分重要的地位，它被立法机关赋予了鼓励公民与犯罪作斗争的功能。在1997年刑法修订过程中，除刑法第20条第1款规定了正当防卫的概念以外，其第2款规定只有明显超过正当防卫必要限度，造成重大损害的，才构成防卫过当；其第3款则规定了无过当防卫，即对于严重危及人身安全的暴力犯罪，采取防卫行为，造成不法侵害人伤亡的，不属于防卫过当，不负刑事责任。可以说，立法机关对正当防卫与防卫过当作了十分有利于防卫人的规范设置。那么，在司法实践中，正当防卫与防卫过当的实际认定情况如何呢？这是一个值得研究的问题。本文对当前具有轰动效应的于欢故意伤害案进行分析，由此考察正当防卫制度在我国司法实践中的实际运作状态。

一、一审判决[①]

被告人于欢，男，1994年8月23日出生于山东省冠县，汉族，高中文化，

[①] 参见山东省聊城市中级人民法院（2016）鲁15刑初33号刑事附带民事判决书。

冠县工业园区源大工贸有限公司职工。2016年4月15日因涉嫌犯故意伤害罪被刑事拘留，同年4月29日被逮捕。现羁押于山东省冠县看守所。

山东省聊城市中级人民法院经审理查明：2014年7月，山东源大工贸有限公司（位于冠县工业园区）负责人苏银霞向赵荣荣借款100万元，双方口头约定月息10%。2016年4月14日16时许，赵荣荣以欠款未还清为由纠集郭彦刚、程学贺、严建军十余人先后到山东源大工贸有限公司催要欠款。同日20时左右杜志浩驾车来到该公司，并在该公司办公楼大门外抱厦台上与其他人一起烧烤饮酒。约21时50分，杜志浩等多人来到苏银霞和苏银霞之子于欢所在的办公楼一楼接待室内催要欠款，并对二人有侮辱言行。22时10分许，冠县公安局经济开发区派出所民警接警后到达接待室，询问情况后到院内进一步了解情况时，于欢欲离开接待室被阻止，与杜志浩、郭彦刚、程学贺、严建军等人发生冲突，于欢持尖刀将杜志浩、程学贺、严建军、郭彦刚捅伤。出警民警闻讯后返回接待室，令于欢交出尖刀，将其控制。杜志浩、严建军、郭彦刚、程学贺被送往医院抢救。杜志浩因失血性休克于次日2时许死亡，严建军、郭彦刚伤情构成重伤二级，程学贺伤情构成轻伤二级。

关于被告人于欢的辩护人提出于欢有正当防卫情节，系防卫过当，要求减轻处罚的意见，法院经审理认为：被告人于欢持尖刀捅刺多名被害人腹背部，虽然当时其人身自由权利受到限制，也遭到对方辱骂和侮辱，但对方均未有人使用工具。在派出所已经出警的情况下，被告人于欢和其母亲的生命健康权利被侵犯的现实危险性较小，不存在防卫的紧迫性，所以于欢持尖刀捅刺被害人不存在正当防卫意义的不法侵害前提，辩护人认为于欢系防卫过当以此要求减轻处罚的意见本院不予采纳。

关于附带民事诉讼原告人、被害人各诉讼代理人提出被告人于欢构成故意杀人罪并要求判处死刑立即执行的代理意见，法院经审理认为，被害人于欢被围困后，在接待室较小范围内持尖刀对四被害人腹、背各捅刺一刀，并没有表现出对某一被害人连续捅刺致其死亡的行为，也没有对离其较远的对方其他人捅刺。从被告人于欢当时所处环境以及对被害人捅刺的部位、刀数，结合于欢案发当日下

午起,一直受到被害人方要账纠缠,当公安人员到达现场后急于离开接待室的心态综合分析,于欢具有伤害对方的故意,公诉机关认定被告人于欢故意伤害罪符合主、客观相统一的定罪要求,不能因出现了被害人死亡结果而客观归罪,定性为故意杀人。尽管有证人证明听到被告人于欢说"弄死你"之类话,即使如此,也属在冲突过程中的斗狠之语,不能以此断定行为人的主观故意内容,各代理人的该代理意见本院不予采纳。

法院认为:被告人于欢面对众多讨债人的长时间纠缠,不能正确处理冲突,持尖刀捅刺多人,致一名被害人死亡、二名被害人重伤、一名被害人轻伤,其行为构成故意伤害罪,公诉机关指控被告人于欢犯故意伤害罪成立。被告人于欢所犯故意伤害罪后果严重,应当承担与其犯罪危害后果相当的法律责任。鉴于本案系在被害人一方纠集多人,采取影响企业正常经营秩序、限制他人人身自由、侮辱谩骂他人的不当方式讨债引发,被害人具有过错,且被告人于欢归案后能如实供述自己的罪行,可从轻处罚。遂依照《中华人民共和国刑法》第234条第2款、第61条、第67条第3款、第57条第1款、第36条第1款以及《最高人民法院关于适用〈中华人民共和国刑事诉讼法〉的解释》第155条第1款、第2款和《最高人民法院关于审理人身损害赔偿案件适用法律若干问题的解释》第17条、第19条、第20条、第21条、第27条之规定,判决如下:被告人于欢犯故意伤害罪,判处无期徒刑,剥夺政治权利终身。

二、案件事实

根据一审判决书认定的本案事实,以下四部分内容对于被告人于欢行为的定性具有重要价值。

(一)讨债

本案起因是讨债,这是判决书认定的事实。判决书表述为"催要欠款"。根据常识,欠债还钱乃是天经地义的,因此,从本案的起因来说,似乎讨要债务的一方处于道德上的优势,而被追偿债务的一方处于不利的地位。因此这起事件完

全可以被归结为：要债人被欠债人杀死。在这种情况下，被告人是难以获得同情的。其实，本案起因于讨债，这只是一种表象，还要进一步追问：讨要的是什么债务？根据判决书认定的债务利息可以断定，死者一方讨要的是高利贷。因此，本案的案件事实暴露了在我国某些地方盛行高利贷这样一种畸形的金融现象。

案发当天，赵荣荣以债权人身份纠集十余人向苏银霞讨债，随后离开现场。在现场讨债的十余人都不是债权人，而是赵荣荣找来专门讨债的人员，因此，这十余人本身并没有讨债的主体资格，这是一种非法讨债行为。但判决书中，讨要高利贷这一事实被有意遗漏了，从而给于欢后来的持刀伤害行为被认定为正当防卫带来了障碍。可以想见，如果本案被法院认定为正当防卫，那么非法讨要高利贷这一事实一定是会得到强调的。这种根据判决结论而选择性地叙述案件事实的做法，在司法实践中并不鲜见。

（二）拘禁

如果是正当债务，完全可以通过司法途径救济。而本案涉及的高利贷是不受司法保护的，因此，放贷人只能采取强硬方法进行讨要。这种讨债行为只要失控，就会演变为一场暴力。这无论是对于讨债人还是对于欠债人，都潜藏着重大的人身安全危险。根据判决书的描述，讨债是从当日下午4点开始的，直到晚上10点发生血案，持续了将近6个小时。这段时间，以晚上8点左右死者杜志浩的到场为界，可以分为前后两个阶段。在杜志浩到来之前，讨债人将于欢母子扣押在办公室。讨债人李忠证言说："要账的时候我们没有对苏银霞、于欢母子进行殴打，就让她们在屋子里待着了。他们往哪里去，我们就安排人跟着。没打他们，但是骂他们两句，说话糟蹋他们了。"因此，在这个阶段讨债的暴力特征还不明显，主要是进行辱骂。在杜志浩到来以后，讨债的暴力就开始升级。除将于欢母子拘禁在接待室以外，在此期间，讨债人，尤其是杜志浩，对于欢母子实施了侮辱和殴打等行为。其中，辩护方证人刘付昌证实"我发现在苏总和于欢坐的沙发前面有一个人面对他们两个，把裤子脱到臀部下面"。控告方证人张书森证实："要账的过程中，看见杜志浩把自己的裤子和内裤脱到大腿根，把自己的阴茎露出来对着欠账的女的，把欠账男孩的鞋脱下来，并在欠账母子面前晃了一

会，对着欠账女子说的话很难听，还扇过欠账男孩一巴掌。"由此可见，辩方证人和控告方证人都证实，杜志浩对于欢母子进行了言行侮辱，而且侮辱程度是相当恶劣的。当着于欢母子的面拉下裤子露出下体，这就是媒体渲染的"辱母"情节。因此，本案也被称为"辱母杀人案。"其实，在案件发生过程中虽然确实存在下流的侮辱情节，但这只是导致后来血案的一个导火索，当时并没有直接导致于欢动武。"辱母"情节对于本案在媒体上以惊人的速度传播具有重大作用，但它不是，也不应该是我们分析本案被告人于欢的行为是否构成正当防卫的重点。

（三）出警

在将近6个小时的拘禁过程中，虽然如前所述，讨债人对于欢母子进行了辱骂和殴打，但于欢并没有强烈反抗，其母苏银霞更没有反抗，这对母子始终采取一致隐忍的态度。除了欠债这一前提事实存在以外，双方的力量对比也是一个十分现实的问题。于欢母子根本不是讨债人的对手，如果反抗，肯定会招致更为严重的迫害。这是没有疑问的。在杜志浩露下体进行侮辱的情况下，苏银霞这方的人打"110"报警。根据判决书的认定，民警朱秀明、徐宗印出警来到现场，先是寻找报警人，当得知纠纷一方是在讨债以后，就说："你们要账行，但是不能动手打人。"说着就往外走，并没有隔离双方讯问情况。在此，涉及一个关键情节，即民警往外走是离开不再过问还是要进一步了解情况。这涉及民警的责任，同时涉及对于欢之防卫行为的性质认定，具有重要意义。监控录像显示："22时13分一辆警车到达，民警下车后进入办公楼；22时17分许部分人员送民警出来办公楼，有人回去。22时21分许，民警快速返回办公楼。"也就是说，民警出入接待室的时间是4分钟，即22时13分至22时17分。那么，22时17分至22时21分这段时间，民警到底是在离开状态还是了解情况，通过录像应该可以查清真相。判决认定民警从接待室出来是到院内进一步了解情况，这一认定是否系根据录像得出，无从得知。[①]

（四）捅刀

在民警往外走的时候，于欢也要往外走，利用民警在场之机，摆脱讨债人的

---

① 根据通报，出警的民警后被立案审查。

拘禁。但于欢的举动遭到了讨债人的阻止。此时，距离血案发生只有一步之遥。那么，此刻，在现场到底发生了什么事情呢？判决书认定："被告人于欢欲离开接待室被阻止，与杜志浩、郭彦刚、程学贺、严建军等人发生冲突。"那么，只是冲突这么简单吗？从判决书列举的证言来看，讨债方陈述只是不让于欢出去，而于欢和苏银霞都说对方打了于欢。双方证言的内容不一致。但在室外的证人刘付昌的证言为："我跑到办公楼里面，看见接待室里面那伙要账的人，围着于欢，有人拿着椅子朝于欢杵，于欢一直往后往南退。"在此，证人证实当时讨债人不仅阻止于欢，而且存在对于欢的暴力。从整个事态发展来看，在于欢捅刀的时候，于欢处于被殴打状态。在这种情况下，于欢顺手从办公桌上拿起一把水果刀，并且持刀对讨债人进行了事先警告。讨债人李忠对此的证言是："我听见于欢大声喊起来了：'你们谁也别过来！过来，我弄死恁！'我扭头一看，于欢手里拿着一把刀子在接待室东南角那里站着大声咋呼着。"其他讨债人也有类似陈述。请注意，证人在此使用了"大声"一词来形容于欢的警告，由此可见于欢警告的声音之大：尽管现场嘈杂，在场的讨债人应该都能听到于欢的警告声。然而，没有人相信于欢会捅刀子，讨债人仍然向于欢冲过去，试图制服于欢。悲剧就发生在这一刹那。讨债人么传行对此陈述道："女老板的儿子不知道从哪里拿的刀子，说：'别过来，都别过来，过来攮死恁'。杜三往前凑过去，我看见那个小子拿着刀子朝杜三正面攮了一下，郭彦刚从西边朝那个小子跟前一凑，想往西跑的时候，那个小子跳着往前伸了一下手，郭彦刚用手捂住后背了，随即就出血了，程学贺和严建军应该都是朝那个小子跟前走的时候被捅伤的。"这是对于欢在警告无效以后捅刀子情况最为详细的描述。该证言表明，死者与伤者都是在听到于欢的警告以后继续"往前凑"才被刀子捅到的。这里轻描淡写的"往前凑"三个字，其实含义是极为丰富的。其实，只要感同身受，我们都能理解这三个字所描述的实际状态。这里值得一提的是郭彦刚，他是被捅在背上。郭彦刚对此的陈述是："我看见于欢拿出一把刀子捅了一人一刀。我一看他拿着刀子杀人呢，我扭身往北跑，于欢一下子抓住我后领子了，捅了我后背一刀。于欢嘴里当时还说'弄死你'。"据此，这一刀是从背后捅的。对此，讨债人张书森也证实，郭彦刚

刚想跑被于欢用刀子捅了后背一刀。这一刀捅在背后，因此，在场的人都看到了捅在背后这一情节。于欢自己对此供述道："我就从桌子上拿刀子朝着他们指了指，说别过来。结果，他们过来还是继续打我，我就拿刀子冲围着我的人肚子上攮了一刀，一共攮了几个人记不清了，不是两个就是三个。"由此可见，在当时十分慌乱的情况下，于欢对上前冲过来的讨债人一顿乱捅，捅到谁算谁，捅到哪里算哪里，处于一种失控状态，而不是刻意捅某一个人或者某一个身体部位。讨债人程学贺对此陈述道："我返回接待室之后，屋里乱哄哄的，有个人拿着一个黑东西朝我肚上攮了一下，我一看是那个女老板的儿子攮的。我立刻捂住我的伤口了，郭彦刚当时也往外走，他一只手捂着后背。"根据这一描述，程学贺是在郭彦刚之后被捅的，换言之，郭彦刚并不是最后一个被捅的人。由此可以得出结论，于欢并不是在郭彦刚逃跑的时候追赶上来有意识地从背后捅刀子，而是在扭打当中刺中后背。更大的可能是，于欢乱捅的时候，郭彦刚见状慌忙转身逃窜，正好被刺中后背。这仍然属于防卫行为。

遗憾的是，以上这么丰富的打斗细节都被判决书遗漏了。判决书认定的伤害事实是："被告人于欢欲离开接待室被阻止，与杜志浩、郭彦刚、程学贺、严建军等人发生冲突，被告人于欢持尖刀将杜志浩、程学贺、严建军、郭彦刚捅伤。"在此，以下细节被忽略了：第一，杜志浩等人对于欢进行殴打的细节未见描述。第二，于欢使用的是接待室的水果刀，被判决书描述为尖刀，且随手从办公桌上取得的细节未见描述。第三，于欢捅刀子之前的警告，以及杜志浩等人在听到警告以后仍然冲向于欢的细节也未见描述。这些细节对于案件定性具有十分重要的意义。而这些细节在证言中都有，只不过没有被归纳到判决书的事实认定当中，因此也就没有作为案件性质认定的事实根据。这里存在一个判决认定的案件事实与证言、供述呈现的案件事实之间的一致性问题：前者应当是从后者提炼与归纳出来的。但在司法实践中，判决认定的案件事实会发生与判决书列举的证言、供述所反映的案件事实不一致的情形，有时判决甚至认定了与证言、供述所反映的案件事实相反的案件事实并且对此未予说明。在本案中，判决认定的案件事实省略了某些对于被告人于欢的行为认定为防卫的有利细节。这是值得注意的。

三、性质判断

对于本案的定性,于欢辩解系被控制在接待室、遭到对方殴打后所为,且对方有侮辱言行。辩护人提出被告人于欢的行为系防卫过当,被害人对本案的发生具有严重过错。但检察机关只认可被害人一方对本案的发生具有过错,认为可以从轻处罚,并且提出了判处无期徒刑以上刑罚的量刑建议。

那么,在本案中,被告人于欢捅刀子的行为是否构成正当防卫呢?对于这个问题,我们可以根据一审判决认定的案件事实和判决提供的证言所补充的事实,从以下四个方面进行评判。

(一) 本案中是否存在不法侵害

正当防卫是对不法侵害的反击行为,因此,不法侵害是正当防卫的起因。如果没有不法侵害,当然也就不存在对不法侵害的正当防卫。对于本案被告人于欢的行为是否构成正当防卫或者防卫过当的判断,首先需要考察在本案中是否存在不法侵害。

本案起因于讨债,这是没有问题的。如果是单纯的讨债,即使是讨要非法债务,当然不能被视为不法侵害,也不存在正当防卫问题。关键是讨债人在讨债过程中采取的手段是否属于不法侵害,如果属于不法侵害,则对方完全可以进行正当防卫。本案一审判决认为:"虽然当时其人身自由权利受到限制,也遭到对方辱骂和侮辱,但对方均未有人使用工具,在派出所已经出警的情况下,被告人于欢和其母亲的生命健康权利被侵犯的现实危险性较小,不存在防卫的紧迫性,所以于欢持尖刀捅刺被害人不存在正当防卫意义上的不法侵害前提。"这一裁判结论否定了在本案中存在不法侵害,因而否定了于欢的行为存在防卫性质。本案一审判决肯定在讨债过程中存在侮辱言行和限制人身自由的现象,但又认为人身受到侵害的现实危险性较小,不存在防卫的紧迫性。

如前所述,在讨债过程中,讨债人对于欢母子进行了极其下流的辱骂。更为出格的是,死者杜志浩脱下裤子,在近处将下体对着于欢母子。该行为明显属于

侮辱行为，性质极为恶劣。当然，在杜志浩实施上述侮辱言行的时候，于欢并没有当场进行防卫。因此，侮辱言行并不是本案的防卫起因，只是为此后的防卫提供了心理动因。在本案中最为明显的不法侵害还是非法拘禁行为。值得注意的是，本案一审判决并没有将讨债人的扣押行为认定为非法拘禁，而是界定为限制人身自由权利的行为。这里存在对我国刑法中的非法拘禁罪的理解问题。根据我国刑法第238条的规定，非法拘禁罪是指非法拘禁他人或者以其他方法非法剥夺他人人身自由的行为。因此，非法拘禁罪的本质特征是非法剥夺他人人身自由，至于采取何种方法并无限制。显然，非法剥夺人身自由与非法限制人身自由在性质上是不同的。根据我国刑法第241条第3款的规定，在收买被拐卖的妇女、儿童的情况下，限制其人身自由就可以构成非法拘禁罪。这是一个特别规定。在通常情况下，只有剥夺人身自由才构成非法拘禁罪，限制人身自由则不能构成非法拘禁罪。问题在于，本案中讨债人的行为是构成对于欢母子之人身自由的限制还是剥夺？本案的讨债从案发当天下午4点开始一直延续到晚上10点，并且，从证言描述来看，是将于欢母子扣押在一个特定场所，不让外出，吃饭也有人跟着。尤其是晚上8点左右杜志浩来到现场以后，将于欢母子拘禁在接待室长达两个小时。在此期间，杜志浩等对于欢母子进行辱骂和殴打。我国刑法第238条第3款专门规定了索债型非法拘禁罪，指出："为索要债务非法扣押、拘禁他人的，依照前两款规定处罚。"对照本案讨债人的行为，难道不正是对债务人实施了扣押和拘禁行为吗？[①] 根据最高人民检察院2006年7月26日《关于渎职侵权犯罪案件立案标准的规定》，非法剥夺他人人身自由，实施殴打、侮辱行为的，构成非法拘禁罪。因此，本案讨债人的行为已经构成非法拘禁罪，这是一种十分明显的不法侵害。

缺乏紧迫性是本案一审判决否定于欢之行为的防卫性质的一个主要理由。那么，什么是这里的紧迫性呢？笔者认为，作为防卫起因的紧迫性是指正在面对不

---

① 关于索债型非法拘禁罪的具体论述，参见陈山：《非法拘禁罪研究》，84页及以下，北京，中国社会科学出版社，2009。

法侵害，需要通过防卫来消除不法侵害。在这个意义上说，防卫的紧迫性也就是防卫的必要性，即不防卫无以排除侵犯。在本案中，面对的不法侵害主要是非法拘禁。那么，对非法拘禁行为是否可以进行正当防卫呢？在刑法理论上都认为对非法拘禁行为是可以实行正当防卫的。例如，笔者曾经对非法拘禁罪的正当防卫问题作过以下论述："非法拘禁罪所侵害的犯罪客体是公民的人身自由，而被害人实行正当防卫的目的也是为了解除拘禁，保护本人的人身自由。"[1] 在司法实践中，对非法拘禁行为实行正当防卫的案例较为罕见，但某些司法工作人员在分析一起非法拘禁引发的故意伤害案[2]时发表了否定对非法拘禁可以实行正当防卫的观点，指出："非法拘禁的危害行为现实存在，不具紧迫性。非法拘禁的行为后果已经产生，该不法侵害行为的状态仍然存在着，但不具有即时性、迫切性，因为被害人只是在刚开始对被告人实施了轻微的踢打行为，后来也只是对其进行言语的威胁，而后一直没对其进行其他的伤害。此外，该不法侵害的行为尚未达到一定的强度，不具有较强的威胁性。被害人在主观上只是为了恐吓被告人，最终的目的就是拿到被告人所欠的款项。因此，被害人在主观上不具有伤害或者杀人的故意。可以说，尽管现实的不法侵害尚未结束，但被告人的人身权益并没有处在现实、紧迫的威胁中，在该过程中进行正当防卫是不合适的。"[3] 这种观点认为非法拘禁行为不具有即时性和迫切性，因此不能对其进行防卫。笔者认为，这是对正当防卫性质的错误理解所致，对此将在下文进行专门探讨。事实上，只要存在客观现实的不法侵害，为了避免这种侵害，公民都可以对不法侵害人实行防卫，而没有忍受不法侵害的义务。除非侵害结果已经发生，不能通过防卫予以

---

[1] 陈兴良：《正当防卫论》，2版，209、210页，北京，中国人民大学出版社，2006。
[2] 该案的案情是：张某因赌博曾多次向黄某、龚某等人借款。2008年9月18日凌晨，张某因为无力归还欠款，被龚某、施某、陆某、黄某等人挟持至上海某旅店。当晚，黄某、龚某等三人留在该房间看管张某。21时许，张某为摆脱看管，持随身携带的不锈钢折叠刀，刺戳黄某的右胸部、右臂各一刀，右腿部一刀；刺戳龚某的胸部、左臂等处数刀，造成两人死亡、一人轻伤。关于对本案的处理存在以下两种不同的观点：第一种观点认为，被告人张某实施的伤害行为构成故意伤害罪，应追究其刑事责任。第二种观点认为，被告人张某实施的伤害行为是为了制止不法侵害，其所实施的行为属于防卫过当。
[3] 黄伯青：《是否具备紧迫性是构成正当防卫的关键》，载《人民法院报》，2009-11-11。

排除。非法拘禁具有对人身自由的侵害性,这是没有问题的。而且,非法拘禁罪属于继续犯,对他人进行扣押以后,他人的人身自由被剥夺的整个期间都属于犯罪行为进行的时间,被害人完全可以通过防卫解除非法拘禁的状态。至于是否过当,这是另外一个需要考察的问题。在本案中,非法拘禁持续时间长达六个多小时,在此期间不法侵害人不间断地对于欢母子进行辱骂、殴打和精神折磨,使于欢处于极度的心理紧张状态。在民警来到现场以后,于欢要求出去。这里的出去,应当被理解为解除非法拘禁状态。但讨债人仍然对此加以阻止,并且使用暴力殴打。在这种情况下,于欢使用从办公桌上拾起的水果刀捅刺杜志浩等讨债人,不能否定存在侵害的紧迫性。因此,在非法拘禁案件中,为解除对自己的非法拘禁,对拘禁人采取适当的暴力措施,应当认为具有防卫的性质。从整个案件看,于欢确实针对不法侵害采取了防卫措施,存在防卫起因。

(二)本案中的不法侵害是否正在进行

不法侵害正在进行是正当防卫的时间要件,只有对正在进行的不法侵害才能实行正当防卫。在针对非法拘禁行为进行防卫的情况下,因为非法拘禁罪具有继续犯的性质,因此,在非法拘禁持续的时间内,都应当认为不法侵害正在进行,可以实行正当防卫。从本案的案情来看,从下午4点到晚上10点都处于非法拘禁行为持续的时间。问题在于:经过报警以后,民警来到拘禁现场,此时是否消除了非法拘禁?本案一审判决在裁判理由中也强调在派出所已经出警的情况下,被告人于欢和其母亲的生命、健康权利被侵犯的现实危险性较小,不存在防卫的紧迫性。这里涉及对民警出警效果的判断,值得深入分析。其实,民警到场以后并没有意识到讨债人在对于欢母子进行非法拘禁,因此并没有制止讨债人的不法侵害,而只是说"要账可以,但是不能打人",说完就要离开。民警出警,应当被视为公权力的介入。于欢母子在受到讨债人的非法拘禁的情况下,通过报警获得公权力的救济,这是法律赋予的权利。可惜的是,出警的两位民警并没有及时解救于欢母子,这就使于欢绝望,也成为压垮骆驼的最后一根稻草。假设没有民警到场,这场讨债活动也许还会持续下去,如何收场当然无从得知。反倒是民警来而又去,刺激了于欢。于欢在也要走出拘禁场所而又遭受杜志浩等人暴力制止

的情况下，正好发现办公桌上有一把水果刀。事态由此直转急下，血案瞬间酿成。综观全案，在本案中不法侵害处于长时间的持续之中，于欢持刀捅刺之时，不仅针对非法拘禁行为，而且针对暴力阻止行为，存在防卫时间。

（三）本案适用刑法第20条第2款还是第3款的规定

这主要涉及对刑法第20条关于正当防卫之三款规定的理解。我国刑法第20条第1款对正当防卫的概念作了规定，第2款对防卫过当作了规定，第3款对无过当防卫作了规定，因此，这三款分别涉及正当防卫、防卫过当和无过当防卫这三种情形。关于这三款规定之间的逻辑关系，笔者认为，第2款以第1款为前提，而第3款是第2款的例外，即，在一般情况下，正当防卫超过必要限度构成防卫过当，而对防卫过当应当追究刑事责任。但在符合第3款规定的情况下，就不存在过当问题。这里应当注意，只有当不法侵害严重危害人身安全且具有暴力犯罪性质时才能适用第3款。如果这样认定，本案就要考虑是否存在暴力犯罪以及暴力犯罪是否达到了严重危害人身安全的程度。根据笔者的理解，刑法第20条第3款规定的严重危害人身安全的暴力犯罪，除强奸和绑架以外，其他情形应当达到致人死亡或者致人重伤的严重程度。从本案情况看，可能还没有达到这一程度。因为对方是来讨债的，其目的是为债权人实现债权。在讨债过程中虽然存在拘禁、殴打和辱骂等不法侵害行为，但这是为了对债务人施加精神压力，以便达到债务人还债的效果。从这个意义上说，本案中的讨债人并没有想要致于欢母子人身伤亡的目的和行为。因此，本案中于欢的行为不具备刑法第20条第3款无过当防卫的适用条件。

（四）若本案适用刑法第20条第2款，那么是否超过必要限度

在承认本案构成正当防卫的情况下，于欢捅死一人、捅伤三人的防卫行为是否超过正当防卫的必要限度构成防卫过当？这是一个在主张本案存在防卫前提的情况下，仍然存在争论的核心问题。应当指出，我国刑法第20条第2款规定，防卫过当是指明显超过必要限度。也就是说，即使超过必要限度，也不一定就构成防卫过当，而是还要考察是否明显超过必要限度。

关于正当防卫必要限度如何认定？这是一个在刑法理论上存在争议的问题。

这里可以用来参照的是日本刑法关于正当防卫的规定与防卫过当的判断标准。日本刑法第 36 条第 1 款规定，正当防卫必须是"不得已实施的行为"。日本学者认为这属于相当性要件。至于相当性的判断方法，日本学者认为可以分为行为相当性与结果相当性。行为相当性是指防卫行为与侵害行为之间具有相当性，只要行为具有相当性，即使防卫行为所造成的结果偶尔大于被侵害的法益，也认为不属于防卫过当。而结果相当性是指在考察是否超过必要限度的时候，不仅要看行为是否相当，而且还要结合结果进行整体的判断。日本学者西田典之教授认为，应当采取行为相当性的观点，但结果相当性在一定情况下也具有参考意义。① 我国刑法中的正当防卫没有"迫不得已"的要件，因此，从刑法条文规定来看，我国刑法规定的正当防卫的限度要比日本刑法规定的更为宽松。以往我国刑法理论主张相适应说，该说类似于日本刑法理论中的结果相当性的观点，因为在考察是否相适应的时候，更为偏重结果。笔者认为，对我国刑法中的必要限度的认定，要同时考虑必要性与相当性这两个因素。

  本案属于对非法拘禁罪的正当防卫，笔者曾经就考察对非法拘禁罪的正当防卫的必要限度作过以下论述："在确定对非法拘禁罪的正当防卫的必要限度时，首先要考察对不法侵害人造成的人身损害是否为解除拘禁所必需。例如，被害人从拘禁场所破门逃出，不法侵害人加以阻止，被害人为了脱身可以对不法侵害人实行正当防卫。但其防卫强度，只能限制在解除拘禁所必需的限度之内，否则就是超过了正当防卫的必要限度。当然，不法侵害人在拘禁过程中可能具有殴打、侮辱情节，或者被害人逃跑时可能受到不法侵害人的暴力阻止。被害人对此实行正当防卫，其必要限度还应以这种殴打、侮辱和暴力的强度、缓急为转移。"② 这段话并非针对具体案件，因此也许有些无的放矢。现在，本案为我们判断：考察对非法拘禁行为实行防卫的必要限度提供了一个绝佳的案例。

---

  ① 参见[日]西田典之：《刑法总论》，2 版，王昭武、刘明祥译，147～148 页，北京，法律出版社，2013。
  ② 陈兴良：《正当防卫论》，2 版，210 页，北京，中国人民大学出版社，2006。

在本案中考察于欢的防卫行为是否过当的时候，需要考虑以下因素：一是人数对比。对方人高马大，有11人，能够控制局面，而于欢母子2人，处在弱势局面。二是存在严重侮辱行为。虽然侮辱行为在前，但明显会引发于欢的激愤情绪，对于后来于欢采取的反击措施在心理上有刺激作用。三是侵害的时间长达六个小时，不是一般的拘禁，而是在持续的殴打和侮辱中长时间拘禁。四是警察出警之后不能有效解除不法侵害，致使于欢感到绝望。私力救济是在不能得到公力救济的特殊情况下，为维护自己的人身、财产安全而采取的措施。在本案中以民警出警为代表的公力救济虽然到场，但未能有效制止不法侵害。此时，于欢才寻求私力救济。五是于欢母子要出门时，对方暴力阻止，存在殴打行为，从而刺激了于欢。六是作案工具不是刻意准备的，而是随手从桌上拿的，这说明具有随机性。如果当时没有这把水果刀，于欢就不会实施捅刀子的防卫行为。所以，就地取材拿刀防卫具有一定的合理性。七是将多人捅伤是在对方围上来，阻拦于欢出去并予以殴打的情况下于欢的应激反应，具有一定的消极被动性。基于以上因素，不能简单地以死伤结果论，认为捅死捅伤人了就是过当。笔者认为，于欢的防卫行为没有明显超过正当防卫必要限度，不构成防卫过当，即使根据刑法第20条第2款的规定，也不能认为是防卫过当。因为对方实施了长时间地侮辱和殴打等非常过分的侵害，于欢是在公权力介入不能及时解除不法侵害的情况下实施的防卫行为，不应认为是超出了正当防卫的必要性。在考虑正当防卫的必要性时，不仅仅应当从客观上的暴力程度、力量对比来考察，还要考察于欢受到长时间折磨产生的压力和激怒，这些主观因素是免责的事由。虽然我国刑法没有明确规定，但在考察是否超过必要限度、于欢是否需要承担刑事责任时，还是应当考虑这些主、客观因素，综合进行分析。

这里应当指出，对于我国刑法第20条第2款与第3款之间的逻辑关系，我国学者虽然认为第3款是第2款的例外，但同时又依第2款对第3款进行反对解释，由此得出结论："并非对正在进行行凶、杀人、抢劫、强奸、绑架以及其他严重危及人身安全的暴力犯罪，采取防卫行为，造成不法侵害人伤亡的，属于防

卫过当，应负刑事责任。"① 据此，只要防卫行为造成不法侵害人伤亡，就构成第 2 款规定的防卫过当。在本案中，于欢的防卫造成了不法侵害人的伤亡，其又不属于第 3 款规定的无过当防卫，因此只能构成第 2 款规定的防卫过当。其理由在于："在普通防卫的情况下，防卫人所遭遇的只是不危及人身安全的普通不法侵害，却可以采取危及不法侵害者的人身安全的防卫手段，且可以在造成他人死伤的情况下不负刑事责任，这显然有失法益的平衡。"② 根据这种观点，对于普通正当防卫而言，只要造成不法侵害人伤亡的结果，就是防卫过当。对此，笔者完全不能认同。显然，这种观点不适当地限缩了正当防卫的范围，从而扩大了防卫过当的范围。事实上，在司法实践中也不是按照这种理解来认定正当防卫与防卫过当的。例如王洪军故意伤害案中，法院并没有把王洪军的防卫行为认定为刑法第 20 条第 3 款规定的无过当防卫，而是认定为普通防卫。虽然造成了不法侵害人死亡的后果，法院仍然认定为正当防卫而不是防卫过当。上述观点之所以偏颇，主要是因为论者错误地运用了反对解释的方法。在刑法解释学中，所谓反对解释是指对正面规定的法律条文从反面推断该法律条文的反面意思。反对解释是建立在逻辑学的反对关系的基础之上的，这里的反对关系是指 A 与非 A 的关系，而刑法第 20 条第 2 款与第 3 款之间并不是 A 与非 A 的关系，因此，不能通过对第 3 款的反对解释来限制第 2 款的内容。

四、反思与检讨

本案是作为控方的检察机关以故意伤害罪起诉的，而且检察机关没有认定防卫情节。检察机关这里涉及检察机关在正当防卫或者防卫过当认定中的作用问题。检察机关是公诉机关，对于公安机关移送的刑事案件，具有审查的职责。在审查起诉环节，检察机关如果认为犯罪嫌疑人的行为属于正当防卫，可以决定不

---

①② 邢馨宇：《于欢构成正当防卫的法解释学质疑——与陈兴良、周光权、徐昕教授商榷》，载 http://www.suilengeacom/show/bvvemhnd.html，最后访问日期：2017 - 09 - 06。

起诉；如果认为犯罪嫌疑人的行为属于防卫过当，可以决定不起诉，也可以决定起诉。但实践中，对于大量应当被认定为正当防卫或者防卫过当的案件，检察机关并没有作出正确认定，而是以普通犯罪起诉到法院。本案就是十分典型的例子。虽然检察机关的职责是指控犯罪，推进刑事司法程序，但检察机关在刑事诉讼过程中，同样具有保障犯罪嫌疑人的合法权利的职责。而在对公安机关移送的案件审查起诉过程中，根据事实和法律正确认定是否具有正当防卫或者防卫过当的性质，就是检察机关的重要职责。然而，检察机关在审查起诉的时候，更多考虑的是打击犯罪，而将保护人民的使命弃之一边。这是十分令人遗憾的。之所以出现这种现象，笔者认为，主要还是因为检察机关未能正确地履行自己的职责。

当案件被起诉到法院以后，如何正确认定正当防卫或者防卫过当，对于法院来说，也是一个考验。在本案中，一审法院没有正确认定正当防卫和防卫过当，而是简单地以检察机关建议的无期徒刑对于欢判刑。在全国具有重大影响力的媒体《南方周末》在2017年3月23日刊载了《刺死辱母者》一文，对本案进行了较为真实的报道，由此引发全国民众的关注，同时也引起最高人民检察院和最高人民法院的关注。可以说，本案是迄今为止关注度最高的一起正当防卫案件。如果没有媒体报道，本案也会像其他案件一样悄无声息地消失在案件的汪洋大海之中。要知道，全国每年审理的案件在130万件左右。

从本案中，可以发现我国司法工作人员对正当防卫的各种错误观念。如果不对这些错误观念进行反思和检讨，我国正当防卫制度仍然会被束之高阁，正当防卫的规定也就会沦为僵尸条款。

（一）误区之一：只能对暴力行为防卫，对非暴力侵害不能防卫

防卫行为必然表现为暴力，这是法律赋予公民的权利，因此，它是一种合法的暴力。基于这种认知，一般把防卫客体限于暴力，只有对暴力侵害才能进行正当防卫。由此，正当防卫就具有以暴制暴的性质。在这种情况下，对非暴力侵害就不能进行防卫。笔者认为，这种理解是偏颇的。对于严重危及人身安全的暴力侵害，我国刑法第20条第3款专门规定了无过当防卫。第2款规定的防卫过当，其防卫客体包括两种情形：第一种是没有达到严重程度的暴力犯罪。因为没有达

到严重程度，因此虽然是暴力犯罪，但不能适用第3款进行无过当防卫，而属于第2款的防卫客体。如果正当防卫超过必要限度，则构成防卫过当。第二种是非暴力犯罪，例如非法拘禁、非法侵入住宅、入室盗窃以及其他侵害人身权利或者财产权利的不法侵害。在日本刑法理论中，对作为防卫客体的不法侵害在理解上是极为宽泛的。例如，日本学者大塚仁教授指出："所谓侵害，就是对他人的权利造成实害或者危险，不问是故意行为还是过失行为，是基于作为还是不作为。而且，也不要求是相对于犯罪的行为。"① 大塚仁教授还具体论述了对于侵入住宅不退出的人采取措施拉到屋外，属于对基于不作为的侵害的正当防卫。

在我国司法实践中，也存在对非法侵入住宅行为的防卫。例如，赵泉华故意伤害案就是对非法侵入他人住宅行为实行防卫的案例。

上海市闸北区人民法院经公开审理查明：赵泉华与王企儿及周钢因故在上海市某舞厅发生纠纷。事后王自感吃亏，于2000年1月4日19时许，与周钢共同到赵泉华家门口，踢门而入，被在家的赵泉华用凶器打伤。经法医鉴定，王企儿头面部多处挫裂伤，属轻伤。

上海市闸北区人民法院一审认为：被告人赵泉华故意伤害他人身体，致人轻伤，其行为构成故意伤害罪，依法应予惩处，鉴于赵泉华案发后的行为可视为投案自首，依法可以从轻处罚。遂依照《中华人民共和国刑法》第234第1款、第67条第1款和第72条的规定，判决被告人赵泉华犯故意伤害罪，判处拘役3个月，缓刑3个月。

一审宣判后，赵泉华不服，提起上诉，认为其行为属正当防卫。

上海市第二中级人民法院经公开审理查明：赵泉华与王企儿、周钢原本不相识，双方在舞厅因琐事发生过争执。事后，王企儿、周钢等人多次至赵泉华家，采用踢门等方法，找赵泉华寻衅，均因赵泉华避让而未果。2000年1月4日晚7时许，王企儿、周钢再次至赵泉华家，敲门欲进赵家，赵未予开门。王、周即强

---

① ［日］大塚仁：《刑法概说（总论）》（第3版），冯军译，375页，北京，中国人民大学出版社，2003。

行踢开赵家上锁的房门（致门锁锁舌弯曲）闯入赵家，赵为制止不法侵害，持械朝王、周挥击，致王企儿头、面部挫裂伤，经法医鉴定属轻伤；致周钢头皮裂伤、左前臂软组织挫裂伤，经法医鉴定属轻微伤。事发当时由在场的赵的同事打"110"报警电话，公安人员到现场将双方带至警署。

上海市第二中级人民法院认为：王企儿、周钢为泄私愤曾多次上门寻衅，此次又强行踢开赵家房门闯入赵家实施不法侵害。赵泉华为使本人的人身和财产权利免受正在进行的不法侵害而采取的制止不法侵害的行为，虽造成不法侵害人轻伤，但赵的行为未明显超过必要限度造成重大损害，符合我国刑法关于正当防卫构成要件的规定，是正当防卫，依法不应承担刑事责任。原判决未对王企儿、周钢的不法侵害行为作出正确认定，仅根据赵泉华对王企儿造成的伤害后果认定赵泉华的行为构成犯罪并追究刑事责任不当，应予纠正。赵泉华的上诉理由应予采纳。遂依照《中华人民共和国刑事诉讼法》第189条第2项、《中华人民共和国刑法》第20条第1款的规定，判决：（1）撤销上海市闸北区人民法院（2000）闸刑初字第628号刑事判决；（2）上诉人（原审被告人）赵泉华无罪。

赵泉华故意伤害案是一个对非法侵入住宅行为进行防卫而被认定为正当防卫的典型案例。一审判决将其认定为防卫过当，二审判决改判为正当防卫。二审判决的裁判理由指出：本案中赵泉华与王企儿、周钢原本不相识，双方在舞厅因琐事发生争执。人们在社会生活中相互之间产生矛盾、发生摩擦是经常发生的，但王企儿、周钢等人事后多次到赵泉华家采用踢门等方法，找赵泉华寻衅，均因赵泉华避让而未果，说明赵泉华不想再发生争执，也说明了其根本没有非法伤害对方的主观故意。然而，王企儿、周钢却屡屡找赵泉华寻衅。2000年1月4日晚，王企儿、周钢再次至赵泉华家，在踢开赵家房门后强行闯入赵家，致赵家房门锁舌弯曲，家中凌乱，一些物品被损坏。王企儿、周钢不经住宅主人同意，强行破门闯入他人住宅，侵犯了他人的合法权利，在性质上当然是一种不法侵害行为。我国宪法第39条规定、中华人民共和国公民的住宅不受侵犯，禁止非法搜查或者非法侵入公民的住宅。我国刑法第245条规定了非法侵入住宅罪，非法侵入他人住宅的，

处3年以下有期徒刑或者拘役。非法侵入他人住宅,表现为未经住宅主人同意,非法强行闯入他人住宅,或者经住宅主人要求其退出仍拒不退出,妨害他人正常生活和居住安全的行为。对非法侵入住宅的行为,住宅主人有权自行采取相应的制止措施,包括依法对非法侵入者实施必要的正当防卫。本案中,赵泉华针对王企儿、周钢非法侵入其住宅的行为,行使的正是正当防卫的合法权利。[①]

当然,因为非暴力侵害对人身权利的侵害程度较轻,因此不能采取过于激烈的暴力进行防卫,否则就会构成防卫过当。由此可见,那种认为只有对暴力侵害才能进行正当防卫,对非暴力侵害不能进行防卫的认识是不能成立的。

在大量案件中,暴力侵害与非暴力侵害是夹杂在一起的,本案也是如此。如果是单纯的非法拘禁行为,可以说是非暴力的侵害,但在扣押被害人的时候会采取暴力手段,而且,在非法拘禁过程中,也伴随着辱骂和殴打。就非法拘禁罪而言,在客观上与绑架罪表现无异,只不过,非法拘禁罪是不以勒索财物为目的的绑架罪,反之,绑架罪是以勒索财物为目的的非法拘禁罪,因为,根据我国刑法第238条第3款的规定,以索要债务为目的扣押、拘禁他人,应当以非法拘禁罪论处。可以想见,本案中如果对方的主观目的不是索要债务而是勒索财物,那么,于欢的行为被认定为正当防卫就不会存在争议。因此,不能认为对非暴力侵害不能进行防卫。至于是否超过必要限度,那是一个防卫程度的判断问题,不应与防卫性质相混淆。

(二)误区之二:只有在暴力侵害发生的一刹那,才能实行防卫

刑法规定只有对正在进行的不法侵害才能实行正当防卫。如何理解不法侵害的正在进行?这是在认定不法侵害的时候特别容易发生错误理解的问题。最为容易发生的错误理解就是,把不法侵害仅仅视为侵害的一刹那。例如,于欢用刀杀人情形就是举刀砍下来的时刻,于欢用枪杀人情形就是扣动扳机的时刻。如果这样理解,则防卫分寸的把握简直就是千钧一发,几乎就没有给防卫留下必要的时

---

① 参见最高人民法院刑事审判第一庭、第二庭编:《刑事审判参考》,第38集,103页,北京,法律出版社,2004。

间。一般人不可能如此精准地掌握防卫时间,因此,无论防卫迟早,都绳之以法、论之以罪,对防卫人实在没有公正可言。笔者认为,对不法侵害应当整体进行考察,从开始到结束,并不是只有杀伤的那一刹那才能实行防卫。就不法侵害的起始时间而言,只要发现对方具有侵害的现实可能性,就可以实行防卫。例如,对于持枪的不法侵害,只要发现对方有举枪射击的迹象就可以实行防卫;对于持刀的不法侵害,只要发现对方逼近自己就可以实行防卫,就不法侵害的结束时间而言,不能认为侵害人的侵害举动完成,就不能再实行防卫,而是要看是否存在再次侵害的可能性,只要侵害的危险没有排除,就可以实行防卫,除非侵害结束以后,侵害人已经脱离现场。在后一种情况下,再次侵害的危险已经排除,被侵害人的人身安全已经得到保障,就不能再以防卫为名对侵害人进行报复。

就防卫时间而言,本案的情况较为复杂。法院之所以没有认定于欢的行为具有防卫性质,主要理由之一是在派出所已经出警的情况下,于欢和其母亲的生命、健康权利被侵犯的现实危险性较小,不存在防卫的紧迫性。事实上,民警来到事发现场以后,并没有制止非法拘禁行为,因此不能认为因为民警的到来于欢母子的人身安全便获得了保障。更为重要的是,在于欢往外走的时候,讨债人进行了殴打阻止。在这种情况下,除非于欢忍受非法拘禁,否则不使用暴力防卫手段就难以解除非法拘禁状态。可以说,于欢是对正在进行的不法侵害实行防卫的。而且,从对于欢母子的整个不法侵害过程来看,从下午4点持续到晚上10点,在此过程中的辱骂殴打都对于欢形成强烈的心理刺激,这与此后于欢采取激烈的防卫措施具有密切关系。只有把前因后果结合起来进行分析,才能认识到于欢实行防卫的合理性与必要性。

(三)误区之三:只要双方打斗就是互殴,就不是防卫

在正当防卫或者防卫过当未被认定的案件中,将正当防卫或者防卫过当与互殴相混淆,是我国司法实践中较为常见的情形。在对方已经实施侵害的情况下,被侵害人对侵害行为的反击在客观上呈现出来的就是双方互相打斗,因此具有互殴的外观。如果不能明确地区分防卫与互殴,则正当防卫制度就会深陷互殴的泥潭而不能自拔。将防卫与互殴予以区分就如同去除连泥拔出的莲藕身上的污泥,

还其洁白的本色。

防卫与互殴虽然具有相似的外观,但两者存在根本的区分,这就是事先是否具有殴斗的合意。只有事先双方经过约定,具有互相殴斗的合意,此后的相互打斗行为才能被认定为互殴,双方的行为都不具有防卫的性质。如果一方首先对另一方进行侵害,则另一方的反击行为不能被认定为斗殴而是防卫。确实,在防卫与互殴这两种情形中,都存在双方之间的互相侵害。笔者在《防卫与互殴的界限》一文中,对于区分防卫与互殴主要提出了两个区分的关键点:(1)基于斗殴意图的反击行为,不能被认定为防卫。(2)对不法侵害即时进行的反击行为,不能被认定为互殴。①据此,只有在事先具有互相殴打的约定时才能认定为互殴。如果没有这种约定,在一方首先对他人进行侵害的情况下,只要是制止他人侵害的行为,都应当被认定为具有防卫性质。

问题的关键是:在一方的侵害行为已经完成以后,被侵害人在何种情况下的反击行为应该被认定为防卫?从防卫这个用语的本来含义而言,其具有防止侵害的意思,因此,在不法侵害实施之前或者之时实行防卫,避免不法侵害的意味更加明显,更容易被认定为具有防卫性质。但在侵害完成以后,似乎不存在防卫的前提,因而容易将反击行为认定为报复性殴打,进而认定为互殴。笔者认为,不能简单地说侵害完成就没有防卫的余地,因为在许多情况下,侵害不是一次性的而具有连续性,第一次侵害结束不等于全部侵害完成。在还不能排除后续侵害到来的情况下,被侵害人完全有权进行防卫。这种防卫与互殴在性质上存在区分:防卫是正与不正之关系,而互殴是不正与不正之关系。将具有防卫性质的反击行为认定为互殴,是混淆了正与不正之关系,殊不可取。只有在侵害结束以后,侵害人不再具有再次侵害的现实可能性,被侵害人的人身安全已经得到了保障的情况下,仍然采取暴力进行报复,才不具有防卫性质。

防卫与互殴的区分,主要在于起因性质的判断。在互殴的情况下,挑起事端的一方的行为属于不法,其应当具有对招致的反击行为的忍受义务。反之,面对

---

① 参见陈兴良:《防卫与互殴的界限》,载《法学》,2015(6),137页。

他人的无端侵害,被侵害人则没有忍受的义务而有防卫的权利。在目前司法实践中发生的将防卫混淆为互殴的案件中,司法机关往往将事态的起因轻描淡写地描述为"因琐事引起纠纷"或者"因某事产生冲突"。这种判断似乎具有中立性,但完全是不分是非,为此后的错误判断埋下了伏笔。例如在本案中,判决认定"被告人于欢面对众多讨债人的长时间纠缠,不能正确处理冲突"。该判词一方面把讨债人对于欢母子的长时间非法拘禁认定为只是互相的"冲突";另一方面指责于欢"不能正确处理冲突"。这样的司法判断完全背离了常识,而且也与刑法规定相抵触,由此引发民意的爆发。

(四)误区之四:只要发生死伤结果,就是防卫过当

虽然防卫是正当的,但任何事物都有其界限,正如真理向前迈进一步就是谬误,正义向前迈进一步就是不义。我国刑法第 20 条第 3 款规定的无过当防卫,似乎取消了必要限度这一限制。但实际上,面对严重的暴力犯罪进行防卫,即使造成侵害人伤亡,也不会超过必要限度。因此,立法者直接将其认定为正当防卫,取代了司法机关对于是否超过必要限度的判断权。至于第 2 款,仍然保留了防卫过当的规定,由此需要对这种普通正当防卫是否超过必要限度进行司法判断。在是否超过正当防卫必要限度的判断中,存在一个最大的认识误区就是:只要发生死伤结果就是防卫过当。如前所述,我国学者甚至认为第 2 款的防卫后果根本就不包括重伤和死亡。换言之,只要防卫行为造成重伤或者死亡就是防卫过当。对于这种在司法实务中和刑法理论上存在的做法和说法,笔者殊不以为然。在日本刑法理论上存在行为相当性和结果相当性之分,这种只要发生死伤的结果就是防卫过当的观点,类似于结果相当性说。其实,任何防卫行为都可能会造成不法侵害人一定的伤亡结果,问题只是在于:这种伤亡结果是否为制止不法侵害所必要?是否与侵害行为相适应?在此,应该考虑更多的是在行为具有防卫性的基础上,再考察行为强度和结果避免的可能性。只有在当时推定的时空环境中可以并且完全能够采取强度较轻的反击行为进行防卫的情况下,防卫人没有控制反击强度而采取了明显超过必要限度的防卫措施的,才能认定为防卫过当。反之,如果在当时的情况下,只能采取一定强度的反击措施,即使造成了一定的伤亡结

果，也不能认为超过了正当防卫的必要限度，因为在这种情况下，死伤的防卫结果具有难以避免性。对防卫过当的判断，不应苛求被侵害人，而应当设身处地地考虑。尤其是，根据我国刑法规定，防卫不需要迫不得已，只有紧急避险才需要迫不得已。对于正当防卫是否超过必要限度的判断，应当是行为时的判断，而不是行为后的判断。在进行这种判断的时候，不仅要考虑防卫行为与侵害行为在客观上是否具有相当性，而且要考虑侵害行为对防卫人造成的心理恐慌、激愤，由此带来认识能力和控制能力的减弱，因而不能十分准确地把握防卫限度。在王洪军故意伤害案和本案中，被告人都是使用刀具进行防卫：王洪军的刀具是随身携带的，于欢的刀具是随手从办公桌上取得的，如果不是使用执刀乱捅的方法进行防卫，可能就不会发生伤亡结果。但在当时只有刀具可以作为防卫工具的情况下，还要求王洪军和于欢放弃使用刀具而设法寻找其他防卫工具，既不合理，也不合法。

综上所述，笔者认为，对于正当防卫应当达成如下共识：降低正当防卫包括防卫过当的认定标准，就是提高不法侵害人的违法成本；提高正当防卫包括防卫过当的认定标准，就是增加被侵害人的维权成本。反思应当认定而没有认定正当防卫的司法偏差，纠正错误观念。打击犯罪虽然是司法机关的不可推卸的职责，但司法机关在履行这一职责的时候，首先应当区分罪与非罪，以便准确地打击犯罪，而不能误将防卫认定为犯罪，唯此才能获得司法正义。

五、结语：针对二审判决的评论

以上是针对于欢故意伤害案的一审判决所作的法理分析。在完成本文以后，本案的二审有了新的进展。2017年5月27日，山东省高级人民法院二审公开开庭审理了本案。二审庭审时重点围绕上诉人的上诉理由，原审判决认定的事实、证据，以及各方提交的新证据等进行法庭调查。在法庭辩论阶段，庭审焦点是于欢的行为是否属于正当防卫。检察员认为于欢的行为应被认定为防卫过当，于欢及辩护人认为属于正当防卫，被害人的诉讼代理人则认为构成故意杀人罪或故意伤害罪。经过一天的庭审，参加诉讼各方充分发表意见后，法庭宣布择期宣判。

2017年6月24日山东省高级人民法院对本案作出二审判决：上诉人于欢持刀捅刺杜志浩等四人，属于制止正在进行的不法侵害，其行为具有防卫性质；其防卫行为造成一人死亡、二人重伤、一人轻伤的严重后果，明显超过必要限度造成重大损害，构成故意伤害罪，依法应负刑事责任。鉴于于欢的行为属于防卫过当，于欢归案后能够如实供述主要罪行，且被害方有以恶劣手段侮辱于欢之母的严重过错等情节，对于欢依法应当减轻处罚。由此可见，二审判决认定于欢的行为具有防卫性质，但该防卫行为超过了正当防卫的必要限度，构成防卫过当。二审法院以于欢犯故意伤害罪，判处有期徒刑5年。由此，喧嚣了数月的本案终于落下了帷幕，二审判决给出了最终的结果。

关于于欢的行为是否具有防卫性质，二审判决指出："经查，案发当时杜志浩等人对于欢、苏银霞实施了限制人身自由的非法拘禁行为，并伴有侮辱和对于欢间有推搡、拍打、卡颈部等肢体行为。当民警到达现场后，于欢和苏银霞欲随民警走出接待室时，杜志浩等人阻止二人离开，并对于欢实施推拉、围堵等行为，在于欢持刀警告时仍出言挑衅并逼近，实施正当防卫所要求的不法侵害客观存在并正在进行。于欢是在人身安全面临现实威胁的情况下才持刀捅刺，且其捅刺的对象都是在其警告后仍向前围逼的人，可以认定其行为是为了制止不法侵害"。在以上认定中，对于于欢受到正在进行的不法侵害作了肯定性的认定。在本案中，不法侵害具有持续性和复合性的特征。所谓持续性的侵害是指以非法拘禁为主的不法侵害长时间处于持续状态，例如在本案中，于欢在身体上长时间被限制自由，精神上不间歇性地受到紧张、压抑。对于对这种持续侵害的防卫，应当充分考虑其特殊性。对此，周光权教授指出："在持续侵害中，不法行为的成立和既遂往往都相对较早，但犯罪行为在较长时期内并未结束，在犯罪人彻底放弃犯罪行为之前，违法状态也一直持续，犯罪并未终了，在此过程中，防卫人理应都可以防卫。"[①] 周光权就对持续侵害的防卫所作的论述是完全正确的，对于

---

① ［日］大塚仁：《刑法概说（总论）》（第3版），冯军译，375页，北京，中国人民大学出版社，2003。

本案中于欢的行为是否具有防卫性的认定具有重要参考价值。除侵害的持续性以外，笔者认为，在本案中侵害还具有复合性。复合性是相对于单一性而言的，大多数防卫都是针对单一的不法侵害，但也存在对复合的不法侵害所实行的防卫。所谓复合性的侵害是指各种不同的侵害行为掺杂或者相续，形成对他人的不同法益的侵害。例如在本案中，既有以索债为目的的非法拘禁，又有对于欢母子的言语侮辱和殴打等行为。复合性的不法侵害具有弥散性的特征，于对防卫的认定也会带来一定的影响。

关于于欢的防卫行为是否属于防卫过当，二审判决指出："评判防卫是否过当，应当从不法侵害的性质、手段、紧迫程度和严重程度，防卫的条件、方式、强迫和后果等情节综合判定。根据本案查明的事实及在案证据，杜志浩一方虽然人数较多，但其实施不法侵害的意图是给苏银霞夫妇施加压力以催讨债务，在催债过程中未携带、使用任何器械；在民警朱秀明等进入接待室前，杜志浩一方对于欢母子实施的是非法拘禁、侮辱和对于欢拍打面颊、揪抓头发等行为，其目的仍是逼迫苏银霞夫妇尽快还款；在民警进入接待室时，双方没有发生激烈对峙和肢体冲突，当民警警告不能打架后，杜志浩一方并无打架的言行；在民警走出接待室寻找报警人期间，于欢和讨债人员均可透过接待室玻璃清晰看见停在院内的警车警灯闪烁，应当知道民警并未离开；在于欢持刀警告不要逼过来时，杜志浩等人虽有出言挑衅并向于欢围逼的行为，但并未实施强烈的攻击行为。即使四人被于欢捅刺后，杜志浩一方也没有人对于欢实施暴力还击行为。因此，于欢面临的不法侵害并不紧迫和严重，而其却持利刃连续捅刺四人，致一人死亡、二人重伤、一人轻伤，且其中一人即郭彦刚系背后被捅伤，应当认定于欢的防卫行为明显超过必要限度造成重大损害。"在以上对防卫过当的认定中，二审判决强调了以下因素：第一，不法侵害人在催债过程中未携带、使用任何器械。第二，不法侵害行为表现为非法拘禁、侮辱和对于欢拍打面颊、揪抓头发等行为。第三，在于欢实行防卫时，民警并未离开，而且不法侵害人只是对于欢围逼，没有强烈的攻击行为。第四，不法侵害人之一郭彦刚系背后被捅伤。第五，造成了一人死亡、二人重伤、一人轻伤的严重后果。如果对于欢面对的不法侵害孤立或者分散

地进行分析，确实会得出防卫过当的结论。而且在当前司法实践中，大量防卫行为被认定为普通犯罪的情况下，二审判决将于欢的行为认定为防卫过当，已经是一种进步。然而，于欢的行为是否超过正当防卫的必要限度，笔者认为还是存在探讨空间。应当承认，本案中的不法侵害是具有特殊性的，这就是前述的持续性和复合性。因此，在判断于欢的行为是否超过正当防卫必要限度的时候，同样应当考虑不法侵害的特殊性，从整体的视角进行分析。例如，二审判决强调对方没有使用器械而于欢动刀了，由此得出武器不对等。但于欢只是母子二人，而对方有十一人之多，这种人数的严重不对等，在是否过当的判断中却没有受到重视。二审判决强调不法侵害并不严重，只是非法拘禁和侮辱、殴打等，没有造成伤害后果。但死者杜志浩的辱母情节没有得到强调。当然，辱母情节可以包含在侮辱行为之中。但辱母并不是通常的贬低人格，而是性质十分恶劣的性羞辱，而且是当着于欢对其母进行侮辱。虽然在辱母的当时于欢并未进行防卫，而是在辱母以后二十多分钟才发生捅刀子事件，但不可否认，辱母以及整天的殴打和拘禁、辱骂累积的情绪，对于此后捅刀子事件爆发，起到了重要的作用。因此，对于于欢的防卫行为是否过当，不能仅以面对围逼时刻的暴力程度作为判断基准，而是要结合前后一天不法侵害人的所作所为进行综合判断。只有这样，才不至于得出于欢面临的不法侵害并不紧迫、并不严重的结论。至于一人死亡、二人重伤、一人轻伤的后果，从表面来看是严重的，但于欢对这四个围逼自己的不法侵害人每人都只是刺了一刀，就此而言，还是有节制的。而且，于欢并没有追赶不法侵害人。二审判决中提及的郭彦刚系背后被捅伤，是于欢出手以后郭彦刚见状转身逃跑所致，而不是郭彦刚逃跑以后，于欢从背后刺中。总之，在肯定于欢的行为构成防卫的前提下，很难说其防卫行为是明显过当的。防卫过当的认定未能充分考量本案中不法侵害的特殊性，不能不说是平衡正与不正双方利益的结果。这是令人遗憾的。

（本文原载《法学家》，2017（5））

赵宇正当防卫案的法理评析

一、基本案情

2018年12月26日晚23时许，李华与邹过滤酒后一同乘车达到邹过滤位于福州市晋安区F镇村C公寓4楼C118的暂住处。二人在邹过滤暂住处发生争吵，李华被邹过滤关在门外，便酒后滋事，用力踢踹邹过滤暂住处的防盗门，强行进入房间，与邹过滤发生肢体冲突，引来邻居围观。此时，暂住在该楼5楼C219单元的赵宇听到叫喊声，下楼查看，见李华把邹过滤摁在墙上并殴打其头部。为制止李华的伤害行为，赵宇从背后拉拽李华，两人一同摔倒在地。起身后，李华挥拳打了赵宇两拳，赵宇随即将李华推倒在地，并朝倒地的李华腹部踹了一脚。后赵宇拿起房间内的凳子欲砸向李华，被邹过滤拦下，随后赵宇被其女友劝离现场。李华被踢中腹部后横结肠破裂。经法医鉴定，李华伤情属于重伤二级，邹过滤的伤情属于轻微伤。

二、诉讼过程

2019年2月20日，福州市公安局晋安分局以赵宇涉嫌过失致人重伤罪向晋

安区人民检察院移送起诉。2019年2月21日，晋安区人民检察院以防卫过当作出相对不起诉决定。

三、评论意见

我国刑法第20条规定的正当防卫，根据防卫目的的不同，可以区分为保护本人的正当防卫和保护他人的正当防卫。在司法实践中，大部分正当防卫都属于保护本人的正当防卫，存在少数保护他人的正当防卫。在保护他人的正当防卫中，又有些属于保护亲属的正当防卫，只有个别保护与自己完全没有关系的他人的正当防卫，这种正当防卫具有见义勇为的性质。对于这种见义勇为的正当防卫案件，司法机关在处理的时候应当充分考虑案件的特殊性以及社会影响，追求法律效果和社会效果的统一。

从赵宇正当防卫案的处理来看，公安机关将该案作为普通犯罪案件处理，没有认定本案具有防卫性质；检察机关虽然认定本案具有防卫性质，但同时认定赵宇的防卫行为超过了正当防卫的必要限度。由此，引申出正当防卫案件处理中的两个问题。

（一）防卫性质的认定

防卫性质的认定是指在一个案件中，虽然行为人造成对他人的人身或者财产的重大损害，但这种重大损害是否基于正当防卫的需要而具有防卫性质。根据阶层犯罪论，在认定犯罪的时候，首先要进行构成要件该当性的判断，在具备构成要件的基础上，还要进行违法性的判断。在本案中，赵宇对李华踢踹的行为造成了李华重伤的结果。在刑法理论上分析，李华对于踢踹行为虽然是故意的，但对于重伤后果是过失的。踢踹行为本身还不是故意伤害行为，因此，不能被认定为故意伤害，而是应当被认定为过失重伤。就此而言，公安机关将赵宇的行为认定为过失致人重伤是正确的。因此，在构成要件该当性这个阶层，根据案件情况，可以认定赵宇的行为具备过失致人重伤罪的构成要件。这是没有疑问的。但如果要最终认定赵宇的行为构成过失致人重伤罪，还要进一步进行违法性的判断。在

违法性阶层要排除违法阻却事由。我国刑法规定了正当防卫和紧急避险这两种违法阻却事由。如果赵宇的行为符合正当防卫的构成条件，则虽然实施了过失致人重伤行为，但赵宇因为其行为构成正当防卫而不负刑事责任。当然，如果正当防卫超过必要限度，属于防卫过当，赵宇仍然应当承担过失致人重伤的刑事责任，只是依照刑法第 20 条第 2 款的规定，应当被减轻或者免除处罚。问题在于，公安机关并没有认定赵宇的行为具有防卫的性质，而直接以赵宇涉嫌过失致人重伤罪向检察机关移送起诉。当然，公安机关是根本就没有进行其行为是否具有防卫性质的判断，还是经过判断认为赵宇的行为不具有正当防卫性质？对此我们无从得知。姑且假定公安机关经过判断认为赵宇的行为不具有防卫性质。这里就涉及其行为是否具有防卫性质的判断问题，因而应当引起重视。

我国刑法第 20 条第 1 款对正当防卫的构成条件作了明文规定。我国刑法理论将正当防卫的构成条件概括为五个，这就是：（1）防卫目的；（2）防卫起因；（3）防卫客体；（4）防卫时间；（5）防卫限度。在以上五个条件中，第五个条件是区分正当防卫和防卫过当的条件。因此，只要具备前四个条件就应当认定行为具有防卫性质。在本案中，需要讨论的是李华对邹过滤是否存在不法侵害。从公安机关认定的案情来看，李华实施了以下行为：（1）酒后滋事；（2）用力踢踹邹过滤暂住处的防盗门，强行进入房间；（3）殴打邹过滤，致其轻微伤。这些行为具有侵犯公民权利和扰乱社会秩序的性质。当然，这些行为是否构成犯罪，还是存在疑问的。对于行为人来说，并不是只有对构成犯罪的行为才能进行防卫，我国刑法中的不法侵害并不要求构成犯罪。而且，从逻辑上说，正是防卫行为起到了制止不法侵害的作用，才使不法侵害没有发展到犯罪程度。因此，对于防卫起因要求达到犯罪程度，这本身就是一种错误观念。更为重要的是，行为人面对正在进行的不法侵害时，根本就没有时间即时判断不法侵害是否构成犯罪。判断一个行为是否构成犯罪，这是一项具有专业性的业务，只有在案件发生以后，经过大量的调查研究，最后才能得出结论。如果要求行为人在实施防卫行为之前，对不法侵害人的行为是否构成犯罪作出准确判断，这岂非强人所难？这里还涉及防卫人的主观认知问题。就本案而言，赵宇并没有全程在场，是在听到踹门声和吵

闹声以后，下楼查看的时候，看到李华正在殴打邹过滤，才上前去解救邹过滤，因而发生与李华的缠斗。对于赵宇来说，其行为明显具有见义勇为的性质，而且具有制止李华的不法侵害的目的。否则的话，赵宇完全可以束手旁观，充当看客。由此可以得出结论，赵宇之所以会介入本案，是为了制止李华的不法侵害。如果李华就此罢手，也就不会有此后案情的进一步发展。赵宇将李华拉拽，致使李华倒地以后，李华起身，转而对赵宇殴打。此时，赵宇为邹过滤解围，但却受到李华对本人的不法侵害。赵宇当然没有束手挨打的义务，因而将李华推倒在地，并朝李华的腹部踹了一脚。正是这一脚导致李华的腹部横结肠破裂，由此造成重伤后果。总之，赵宇在本案中的行为可以分为两个阶段，其中，第一阶段的行为明显具有制止李华对邹过滤的不法侵害的防卫性质。对此没有争议。而关于第二阶段的行为如何认定，容易产生分歧意见，主要争议在于：在制止了李华对邹过滤的不法侵害以后，赵宇和李华发生扭打，此种不法侵害是否还正在进行？如果从对邹过滤的不法侵害而言，该不法侵害因为赵宇的及时制止已经结束。但李华又对赵宇进行了殴打，形成对赵宇的正在进行的不法侵害，赵宇的行为就转化为制止李华对赵宇本人的不法侵害，同样具有防卫性质。而公安机关没有将赵宇的行为认定为具有防卫性质，这是对本案的定性错误。

正是公安机关否定赵宇的行为具有防卫性质，而是将该行为认定为普通犯罪，才导致见义勇为者反被刑拘的现象。好人蒙冤，坏人嚣张，因而激起舆论的哗然。目前，在我国司法实践中，存在只看结果、不分是非的唯结果论，因而导致对案件的处理失当。就本案而言，如果不考虑前因，则赵宇的行为过失造成李华重伤的后果，当然就应当将其行为以犯罪论处。但这一处理结论，完全没有将赵宇系见义勇为这个因素考虑进去，因而对赵宇是极为不公的，对社会风气产生了消极示范作用。如果我们进一步分析，则会发现这种唯后果论的做法反映的是只有入罪而没有出罪的片面定罪思维。定罪过程包含了入罪和出罪这两个相反的操作步骤：根据阶层犯罪论，构成要件该当性作为定罪的第一个环节，只是解决行为是否符合刑法分则规定的犯罪成立条件，从而为入罪奠定事实基础。并不能认为，只要具备构成要件该当性就一定构成犯罪。一个完整的定罪过程还需要经

过违法性和有责性这两个环节的判断。在违法性阶层，通过认定违法阻却事由的成立，将那些虽然具备构成要件该当性但不具备违法性的行为排除在犯罪范围之外。在有责性阶层，通过认定责任阻却事由的成立，将那些虽然具备构成要件该当性和违法性但不具备有责性的行为排除在犯罪范围之外。因此，对于已经具备构成要件该当性的行为来说，违法性和有责性的判断主要是一个出罪的过程。只有经过以上三个阶层的判断，才能最终得出定罪的正确结论。然而，目前在我国司法实践中，只是注重构成要件该当性的判断，而忽略违法性和有责性的判断，因而不能准确区分罪与非罪。这在正当防卫案件中表现得十分明显，本案就是一个生动的例子。

（二）防卫限度的判断

在认定行为人的行为具有防卫性质的基础上，还要进行防卫限度的判断。如果虽然属于正当防卫但超过正当防卫的必要限度，则行为仍然构成犯罪。这就是所谓正当防卫和防卫过当的区分。在我国刑法中防卫过当是一个量刑情节。对于防卫过当来说，虽然具有防卫性质，但超过了正当防卫的必要限度，对于过当行为造成的重大后果，行为人应当按照该行为所触犯的罪名承担刑事责任，只是应当被减轻或者免除处罚。就本案而言，如果赵宇的行为属于防卫过当，则其构成过失致人重伤罪，只不过在处理的时候，应当予以减轻或者免除处罚。晋安区人民检察院在审查本案以后，认为赵宇的行为虽然具有防卫性质，但赵宇在实施制止不法侵害的行为的过程中防卫过当，已经构成犯罪，只是因为赵宇的犯罪情节轻微、社会危害性不大、不需要判处刑罚而作出相对不起诉的处理。应该说，晋安区人民检察院认定赵宇的行为具有防卫性质是正确的，但将赵宇的行为认定为防卫过当则值得商榷。

正当防卫必须受到一定限度的制约，不能超过必要限度。这是我国刑法的明确规定。即使是见义勇为的正当防卫行为，也不能超过必要限度。这主要是考虑到：正当防卫是采用造成不法侵害人人身伤亡的手段制止不法侵害，具有以暴制暴的性质。如果对防卫强度不加以节制，放任防卫人对不法侵害人采取极端的防卫手段，则显然违反公正原则。因此，我国刑法规定，除第 20 条第 3 款规定的

无过当防卫以外，其他普通防卫行为只能在必要限度范围内实施，否则就属于防卫过当。那么，如何判断正当防卫行为是否超过必要限度呢？对此，在刑法理论上存在一定的争论。一般认为，防卫行为只要是为制止不法侵害所必需的，就不能认为超过了必要限度。只有实施了明显不是为制止不法侵害所必需的防卫行为，才能认为超过了必要限度。在具体案件中，对于防卫行为是否超过必要限度的判断是十分复杂的，应当结合具体案情进行客观的分析。值得注意的是，我国刑法第20条第2款规定，正当防卫明显超过必要限度造成重大损害的，才构成防卫过当。在此，立法机关设定的防卫过当条件中，一是强调超过必要限度的明显性。这里的明显就不是一般的超过而是显著的超过，这种超过是一目了然、没有争议的。这显然是一种对防卫人有利的限度规定。对于见义勇为的正当防卫更应当从有利于防卫人出发判断是否超过必要限度。二是造成重大损害。这里的重大损害就不是一般损害，而是损害结果显然不是制止不法侵害所必需的。以上两个方面，在刑法理论上被归纳为行为过当和结果过当，并且只有在两者同时具备的情况下，才能认定为防卫过当。从本案情况来看，在面对李华殴打自己的情况下，赵宇将李华拽倒在地并踹其一脚，这个行为本身不能被认定为明显超过正当防卫必要限度，因此不存在行为过当。而就该行为造成的重伤结果而言，确实具有一定的严重性。在李华没有明显要重伤邹过滤的情况下，这个重伤结果是超过必要限度的。但这个重伤结果并不是赵宇主观上故意追求的，而是过失造成的。在李华进行不法侵害而受到赵宇防卫的情况下，这一结果属于李华应当承受的不利后果。综上，我认为赵宇的行为不构成防卫过当，赵某不应当承担过失致人重伤罪的刑事责任。

防卫过当者应当承担刑事责任的立法精神是完全正确的。即使是在见义勇为的正当防卫中，防卫人也应当合理地掌握防卫强度，不能认为只要是见义勇为，就可以任意对不法侵害人实施严重的暴力行为，造成重大损害结果。这是因为法律不仅要保护防卫人，同时也要在合理的限度内保护不法侵害人。只有这样，才能实现法律正义。但在判断防卫限度的时候，还是应当考虑到防卫人在遭受突如其来的不法侵害时，精神上和身体上处于一种紧张的状态，是在慌乱和惊恐的情

况下实施防卫，故不可能对防卫限度具有理性的把握。因此，对防卫限度的考察不能将防卫人假定为一个理性人，从事后诸葛亮的意义上对防卫限度进行判断。这是对防卫人的苛求，不是司法正义的应有之义。

（三）正当防卫的认定程序

对正当防卫的判断是在刑事诉讼过程中进行的。对于辩护人来说，正当防卫或者防卫过当是一个辩护理由。在公、检、法三机关没有认定正当防卫或者防卫过当的情况下，辩护人在刑事诉讼的各个阶段都可以将正当防卫或者防卫过当作为辩护理由。当然，基于刑事辩护的一般原理，辩护人应当对正当防卫或者防卫过当的辩护提出事实和法律根据，并进行论证。在此，笔者主要讨论公、检、法三机关对正当防卫认定的程序性问题。

公安机关是侦查机关，它负责对刑事案件的侦查，在完成侦查以后，将案件移送检察机关审查起诉。公安机关在对刑事案件进行侦查的过程中，就涉及对正当防卫的认定。如果公安机关认定犯罪嫌疑人的行为属于正当防卫，公安机关是否有权直接决定犯罪嫌疑人的行为不构成犯罪而作撤案处理？笔者认为，根据我国刑事诉讼法的规定，这是完全可以的，因为根据我国刑事诉讼法的规定，公安机关在侦查终结以后，只有认定构成犯罪的案件才需要移送检察机关审查起诉。刑事诉讼法（2012年）第161条规定："在侦查过程中，发现不应对犯罪嫌疑人追究刑事责任的，应当撤销案件……"因此，公安机关的撤案权虽然是一种程序性权力，但涉及实体性的处分。由此可见，对于公安机关认定正当防卫的案件，在侦查终结以后，公安机关可以作撤案处理，不再追究行为人的刑事责任。例如，在江苏昆山于海明正当防卫案中，公安机关在查明案情、侦查终结以后宣告：于海明的行为属于正当防卫，于海明不负刑事责任，公安机关依法撤销于海明案件。

检察机关是公诉机关，它负责对公安机关移送起诉的案件进行审查。如果认为犯罪嫌疑人的行为构成犯罪的，则检察机关向人民法院提起公诉。如果认为犯罪嫌疑人的行为不构成犯罪的，则检察机关作出不起诉的决定。这里的不起诉可以分为绝对不起诉和相对不起诉。根据我国刑事诉讼法（2012年）第173条的规定，绝对不起诉是指犯罪嫌疑人没有犯罪事实，或者有该法第15条规定的情

形之一的，人民检察院作出的不起诉决定。相对不起诉是指对于犯罪情节轻微，依照刑法规定不需要判处刑罚或者免除刑罚的，人民检察院作出的不起诉决定。不起诉决定，无论是绝对不起诉决定还是相对不起诉决定，都具有终结案件审理的功能。在审查起诉期间，检察机关如果认定犯罪嫌疑人的行为构成正当防卫的，应当作出绝对不起诉的决定，不再追究行为人刑事责任。检察机关如果认定犯罪嫌疑人的行为构成防卫过当，则既可以提起公诉，也可以作出相对不起诉的决定。在本案中，晋安区人民检察院认为赵宇的行为构成防卫过当，因此作出相对不起诉的决定。这在刑事诉讼程序上是没有问题的。

人民法院是审判机关，它负责对检察机关提起的刑事案件进行审判。人民法院在对案件审理过程中，如果认定被告人的行为构成正当防卫，可以作出无罪判决；如果认定被告人的行为构成防卫过当，则可以减轻或者免除处罚。由此可见，人民法院对正当防卫或者防卫过当的案件，具有最终认定权。

以上公、检、法三机关的刑事程序设计，对于正当防卫案件来说，犹如三道防线，经过三个环节的审查，有利于正确认定正当防卫。当然，对于正当防卫或者防卫过当的认定来说，更为重要的还是对实体要件的把握。只有正确地把握了正当防卫或者防卫过当的构成条件，才能准确地认定正当防卫或者防卫过当。

（本文原载《检察日报》，2019-03-02）

防卫过当的司法认定

——唐雪故意伤害案的法理分析

云南省丽江市永胜县人民检察院办理的唐雪故意伤害致人死亡案被媒体披露以后,引起社会公众的广泛关注。对于唐雪的行为具有防卫性质并无争议,起诉书也对此作了认定。争议焦点在于:唐雪的行为是否构成防卫过当?对此存在两种不同意见。第一种意见认为:唐雪在正当防卫过程中使用事先准备的水果刀,刺中赤手空拳的不法侵害人李德湘的右胸部,致其死亡,唐雪的防卫行为已经超过正当防卫必要限度,构成防卫过当,应当追究其刑事责任。第二种意见认为:李德湘三番五次对唐雪进行挑衅,甚至在凌晨1时许到唐雪家门口用刀砍大门,后其刀被他人夺走。面对李德湘的挑衅,唐雪持刀反击,将李德湘刺死。其防卫行为并没有超过正当防卫必要限度,构成正当防卫。那么,在刑法理论上究竟应当如何评价唐雪的行为呢?

根据我国刑法第20条第2款的规定,防卫过当是指正当防卫明显超过必要限度造成重大损害的情形。由此可见,正当防卫是否明显超过必要限度造成重大损害,是正当防卫与防卫过当的主要区分依据。那么,在司法实践中应当如何判断正当防卫是否明显超过必要限度造成重大损害呢?笔者认为,对于防卫过当应当从以下两个方面进行判断:第一,是否明显超过必要限度;第二,是否造成重

大损害。也就是说，防卫过当是行为过当与结果过当的统一。据此，行为人的防卫措施虽明显超过必要限度但客观上并未造成重大损害，或者虽客观上造成重大损害但防卫措施并未明显超过必要限度的，均不能被认定为防卫过当。最高人民检察院公布的第12批指导性案例陈某正当防卫案（检例第45号）的"指导意见"明确指出："刑法规定的限度条件是明显超过必要限度造成重大损害，具体而言，行为人的防卫措施虽明显超过必要限度但防卫结果客观上并未造成重大损害，或者防卫结果虽客观上造成重大损害但防卫措施并未明显超过必要限度，均不能认定为防卫过当。"因此，对唐雪故意伤害案也应当从行为是否过当与结果是否过当这两个方面进行考察。

一、行为是否过当

在唐雪故意伤害案中，在客观上存在不法侵害，因而唐雪的行为属于为保护本人的人身权利而实施的防卫行为。在司法实践中判断行为是否过当，应当考虑以下因素：第一，防卫行为的必要性。防卫行为具有对不法侵害的反击性和防御性，在这个意义上，防卫行为在一定程度上具有被动性，而不法侵害具有主动性。但判断防卫行为是否过当主要应当考察其是否为制止不法侵害所必要，只要是防卫所必要的行为，就不能认为过当。第二，防卫行为的合理性。防卫行为之所以被刑法肯定，是因为它的强度是在合理范围内的，并没有超过合理的限度。这里的合理性主要根据在防卫特定情景下的具体案情进行考察，虽然防卫行为的合理性与不法侵害的对等性之间具有一定的关联，但不能认为只有对等才是合理的，判断防卫行为的合理性应当考虑防卫人在实施正当防卫时候的主、客观因素等。第三，防卫行为的应激性。不法侵害为一种主动的侵害行为，在通常情况下，侵害人都是在侵害动机支配下实施的。而防卫人面对不法侵害时作出的是一种应激状态下的反应。在当时的应激状态下，防卫人对防卫行为的控制力有所减弱，因而难以准确地把握防卫强度。因此，在司法实践中认定防卫行为是否过当的时候，应当充分考虑防卫人的特殊环境。

在唐雪故意伤害案中，不法侵害人李德湘属于酒后滋事：除拦截过路车辆，威胁、辱骂他人以外，李德湘还三番两次到唐雪家中闹事，甚至在2月9日1时左右，不听他人劝阻，持刀继续到唐雪家门口叫嚣。虽然李德湘是在酗酒的状态下实施上述行为，但上述行为在客观上已经对他人的人身安全造成重大危险，并不影响对该行为实施正当防卫。李德湘的侵害行为从2月8日下午5时左右开始，一直延续到2月9日凌晨1时左右，前后持续时间长达8个小时。在所发生的数次冲突中，都是李德湘首先挑衅，尤其是在2月9日零时以后，唐雪及家人已经入睡。在这种情况下，李德湘手持菜刀砍唐雪家的大门，惊醒唐雪及家人。在这种情况下，唐雪为防身，拿了两把刀，其中一把是削洋芋的小刀，另外一把是水果刀。唐雪出门以后，李德湘冲上去，先踹了唐雪一脚。此时李德湘的菜刀已经被他人夺走，但唐雪对此并不知情。在这种情况下，唐雪反握水果刀朝李德湘挥舞，刺中李德湘的右胸部，致其死亡。从整个事态发展来看，李德湘不仅是不法侵害的挑起者，而且是事端升级和矛盾激化的责任人。唐雪完全是在迫不得已的情况下，为保护本人的人身权利而实施防卫。虽然在唐雪持刀对李德湘进行挥舞的时候，李德湘的菜刀已经被他人夺走，李德湘处于赤手空拳的状态，但对于防卫行为是否超过正当防卫的必要限度不能机械地根据防卫工具与侵害工具是否对等进行判断，而是应当综合全案情况，对防卫行为是否必要以及防卫强度是否合理等进行考察。在本案中，唐雪的防卫行为在当时的情况下是制止李德湘的不法侵害所必要的。尤其是考虑到李德湘深夜持刀上门进行不法侵害的特殊背景，笔者认为，唐雪的防卫行为没有超过必要限度。

二、结果是否过当

防卫行为的结果过当是指防卫行为造成不法侵害人重伤、死亡的结果。如果只是造成轻伤结果，根本就不存在结果过当的问题。在考察结果是否过当的时候，不能认为只要在客观上造成了致使不法侵害人重伤、死亡的结果，就可以认定为结果过当。笔者认为，关于结果过当应当考虑以下因素：第一，判断结果是否过当一般都存在与侵害结果对比的视角,但侵害结果没有现实化,而防卫结果已经发生。在这种情况下,要将防卫结果与不法侵害可能造成的结果进行对比,以确定结果是否过当。第二,判断结果是否过当不仅要与可能发生的侵害结果进行对比,而且应当考察这种结果是否为制止不法侵害所必要。在有些案件中,只要造成伤害结果就足以制止不法侵害,就没有必要造成死亡的结果。第三,防卫行为是在十分紧迫的情况下实施的,当时防卫人处于精神高度紧张的状态,不可能像在心情平静状态一样能够对结果具有准确的掌控和把握。因此,在这种情况下,还要考察结果发生的具体情景。

在本案中,李德湘处于酒后思维混乱的精神状态,虽然口头威胁要杀死唐雪全家,但在主观上是否一定想把唐雪及其家人杀死,并不能确定。因此,就结果对比而言,唐雪的行为致使李德湘死亡似乎是过当的。在本案中,如果唐雪故意将李德湘杀死,则显然属于结果过当。但唐雪并不是故意致使李德湘死亡,而是在持刀向李德湘挥舞的过程中刺中李德湘的胸部,过失致使李德湘死亡。在这种情况下,本案是否属于结果过当还是值得探讨的。这里涉及的问题是:判断结果是否过当究竟是客观考察,还是应当结合防卫人的主观心理进行考察?对此,笔者赞同结合防卫人的主观心理进行考察的观点。同样是造成他人死伤的结果,是故意追求该结果还是过失造成该结果,应当在刑法评价上加以区分。只有这样,才能对防卫限度作出合理的判断。基于以上分析,我认为,唐雪对李德湘的防卫行为,并不存在结果过当的情形。

唐雪的故意伤害行为虽然在客观上造成不法侵害人李德湘死亡,符合故意伤害罪的构成要件,但该行为是在李德湘酒后滋扰、数次上门挑衅的情况下,为保护本人的人身权利而实施的,属于我国刑法第20条所规定的防卫行为,并且防卫行为没有过当,过失造成的李德湘死亡结果也不存在过当的问题。尽管李德湘系酒后滋事,而且唐雪与李德湘是近邻,但只要唐雪是在本人正在受到不法侵害的情况下作出该行为的,就应当认定该行为具有防卫性。如果防卫行为没有超过正当防卫的必要限度,根据刑法规定,唐雪就应当不负刑事责任。

长期以来,我国司法机关在正当防卫的司法认定上,存在着较多考虑死者利

益的现象，对防卫人往往作出不利判断。这与我国刑法鼓励公民运用法律武器和违法犯罪作斗争的立法精神是不相符合的。通过唐雪故意伤害案，可以进一步明确正当防卫与防卫过当的界限，对于正当防卫的正确适用具有重要指导意义。

（本文原载《法制日报》，2019-12-31）

紧急避险的法理分析

紧急避险,又称紧急避难①,是正当化事由之一。各国刑法对此一般均有明文规定。紧急避险被认为是"正与正"的关系,因而在性质上不同于正当防卫的"正与不正"的关系。因此,从法理上阐述紧急避险具有重要意义。

紧急避险是以损害他人法益来保全本人的法益。这种法益损害行为何以正当?这涉及避险权的问题。避险权之为社会所认可,可以从以下这句古老的法律格言中得到反映:紧急时无法律(Necessita non habet legem;Necessitas caret lege)。② 紧急避险存在于两种法益冲突中,如果允许行为人通过损害他人法益来保护本人法益,则享有避险权。对于这种避险权,德国哲学家康德认为只是一种假定的权利,并不能由此认为合法。③ 在此,康德提出了两个值得思考的问题:一是主观评价与客观评价的问题,二是道德评价与法律评价的问题。就前一问题

---

① 外国刑法中的紧急避险,旧译为紧急避难.我国刑法称紧急避险。参见高铭暄:《中华人民共和国刑法的孕育与诞生》,44~45页,北京,法律出版社,1981。

② 这一格言也可以译为"必要时无法律"。对这一格言的详尽分析,参见张明楷:《刑法格言的展开》,241页及以下,北京,法律出版社,1999。

③ 参见[德]康德:《法的形而上学原理——权利的科学》,沈叔平译,46~47页,北京,商务印书馆,1991。

而言，康德认为紧急避险之所以免责，并非因为客观上合法，而是因为主观上是基于自我保存的意图。就后一问题而言，康德认为紧急避险在道德上是应受谴责的，因而法律上也不得视之为合法。因此，在康德看来，避险权只是一种假定的权利，而非真实的权利。康德对避险权的思考是深刻的，但也只是提出了问题而没有真正解决问题。德国哲学家黑格尔则从法的意义上肯定了避险权[①]，从法而不是从道德的角度论证避险权。这是黑格尔不同于康德的地方。黑格尔引入了法益比较原理，将法与不法视为一对相对的范畴，并以生命、自由等这样一些更高的价值来论证避险权的正当性。[②] 由此可见，黑格尔将避险权视为从生命、自由中引申出来的一项权利。紧急避险的正当性来自对人性的体谅，并且与"法不强人所难"的格言相符。这种朴素的认识无疑是正确的。[③]

然而，紧急避险毕竟是一种法律制度，应当从法理上获得说明。恰恰在这一点上，学者之间的认识往往存在分歧，由来已久的是违法阻却说与责任阻却说之争。[④] 违法阻却说认为，紧急避险之所以不为罪，其法理上的依据在于违法性阻却。违法阻却说的主要理论基础是法益权衡说，认为在紧急避险的情况下存在两种法益的冲突，为保全重要法益而牺牲较小法益合乎法秩序的要求。责任阻却说认为，紧急避险侵害的是第三者的正当法益，难以否认其违法性，之所以不为罪，其法理上的根据在于责任阻却。责任阻却说的主要理论基础是期待可能性说，认为在紧急避险的情况下由于不可能期待行为人实施合法行为而阻却其责任。上述两种观点的对立在于：紧急避险是否具有违法性？违法阻却说否认紧急避险的违法性。那么，不违法是否就合法呢？从违法阻却说似乎应当得出肯定的结论，这种合法性来自法益权衡。在为保护重大法益而牺牲较小法益的情况下，根据法益权衡原则肯定紧急避险的合法性具有一定的合理性。但在保护法益与牺牲法益价值相同的情况下，根据法益权衡原则获得的合法性就存在疑问。为此，

[①②] 参见［德］黑格尔：《法哲学原理》，范扬、张企泰译，130页，北京，商务印书馆，1961。

[③] 参见刘为波：《紧急避险的限度条件——兼论紧急避险限度的理论根基的解构与重建》，载陈兴良主编：《刑事法判解》，第1卷，357页，北京，法律出版社，1999。

[④] 参见刘明祥：《紧急避险研究》，7页，北京，中国政法大学出版社，1998。

违法阻却说需要加以修补。① 责任阻却说则肯定紧急避险的违法性,违法而不处罚,仅在于因缺乏期待可能性而阻却责任。② 但一概地将紧急避险视为违法行为,尤其是将保护重要法益而牺牲较小法益的行为视为违法③,则违法与合法的区分又过于机械。实际上,违法和合法的区分是相对的,并且是可以转化的。这里可以引用一句法律格言为证:"紧急使不合法变成合法"④(Propter necessitatem illicitum efficitur licitum)。因此,责任阻却说断言紧急避险均为违法,似有不妥。

正是由于违法阻却说与责任阻却说各执一词,因而出现了二分说,认为无论把紧急避险一律当作阻却违法性的事由还是一概视为阻却责任的情形,都有片面性。实际上,在某些场合,紧急避险是阻却违法性的事由,而在另一些场合,则是责任阻却事由。⑤ 我国学者李海东则直接将紧急避险分为正当化紧急避险和免责紧急避险。正当化紧急避险与免责紧急避险的根本区别在于:紧急避险正当化成立的理论根据是冲突说,也就是说,为了避免一个较重要的利益遭受损害而牺牲一个较轻微的法益。因此,避险所保护的法益比避险所损害的法益在质上或量上有本质的区别,是紧急避险作为正当化事由成立的关键。缺乏这一区别的避险行为,就缺乏行为的正当性,因而它就是违法的。它是否具有可罚性将通过责任论中是否构成免责的紧急避险来决定。⑥ 二分说又称区别说,放弃寻找紧急避险性质的统一答案,是一种较为实际的解决办法。但上述区分是以刑法规定为依据的,在德国刑法中分别对作为违法性阻却事由的紧急避险和作为责任阻却事由的紧急避险作了规定。在其他国家大多没有这种规定,因而出现了超法规的紧急避

---

① 参见[日]大塚仁:《犯罪论的基本问题》,冯军译,142页,北京,中国政法大学出版社,1993。
② 参见刘为波:《紧急避险限度条件的追问——兼论紧急避险限度理论根基的解构与重建》,载《刑事法判解》,第1卷,359页,北京,法律出版社,1999。
③ 参见[法]卡斯东·斯特法尼等:《法国刑法总论精义》,罗结珍译,367页,北京,中国政法大学出版社,1998。
④ 张明楷:《刑法格言的展开》,245页,北京,法律出版社,1999。
⑤ 参见[日]木村龟二主编:《刑法学词典》,顾肖荣等译,213页,上海,上海翻译出版公司,1991。
⑥ 参见李海东:《刑事法原理入门(犯罪论基础)》,86页,北京,法律出版社,1998。

险这一概念，将作为免责事由的紧急避险包括进去。①

以上争论，实际上涉及一个关键问题，就是在保全法益与牺牲法益价值相同的情况下能否成立紧急避险。如果成立，其理由根据又是什么？笔者认为，在保全法益与牺牲法益价值相同的情况下，应当承认其为紧急避险。在道德上来说，这是一种危险的转嫁、似应早已否定的伦理评价。例如所谓卡那安德斯之板：航船沉没后两人争夺只能负载一个人的木板，体强者将体弱者推开而致体弱者淹死。＊在这种情况下，无非有四种可能性：一是其中一人舍己为人，二是其中一人舍人为己，三是两人互让同时死亡，四是两人互争同时死亡。第三种和第四种是最差的结果，第一种是建立在高尚道德基础之上的，如果将第二种情况视为犯罪，就是对人以第一种情况相要求。如果是以第一种情况相要求，则法律是以崇高的人性为基础。但是，刑法既不强迫人们作出牺牲，也不将英雄主义强加于人。② 因此，尽管上述第二种情况是不道德的，但在法律上不能认为是犯罪，同样应当承认是紧急避险而不负刑事责任。那么，这种法律规定是否会助长人性的残忍与冷酷呢？这里涉及行为选择的环境问题，即在紧急情况下不能像在通常情况下一样要求行为人。既然这种保全法益与牺牲法益价值相同的情况属于紧急避险，那么它与其他紧急避险在性质上是否具有同一性呢？这也正是违法阻却说、责任阻却说和二分说的分歧所在。在上述三种观点中，笔者倾向于违法阻却说，关键是如何理解这里的违法。如果在形式上而不是实质上考察，即使正当防卫，也不能不说是实施了一种法律禁止的行为，例如防卫杀人。但是否违法，还是应当从社会正当性上分析，并且要考虑紧急状态这一特殊情况。基于以上分析，笔者认为紧急避险是一种违法阻却情形，也就是一种正当化理由。这种正当性并非来自道德评价，而是对紧急状态下行为特殊性的一种法律评价。

紧急避险的成立必须符合一定的条件，这一定条件就是紧急避险的构成条件。根据刑法规定，将紧急避险的构成条件分述如下。

---

① 参见刘明祥：《紧急避险研究》，14 页，北京，中国政法大学出版社，1998。
② 参见李海东：《刑事法原理入门（犯罪论基础）》，122 页，北京，法律出版社，1998。

1. 避险意图

避险意图是指紧急避险的目的在于使本人或者他人的人身、财产和其他权利免受正在发生的危险。因此，行为人必须意识到这种危险的存在，并且决意避免。

2. 避险起因

避险起因是指存在着对一定法益的危险。不存在一定的危险，也就无避险可言。一般来说，造成危险的原因是以下这些：(1) 人的危害，而且必须是违法行为造成的危害，对于合法行为，不能实行紧急避险；(2) 自然界的破坏，例如火灾、洪水、狂风、大浪、山崩、地震等；(3) 动物的侵袭，例如牛马践踏、猛兽追捕等。在上述原因对一定的法益造成危险的情况下，可以实行紧急避险。如果实际上并不存在着危险，由于对事实的认识错误，行为人误认为存在这种危险，因而实行了所谓"紧急避险"的，在刑法理论上称为"假想避险"。关于假想避险的责任适用对事实认识错误的解决原则。

3. 避险客体

紧急避险是采取损害一种法益的方法保全另一种法益，因此，紧急避险所损害的是第三者的法益。由此可见，紧急避险与正当防卫的客体是不同的：防卫客体只能是不法侵害人本人，而避险客体（在危险来自人的违法行为时）是第三者。而且，防卫客体在对象上通常是人身，只有在个别情况下才是财物，即以对人防卫为主，以对物防卫为辅，而在紧急避险中，避险客体在对象上通常是财物。对于人身（生命、健康）能否成为避险客体，我国刑法理论通常持否定的观点。[①] 否定的理由往往是道德上的，似不足为据。虽然在道德上不宜提倡将人身作为避险客体，但现实中发生了这种情况，在法律上仍应认定为一种紧急避险。

4. 避险时间

避险时间是指危险正在发生。只有在危险迫在眉睫，对一定的法益直接构成

---

① 参见高铭暄主编：《刑法学原理》，第2卷，245～246页，北京，中国人民大学出版社，1993。

威胁的情况下，才能实行紧急避险。对于尚未到来或者已经过去的危险，都不能实行紧急避险，否则，就是避险不适时。

5. 避险可行性

避险可行性是指只有在迫不得已的情况下才允许实行紧急避险。这里的迫不得已意味着别无选择。因为紧急避险是通过损害一个法益而保全另一个法益，所以对于紧急避险的可行性不能不加以严格限制。只有当紧急避险成为唯一可以免遭危险的方法时，才允许实行。

6. 避险限度

避险限度是指紧急避险行为不能超过其必要限度，造成不应有的损害。那么，以什么标准衡量紧急避险是否超过必要限度呢？笔者认为，应当引入法益比较原则，同时考虑行为人的期待可能性。在一般情况下，凡是紧急避险行为所引起的损害小于所避免的损害的，就是没有超过必要限度；反之，则超过了必要限度。在保护的法益与牺牲的法益价值相同的情况下，应当看是否存在期待可能性。至于法益衡量的方法，在一般情况下，人身权利大于财产权利。在人身权利中，生命权大于健康权，健康权又大于自由权以及其他权利，例如人格权等。在财产权利中，应当以财产的价值作为比较的标准。凡是超过了紧急避险必要限度的，就是避险过当，避险人应当负刑事责任。

（本文原载陈乃蔚主编：《新世纪法学前沿》，上海，上海交通大学出版社，2002）

五、有责性

罪责序说

罪责是犯罪构成的本体要件之一，是定罪的主观根据。如果说，罪体是犯罪的客观层面的凸显，那么，罪责就是犯罪的主观层面之展示。本文拟对罪责的概念、学说和意义加以探讨，以期深化对罪责的认识。

一

罪责意味着行为人的主观上的罪过，是在具备罪体的情况下，行为上的可归责性。因此，罪责是一种责任。责任一词具有多义性[①]，而且是伦理学与法学通用的一个概念。为此，需要从不同的层面理解责任的意蕴。

在伦理学中，责任是指道德责任。道德责任是以一定的道德义务为前提的，并且以一定的行为事实为基础，是对行的一种道德判断，即把某种道德责任归结于特定的行为人。在这种道德判断中，某种义务的存在，表明其是一种规范判

---

① 我国学者从词义学的角度对责任一词进行了详尽的考察，为我们明确责任的含义提供了语言学上的根据。参见冯军：《刑事责任论》，9~15页，北京，法律出版社，1996。

断；而某种行为的存在，又表明其是一种因果判断。① 因此，道德责任是在因果判断基础上的规范判断，规范判断是道德责任的核心。

在法学中，责任则是指法律责任。法律责任具有不同于道德责任的特点。为说明法律责任，英国学者哈特曾经虚构了一个沉船事件②，由此引申出以下四种意义上的责任：（1）角色责任，即由于担任一定职务而产生的职责。（2）因果责任，即人的行为（作为或不作为）引起的责任。（3）法律责任，即违法者因其行为应受到惩罚，或被迫向被害人赔偿。（4）能力责任，即某人应对某行为负责是在断言一个人有一定的正常能力。在上述四种责任中，我们关注的当然是法律责任，但法律责任又不是与其他责任对立，甚至并列的，而是建立在其他责任基础之上的。换言之，一个人之所以具有法律责任，是因为他具有角色责任、因果责任和能力责任。角色责任说明了主体的某种身份对于法律责任的意义，因果责任为法律责任提供了客观归咎的事实根据，而能力责任为法律责任提供了主观归责的前提。如此说来，法律责任似乎被架空了。这是对法律责任的一般理解。③ 然而，法律责任还有其特定的蕴意，即从主观罪过是否具备确定法律责任之有无。哈

---

① 美国学者指出：设 X 应对 Y 负责，首先它好像是一个因果判断，而不是一个道德判断。因此，一个人说"X 对 Y 负有责任"，可能仅仅意味着"X 是 Y 的原因"，也可能附带着 X 是自愿地、有意地作为 Y 的限制条件。但是，说 X 对 Y 负有责任，不仅仅提出了一个特殊的因果说明，也不简单地是这样一个说法，即 X 能够做 Y，如 responsible 的词尾 ible 所表示的那样，因为"能够"（ible, able）这样的词尾并不总是代表一种能力，它们可能具有一种规范的意义。参见［美］弗兰克纳：《伦理学》，148～150 页，北京，三联书店，1987。

② 这个虚构的沉船事件大致如下：罗宾逊是一条游船的船长。作为一个船长，他对船员和乘客负责。但是，在最后一次航海中，他每天晚上酗酒，因而对沉船负有责任。传说他精神错乱，但医生确定他精神正常，认为他应对其行为负责。在整个航海行程中，他的行为相当不负责任。他一生的各种事件也表明，他不是一个认真负责的人。罗宾逊辩解说，沉船是异常的暴风雪造成的。但是，在指控他的法律诉讼中，法院查明这次沉船与他的过失行为有直接联系，因而判定他应对其过失行为负刑事责任。针对他提起的民事诉讼另案审理。在审理中法院认为，他对生命和财产的损失负有法律上的责任。现在罗宾逊还活着，他对生命和财产的损失负有法律上的责任。参见张文显：《当代西方法哲学》，165 页，长春，吉林大学出版社，1987。

③ 法律责任（responsibility, liability）是与法律义务相关的概念，一个人在法律上要对一定行为负责，或者他为此承担法律责任，意思就是，他做相反行为时，他应受制裁。在正常情况下，这就是说，在制裁针对直接不法行为人时，一个人要对他本人的行为负责。这是对一般意义上的法律责任的最好解读。参见［奥］凯尔森：《法与国家的一般理论》，沈宗灵译，73 页，北京，中国大百科全书出版社，1996。

特区分了两种不同的法律责任：一个人在法律上是否应因其某一行为受惩罚（这个问题是关于法律责任的全部要件是否已经具备的问题）；他在法律上是否应对其行为负责通常只与这样的问题有关，即在一系列要件中，某一要件（人们经常问起的精神要件）是否具备。正是在特定的意义上，哈特将（刑事）责任主要归结为主观罪过。① 笔者将法学中的责任分为一般意义上的责任与特定意义上的责任。对刑事责任同样可以进行上述区分②，由此导致关于刑事责任在理论上的分歧。

一般意义上的刑事责任，是以主观与客观相统一为特征的。在英美刑法中，刑事责任是在犯罪构成意义上使用的：犯罪行为和犯罪心理被认为是刑事责任的条件或基础。③ 苏联学者提出犯罪构成是刑事责任的唯一根据的命题。④ 从这一命题的确立中可以看出，刑事责任与罪过的关系始终是一个微妙的问题。特拉伊

---

① 哈特指出：不能指望一本或一篇题为"刑事责任"的书或论文包罗决定着承担义务之条件的整个刑法，而只能涉及诸如精神错乱、未成年、犯意、严格或者替代责任、近因或行为与足以承担义务的损害之间的、其他一般性的联系之类的某一特定范围的概念。哈特将责任的内容分为三类：（1）精神或心理条件；（2）行为与损害之间的因果联系或其他形式的联系；（3）使某人应因他人的行为而承担受惩罚或付出代价之义务的人身关系。在上述三类中，因果关系属于客观归咎的内容，是主观归责的客观基础。参见〔英〕哈特：《惩罚与责任》，王勇等译，207页，北京，华夏出版社，1989。

② 一般意义上的刑事责任与特定意义上的刑事责任的这种区分，在许多学者那里都可以发现，只不过称谓不同而已。我国台湾地区学者洪福增认为：刑事责任一词，有广狭之义。广义的刑事责任，系指可使实行行为之行为者立于承受刑罚的地位之情形；而狭义的刑事责任，即指有责的行为而言，亦即系行为之"有责性"（sehuldhaftigkeit）。参见洪福增：《刑事责任之理论》，3页，台北，三民书局，1988。日本也有学者持类似观点：刑事责任，广义指必须承受刑罚的法律地位，狭义指作为与构成要件、违法性并列的犯罪成立要件的责任。参见〔日〕藤木英雄等：《法律学小辞典》，554页，东京，有斐阁，1979。我国台湾地区学者韩忠谟则将其分为客观意义上的责任与主观意义上的责任，前者指犯罪之客观方面的法律效果，后者指犯罪构成之主观的因素。参见韩忠谟：《刑法原理》，173页，台北，台湾大学，1981。

③ 英美刑法中，确认有罪时必须有证明的要件——第一是外部行为，第二是被告的心理状态，是在刑事责任或者刑事责任的原则这一标题下加以论述的，而没有严格意义上的犯罪构成概念。参见〔英〕鲁珀特·克罗斯、菲利普·A.琼斯：《英国刑法导论》，赵秉志等译，24页，北京，中国人民大学出版社，1991；〔英〕特纳：《肯尼刑法原理》，王国庆等译，6页，北京，华夏出版社，1989。

④ 苏联刑法学界关于这一命题的形成有一个发展过程：著名刑法学家 A. H. 特拉伊宁在《犯罪构成的一般学说》第一版中，把犯罪构成的两个要件——罪过与因果关系划分出来，作为刑事责任的独立根据。在第二版中他指出，罪过在社会主义刑法中以两种品格出现：作为犯罪构成要件和作为刑事责任的根据。在第三版中他改变了自己以前的观点，指出：人的行为中具有的犯罪构成是适用刑罚的根据，如果行为中缺少犯罪构成则应免除刑事责任。参见〔苏〕A. A. 皮昂特科夫斯基等：《苏联刑法科学史》，曹子丹等译，44页以下，北京，法律出版社，1984。

81

宁曾经提出过两种罪过的观点：一是犯罪构成要件，二是刑事责任的根据。实际上，前者是特定意义上的责任，后者是一般意义上的责任。经过讨论，苏联学者达成共识，确立了一个更为广泛的刑事责任的概念，使之与犯罪构成相对应。① 我国承袭了这一观点，因而也只是在与犯罪构成的联结中确立了刑事责任的概念。② 随着对刑事责任的关注，对刑事责任概念的理解发生了变化，引人注目的是以下三种观点：一是将刑事责任作为中介引入刑法体系中，构成罪—责—刑的逻辑结构。在此，责（刑事责任）对罪与刑起调节作用。③ 二是以刑事责任取代刑罚，形成罪—责的逻辑结构。④ 三是将刑事责任视为刑法的基础，由此形成责—罪—刑的逻辑结构。⑤ 上述关于刑事责任的讨论一度成为刑法研究的热点，使我国刑事责任理论达到了一定的学术水平。

特定意义上的刑事责任，是指作为犯罪构成要素的主观心理状态。违法是客观的，责任是主观的，这一命题在大陆法系刑法理论中具有深远的影响，因此，在大陆法系刑法理论中，当然也存在对刑事责任的一般理解，但主要还是将其作

---

① 苏联学者指出：只有具备了犯罪构成的行为才能成为刑事责任关系中的法律事实，即刑事责任的根据。苏维埃刑法理论界公认的公式是：犯罪构成是刑事责任的唯一根据。参见［苏］Н. А. 别利亚耶夫、М. И. 科瓦廖夫主编：《苏维埃刑法总论》，马改秀等译，31 页，北京，群众出版社，1987。

② 关于刑事责任的根据，除犯罪构成这一通论以外，还有犯罪行为说、综合根据说和社会危害性说以及社会危害性与人身危险性二元根据论等。参见高铭暄主编：《新中国刑法科学简史》，78 页，北京，中国人民公安大学出版社，1993；王晨：《刑事责任的一般理论》，170 页，武汉，武汉大学出版社，1998。由于这些观点并未涉及对刑事责任本身的理解，因而仍可归于一般意义上的刑事责任。

③ 我国学者指出：刑事责任是介于犯罪和刑罚之间的桥梁和纽带，其对犯罪和刑罚的关系起着调节的作用。一个人实施刑法所规定的犯罪，只是这个人负刑事责任的基础；而只有当一个人对犯罪行为应当负刑事责任的时候，才能对他判处刑罚。参见高铭暄主编：《刑法学原理》，第 1 卷，418 页，北京，中国人民大学出版社，1993。

④ 我国学者指出：犯罪是刑事责任的前提，刑事责任是犯罪的法律后果；刑罚只是刑事责任的基本实现方式，而不是刑事责任的唯一实现方式，刑事责任还有其他实现方式，刑罚与非刑罚处罚方法一样，是刑事责任的下位概念。因此，犯罪—刑罚的关系，应改变为犯罪—刑事责任的关系。参见张明楷：《刑事责任论》，149～150 页，北京，中国政法大学出版社，1992。

⑤ 我国学者指出：刑法通常被界定为"规定犯罪及其刑罚之法规"。关于犯罪和刑罚的规定，犹如枝叶密布在刑法这棵大树上。但是，支撑刑法之树的主干，并不是犯罪和刑罚，而是刑事责任。在犯罪与刑罚之间，刑事责任不仅是连接双方的纽带，而且是调节两者关系、支撑其运转的核心。参见张智辉：《刑事责任通论》，7 页，北京，警官教育出版社，1995。

为犯罪构成的一个要件——有责性加以把握。① 在苏联及我国的刑法中，由于采用一般意义上的责任，因而特定意义上的责任被归结为罪过②，未能展开讨论。但在罪过与刑事责任的关系上，始终存在力图打通的理论努力，但是这种努力大多以失败而告终。在苏联刑法学界，存在一种罪过评价论的观点，其倡导者是乌切夫斯基。③ 在这种罪过评价论中，乌切夫斯基试图将作为构成要件的罪过与作为法律评价的罪过加以区分，在罪过的概念中演绎责任（一般意义上的责任与特定意义上的责任）的逻辑，但受到严厉批判。在我国，也存在将刑事责任理解为主观心理的观点④，但没有受到重视。

区分上述两种刑事责任的概念，笔者认为是十分必要的。为使两者易于识别，笔者把特定意义上的刑事责任称为罪责⑤，作为与罪体相对应的犯罪构成要件。因此，罪责是指具有责任能力之行为主体对其犯罪行为所具有的故意或者过失犯罪的心理状态。

二

关于责任的理论可以在多个层面上展开，由此形成蔚为可观的责任理论，建

---

① 大陆法系刑法理论在责任这一要件中讨论责任的本质时，涉及道义责任论与社会责任论、行为责任论、性格责任论与人格责任论、心理责任论与规范责任论等内容。参见［日］福田平、大塚仁编：《日本刑法总论讲义》，李乔等译，111 页及以下，沈阳，辽宁人民出版社，1986。其中，道义责任论与社会责任论属于责任的根据问题；行为责任论、性格责任论与人格责任论属于责任的基础问题；心理责任论与规范责任论属于责任的结构问题，不可等同视之。

② 罪过是故意与过失的类概念，是指主体对他所实施的行为和行为后果表现为故意或过失形式的心理态度。参见［苏］Н. А. 别利亚耶夫、М. И. 科瓦廖夫主编：《苏维埃刑法总论》，马改秀等译，145 页，北京，群众出版社，1987。因此，罪过不包括责任能力，不同于大陆法系刑法理论中的有责性。

③ 关于对罪过评价论的详尽讨论，参见陈兴良：《刑法哲学》（修订版），47 页及以下，北京，中国政法大学出版社，1997。

④ 我国学者指出，刑事责任是犯罪人在犯罪后应受社会谴责和法律制裁的一种心理状态以及与这种心理状态相适应的法律地位。参见金淦才：《刑事责任理论试析》，载《法学研究》，1987（5）。

⑤ 我国台湾地区学者林山田将 schuld（即刑事责任或责任）译为罪责，作为犯罪构成要件。参见林山田：《刑法通论》，167 页，台北，三民书局，1986。本文一般情况所称之责任，即指这种罪责。

立刑法上归责的一般学说。

(一) 责任的根据：道义责任论与社会责任论

研究责任的根据是对责任的本源性思考，由此决定责任的理论品格。道义责任论与社会责任论在责任根据问题上展开的争论，对于科学地认识责任的本质具有重要意义。

道义责任论，是刑事古典学派关于责任根据的理论，尤其是指从康德的道义报应论中引申出来的责任理论。道义责任论以道义非难作为责任的根据。这里的道义非难是指基于伦理的立场，对行为人主观心理的否定评价。[①] 道义责任论以意志自由为其哲学基础[②]，从道德义务中推导出责任[③]，从而使刑事责任奠基于道义之上。道义责任论关注的是行为人主观上的可归责性，并将这种可归责性建立在行为人的主观心理之上，即行为人在具有责任能力的情况下，在故意或者过失的支配下实施犯罪行为，因而具有可归责性。

社会责任论，是刑事实证学派关于责任根据的理论。社会责任论，是指将刑事责任这种个人责任转嫁给社会，由社会承担责任，尽管刑事实证学派揭示了在

---

① 日本学者将道义责任评价与违法性评价相对应，认为违法性评价是从行为的客观方面即它的外部，对行为进行评价。道义责任评价是对已客观地、外部地判断为违法的行为，进一步去考虑行为人主观的、内部的一面，亦即行为人精神方面的能力、性格、情操、认识、意图、动机等等，进而评价其伦理的、道义的价值。这就是说，要以有违法行为为前提，再去追究责任。参见 [日] 小野清一郎：《犯罪构成理论》，王泰译，17 页，北京，中国人民公安大学出版社，1991。这可以说是对"违法是客观的，责任是主观的"这一法谚的最好注解。

② 康德指出：法则一般被看作是实践理性，产生于意志，准则出现于意志作出选择的活动之中。后者对人来说就构成自由意志。只有在自己有意识的活动中，那种选择行为才能被称为自由。参见 [德] 康德：《法的形而上学原理——权利的科学》，沈叔平译，29 页，北京，商务印书馆，1991。

③ 康德指出，义务是对任何这样一类行为的称呼：这类行为能够使任何人都受到一种责任的约束。因此，义务是一切责任的主要内容。由于绝对命令表明去做某些行为是一种责任，绝对命令便是道德上的实践法则。但是，由于责任在这样一种法则中所表明的，不仅仅包含实践中的必要性，所以，绝对命令就是法则，或者是命令，或者是禁止；根据要做或不要做一种行为，绝对命令表现为一种义务。参见 [德] 康德：《法的形而上学原理——权利的科学》，沈叔平译，25 页，北京，商务印书馆，1991。

一定社会中犯罪具有必然性。① 社会责任论使对犯罪的道义非难改变为社会非难，其实际上是一种社会处置论。② 这里的社会非难是指基于社会防卫论的观点，犯罪人因其人身危险性而处于应受到社会防卫处置的地位。由此可见，社会责任论是建立在否定意志自由的行为决定论的哲学基础之上的。③ 行为决定论否认了对行为人进行道义非难的可能性，认为只有在防卫社会这一名义下，才能对处罚根据作出科学的说明。

由上可知，道义责任论与社会责任论对归责性作出了完全对立的论证。在某种意义上说，社会责任论中的责任，已经不是本来意义上的责任，在一定程度上消解了责任的概念，以至于可以被视为一种社会处置措施。道义责任论与社会责任论之争，涉及对人的意志自由是否承认这一哲学问题。道义责任论承认人的意志自由，是以理性人的人性假定为前提的；而社会责任论断然否定人的意志自由，是以经验人的人性假定为前提的。笔者认为，对意志自由可以从存在论和价值论两个视角加以考察。④ 从存在论视角来说，意志自由是指意志是否存在原因，是在自由与必然的意义上界定意志自由。显然，依存在论，意志自由是不存在的，因为任何事物都存在原因。从价值论视角来说，意志自由是指意志是否可能支配人的行为，是在自由与责任的意义上界定意志自由。显然，依价值论，意

---

① 菲利的犯罪饱和论表明了其对犯罪必然性的认识。菲利指出：犯罪是由人类学因素、自然因素和社会因素相互作用而成的一种社会现象。这一规律导致了笔者所讲过的犯罪饱和论，即每一个社会都具有应有的犯罪，这些犯罪是由自然、社会条件引起的，其质和量是与每一个社会集体的发展相适应的。参见［意］菲利：《实证派犯罪学》，郭建安译，43页，北京，中国政法大学出版社，1987。

② 近代学派当然也常使用"社会非难"等词，但是，既然以犯罪是由遗传和环境所产生的这种决定论的立场为前提，就不能对犯人进行真正意义上的非难。因为，如果在犯罪之外不曾有其他可能性，如果不承认自由的存在，非难就不能成立。牧野博士率直地指出，与其称社会责任论，不如称为社会处置论。参见［日］大塚仁：《犯罪论的基本问题》，冯军译，169页，北京，中国政法大学出版社，1993。

③ 菲利指出：现代自然科学（不仅生理学，还有心理学）的趋势已经否定了那些坚持观察自己心理现象，以为不借助任何其他手段就能了解这些现象的人的错误观念。实证派科学则相反，它依靠人类学以及对环境的研究取得的证据，得出如下结论：我们不能承认意志自由，因为如果自由意志仅为我们内心中存在的幻想，则其并非人类心理上存在的实际功能。参见［意］菲利：《实证派犯罪学》，郭建安译，15页，北京，中国政法大学出版社，1987。

④ 关于对意志自由的详尽考察，参见陈兴良：《刑法的人性基础》，175～294页，北京，中国方正出版社，1996。

志自由是存在的，因为人具有选择能力，并应当对其行为后果承担责任。刑事古典学派是从价值论的视角出发承认意志自由，而刑事实证学派是从存在论的视角出发否认意志自由。就此而言，刑事古典学派与刑事实证学派各有其理。刑事实证学派从存在论视角出发，指出犯罪是有一定社会原因、生物原因的，因此使犯罪学这门犯罪存在科学成为独立学科。但从存在论否认意志自由出发，引申出对价值论上的意志自由的否认，则是不可接受的。责任问题，主要是一个价值论的问题。在价值论上，刑事古典学派承认意志自由，从而为归责性提供哲学根据。这是完全正确的，因此，在讨论责任的时候，对意志自由是必须承认的。否定意志自由，无异于推翻责任的概念，因为责任是建立在意志自由基础之上的，没有意志自由，也就无所谓责任。① 当然，刑事古典学派的意志自由论是以抽象的理性人为前提的。在现实生活中，人是存在于社会关系与社会环境之中的，因而必然受到各种社会因素的制约。在这种情况下，不能认为意志自由是绝对的，只能在相对意义上承认意志自由。② 正是这种相对的意志自由，为责任提供了根据。

（二）责任的基础：行为责任论、性格责任论与人格责任论

责任的基础是指责任作为一种评价，其所指向的客体。在这个问题上，存在行为责任论、性格责任论和人格责任论之争。

行为责任论基于刑事古典学派的立场，认为责任评价的基础是个别行为。在此意义上理解的刑法，是一种所谓行为刑法，即以行为为本位的刑法。

性格责任论基于刑事实证学派的立场，认为责任评价的基础是行为人的危险性格。在此意义上理解的刑法，是一种所谓行为人刑法，即以行为人为本位的

---

① 古典派犯罪学大师马里奥·帕加诺甚至明确地指出刑事责任与意志自由的比例关系：一个人应对其所犯罪的罪行负责；如果在其犯罪之际，只有 1/2 的意志自由，应当负 1/2 的责任；如果只有 1/3 的意志自由，则只负 1/3 的责任。参见 [意] 菲利：《实证派犯罪学》，郭建安译，11 页，北京，中国政法大学出版社，1987。

② 日本学者指出，人的现实行为乃至犯罪行为，有根据本人自由选择与活动的一面，同时也有在很大程度上受其素质和环境要素的制约的一面。在此意义上，可以肯定现在的道义责任论一般是以相对的自由意思论作为前提的。参见 [日] 福田平、大塚仁编：《日本刑法总论讲义》，李乔等译，112 页，沈阳，辽宁人民出版社，1986。

刑法。

人格责任论是上述两说的折中,试图超越行为责任论和性格责任论。人格责任论认为,责任第一次应该是行为责任,必须以行为人人格的主体性现实化的行为为基础来论说。但是,在行为的背后,存在着受素质和环境制约的,同时也是统管行为人的主体性努力而形成的人格,可以以其人格形成中的人格态度对行为人进行非难。在这个意义上,第二次责任是应该考虑人格形成的责任。[①] 笔者认为,行为责任论以行为限制责任,能够有效地实现保障人权的刑法机能;但行为责任论将个别行为作为责任的基础,将行为与行为人割裂开来,孤立地评价行为,有所不妥;性格责任论将行为人的危险性格作为责任的基础,克服了行为责任论孤立地评价行为的缺陷,但性格责任论使性格独立于行为而存在,可能造成责任的泛化。就此而言,人格责任论是妥当的:一方面,人格责任论以行为责任为前提,另一方面又在个别行为背后揭示人格对行为的影响。[②] 因此,人格责任论是关于责任基础的科学解释。

(三) 责任的结构:心理责任论与规范责任论

责任的结构是指责任作为犯罪的构成要件所包含的责任要素以及这种要素的

[①] 人格责任论发端于第二次世界大战以前在德意志展开的麦兹格的行为责任论和鲍凯尔曼的生活决定责任论等,在日本最早由安平政吉博士和不破武夫所采纳,在二战后特别尽力于该理论之发展的是团藤重光博士。参见〔日〕大塚仁:《犯罪论的基本问题》,冯军译,170页,北京,中国政法大学出版社,1993。大塚仁曾经描述了他在与团藤重光的交往中形成其人格责任论的过程:当时的团藤重光是东京大学刑事法学的副教授,给大塚仁讲授刑事诉讼法。有一天,大塚仁到团藤重光的研究室给团藤重光谈了自己对木村龟二所讲内容("犯罪的产生是由遗传和环境所决定的,针对犯人的社会危险性,为了防卫社会,有必要追究其社会性责任。刑罚不是对犯罪的报应,而必须是以犯人将来的改善为目的的教育刑")的疑问和看法,团藤重光听后说:"你的疑问之处,我也有同感,你能否将你的疑问和考虑整理成文?"为此,大塚仁连日泡在图书馆里,不仅大量阅读了刑法书籍,而且遍览了哲学、心理学、精神医学的书籍,写出了《刑事责任的人格构想》一文,分析了刑事古典学派的道义责任论、行为责任论和近代学派的社会责任论、性格责任论的缺陷,提出将来的刑法学应该采取人格责任论。大塚仁将该文交给团藤重光看后,团藤重光极为欣赏,拿出其后来发表在《法哲学四季报》第2号上的《人格责任的理论》一文的草稿给大塚仁看,并说:"我和你的想法完全一致。"参见李海东主编:《日本刑事法学者》(上),296页,北京,法律出版社;东京,成文堂,1995。

[②] 笔者曾经对人格与行为的关系作过详尽的分析。参见陈兴良:《刑法的人性基础》,328页及以下,北京,中国方正出版社,1996。

排列。在责任的结构问题上，存在心理责任论与规范责任论之争。

心理责任论把责任理解为行为人的心理关系，并根据这种心理关系的不同，把责任形式区分为：以在现实中对犯罪事实有认识并且有意去做为要素的故意与以有这种认识和有意去做的可能性为要素的过失。如果除有责任能力外又具备这种故意或过失，便可以追究行为人的责任。[①] 由此可见，心理责任论关注的是心理事实，将责任视为故意与过失的上位概念。

规范责任论认为，责任并不是对结果的认识（预见）或认识可能性这种心理事实本身，而是心理事实与规范评价的统一。责任的本质是从规范的角度对心理事实加以非难的可能性。也就是说，责任非难的根据是行为人违反了关于不该作出违法行为决意的法律上意思决定规范的要求，换言之，就是违反了义务，而决定实施违法行为。根据规范责任论的观点，即使存在违反义务的意思，也不能因此就说责任一定存在，法律对于不可能的事情是无所指责的。因此，对于应该按照义务作出意思决定却未作出这样决定的，即对于尽管应该实施合法行为但未予实施的，可以施加责任非难。然而在具体情况下，可以期待行为人实施合法的行为，这就是所谓的期待可能性（Zumutbarkeit）。从规范责任论的观点来看，期待可能性就是决定责任界限的要素，其又被称为责任的规范要素，与作为心理要素的故意和过失相对立。这样，根据规范责任论的观点，责任就是作为心理要素的故意和过失与作为规范要素的期待可能性的结合。如果没有故意或过失，也没有期待可能性，那么也就不存在责任。当然，即使有了故意或过失，但没有期待可能性的话，也不存在责任。由此可见，期待可能性是规范责任论的中心概

---

① 参见［日］福田平、大塚仁编：《日本刑法总论讲义》，李乔等译，113页，沈阳，辽宁人民出版社，1986。心理责任论将犯罪分为客观的外在部分与主观的行为人内在心理部分两大类，在不限定责任概念的实质内涵的情况下，心理责任论将行为人与外界的所有心理关系定义为责任。用李斯特有代表性的表述说就是，"责任是行为人对所发生的违法结果并与法律追诉相关的一切主观关系"。参见李海东：《刑法原理入门（犯罪论基础）》，102页，北京，法律出版社，1998。

念。① 规范责任论注重规范评价在责任中的决定意义并不是否定②,而是在心理事实的基础上引入规范评价因素。

三

期待可能性之理论是规范责任论的核心,它来自 1897 年 3 月 23 日德意志帝国法院(Reichsgericht)第四刑事部作出的关于莱伦芬格事件(Leinenfomger Fall)的判决。③ 该判决发表之后麦耶(M. E. Mayer)于 1901 年首先提及期待可能性问题,在《有责行为与其种类》一文中认为故意与过失作为有责行为,都是违反义务的意思活动,至于认识违法性与否问题,只是区分责任各类的标准而已;主张责任除心理的要素外,尚需有非难可能性的存在。1907 年弗兰克(Reinhard Frank)将"癖马案"判例在其论文《论责任概念的构成》(über den Aufbau des Schuldbegriffs)中加以采纳,成为期待可能性理论研究的开端。弗兰克反对仅把犯罪心理要素作为责任内容的心理责任论,提出"非难性"和"非难可

---

① 参见〔日〕木村龟二主编:《刑法学词典》,顾肖荣等译,224 页,上海,上海翻译出版公司,1991。

② 规范责任论当初是站在刑事古典学派的立场上,感到与道义责任论相结合的心理责任论在适用上有时不够妥当,为了弥补其缺陷而倡导起来的,后来以休米德的主张为媒介又结合了现代学派的社会责任论,才得到两个学派的共同支持。参见〔日〕福田平、大塚仁编:《日本刑法总论讲义》,李乔等译,114 页,沈阳,辽宁人民出版社,1986。

③ 期待可能性理论所涉及的莱伦芬格事件在刑法理论上通称"癖马案",该案的事实及判决经过是:被告人乃一马车夫,他多年以来受雇驾驶双匹马车,其中一匹名为莱伦芬格的马匹被称为"绕缰鬼",它具有以其尾绕住缰绳并用力压低的癖性。马车夫和雇主都知道莱伦芬格的这一癖性。1896 年 7 月 19 日,马车夫在雇主的特别命令下,使用了莱伦芬格,结果它又像往常一样癖性发作,以其尾绕住缰绳。马车夫很着急,虽努力使其尾脱离缰绳,却未成功。在这一过程中,马匹暴狂起来,马车夫完全失去了对两匹马的控制。结果,暴狂的马匹在奔跑时,撞倒了在路旁行走的铁匠,致其脚部骨折。对于上述事实,检察官以过失伤害提起公诉,但是原审法院宣告无罪。检察官以原审判决不当为由,向德意志帝国法院提起上诉。帝国法院后来驳回了上诉,其理由是,虽然马车夫知道莱伦芬格的危险的癖性,要求换一匹马,但是,雇主没有答应他的要求,因为害怕失掉职业马车夫不得已使用了该马。很难期待马车夫坚决违抗雇主的命令,不惜失去职业而履行避免其已预见的伤害行为的结果发生的义务。这样,在该判决中,法院根据马车夫所处的社会关系、经济状况否定了期待可能性的存在,从而否定了在损害结果的发生上马车夫的应受谴责性。参见冯军:《刑事责任论》,236 页及以下,北京,法律出版社,1996。

能性"的概念,认为责任应当包括以下内容:(1)责任能力;(2)故意或过失;(3)正常的附随性状,即行为时四周之状况处于正常状态之下。也就是说,可以期待行为者为合法行为。至1913年,杰姆斯·高尔德休米德(James Goldschmidt)将这一理论进一步发挥。高尔德休米德主张法律除要求个人遵守外部之法律规范外,还要求采取遵守法律规范的意思决定,违反前者,引起违法性;违反后者,引起责任。而规范的责任要求,以义务规范为基础。在弗兰克和高尔德休米德之后,弗洛伊颠特尔(Berthold Freudenthal)针对第一次世界大战后德国陷于极端贫苦之状态,人民苦于生活,提出为求生存出于不得已而犯罪,应无责任,从而将期待可能性之范围予以扩大。之后,贝尔哈尔·休米德(Eberhard Schmidt)基本上完成了期待可能性的理论建构,认为高尔德休米德所主张的法律规范与义务规范在时间上或理论上同时并存之规范论是不恰当的,而认为此两者不过是同一法律规范在不同方面发挥作用而已。休米德认为法律规范具有两种作用:(1)判定某种行为是适法还是违法的评价规范作用;(2)命令行为者必须决意采取合法态度而不得决意采取违法态度的命令规范作用。前者是有关客观的价值判断,后者是有关判断责任之规范,故只有依据命令规范而为意思决定之人,违反其期待而决意实施违法行为时,才发生责任问题。期待可能性理论经过上述主要代表人物的不断发展和完善,为各国刑法实务所承认。

　　期待可能性,就其含义来说,是指在行为当时的具体情况下,能期待行为人作出合法行为的可能性。法并不强制行为人作出绝对不可能的事,只有当一个人具有期待可能性时,才有可能对行为人作出遣责。如果不具有这种期待可能性,那么也就不存在遣责可能性。在这个定义上说,期待可能性是一种归责要素。[①] 由此可见,期待可能性是就一个人的意志而言的。意志是人选择自己行为的能力,这种选择只有在具有期待可能性的情况下,才能体现行为人的违法意志。

---

① 作为归责要素的期待可能性是指狭义上的期待可能性,除此以外,还有广义上的期待可能性,指从实施行为时的内部和外部的一切情况来看,可以期待行为人不实施违反刑事义务的行为。这种意义上的期待可能性,是刑事归责要素的实质,可以以这种意义上的期待可能性为标准确定什么样的要素是刑事归责的要素。参见冯军:《刑事责任论》,234页,北京,法律出版社,1996。

应当根据什么标准判断期待可能性,是在刑法理论上存在争论的问题。在这个问题上,主要存在以下学说:(1)行为人标准说,即在行为时,该行为人作出其行为之外的行为的可能性。这是把行为人本身的情况作为判断有无期待可能性的标准。(2)平均人标准说,即根据社会通常人的情况,将能否作出与行为人之行为同样的行为作为判断期待可能性有无的标准。(3)国家标准说,即从国家法秩序的立场出发,期待行为人作出合法行为,以此作为判断期待可能性的标准。① 就以上三种判断标准而言,都有不足。相对而言,行为人标准说更为妥当。行为人标准说尽管存在"所有的理解都被允许"的非议,但从期待可能性的宗旨来说②,就是要站在行为人的立场,设身处地地考虑其作出意志选择的可能性,从而使归责更合乎情理。

关于期待可能性的体系性地位问题,在理论上见解不一,可分为以下三种学说:(1)第三责任要素说,把期待可能性理解为与责任能力、故意及过失并列的第三责任要素。(2)构成要素说,把期待可能性理解为故意与过失的构成要素。(3)责任阻却说,把不存在期待可能性理解为责任阻却事由。③ 在上述三种学说中,第三责任要素说与构成要素说直接对立。第三责任要素说将期待可能性看成是独立于故意与过失的责任要素,具有故意与过失,不存在期待可能性的,仍然不能归责。而构成要素说将期待可能性视为故意与过失的构成要素,不存在期待可能性则不成立故意与过失。这里涉及对期待可能性的属性理解,即期待可能性是主观归责要素还是客观归责要素。④ 笔者认为,期待可能性对于被期待者来

---

① 参见冯军:《刑事责任论》,246 页及以下,北京,法律出版社,1996。
② 日本学者大塚仁指出:"期待可能性正是想对在强有力的国家法规范面前喘息不已的国民的脆弱人性倾注刑法的同情之调的理论。"参见冯军:《刑事责任论》,245 页,北京,法律出版社,1996。
③ 参见〔日〕福田平、大塚仁编:《日本刑法总论讲义》,李乔等译,130 页,沈阳,辽宁人民出版社,1986。
④ 我国学者认为,期待可能性虽然是指向行为人的主观的,是对行为人主观选择的期待,但是,与故意或过失不同,它不是行为人的主观的、心理的内容本身,而是从法规范的角度对处于具体状况下的行为人的主观选择的评价。可以说,故意、过失是主观性归责要素,而期待可能性是客观性归责要素,期待可能性是独立故意、过失之外的归责要素之一。参见冯军:《刑事责任论》,252 页,北京,法律出版社,1996。

说，是一种客观上的评价因素，但有没有这种期待可能性，又表明了意志本身的一种状况，即是否存在违法性意志。在这个意义上说，不能将期待可能性视为独立于故意与过失的第三归责要素，而是对意志因素的规范评价。如果没有期待可能性，即使具有心理性意志，因不具有违法性意志，仍然不能成立罪过。

从责任的结构上来说，依规范责任论形成了由责任能力、故意与过失等责任要素构成的责任结构。[①] 在这一结构中，故意与过失均是责任的故意与过失，而与构成要件的故意与过失相区别。构成要件的故意与过失是心理事实，责任的故意与过失则是故意或过失这种意思形成的谴责可能性，即违法性意识以及其可能性。[②] 笔者赞同规范责任论，但在责任的结构上，认为由于大陆法系的递进式结构与本文所采的罪体与罪责的对合式结构的差别，因而不能将构成要件的故意与过失和责任的故意与过失加以分离，而是在罪责这一主观要件中一并加以阐述，因此，罪责包含以下要素：（1）责任能力，这是归责的前提。（2）责任形式，故意与过失，即罪过。罪过是我国刑法理论上广泛采用的一个概念，被认为是犯罪主观要件的同义语。罪过这个概念被认为是在苏联刑法教科书中使用的一个术

[①] 在大陆法系刑法理论中，责任结构是一个复杂的问题。我国学者描述了规范责任论的责任结构形成过程：弗兰克的责任理论走出了突破性的第一步——"责任是应受谴责性"，从而把责任概念移到了对心理现象的以规范命令为基础的价值评价上来了。这种责任认识被称为规范责任论。在规范责任的发展过程中，人们逐渐不再将责任看作对行为的主观内容评价，而视之为行为的意志内容缺陷这一评价本身。规范责任论在其发展过程中，经历了两次重大的理论发展，方成为今天刑法理论中占支配地位的责任理论。第一次是弗罗登塔在戈德史密特之"义务规范"认识基础上作出的解决弗兰克没有具体证明的应受谴责性的衡量标准问题的努力，而展开了作为超规范的排除责任事由的期待可能性理论。第二次是目的行为理论的贡献。目的行为论将故意与过失中的客观注意义务分别归属于构成要件，从而将心理责任论的责任内容在本质上排除在责任概念以外，应受谴责性的成立因素变成了责任能力、不法意识和可能性与正当行为的期待可能性三个方面，从而使规范责任论成为理论逻辑上连贯一致的纯粹的规范责任学说：因为主观要素（评价的对象）已经全部被从规范责任的概念中排除出去了，留在责任概念中的只有认定应受谴责性的标准（对象的评价）。参见李海东：《刑法原理入门（犯罪论基础）》，103页，北京，法律出版社，1998。

[②] 关于构成要件的故意与过失和责任的故意与过失的区别，参见［日］福田平、大塚仁编：《日本刑法总论讲义》，李乔等译，沈阳，辽宁人民出版社，1986。

语，后被广泛采用。① 罪过一词与责任，尤其是罪责，存在相通之处，但两者的区别也是明显的。除责任能力不包含在罪过的概念中以外，罪过是否包含归责性即规范评价的因素也是一个存在争议的问题。② 就此而言，不能将罪过与罪责等同。笔者是在心理内容与规范评价相统一的意义上使用罪过一词的，它是罪责的重要内容。(3) 目的与动机等主观的附随情状。英美法系刑法理论上存在"没有犯罪意图的行为，不能构成犯罪"（Actus non facit reum，nisi mens sit rea）的原则。与此具有异曲同工之处的是大陆法系刑法理论上"没有责任就没有刑罚"（Ohne schuld keine strafe）且在此基础上展开的责任主义。责任主义是一种主观责任主义，是在否定客观责任主义或者结果责任主义的基础上形成的。③ 责任主义具有防止客观归罪、限制刑罚权的人权保障机能。

责任主义存在着一个从古典责任主义到现代责任主义的转变。古典责任主义是一

---

① 罪过一词来自苏联刑法中的 BNHa。彭仲文先生在其翻译的《苏联刑法总论》一书中将 BNHa 一词译为罪过。按照该书的解释，罪过仍是刑事责任的条件，亦即应该有责任能力者与其所为之犯罪行为在故意或过失形式上之心理的关系。参见［苏］孟沙金主编：《苏联刑法总论》（下册），彭仲文译，316 页，上海，大东书局，1950。我国学者认为：德文中的 schuld 一词，有的学者将其译为责任，有的学者将其译为罪责，亦有的学者认为它是苏联刑法中的罪过。其实，该词本身所指责任是就主观上的可责性而言的，因而它实际上正是我国刑法中所称的罪过之意义。参见张智辉：《刑事责任通论》，148 页，北京，警官教育出版社，1995；姜伟：《犯罪故意与犯罪过失》，北京，群众出版社，1992。

② 我国学者列举了罪过的四种不同的表述：(1) 犯罪的主观要件，也称主观上的罪过，就是指犯罪主体对他所实施的犯罪行为及其危害后果所持的故意或过失的心理状态。参见杨春洗等：《刑法总论》，148 页，北京，北京大学出版社，1981。(2) 罪过是指行为人实施刑法禁止的行为时，对其行为或行为结果所抱有的而为成立犯罪必须具备的表现为故意或过失的危害社会的心理态度。参见越廷光主编：《中国刑法原理》（总论卷），248 页，武汉，武汉大学出版社，1992。(3) 罪过就是人对自己所实施的行为的危害社会结果的一种故意或过失形式的心理态度。参见林准主编：《中国刑法讲义》（上），76 页，北京，人民法院出版社，1989。(4) 所谓罪过，是刑法所否定的行为人实施行为时对于将造成的危害结果的心理态度。参见姜伟：《犯罪故意与犯罪过失》，10 页，北京，群众出版社，1992。我国学者认为，在上述四种表述中，前三种说法都没有包含（至少没有在定义中反映出）评价因素，但是，第四种说法包含了"刑法所否定的"这一评价因素。参见张智辉：《刑事责任通论》，148~150 页，北京，警官教育出版社，1995。

③ 日本刑法在体系上确立责任的概念并采用责任主义，在很大程度上受德国法学家 S. 普芬多夫之思想的影响。普芬多夫认为，人的行为是按照人的理性所具有的自由意思而存在的，也就是说，人是按照自由意思而决定行为的善恶。只有带有主观性的行为才具有责任。启蒙主义思想家的责任主义原理在刑法上派生出限制任意行使刑罚权原则、保障国民基本权利原则等。参见何鹏：《现代日本刑法专题研究》，11~12 页，长春，吉林大学出版社，1994。

种与报应观念相连的责任主义,而现代责任主义是一种与预防观念相联系的责任主义。这种转变的背景是报应主义与功利主义融合,从而使刑罚具有复合性质。[①] 尽管如此,责任主义所昭示的限制机能仍然是存在的,它对于人权保障具有重要意义。

(本文原载《人大法律评论》,2000 年卷第 1 辑,北京,中国人民大学出版社,2000)

[①] 日本学者指出:现实的刑罚中,有报应的要素,也有教育的要素;有赎罪的要素,也有社会防卫的要素;有一般预防的要素,也有特别预防的要素,这种种要素已经浑然一体。如果只从报应的观点进行处罚的话,也许会是有责任就有刑罚。但是,从现实的刑罚的性质来看,即使有责任也没有刑罚的情形是完全可能存在的。这就是说,为了科处刑罚,另外还要考虑各种政策性要素。作为政策性要素,既要重视一般预防,也要对特别预防加以注意。参见〔日〕大塚仁:《犯罪论的基本问题》,冯军译,177 页,北京,中国政法大学出版社,1993。

从刑事责任理论到责任主义

——一个学术史的考察

刑事责任问题,是从 20 世纪 80 年代中期到 90 年代末期(1984—1998 年)我国刑法学界讨论的热点问题之一。[①] 在讨论的热烈程度上可与之相媲美的另外一个问题是因果关系。关于因果关系笔者将另撰文考察。本文拟对刑事责任问题作一个学术史的考察,重点探究苏俄刑法学语境下的我国刑事责任理论是如何向德日刑法学语境下的责任主义转向的,从而勾勒我国刑法知识转型的一个线索。

一

要对大陆法系刑法学中责任主义的学说史给出清晰的发展脉络,只能引用我国学者高铭暄为《刑事责任论》(法律出版社,1996)一书所作之序的注(2)作为替代,该注提供了一张按照时间顺序排列的德、法、日刑法学学者出版的有关责任的理论著作的书单:

[①] 我国关于刑事责任理论的讨论,起始于 1984 年,是以敬大力 1984 年通过的《刑事责任一般理论研究——理论的批判与批判的理论》为标志;其告一段落以王晨出版于 1998 年的《刑事责任的一般理论》为标志。

在德国，1895 年出版了尼奥弗纳（Löffler）的《刑法中的责任形式》、1907 年出版了弗朗克（Frank）的《论责任概念的构成》、1910 年出版了贝林（Beling）的《无责、有责和责任程度》、1914 年出版了毕克迈尔（Birkmeyer）的《责任与危险性》、1927 年出版了贝尔格（Berg）的《刑法中责任理论的现今状况》、1928 年出版了沃尔夫（Wolf）的《刑法中的责任理论》、1946 年出版了阿·考夫曼（A. Kaufmann）的《责任问题》、1948 年出版了矛拉哈（Maurach）的《刑法中的责任和负担》、1961 年出版了阿·考夫曼（A. Kaufmann）的《责任原理》、1975 年出版了矛茨（Mauz）的《责任和赎罪的作用》、1976 年出版了雅科布斯（Jakobs）的《责任和预防》等；在法国，1984 年出版了布洛尔（Brubl）的《责任理念》、1911 年出版了沃尔汀（Urtin）的《刑事责任的基础》、1920 年出版了弗奥科纳特（Fauconnet）的《责任论》、1961 年出版了莱沃特（Léauté）主编的《刑事责任》等；在日本，1948 年出版了泷川幸辰的《刑事责任的诸问题》、1952 年出版了不破武夫的《刑事责任论》、1968 年出版了大谷实的《刑事责任的基础》、1972 年出版了大谷实的《人格责任论的研究》、1983 年出版了大谷实的《刑事责任论的展望》、1983 年出版了真锅毅的《现代刑事责任论序说》等。

好长一张书单。

从时间跨度来说，从 1895 年起，到 1996 年冯军《刑事责任论》一书的出版，正好一百年。这张书单止于 1983 年，而在 1984 年敬大力以《刑事责任一般理论——理论的批判与批判的理论》为题的硕士学位论文通过答辩，正好开始了我国刑法学界对刑事责任问题为期 15 年的学术探讨。

接下来，笔者引用王晨在《刑事责任的一般理论》（武汉大学出版社，1998）一书的前言中所列的我国刑法学界关于刑事责任的论文与专著的清单，可以勾画出我国关于刑事责任理论讨论的基本线索：

1981 年敬大力先生以《刑事责任一般理论——理论的批判与批判的理

论》作为硕士学位论文①；1986年吴宗宗先生以《刑事责任基本问题研究》作为硕士学位论文，徐斌先生以《刑事责任研究》作为硕士学位论文；1987年曲新久先生以《刑事责任的一般原理》作为硕士学位论文；1988年刘德法先生以《刑事责任论》作为硕士学位论文，李韧夫先生以《英美刑法中的刑事责任理论》作为硕士学位论文；1992年我（指王晨——引者注）以《刑事责任论》作为博士学位论文；1994年冯军先生以《刑事责任构造》作为博士学位论文。1992年中国政法大学出版社出版了张明楷的专著《刑事责任论》，这是我国第一部以刑事责任为题的学术专著；1995年警官教育出版社出版了张智辉硕士的专著《刑事责任通论》；1996年法律出版社出版了冯军博士的专著《刑事责任论》。

王晨的上述清单是以学位论文为基本线索的。除此以外，《法学研究》以及其他刊物在这个时期还发表了一系列重要的讨论刑事责任问题的论文。以《法学研究》为例，从1986年开始，发表的关于刑事责任的主要论文有以下：张令杰：《论刑事责任》[《法学研究》，1986（5）]；张京婴：《也论刑事责任》[《法学研究》，1987（2）]；余淦才：《刑事责任理论试析》[《法学研究》，1987（5）]；刘德法：《论刑事责任的事实根据》[《法学研究》，1988（4）]。

除了上述在《法学研究》发表的关于刑事责任理论的论文，还有在其他杂志发表的大量论文。在此，笔者只列三篇较为重要的论文以及一本专著：高铭暄：《论刑事责任》[《中国人民大学学报》，1988（2）]；梁华仁、刘仁文：《刑事责任新探》（《刑法运用问题探讨》，法律出版社，1992），何秉松：《刑事责任论》[《政法论坛》，1995（4）、（5）]；张文等：《刑事责任要义》（北京大学出版社，1997）。此外，武小凤编著的《刑事责任专题整理》（中国人民公安大学出版社，2007）一书亦为我们系统地反思我国刑事责任理论研究提供了线索与文本，从而具有参考价值。本文的考察，建立在上述资料的基础之上。

---

① 1981年这一时间记载有误。敬大力是和笔者同一届的刑法专业硕士研究生，1982年2月入学，毕业时间是1984年，因此，该论文时间应改为1984年。

二

如何从大陆法系刑法学中的责任主义演变为我国刑法学中的刑事责任,这是首先需要关注的一个问题,而这种转变又是以苏俄刑法学为中介的。在大陆法系刑法学中,责任无可争议地是一个主观的范畴。在古典学派犯罪论体系中,责任的主观性正好对应构成要件的客观性,例如,贝林指出:责任[广义上的责任(culpa)],也是刑法上的犯罪要素,表明符合构成要件、违法的行为在内在(精神)方面具有可非难性,是法律上的主观欠缺瑕疵性(Fehlerhaftigkeit)。① 在此,贝林提到了"可非难性"的概念,但这里的可非难性仍然是指意志瑕疵,并非指基于规范的责难。因此,贝林对责任的理解属于心理责任论。规范责任论的提出,应当归功于弗朗克。可以说,大陆法系刑法学责任理论的发展是以从心理责任论向规范责任论的转变为标志的。2007年,冯军翻译了弗朗克的《论责任概念的构造》一文。在该文中,弗朗克讨论了责任概念,认为关于责任存在两种不同的理解:第一种是从主观心理上界定责任,把责任概念限制在内心方面(Innenseite)。这种观点为当时的德国学者勒夫勒(Löffler)和科尔劳什(Kohlrausch)所主张。第二种是把责任理解为对已经实施的违法行为的答责性(Verantwortlichkeit)。这种观点为李斯特所主张。② 值得注意的是,在德文中,存在与责任相关的三个概念:Verantwortlichkeit,通常译为答责;Zurechnung,通常译为归责;Schuld,通常译为罪责。但也有人将上述三词统一翻译为责任。③ 那么,这里的答责是什么意思呢?答责是指对行为及其后果承担责任。因此,这个意义上的责任是广义上的责任,即刑事责任。由此可见,最初李斯特是把责任

---

① 参见[德]贝林:《构成要件理论》,王安异译,95页,北京,中国人民公安大学出版社,2006。
② 参见[德]弗朗克:《论责任概念的构造》,冯军译,载冯军主编:《比较刑法研究》,129页,北京,中国人民大学出版社,2007。
③ 参见[德]贝林:《构成要件理论》,王安异译,96页,北京,中国人民公安大学出版社,2006,注①。

理解为一种刑事上的负担。弗朗克对李斯特的责任概念进行了批评，认为这种见解混淆了构成要件与法律后果。弗朗克指出：如果李斯特的定义是正确的，那么，一种没有责任的答责性（VerantwortlichkeitohneSchuld）就是完全不可想象的，因此，已经建立的责任负担（Schuldhaftung）和结果负担（Erfolgshaftung）这两个原则之间的区别就会消失。① 在辨析责任概念的基础上。弗朗克提出了"责任（Schuld）就是可谴责性（SchuldistVorwerfbarkeit）"的命题。弗朗克指出：可谴责性这概念的价值并不在于它本身，而仅仅在于指明它想描述的东西。可谴责性是用综合的方式获得的。如果人们认为可谴责性是被赋予的东西，是直接在法律中使用的东西，那么，就会用一种分析的方式来认识它的要素。② 在这些要素中，包含行为人在其中行动的各种状况具有通常的性质。正是在此基础上，弗朗克提出了期待可能性，以此作为责任的规范要素，从而开始了从心理责任论到规范责任论转变的历史进程。正如弗朗克所言，即使是李斯特，其后期的观点也发生了转变，认为答责性仅仅是一种"形式意义上的"责任（Schuld）。如果人们接受"实质意义上的"责任概念的话，那么，它就是指可以从危害行为（Tat）中认识的社会情感的欠缺（denausder Taterkennbaren Mangel Sozialer Gesinnung）。当然，社会情感的欠缺这样一种提法是极为含混的，但责任的含义从形式转为实质、从结果负担转为责任负担、从客观转为主观，这是没有疑问的。有意思的是，施密特修订的李斯特所著的《德国刑法教科书》中提出了"罪责学说的发展是衡量刑法进步的晴雨表"的命题，并对罪责观从心理罪责观到规范罪责观的发展脉络作了描述，其中论及弗朗克的贡献时指出：最恰当地反映罪责概念关系特点的专业名词"可责性"是由弗朗克首先提出来的。提出罪责的增强能力（Steigerungsfaehigkeit）和与此相关的对整体情况的非难可能性的依赖性也是弗兰克，他在其《结构》（*Aufbau*，1907）中将所谓"伴随情形"算作罪责因素。③ 规范责任论并非对心理责任完全否定，而是在责任的心理要素的基础

---

①② 参见［德］弗朗克：《论责任概念的构造》，冯军译，载冯军主编：《比较刑法研究》，129 页，北京，中国人民大学出版社，2007。

③ 参见［德］李斯特：《德国刑法教科书》（修订版），徐久生译，259 页，北京，法律出版社，2006。

上补充了规范要素。当然，关于心理要素是否属于责任要素，在刑法理论上存在一种纯规范责任论，这是韦尔策尔（Welzel，有学者译为威尔泽尔）的目的行为理论所主张的。对此，德国学者作了以下叙述：规范责任理论是通过目的行为论而得到进一步深化的，其做法是，与故意一样，如同人们所相信的，将行为的纯心理组成部分从责任事实中剔除（纯规范的责任观念，reinnormativerSchuldbegriff）……为纯粹的规范责任观自身奠定逻辑基础的，是韦尔策尔。① 正是韦尔策尔，将故意与过失等心理要素转移到构成要件，实现了责任的纯规范要素化。

目前在大陆法系的犯罪论体系中，以规范责任论为基础的责任主义已经获得共识，但在责任的构造上自然存在相当大的差异。例如，心理要素是作为构成要件要素还是作为责任要素，就有不同处理。当然，这并不影响大陆法系犯罪论体系的基本逻辑结构。

苏俄刑法学发轫于1919年十月革命胜利以后。在苏俄刑法学的形成过程中，责任理论发生了重大错位，从而逐渐演变为我国长期讨论的刑事责任理论。如前所述，在德国刑法学中，尽管李斯特曾经在形式意义上论及责任，但大多数学者都是把责任当作一个主观要件予以考虑的，在构成要件该当性、违法性之后再作有责性的判断。正是在这个意义上，违法是客观的，责任是主观的。这里所谓违法是客观的，就是指构成要件是客观的，因为构成要件是违法判断的根据。但苏俄学者将大陆法系以客观的构成要件为中心的犯罪论体系称为犯罪构成的客观结构，并对此进行了批判。在这种批判的基础上，基于主客观相统一的原则，苏俄学者建立了所谓犯罪构成理论。显然，苏俄刑法学中的犯罪构成概念是在扩充古典学派犯罪论体系的构成要件概念基础之上形成的，这种犯罪构成概念与构成要件概念之间的混淆与混乱，在苏俄学者以下这段话中体现得极为明显：

《犯罪学说》这一专著的作者别林格（指贝林——引者注）提出了下面的一般原则："凡是违法地和有罪过地实现某种犯罪构成的人，在具备可罚

---

① 参见［德］汉斯·海因里希·耶赛克、托马斯·魏根特：《德国刑法教科书（总论）》，徐久生译，505～506页，北京，中国法制出版社，2001。

性的条件下，就应当受到相应的惩罚。"别林格把犯罪构成同那种作为犯罪构成而不具有任何主观色彩的行为混为一谈，使主体的抽象行为达于极限。①

显然，上述引文中的犯罪构成，实际上是指构成要件，只不过是客观的构成要件。苏俄学者在批判客观构成要件的基础上，形成主、客观统一的犯罪构成概念。这里的犯罪构成是犯罪成立条件的总和。在这种情况下，违法性为社会危害性所取代，不再是犯罪成立的独立要件。有责性要件也随之消失。由此，大陆法系刑法学中的责任主义不复存在。

苏俄刑法学者在建构统一的犯罪构成体系以后，提出了犯罪构成是刑事责任的唯一根据的命题，由此而另外创立了刑事责任理论。例如，苏俄学者指出：犯罪构成就是那些根据苏维埃法律用来说明对社会主义国家利益所实施的危害社会行为是具体的犯罪行为，并作为其刑事责任基础的特征的总和。② 自此，在犯罪构成之外，对刑事责任的研究成为苏俄刑法学的另外一个重大理论问题，而这个问题的重心是刑事责任的根据。例如，在苏俄学者 А. А. 皮昂特科夫斯基等人所著的《苏联刑法科学史》一书中，对苏维埃刑法科学史上刑事责任根据的演变过程作了具体勾勒。③ 在对这一问题的讨论中，令笔者感兴趣的还是特拉伊宁前后摇摆的观点。在1925年，特拉伊宁在《苏俄刑法教科书（分则）》中就提出刑事责任根据问题必须与具体犯罪构成紧密联系起来加以研究，但在1946年《犯罪构成的一般学说》第一版中，特拉伊宁把犯罪构成的两个要件——罪过与因果关系划分出来作为刑事责任的独立根据。及至1951年《犯罪构成的一般学说》再版时，特拉伊宁又提出："罪过在社会主义刑法中以两种品格出现：作为犯罪构成要件和作为刑事责任的根据。"应当指出，特拉伊宁是在坚持犯罪构成是刑事

---

① [苏] А. Н. 特拉伊宁：《犯罪构成的一般学说》，王作富等译，15~16页，北京，中国人民大学出版社，1958。
② 参见[苏] А. Б. 哈萨洛夫：《关于犯罪构成概念的问题》，王作富译，载《苏维埃刑法论文选译》，第1辑，53页，北京，中国人民大学出版社，1955。
③ 参见[苏] А. А. 皮昂特科夫斯基等：《苏联刑法科学史》，曹子丹等译，36页及以下，北京，法律出版社，1984。

责任的唯一根据这一命题的前提下主张罪过与因果关系是刑事责任的根据的。

特拉伊宁指出：

> 正如上面已经讲过的和以后要屡次指出的，犯罪构成是刑事责任的唯一根据。犯罪构成的存在，是以具备该构成的一切因素（毫无例外）为前提的。这个原理，是不可能引起什么怀疑的，但是它并不排斥考虑——从刑事责任根据的总的方面来看——某些构成因素的特殊意义；正像承认社会关系是犯罪的客体并不排斥考虑客体对于建立刑法典分则体系的特殊意义一样。这个原理具体表现在：犯罪构成的两个相互密切联系着的因素——罪过和因果关系，具有在构成的范围内作为刑事责任的根据的意义。在社会主义的审判制度中，只有在罪过地造成犯罪结果的情况下才被追究刑事责任。这个原理具有特别重大的意义。①

特拉伊宁的上述观点在当时苏俄刑法学界是受到非议的。对此，我国学者作了以下评论：

> 特拉伊宁有关因果关系作为刑事责任根据的因素没有被学者们认同，或许因为客观地分析他的理论观点，发现他犯了一个严重的错误，那就是他以哲学上的形式化的因果关系来替代法律问题上的实际责任条件，没有揭示犯罪的阶级属性及行为的实际特点，充分暴露了苏联思维模式的教条主义，最终是行不通的。但是他把罪过和因果关系独立于犯罪构成之外，基于主客观相结合原则超越犯罪构成而寻求刑事责任的根据是具有进步意义的。②

然而，在特拉伊宁的观点中所谓教条主义与进步意义之间的紧张关系如何消解，这是值得研究的。我们需要进一步追问的是：特拉伊宁为什么在承认犯罪构成是刑事责任的唯一根据的同时，又将作为犯罪构成要素的罪过与因果关系单独列为刑事责任的根据？如果不加以深究，对于这一立论确实是难以理解的。建立

---

① ［苏］A. H. 特拉伊宁：《犯罪构成的一般学说》，王作富等译，192页，北京，中国人民大学出版社，1958。

② 赵微：《俄罗斯联邦刑法》，74页，北京，法律出版社，2003。

在不理解之上的不认同,乃至批判,都是缺乏分量的。也许,我们可以从特拉伊宁关于罪过具有两种品格的命题中发现端倪。

当特拉伊宁提出罪过是刑事责任的根据时,同时也不否认罪过是犯罪构成要素。那么,作为刑事责任根据的罪过与作为犯罪构成要素的罪过是同一事物吗?对此,特拉伊宁所作的论证是:作为犯罪构成要素的罪过是指刑法典分则对具体犯罪构成要素的故意和过失的规定,而作为刑事责任根据的罪过是刑法典总则关于"只有行为出于犯罪的故意或过失的人,才应负刑事责任"的规定。[①]但刑法总则的规定与刑法分则的规定难道不是抽象与具体的关系吗?如何能够得出抽象的罪过是刑事责任的根据,而具体的罪过是犯罪构成要素的结论呢?显然,这在逻辑上是难以成立的。对此,笔者尝试的解读是:作为犯罪构成要素的罪过是指心理事实意义上的故意与过失,而作为刑事责任根据的罪过是指规范评价意义上的故意与过失。这两种意义上的故意与过失,相当于某些大陆法系刑法学者所说的构成要件意义上的故意与过失和责任意义上的故意与过失。如果笔者的解读尚能成立的话,我们就能够进一步理解20世纪50年代关于罪过的那场讨论。事实上,对罪过的理解,尤其是双重意义的罪过概念,与刑事责任根据问题是紧密相连的。对此,我国学者作过以下中肯的评论:

> 特拉伊宁的犯罪构成论是"二元"的,他的著作的前半部分(第一、三、四章)论述的是犯罪(四)要件(或方面)论,他的著作的后半部分(第五章以降)论述的是构成因素论。他的犯罪要件论从存在的犯罪行为结构出发,依据法律规定的犯罪实质定义,建立了一个实质的、综合的犯罪构成观念(规格)。他的构成因素论却完全沿袭流行的西方"三要件"论的构成要件观念,以分则规范注释为中心,建立了一个法律的、注释学的、形式的构成因素(总和)观念。在当时苏联的法制和理论背景下,他的理论的特点在于构成因素论部分。也就是说,他的犯罪要件论属于应时应景之作,与

---

① 参见[苏]A. H. 特拉伊宁:《犯罪构成的一般学说》,王作富等译,192~193页,北京,中国人民大学出版社,1958。

当时苏联的通说是一致的。他的构成因素论，相对于当时苏联的有关理论，最为倾向、最为接近西方的构成要件论。但是，由于受到当时苏联法制和理论背景的制约，他的理论往往在"东西方"之间摇摆，显现出"双重"的品格：一方面论述作为刑事责任根据的危害行为实质的、广义的、综合的、一般的犯罪构成，另一方面论述作为分则法律规范注释的、形式的、狭义的、具体的、法定的构成因素。一方面批判西方构成要件论是形式的、主客观分立、形式与实质分立的，另一方面他自己的构成因素论又回到先前批判的、形式的、分立的思路上。这种二元的理论结构和双重的品格，是他借鉴西方构成要件论与苏联当时的法律、社会实践相结合的产物，也是他的理论令人感到困惑的关键。①

只有揭示了特拉伊宁犯罪构成理论的双重品格，我们才能真正理解特拉伊宁在刑事责任根据问题上摇摆不定的态度。只有具有大陆法系犯罪论体系的专门知识，我们才能真正读懂特拉伊宁。当然，深刻了解苏联当时的政治背景，对于理解特拉伊宁在刑事责任根据问题上前后变化的立场，也是不可或缺的。

如前所述，以特拉伊宁为代表的苏俄学者将大陆法系犯罪论体系中的构成要件概念改造成为犯罪构成概念以后，在犯罪成立条件中责任要件就不复存在。而被纳入犯罪构成的罪过，是心理要素。由此，就出现了美国学者乔治·弗莱彻所概括的"无归责的罪过"。弗莱彻对20世纪50年代发生在苏联刑法学界的那场讨论进行了精辟叙述，其标题正是"无归责的罪过"：

> 1950—1955年间，苏联曾经就罪过和罪责的概念进行过一场大讨论。这场大讨论的背景中包含着两种重要的文化力量。首先是德国刑法理论的知识影响，特别是规范归责论的影响，这种理论在20世纪40年代晚期的德国学术界得到深刻阐明。这场大讨论的诱因是乌特夫斯基出版的《苏联刑法中的罪过》一书，与其他一些20世纪50年代出版的著作一起，促使苏联理论

---

① 阮齐林：《评特拉伊宁的犯罪构成论——兼论建构犯罪构成论体系的思路》，载陈兴良主编：《刑事法评论》，第13卷，2~3页，北京，中国政法大学出版社，2003。

采纳了关于罪责和归责的规范论。

关于罪过的规范论，与苏联当时逐渐加强的有关刑事过程的法制发生了正面冲突。1958年，随着类推的废除，苏联法律理论的主攻方向是加强苏联社会的法治。问题在于，归责的规范论是否与由精确定义之规则所统辖的法律过程相一致，而这些规则是排除个人的和司法的自由裁量的。基本的恐惧是，罪过的规范论要求庭审法官在自由裁量后进行评价决定，而这种自由裁量的成分恰破坏了刑事过程中整齐划一的目标。①

从弗莱彻的上述叙述中我们可以获知，苏俄学者乌特夫斯基关于罪过的理论实际上是受规范责任论的影响。在大陆法系三阶层的犯罪论体系中，对责任的规范要素是在有责性中加以讨论的，它虽然在构成要件之外，但却在犯罪论体系之内。但在苏联四要件的犯罪构成体系中，罪过的规范要素难以归入犯罪构成，因而只能在犯罪构成体系之外以刑事责任的根据的名义加以确认。乌特夫斯基的这种理论被称为罪过评价论而且横遭批判，但批判的理由十分有意思，认为罪过评价论会破坏法治、贬低犯罪构成的意义。例如，苏俄学者在批判罪过评价论时指出：

唯心主义的罪过"评价"理论，也是为破坏犯罪构成服务的。根据这种"理论"，法院对被告人行为的否定评价，和对被告人行为的谴责，被认为是罪过。罪过的评价概念是以新康德主义的"存在"和"当为"的对立为前提的。新康德派刑法学者们否认人的罪过是实际现实世界的确定的事实。按照他们的"理论"，当法院认为某人的行为应受谴责时，法院就可以以自己否定的评断，创造出该人在实施犯罪中的罪过。主观唯心主义的罪过评价理论，使资产阶级的法官们可以任意对所有他们认为危险的人宣布有罪。②

上述批判除存在政治化与意识形态化的明显倾向以外，在逻辑上也是难以成

---

① [美]乔治·弗莱彻：《反思刑法》，邓子滨译，364~365页，北京，华夏出版社，2008。
② [苏]A.A.皮昂特科夫斯基：《社会主义法制的巩固与犯罪构成学说的基本问题》，孔钊译，载《苏维埃刑法论文选译》，第1辑，77页，北京，中国人民大学出版社，1955。

立的，主要还是因为作者对规范责任论的无知。

规范责任论是在责任论中引入规范要素即评价要素，但它并非以此取代或者否定心理要素，而是以心理要素为前提进一步提出规范上的谴责可能性。在这种情况下，规范责任论对归责提出了更为苛刻的条件，难道不是有利于被告人吗？根据心理责任论，行为人只要具有故意或者过失就可被归责，而根据规范责任论，行为人具有故意或者过失仍然不能被归责，还要看是否存在期待可能性等规范的归责要素。如果不存在规范归责要素，行为人仍然不可被归责。至于说规范责任论对犯罪构成的破坏，那是因为苏俄的犯罪构成体系本身不包含归责要素，因而学者在犯罪构成之外讨论归责问题，造成犯罪构成与归责之间的脱节。而在大陆法系三阶层的犯罪论体系中，无论心理要素是被放在构成要件中还是被放在有责性中，规范要素都必然成为有责性要素，因而是在犯罪成立条件之中解决归责问题。

基于以上分析，可以得出结论：在苏俄刑法学将构成要件概念改造成为犯罪构成概念以后，德国刑法理论进一步发展而出现的规范责任论，已经在苏俄的犯罪构成体系中难以被容纳。乌特夫斯基虽然试图引入规范责任论，但因为它与苏俄犯罪构成理论的矛盾而遭到批判。在这个意义上说，20 世纪 50 年代围绕着罪过评价论而展开的这场争论，实际上是心理责任论与规范责任论之争在苏俄刑法学界的理论折射。最终因为犯罪构成的差异，心理责任论得到维持，规范责任论受到批判，犯罪构成是刑事责任的唯一根据这一命题成为这场争论的唯一遗产。通过学术批判，特拉伊宁又改变了自己以前的观点，在《犯罪构成的一般学说》的第三版中指出：人的行为中具有犯罪构成是适用刑罚的根据，如果行为中缺少犯罪构成则应免除刑事责任。① 因此，刑事责任的根据仍然是犯罪构成。由此，苏俄刑法学完成了从责任主义到刑事责任理论的转变。在这一转变过程中，犯罪构成理论诞生。以刑事责任根据为主要内容的刑事责任理论实际上是犯罪构成理

---

① 参见［苏］A. A. 皮昂特科夫斯基等：《苏联刑法科学史》，曹子丹等译，46 页，北京，法律出版社，1984。

论的附属物，只具有对犯罪构成的政治意义与法律意义上的维护功能。刑事责任是什么这个根基性的问题反而被遮蔽了。

在20世纪60年代以后，苏俄学者进一步对刑事责任及其根据问题进行研究，并将该理论引入刑法教科书，确立其官方地位。例如，《苏维埃刑法总论》一书设专章讨论刑事责任及其根据。该书为刑事责任所作的定义是：刑事责任是指代表国家的权威性法院，根据刑事法律的规定，对具体的犯罪行为所作出的评价和对犯罪人所进行的谴责（判罪）。① 在该书中，犯罪构成是刑事责任的唯一根据被认为是苏维埃刑法理论界公认的公式。

三

20世纪50年代初，我国基于政治上的原因引入苏俄刑法学。因时差的关系，我国引入的主要是苏俄40年代的刑法学知识。关于刑事责任及其根据问题，在1955年中国人民大学出版的《苏维埃刑法论文选译》（第1辑）刊载的论文如实地反映了当时苏联刑法学界的争论。1958年中国人民大学出版社出版的特拉伊宁《犯罪构成的一般学说》是该书的第三版，已经确立了犯罪构成是刑事责任唯一根据的公式。但从1957年"反右"斗争以后，我国陷入法律虚无主义。1966—1976年我国又处于"文化大革命"之中，刑法学研究遂告中断，对苏俄刑法学中关于刑事责任的理论未能及时消化。

随着1979年刑法的颁行，20世纪80年代初，我国刑法学研究逐渐恢复重建。但20世纪80年代初期的刑法学教科书中都没有涉及刑事责任根据问题，甚至没有刑事责任的概念，只是在犯罪主观方面论及一个人实施危害社会行为，为什么在具有故意或过失时要负刑事责任，而且作者从人的意识和意志的角度对此作的解答。② 如前所述，我国最早讨论刑事责任理论的是敬大力1984年通过答辩

---

① 参见［苏］Н. А. 别利亚耶夫、М. И. 科瓦廖夫：《苏维埃刑法总论》，马红秀等译，23页，北京，群众出版社，1987。

② 参见高铭暄主编：《刑法学》（修订本），145页，北京，法律出版社，1984。

的硕士学位论文《刑事责任一般理论研究——理论的批判和批判的理论》。该文具有相当的理论深度，文中涉及的刑事责任概念，罪、责、刑的逻辑结构，以及刑事责任根据等三个重要问题，几乎确定了此后我国刑法学界关于刑事责任讨论的基本方向。在当时学术资料匮乏的情况下，该论文横空出世。可惜长达8.3万字的原文当时并未发表，我们从赵秉志等编写的《全国刑法硕士论文荟萃（1981届—1988届）》（中国人民公安大学出版社，1989）中可以见到四千字的梗概。笔者因与敬大力是同一届的硕士研究生，当时获赠该论文而得以拜读。

许多著作在描述20世纪80年代我国刑法学界对刑事责任的讨论时，都提到苏俄学者Л.В.巴格里-沙赫马托夫的《刑事责任与刑罚》（韦政强、关文学、王爱儒译，法律出版社，1984）一书。该书的出版，对于当时我国刑事责任理论的讨论具有明显的推动作用。应该说，关于刑事责任问题，该书并不是一本具有理论深度的专著，该书甚至没有论及刑事责任的根据问题。但该书在以下三个问题上还是对此后我国刑事责任问题的讨论产生了重大影响：一是提出了刑法关系是刑事责任的实质的命题。从刑事法律关系的角度把握刑事责任，也成为我国刑事责任讨论中一种具有影响力的理论取向。二是提出了刑事责任的范围和阶段问题，从刑事责任起始时刻、持续时间长短和结束时刻上作出界定，使刑事责任与刑事追诉相关联，变成一个动态的过程。三是提出了刑事责任的实现问题，尤其是较为深入地论述了刑事责任与刑罚的关系，提出了实现刑事责任的四种形式，即刑事强制方法（刑罚、医疗性和教育性的强制方法）、刑事诉讼上的强制方法、刑事执行上的强制方法和行政法上的强制方法。[①] 此后，《法学研究》在1986—1988年间连续刊登了关于刑事责任的论文，掀起了一个讨论的高潮。

20世纪80年代中期发生在我国刑法学界这场围绕着刑事责任的讨论，可以说是20世纪50年代中期发生在苏联刑法学界那场关于刑事责任的讨论在间隔30年后的重演与接续。时空交错，令人感慨。比较这两场发生在不同国度、不同时

[①] 参见［苏］Л.В.巴格里-沙赫马托夫：《刑事责任与刑罚》，韦政强等译，102页及以下，北京，法律出版社，1984。

间对刑事责任这同一问题的讨论,应当是一个不错的视角。

在这两场讨论中,苏俄刑法学界在20世纪50年代的讨论具有较为浓重的政治色彩。正如弗莱彻所说:这场大讨论弥漫着政治的基调。① 这一点,从当时发表的论文中可以感觉得到:政治批判,上纲上线,是在所难免的。但我国20世纪80年代的讨论则要平和得多,尽管存在较大的分歧意见,但政治批判已经不复存在,我国这场学术讨论为我国此后刑法学界对责任主义的深入讨论提供了一个样板。

这两场讨论的一个相同主题是刑事责任的根据。正如我国学者所说,早期我国关于刑事责任根据的研究,几乎每一个脚步都印记着苏联关于刑事责任根据的研究。② 但从我国刑事责任讨论的起步来看,我国学者恰恰是从质疑犯罪构成是刑事责任的唯一根据这一命题开始的。当然,这一问题取决于如何界定刑事责任的根据。例如,敬大力认为刑事责任的根据是确定刑事责任的事实标准,因而他将刑事责任的根据界定为一种具有与犯罪的根据和刑罚的根据不可相互替代之特性的法律事实。刑事责任的根据包含确定刑事责任有无的根据与确定刑事责任具体程度的根据。在此基础上,作者(即敬大力——引者注)对犯罪构成是刑事责任的唯一根据的观点提出了质疑。③ 这里所谓的质疑,是认为苏俄刑法学所谓犯罪构成是刑事责任的唯一根据,只解决了刑事责任有无问题,也就是犯罪是否成立的问题,但刑事责任不仅存在有无问题,而且存在大小问题,因而是难以为该命题所容纳的。其实,苏俄刑法学中的犯罪构成是刑事责任唯一根据这一命题,主要强调定罪中的法治原则,因而更多的是从犯罪论角度讨论的。把刑事责任程度问题扯进来,则涉及量刑问题,因而超越了苏俄刑法学界在20世纪50年代关于刑事责任的根据的讨论范围。关于刑事责任在刑法学体系中的定位,笔者将在下文论及。仅就把定罪根据与量刑根据都纳入刑事责任的根据而言,其将使刑事

---

① 参见[美]乔治·弗莱彻:《反思刑法》,邓子滨译,364页,北京,华夏出版社,2008。
② 参见徐立:《刑事责任根据论》,141页,北京,中国法制出版社,2006。
③ 参见赵秉志等:《全国刑法硕士论文荟萃(1981届—1988届)》,21~22页,北京,中国人民公安大学出版社,1989。

责任的概念大为扩张与膨胀，几乎成为与刑法相等同的概念，由此带来相应的弊端，后面亦将论及。在我国此后关于刑事责任的讨论中，在刑事责任根据问题上形成了以下四种观点①：（1）犯罪构成说。这是传统观点。（2）犯罪行为说。这种观点从犯罪构成中提炼出犯罪行为作为刑事责任的根据：犯罪构成是法律规范，是产生刑事责任的前提，但只有符合犯罪构成的犯罪行为才具有实体性，才能成为刑事责任的根据。（3）综合根据说，即刑事责任的根据包含犯罪根据与刑罚根据，是一种综合性的法律事实。（4）社会危害性说。这是犯罪构成说与综合根据说的一种实质化表述。由于社会危害性是一个包含有无与程度的概念，因而这种观点与综合根据说基本上是相同的。

上述我国刑法学界关于刑事责任之根据的讨论，并无太大的实质意义，而社会危害性之类的实质主义倾向，使对刑事责任之根据的讨论超越规范，变得更加虚无。值得注意的是，高铭暄在《论刑事责任》一文中，把刑事责任的根据分为法律事实根据与哲学理论根据。在法律事实根据上，高铭暄坚持行为具有犯罪构成是刑事责任的基础，并且认为犯罪构成不仅决定刑事责任的质，而且在很大程度上也决定刑事责任的量（大小）。在刑事责任的哲学理论根据上，高铭暄在论及行为人在主观上是否具有可责性时指出：一个人只有在主观上有可以归责的地方，才能对他追究刑事责任，这样的追究活动才会有合理性。② 由此可见，我国学者在刑事责任的哲学理论根据中论及的主观上的可归责性，已经与大陆法系犯罪论体系中的规范责任论相当接近。当然，两者的区别也是极为明显的：规范责任论是在犯罪论体系中讨论可归责性的，而我国学者是在犯罪构成体系之外讨论可归责性的。现在，对刑事责任之根据的这种二元区分已经成为我国权威刑法教科书的正式内容。例如，高铭暄、马克昌主编的《刑法学》一书把刑事责任的根据径直称为刑事责任的哲学和法学根据，在法学根据中主要讨论犯罪构成。③ 意志自

---

① 参见高铭暄主编：《新中国刑法科学简史》，79～80 页，北京，中国人民大学出版社，1993。
② 参见高铭暄：《论刑事责任》，载《中国人民大学学报》，1988（2）。
③ 参见高铭暄、马克昌主编：《刑法学》，216 页及以下，北京，北京大学出版社、高等教育出版社，2000。

由，这里主要是指相对意志自由，是罪过心理的基础，而罪过心理是一个犯罪构成的问题，因此，建立在意志自由之上的可归责性应当是犯罪构成的题中之义，而现在却被置于犯罪构成之外，难道存在不可归责的符合犯罪构成的行为吗？这种把可归责性从犯罪构成中剥离出来的必然结果是，构造一个不可归责的犯罪构成，正如弗莱彻所称"无归责的罪过"。

在 20 世纪 80 年代对刑事责任的讨论中，最具中国特色，也最有理论魅力的也许是对刑法结构的讨论。我国传统的刑法结构是罪—刑结构，与此相应的刑法学结构是犯罪论—刑罚论结构。敬大力最早将刑事责任界定为具有实存意义的独立实体，认为刑事责任具有区别于犯罪和刑罚的独立性。敬大力指出：正因为犯罪、刑事责任和刑罚各自都有其独立的意义，所以在刑法体系中确定罪、责、刑的逻辑结构，就是十分必要的。这种逻辑结构就是：认定犯罪—确定责任—决定制裁。刑事责任填补了罪和刑之间的空白，从而形成了一个解决犯罪问题的前后贯通、层层深化的全面考察问题的线索。罪—责—刑的逻辑结构，应当成为处理刑事案件的具体步骤和过程，成为刑法理论的基本体系。[①] 罪—责—刑的刑法结构的提出，使对刑事责任的讨论转而成为对刑法结构的讨论，已经超越了传统的刑事责任讨论的范围，当然，与大陆法系犯罪论体系中的有责性问题相去甚远。罪—责—刑的刑法结构，将刑事责任视为联结犯罪与刑事责任的纽带。以罪—责—刑为框架的刑法学体系亦被我国权威刑法教科书采纳。例如，高铭暄、马克昌主编的《刑法学》将刑事责任设为一章，置于犯罪论内容之后、刑罚论内容之前，也即采取犯罪论—刑事责任论—刑罚论的体系。[②] 但是，罪—责—刑的刑法学体系存在的根本问题是刑事责任无法实体化，其内容较为空洞，而且，没有刑事责任论，整个刑法学的逻辑结构的完整并不受影响。在这种情况下，罪—责结构和责—罪—刑结构，则使刑事责任实体化，对传统的罪—刑结构带来较大的冲击。

[①] 参见赵秉志等：《全国刑法硕士论文荟萃（1981 届—1988 届）》，20 页，北京，中国人民公安大学出版社，1989。

[②] 参见高铭暄、马克昌主编：《刑法学》，213 页，北京，北京大学出版社、高等教育出版社，2000。

采罪—责结构者以张明楷的《刑事责任论》一书为代表。在论述刑事责任理论对刑事立法与刑法理论的影响时，张明楷指出：刑事责任是具有独立意义、实质意义的概念。犯罪是刑事责任的前提，刑事责任是犯罪的法律后果；刑罚只是刑事责任的基本实现方式，而不是刑事责任的唯一实现方式。刑罚与非刑罚处罚方法一样，是刑事责任的下位概念。因此，犯罪—刑罚的体系，应改变为犯罪—刑事责任的体系，这样才能澄清犯罪与刑事责任的关系。①

以刑事责任论取代刑罚论，是从刑事责任的实施方式上得出的结论。这种观点在理解刑事责任的时候，将刑事责任与犯罪相区隔，使刑事责任概念中所具有的归责性完全消解，而只是强调其作为犯罪后果所具有的刑事负担性。罪—责的结构也受到某些学者的赞同，他们主张以刑事责任论取代传统刑法学总论体系中的刑罚论，其主要理由除了可以容纳非刑罚处罚方法，还在于将会引起刑法学总论某些内容的重新调整，使其更加合理与完善，例如，现行犯罪论中的正当防卫和紧急避险实质上属于刑事责任的免责条件，应将其调整到刑事责任论中来。②但正当防卫与紧急避险是排除犯罪性的问题，而不是免除刑事责任的问题。由此可见，以刑事责任论取代刑罚论的理由并不充足。目前犯罪的法律后果主要还是刑罚，以刑罚概念——量刑、行刑、刑罚消灭等内容，是符合实际情况的。即使是张明楷，在其《刑法学》一书中，也没有直接称刑事责任论而是称法律后果论。③当然，在该书中张明楷将刑事责任与犯罪的法律后果作为大体等同的概念使用，以此区别于犯罪论中的主观（责任）构成要件。但笔者认为，犯罪的法律后果就是刑罚，没有必要采用法律后果论这样模糊的概念，而且，将刑事责任从犯罪论中剥离，在法律后果意义上讨论刑事责任，也必将使刑事责任形式化，欲使刑事责任具有实质意义而不能。

不同于罪—责结构的是责—罪—刑结构。这一结构的基本思路是将刑事责任当作刑法的核心，犯罪与刑罚都从刑事责任中引申出来。例如，曲新久认为刑事

---

① 参见张明楷：《刑事责任论》，149~150 页，北京，中国政法大学出版社，1992。
② 参见张文等：《刑事责任要义》，77~78 页，北京，北京大学出版社，1997。
③ 参见张明楷：《刑法学》，3 版，385 页及以下，北京，法律出版社，2007。

责任是整个刑法学范畴体系的最上位概念。① 但曲新久又认为刑事责任是一个一词二义的概念，其中一义是主观归责的可能性，另一义是实施犯罪行为的人应受惩罚、制裁的法律地位或者可能性。② 在上述两种基本含义中，第一种含义是作为犯罪成立条件的有责性，第二种含义是作为犯罪法律后果的责任。但无论何种含义上的刑事责任都不可能成为犯罪与刑罚的上位概念，更遑论以刑事责任为中心建构刑法学体系。

以刑事责任为中心建构刑法学体系的，以张智辉的《刑事责任通论》（警官教育出版社，1995）为代表。张智辉将刑事责任界定为：体现国家对犯罪的否定性评价并由犯罪人来承受的刑事上的负担。关于刑事责任在刑法中的地位，张智辉作出以下说明：刑事责任论，虽然在理论体系上可以与犯罪论、刑罚论和罪刑各论相并列，但是在价值功能上，它具有基础理论的意义。刑事责任理论所提示的是刑法的基础原理，它的具体内容应当由犯罪论、刑罚论和罪刑各论来丰富。因此在体系上不能把刑事责任论作为犯罪之后果和刑罚之先导而插入犯罪论与刑罚论之间，而应当作为刑法学的基础理论置于犯罪论之前，并作为刑法的基础原理来把握。③ 张智辉在该书中，在"刑事责任基础"的题目下讨论行为及其违法性，相当于犯罪的客观要件；在"刑事责任根据"的题目下讨论罪过，相当于犯罪的主观要件；此外，还讨论了刑事责任的主体，即犯罪主体等内容。也即该书基本上涵括了整个犯罪构成论，只是对刑罚论未展开讨论。如果在一本刑法学体系书中将犯罪构成论分离出来，则刑事责任论的内容仍然是空洞的。

使刑事责任彻底实体化的是王晨的《刑事责任的一般理论》（武汉大学出版社，1998）一书。在论及刑事责任在刑法学中的地位时，王晨指出：确立刑事责任理论在刑法学体系中的科学地位，有助于正确认识"刑法"的性质。在不同的国家，刑法有不同的称谓，有的称作犯罪法，有的称作刑罚法。在我国虽然被称

---

① 参见曲新久：《论刑法学的基本范畴》，载《法学研究》，1991 (1)。
② 参见曲新久：《刑法的精神与范畴》（2003 年修订版），248～249 页，北京，中国政法大学出版社，2003。
③ 参见张智辉：《刑事责任通论》，15 页，北京，警官教育出版社，1995。

作刑法，但是，由于重刑思想长期流行，有犯罪必有刑罚的观念根深蒂固，这就自然而然导致把刑法理解为刑罚法。事实上，在现代国家，犯罪并不必然导致刑罚，刑法中的"刑"作为罪与刑（广义的）的核心概念，其含义应该是指刑事责任。因此，刑法可以称为刑事责任法。① 尽管王晨主张的是犯罪论—刑事责任论的体系，但从该书的内容来看，从刑事责任根据到刑事责任认定，再到刑事责任的实现形式，几乎囊括了刑法学中犯罪论与刑罚论的主要内容。

可以说，在20世纪80年代对刑事责任的讨论中，由于刑事责任一词本身的多义性，各位学者都按照各自对刑事责任的理解而将刑事责任理论引入刑法学，由此形成盲人摸象的局面。因此，对刑事责任的探讨仍然要回归刑事责任概念，从刑事责任这个概念的独特含义出发确定其在刑法学中的地位。

四

要解决什么是刑事责任的问题，必先从什么是责任入手。为使我们对这个问题有一个清晰的概念，笔者还是想采用在苏俄化之前的我国民国时期的刑法教科书对责任的解释。在陈瑾昆的《刑法总则讲义》（好望书店，1934年原版；中国方正出版社，2004年勘校版）中，指出：责任于刑法学上，有次述三个意义：（1）谓法律上之负担。此为责任之客观意义。责任于此意义，又与义务及制裁同义。（2）谓法律上之地位。此为责任之主观意义，即凡应受刑法上刑罚之制裁者，必为居于刑法上一定地位之人，故学说上又称此地位曰责任。（3）谓法律上之状态。刑法所称之责任，乃为此义。学说上所谓犯罪之主观要件，亦以指此盖负刑事责任之人，申言之，即于刑法上居于一定地位而应为一定负担，必有一定心理状态与精神状态。所谓责任，即指主观具备法定心理状态及精神状态之全体而言。② 根据上述界定，责任的第一义为犯罪的法律后果，第二义为处于应受刑

---

① 参见王晨：《刑事责任的一般理论》，115页，武汉，武汉大学出版社，1998。
② 参见陈瑾昆：《刑法总则讲义》，93~94页，北京，中国方正出版社，2004。

罚处罚的地位，第三义为主观上的可归责性。其实，刑法中所称刑事责任，主要指第一义，个别情况下指第二义的刑事责任。例如，我国刑法第二章第一节为"犯罪和刑事责任"，这里的刑事责任就是责任的客观意义，即应当承担犯罪的法律后果。例如，我国刑法第15条第2款规定："故意犯罪，应当负刑事责任。"这里的"应当负刑事责任"，就是指应当承担法律后果，即应当受到刑罚处罚。因此，在作为犯罪的法律后果意义上的刑事责任只是一种引导性用语，其实际含义是刑罚论所予以阐述的。从这个意义上说，刑事责任的根据当然是行为构成犯罪，也就是所谓犯罪构成是刑事责任的唯一根据。犯罪构成是刑事责任的唯一根据这一命题，只有针对追究刑事责任不以犯罪构成为根据的情形才是有意义的，否则就是没有任何意义的。

刑法理论上所需要研究的刑事责任显然并不是刑法中所规定的刑事责任，而是归责意义上的刑事责任，即第三义上的刑事责任。为与刑事责任这个已经被特定化了的概念相区别，笔者将第三义上的刑事责任简称为责任。在苏联及我国刑法学中，责任一词已经成为刑事责任的专用语，这表现在责任与罪过的区分上。罪过是一个极具中国特色的用语，据我国学者考证[①]，刑法理论中的罪过一语源于俄文 ВИНа，英文 fault，德文 Schuld 等。据已知资料推断，新中国成立以前的旧中国刑法学者并未使用罪过一词。我国最早采用罪过概括犯罪主观方面的专业书刊是由彭仲文先生于1950年翻译出版的《苏联刑法总论》。该书指出：罪过乃是刑事责任的条件，亦即该有责任能力者对其所为之犯罪行为在故意或过失形式上的心理关系。[②] 自此，罪过便成为犯罪的主观方面的专用术语，并为刑法学界所公认。之所以旧中国刑法学者未使用罪过一词，是因为当时使用的是责任一词。但在苏俄刑法学中，责任为刑事责任所专用，故对于犯罪的主观方面只能采用罪过一词加以表达。当然，把罪过视为故意或过失的心理关系，明显地具有心理责任论的印记。

---

① 参见姜伟：《犯罪故意与犯罪过失》，3~4页，北京，群众出版社，1992。
② 参见［苏］孟沙金主编：《苏联刑法总论》（下册），彭仲文译，366页，上海，大东书局，1950。

在20世纪80年代中期对刑事责任的轰轰烈烈的讨论中，主观上的归责问题反而被遮蔽了。但随着大陆法系刑法学著作的引入，先是我国台湾地区学者的论著，后是日本学者的论著，主观归责的问题开始进入我国大陆学者的视野，并从刑事责任理论开始向责任主义转向。笔者在1992年出版的《刑法哲学》一书曾经对以刑事责任为中心建构刑法学体系的学术努力提出过质疑，指出：刑事责任这个概念是从大陆法系刑法理论中的有责性（Culpability）演变而来的，而有责性是以对犯罪者意思形成之非难或非难可能性为其本体。[①] 在这个意义上说，刑事责任属于犯罪论的范畴，相当于我们现在所说的罪过。在英美法体系刑法理论中，刑事责任也被限制在犯罪论中使用，尤其与主观因素有关，用它难以概括刑法内容之全部。在苏联刑法学界，刑事责任又成为一个与刑罚密切相连的概念。笔者主张还刑事责任以本来的面目——作为罪过问题进行考察。[②] 在上述论断中，笔者引用了我国台湾地区学者洪福增《刑事责任之理论》一书中关于责任的概念。可以说，该书是来自境外的第一本以刑事责任为题的专著，它第一版出版的时间是1982年12月，修订再版的时间是1988年12月，由于在祖国大陆是影印出版，目前已经难以确定该书引入祖国大陆的确切时间。以笔者所见，有的书引用的是该书第一版，有的书引用的是该书第二版。大致判断，该书是在1990年以前初现祖国大陆。该书对祖国大陆刑事责任的研究产生了某种微妙的作用，让我们看到了刑事责任理论研究的另一种面向———一种完全不同于苏俄刑法学的研究径路。尽管责任存在多义性，但洪福增在该书中所述，乃可责性意义上的责任。因此，《刑事责任之理论》所述内容相当于大陆法系犯罪论体系中的有责性，主要讨论故意与过失等罪过问题，迥然异乎于祖国大陆刑法学界讨论的刑事责任。

其实，在祖国大陆对刑事责任的讨论中，虽然大多数人关于刑事责任的根据都在犯罪构成、犯罪行为或者社会危害性等概念上展开争论，但也有个别学者主

[①] 参见洪福增：《刑事责任之理论》，修正版，1页，台北，三民书局，1988。
[②] 参见陈兴良：《刑法哲学》，修订3版，17~18页，北京，中国政法大学出版社，2003。

张罪过是刑事责任的根据,例如,余淦才指出:罪过是承担刑事责任的根据,因为罪过是把行为和行为人合为一体并贯穿于犯罪和刑罚始终的核心因素,任何一个具有刑事意义的行为,都只能是在认识和意志支配下的行为,没有主观罪过,无论是行为还是行为人,都不会因客观上造成了某处损害结果而承担刑事责任。① 应该说,比余淦才更早提出罪过是刑事责任的唯一根据这一独特命题的是陈忠林。陈忠林在其1986年答辩通过的硕士学位论文《论犯罪构成各要件的实质及辩证关系——对改造现行犯罪构成理论的探索》中提出了这一命题。该硕士学位论文当年未发表,只有三千字的梗概被收入赵秉志等编写的《全国刑法硕士论文荟萃(1981届—1988届)》(中国人民公安大学出版社,1989),直至2000年才全文公开发表在笔者主编的《刑事法评论》(第6卷)上。该文的核心观点是主观罪过是犯罪构成的核心,由此而进一步引申出主观罪过是刑事责任的唯一根据。该文作者的基本论证思路是:犯罪主观要件决定犯罪其他要件,例如,犯罪主观要件是犯罪行为存在的前提,犯罪的主观要件的范围决定犯罪行为的范围。② 应该说,这种论证在当时的学术背景下十分独到的,当然也是笔者所不赞同的。对于罪过是刑事责任根据的观点,我国学者当时给出的批评是这种观点把德日刑法中的责任(或刑事责任)与我国刑法中的刑事责任这两个概念混淆了。③ 言下之意是,罪过是刑事责任的根据中的责任,是大陆法系犯罪论体系中的有责性,这一命题在这个意义上的责任中才能成立。这一说法区分不同语境,当然是有道理的。但问题在于,主张罪过是刑事责任的根据的学者真的是在大陆法系犯罪论体系的语境中讨论这个问题的吗?答案是否定的。在我国四要件的犯罪构成体系中,只能得出罪过是刑事责任的主观根据的命题④,无论如何也得不出罪过是刑事责任的唯一根据的命题。之所以得出这样的结论,是因为大陆法系

---

① 参见余淦才:《刑事责任理论试析》,载《法学研究》,1987(5)。
② 参见陈忠林:《论犯罪构成要件的实质及辩证关系——对改造现行犯罪构成理论的探索》,载陈兴良主编:《刑事法辩论》,第6卷,238页及以下,北京,中国政法大学出版社,2000。
③ 参见张明楷:《刑事责任论》,33页,北京,中国政法大学出版社,1992。
④ 参见姜伟:《犯罪故意与犯罪过失》,66页,北京,群众出版社,1992。

的犯罪论体系内构成要件该当性、违法性与有责性之间是一种递进关系，因此，罪过是归责根据的命题是能够成立的。但我国从苏俄引入的四要件的犯罪构成体系内，各要件之间是一种耦合关系而并无严格的位阶关系，因而各个要件都是刑事责任的根据。正是在这个意义上，才引申出犯罪构成是刑事责任根据的命题。

至于陈忠林提出的罪过是刑事责任的唯一根据的命题，仍然是在四要件的犯罪构成体系内论证的，只不过对各要件之间的关系作了较为独特的分析，认为犯罪构成的其他要件都离不开主观罪过，因此，主观罪过是刑事责任的唯一根据。但根据这一分析思路，也完全可以得出犯罪行为是犯罪构成的核心，是刑事责任唯一根据的命题。例如，陈忠林指出：刑法中的行为是一定主体（能力和义务）的存在形式，是一定主体与客体（对象的存在状态）相互作用的结果，是主体特定的主观心理状态在客观世界的展开，是主体控制或者应该控制的客观要件作用于一定客观事物的存在状态的过程；离开了犯罪构成的其他要件，根本就不可能在刑法学中提出科学的行为概念，在逻辑上正确地确定刑法中行为的范围和性质；同我们认定犯罪构成要件的逻辑进程一样，认定刑法中的行为的过程也只能是从主体（行为人的义务与能力）到客观（行为对象的存在状态），再到主体的心理状态（意识或意志状态的内容），最后根据行为人实际控制或者根据义务应该控制的客观条件来确定某种事实是不是刑法中的行为，是何种刑法中行为的过程。任何颠倒这一顺序的推理过程，都不仅仅是逻辑上的错误，而且在实践中根本就不可能真正得到施行。[1] 这里提到在定罪过程中的逻辑推理顺序，这种顺序在大陆法系犯罪论体系中是按照构成要件该当性—违法性—有责性层层递进的，其逻辑顺序不可颠倒。但在我国的四要件犯罪构成体系中，四个要件之间是"一有俱有、一无俱无"的彼此依赖关系，任何一个要件都不能离开另一要件而存在，即任何一个要件的成立取决于其他要件的成立，反过来说，任何一个要件的不成立都导致其他要件的不成立。从积极含义上说，是本要件决定其他要件，从消极含义上说，是本要件被其他要件所决定。从整体上来说，是犯罪构成的各个要

---

[1] 参见陈忠林：《刑法散得集》，序，7页，北京，法律出版社，2003。

件彼此决定。因此,任何要件都可以说是刑事责任的唯一根据,因为没有本要件就没有其他要件。同时,也可以说任何一个要件都不是刑事责任的唯一根据,因为没有其他要件就没有本要件。在这个意义上,犯罪构成才是刑事责任的唯一根据。

尽管在现行的四要件的犯罪构成体系内,从对刑事责任的讨论中已经难以展开主观归责的理论,但我们还是看到在关于罪过理论的探讨中有关主观归责的内容得到容纳。例如,姜伟在《犯罪故意与犯罪过失》(群众出版社,1992)一书中对罪过形式与期待可能性的关系作了分析,是我国最早介绍以期待可能性为核心的规范责任论的著作之一。姜伟指出:期待可能性不是罪过心理以外的独立的构成要件,也不是罪过形式本身的构成因素。期待可能性无非是意志自由程度的外在形式,是评价行为人之认识能力和意志能力大小的根据,是罪过心理产生的前提。① 以上这段论述是在心理责任论意义上展开的,认为罪过是一种心理关系或者心理状态,因此期待可能性不是罪过形式本身的构成因素。同时,作者也否认期待可能性是罪过心理以外的独立的构成要件,它只是罪过心理产生的前提。其实,期待可能性与心理要素是不同的:期待可能性是以作为心理要素的故意或者过失存在为前提的,而不是作为心理要素的故意或者过失以期待可能性为前提。期待可能性是在作为心理要素的故意或者过失存在的前提下,对其作进一步归责的要素,是所谓责任要素。

从以犯罪构成为根据的刑事责任理论向以主观可谴责性为内容的责任主义的转变,以冯军的《刑事责任论》(法律出版社,1996)一书的出版为标志。冯军提出了刑事责任的三重构造——责任A是刑事义务,责任B是刑事归责,责任C是刑事负担;并分别对此作了研究。该书共11章,除第一章具有概述性质以外,第二至四章是对刑事义务的研究,第五至九章是对刑事归责的研究,第十至十一章是对刑事负担的研究。该书的鲜明特色是完全跳出了苏俄刑法学以及我国刑法学以往关于刑事责任的讨论的窠臼,转换为大陆法系的理论话语。高铭暄在该书的序中作出以下评价:本书详述事实,明说其理,用平易清丽的文笔展示了作者

---

① 参见姜伟:《犯罪故意与犯罪过失》,81页,北京,群众出版社,1992。

探索刑事责任问题的新视野、新成果，推动了我国刑事责任理论体系化的进程。① 在上述评语中，引起笔者注意的是"平易清丽的文笔"一语。确实，在该书中已经不再有苏俄刑法学的印记，而是充满具有大陆法系犯罪论体系印迹的学术气息。这对于我国习惯了苏俄文风的刑法学者来说，可谓是清新的学术气息。关于这一点，可由该书所附录的主要参考文献加以印证：该目录共列了著作113本，涉及苏俄的只有 B. ф. 基里钦科著、蔡枢衡译的《苏维埃刑法中错误意义》（法律出版社，1956）、特拉伊宁著、王作富等译的《犯罪构成的一般学说》（中国人民大学出版社，1958）和 H. A. 别利亚耶夫等编、马红秀等译的《苏维埃刑法总论》（群众出版社，1987，冯军误为1989）三本。尤其令笔者惊诧的是，被奉为刑事责任研究经典的苏俄著作——Л. B. 巴格里-沙赫马托夫著、韦政强等译的《刑事责任与刑罚》（法律出版社，1984）一书在该目录中亦不见踪影。与此形成鲜明对照的是，日本刑法学者的著作却有37本之多，并且绝大多数是日文版。当然，这与冯军曾在日本学习有关。

冯军在《刑事责任论》一书中以相当大的篇幅对刑事归责作了论述，分别对责任能力、事实性认识、违法性认识、期待可能性这四种刑事归责的要素作了具体阐述。例如，在论及期待可能性在理论体系中的地位时，冯军指出：期待可能性虽然是指向行为人的主观的，是对行为人主观选择的期待，但是，与故意、过失不同，它不是行为人的主观的、心理的内容本身，而是从法规范的角度对处于具体状况下的行为人的主观选择的评价。可以说，故意、过失是主观性归责要素，而期待可能性是客观性归责要素，期待可能性是独立于故意、过失之外的归责要素之一。② 这一论述使故意、过失与期待可能性之间的关系得到厘清，对于理解我国刑法中的罪过具有借鉴意义：我国刑法中的罪过到底只是一种心理事实，还是也包括规范评价的归责要素？值得注意的是，冯军在关于刑事归责，乃至整个刑事责任的论述中，完全回避了我国四要件的犯罪构成体系与大陆法系三

---

① 参见冯军：《刑事责任论》，序，5页，北京，法律出版社，1996。
② 参见上书，252页。

阶层的犯罪论体系。这当然是一种巧妙的做法，但也留下了遗憾。因为犯罪成立条件的理论模式不改变，大陆法系的归责理论在我国刑法学中的运用仍然是存在障碍的。在一定程度上可以说，冯军终结了在苏俄刑法学话语下的刑事责任的理论争论，开启了大陆法系犯罪论体系话语下的责任主义的学术之路。

五

刑法中的责任主义，是以"无责任则无犯罪"为号召的①，对应于"无行为则无犯罪"的格言。如果说"无行为则无犯罪"主要解决刑事责任的客观根据，那么，"无责任则无犯罪"就是要解决刑事责任的主观根据问题。就此而言，两者并不矛盾。当然，主观上的归责必然以客观构成要件的具备为前提。这是大陆法系三阶层的犯罪论体系所要求的。

责任主义中的责任是主观责任，它是相对于客观责任、结果责任而言的。从客观责任到主观责任，这是一种历史性的进步，是随着道义责任论的确立而完成的。李斯特对责任理论的发展作了以下历史叙述：今天我们听起来觉得是理所当然的话语，罪责是犯罪的概念特征，无罪责即无刑罚，是一个很长的且目前仍然没有结束的发展的结果。犯罪概念只是慢慢地吸收罪责特征于自身的，罪责学说的发展是衡量刑法进步的晴雨表。②责任主义最初是建立在心理责任论的基础之上的，此后才形成规范责任论。应该说，规范责任论并不是要否定心理责任论，而是以心理责任论为前提。当然，在规范要素成为责任要素以后，对于故意与过失还是否属于责任要素是存在争议的。这里涉及责任的构造问题，本文不予展开。但就规范责任论而言，相对于心理责任论，它实际上是限制了犯罪成立范围，也就是限制了刑罚处罚范围。

---

① 责任主义的口号也表述为"无责任则无刑罚"或者"无责任不处罚"。这里的"无刑罚"与"无犯罪"实际上是同一个意思，因为"无犯罪"才"无刑罚"而非"有犯罪"只是"无刑罚"而已。因此，"无责任则无犯罪"与"无责任则无刑罚"是可以相互替代的。

② 参见［德］李斯特：《德国刑法教科书》，修订版，265页，北京，法律出版社，2006。

值得注意的是,在当今德国刑法理论中,责任的概念又在发生变化。德国学者罗克辛创立了目的理性的犯罪论体系。在这一体系中,除客观归责理论的提出以外,第二个核心创新就是责任范畴的扩展。罗克辛指出:目的理性体系以这里所代表的形式提出的第二个核心创新,形成了把"罪责"扩展为"责任"的范畴。在这里,对于罪责这个各种刑罚必不可少的条件,总还必须补充进刑事惩罚的(特殊或者一般)预防必要性,因此,罪责和预防性需要是相互限制的,然后才能共同产生引起刑罚的行为人个人的"责任"。这种把传统的罪责范畴与预防性目标设定相结合的做法,对于许多问题的解释有重要意义。这在教义学上是符合刑罚目的理论的。在刑罚目的理论中,罪责和预防性需要虽然都是必要的刑罚条件,但是各自单独来看它们本身,又都表现为不充分的刑罚条件。① 刑罚以责任为前提,这是报应的理论;而刑罚又追求预防目的(个别预防与一般预防),这是功利的目的。以往的刑法理论坚持报应与预防的综合理论,以报应限制预防。这种限制,仍然是外在的,是在犯罪成立以后考虑的。但罗克辛将预防必要性引入责任概念,在犯罪成立的环节就考虑预防必要性。在这种情况下,责任本身也演变成一个兼顾报应与功利的复合概念。在责任概念中引入预防必要性,便对犯罪成立增加了一个限制条件,这显然是对国家刑罚权的限制,从而更加有利于被告人。罗克辛的观点使我们重新审视责任与预防的关系。确定责任本身具有目的吗?根据报应的理论,责任是与正义相联系的,它与功利无关,功利是在刑罚适用阶段予以考虑的。这就使定罪与量刑两个环节相疏离了。事实上,责任本身也是有目的的。只有这样,才能使责任进一步合理化。对此,德国学者雅科布斯指出:如果应该真正地对待责任的话,就必须提出这样一个限定的责任理论和均衡性理论都缺乏的根据:正是责任与目的的联系给刑罚和刑罚分量提供了本质意义。它涉及引起刑罚的归属和归属的分量。责任与目的的联系表现为,目的使责任变成有色的。因为责任刑法(Schuldstrafrecht)作为不应是无目的的刑法而

---

① 参见[德]克劳斯·罗克辛:《德国刑法学总论》,第 1 卷,王世洲译,125 页,北京,法律出版社,2005。

应该是有益于维持秩序的刑法，需要长期存在，为此也需要这种性质的责任，即使考虑到责任时也能够长期存在。假如在目的充足和责任量定之间存在一种先天稳定的和谐，责任刑法也将长期存在，那么，它就不再需要提供根据和划定界线而存在的责任。①

从苏俄的刑事责任理论到德日的责任主义，不仅意味着话语的转换，而且涉及理念的转变。无论是苏俄还是德日，对我们来说都是"异邦"。为什么不能有本土的责任理论？自从清末沈家本在刑法改革中引入大陆法系刑法典以后，刑法学就不再是中学而是西学。中华法系传统中断，律学也无从接续。我们只能引入大陆法系的刑法话语。这是我们这一代中国刑法学人的宿命。其实，这也没有什么好埋怨的。在一个全球化的时代，刑法的趋同性越来越明显，刑法学的互相沟通也应当是一种进步。既然都是引入外国的刑法学理论，当然是选择更优的。苏俄刑法学明显地带有政治化、意识形态化的烙印，是在法律虚无主义的历史背景下产生的，具有先天的不足。在这种情况下，德日刑法学也许是一个更好的选择，责任主义也不例外。

目前在我国刑法学中，尽管没有完全确立大陆法系三阶层的犯罪论体系，但责任主义的思想已经在我国各种犯罪构成体系中得到落实。例如，张明楷的《刑法学》（第三版）将犯罪构成分为两个共同要件：一是客观构成要件，或称犯罪客观要件，是表明行为和违法性的要件，其内容为违法性（法益侵害性）奠定基础、提供根据，因而也可以称为违法构成要件。二是主观构成要件，或者犯罪主观要件，是表明行为的有责性的要件，其内容为有责性（非难可能性）奠定基础、提供根据，因而也可以称为责任构成要件。② 在责任构成要件中，该书又将故意与过失、目的与动机等心理要素作为主观构成要件要素，而将责任能力、违法性认识的可能性、期待可能性作为有责性阻却事由加以讨论，从而在犯罪构成中引入归责要素。这种实质性的内容变动，是以犯罪构成的结构性调整为前提

---

① 参见〔德〕雅科布斯：《行为·责任·刑法——机能性描述》，冯军译，6页，北京，中国政法大学出版社，1997。

② 参见张明楷：《刑法学》，4版，108页，北京，法律出版社，2011。

的。而在一般仍然维持四要件犯罪构成体系的刑法教科书中，把犯罪主观方面界定为犯罪主体对自己的行为及其危害社会的结果所抱的心理态度。[1] 因此，这一观点仍然是以心理责任论为基础的。尽管如此，责任主义在我国获得共识仍然是可期待的，以下就是证据：

2005年10月25日至26日在西南政法大学举办"违法性认识专题研讨会"，并出版了《违法性认识》（陈忠林主编，北京大学出版社，2006）一书，对违法性认识这一归责要素作了专题研讨。

2007年9月29日至30日，中日两国刑事法学者在东京大学举行了"中日刑事研讨会"，本次研讨会的主题是责任。日本东京大学西田典之和我国冯军分别对中日两国刑法中的责任概念作了介绍。笔者参与了这次研讨会，并以《违法性认识：中国刑法语境下的探讨》为题作了发言。会议论文中文版刊登在冯军主编的《比较刑法研究》（中国人民大学出版社，2007），日文版《责任论与信用卡犯罪——日中刑事法学术研讨会报告书》（西田典之主编）由日本成文堂出版社出版（2007）。

2008年4月12日～13日在南京师范大学法学院举办"期待可能性专题研讨会"，对期待可能性这一归责要素作了专题研讨，会议论文即将结集出版。

(本文原载《清华法学》，2009（2））

---

[1] 参见高铭暄、马克昌主编：《刑法学》，106页，北京，北京大学出版社、高等教育出版社，2000。

责任论的法理构造

有责性论研究的是在具备构成要件该当性和违法性以后，如何对行为人进行主观归责的问题。德国学者李斯特曾经深刻地指出：罪责是犯罪的概念特征，无罪责即无刑罚，是一个很长的且目前仍然没有约束的发展的结果。犯罪概念只是慢慢地吸收罪责特征于自身的，罪责学说的发展是衡量刑法进步的晴雨表。[1] 本文拟对责任的一般原理进行探讨，并将德、日刑法中的责任主义与苏俄刑法学中的刑事责任概念加以界分，以期揭示责任论的法理基础。

一

（一）三阶层的犯罪论体系中的责任

在三阶层的犯罪论体系中，不法与责任相区分，责任以不法为前提，由此形成基本的逻辑架构。在这一架构中，贯彻了"违法是客观的，责任是主观的"这一思想。例如，日本学者小野清一郎主张道义责任论，指出：对道义责任的评

---

[1] 参见［德］李斯特：《德国刑法教科书》（修订版），徐久生译，265页，北京，法律出版社，2006。

价，是对已被客观地、外部地判断为违法的行为进一步去考虑行为人的主观的、内部的一面，亦即行为人精神方面的能力、性格、情操、认识、意图、动机等而来评价其伦理的、道义的价值。这就是说，要以有违法行为为前提，再去追究责任。在这样的场合里，法主要是对行为人为什么作出这种违法行为进行伦理的、道义的评价。对于具有文化性质的法而言，这也是必然的。伦理的文化意识越细腻，道义责任的观念就越彻底。这种理念是指，行为人是否已经意识到了行为的违法而去行动，或者如果是无意识地行动的话，那么行为人是不是理应意识到违法却没有意识而行动了。总之，这是站在个人的伦理实践立场来评价其行为的责任轻重的。这也可以只叫作"责任"。不过，"责任"这个词，一般多用来指客观性的归属（Zurchnung）。因为在上述情况下，带有按行为人的主观态度予以伦理的、道义的归属的含义，所以还是叫作"道义责任"为好。[①] 不可否认，小野清一郎的道义责任论具有浓厚的伦理道德色彩，掺杂了文化因素。当然，小野清一郎关于责任的功能的论述是正确的。在小野清一郎的这一论述中，展现了康德关于"法律是外部的、客观的，道德是内部的、主观的"这一精神，由此分别界定了违法与责任。

三阶层的犯罪论体系的有责性要件，经历了一个从心理责任论到规范责任论的转变，这一转变给责任理论带来的影响是极为深刻的，甚至带动了整个三阶层的犯罪论体系的结构调整，尤其是将故意和过失等主观要素纳入构成要件，使之成为主观的构成要件要素。在这种情况下，责任才从一个主观心理事实的判断真正转变为一种规范评价，主观责任才真正建立在意志形成的非难可能性（Vorulrfbarkeit）的基础之上。对此，德国学者指出：在韦尔策尔看来，无论是违法性判断的对象还是责任判断的对象，都是同样的问题，即一方面被评价为不应当，另一方面被评价为可非难性的行为意志。责任判断的对象虽然是行为，但我们目光所投向的是产生行为决意的法律上的错误心理。此等心理是由作为行为决意基

[①] 参见 [日] 小野清一郎：《犯罪构成要件理论》，王泰译，32～33 页，北京，中国人民公安大学出版社，2004。

础的行为准则所导致的,因此,在行为决意形成时,不应当将此等心理理解为一种持续的态度,而应当将之理解为"现实的意志"。根据该观点,责任意味着"行为中所展现的被否定的行为的非难可能性"[①](加拉斯,Gallas)。以非难可能性为核心的责任主义的形成,是三阶层的犯罪论体系成熟的形态,对刑法学理论的发展也产生了重大的影响。

(二)四要件的犯罪论体系中的责任

在苏俄刑法中,初期并没有责任的概念,与之相似的一个概念是ВИНа,我国学者彭仲文十分传神地将其译为"罪过"。苏俄学者认为罪过乃刑事责任的条件,指出:为了确认某种有责任能力的人对其所为的危害社会的作为或不作为负刑事责任,仅确定该行为系由某人所实施是不够的。为了构成犯罪,必须还要确定某人在实施该犯罪行为时之罪过,确定犯罪构成主观因素之存在,亦即该有责任能力者对其所为之犯罪行为在故意或过失形式上之心理的关系。[②] 以上关于罪过的观点基本上属于心理责任论的范畴,把罪过看作一种心理关系,把故意与过失看作罪过形式。在这种情况下,罪过就成为故意与过失的上位概念。值得注意的是,在以上论述中,苏联学者是在刑事责任的范畴中讨论罪过的,而对犯罪构成的客观要素是在社会危害性与违法性的名义下进行讨论的,并指出:社会危害性(违法性)乃一切犯罪的客观属性,因此,在行为中如无社会危害性(违法性)的因素存在,就应承认其中无犯罪构成之存在。例如,公民在行使其正当防卫权时,杀死了夜间向其侵袭的强盗,则在其行为中,即无犯罪构成的存在。社会危害性(违法性)乃一切犯罪构成的必要的行为客观属性,应该在犯罪构成概说中加以研究。这是任何犯罪的客观属性,是一切犯罪构成的必要的客观要件。[③] 由上可见,早期的苏俄刑法学还是承袭了"违法是客观的,责任是主观的"这一思想,只不过把违法性改为社会危害性,这里的社会危害性是客观的,

---

[①] [德]汉斯·海因里希·耶赛克、托马斯·魏根特:《德国刑法教科书(总论)》,徐久生译,506页,北京,中国法制出版社,2001。
[②] 参见[苏]孟沙金主编:《苏联刑法总论》(下册),彭仲文译,366页,上海,大东书局,1950。
[③] 参见上书,329页。

同时，又把责任改为罪过，罪过是主观的。而且，苏俄学者把罪过视为刑事责任的条件，这里的刑事责任也具有主观性。此后，四要件的犯罪构成理论进一步发展。随着社会危害性是主、客观相统一的，犯罪构成是刑事责任的唯一根据这样一些定论的形成，苏俄刑法学逐渐地偏离了不法与责任相分离的犯罪论逻辑基础。

从罪过理论的发展来看，苏俄刑法学中的罪过概念经历了一个嬗变过程。苏俄学者 H. O. 库兹涅左娃指出：罪过学说的历史可以分为三个主要阶段：（1）20世纪20年代，罪过的概念受到否定，主要是受了资产阶级刑事法律赎回学派的影响；（2）20世纪30年代，罪过开始被看作是故意与过失的一个类的概念；（3）20世纪40年代末50年代初，在专题性书刊文献中出现了从两个方面来理解罪过的看法，即一方面将罪过看作刑事责任的一般根据，另一方面又以之为故意与过失的类的概念。① 在以上的论述中，所谓20世纪20年代罪过的概念受到否定，应该是指责任概念受到否定。故意或者过失作为构成犯罪的主观要件，并没有受到否定。正如苏俄学者指出：否定罪过的一般概念，承认故意与过失是刑事责任的必要条件，这是当时许多刑法学家的著作的特点。② 应该引起我们注意的是，从两个方面来理解罪过的观点，其实就是主观心理要素与主观归责相分离的规范责任论。由此可见，在20世纪四五十年代，德国的规范责任论开始传入苏俄，苏俄学者 B. C. 乌捷夫斯基创立了所谓罪过评价，即将评价因素列入罪过概念。B. C. 乌捷夫斯基指出：苏维埃刑法中的罪过是类的概念（犯罪的主观方面），是某人对其行为及行为结果给社会主义国家造成的危害性所持的心理态度，表现为故意或过失，苏维埃法院应从道德—政治上对这种态度作出否定评价。如果没有这种心理态度，便不能构成刑事责任。③

在上述罪过的定义中，其内容可以分为两个部分：一是故意或过失的心理态

---

① 参见［苏］A. A. 皮昂特科夫斯基等：《苏联刑法科学史》，曹子丹等译，62页，北京，法律出版社，1984。
② 参见上书，67页。
③ 参见上书，75页。

度，二是评价要素。从罪过的这一结构来说，已经和规范责任论相去不远。当然，对罪过的评价要素如何理解，仍然值得商榷。但这一罪过评价受到了苏俄刑法学界的猛烈批判，批评之一就是将苏维埃刑法中的罪过分裂为广义的（纯系评价的概念）及狭义的（故意和过失），就方法论说是导向康德主义的。[①] 这里的康德主义，就是指德国新古典的犯罪论体系。例如，苏俄学者对规范责任论的首倡者弗兰克的观点作了以下归纳并批判：

> 著名的德国新康德主义者因加尔德·弗兰克在其著作《论罪过概念的建立》（1907）中以及在对刑法典的注释中，非常详尽地发挥了关于放弃统一的罪过概念的理论。弗兰克认为，不能用故意和过失来限制罪过的内容。除了这个狭义的罪过概念，还必须创立包括评价在内的更加一般的罪过概念。伦理的评价乃是罪过的本质。正像我在《刑法中的责任问题》这一著作中所讲过的，弗兰克将一个人实施行为时的个中情况的通常意义都包括在罪过概念之内。现在对于这一点，必须详细说明。弗兰克将影响犯罪人的责任的诸客观因素，其中也包括加强、加重罪过及免除罪过的情况，都理解为包括在这个广义的罪过概念之内的通常伴随在一起的情况。除此以外，包括在罪过概念之内的还有责任能力。弗兰克这些理论的逻辑结果就是，认为要解决一个人的有罪问题，并不靠犯罪构成的判明，而是靠法院对他的品行作出否定的评价，这种品行即是行为的客观及主观情况的总和。这些"理论"是资产阶级法制解体的表现。[②]

在以上论述中，除去最后一句意识形态化的批判不说，曼科夫斯基是在混用罪过和责任这两个概念的。例如，所论及的弗兰克《论罪过概念的建立》一文，其实应为《论责任概念的构造》。[③] 而且，曼科夫斯基对弗兰克的以非难可能性

---

① 参见［苏］B.C. 乌捷夫斯基：《苏维埃刑法中的罪过问题》，高铭暄译，载《苏维埃刑法论文选译》，第1辑，165页，北京，中国人民大学出版社，1995。
② 同上书，166～167页。
③ 参见［德］弗兰克：《论责任概念的构造》，冯军译，载冯军主编：《比较刑法研究》，129页及以下，北京，中国人民大学出版社，2007。

为核心的责任概念的描述也是充满偏颇的。在弗兰克以前,责任是心理的。正是弗兰克将责任概念从心理中拯救出来,使之回归评价的本体。从曼科夫斯基的以上批判中,我们也可以清楚地看到,乌捷夫斯基的罪过评价论是受弗兰克影响的。

值得注意的是,苏俄著名刑法学家 A. H. 特拉伊宁在《犯罪构成的一般学说》一书中,在阐述了四要件的内容以后,又辟专章讨论"犯罪构成的因素和刑事责任的根据"。虽然特拉伊宁仍然坚持犯罪构成是刑事责任的唯一根据的立场,但特拉伊宁又在犯罪构成要素中提炼出某些具有特殊意义的要素,这些要素就是罪过和因果关系。特拉伊宁指出,要对行为人归罪,要使其负刑事责任,就必须既具备因果关系又具备罪过,缺少其中任何一个因素,都要免除刑事责任。为什么在各种主、客观构成要素中,专门选择罪过与因果关系作为刑事责任的根据?这是十分耐人寻味的。尤其需要追问的是:作为特殊的刑事责任根据的罪过与作为故意和过失的类概念的罪过是同一个概念吗?对于这个问题,特拉伊宁已经作了回答:

> 必须指出,"BИHa(罪过)"〔GИHOBHOCTb(有罪)〕一语,有时被用来作为对人的犯罪行为的一般评价,例如说:"甲的罪已经证实,甲是有罪的。"加重或减轻"罪过"的情节就是在这个意义上说的。在 T. л. 赛尔盖耶娃和 M. л. 沙尔果罗茨基的著作中,就列举了苏联最高法院在这种意义上采用"罪过"一语的许多例子。总则教科书(1952年版)指出:"某人在社会主义国家和苏维埃人民面前的罪过程度,首先是决定于他所实施的故意或过失行为的社会危害性的程度。"十分明显,在这里,在教科书中,"罪过"一语也不是指故意和过失的类的概念而言。当然,如果愿意,也可以责难有关章节的作者制造了"两个罪过"。其实,在区分两种含义的"BИHa"一语时,是想不出任何两种罪过的,就像在区分不同含义的"Opeлa"一语——它包含一个星期的第三天和环境两种意思——时,不能想出一个星期

有两个星期三一样。①

特拉伊宁的上述论断十分隐晦地表明了两个罪过概念之存在：一个是故意与过失的类概念，另一个是评价性的罪过概念。显然，特拉伊宁把罪过当作刑事责任根据的特殊要素时，采用的完全是评价性的罪过概念，也就是区别故意与过失之类的主观心理要素的归责性。

其实，我们现在看到的《犯罪构成的一般学说》是第三版的中译本，其中对两种罪过的表述已经十分模糊，而在该书的第二版（1951）中，特拉伊宁曾经十分明确地指出罪过在社会主义刑法中以两种品格出现：作为犯罪构成要件和作为刑事责任。特拉伊宁以下列方式论证了他关于罪过是刑事责任根据的看法：正是这种对人的心理状态进行阶级的、道德的评价，才使罪过具有刑事责任根据的意义。② 上述关于罪过的观点，受到了当时苏俄学者的批判。苏俄学者在评论这一观点受到批评时指出：正如 A. H. 特拉伊宁正确地指出的那样，这种观点是"以对人的心理状态进行'阶级的、社会的、道德的评价作为刑事责任的根据'来取代犯罪构成。显然，这种观点无助于加深对犯罪构成即刑事责任唯一根据的理解"③。

这一批判显然收到了应有的效果：特拉伊宁不得不向官方学说低头而修改自己的著作。苏俄学者指出：通过学术批判，A. H. 特拉伊宁改变了自己以前的观点，他在其专著（指《犯罪构成的一般学说》——引者注）的第三版中是这样论述犯罪构成的："……人的行为中具有犯罪构成是适用刑罚的根据，如果行为中缺少犯罪构成则应免除刑事责任。"④ 在这种情况下，犯罪构成是刑事责任的唯一根据的官方观点得到确立。因而，我们在特拉伊宁的著作中看到它一方面重申

---

① ［苏］A. H. 特拉伊宁：《犯罪构成的一般学说》，王作富等译，199 页，北京，中国人民大学出版社，1958。

② 参见上书，164 页。

③ ［苏］A. A. 皮昂特科夫斯基等：《苏联刑法科学史》，曹子丹等译，44 页，北京，法律出版社，1984。

④ 同上书，46 页。

犯罪构成是刑事责任的唯一根据，另一方面又强调罪过和因果关系是刑事责任的根据时，总是感到十分奇怪。了解了这段学术史，其中的缘由也就十分明了了。从此以后，主观归责意义上的罪过不复存在，主、客观相统一的刑事责任概念得到确立。

美国学者弗莱彻曾经对 1950—1955 年间发生在苏联的关于罪过和罪责概念的大讨论进行了生动的描述，认为苏联培植的是一种"无归责的罪过"，指出：在这个独特但相关的战场上，有关刑事责任基础的区域战斗尤其激烈。加强社会主义法制的冲动使"犯罪构成"的概念处于压倒优势地位，这个概念被粗略地定义为"刑法所定义的使行为依法具有社会主义危害性和可罚性的一系列要件"。犯罪构成的概念相似于我们在《模范刑法典》中找到的"犯罪的实质要件"。犯罪构成是那些奋战在"加强社会主义法制"旗帜下的人所使用的关键武器，这些人拒绝有关罪过的规范性概念，不承认它是超越犯罪构成规则的"主观的"判断要件。这一阵营因而形成这样的战斗口号：缺乏犯罪构成要件，就没有责任。因此，在苏联社会主义法制中，满足犯罪构成，不必借助罪过或者任何其他概念，就应当是为施加责任提供了根据。[①] 以主、客观相统一的刑事责任根据替代责任概念，其结果是客观不法与主观责任这一犯罪论的基本逻辑架构不复存在，因而形成"没有归责的犯罪构成"。

刑事责任理论从苏俄传入我国后，在 20 世纪 80 年代，我国掀起了一个刑事责任的学术讨论高潮。只是到了 20 世纪 90 年代后期，随着大陆法系责任主义被引入，我国刑法学才从"无归责"状态中走出来，经历了一个从刑事责任理论到责任主义的嬗变过程。关于这段学术史，笔者在《从刑事责任理论到责任主义》[载《清华法学》，2009（1）] 一文中作了描述，此不赘述。

（三）对比性考察

通过以上论述，我们对三阶层的犯罪论体系中的责任概念与四要件的犯罪构成体系中的责任概念作了一个对比，可以得出以下结论性意见。

---

① 参见 [美] 乔治·弗莱彻：《反思刑法》，邓子滨译，366～367 页，北京，华夏出版社，2008。

1. 责任内容的差别

在三阶层的犯罪论体系中,在有责性中讨论责任问题,其责任可以分解为责任能力、责任要素(故意与过失)和责任阻却事由等内容。其归责,是通过排除责任阻却事由来实现的。而在四要件的犯罪构成体系中,类似于责任的罪过包括故意与过失,而刑事责任是刑罚的同义语,是在犯罪构成之外的一个概念。在这个意义上,四要件的犯罪构成体系中是没有归责概念的。

2. 责任功能之差别

在三阶层的犯罪论体系中,责任的功能主要在于归责,使刑事追究进一步合理化。规范责任论与心理责任论相比,由于增加了归责性,使入罪难度大为提高。例如,根据心理责任论,只要行为人存在故意或者过失,就可以入罪,而根据规范责任论,即使行为人存在故意或者过失,如果具有期待不可能性等责任阻却事由,仍然不能入罪。而在四要件的犯罪构成体系中,罪过的功能只在于提供犯罪构成的主观要素。至于刑事责任,是一个缺少实体内容的概念,根本不具有归责功能。

3. 责任地位的差别

在三阶层的犯罪论体系中,责任是一个主观的问题,通常是在不法成立以后予以判断的,由此形成不法与责任之间的位阶关系。但在四要件的犯罪构成体系中,罪过作为犯罪构成的主观要件,与犯罪构成的客观要件处在同一平面上,互相之间不存在逻辑上的位阶关系。刑事责任更是处在犯罪构成之外,在犯罪构成体系之中并没有刑事责任的一席之地。

二

道义责任论与社会责任论是基于对责任的根据的不同理解而形成的两种相互对立的责任理论。责任根据是关于责任的本源性思考,由此决定责任的理论品格。道义责任论为刑事古典学派所主张,它是从康德的道德义务论中引申出来的一种责任理论。道义责任论之所谓道义,就是指道德义务。从道德义务中推导出

来的责任，就是所谓道义责任。因此，道德义务是责任的本质。在某种意义上说，道义责任论就是道德责任论。康德指出，义务是对任何这样一类行为的称呼：这类行为能够使任何人都受到一种责任的约束。因此，义务是一切责任的主要内容。由于绝对命令表明去做某些行为是一种责任，绝对命令便是道德上的实践法则。但是，由于责任在这样一种法则中所表明的不仅仅包括实践中的必要性，所以，绝对命令就是法则，或者是命令，或者是禁止。根据要做或者不要做一种行为，绝对命令表现为一种义务。[1] 因此，责任是以义务为前提的，甚至责任本身就是一种义务，而义务不履行就会导致承担不利后果，这种不利后果就是指责任。

道义责任既然是一种道德上的责任，那么如何能够成为承担刑事责任的理论根据呢？这里涉及康德对道德与法律的不同界定。康德认为，道德是内在的、主观的，规范人的内心精神的，而法律则是外在的、客观的，规范人的外部行为的。对于刑事责任来说，违法是客观的，但责任是主观的，因而罪责具有其道德根据。这就是道义上的可归责性。例如，英国学者在阐述康德的道义责任论时指出：

> 围绕个人选择及责任的模型，法律与道德实现了统一。这里的一致性不仅在传统主观主义思想中居于中心，而且在或多或少地修正了传统观点的研究中也处于核心地位。正如人们期待从康德哲学传统中看到的那样，道德和法律的一致性与刑罚报应主义具有紧密的联系。迈克尔·摩尔认为，若考虑"将法律责任追溯至道德责任的要求"，则正是报应主义构成了刑法理论的基础。该主张鲜明地反映了道德和法律的一致性。"道德上如何，法律上亦然"（As with morality, so with law）。这是现代刑事正义理念的格言。刑法理论和刑罚哲学具有相同的康德哲学基础。司法实践的形式和道德哲学的形式是契合的，尽管司法实践和道德哲学的具体形式是丰富多样的，但它们的核

---

[1] 参见［德］康德：《法的形而上学原理——权利的科学》，沈叔平译，25页，北京，商务印书馆，1991。

心正是康德的刑罚报应主义思想。①

以道德义务来论证刑法上的责任性质，这是道义责任论所具有的逻辑理路，它与康德的道德哲学是密切相关的，并且打上了报应主义的深刻烙印。道义责任论关注的是行为人主观上的可归责性，并将这种可归责性建立在行为人的主观心理之上，而行为人是在具有责任能力的情况下，在故意或者过失的支配下实施不法行为的，因而具有可归责性。

社会责任论是刑事实证学派关于责任根据的理论。社会责任论把握了康德的道德哲学中所具有的个人主义性质，使对犯罪的道义非难改变为社会非难，其实质是社会处置论。对此，日本学者指出：近代学派（指刑事实证学派——引者注）当然也常使用社会非难等词，但是，既然以认为犯罪是由遗传和环境所产生的这种决定论的立场为前提，就不能对犯罪人进行真正意义上的非难。因为，如果在犯罪之外不曾有其可能性，如果不承认自由的存在，非难就不能成立。牧野博士率直地指出，与其称社会责任论，不如称社会处置论。② 由上可知，社会责任论已经完全消解了责任的道德的、主观的意蕴，甚至已经违背了"责任"一词的本意。在这种情况下，犯罪人因其人身危险性而处于应受社会防卫处罚的地位。

从道义责任论与社会责任论之关系来看，其深刻的思想对立在于意志自由问题，即承认人的行为是决定论还是非决定论。这才是问题的本质。显然，道义责任论是以人的意志自由为前提的，甚至可以说是以意志自由为核心的选择，是整个责任的基础，没有选择也就没有责任。而社会责任论是以决定论为前提的，否认人具有意志自由。这在一定程度上也可以说否定了责任本身。当然，是否否定了责任本身，还要看我们如何理解这里的责任。在哲学上，责任又被区分为因果责任（causal responsibility）和道德责任（moral responsibility）。对此，我国学

---

① ［英］艾伦·诺里：《刑罚、责任与正义：关联批判》，杨丹译，3~4页，北京，中国人民大学出版社，2009。
② 参见［日］大塚仁：《犯罪论的基本问题》，冯军译，169页，北京，中国人民大学出版社，1993。

者曾经以打碎花瓶事件为例加以说明：

> 假如你回到家中，发现你珍爱的那个宋代瓷器在地板上被打碎了。如果你发现那个花瓶是被一位心怀恶意的客人有意打碎的，那么你就会对他产生某种态度，比如说不满和责备；如果你发现那个花瓶是被你的小猫在爬上桌子时打碎的，那么你的态度就会有所不同——在这种情形中，你可能会感到遗憾，甚至也可能对你的小猫表示愤怒，但是这种愤怒与你对那个人的态度截然不同，你不可能在责备那个人的意义上来责备你的小猫。当然，这不是否认你的小猫要像那个客人那样对打碎花瓶负责。但是，在这里我们必须区分因果的责任（causal responsibility）和道德的责任（moral responsibility）。在致使这个花瓶破碎这件事上，两者都是有责任的，因为他或它在打碎花瓶这个事件中起着一个原因的作用。然而，当人和非人都因果地引起一个事件的发生时，只有人才是能在道德上负责任的。正是因为有一些态度只适用于人，能够具有那些态度也就成为人的一个本质特征。我们能够把这些态度恰当地赋予一个人（或者在自我评价中赋予我们自己），只有那个人（或者我们自己）在道德上能够对他（或我们自己）所做的事情承担责任。我们往往认为，只有当一个人是出于自己的自由意志来做一件事情时，我们才能说他应当对他所做的事情在道德上负责任。不过，在这里我们必须记住，"道德责任"的概念并不特别需要与道德上的对错联系起来，而是与我们相互间具有的某些类型的反应性态度联系起来——与这个概念相对的是"因果责任"的概念。①

从以上的论述中我们可以发现，道德责任是以因果责任为前提的，因此所谓因果责任是指对某一结果的归因而不是归责。只有道德责任才能解决归责的问题，而它又必须以人的意志自由为前提。从这个意义上说，因果责任根本不属于主观归责的范畴。只是到了罗克辛提出客观归责论，才超越因果责任论，真正解

---

① 徐向东：《人类自由问题》，载徐向东编：《自由意志与道德责任》，11 页，南京，江苏人民出版社，2006。

决客观上的归责问题。因此,在这个意义上,道德责任仍然是主观的。

人的行为到底是自由的还是被决定的?这个问题确实是一个十分难以回答的问题。自由还是被决定,这样一种二元对立的选择,其方法论本身就过于简单化。与其问自由还是被决定,不如问在何种意义上自由、在何种程度上被决定。人生活在现实社会中而不是生活在天国里,因此人总是受各种社会关系的制约、受各种主观因素的羁绊,不存在绝对的意志自由。即使是受到外在因素的影响,某一决定毕竟是人自己作出的,因而人自然要对其后果承担责任。正是在这个意义上,我们应当从存在论与价值论这两个向度对责任与自由的关系加以考察。对此,笔者曾经指出:从存在论的意义上说,意志自由是意志是否存在原因的问题。如果意志是有原因的,那么,意志就是被决定的;如果意志是没有原因的,那么意志就是自由的。因此,这里的自由是在与必然相对立意义上的自由。从价值论的意义上说,意志自由是意志是否可能支配人的行为的问题。如果人的行为是受意志支配的,换言之,行为是人的选择的结果,那么,意志就是自由的;如果行为不是人的意志选择的结果,那么意志就是不自由的。在意志自由情况下实施的行为,对行为者来说是有价值的,因而可以归责于他;在没有意志自由情况下实施的行为,对行为者来说,是无价值的,因而不能归责于他。因此,这里的意志自由是作为责任的前提条件而存在的,它是一种伦理上的选择自由。[①] 笔者认为,刑事责任的追究必然以意志自由为前提,即使这是一种相对的意志自由,但犯罪学的原因考察则必然以决定论为基础,对犯罪与其他社会现象进行因果分析。因此,意志自由论与决定论之分,实际上是刑法学与犯罪学的学科之别。然而,在许多情况下我们往往混为一谈。例如,刑事古典学派的代表人物贝卡里亚,到底是一个意志自由论者还是一个决定论者?这在学界是存在争议的。[②] 即使是同一位学者,对贝卡里亚也存在前后矛盾的叙述。例如,美国著名犯罪学家

---

① 参见陈兴良:《刑法的人性基础》,2版,202、237页,北京,中国人民大学出版社,2006。
② 参见黄风:《贝卡里亚及其刑法思想》,36页,北京,中国政法大学出版社,1987。

沃尔德认为贝卡里亚研究的理论基础是一种自由意志的理性享乐主义[1],因为只有犯罪人是意志自由的,其行为才能受刑罚控制:如果刑罚带来的痛苦超过犯罪所带来的快乐,行为人才会选择不去犯罪。并且,刑罚轻重都会影响行为人的这种选择。由此可见,刑罚威慑论必然是以意志自由为前提的,否则威慑效果根本不可能发生。但是,沃尔德又指出:犯罪统计的规律性说明了贝卡里亚的观点是正确的,贝卡里亚认为犯罪不完全是自由意志的结果,犯罪必然受到大社会环境下诸多因素的影响。而且这项统计也支持了贝卡里亚所抱有的希望,即只有改变那些影响犯罪的因素,才可能减少犯罪。[2]

实际上,在刑法学意义上,贝卡里亚是一个意志自由论者,但在犯罪学或者刑事政策意义上,贝卡里亚又是一个决定论者。只有在这个意义上,我们才能消解上述矛盾。值得注意的是,李斯特就意志自由论与决定论发表了以下这样一段评论:

> 罪责概念,是与意志自由的假设完全无关的,它所要求的只是无可争辩的和法定的先决条件,即所有人类的行为均可通过观念来确定,即通过宗教观、道德观和法制观确定。决定论完全适用于在罪责判断中适合的对行为人动机(有缺陷性,不应当为一定行为)和个性(危险性)的法—社会指责,但这一合理性在非决定论那里是完全缺乏的,因为只有决定论能够将具体的行为与行为人的整个心理学上的个性联系在一起;只有决定论能够成为衡量罪责增加和减轻的尺度;只有决定论能把握行为人的犯罪思想(反社会思想)的限度,有益地区分犯罪人,并因此而构成刑事政策的牢固的基础。[3]

在此,李斯特指出:罪责概念与意志自由的假设无关,但只要承认心理上的非难可能性,就不能不以意志自由的假设为前提。至于决定论,是对犯罪行为与

---

[1] 参见〔美〕乔治·B.沃尔德等:《理论犯罪学》(第5版),方鹏译,17页,北京,中国政法大学出版社,2005。

[2] 参见上书,26页。

[3] 〔德〕李斯特:《德国刑法教科书》(修订版),徐久生译,264~265页,北京,法律出版社,2006。

心理因素及社会因素的相关性分析，以便对犯罪人的人身危险性作出评价，这也只能影响罪责轻重而已。由此可见，李斯特的上述评论中表现出将决定论引入罪责概念的倾向。

在古典犯罪论体系的首倡者贝林那里，至为明显地反映出兼容决定论与非决定论的特征。贝林与李斯特的不同之处在于，他明确地承认意志自由，并在此基础上引入决定论作为适度的修正。贝林指出：如果某人因其行为而受到谴责并承担处罚，其行为必然就是自身人格性的表现作用（Persoenlichkeitsleistung），他应该对此表现负责。他是自己行为的主人，行为是其自发自治的（Spontaneitaet）（即自我决定）表现作用，由此他可以自主地采取作为或放弃某行为不作为。因而，从决定论（人的意志不自由论）的立场出发，刑法就是一个没有适用性的东西，其原因是刑法将刑罚与人的责任连在一起。依据这一立场，只用考虑危险人物和针对危险人物适用的预防措施，既无须考虑责任，也无须考虑报应。但是，如果决定论没有限于这种思想，而尽可能地解释该危险分子之行为的刑事责任，那么在对一些问题的回答上就都离不开责任论，即为什么人们无意志的行为不受刑罚处罚，为什么要根据是否存在责任而对人与人之间进行区分。既然人的意志根本就是不自由的，那么有意的行为和无意的行为在价值内部就是相等的，同样，对精神病人的行为也不应有别于精神健康者的行为而进行评价。由此可见，刑法只能建立在非决定论的基础上（又分为条件理论或相对重要性理论）。条件理论认为，行为人（倘若没有例外情况出现）不是完全表现出其个体特征和动机，而是作为第三者附带地向自己表明一种现实的反制力量，这种反制力使行为人有能力通过相反动机麻醉其冲动，或者选择和确定某种动机。在此意义上，他的意志是自由的。人性的责任感情支持着人们的精神生活所指示的正确性，决定论的论证与此并不矛盾，即人的意志不能从因果法则的支配中产生，因为那种反制力（Widerstandskraft）在没有他人意志作用的情况下应当被理解为自我原

因，能够加入世界外界的普遍因果性。① 由此可见，贝林是以意志自由论为主，而兼采决定论，由此出发阐述刑法上的责任的本质。这种兼采意志自由论与决定论的观点，在哲学上被称为相容论。例如，有的哲学家甚至提出"不包含决定的自由意志是不可设想的"这样的命题，指出：

> 自由意志学说与决定论之间的争论从来没有任何根据，它甚至是一种误解。两种主张完全相容，其中之一严格地蕴含着另一个。它们之所以对立，仅仅是因为我们在分析性想象方面的自然欠缺。当我这样说的时候，我并不篡改这两个用语中任何一个的含义，那样做将是不可原谅的。就自由意志而言，我在自然而平常的意义上，在它为个人与道德生活之目的而被使用的最全面、最终对的意义上理解它。据我的理解，它意味着责任、功过是非、罪责与应得；它意味着，在一个行为被实施后，一个人"本来能够按照别的方式行动"。同时，在我们的生活中、法学和伦理学中想象这些东西的意义上，也不是在任何有过细微修正的意义上认为它传达了这些东西。这两种学说之所以对立，是因为我们没有意识到自由意志能够在不被破坏的情况下得到分析，而决定论不过是对它的分析的一个特征。如果我们试图在躲避那种分析的关于一种"终极的""最深层的"自由思想中寻求庇护的话，那么我们就为这种自由暗示了一种决定论的基础，还有决定论的构成，因为这样一种基础和构成就存在于自由的观念中。②

应该说，意志自由论与决定论的一定意义和一定程度上的相容是可取的，它在某种意义上超越了意志自由论和决定论。应该指出，这种相容论仍然是以承认人的意志自由为前提的，决定论不过是对意志自由论的一种修正与补充，使原本较为空泛的意志自由论内容得到充实。就此而言，在道义责任论与社会责任论这

---

① 参见［德］贝林：《构成要件理论》，王安异译，97～98 页，北京，中国人民公安大学出版社，2006。

② ［美］R. E. 霍巴特：《不包含决定的自由意志是不可设想的》，谭安奎译，载徐向东编：《自由意志与道德责任》，69 页，南京，江苏人民出版社，2006。

两种理论中，对于刑法上的责任来说，道义责任论是可取的。当然，道义责任论较为空泛。在这种情况下，以道义责任论为基础，在刑法理论上形成了一种自我答责的观点，以为刑法上的归责理论提供更为具体的归责规则。英国学者认为，责任与"应答"观念明显具有语源学联系，而这种应答又可以分为两种观点：一是本人应答，二是他人应答。① 这里的应答，就是指对责任的应答，因而也就是所谓的答责性。冯军教授对德国刑法理论中的自我答责原理作了以下论述：

> "自我答责"是很多德国学者使用的德文词"Selbstverantwrtung"的中文翻译，虽然也有德国学者使用"Eigenverantwortlichkeit"一词，但是，二者实际上并没有什么不同。在刑法学中，"自我答责"直接地与"自我决定"联系在一起。一个人应该对他的作为或者不作为负责。这无非是说该人在他的行为中不是完全被决定的，而是一个自我决定的主体。当某种损害结果与某人的行为相关时，如果要使该人对该损害结果负责，那么，就要追问"导致损害结果发生的行为是该人自己任意决定实施的吗"。只有得到肯定的回答，才能使该人对该损害结果负责。②

从以上论述中可以看出，自我答责的前提或者核心是自我决定，而自我决定实际上是一个行为选择的问题，也就是一个意志自由的问题。当然，在对自我答责的论述中，也存在将主观归责与客观归责相混淆的问题。例如，冯军教授指出以下四种自我答责的类型。

（1）完全的自我工具化。当行为人单独地或者共同地通过行为贯彻自己的任意时，行为人就是完全地把自己工具化了。对于由此而产生的损害结果，就要由行为人承担完全的责任。

（2）完全把他人工具化。当行为人通过他人的行为而仅仅贯彻自己的任意时，行为人就是完全地把他人工具化了。对于由此而产生的损害结果，也要由行

---

① 参见 [英] 维克托·塔德洛斯：《刑事责任论》，谭淦译，24~25 页，北京，中国人民大学出版社，2009。

② 冯军：《刑法中的自我答责》，载《中国法学》，2006 (3)。

为人承担完全责任。

（3）结果是行为的流出。当损害结果应该被视为行为人行为的流出时，行为人也应该对损害结果承担完全责任。所谓"结果是行为的流出"，是指行为人的行为制造了发生结果的危险，而防止这种危险变成结果恰是行为人自己的事情。由于行为人没有设法防止危险变成结果，结果终于发生了。

（4）存在特别负责领域。在一些行为人特别负有责任防止发生损害结果的领域中，行为人也应该对损害结果承担完全的责任。有一些领域，是行为人的行为或者法律制度特别塑造的。在这种特别塑造的领域中，行为人就负有保证该领域中的安全之特别责任。如果行为人没有履行特别责任，则行为人就应该对在该特别领域中发生的损害结果承担完全的责任。但是，只要避免损害结果的发生属于他人的负责领域，即使行为人的行为与损害结果的发生具有因果关系，并且行为人存在故意或者过失，行为人也不应该对损害结果的发生承担责任。①

以上自我答责的四种类型说明了行为人对本人行为与他人行为的意志支配，因而可以归入主观归责的范畴。但结果是行为的流出是一个因果关系问题，存在特别负责领域则是一个客观归责问题，罗克辛称之为对他人责任范围的分配。②由此可见，主观归责与客观归责还是应当加以区分的，意志自由是一个主观归责的问题，它为三阶层犯罪论体系中的有责性提供了哲学依据。

三

责任是一种评价，那么其所指向的评价客体到底是行为、性格还是人格？由此产生了行为责任论、性格责任论与人格责任论之争。

行为责任论基于刑事古典学派的立场，认为责任评价的基础是个别行为，在此意义上理解的刑法是所谓的行为刑法，即以行为为本位的刑法。而性格责任论

---

① 参见冯军：《刑法中的自我答责》，载《中国法学》，2006（3）。
② 参见［德］克劳斯·罗克辛：《德国刑法学总论》，第1卷，王世洲译，271页，北京，法律出版社，2005。

基于刑事实证学派的立场，认为责任评价的基础是行为人的危险性格，在此意义上理解的刑法是所谓的行为人刑法，即以行为人为本位的刑法。

行为责任论与性格责任论的对立，被日本学者泷川幸辰理解为现实主义（Realistik）与征表主义（Syinptomatik）的对立。现实主义坚持"犯罪是行为"这一立场，征表主义则主张"犯罪是犯罪人的反社会性的表征"。表征主义立足于刑事政策的目的观，与重视刑法学的理论性的现实主义发生了对立。泷川幸辰对征表主义的代表人物蒂萨尔（Tesar）和科尔曼（Kollmann）的观点作了以下介绍：

> 蒂萨尔对有关决定犯罪大小的要素的理论，作了学史性的研究，并得出了下述见解：在历史的发展中，不曾发现有特点的犯罪概念，只能找出评价犯罪行为的两种可能的方法：一个方法是以外界发生的损害为标准来判断犯罪行为的方法，即对犯罪的现实主义的评价；另一个方法则认为不是根据已经发生的事实来判断犯罪行为，而是通过发生的事实已经明显表现出来的行为人的性格来判断，即按照征表的意义评价犯罪。按照蒂萨尔的说法，作为历史事实并贯穿整个发展过程的，莫如说是表征主义。征表主义由于它根据心理学和刑事政策的理论的剖析而动摇了现实主义的犯罪概念并据以建立的基础，因而它所得出的结论是：现实主义的犯罪概念没有力量把现代各文明民族的法律生活现象统一到一个体系里去，特别是不足以处理累犯和惯犯现象。因此，征表主义的结局是特殊预防主义，就是说，行为人的外部举止，只是作为行为人所特有的精神素质的显露，作为一种与一般人不同的感情过程的征兆。站在这样的立场上可以说，把行为人淘汰出社会的做法，从国民道德的合乎目的的发展来看，应当是允许的。科尔曼进一步从逻辑上的根据出发，主张传统的现实主义犯罪概念不能再坚持下去了，并且指出了表征主义犯罪概念的必然性。对此，他作了如下说明：一种把犯罪看作行为人的行为的产物，即外界的事件；另一种把犯罪看作行为人的机能，即责任的表征。外界事件，即违法侵害，在第一种见解中具有第一次性的意义；而在第二种见解中，只不过是具有单纯作为责任的认识手段

的第二次性的意义。按照现实主义的说法，犯罪是可罚的违法的有责的行为——所谓外界事件意义上的行为，按照表征主义的说法，这种外界事件则是认识责任的手段。①

现实主义与征表主义的对立，实际上是刑法客观主义与刑法主观主义的对立。现实主义以行为为责任的评价客体，表征主义则把性格作为责任的评价客体。行为具有客观外在形态，相对来说容易把握。而性格具有内在特征，推断起来较为困难。即使是把行为当作性格的表征，也难以科学地把握一个人的性格。对于性格表征论，我国台湾地区学者提出了"性格无罪"的命题，指出：

> 所谓"性格"，是指行为人所具备的、促使不法行为发生的特质（Eigenschaft），而之所以会主张"罪责非难的实质基础是性格，行为人因为有这样的性格所以才对之非难"这种本来源于决定论的产物，是因为行为的来源是性格，性格才是行为背后的主宰，而行为只是性格的反映，因此非难的真正重点，对行为造成破坏要负责的主角，应该是在行为背后产生行为的"性格"，而不是性格的产物——行为。这样的看法除遭到采行为刑法论观点者批评"性格无罪"以外，最大的问题在于，它必须对无责任能力者之所以无罪责的理由提出合理的说明，因为无责任能力者的行为也是由他们所具有的"促使不法行为发生的特质"所产生的。也就是说，这个学说仍必须找一个标准来判断：哪种性格是有罪责的（因而要负责），哪种性格是没有罪责的。②

由此可见，性格本身是不能等同于罪责的，这也就是"性格无罪"之含义，因此，一个人不能因为性格入罪。同时，性格作为责任的基础，也缺乏统一的判断标准，难以采信。当然，通过行为看到行为背后的支配因素，这一思想还是具有可取之处的。行为责任论就行为而论行为，在一定程度上割裂了行为与行为人

---

① ［日］泷川幸辰：《犯罪论序说》，王泰译，18~19页，北京，法律出版社，2005。
② 李文健：《罪责概念之研究——非难的实质基础》，294~295页，台北，三容股份有限公司，1998。

的关系。这是有所缺憾的。

正因为行为责任论与性格责任论是行为刑法与行为人刑法的两个极端，因而出现了试图超越行为责任论和性格责任论的人格责任论。人格责任论认为，责任第一次应该是行为责任，必须以行为人人格的主体性观察化的行为为基础。但是，在行为背后，存在受素质和环境制约的，同时也是统管行为人的主体性努力而形成的人格，可以因其人格形成中的人格态度对行为人进行非难，因此，第二次应该是考虑人格形成的责任。

人格责任论发端于二战前在德意志展开的迈兹格的行状责任论和鲍凯尔曼的生活决定责任论，在日本最早由安平政吉博士和不破武夫所采纳。二战后特别致力于该理论发展的是团藤重光博士。目前，日本主张人格责任论最有力者，是大塚仁教授。大塚仁曾经描述了他与团藤重光的交往中人格责任论思想形成的过程：

> 当时的团藤重光是东京大学刑事法学的副教授，给大塚仁讲授刑事诉讼法。有一天大塚仁到团藤重光的研究室说了自己对木村龟二所讲内容（犯罪的产生是由遗传和环境所决定的，针对犯人的社会危害性，为了防卫社会，有必要追究其社会性责任。刑罚不是对犯罪的报应，必须是以犯人将来的改善为目的的教育刑）的疑问和看法，团藤重光听后说："你的疑问之处，我也有同感，你能否将你的疑问和考虑整理成文？"为此，大塚仁终日泡在图书馆里，不仅大量阅读了刑法书籍，而且遍览了哲学、心理学、精神医学的书籍，写出了《刑事责任的人格构造》一文，分析了古典学派的道义责任论、行为责任论和近代学派的社会责任论、性格责任论的缺陷，提出将来的刑法学应该采取人格责任论。大塚仁将论文交给团藤重光看后，团藤重光极为欣赏，拿出后来发表在《法哲学四季报》第2号上的《人格责任的理论》一文的草稿给大塚仁看，并说"我和你的想法完全一致"[①]。

[①] 李海东主编：《日本刑事法学者》（上），296页，北京，法律出版社；东京，成文堂，1995。

人格责任也就是人格形成责任，人格责任论动态地考察人格形成中外在因素的影响，以此决定责任大小。对此，大塚仁教授指出：

> 在理解先于个别行为的行为人的人格态度时，当然必须考量行为人过去的人格形成问题。可以说，在人格形成受到素质和环境的制约时，对行为人人格的非难就减轻；相反，在素质和环境对人格形成影响很小的领域，对人格的非难就重。但是，在刑法的责任论中，这一点不是在应该决定责任的存否方面发生的问题，而是在认为存在责任之后。在判断责任程度的阶段考虑的问题。在论及责任存否的阶段，以行为人的人格态度为背景，考虑其作为主体的现实化的个别行为就够了。①

从以上论述可以看出，即使根据大塚仁的观点，人格只对责任程度有影响。也就是说，在判断责任有无的时候，还是应当坚持行为责任论。

德国学者把责任区分为具体行为责任和生活方式责任。这里的具体行为责任（Einzdtschuld）是指在进行法律非难时只考虑与构成要件相关的心理因素。这也就是日本学者所说的行为责任。与之相对应的是生活方式责任（Lebensführungsschuld），包括行为人责任、人格责任、性格责任等。在生活方式责任中，责任判断被扩展到行为人的人格方面的全部内容及其发展。德国学者指出：德国刑法的责任概念原则上与具体行为责任相关联，该观点产生于肯定行为刑法这一决断。责任非难所指向的不法，存在于实施特定的行为之中，或者不实施由法秩序所要求的特定的行为之中，而不存在于为法律所否定的生活方式之中。②

笔者认为以上观点是正确的，责任评价客体还是具体行为，这也是行为刑法的应有之义。当然，在判断责任程度的时候，适当考虑人格因素也是合理的。其

---

① 参见［日］大塚仁：《刑法概说（总论）》（第3版），冯军译，435页，北京，中国人民大学出版社，2003。
② 参见［德］汉斯·海因里希·耶赛克、托马斯·魏根特：《德国刑法教科书（总论）》，徐久生译，507～508页，北京，中国法制出版社，2001。

实，人格责任论也是以行为责任论为逻辑前提的，它是在行为责任为第一次责任判断的基础上的第二次责任判断，只具有补充作用。至于那种完全否认行为责任，仅仅以行为人的性格为责任评价客体的观点，显然是不可取的。

四

心理责任论、规范责任论与实质责任论关系到责任的结构问题。这里所谓责任的结构，是指责任作为犯罪的构成要件所包含的责任要素以及这些要素的排列。而心理责任论、规范责任论与实质责任论，就是围绕上述问题而展开的责任理论。

心理责任论把责任理解为行为人的心理关系，并根据这种心理关系的不同，把责任形式分为：在现实中以对犯罪事实有认识并且有意去做为要素的故意，与以有这种认识和有意去做的可能性为要素的过失。如果除有责任能力以外，又具备这种故意或者过失，便可以追究行为人的责任。① 由此可见，心理责任论关注的是心理关系，将责任视为故意与过失的上位概念，因而，责任的判断就是故意与过失的认定。

心理是对在泛用意志自由的基础上发展起来的自然法的责任概念的一种否定和取代。德国学者指出：心理责任概念（der psychologische Schcldbegriff），它是以事实性的实证主义基本形态为特征的概念。这种责任概念，从区别犯罪的外部事实与心理因素的构成要素出发，放弃把握责任的本质内容，将外部的事实对象与行为人的心理关系的整体作为责任来把握。② 心理责任论不同于意志自由论就在于：意志自由过于抽象、难以把握，是一种自然法的责任概念；而心理责任是一种实证主义的责任概念，将责任的判断变成对故意与过失的心理要素的认

---

① ［日］福田平、大塚仁编：《日本刑法总论讲义》，李乔等译，113页，沈阳，辽宁人民出版社，1986。
② 参见［德］汉斯·海因里希·耶赛克·托马斯·魏根特：《德国刑法教科书（总论）》，徐久生译，504页，北京，中国法制出版社，2001。

定。因此，古典派的犯罪论体系都主张心理责任论。

规范责任论是在否定心理责任论的基础上形成的，它认为：责任并不是一种心理关系，而是对心理状态的规范性评价。在这种情况下，故意与过失不是责任本身，而只是为归责提供的心理事实把握。没有故意与过失固然没有责任，但具有故意与过失也并非必然存在责任，责任是一种非难可能性。例如，规范责任论的首倡者弗兰克通过以下案例说明责任并非故意与过失这种主观心理态度本身：

> 一家商店的男出纳员和一名送汇款邮件的男邮递员各自独立地实施了侵占。男出纳员的经济状况很好，也没有家室，但是，具有花费巨大的业余爱好。男邮递员只有中等收入，妻子又生病，并且还有很多小孩。尽管他们两个人都知道自己违法地占有了他人的金钱，也就是说，在故意方面是没有任何区别的，但是，每个人都会说：与男邮递员相比，男出纳员的责任（Schuld）更大。这是因为，男邮递员所处的不利状态使其责任（Schuld）减少；相反，男出纳员很好的财产状况和奢侈的爱好提高了他的责任（Schuld）。如果男出纳员奢侈的爱好是女性或者葡萄酒，那么，与诸如收集古董的爱好相比，这种状况就更加增大了他的责任（Schuld）。[①]

弗兰克在以上论述中所说的故意之外所存在的因素，只不过是动机的客观显现而已。动机的确影响责任程度，但它本身与故意或过失一样，都是一种主观要素。弗兰克从某种客观要素对责任是有影响的这一立足点出发提出附随状况这一概念，认为：在附随状况具有通常性质的情况下，具有可归责性。在附随状况不具有通常性质的情况下，则不具有可归责性。弗兰克指出："如果各种附随状况本身包含着对行为人或者也许对第三人而言的危险，正好是被禁止的行为令从这种危险中救助他，那么，可谴责性就消失了。"[②] 在这种情况下，附随状况的异常性就被认为是不具有可谴责性的表征。由此在故意与过失之外，引入了规范

[①] [德]弗兰克：《论责任概念的构造》，冯军译，载冯军主编：《比较刑法研究》，130～131页，北京，中国人民大学出版社，2007。

[②] 同上书，137页。

性评价要素。及至目的行为论的犯罪论体系，将故意与过失中的客观注意义务归属于构成要件，从而将心理责任论的责任内容在本质上排除于责任概念之外，应受谴责性的成立因素变成了责任能力、不法意识可能性与对正当行为的期待可能性三个方面，从而使规范责任论成为理论逻辑上连贯一致的纯粹的规范责任学说：因为主观要素（评价的对象）已经全部被从规范责任概念中排除出去了，留在责任概念中的只是认定应受谴责性的标准（对象的评价）。① 规范责任论如今在德、日是通说。日本学者西田典之认为：采纳规范责任论意味着采纳实质责任论。实质责任论主张和实质违法论的场合一样，当不存在非难可能性时，应阻却责任而不是予以处罚。因此，即使实体法上没有明文规定，也可以超法规地阻却责任。② 在这种情况下，缺乏期待可能性就成为一种超法规的责任阻却事由。

虽然规范责任论在德国是通说，但德国学者罗克辛对规范责任论进行了批评，并在此基础上进一步提出了实质责任论。这里的实质责任论与以上西田典之在与实质违法论相对应的意义上所称的实质责任论是完全不同的。罗克辛指出：规范性罪责概念表达了这样一种认识：这种与不法联系在一起的犯罪性范畴，涉及了一种与违反义务性不同的对构成行为的发生所作的评价，而不涉及一种单纯的心理上的案件事实。在这个范围内，这个概念是正当、合理的，并且意味着比合理性罪责概念更大的进步。但是，因为这个可谴责性的概念仅仅指向了罪责，所以，这个概念只能是不完整地包括了在这里应当进行的评价的方式。这种评价并没有单纯地涉及人们是否能够对行为人提出一种（罪责性的）谴责这个问题，而是要对此作出判断：在刑法观点下，这个自由人应当对自己的举止行为负责任。这种可谴责性是一种必要的但还不充分的责任条件；对这种预防性的惩罚必

---

① 参见李海东：《刑法原理入门（犯罪论原理）》，103 页，北京，法律出版社，1998。
② 参见［日］西田典之：《日本刑法中的责任概念》，金光旭译，载冯军主编：《比较刑法研究》，11 页，北京，中国人民大学出版社，2007。

要性必须加以补充。① 罗克辛认为,责任仅仅建立在可谴责性之上还是不够的,它还仅具有形式上的性质,而这种可谴责性应当取决于哪一些内容上的条件,才是一个关于实质性罪责概念的问题。罗克辛列举了以下五种主张:(1)作为"能够不这样行为"的罪责;(2)作为法律反对的态度的罪责;(3)作为必须为自身个性负责的罪责;(4)作为根据一般预防需要归咎的罪责;(5)作为不顾规范可交谈性的不法行为的罪责。在以上五种主张中,罗克辛赞同第五种罪责概念,指出:

> 从本书所代表的立场出发,责任应当被理解为不顾规范可交谈性的不法行为。这里的意思是:当一名行为人在构成行为中根据自己精神和心理处在呼唤规范的状态中,当他在心理上(还)容易产生"对以规范为导向的举止行为作出决定的可能性"时,当在具体要件中还存在这种(除非是自由的,除非是决定论)在大多数情况下对健康的成年人都存在的心理上的支配可能性,他的罪责就应当受到肯定。②

在以上论述中,"规范的可交谈性"这一用语是不太好理解的,尽管我们听了罗克辛的解释。这里可能涉及翻译上的问题。我国台湾地区学者曾经论及对这一用语之译法,指出:

> 传统上把罪责非难的要件建立在行为人的"他行为能力"上的主张,必须面对其前提意志自由以及个别行为人的决定自由在经验上不可验证的问题。基于这个认知,学说上便尝试着为犯罪及刑罚寻找一个在经验上可以验证的基础,而开发出"对规范的反应能力"(normative Ansprech-barkeit),来作为罪责非难的实质基础,其中,德文的"normative Ansprech-barkeit",中文文献亦有将之译为"对规范的接受能力"的。而就该学者的意思来说,其中"normative Ansprechbarkeit"的本意是"与之交谈的可能性",在此可

---

① 参见[德]克劳斯·罗克辛:《德国刑法学总论》,第1卷,王世洲译,561页,北京,法律出版社,2005。
② 同上书,568页。

理解为"接受、理解以后，产生反应，发挥作用的可能性"，而"normative Ansprechbarkeit"由"规范"的角度来看，就是指规范有"作用"（能影响人、有效果）的可能性，而由"行为人"的角度来看，就是指行为人能理解规范、接受规范影响，并进而能依规范要求而行为的能力，固选择将此能力译为"反应能力"，但译为"接受能力"来得贴切些，因要先有理解，而后接受，并进而遵守，才可称为有"反应"，故就字义来说，"反应能力"所传达的内涵较完整，而在此读的是行为人本身所具有的特性，因此本文选择由行为人的角度，将"normative Ansprechbarkeit"译为"对规范的'反应'能力"[①]。

此外，祖国大陆有学者把"normative Ansprechbarkeit"译为"规范呼吁"，并将罗克辛的上述责任说称为规范呼吁说，指出：刑法中责任的本意在于规范对行为人的可呼吁性。也就是说，只要行为人行为时的具体精神与心理状态能够接受规范的呼吁，并依一般正常成年人的标准在物理上（不论是"意志自由"抑或"人格"或者"性格"决定的）有按规范要求行事的可能，如果他仍然实行了这一不法，他的行为就具有应受谴责性，也就是说，行为人应当对他的这一行为承担责任[②]。由此可见，"规范的可交谈性"是对"normative Ansprechbarkeit"一词的直译，意译应该是"规范的反应能力"、"规范的接受能力"或者"规范的呼吁能力"。

为了理解罗克辛的上述观点，我们可能要对德国晚近以来责任理论的发展趋势作一描述，这一趋势就是将预防主义引入责任理论。因为可谴责性是报应主义的要旨，因而传统的责任理论都是以报应为基础的。但现在德国学者试图将责任改造成一个同时容纳报应与预防的概念体系，其中，雅各布斯主张在责任概念中引入一般预防主义，只不过这种一般预防不是威慑意义上的，意在训练对法律的

[①] 李文健：《罪责概念之研究——非难的实质基础》，129～130页，台北，三容股份有限公司，1998。

[②] 参见李海东主编：《日本刑事法学者》（上），108页，北京，法律出版社；东京，成文堂，1995。

忠诚即积极的一般预防,由此形成功能性责任概念(ein funktionaler Schuldbegriff)。① 罗克辛则主张将责任概念定义为一种有利于行为人的假设,亦即责任刑法必须无例外地轻于有特别预防作用的措施法。因此,罗克辛引入预防必要性的要件,以此限制责任。德国学者许乃曼在论及罗克辛的责任理论时指出:他尝试扩张罪责在刑法体系上的归责,在罪责中以狭义且传统意义上的他行为能力作为罪责的第一阶层,以刑罚的目的判断有无可避免权力(Vermeiddemacht)之标准,作为罪责的第二阶层。这个想法并未放弃罪责的理念,仅是通过罪责阶层的扩张,以两阶层的方式为有关负责性的罪责提供了一个保证,保证刑法体系的均衡,以及能与刑法典中的法律规定相配合。刑罚的目的,并非要求对所有具有刑事不法性的有罪行为(可避免的行为)加以制裁,而是要在个案中再度确认由立法者所确定下来的可归责性之标准,而这个可归责性,从体系的观点来看,正确的方式,应该是在不法与罪责的评价阶层中表现出来,而非在此之外,以一个被认为是通货膨胀的概念,也就是客观可罚性条件的范式,来描述。② 由此可见,罗克辛在责任概念之中引入预防必要性,是为了进一步限制而不是扩张责任的追究,是从有利于行为人的角度加以考量的。因此,预防必要性建立在不顾规范可交谈性的基础上,如果具有规范可交谈性,则无预防必要性,亦不应归责。因此,规范可交谈性是把行为人看作是一个规范接受者(Normadressaten),其能够回应规范的呼唤,能够被期待总会遵守这些规范。只有在这种情况下,预防才是必要的。而对于那些不具有规范可交谈性的行为人,罗克辛指出:一般说来,不能期待他们会遵守这些规范。如果他们触犯法律,那么,社会并不会对自己的期待选择失望,并且,一般的法律意识也不会动摇。这种情况不会鼓励人们去加以模仿,因为在公众的眼睛里,通过这种构成行为并不会

---

① 参见〔德〕克劳斯·罗克辛:《德国刑法学总论》,第1卷,王世洲译,568页,北京,法律出版社,2005。
② 参见〔德〕许乃曼:《刑法罪责理论的现状》,王皇玉译,载许玉秀、陈志辉合编:《不移不惑献身法与正义——许乃曼教授刑事法论文选译》,582~583页,台北,春风煦日学术基金,2006。

减弱规范的效力。①

从形式的责任概念到实质的责任概念是一个责任理论不断深化的过程，也是责任判断不断从心理判断向价值判断转变的过程。

（本文原载《北航法律评论》，第1辑，北京，法律出版社，2010）

---

① 参见［德］克劳斯·罗克辛：《德国刑法学总论》，第1卷，王世洲译，571页，北京，法律出版社，2005。

刑法中的责任：以非难可能性为中心的考察

刑法中的责任，既是最为重要的，同时也是最为混乱的一个概念。在三阶层犯罪论体系的三个基本概念——构成要件、违法和责任当中，构成要件的含义较为明晰，违法的内容较为确定，而责任的内涵和外延还存在需要澄清之处。本文从刑法教义学的基本原理出发，对刑法中的责任进行初步探讨，以为有责性阶层的法理阐述奠定基础。

一、责任的概念界定

（一）对责任概念的一般考察：因果责任与道德责任的区分

"责任"这个词本身使用范围十分广泛：法学在讨论法律责任，哲学在讨论道德责任。可以说，只要存在制裁的场合，都会涉及责任的学说。

在哲学中，经常讨论责任与意志自由的关系问题，一般认为道德责任（moral responsibility）是以意志自由为前提的，这个意义上的责任就是道德责任或者道义责任。在道德责任的语义中，责任是与人的一定的选择能力相联系的，因此，人要对一定行为所造成的后果承担责任。在哲学中，与道德责任相区分的还有因果责任（causal responsibility）。这里的因果责任是指对结果发生具有原因作

用。例如，一个人回到家中，发现自己十分珍惜的一个宋代瓷瓶在地板上打碎了。如果这个花瓶是被一位心怀恶意的客人有意打碎的，那么这个人就会对客人产生不满和责备。如果这个花瓶是小猫在爬上桌子时打碎的，则这个人虽然会对小猫打碎花瓶感到遗憾，甚至表示愤怒，但不会责备小猫。在这里应当区分因果责任和道德责任。在致使这个花瓶破碎这件事上，两者都是有责任的，因为都在打碎花瓶这个事件中起着原因作用。然而，当人和非人都能够因果地引起一个事件发生时，只有人才是能在道德上负责任的。[①] 因此，因果责任是在客观意义上确定的，而道德责任是在主观意义上观察的结果。当然，这里是在人与非人相对比的意义上进行讨论的。其实，同样是人，在不同条件下造成一定后果，也会出现因果责任与道德责任的区别。例如，一个人把花瓶从桌子上拿起来的时候，因为地滑而把花瓶摔碎了，这时，这个人只对花瓶的破碎具有因果责任。但如果这个人不小心把花瓶摔碎了，对花瓶的破碎具有过失；或者故意把花瓶打碎，那么，这个人就要对花瓶的破碎承担过失或者故意的责任。在以上论述中，所谓因果责任，相当于客观意义上的责任，能够惹起某种结果发生的起因就与结果之间存在因果责任。这个意义上的因果责任，其实是归因或者归属。而所谓道德责任，相当于主观意义上的责任，也就是狭义上的责任。道德责任以行为人主观上的故意或者过失为条件，因而具有责难或者非难的蕴含。在通常情况下，哲学中的责任是指道德责任，这个问题与意志自由紧密相关。由此可见，即使是在哲学上，"责任"这个词也具有多义性。

在法学中，法律责任是一个较为通用的概念。根据部门法的划分，法律责任又可以被区分为宪法责任、行政责任、民事责任和刑事责任，其中，刑事责任这个概念具有以下双重含义。

第一，在整体意义上说，刑事责任中的刑事即犯罪，因此，刑事责任是犯罪所产生的刑事负担。我国刑法总则第二节标题就是犯罪与刑事责任。刑法的相关条款大量使用了刑事责任一词。例如，刑法第 14 条第 2 款规定，故意犯罪，应

[①] 参见徐向东编：《自由意志与道德责任》，11 页，南京，江苏人民出版社，2006。

当负刑事责任；第15条第2款规定，对于过失犯罪，法律有规定的才负刑事责任；第20条第1款规定，正当防卫不负刑事责任；第21条第1款规定，紧急避险不负刑事责任，等等。这里的"应当负刑事责任"是指构成犯罪并承受刑事负担，而"不负刑事责任"是指不构成犯罪并不承担刑事负担。在这个意义上，我国刑法学界曾经就刑事责任展开研究，发展出一种所谓刑事责任理论。例如，我国学者张志辉教授将刑事责任定义为"体现国家对犯罪的否定性评价并由犯罪人来承受的刑事上的负担"[①]。在此，张志辉教授从对犯罪的否定性评价和犯罪人承受的刑事上的负担这两个维度来界定刑事责任。应该说，对犯罪的否定性评价是较为虚幻的，而实在的内容还是刑事负担。因此，何谓刑事负担就成为理解上述刑事责任概念的关键。张志辉教授认为：法律责任本身就是一种负担、一种因为没有履行义务而应当承受的负担。虽然法律后果本身可能包括有利的后果与不利的后果两种，但是，犯罪所引起的后果无疑只能是对具体行为人不利的后果，这种不利后果实际上是一种负担，因此，这种负担既可能表现为一种责任，也可能表现为一种后果，还可能表现为一种义务，更可能表现为一种处罚。可以说，刑事负担的表现方式是多种多样的。[②] 在刑事负担的意义上理解刑事责任，它更接近于法律后果的概念，而犯罪的法律后果最为通常的就是刑罚。因此，这是一个极为宽泛意义上的责任概念。这个意义上的刑事责任，几乎与犯罪、刑罚这些刑法学的一级概念相等同。因此，刑事责任可以贯通整部刑法，也可以打通整个刑法学。

第二，从局部的意义上说，刑事责任是指作为犯罪成立要件之一的有责性，它是对主观心理的规范评价要素。在三阶层的犯罪论体系中，第三个阶层是有责性，该阶层主要是在构成要件该当、违法的基础上，进一步解决行为人主观上的可非难性或者可谴责性的问题。这个意义上的责任，可以被称为刑法上的责任。在本文中，我们讨论的就是这个意义上的责任，即犯罪论体系中的责任，也称为

---

① 张志辉：《刑事责任通论》，80页，北京，警官教育出版社，1995。
② 参见上书，79页。

罪责。① 因此，只有结合犯罪论体系的不同形态，才能对刑法中的责任进行深入的讨论。刑法中的责任在三阶层和四要件这两个犯罪论体系中，具有不同的地位。因此，将责任纳入这两个犯罪论体系进行考察，对于厘清在不同语境中责任的不同含义，具有重要意义。

（二）三阶层犯罪论体系中的责任概念：与不法对应意义上的罪责

在三阶层犯罪论体系中专门设立了有责性阶层。有责性阶层是在行为符合构成要件、违法性要件之后，进行责任评价的阶层，对于犯罪成立具有重要意义。

三阶层的犯罪论体系，虽然在阶层的数量上存在一定的变动，例如有二阶层的以及四阶层的犯罪论体系，但究其实质，还是不法与责任这两者。张明楷教授曾经提出：犯罪实体的两大支柱是不法与责任的命题，这是完全正确的。② 可以说，不法与责任是德国刑法教义学中犯罪论体系的基石范畴，犯罪这个刑法构造物就是由不法与责任这两种要素根据一定的逻辑关系组合而成的。德国学者金德霍伊泽尔在论及犯罪构造时指出，不法和罪责是犯罪的两个基本要素：判定某行为人的举止是不是刑法上值得关注的违法的（等同于"违反法律的""禁止的""违反义务的""违反规范的"）举止，是需要一定条件作为前提的。这些所有前提条件的总和，便是不法。人们在责难一个行为人所犯的不法及其可罚的后果之前，需要先行判断他是否需以可罚的方式对其所犯的不法承担责任，而这种判定也是需要一定前提条件的。这些所有的前提条件之总和，则是责任。③ 因此，犯罪的司法认定就是围绕着不法和责任这两个要素而展开的。在通常的三阶层犯罪论体系中，构成要件和违法性属于不法范畴，而有责性属于责任范畴。其实，不法与责任的分立，理由不仅仅在于这两个犯罪成立要件的分离，而且在于这两个犯罪成立要件之间设立位阶关系，即责任以不法为前提，而不法不以责任为前提。据此，存在没有责任的不法，但不存在没有不法的责任。在这样一种不法与

---

① 在本文中，"责任"和"罪责"这两个用语是同义词，根据上下文可以交替使用。
② 参见张明楷：《以违法与责任为支柱构建犯罪论体系》，载《现代法学》，2009（2）。
③ 参见［德］乌尔斯·金德霍伊泽尔：《刑法总论教科书》（第6版），蔡桂生译，48页，北京，北京大学出版社，2015。

责任的位阶关系中，不法与责任具有不同的功能：不法的功能在于从客观方面对行为的违法性进行判断，从而划定构成要件的边界，勘定犯罪成立的范围。而责任的功能是在构成要件的范围内，从行为人主观上是否具有可非难性进行第二轮筛选，由此完成犯罪的最终认定。

值得注意的是，关于在犯罪论体系中是否坚持不法与责任的分离和分立，在德国刑法学界存在争议。[1]例如，德国学者雅科布斯教授就指出："建造于法益侵害之上的传统理论通常分离不法和责任，这种分离在我看来没有实质的（不是：教学的）意义，因为规范否认只有作为必须答责的现象才是可以想见的，而不是作为——像疾病一样的——自然侵袭人的过程，《刑法的行为概念》（1992年）一文得出了这种结论。"[2]雅科布斯的以上论述出现在为冯军教授翻译的其著作《行为·责任·刑法——机能性描述》所作的中译本序中，这对于中国读者来说，是需要认真对待的。我国传统的四要件犯罪论体系是以客观与主观的辩证统一为基础建立的，不仅没有不法与责任的分立，甚至根本就没有不法与责任的概念。而德国刑法学界以不法与责任的分立为标志建立犯罪论体系已经具有上百年的历史，不法与责任的分立被认为是德国刑法学最为重要的遗产。因此，对于我国读者来说，雅科布斯的观点与四要件的犯罪论体系在逻辑上倒是不谋而合。例如，雅科布斯在其《刑法中的行为概念》一文中提出了这样的命题——"作为行为前提条件的责任"。如此，一反传统的没有责任的不法的命题，出现了没有责任则没有不法的构造。在这种逻辑中，不法与责任不再是原因与结果的关系，而是合一的关系。例如，德国学者帕夫利克提出了不法就是刑法上的罪责本身、罪责就是刑法上的不法这样一些完全混同不法与责任间之关系的命题。帕夫利克认为，不法与责任是不可分离的，传统上对不法与责任进行的区分并非所有刑法

---

[1] 关于不法与责任的区分论和一体论的争论，参见［德］阿恩特·辛恩：《论区分不法与罪责的意义》，徐凌波、赵冠男译，载陈兴良主编：《刑事法评论》，第37卷，277页及以下，北京，北京大学出版社，2016。

[2] ［德］雅科布斯：《行为·责任·刑法——机能性描述》，冯军译，中译本序，2页，北京，中国政法大学出版社，1997。

教义学永恒的本质不法，它只是作为刑法某个具体思想史场景的结果而出现，它和该场景一样，都只是昙花一现。① 这种将不法与责任混同的观点，即使在德国刑法学界，也是个别说，通说还是主张不法与责任的分立的。例如，罗克辛教授就对雅科布斯的观点进行了学术批判，认为：将不法和罪责融合到一起，会抹平本质上的事实区分。不法解决的是某个举止是否为一种受刑罚禁止的法益侵害的问题，而责任解决的是对于违反这种禁止的法益侵害是否必须动用刑罚加以处罚的问题，这是两个不同的问题。而且，在罗克辛教授看来，这种认为不存在无罪责的不法的观点，也是不符合现行法的。这里的现行法是指《德国刑法典》。《德国刑法典》区分了两类犯罪："不违法的"（第32、34条）和"没有罪责的"（第17、20条）犯罪。这就是说，《德国刑法典》对于不法和责任是分别加以规定的，这正好表明德国刑法的立法是区分不法与责任的。② 应该说，不法和责任的分离与分立是具有法律根据与法理基础的。在与不法对应意义上的责任，是以不法为其逻辑前提的，主要是一种非难或者谴责。

（三）四要件犯罪论体系中的责任概念：刑事责任意义上的罪过

在四要件的犯罪论体系中，是没有责任论的位置的。我国学者张明楷教授在与三阶层的犯罪论体系以不法与责任为两大支柱相对应的意义上，认为四要件的犯罪论体系是以客观与主观为两大支柱的。他指出："我国传统的犯罪论体系，是以客观与主观为支柱建立起来的，亦即犯罪构成是犯罪客体、犯罪客观方面、犯罪主体、犯罪主观方面的有机统一（以下简称四要件体系）；刑法理论将客体与客观方面进一步提升为客观，将主体与主观方面进一步提升为主观；主观与客观的统一（主客观相统一），成为我国犯罪论体系的基本特点乃至核心。"③ 因此，在四要件的犯罪论体系中，责任是处在四要件之外的，它不是犯罪构成的具

---

① 参见［德］米夏埃尔·帕夫利克：《最近几代人所取得的最为重要的教义学进步？——评刑法中不法与责任的区分》，陈璇译，载陈兴良主编：《刑事法评论》，第35卷，320页，北京，北京大学出版社，2015。

② 参见［德］克劳斯·罗克辛：《刑事政策与刑法体系》（第2版），蔡桂生译，91页，北京，中国人民大学出版社，2011。

③ 张明楷：《以违法与责任为支柱构建犯罪论体系》，载《现代法学》，2009（2）。

体要件。例如，苏俄刑法学的代表人物特拉伊宁提出了著名的命题："犯罪构成是刑事责任的根据。"在这个命题中，犯罪构成和刑事责任处于一种对应的状态而不存在涵摄的关系。特拉伊宁指出："犯罪构成的存在，是以具备形成该构成的一切因素（毫无例外）为前提的。这个原理，是不可能引起什么怀疑的，但是它并不排斥考虑——从刑事责任根据的总的方面来看——某些构成因素的特殊意义，正像承认社会关系是犯罪的客体并不排斥考虑对建立刑法典分则体系的特殊意义一样。这个原理具体表现在：犯罪构成的两个互相密切联系着的因素——罪过和因果关系，具有在构成的范围内作为刑事责任的根据的意义。"[①] 这样，特拉伊宁就把罪过和因果关系的特殊意义凸显出来。

值得注意的是，特拉伊宁在讨论刑事责任的根据的时候，自始至终都没有对刑事责任进行明确的界定，而是在犯罪成立的一般意义上论及刑事责任。而且，在其以上对"犯罪构成是刑事责任的唯一根据"命题的论述中，特拉伊宁从犯罪构成的诸多要素中，特别提炼出罪过和因果关系这两个要素，将之界定为刑事责任的根据。换言之，特拉伊宁所谓作为刑事责任根据的犯罪构成并不是其整体，而是犯罪构成中的两个要素，也就是罪过和因果关系。特拉伊宁提出，罪过和因果关系具有两种品格，这就是作为犯罪构成要件和作为刑事责任的根据。在论及罪过是刑事责任的根据时，特拉伊宁认为，正是这种对人的心理状态进行阶级的、道德的评价，才使罪过具有刑事责任根据的意义。[②] 由此可见，特拉伊宁所说的刑事责任的根据其实是指犯罪构成中的评价要素。其中，罪过相对于主观归责，而因果关系相对于客观归属。只是在这个意义上，我们可以把特拉伊宁所说的罪过在一定程度上等同于责任。关于特拉伊宁的这一观点，在苏俄刑法学界是存在争议的。正如我国学者评论指出："特拉伊宁赋予罪过和因果关系特殊的意义，实际上是希望在它们作为构成要件的因素以外引入评价性的意义，使其成为

[①] [苏] A.H. 特拉伊宁：《犯罪构成的一般学说》，王作富等译，192 页，北京，中国人民大学出版社，1958。

[②] 参见 [苏] A.A. 皮昂特科夫斯基等：《苏联刑法科学史》，曹子丹等译，4 页，北京，法律出版社，1984。

类似于西欧刑法理论中的归责因素。由于国内将这种尝试视为唯心主义,特拉伊宁最终妥协,罪过和因果关系对于刑事责任具有实践上的重要意义,但并没有明确说明它们对行为可谴责性和意志形成可谴责性的意义。"① 换言之,特拉伊宁最终也未能将责任植入四要件的犯罪论体系中。因此,四要件的犯罪论体系是一个没有归责的犯罪论体系,或者说,在四要件的犯罪论体系中,只有刑事责任而没有责任。

二、责任的本质特征:非难可能性

(一)心理责任论的责任:以心理事实为内容

刑法中的责任是随着犯罪论的历史演变而不断嬗变的概念,因此,其性质和特征也是逐渐更替的。责任的本质是非难可能性,关于这种非难可能性的内容存在着不同的理解。

在西方中世纪,刑罚曾经是十分残酷的。除了刑罚以肉刑和死刑为主,刑罚残酷的另外一个表现就是主观归罪和客观归责。主观归罪是指思想犯罪,只要具有犯罪意思,即使没有付诸实施,同样受到刑罚处罚。而客观归责是指结果责任,即只要发生危害结果,就处以刑罚,根本不考虑行为人的主观心理。针对以罪孽作为处罚根据的刑法制度,意大利著名刑法学家进行了猛烈的批判,提出了衡量犯罪的尺度不是罪孽的轻重而是社会危害性的大小。这表现在刑法教义学中,就是确立了刑罚处罚以表现于外的行为作为根据,实行行为的着手是刑事追诉的起点。例如,贝卡里亚明确提出法律不处罚犯意。② 针对以结果论罪,根本不以行为人的主观心理为根据的刑法制度,在刑法教义学中提出了心理责任论或者称为道义责任论。例如,李斯特指出:心理责任论在追究刑事责任的时候,不仅要求行为人的行为不符合法律规范(违法性),而且要求主观上行为人因其违法行为而受到非难。在行为人的罪责中,行为人的内心世界与将该行为评价为非

---

① 米铁男:《特拉伊宁的犯罪论体系》,178 页,北京,北京大学出版社,2014。
② 参见〔意〕贝卡里亚:《论犯罪与刑罚》,黄风译,67、40 页,北京,中国大百科全书出版社,1993。

法的法律规范之间具有联系。① 因此，责任从一开始就是以主观心理为内容的，被认为是主观要素。这种主观心理具体表现为故意和过失，具有责任能力的行为人在故意或者过失的心理支配下实施的违法行为，具有可责难性。应该说，心理责任论将故意和过失作为追究刑事责任的主观条件，由此纠正了以结果归责为特征的客观责任。这种将责任与违法分离，并以主观上的故意或者过失作为责任要素的理论，相对于结果归责的刑法制度，具有历史进步意义。

心理责任论虽然将责任界定为非难可能性，但认为这种非难是建立在故意和过失的心理基础之上的。例如，我国台湾地区学者洪增福在论及心理责任论时指出："行为人在道义上或社会上可非难之心理状态下，而实行适合于刑法上之犯罪构成要件的违法行为时所应受道义的或社会的非难，即为责任，并非指单纯的心理状态，而系意味着其心理状态在道义上或社会上所能加以非难之性质。"② 在这种情况下，虽然责任是一种非难，但这种非难是具有责任能力、故意或者过失心理状态的后果，即只要具有上述心理要素，就具有可非难性，而无须在责任能力、故意或者过失的心理状态之外另行进行非难可能性评价。

对于心理与责任之间的关系，韦尔策尔进行了分析，尤其是对把责任与心理状态等同起来的观点作了批评。韦尔策尔指出："行为意志并不是责任，责任是附着于行为意志之上的价值要素，但它并非行为意志本身。因此，早前的一种观点是不准确的。该观点认为，责任是一种心理状态（例如主观构成要件所描述的心理状态）。其实，某种心理状态可以（或多或少地）具有责任，但它不可能（或多或少地）是责任本身。"③ 韦尔策尔在这里所说的行为意志是指对行为起到支配作用的主观意思，这是行为的主观要素。行为意志是可谴责性的客体，但不是可谴责性本身。同样，故意和过失也是非难的客体而不是非难本身。无论是行

---

① 参见［德］李斯特：《德国刑法教科书》（修订版），徐久生译，251页，北京，法律出版社，2006。
② 洪增福：《刑事责任之理论》，修正再版，4页，台北，自版，1988。
③ ［德］汉斯·韦尔策尔：《目的行为论导论》（增补第4版），陈璇译，53页，北京，中国人民大学出版社，2015。

为意志还是故意或者过失的心理状态,都是一种心理事实,属于存在论的范畴。而谴责或者非难是一种评价性要素,属于价值论的范畴。应该说,心理责任论把存在与价值混淆起来,以心理状态代替价值评价,未能充分彰显责任的规范评价性质。

(二) 规范责任论的责任：心理事实与规范评价的分立

规范责任论是在心理责任论的基础上发展起来的,其中,德国学者弗朗克对规范责任论的产生起到了重要的推动作用。弗朗克将心理责任论称为支配性理论。支配性理论认为,责任是故意和过失的种概念,在责任和故意、过失之间存在种属关系。弗朗克指出,支配性理论是如此确定责任概念的,以至于它本身仅仅包括故意和过失的概念。根据弗朗克的观点,责任要素应该包括：归属能力、故意或者过失、各种附随状况。弗朗克认为,为了能够根据某人的违法态度对该人进行谴责,就要具有以下三个不同的前提：（1）行为人具有通常的精神状态,即所谓归属能力。这里的归属能力,其实就是责任能力。（2）行为人与危害行为具有某种程度上具体的心理联系,即故意或者过失。（3）行为人在其中行动的各种状况具有通常的性质。① 弗朗克在论及附随状况的通常性的时候,援引了癖马案的判决理由。对于该案,德国帝国法院的判决认为,过失就是没有满足对公共福利的注意和顾虑,而这种注意和顾虑达到了能够合理地要求行为人作出的程度；并指出,必须权衡的是,能否期待被告人承担一种义务,即宁愿不服从其雇主的命令和丧失其职位,也不通过驾驶让他使用的马匹而有意识地制造出伤害他人身体的可能,或者是否因为其明显的关系使被告人产生了遵守雇主命令的动机而允许他把对后者的鼓励放在其次。这一判决理由,被认为是期待可能性思想的萌芽。弗朗克在评论这一判决理由时指出："很清楚的（是）,在这些阐述中,各种附随状况,即被告人在危急时刻处于其中的各种情况,被纳入责任概念之中。"② 根据弗朗克的观点,责任要素不仅包括故意和过失的心理事实,而且包

---

① 参见 [德] 弗朗克：《论责任概念的构造》,冯军译,载冯军主编：《比较刑法研究》,137 页,北京,中国人民大学出版社,2007。
② 同上书,138 页。

括规范评价。当然,在此,弗朗克是在附随状况的通常性的名义下进行论述的。他以作为违法阻却事由之一的紧急避险进行对比:在行为人实施违法行为的时候,如果附随状况具有通常性,则行为当然具有违法性。如果出现紧急状况,亦即附随状况不具有通常性,则通过紧急避险而阻却行为的违法性。因此,实施违法行为时的附随状况是否具有通常性,就成为判断是否存在违法性的一种标志。与此同理,在具有责任能力、故意或者过失的情况下,如果附随状况具有通常性,则行为人具有责任;如果附随状况不具有通常性,则排除责任。因此,附随状况的通常性在这个意义上成为责任的标志。当然,弗朗克还仅仅是朦胧地意识到期待可能性的原理,而这一原理后来上升为规范责任论,是后续德国学者不懈努力的结果。

在弗朗克的观点中,非难不再等同于心理事实本身,而是心理事实之外需要专门判断的独立要素,这就导致心理事实与规范评价的分离。在此基础上,德国学者多纳把责任的本质界定为评价(可谴责性),并将评价与评价对象(故意)相区分。韦尔策尔指出:多纳严格区分了评价与该评价的对象,并且将责任概念限定于对对象的评价。目的行为论进一步发展了多纳的观点:在多纳那里,故意成了一个无处栖身的要素。而目的行为论为它找到了一个合适的位置,即把它视为故意犯的(主观)构成要件中目的行为意志的下位情形。基于目的行为论,构成要件和不法理论就越来越多地吸收了心理要素,而这些心理要素原来被错误地归入责任概念之中:这一变化首先是来自主观的不法要素,然后来自行为意志。相反,责任概念本身不再包含主观心理的要素,它只保留了可谴责性这一规范标准,我们可以根据该标准对行为意志的有责性加以判断。[1] 由此,心理事实与责任实现了彻底分立,心理事实被逐出有责性阶层,转嫁到构成要件中。在这种情况下,责任的内容变得纯粹了,只剩下规范评价要素,这就是违法性认识和期待可能性。

---

[1] 参见 [德] 汉斯·韦尔策尔:《目的行为论导论》(增补第4版),陈璇译,55~56页,北京,中国人民大学出版社,2015。

(三) 实质责任论：非难可能性的实质根据

规范责任论把非难可能性确定为责任要素，以此区别于故意和过失的心理要素。这种事实与价值的二元分立，使责任的本质特征——非难可能性得到正确定位。然而，究竟如何界定非难可能性，仍然存在进一步发展的空间。罗克辛教授认为：非难可能性或者可谴责性这个概念仅仅具有形式上的性质。在这个意义上，规范责任论只是一种形式责任论。罗克辛教授不满足于此，提出了实质责任论的观点。这种实质责任论是要追问：非难可能性的根据何在？为此，罗克辛教授归纳了五种不同的主张。① 这种将形式意义的罪责概念和实质意义的罪责概念相区分的观点，已经成为德国刑法学的通说。例如，金德霍伊泽尔教授把罪责分为形式意义上的罪责和实质意义上的罪责。从形式上看，刑法上的罪责乃是一种责难，这种责难是在将某个犯罪归属到某个行为人之后作为结果而出现的。形式意义的罪责只是说明，行为人要为不法的实现在刑法上承担责任。至于为什么人们可以期待他遵守刑法上的规范，形式意义的罪责却没有给予说明。关于这个问题要由实质意义上的罪责来给出答案。金德霍伊泽尔教授列举了以下四种实质意义的罪责概念：规范的罪责概念、机能的罪责概念、交谈的罪责概念、法律的罪责概念。② 值得注意的是，心理责任论中的罪责当然属于形式意义的罪责概念，但规范责任论中的罪责是否属于形式意义的罪责概念，还是存在一定的疑问。例如，罗克辛教授是在规范责任论之后论述实质意义上的罪责概念的，按照这一逻辑，规范责任论中的罪责应该属于形式意义上的罪责。而金德霍伊泽尔则是把规范责任论中的责任归入实质意义上的罪责概念。

在论述罪责的实质根据的时候，一般涉及以下理论：

(1) 他行为能力。这里的他行为能力是指行为人在具有实施其他合法行为的可能性的情况下，实施了违法行为，因而其行为具有非难可能性。然而，他行为

---

① 参见〔德〕克劳斯·罗克辛：《德国刑法学总论》，第1卷，王世洲译，562页及以下，北京，法律出版社，2005。

② 参见〔德〕乌尔斯·金德霍伊泽尔：《刑法总论教科书》（第6版），蔡桂生译，209页及以下，北京，北京大学出版社，2015。

能力是在行为论中予以讨论的问题，而不是责任的根据问题。① 因为责任建立在具有刑法中的行为的基础上，因此非难可能性是以具有他行为能力为前提的。正如罗克辛教授指出："在我们通常称为罪责的这一犯罪阶层，其实更多讨论的是规范的问题，亦即在非常的人格或特定的情势状态下，原则上应科以刑罚的举止是否和多大程度上仍然还需予以处罚，而并非去用经验的方式来勉强地确定他行为的能力。"②

（2）法敌对意识。我国台湾地区学者李文健将法敌对意识翻译为法非难的意念。罪责的实质根据是法敌对意识的命题是德国学者格拉斯（Gallas）提出的，他认为：连接非难可能性和能力间特有的实质理由在于，在自由中而为法敌对决定的人，表达了一个与法秩序的要求相违背的态度。由于存在行为当中的法所非难（不许可）的意念，因而可以对行为加以责难。罪责是行为的非难可能性，而非难可能性的基础在于行为导致的法所非难（不受法所许可）的意念。③ 法敌对意识作为非难可能性的根据，具有一定的道理。但法敌对意识过于抽象，正如罗克辛教授所指出的，它基本上没有超出可谴责性的形式特征。而且，这种态度罪责，在诸如无意识的过失犯罪中不能得到确证。④

（3）性格担保。这种以性格担保作为非难可能性根据的观点可以被称为性格责任论。这里的性格，也可以称为人格，是指人之所以成为人的本质属性。德国学者恩吉施指出，造成罪责的意志力的瑕疵根源于性格，是它导致了罪责非难，由此他提出了性格责任论。⑤ 显然，性格责任论是建立在决定论的基础之上的，认为性格并非人的意志自由所决定的，而是在社会生活中形成的。那么，当行为不是行为人的意志选择而是由其性格所决定的情况下，行为人为什么应当承担责

---

① 关于对他行为能力的探讨，参见笔者《他行为能力问题研究》一文，载《法学研究》，2019（1）。
② ［德］克劳斯·罗克辛：《刑事政策与刑法体系》（第2版），蔡桂生译，21页，北京，中国人民大学出版社，2011。
③ 转引自李文健：《罪责概念之研究——非难的实质基础》，155页，台北，自版，1998。
④ 参见［德］克劳斯·罗克辛：《德国刑法学总论》，第1卷，王世洲译，564页，北京，法律出版社，2005。
⑤ 转引自李文健：《罪责概念之研究——非难的实质基础》，283页，台北，自版，1998。

任呢？性格责任论采用存在主义的理论，认为虽然基于性格在行为时是被决定的，但对于自身实在或者本性存在一种基本选择。这就是叔本华所说的，在完全决定论的经验性个性的后面，存在一种在自由选择中自我确定的概念性个性。因此，这种性格决定论其实是以性格形成的选择性为前提的，由此为非难可能性提供了根据。性格责任论受到的指责是：为什么精神病人或者其他无归责能力的人不能有罪责地行为？因为他们也只能根据其现有的本性特征进行活动。[1]

（4）一般预防需要归咎。这种以一般预防需求作为非难可能性根据的观点被称为功能责任论，是德国学者雅科布斯教授所倡导的理论。雅科布斯的观点完全颠覆了传统的罪责理论。传统的罪责理论通常以意志自由为前提，并且是在报应范围内进行确定的。但雅科布斯从一般预防的需求出发论证了非难可能性的根据，认为是否具有非难可能性取决于是否能够满足一般预防的需要：只有当对一个人施以刑罚也不能满足一般预防的需要时，这个人才可以是无罪责能力的。对此有批评意见认为，这种观点在考虑一般预防时牺牲了罪责限制刑事可罚性的功能。[2] 对于功能责任论，从字面来看，似乎其他责任论都没有强调责任的功能，只有它强调责任的功能。其实并非如此。传统责任论都注重责任的功能，只不过对责任的功能存在不同理解而已。传统责任论将限制刑事可罚范围作为责任的功能，而所谓功能责任论是把一般预防的需要作为责任的功能。在这个意义上，功能责任论具有把个人作为实现某种社会价值的工具的倾向，因而受到批评。值得注意的是，罗克辛教授同样注重预防必要性，并且把预防必要性纳入有责性阶层。但罗克辛教授并没有把预防必要性与责任混同起来，而是提出了答责性理论。罗克辛指出："不法范畴之后的这个我们称之为罪责的犯罪范畴，在现实中并非仅仅来源于罪责，而且还来源于另一种必要性：以预防为目的的处罚必要性。因此，我将这个范畴（罪责）称为答责性（Verantwortlichkeit），并认为，

---

[1] 参见［德］克劳斯·罗克辛：《德国刑法学总论》，第 1 卷，王世洲译，566 页，北京，法律出版社，2005。

[2] 参见上书，567 页。

该答责性范畴取决于两个要素：(1) 罪责和 (2) 以预防为目的的处罚必要性。"①

(5) 规范可交谈性之违反。这是罗克辛教授关于非难可能性之根据的观点，认为罪责应当被理解为不顾规范可交谈性的不法行为。这里的意思是：当一个行为人在构成行为中根据自己的精神和心理处在呼吁规范的状态中时，当他在心理上容易产生对以规范为导向的举止行为作出决定的可能性时，当在具体案件中还存在这种（除非是自由的，除非是决定论的）在大多数情况下对健康的成年人都存在的心理上的支配可能性时，它的罪责就应当加以肯定。② 这里的规范可交谈性，是一个不太容易理解的概念。我国台湾地区学者李文健将规范可交谈性翻译为对规范的反应能力，以此作为非难的实质根据。③ 其实，罗克辛教授认为在确定行为人的责任的时候，应要求行为人对规范能够理解和沟通，并且能够接受规范，具有依照规范实施行为的能力。应该说，罗克辛教授虽然批判非难可能性过于抽象，因而想要给出非难可能性的实质化根据，但其违反规范可交谈性之类的论述同样是枯燥而空洞的。

三、责任的规范构造：智识性要素与意愿性要素

（一）责任结构：心理要素与归责要素的统一

责任的内容随着从心理责任论向规范责任论的转变，发生了巨大的变化。尤其是在目的行为论的主导下，故意和过失这些心理要素被构成要件吸纳，成为主观的构成要件要素。这在德国刑法教义学的三阶层犯罪论体系中已经成为通说。随着故意与过失等主观要素被纳入构成要件之中，使构成要件的内容不断扩张，构成要件形成客观要素和主观要素并存的格局，由此对不法与责任的关系带来重大冲击。一方面，不法不再是客观的性质，因为它包含了主观要素。另一方面，

---

① ［德］克劳斯·罗克辛：《刑事政策与刑法体系》（第 2 版），蔡桂生译，79 页，北京，中国人民大学出版社，2011。
② 参见［德］克劳斯·罗克辛：《德国刑法学总论》，第 1 卷，王世洲译，568 页，北京，法律出版社，2005。
③ 参见李文健：《罪责概念之研究——非难的实质基础》，129 页，台北，1998。

责任不仅是主观的，同时也是客观的。这就打破了不法是对行为的客观评价、责任是对行为人的主观评价的不法与责任的传统关系。在这种情况下，对于责任来说，出现了同时面对客观要素与主观要素的局面。也就是说，责任如同不法一样，不仅是对主观要素的评价，而且也是对客观要素的评价。责任不仅建立在故意和过失的基础之上，而且建立在行为的基础之上。因此，不仅故意和过失是非难可能性的客体，而且行为也是非难可能性的客体。这就在一定程度上破坏了不法与责任之间的位阶关系。例如，雅科布斯教授指出："行为包含了回避可能性和责任。行为和责任归属（Schuldzurechnung）——并且责任归属以不法归属（Unrechtszurechnung）为前提——是一致的。"[1] 这样，不法与责任互为前提。按照这个逻辑推演的结果必然是不法与责任的一体论。笔者认为，无论心理要素是被安置在构成要件阶层还是被安置在有责性阶层，它都只能是责任评价的客体而不是不法评价的客体。这里涉及不法与责任在功能上的区分。对此，德国学者许乃曼教授指出："对行为人而言，适格的社会损害行为与适格的可非难性可以发展成刑法所指导的价值（leit-Werte）。"[2] 据此，不法的功能在于征表行为的社会危害性，而责任的功能在于体现对行为人的可非难性。不法的构成要素可以分为：行为事实和违法。其中，行为事实（包括主观违法要素）是评价客体，而违法是评价本身。责任要素可以分为：心理事实和归责。其中，心理事实是评价客体，而归责是评价本身。在归责要素中，正如韦尔策尔所指出的，包含智识性要素和意愿性要素。[3] 这里的智识性要素是指违法性认识，意愿性要素是指期待可能性。

(二) 非难可能性的智识性要素

非难可能性的智识性要素是对构成要件中的故意和过失的规范评价，这种规

---

[1] [德] 雅科布斯:《行为·责任·刑法——机能性描述》，冯军译，99页，北京，中国政法大学出版社，1997。

[2] [德] 许乃曼:《区分不法与罪责的功能》，彭文茂译，载许玉秀、陈志辉合编:《不移不惑献身法与正义——许乃曼教授刑事法论文选译》，430~431页，台北，2006。

[3] 参见 [德] 汉斯·韦尔策尔:《目的行为论导论》（增补第4版），陈璇译，74页，北京，中国人民大学出版社，2015。

范评价表现为违法性认识。违法性认识与构成要件中故意的认识要素,就其属于对一定事物的主观认知而言,在形式上是相同的。那么,何以体现其规范评价的性质呢?违法性认识具有为非难可能性提供规范根据的功能。故意的认识要素是对构成要件的客观要素的认识,这是一种事实性认识,它的功能在于为非难可能性提供事实基础。因此,没有故意就没有责任,这个命题是可以成立的。但这并不等于说有故意就有责任,责任是在具备故意的基础上,具有非难可能性,而这种非难可能性包括对故意中的认识要素的规范评价。违法性认识就是非难可能性的根据。正如韦尔策尔在评论关于违法性认识的故意说时指出:"故意并不是责任非难的组成部分,而是它的对象,因此,故意本来就属于行为和不法构成要件,而违法性的意识则仅仅是可谴责性的组成部分。违法性意识并不是针对行为人所进行之谴责的内容,而是说明为何要就违法的故意对行为人加以谴责。因为行为人能够认识到违法性,并据此作出不去做违法行为的决意,所以我们可以就该决意对行为人进行谴责。由此可以得出结论,不法认识并非故意的要素,它仅仅是可谴责性的要素。"[①]

《德国刑法典》第17条规定了禁止错误,即违法性认识错误。根据该条的规定,行为人于行为时欠缺不法认识,如错误无法避免,其行为无罪责。如行为人之错误可以避免,得依第49条减轻处罚。因此,在德国,不可避免的禁止错误是法定的免责事由,可以避免的禁止错误则是法定的减轻处罚事由。从这个意义上说,德国刑法中的责任概念中包含了违法性认识,这是具有法律根据的。而我国刑法并没有对违法性认识的规定,只是在刑法第14条关于故意犯罪的规定中,涉及故意的认识要素中包含对行为的社会危害性的认识。如果把这一内容转换为违法性认识,则可以为我国刑法中的责任找到违法性认识的法律根据。在我国司法实践中,对于责任基本上还是采用故意说,以缺乏违法性认识或者社会危害性认识而免责的案例较为罕见。从我国司法实践中的情况来看,对违法性认识的处

[①] [德]汉斯·韦尔策尔:《目的行为论导论》(增补第4版),陈璇译,81页,北京,中国人民大学出版社,2015。

理，主要存在以下四种情形。①

（1）否定缺乏违法性认识可以免责。例如，在天津开发区树生实业有限公司等盗窃、虚开增值税专用发票案中，裁判理由指出："孙某某经营钢材贸易多年，对国家税收征管制度熟悉，其辩称对虚开行为的违法性没有主观认知的辩解意见无事实根据，且违法性认识与否并不影响行为人对其行为会造成危害社会结果的判断，行为人不明知法律规定并不能成为免责理由。"在此，裁判理由明确否定不知法律可以免责。

（2）肯定缺乏违法性认识可以从轻处罚。例如，在喻某某非法收购国家重点保护植物案中，裁判理由指出："被告人喻某某提出其不懂法，其行为不构成犯罪的辩解意见，经查：在案证据能够证明被告人喻某某违反国家规定，非法收购国家重点保护的野生植物的犯罪事实，被告人喻某某构成非法收购国家重点保护植物罪，被告人喻某某亦如实供述了自己的犯罪事实，其提出的辩解意见系对其行为违法性认识的不足，本案在量刑时已予酌情考虑。"

（3）否定可以避免的违法性认识可以免责。例如，在杨某犯非法储存爆炸物罪，非法购买珍贵、濒危野生动物，非法购买珍贵、濒危野生动物制品案中，裁判理由指出："被告人曾经担任村委会书记兼主任及森管员，对是否属于国家保护动物应有认知能力，辩护人所提出的被告人系违法性认识错误是属于可以避免的情形，不影响责任的判断。"在此，裁判理由认为被告人的违法性认识错误是可以避免的，因而不影响责任的判断。由此可以得出结论，似乎在违法性认识错误不可避免的情况下，可以免责。

（4）肯定违法性认识错误可以免责。例如，在闫某非法经营案中，裁判理由指出："2012年3月19日闫某与淮南市公墓管理所签订'共同合作墓地协议书'，

---

① 北京大学法学院硕士研究生方洪以搜集的相关刑事裁判文书为研究材料，从违法性认识的内容、违法性认识对定罪量刑的影响以及违法性认识的审查标准这三个方面，具体考察了司法实践中法院在相关问题上的实务见解，由此撰写了《违法性认识问题的司法判断》一文，作为笔者担任主讲教师的2017年秋季课程"刑法总论"期末论文。该文附录对87份判决书中关于违法性认识的裁判理据进行了归纳整理。本文以下四种司法资料的取自该文附录，在此对方洪同学表示感谢。该文刊载在江溯主编：《刑事法评论》，第41卷，北京大学出版社，2018。特此说明。

约定经营公墓款与公墓管理所共同分成，闫某基于对该协议书的理解，自认为已获得了经营公墓的合法手续和许可，此期间其经营公墓的行为缺乏违法性认识的可能性，故不宜认定闫某主观上明知非法而故意谋取非法利益，故双方签订'共同合作墓地协议书'（2012年3月19日）至民政局第一次明确告知应停止非法经营（2013年5月17日）期间，闫某经营的公墓数142座及金额1 417 600元应从犯罪数额中扣除，即应认定闫某非法经营公墓数应为327座，销售金额为3 612 500元。"在该案中，裁判理由将缺乏违法性认识可能性的部分非法经营数额予以减去，这实际上肯定了在缺乏违法性认识可能性的情况下行为人无责。

在缺乏违法性认识的情况下，虽然行为人存在客观上的违法行为以及主观上的故意，但由于缺乏法敌对意识，因此缺乏非难可能性。在这种情况下，仍然对行为人定罪处刑，是违反责任主义的。

（三）非难可能性的意愿性要素

非难可能性的意愿性要素是指期待可能性，即期待行为人实施合法行为的可能性。只有在具有期待可能性的情况下，才能对行为人归责。如果缺乏期待可能性，则不能进行归责。应当指出，期待可能性在故意犯和过失犯中的表现形态是有所不同的，需要分别讨论。

对于故意犯来说，期待可能性是指在自己的能力范围内去了解不法，进而促使自己去实施合法的举动。[1] 故意犯中的期待可能性，存在程度上的区分，因此，可以分为阻却责任的期待可能性和减轻责任的期待可能性。一般来说，阻却责任的期待可能性作为一种超法规的责任免除事由，在司法实务中运用得较少。而减轻责任的期待可能性，在司法实务中运用得较多。例如，在某些受到精神强制案件中，行为人并没有完全丧失选择行为的能力，但期待可能性的程度有所降低，因而可以减轻其处罚。例如，我国刑法第28条规定："对于被胁迫参加犯罪的，应当按照他的犯罪情节减轻处罚或者免除处罚。"这就是我国刑法中的胁从

---

[1] 参见［德］汉斯·韦尔策尔：《目的行为论导论》（增补第4版），陈璇译，99页，北京，中国人民大学出版社，2015。

犯，即被胁迫参加犯罪的共犯。关于对胁从犯减免处罚的根据，究竟是不法减小还是责任减小，抑或不法与责任同时减小，存在争论。这里涉及对胁从犯的成立要件的理解，即是否要求胁从犯在共同犯罪中所起的作用小于从犯的作用。如果要求小于从犯的作用，则对胁从犯减免处罚需要从不法减小和责任减小这两个方面加以论证。反之，如果并不要求小于从犯的作用，则对胁从犯减免处罚就无须从不法减小加以论证，只需就责任减小进行论证。对此，张明楷教授指出："由于行为人是被胁迫参加犯罪，其合法行为的期待可能性减少，所以，即使客观上在共同犯罪中起次要作用，也只能按胁从犯处罚。"① 按照张明楷教授的观点，胁从犯在客观上所起的作用可以与从犯的相同，因此，对其减免处罚的根据还是责任的减小，这就是期待可能性的减少。当然，如果虽然是被胁迫参加犯罪，但在共同犯罪中起主要作用，则应当被认定为主犯，不能再被认定为胁从犯。但这并不能否认被胁迫这一情节对责任的影响。

对于过失犯来说，期待可能性是指法律考虑到存在某些不可归咎于行为人的疲劳状态或激愤状态，这些状态使具有理解能力的行为人遵守客观注意的难度有所上升，或者使其完全无法遵守该注意；当行为人在惊慌、恐惧、害怕、恍惚、劳累过度之类的状态下，不假思索地实施了行为时，法律不会因为行为人违反了客观要求的注意而对他加以谴责。② 可以说，期待可能性作为超法规的免责事由，主要适用于过失犯。例如，德国癖马案所涉及的就是过失犯罪，正是在该案判决的基础上，德国学者提炼出了期待可能性思想。面对失业的威胁，法律不能要求马车夫即使丢失工作，也应当坚持更换癖马。据此，德国帝国法院判决马车夫无罪。《德国刑法典》已经将各种期待可能性适用的情形规定为免责事由，因此，基于维护法秩序稳定，不再把期待可能性作为超法规的免责事由加以运用，而是作为法定的责任阻却事由的理论根据。日本则广泛运用期待可能性作为超法规的免责事由。例如，日本学者大塚仁教授指出："缺乏期待可能性是一部的超

---

① 张明楷：《刑法学》，453页，北京，法律出版社，2016。
② 参见［德］汉斯·韦尔策尔：《目的行为论导论》（增补第4版），陈璇译，98页，北京，中国人民大学出版社，2015。

法规的责任阻却事由，还是仅仅限于刑法有规定时才是责任阻却事由？对此，刑法学者之间存在见解的分歧。在我国，通说、判例都认为它是超法规的责任阻却事由。"① 应该说，我国的情况与日本的较为相似，我国学者认为期待可能性是责任要素。②

在我国司法实务中，运用期待可能性理论的案例也是极为罕见的。在某些案件中，如果采用缺乏期待可能性作为免责事由，应该说是更为合适的。但囿于某些原因，例如对期待可能性理论生疏等，并没有采用期待可能性作为过失犯的出罪事由。例如，吴某清过失致人死亡案：2016 年 8 月 23 日凌晨零时许，黎某亮（死者）和黎某益、黎某波三人来到位于茂名市电白区望夫镇某村边的鱼塘内偷钓鱼。为使同伙逃脱，黎某益、黎某波合力推撞鱼塘主吴某清下水，以致同伙黎某亮一同跌入鱼塘。当吴某清跑到鱼塘边的排水口时，看见一个人在水里，而正游到此处的黎某亮发现吴某清在岸边，立刻折返，游回跳水的位置。吴某清就又追了过去。眼见无法逃脱，黎某亮折返，游回排水口处，并走上岸边。吴某清看到黎某亮上岸后，就从地上捡起两块小石头丢向黎某亮，但都没有打到黎某亮。随后，吴某清从地上捡起一根约一米长的树杈，挡在黎某亮面前，防止其逃走。后黎某亮因体力不支，在鱼塘溺水死亡。对于本案，一审法院认定：吴某清在岸边多次拦截阻止黎某亮上岸，使其在鱼塘里来回游泳折返三次，造成黎某亮体力严重耗损，其应当预见自己的行为可能致使他人发生危害的后果。然而，吴某清由于疏忽大意没有预见，处理问题的方法不够理智，致使被害人黎某亮发生在第二次入水后因体力耗损无法再次游回岸边而溺水死亡的严重后果。被告人吴某清的行为符合过失致人死亡罪的构成要件。据此，一审法院以犯过失致人死亡罪，分别判处黎某益和吴某清有期徒刑 4 年，吴某清同时赔偿黎某亮的丧葬费人民币 41 433 元。一审宣判后，被告人吴某清不服，提起上诉。二审法院认为：黎某益伙同黎某波、被害人黎某亮秘密窃取上诉人吴某清管理的鱼塘中的活鱼，被吴某

---

① [日]大塚仁：《刑法概说（总论）》（第 3 版），冯军译，464 页，北京，中国人民大学出版社，2003。
② 参见童德华：《刑法中的期待可能性论》，114 页及以下，北京，法律出版社，2015。

清发现后,黎某益、黎某波、黎某亮为了逃避吴某清抓盗,将吴某清推入鱼塘,以致同伙黎某亮一同跌入鱼塘。黎某亮在鱼塘中企图择路逃脱,吴某清在塘基拦截。吴某清向黎某亮投掷小石块2块,持树杈拦截黎某亮,使用了轻微的暴力,没有超出当场抓盗的合法、合理范围。吴某清以上行为合法。其后,吴某清怀疑黎某亮仍在水中,及时呼救,后及时报警,与到场民警一起在鱼塘中寻找黎某亮,尽力施救。吴某清的行为合法,并无不当。因此,二审法院认为,吴某清的行为与黎某亮死亡的后果之间不存在刑法上的因果关系。其行为依据法律不构成犯罪,其不承担民事赔偿责任。[①] 对于本案,二审法院判决吴某清无罪。这是完全正确的。但其认定无罪的理由是缺乏因果关系,这是值得推敲的。二审判决认定吴某清向黎某亮投掷小石块2块、持树杈拦截黎某亮的行为合法,如果基于这一判断,那么,吴某清无罪的理由就应当是未实施过失致人死亡罪的构成要件行为。但二审判决并未以此为无罪的理由,而是认定吴某清的行为与黎某亮的溺水死亡之间没有因果关系,并在同一个判决中认定将推吴某清入水并使黎某亮一同跌入鱼塘的黎某益构成过失致人死亡罪,认为黎某益应当预见其行为可能对黎某亮造成伤亡的危害后果而没有预见,黎某益的行为与黎某亮死亡的后果之间有刑法上的因果关系,其行为构成过失致人死亡罪。其实,即使将黎某益的行为认定为过失致人死亡的行为,也不能排除吴某清的行为与黎某亮死亡之间的因果关系,而可以评价为共同原因。因为黎某益的行为属于作为,而被指控的吴某清的过失致人死亡行为是不作为,即阻止黎某亮爬上鱼塘,以致其体力严重耗损而在鱼塘溺亡。在这种情况下,缺乏期待可能性,应该是吴某清无罪的较为合适的理由。在当时的情况下,吴某清虽然存在疏失,但吴某清当时已满66周岁,是老年人,并且受到三名年轻人的不法侵害,而且被推下鱼塘。在从鱼塘爬上来以后,吴某清采用投掷小石块、持树杈的方式阻止黎某亮爬上鱼塘,虽然与黎某亮的溺水死亡具有一定因果关系并且其主观上具有一定疏失,但根据当时特定的情

---

① 参见 http://www.legaldaily.com.cn/legal_case/content/2018-04-19/content_7525255.htm?node=33128,最后访问日期:2018-04-21。

境，法律不能期待行为人作出能够避免黎某亮溺水死亡的正确作为，即避免死亡结果发生的作为义务的正确履行具有不可期待性，不能从法律上谴责被告人。这才是吴某清无罪的真正理由。

四、结语

刑法中责任的基本功能是为刑事追究提供伦理根据。无论是道义责任论、心理责任论还是规范责任论，以及此后出现的各种实质责任论，都从不同的角度揭示了刑法中责任的内容。在这个意义上说，刑法中的责任论是一个博大精深的理论殿堂。刑法中的责任理论，包括违法性认识理论和期待可能性理论，对司法实践具有指导意义。德国学者罗克辛教授指出："罪责原则为国家的刑罚权划定了界限，这样，与国家的安全利益相对应，公民也获得了适当的人格自由。可以肯定的是，他不会无罪责地受到处罚，也不会受到比他的罪责更为严重的处罚。"正如没有不法就没有刑罚，没有罪责同样没有刑罚。因此，不法和责任是刑罚的两大基石。对刑法中责任的探讨，必将深化刑法教义学理论，对司法实践具有引导作用。

（本文原载《比较法研究》，2018（3））

主观恶性论

一

伦理学意义上的恶,滥觞于古希腊。在古希腊哲学家中,第一个将恶作为伦理学的基本范畴加以思考的是苏格拉底。苏格拉底是在与善的对应关系中界定恶的,并从善与恶的互相转化中深化了对恶的认识。苏格拉底认为,对敌、友的道德上的要求是不同的,道德的善恶、正邪是因对象的不同而各异的,由此阐述了善恶相对性的原理。[①]

如果说,苏格拉底之所谓恶是指对某一行为或者事件的否定评价,那么,柏拉图之所谓恶性,就是指对某一行为人的人格或者人性的否定评价。柏拉图认为:在一个人的品性中,具有善与恶两种素质。人都有像兽性一样的恶性,当他对自己的善性放松控制时,兽性便活跃起来。即使是好人也难免如此。它表明,人们已经不是孤立地评价某一行为或者事件善恶,而是从人性的高度对某一行为

---

① 参见罗国杰、宋希仁:《西方伦理思想史》(上卷),150页,北京,中国人民大学出版社,1985。

人的人格善恶加以评价。当然，这里所说的恶性，指的是人人都有的而又不应该有的一些欲望①，而欲望本身并无所谓善恶之分，满足欲望的方式是否正当才能成为伦理评价的对象。但柏拉图在人性的意义上界定恶，从恶这一范畴中推衍出恶性的概念。这是具有历史意义的发展。

古希腊著名哲学家亚里士多德进一步将恶与罪相联系，把恶性与法律责任相沟通，从而使恶性初具法律内涵。亚里士多德指出：就善与恶、正当与不正当的界限来说，它是一个与恶性相对立的极端，它是善，是正当，而不是在善与恶、正当与不正当之间的中间状态。一切恶的、不正当的情感与行为，如恶意、无耻、嫉妒等情感，偷盗、奸淫、谋杀等行为，本身就是恶，就应当受到谴责。对于恶的、不正当的情感和行为来说，它们的恶性质，不在于是否在适当的时候以适当的态度施于适当的人，而是只要做了就是恶的。因此，在亚里士多德看来，犯罪是一种罪恶。将恶用来评价犯罪，这不能不说是亚里士多德的一大贡献。尤其值得注意的是，亚里士多德还在道德责任与法律责任的意义上论述了恶性的问题。他指出：一个人应该为自己自愿的行为负责，并因此被称赞或被指责……即使由于无知而作恶有时可以不负道德责任，但有些无知正是犯罪的根源，如酗酒而犯罪，喝酒是他无知的原因，但他本来可以不喝酒。再说，人人应当知道的社会规范，你不知道或疏忽，如若作恶犯罪，也应负道德的和法律的责任，也应当受谴责和处罚。②亚里士多德关于恶与恶性的论述，对后世产生了深远的影响。

首先将恶性这一概念引入刑法领域的是古罗马法学家。在初期，罗马法中客观责任的色彩极为浓厚。后来由于受到古希腊伦理学的影响，罗马法开始采用恶性这个概念，这便是主观责任的肇始。例如，在罗马法中存在"自体恶"（mala in se）与"禁止恶"（mala prohibita）之别，就是将古希腊伦理学中的恶性理论运用于刑法研究的明证。自体恶是指某些不法行为本身即具恶性，此等恶性系与生俱来的，而不待法律之规定，即已存在于行为之本质中。相对地，禁止恶是指

---

① 参见张宏生主编：《西方法律思想史》，30页，北京，北京大学出版社，1983。
② 参见罗国杰、宋希仁：《西方伦理思想史》（上卷），197、201页，北京，中国人民大学出版社，1985。

某些不法行为的恶性系源自法律的禁止规定，而非与生俱来的或行为本身所具有的。根据上述观点，有些不法行为，尽管法律对于它不加规定，但根据伦理道德的观点，依然是应受非难的行为。而有些不法行为在伦理道德上是无关紧要的，纯粹基于法律的规定，就成为禁止的不法行为。这种理论迄今仍被有些学者用来解释刑事不法（自然犯）与行政不法（法定犯）的区别。① 尽管罗马法被称为民法上的巨人而刑法上的侏儒，但就其将伦理学中的恶性引入刑法领域而言，这无疑是对刑法研究的不可磨灭的贡献。

在整个中世纪，由于教会与王权合一，恶性这一概念被深深地打上了宗教的烙印。根据宗教神学的意志自由论，上帝赋予人以灵魂，灵魂是一种独立并优越于肉体的精神实体，否认人的意志受社会物质生活条件的制约，将犯罪视为魔鬼诱惑人类心灵的结果，这种导致犯罪的意志是一种恶的意志。例如，中世纪著名神学家奥古斯丁就明确地指出："虽然坏的意志是坏的行动的动因，但坏的意志并没有什么事物是它的动因……唯有那还没有为其他意志所恶化，而本身就是恶的意志，才是第一个恶的意志。"② 正因为如此，奥古斯丁认为法官的职责是"审判犯人的良心"，对犯人着重追究思想动机，即强调犯罪的主观精神的作用，以心治心。在奥古斯丁这种思想的影响下，12世纪时在教会法庭审理案件中出现了"应受谴责"的思想，它既作为测定有罪的标准，也用来区别罪行的轻重。基督教的这种思想可以被归结为一句格言："行为无罪，除非内心邪恶。"③ 因此，中世纪刑法充满主观归罪的意味。在当时的统治者看来，犯罪是人内心邪恶、道德堕落的表现，由于这种堕落触犯了上帝的永恒法则，犯罪者应当受到惩罚，以此涤除道德罪恶并平息上天的震怒。因此，犯罪的责任既是法律上的，也是道德上的，而且它的基本根据是人内心的邪恶程度。由于人的内心的邪恶程度无法用客观尺度予以衡量，因此无数无辜者成为这种含义模糊并且可以任意解释的判断标准的牺牲品。甚至到了近代英国著名哲学家霍布斯那里，犯罪不同等级

---

① 参见林山田：《经济犯罪与经济刑法》，修订3版，112页，台北，三民书局，1980。
② 周辅成：《西方伦理学名著选辑》，351～353页，北京，商务印书馆，1961。
③ 储槐植：《美国刑法》，80页，北京，北京大学出版社，1987。

的衡量标准首先仍然是根源的邪恶性（malignity of the source）或者叫原因。①根源的邪恶性是一个含义不清的概念，以它作为衡量罪之轻重的标准，其后果是可想而知的。

及至意大利著名刑法学家贝卡里亚倡导的刑事古典学派的崛起，恶性这一概念及其所代表的中世纪以人的内心邪恶程度来衡量刑罚轻重的刑法原则才受到严厉的批判，使社会遭受到的危害作为衡量犯罪的唯一真正标准这一划时代的刑法学命题亦被明确提出。对此，贝卡里亚首先指出了以犯罪人的意图作为衡量犯罪的真正标准的不科学性。他说："有人认为：犯罪时所怀有的意图是衡量犯罪的真正标尺，看来他们错了。因为，这种标尺所依据的只是对客观对象的一时印象和头脑中的事先意念，而这些东西随着思想、欲望和环境的迅速发展，在大家和每个人身上都各不相同。如果那样的话，就不仅需要为每个公民制定一部特殊的法典，而且需要为每次犯罪制定一条新的法律。有时候会出现这样的情况，最好的意图却对社会造成了最坏的恶果，或者，最坏的意图却给社会带来了最大的好处。"② 这样，贝卡里亚从主观意图的差异性和变异性以及主观意图与客观效果的差别性方面，有说服力地得出了不能以主观意图作为衡量犯罪的标准的结论。同时，贝卡里亚还指出："罪孽的轻重程度是衡量犯罪的标尺。冷静地研究一下人与人之间以及人与上帝之间的关系，就将清楚地发现这种看法的荒谬。人与人之间的关系是平等的，只是为了解决欲望的冲突和私利的对立，才产生共同利益的观念，以作为人类公正的基础。人与上帝之间的关系是依赖于上天和造物主的，只有造物主才同时拥有立法者和审判者的权利，因为唯独它这样做不会造成任何麻烦。如果说上帝已经为违抗它那无上权威的人规定了永恒的刑罚，那么，谁胆敢去充当一个取代神明公正的爬虫呢？谁想去为这位不能从周围接受任何欢乐和痛苦、自我作古、独往独来的存在物变化呢？"③ 这就从罪孽的不可度量性上否定了以罪孽的轻重作为衡量犯罪的标准。贝卡里亚对犯罪完全采取一种客观

---

① 参见［英］霍布斯：《利维坦》，英文版，161页，伦敦，1931。
② ［意］贝卡里亚：《论犯罪和刑罚》，黄风译，67页，北京，中国大百科全书出版社，1993。
③ 同上书，68页。

的标准来衡量，这就是对社会造成的危害，而这种危害是可以采用外部标准来衡量的，一个人内心的邪恶也只能由表现于外部的行为及其所造成的危害来测定。除此以外，离开人的外部行为的主观恶性是不可度量的，更不能作为衡量犯罪的标准。显然，贝卡里亚并不否认人的意志自由是构成犯罪的前提，但在贝卡里亚看来，作为理性的人，其意志自由是人人皆然的，所以，贝卡里亚非常小心翼翼地回避了已往刑法学家所津津乐道的犯罪的主观状态问题，强调法律不惩罚犯意、不过问行为人的内在恶意。[①] 这样，尽管贝卡里亚在其否认主观恶性的客观主义立场上不无偏颇，但他的思想在当时所具有的历史进步意义，是十分明显的。

19世纪下半叶以后，随着社会的激烈动荡与变革之下犯罪的剧增，刑事古典学派的理论受到挑战，刑事人类学派和刑事社会学派应运而生，主观恶性这一概念又开始受到重视。刑事人类学派的代表人物加罗法洛在关于犯罪构成的论述中使用了恶性（Jemibitia）一词。他的有关自然犯罪的界定，在一定程度上是古罗马法关于自体恶的理论的复活。加罗法洛认为，按行为对两种原始的利他主义情感的这种或那种触犯，所有的犯罪可以被分为两大类：一是触犯恻隐之心的犯罪，二是触犯正直之心的犯罪。在加罗法洛看来，犯罪是一种对社会有害并且侵害两种或其中一种最基本的情感——恻隐之心和正直之心的行为，罪犯必须是缺乏这两种情感或其中一种，在这些情感方面薄弱的人。这些正在被谈论的情感是所有道德的基础，缺乏这些情感的人就是不适应社会的有缺陷的人。加罗法洛在这里虽然论述的是犯罪的分类，但实际上探讨的是犯罪人的主观因素，其落脚点就在于主观恶性，具体表现为犯罪人的恻隐之心与正直之心的缺乏，因而犯罪应当受到道德和法律的双重否定的评价。

至此，恶性这一范畴从伦理学到刑法学的发展、在刑法学中之地位的否定之否定的变化，经历了一个漫长的演变过程。历史在恶性这一范畴上既投下了愚昧而无知的阴影，又折射出理性而睿智的光芒。

---

① 参见黄风：《贝卡里亚及其刑法思想》，69页，北京，中国政法大学出版社，1987。

二

在现代意义上，主观恶性在大陆法系与英美法系的刑法理论中具有各自不同的表现形态。在大陆法系刑法理论中，主观恶性集中体现在责任这一概念上，被在有责性这一犯罪要件中加以论述。所谓（刑事）责任，是指能对行为人的犯罪行为进行谴责。这里的责任是一种主观责任，是指在行为人具有责任能力和故意或者过失的情况下，才能对其进行谴责。[①] 责任的本质，实际上就是一个主观恶性的问题。在社会主义刑法理论中，主观恶性集中体现在罪过这一概念上，罪过是故意与过失的类的概念。罪过的心理状态体现了犯罪人的主观恶性。正是在这个意义上，罪过一词在社会主义国家的刑法理论中广泛使用。它在作为故意与过失的类概念使用的同时，还与意志自由的思想、正义报应的观念紧密地结合在一起[②]，从而与大陆法系刑法理论中的责任这一概念相沟通。在英美法系刑法理论中，主观恶性集中体现在犯意（mens rea）这个概念，犯罪必须要有犯意，这在英美刑法"没有犯罪意图的行为不能构成犯罪"（Et actus non facit reum nisi mens sit rea）的原则中得到体现。英国刑法学家特纳对犯意进行了极为充分的论述，指出："犯罪意图是道德上的邪恶思想与法律上的犯罪思想的紧密结合。"[③] 特纳还论述了检验犯意的客观标准与主观标准。客观标准，是指对每个案件的事实都要考察被告人的行为是否达到了在当时被普遍接受和认可的道德标准。如果事实查明被告人的行为没有像一个遵从道德准则的人所应当实施的行为那样，这就证实他有犯罪意图。尽管采用公认的道德准则作为认定犯罪意图的标准实际上意味着法院客观地评价被告人的行为，然而，在相当程度上必须考虑被告人真实的心理活动，这就出现了主观标准。[④] 综上

[①] 参见［日］福田平、大塚仁编：《日本刑法总论讲义》，110页，沈阳，辽宁人民出版社，1986。
[②] 参见［苏］A. A. 皮昂特科夫斯基等：《苏联刑法科学史》，曹子丹等译，66页，北京，法律出版社，1984。
[③] ［英］特纳：《肯尼刑法原理》，王国庆等译，28～30页，北京，华夏出版社，1989。
[④] 参见上书，28～30页。

所述，无论是大陆法系国家刑法理论中的责任（有责性），还是社会主义刑法理论中的罪过，抑或是英美法系刑法理论中的犯意，就其本质而言，都是一个主观恶性的问题。

主观恶性的外在表现，在我国和苏俄刑法理论中被称为罪过形式，在大陆法系刑法理论中被称为责任形式，在英美法系刑法理论被称为犯罪心理模式。在罪过形式（责任形式）的确定上，先后曾经存在三种观点：一是认识主义，又称观念主义。它强调罪过的意识因素，认为行为人对构成犯罪的事实有认识，尤不顾而为之，即具有反社会性，应构成故意犯罪。至于行为人的意志因素，在所不问，也不是犯罪故意的构成因素。据此，过于自信的过失因为对危害结果有认识而不被认为是过失，而被归入故意的范畴。二是希望主义，又称意思主义。它强调罪过的意志因素，认为要构成犯罪故意，除了须对构成犯罪的事实有认识，还必须具有希望犯罪发生的意志因素。据此，间接故意因为对危害结果没有希望其发生的心理态度而不被认为是故意，而被归入过失的范畴。三是折中主义，又称容忍主义。它在调和认识主义与希望主义的基础上，将对危害结果有认识，虽不希望但却放任这种结果发生的心理状态归入犯罪故意，称之为间接故意；将对危害结果有预见，但因轻信能够避免而导致危害结果发生的心理状态归入犯罪过失，称之为过于自信的过失。当今世界各国刑法一般都采折中主义。我国和苏联以及大陆法系国家的刑法大都是将罪过形式分为犯罪故意与犯罪过失，犯罪故意又分为直接故意和间接故意，犯罪过失又分为疏忽大意的过失和过于自信的过失。英美法系国家的刑法，虽所采表示罪过形式的法律术语不同于大陆法系的，但其内容大体上相同。例如，美国《模范刑法典》规定，犯罪心理模式是以下四种：（1）目的（purpose, intention），就是自觉希望实施某种特定行为，或者自觉希望发生某种特定结果。这种罪过形式又被称为目的故意，相当于大陆法系国家刑法中的直接故意。(2) 明知（knowledge），就是认识到行为的性质并且自觉去实施这种行为。这种罪过形式又被称为明知故意，相当于大陆法系国家刑法中的间接故意。(3) 轻率（recklessness），就是已经认识到并且自觉地漠视法律禁止的结果可能发生的危险，虽然主观上对此结果持否定态度，但还是冒险地实施了产生此

结果的行为。这种罪过形式又被称为轻率过失,相当于大陆法系国家刑法中的过于自信的过失。(4)疏忽(negligence),就是行为人在行为时没有认识到产生法律禁止的结果的危险,然而按照守法公民的通常标准是应当认识到这种危险的。这种罪过形式又被称疏忽过失,相当于大陆法系国家刑法中的疏忽大意的过失。

三

犯罪故意是犯罪人明知故犯的一种主观心理状态,其内容表现为:明知自己的行为会发生危害社会的结果,希望或者放任这种结果发生。由此可见,犯罪故意中具有认识和意志两种因素。"明知"是认识,"希望"和"放任"是意志,犯罪故意就是这种认识因素与意志因素的有机统一。

犯罪故意中的认识因素,是指犯罪人对于自己的行为会造成危害社会的结果的一种认识状态,即所谓"明知"。单纯的认识并不能说明犯罪人的主观恶性,因为认识涉及的只是人对客观事物的主观关照。在这种情况下,客观事物被认知,但客观事物并未发生变化,因而认识本身无善恶可言。不过,我们并不能由此否认认识因素在构成犯罪故意方面的重要意义。在犯罪故意中,认识因素对意志因素具有一定的制约性。这主要体现在以下两个方面。

一是认识的有无决定着意志的有无,从而决定着主观恶性的有无。犯罪故意是以"明知"为条件的,是明知故犯。如果没有这种明知,就不可能构成犯罪故意,因而也就没有主观恶性。除了这种一般的"明知",我国刑法(1979年)分则中还规定了特定的"明知",即以犯罪人明知某种情况作为构成条件。这样的条文共有三个,即第172条规定窝赃罪、销赃罪和第180条规定重婚罪、第181条规定破坏军婚罪。以窝赃罪为例,只有明知是犯罪所得的财物而代为保存的才构成窝赃罪。显然,如果不知其为犯罪所得的财物,则代为保存的主观意志没有恶性,相应的行为不构成窝赃罪。应该指出,我国刑法(1979年)总则第12条在犯罪故意的概念中已经明确规定"明知"这一构成条件,某些刑法分则条文之所以再对"明知"加以规定,既不是无谓的重复,也不是再次的强调,而是因为

总则中的"明知"与分则中的"明知"既相互联系又相互区别：前者是对自己的行为会造成危害社会的结果的明知，后者是对对象的某种特定情况的明知。在一般情况下，没有对对象的特定明知，并不影响对自己的行为会造成危害社会的结果的明知。例如，只要认识到对象是人而故意杀之，就是明知自己的行为会造成危害社会的结果，而不要求对被害人的性别、年龄、身份的认识；甚至将物误认为人而故意杀之，虽然发生认识上的错误，对自己的行为会造成危害社会的结果仍然是明知的，只不过因对象不能而构成犯罪未遂而已。但在特定情况下，如果没有对对象的特定明知，也就不存在对自己的行为会造成危害社会的结果的明知，因而不存在犯罪故意。窝赃罪就是如此。只有这样，才能充分理解刑法分则规定"明知"的立法意图。在此，有必要探讨奸淫幼女罪是否以明知被害人是不满14岁的幼女为条件的问题。我国刑法（1979年）第139条第2款规定："奸淫不满十四岁幼女的，以强奸论，从重处罚。"那么，奸淫幼女罪是否以"明知"为条件呢？我国刑法学界曾对此发生过争议，并形成了多种观点。① 有人认为刑法（1979年）总则第11条关于犯罪故意的概念中规定了"明知"，因而包含了对幼女的明知。这种论证是缺乏说服力的。它不能说明刑法（1979年）分则对有些犯罪规定有"明知"的意义。还有人认为，不论行为人是否知道被害人是幼女，只要在客观上与不满14岁的幼女发生了性行为，就应以奸淫幼女定罪。如果这种观点能够成立，则会引申出我国刑法承认严格责任的结论。英国威廉姆斯教授认为，任何国家的刑法中都实际存在绝对责任的情况，凡法律或事实错误实际上影响罪过，但立法不减免其罪责的，均可被视为严格责任，例如强奸幼女案件的年龄错误就是一例。② 我国刑法学界也有人主张这种观点。③ 笔者认为，严格责任与我国刑事立法的精神是扞格不入的，有悖于主、客观相统一的刑事责任原则，因而，这是不能成立的。而那种认为构成奸淫幼女罪应当要求行为人明知

---

① 参见高铭暄主编：《新中国刑法学研究综述（1949—1985）》，603～605 页，郑州，河南人民出版社，1986。
② 参见储槐植：《美国刑法》，83 页，北京，北京大学出版社，1987。
③ 参见刘生荣：《论刑法中的严格责任》，载《法学研究》，1991（1）。

对方是幼女（知道可能是幼女即可）或者根据情况作具体分析的观点，虽较为公正合理，但却没有法律根据。耐人寻味的是，1984年4月26日最高人民法院、最高人民检察院、公安部《关于当前办理强奸案件中具体应用法律的若干问题的解答》对这个问题只字未提，只是含糊地指出："在办理奸淫幼女案件中出现的特殊问题，要具体分析，并总结经验，求得正确处理。"可见，该司法解释对这个问题采取了明显的回避态度。笔者认为，从完善刑法角度来说，应当在刑法分则条文中明确规定对幼女年龄的明知。由刑法（1979年）分则规定的疏漏所引发的这场讨论进一步表明，在某些犯罪中，如果没有对对象的特定明知，就不存在犯罪的意志，因而没有主观恶性。

二是认识的程度决定着意志的程度，从而决定着主观恶性的程度。认识存在程度上的差别：高程度的认识是明知自己的行为必然会发生危害社会的结果，低程度的认识是明知自己的行为可能会发生危害社会的结果。在犯罪故意中，意志存在程度上的差别：高程度的意志是希望自己的行为发生危害社会的结果，低程度的意志是放任自己的行为发生危害社会的结果。"希望"这一意志既可以建立在明知必然性的认识基础之上，也可以建立在明知可能性的认识基础之上。而"放任"这一意志只能建立在明知可能性的认识基础之上。换言之，如果是明知必然性，就不可能产生"放任"的犯罪意志，只能产生"希望"的犯罪意志。这就是认识的程度决定着意志的程度。在刑法理论上，这是一个存在争论的问题。苏联著名刑法学家 A.H. 特拉伊宁指出："只要不希望发生，但有意识放任发生的结果必然发生，就不能再说是间接故意。"[1] 这种观点为我国刑法学界所接受，在一个时期内成为通说。例如，我国权威的刑法教科书指出："行为人不希望危害结果的发生，但明知结果必然发生，则仍是直接故意。"[2] 对于这个问题，我国刑法学界也存在否定说，并认为以人的认识程度来推论人的意志倾向是靠不住的。[3] 在笔者看来，肯定说与否定说本身都有问题。肯定说犯了一个言不达意的

---

[1] [苏] A.H. 特拉伊宁：《犯罪构成的一般学说》，167页，北京，中国人民大学出版社，1958。
[2] 高铭暄主编：《刑法学》，修订本，149页，北京，法律出版社，1984。
[3] 参见夏卫民：《间接故意浅析》，载《法学季刊》，1982（3）。

语病：认识到结果必然发生，但又不希望发生而是有意识放任其发生，这种心理状态是直接故意而不是间接故意。这里的问题在于：认识到结果必然发生，还有没有可能产生放任的心理态度呢？放任是以存在两种可能性为前提的，只有在存在可能发生也可能不发生这两种可能性的情况下，才谈得上放任的问题。正是在这个意义上，肯定说言不达意，因而产生了双重的自相矛盾：既然是放任，又怎么说不是间接故意；既然是不希望，又怎么说是直接故意？因此，笔者认为应当把这个问题表述为：在明知结果必然发生的情况下，还是否存在放任的心理态度？否定说认为人的认识程度不能决定人的意志倾向。这一命题的正确性也只是相对的。在某些情况下，人的认识程度恰恰能够决定人的意志倾向。例如，过于自信的过失，只能建立在明知结果可能发生的认识基础之上。试问：明知结果必然发生，还有可能产生过于自信的意志倾向吗？回答当然是否定的。总之，笔者认为，在明知结果必然发生的情况下，不可能产生放任的犯罪意志，而只能产生希望的犯罪意志。在这个意义上说，认识程度决定着意志的程度，从而决定着主观恶性的程度。

犯罪故意中的意志因素，是指犯罪人在明知自己的行为会发生危害社会的结果的基础上，决意实施这种行为的主观心理态度。意志因素在犯罪故意中具有决定性的意义，正如德国刑法学家克莱因指出："决意实施法律禁止的行为，或者决意不履行法律命令的行为，就表明积极的恶的意志，就是故意。"[①] 犯罪故意中的意志因素之所以是犯罪人的主观恶性的决定性因素，原因就在于意志是将犯罪行为付诸实施的一种主观意图，在这种主观意图中包含着危害社会的主体倾向。我国刑法将犯罪故意中的意志分为两种：一是"希望"，二是"放任"。前者构成直接故意，后者构成间接故意。关于这两种故意，英国著名哲学家边沁有一段极为精辟的论述："当结果被意图的时候，它可以是直接的或间接的。当希望使它成为激励人的行为原因的链条关节之一的时候，它可以被称作直接故意；当尽管后果从外表上发生了并且它表现为被实行的行为可能的结果时，它可以被称

---

① ［日］真锅毅：《现代刑事责任论序说》，66页，东京，法律文化社，1983。

作间接故意，但是期待引起这个结果没组成被谈到的链条的关节。"① "希望"和"放任"虽然同属犯罪故意的意志因素，但两者在意志内容上的差异使其在主观恶性上也有所差别。"希望"是这样一种主观心理态度：犯罪人对危害结果抱着积极追求的态度。换言之，这个结果的发生，就是犯罪人通过一系列犯罪活动所要达到的目的。而"放任"有所不同：犯罪人不是追求这种结果的发生，但也没有明确表现出确实不希望，甚至阻止它发生，而是有意地纵容其发生。由此可见，"希望"与"放任"，在其意志程度上是存在明显区别的："希望"的犯意明显而坚决，"放任"的犯意模糊而随意。正是在这一点上体现出直接故意与间接故意间之主观恶性的差别。

四

应当预见自己的行为可能发生危害社会的结果，因为疏忽大意而没有预见，或者已经预见而轻信能够避免，以致发生这种结果的主观心理状态，是犯罪过失。犯罪过失，尤其是疏忽大意的过失的心理事实是一种潜意识心理。② 因此，犯罪过失中的认识因素与意志因素不像犯罪故意中的那样显现于外而容易认定，需要将一定的外在标准作为认定犯罪人的过失的客观尺度。

疏忽大意的过失表现为"应当预见而没有预见"。如果说，"没有预见"是一种实际认识状态，"应当预见"是一种认识的可能性，那么，疏忽大意的过失就是以这种实际认识与认识能力相分离为特征的。因此，对疏忽大意的过失的认定，主要就在于对这一特征的认定。

"没有预见"是指对危害社会的结果缺乏认识。在疏忽大意的过失中，"没有预见"是一种客观事实，似乎在理解上没有疑义。实际上，"没有预见"作为疏忽大意的过失的一种主观特征，要予以科学认定还是相当复杂的。一般来说，在

---

① ［英］边沁：《法与道德的基础引论》，75～76 页。
② 参见陈兴良：《论主观恶性中的心理事实》，载《中外法学》，1991（1）。

行为人不仅对危害结果没有预见，而且对行为本身也没有预见的情况下，"没有预见"含义明确。例如，司机喝醉了酒失去知觉，伏在驾驶盘上睡着了，导致正在行驶的汽车将人压死。在这种情况下，过失行为是在无意识状态中发生的，行为人对危害结果当然没有预见。但在行为人认识到自己所实施的行为的情况下，"没有预见"意在何指却会产生疑问。例如，高某潜入某粮食仓库盗窃，看见一些装满东西的麻袋，旁边还有些竹席。高某不知麻袋里装的是什么东西，就想用火柴在麻袋上烧一个小口，没想到把麻袋旁的竹席点着了，致使仓库烧毁，损失达数十万元。对高某到底应定放火罪还是失火罪？在该案中，定性的关键是高某对危害结果有无预见：有预见且故意为之，就是放火罪；无预见，则为失火罪。而判断高某有无预见时，又不能脱离预见的内容。该案中高某点火当然是故意的，但点火是为了烧一个小洞看看麻袋内所装何物。显然，这一内容不属于犯罪过失中的预见内容。而对于自己的点火行为可能产生危害结果，高某是没有预见的，因此，对高某应定失火罪。由此可见，在过失行为是有意识地实施的情况下，尤其要注意正确地认定行为人对危害结果有没有预见。在这个意义上说，疏忽大意的过失是"不意误犯"。这也是它与犯罪故意及过于自信的过失的根本区别之所在。

"应当预见"是预见义务与预见能力的统一。预见义务在客观的意义上提供"应当预见"的法律根据，而预见能力在主观的意义上提供"应当预见"的事实根据。预见义务是构成疏忽大意的过失的前提之一，没有预见义务，也就不存在疏忽大意的过失。预见义务不是抽象的，而是根据社会生活领域内各种各样的具体情况来确定的。我国刑法学界有人将这种预见义务分为以下五类：（1）刑法强行要求主体承担的法律义务。（2）其他行政或业务管理法规规定的义务。（3）职务或业务要求的义务。（4）接受委托或期约的义务。（5）普通常识和习惯要求的义务。[①] 显然，这些义务对于认定疏忽大意的过失是十分重要的。预见能力是指是否可能预见，即预见可能性。一个人虽有预见义务，但没有预见能力的，仍属

[①] 参见李靖选：《过失犯罪若干问题浅论》，载甘雨沛主编：《刑法学专论》，93~95页，北京，北京大学出版社，1989。

于缺乏"应当预见"这一要件，因而并不构成疏忽大意的过失。关于预见能力的衡量标准，历来存在三种学说：（1）主观说，亦称个人标准说，以行为人本人的注意能力为确定是否违反注意义务的标准。根据本人的注意能力对一定的构成事实能认识、应认识而竟未认识，产生了违法后果，依此确定违反注意义务的，称为主观标准。（2）客观说，以社会一般人或平均人的注意能力为标准，确定某具体人的违反注意义务的过失责任。具体人就是一定的行为者个人。一般人或平均人的标准意味着社会上一般认为是相应的社会相当性的客观标准。（3）折中说，认为把具有相应情况的某些个人的注意能力加以抽象化，形成某种或某些类型标准，再以广泛意义的社会相当性对这样的某些类型标准加以抽象而形成一种一般的普通的类型标准。由依这个标准确定出来的注意能力，推论出违反注意义务的过失责任。在外国刑法学中，一般认为折中说较为妥当，客观说次之，主观说最次。[①] 而我国刑法学界通常主张主观标准说，认为确定一个人是否有疏忽大意的过失，应该根据行为人的个人特征来判断他能不能预见到某种危害社会的结果。[②] 近来，我国刑法学界出现了一种结合说，即坚持主、客观相结合的原则，把人的主观认识能力同客观存在的认识条件结合起来，进行全面、辩证的分析：如果客观上存在着足够的相当预见条件，同时主观上具有能够预见的能力，就说明行为人具有应当预见义务，则法律应要求他应当预见；如果主观上具有预见的能力，但客观上不具备预见的相当足够的条件，或者客观上显然具有相当足够的条件，主观上却不具有预见的能力，则说明行为人不具有预见的义务，法律上亦不要求应当预见。[③] 但这种所谓主客观结合说，仍然不同于外国刑法学中的折中说，折中说实际上是客观说的变种。而我国刑法中的结合说，是主观说的变种。在笔者看来，客观说以一般人的标准来衡量一个具体人有无预见能力，确有客观归罪之嫌。正如哈特指出："法律制度在主观因素问题上所作的最重要的妥协包

---

① 参见甘雨沛、何鹏：《外国刑法学》（上册），368～369页，北京，北京大学出版社，1984。
② 参见高铭暄主编：《刑法学》，修订本，152页，北京，法律出版社，1984。
③ 参见李靖选：《过失犯罪若干问题浅论》，载甘雨沛主编：《刑法学专论》，95页，北京，北京大学出版社，1989。

括采纳了被不适当地称为'客观标准'的东西。这可能会导致这样的情况,即为定罪和惩罚而把一个人看作就算他具备了他实际并没有具备,而某一正常人或有理智的正常人具备并将发挥出的控制行为的能力。"① 同时,采客观说还可能导致放任犯罪:一个人按一般人标准不具有预见能力,按本人的具体情况则具有预见能力。在这种情况下,按客观说就会使该人无罪。当然,主观说也有一定的不足,因为主观说对于那些没有充分发挥和调动自己的主观能动性的人实际上起一种保护作用,客观上可能打击了先进、鼓励了落后。例如,甲、乙二人同为工人,甲没有积极钻研,因此业务水平低,而乙相反,勤奋钻研,自学成才,业务水平高。对于同一工作上的事故,按照甲的业务水平,没有预见能力,不以过失犯罪论处,而按照乙的业务水平,有预见能力,应以过失犯罪论处。这里面显然包含着不合理的因素。如上所述,主观说与客观说各有缺陷,相比之下,笔者认为主观说的缺陷较小,应采主观说。因为预见能力的有无关系到是否构成过失犯罪,在刑事责任问题上,客观归罪是绝对不允许的,是和我国刑法的性质相违背的。至于主观说的消极性,是可以尽量加以削弱的。

过于自信的过失表现为"应当避免而没有避免"。如果说,"没有避免"是所为行为,"应当避免"是当为行为,那么,过于自信的过失就是以这种所为行为与当为行为相分离为特征的。因此,对过于自信的过失的认定,主要就在于对这一特征的认定。

"没有避免"是指行为人主观上具有避免危害结果发生的愿望,但这一愿望没有实现,危害结果不以行为人的意志为转移地发生了。因此,"没有避免"不仅是一种客观事实,而且还包含着行为人避免危害结果发生的主观愿望。在过于自信的过失中,行为人认为凭借自己熟练的技术、敏捷的动作、高超的技能、丰富的经验、有效的防范,完全可以避免危害结果的发生,但实际上是过高地估计了自己的力量,因此未能防止危害结果的发生。在行为人曾经采取了一些避免措施的情况下,对于避免危害结果发生的主观愿望,在认定上不会发生困难。例

---

① [英]哈特:《惩罚与责任》,王勇等译,146页,北京,华夏出版社,1989。

如，某矿山坑道出现滑坡迹象，身为矿长的王某已经得到安全员的报告，并去看了现场，采取了些加固措施，但仍照常派人下井采矿，结果发生事故。在该案中，矿长王某有避免事故发生的主观愿望，因而主观上具有过于自信的过失。但在行为人没有任何行动，避免危害结果发生的主观愿望纯属一种心理活动的情况下，对该主观愿望就较难认定。例如，陈某正在打猎，见到猎物旁边有个小孩子在玩耍。陈某不顾可能射中小孩而向猎物开枪，结果把小孩打死。在这种情况下，陈某是间接故意杀人还是过于自信的过失杀人？在理论上说，对危害结果放任的是间接故意，对危害结果轻信可以避免的是过于自信的过失。那么，在这种情况下如何判断呢？如果是过于自信的过失，陈某避免危害结果发生的主观愿望完全停留在心理活动上，判断起来不像采取过避免措施的情况下那么容易，但仍然可以结合一些客观事实加以认定。例如，陈某枪法不错，猎物离小孩较远，射击的距离较近，可以认为陈某具有避免危害结果发生的主观愿望；反之则不具有这种主观愿望。由此可见，避免危害结果发生的主观愿望是"没有避免"的题中应有之义。在这个意义上说，过于自信的过失是"事与愿违"。这也是它与间接故意的根本区别之所在。

"应当避免"是避免义务与避免能力的统一：避免义务是在客观的意义上提供"应当避免"的法律根据，而避免能力在主观的意义上提供"应当避免"的事实根据。避免义务是指在预见到危害结果可能发生的情况下，避免这种危害结果发生的义务。这种义务的内容虽然不同于疏忽大意的过失中的预见义务的内容，其范围却与预见义务的大体上相同，在此不赘述。避免能力是指是否可能避免，即避免可能性。一个人虽有避免义务，但没有避免能力时，仍属缺乏"应当避免"这一要件，因而不构成过于自信的过失。关于避免能力的判断标准也有客观说、主观说和折中说之分。笔者认为，在这个问题上仍然应当坚持主观说，即以行为人本身的情况作为认定有无避免能力的根据。在行为人具有避免能力，预见到危害结果可能发生的情况下，已经具备避免危害结果发生的条件而竟然未能避免的，行为人主观上是有过失的，其应当承担刑事责任。

（本文原载《中国社会科学》，1992（2））

论主观恶性中的心理事实

主观恶性是心理事实与规范评价的统一。它首先是一个伦理评价的问题，其次才是一个法律评价的问题。然而，无论是哪种评价，都不能离开这种评价赖以存在的基础——心理事实。在某种意义上说，这些心理事实是主观恶性的载体。目前，我国刑法学界对罪过的研究囿于注释法条，对罪过的心理机制缺乏应有的揭示，未能将刑法理论中的主观恶性奠基于扎实的心理学。本文意在阐述主观恶性中的心理事实，以深化我国刑法中的罪过理论。

罪过心理是一种应受否定的恶的心理，但它作为一种心理过程，仍然遵循一般心理规律。现代心理学将人的心理分为两个既互相联系又互相区别的过程：一是显意识或曰有意识，二是潜意识或曰无意识。显意识主要由知（认识）、情（情绪）、意（意志）三种心理事实构成，刑法中的故意心理，就是建立在显意识之上的。潜意识是一种更为复杂的心理现象，它对于揭示刑法中的过失心理，尤其是疏忽大意的过失的心理事实，具有重要意义。下面，分别对这些心理事实进行探讨。

一

在罪过的心理事实中，认识处于十分重要的地位。在哲学上，认识是主体对

客体的一种观念的反映关系，那么，主体是以何种形式反映客体的呢？这实际上是一个认识的心理机制问题，属于心理学的范畴。从心理学上来说，认识是一个由外部刺激向内部意识事实转化的过程。外部刺激作用于人的大脑皮层，产生感觉，感觉是人脑对客观事物的个别属性的反映。感觉经过人脑加工整合，上升为知觉，知觉是人脑对客观事物各个部分和属性的整体反映。知觉再升华，就发展为思维。显然，思维是认识的最高形式。

认识是有意识的心理活动的基础和前提。这一点，在认识因素与意志因素的关系上表现得极为明显：意志的特征是具有自觉的目的，而人的任何目的都不是头脑里所固有的，而是人过去和现在的认识活动的产物。因此，离开了认识过程，就不会有意志活动。

在罪过的心理事实中，认识的作用是十分重要的，犯罪人的犯罪决意就是建立在对客观事物的认识与判断的基础上的。明知才能故犯，因此，任何一个国家的刑法都把认识因素列入故意心理之中。对于这种认识，黑格尔称为意图，认为意图是故意的属性之一，是故意行为中所表现出来的社会普遍性。对于这种普遍性，黑格尔又称为价值。既然价值是普遍的，那么它就是绝对的；但包括在特殊行为中的价值仅是普遍价值的一部分，所以是相对价值。黑格尔指出："构成行为的价值以及行为之所以被认为我的行为，这就是意图。"[①] 在这个意义上说，认识既是一种自我意识，又是一种对客观事物的反映。正是通过认识，犯罪人产生犯罪决意并外化为行为。

我国刑法（指1979年刑法，下同）第11条规定犯罪故意是以"明知"为前提的，这种"明知"就是犯罪故意中的认识因素，因此，如果没有这种"明知"，就会阻却故意。我国刑法不仅在总则中规定了犯罪故意的一般明知，而且还在刑法分则中规定了某些犯罪的特殊明知，例如破坏军婚罪：必须明知是现役军人的配偶而与之同居或者结婚；如果没有这种特殊明知，但具有一般明知，即明知他人有配偶而与之结婚，则只能构成重婚罪；如果连这一般明知也不具备，那么就

---

① [德]黑格尔：《法哲学原理》，范扬、张企泰译，117页，北京，商务印书馆，1961。

没有重婚的故意，因而不构成犯罪。根据我国刑法的规定，不仅犯罪故意要求认识因素，而且过于自信的过失也要求认识因素，刑法第 12 条表述为"预见"，过于自信的过失是以已经预见为前提的。当然，"明知"和"预见"，在主体的认识程度以及立法者对这种认识因素的评价程度上都是有所不同的。对此必须格外注意。

二

在罪过的心理事实中，情感也是一个不容忽视的因素。在心理学中，情感是人对客观事物的态度的一种反映。人对客观事物采取何种态度，往往与它是否满足人的需要有关。因此，情感是需要的主观体验形式。人类在社会历史发展进程中所形成的稳定的社会关系决定着人们对客观世界的态度，对这些受社会关系所制约的态度的反映，就是人类所特有的情感。由此可见，情感是人的心理事实中最富感情色彩的内容之一。

传统的罪过理论没有注意到情感因素。但随着现代心理学对人类心理活动的深层机制的科学揭示，情感对认识与意志具有不可忽视的影响这一原理已经不可动摇，因而将情感纳入罪过心理是势在必行的。

情感具有两极性。依人的需要是否获得满足，情感具有肯定或否定的性质。凡能满足人的需要的事物，引起肯定性质的体验，如快乐、满意、爱等；凡是不能满足人的渴求的事物，或与人的意向相违背的事物，会引起否定性质的体验，如愤怒、哀怨、憎恨。犯罪人只对特定的事物感兴趣，这种事物之所以引起犯罪人的兴趣，是与这一事物能够满足其需要有关的。在这种情况下，犯罪人会产生肯定的情感，因而表现出强烈的占有欲。在财产犯罪与经济犯罪中往往如此。而当一种需要得不到满足时，犯罪人会产生否定的情感，因而表现出一种毁灭欲，例如杀人、放火等犯罪。

情感的两极性不仅表现在性质上，而且还表现在强度上，这就是激动与平静。激动的情感称为激情，表现为强烈的、短暂的、然而是爆发式的体验，如激愤、狂喜、绝望。激情的产生往往与人在社会生活中的占重要地位、起重要作用

的事件的出现有关，同时又出乎原来的意料，违反原来的愿望和意向，并且超出了意志的控制。故意犯罪，尤其是义愤杀人、防卫过当杀人等，往往都伴随着一定的激情。平静的情感使人处在安静的情绪状态之中，在这样的场合，人能从事持续的智力活动。智力犯罪往往是在这种平静的情绪体验中完成的，而杀人的预谋更是以平静的情感为心理基础的。

一定的情感虽然是任何罪过心理中必不可少的内容，但其法律意义与认识因素和意志因素的相比较，却显然是等而下之的。在一般情况下，认识因素与意志因素决定着主观恶性的有无，而情感因素只决定着主观恶性的大小。当然，在个别情况下，情感因素可能成为阻却罪过的事由。关于情感因素决定主观恶性的程度，最典型的例子是瑞士刑法第64条明确将行为人因不当之刺激或侮辱而生重大愤怒及痛苦，因而犯罪者作为刑罚减轻的事由。此外，还有不少大陆法系国家的刑法都将义愤杀人作为故意杀人罪的从轻或减轻处罚的法定情节。在英美法系国家的刑法中，情感因素对刑事责任也具有不可忽略的影响。例如，在英国法中，激怒虽然不是一个正当理由或免责问题，因为它并不排除定罪或刑罚，但是能把指控由谋杀降为非预谋杀人，把可能的最高刑由死刑降为终身监禁。[①] 关于情感因素在个别情况下阻却罪过，例如《匈牙利刑法典》第15条第2款规定："防卫人之行为如系由于恐怖或可谅解的刺激致超过正当防卫之限度者，亦不予处罚。"

总之，情感因素在罪过的心理事实中的地位日益为人们所认识，这是现代心理学发展的结果。刑法理论与刑事立法和刑事司法都应该对此作出积极的反应，以使其建立在科学的基础之上。这方面，我国刑事立法与刑事司法是落后的，有必要予以充分关注。

三

在罪过的心理事实中，意志是重要的因素，这是由意志在人类心理活动中的

[①] 参见［英］哈特：《惩罚与责任》，王勇等译，15页，北京，华夏出版社，1989。

重要性所决定的。在心理学中，意志是指人自觉地确定目的并支配其行动以实现预定目的的心理过程。人在反映现实的时候，不仅有认识和情绪的体验，而且还有意识地实现着对客观世界的有目的的改造。这种最终表现为行动的、积极要求改变现实的心理过程，就是意志。意志是人的主观能动性的充分表现，也是人与动物的根本区别之一。正如恩格斯指出："……人离开动物越远，他们对自然界的影响就越带有经过事先思考的、有计划的、以事先知道的一定目标为取向的行为的特征。"① 意志是主观意识向外部动作转化的决定性因素。在这一转化过程中，意志对人的行动起着调节作用。这种调节作用，主要表现在发动和制止两个方面：前者推动人去从事达到预定目的所必需的行为，后者制止不符合预定目的的行动。意志的这些功能同样体现在罪过的心理中，可以说，如果没有这种主观上的意欲，就不会有犯罪的直接故意，而在间接故意中，由于它是一种连带性的犯罪，其心理事实也具有一定的依附性，因而其意志因素表现为"放任"，与直接故意的意志因素"希望"存在一定的差别。

意志因素在罪过心理中的重要性，还通过它与认识因素和情感因素的关系体现出来。

意志对认识过程具有不可忽视的巨大影响：首先，人对外部世界的认识，是有目的、有计划并克服各种困难的过程。这一认识过程离不开人的意志努力。其次，人对客观事物的认识，是在变革事物的实践活动中完成的，而一切实践活动都是意志行动，都受着意志的调节。因此，没有意志，就不会有深入、完全的认识活动。在这个意义上说，我们主张认识和意志的一元论，换言之，认识和意志是统一的心理过程。

如同认识与意志具有密切联系一样，情感与意志也具有不可分割的联系。情感对意志具有一定的推动或者阻止的作用，同时，意志对情感又有着调节或者控制的功能。在罪过心理中，意志能够控制突发的激情而没有控制，以致产生危害结果的，就应当认为具有主观恶性。当然，激情使意志力减弱，因而主观恶性相

---

① 《马克思恩格斯选集》，2版，第4卷，382页，北京，人民出版社，1995。

对要小一些。如果在激情突发的情况下，意志力完全丧失，且这种激情是不正当行为引起的，那么，就应当认为没有主观恶性。

四

如果说，上述认识、情感和意志构成的心理事实，主要是就故意心理而言，那么，过失这样一种心理事实就具有更为复杂的心理机制。传统的心理学对过失心理缺乏充分的关注，因此，刑法理论中的过失概念未能建立在坚实的心理学基础之上。

在刑法学史上，犯罪过失的理论经历了从无认识说到不注意说，及至避免结果说这样一个发展过程。无认识说认为缺乏对事实或者结果的认识是过失的标志，同时，将有认识作为故意的标志。显然，这是从心理事实中的认识因素界定过失的结果。不注意说认为行为人因违反注意义务而导致结果发生是过失的标志。如果说，无认识说只考虑认识之有无的问题，那么，不注意说注重认识是否可能的问题。避免结果说认为过失是行为人希望避免结果，但因违反注意义务或回避违法结果义务而导致犯罪结果发生。显然，避免结果说不同于前两种学说的地方在于从心理事实中的意志因素界定过失，且把过于自信的过失包括在过失概念之中。这是对过失的认识的一次深化。对过失心理的揭示注重认识因素与注重意志因素的观点对峙，在冯·亚尔姆丁根和费尔巴哈的学说中体现得极为明显：冯·亚尔姆丁根认为过失的本质在于"缺乏理智"（这里的理智就是认识），或可称之为理智上的不良状态；并指出：过失是"单纯认识能力的错误"[1]。与此相反，费尔巴哈则认为过失的本质在于"缺乏意志"，或可称之为意志上的不良状态；并指出：过失是"违法确定实施或忽略的违反主观意图听其自然产生违法效果的行为"[2]。应当指出，上述两种观点尽管存在对立，但在一点上是共同的，

---

[1] ［德］冯·亚尔姆丁根：《关于过失的调查》，德文版，109页，基森，1809。
[2] ［德］费尔巴哈：《刑法基本原则和基本概念的校正》，德文版，64页，开姆尼兹，1800。

这就是把过失说成是某种心理事实（认识或者意志）的缺乏。这是一种否定式的表述，没有从正面揭示过失的心理特征。正因为如此，有些刑法学家错误地认为过失是一种"心理真空"。例如，英国刑法学家 J·W. 塞西尔·特纳认为，过失意味着在某人的心理上完全缺乏特定的思想，即空虚。① 针对这种观点，英国刑法学家哈特指出："在普通英语乃至法律英语中，当某人因过失而导致危害时，如果我们要说这个人已经过失地实施了行为，我们将不会因此而仅仅描述他行为时的心理结构。'他因过失而打碎了一只茶托'和'他因疏忽而打碎了一只茶托'并不是同一种类的表述。'疏忽'一词的意义只在于告诉我们行为人的心理状态，但是，如果我们说'他因过失而打碎了它'，那么，我们就不仅把这一行为染上了受非难或指责的色彩，而且加进了某种非常特别的因素，即我们必须涉足这样的事实，即行为人没有奉守任何有理智的正常人本来可以遵循的行为准则，而这一准则就是要求行为人采取预防措施，以免造成危害。无论从法律还是非法律的意义上讲，'过失'这个词总是和没有做应当做的事情发生着本质的联系。'过失'不是一种诸如'他的内心一片空白'之类的直接说明心理内容的措辞。"② 显然，哈特对特纳的批评是有一定道理的，但哈特仍未指出"疏忽"到底是怎样一种心理事实。

要对过失的心理特征予以描述，不能不借助于弗洛伊德的过失心理学理论。弗氏过失心理学理论的一个核心概念是"潜意识"或译为"无意识"。弗氏认为："心灵包含有感情、思想、欲望等等作用，而思想和欲望都可以是潜意识的。"③ 从潜意识的理论出发，弗氏首先提出"过失是有意义的"这一结论，这里所谓的意义就是指重要性、意向、倾向，及一系列心理过程中的一种。进而，弗氏又提出"过失是两种不同意向互相牵制的结果"的命题，这两种意向分别为：被牵制

---

① 参见 [英] 特纳：《肯尼刑法原理》，王国庆等译，43 页，北京，华夏出版社，1988。
② [英] 哈特：《惩罚与责任》，王勇等译，140~141 页，北京，华夏出版社，1989。
③ [奥] 弗洛伊德：《精神分析引论》，9 页，北京，商务印书馆，1984。

的意向和牵制的意向。① 弗氏指出:"我们不但知道过失是有意义和有目的的心理现象,也不但知道它们是两种不同意向互相牵制的结果,而且知道这些意向中若有一个想要牵制另一个而得到发表,其本身便不得不先受一些阻力禁止它的活动。简单地说,一个倾向必须先受牵制,然后才能牵制其他倾向。"② 由此弗氏认为,过失的心理机制由两个因素构成:(1)倾向和倾向的冲突;(2)有一倾向被逐而产生过失以求补偿。③ 当然,弗氏的这些论点是在分析舌误、笔误、手误等日常过失现象中得出的,虽有其局限性,但对于我们揭示一般的过失心理还是大有帮助的。

现代心理学的研究表明,潜意识是主体对客体一种不知不觉的认识功能。潜意识并不是人们对客观对象根本没有一点认识的反映,而是对某种对象不自觉的、未加注意的、不由自主的、不知不觉的、模糊不清的反映的认识。一句话,无意识是未被意识到的认识,或意识阈限下的认识。在这个意义上说,潜意识本身不等于无认识,而是认识后的一种特殊形式。潜意识不仅具有不知不觉的认识功能,而且还有主体对客体不知不觉的内心体验的功能。因此,在潜意识中包含着主体对客观事物的一定情感和意志因素。国外学者把潜意识分为三种:第一是个体的上意识现象。这些现象经常处于模糊不清的隐秘的状态,并且成为那些离奇古怪的神话的基础。第二是未被意识到的活动动机。它们以意识目的的形式参加活动,并成为个体常常意识不到的活动调节器。第三是未被意识的行为和操作的调节器。④ 由此可见,根据传统的"心理的即意识的"心理学理论,过失的心理确实是"一片空白":在过于自信的过失中没有意志因素,在疏忽大意的过失中干脆连认识因素也没有。而那些坚持过失具有心理事实的刑法学家则把"应当预见"视为疏忽大意的过失的认识因素,指出:"在疏忽大意的过失上,所谓无

---

① 参见〔奥〕弗洛伊德:《精神分析引论》,41页,北京,商务印书馆,1984。
② 同上书,45页。
③ 参见上书,50页。
④ 参见车文博:《意识与无意识》,40~43页,沈阳,辽宁人民出版社,1987。

认识并不是真正的不能认识，也不是缺乏意识因素，只是由于意志上的疏忽大意，对于应当预见而能够预见的可能发生危害的结果，竟然没有预见到。"[1] 同时，又把"轻信"与"疏忽"视为过失的意志因素，指出："在过失犯罪中，意志因素表现为：轻信与疏忽。轻信这种意志因素的社会危害性表现为：已经预见到自己的行为可能发生危害社会的结果，在这种情况下，行为人在意志活动上更应该抱谨慎态度，更应该慎重地选择和控制自己的行为，以防止和避免危害社会的结果发生。但是，行为人在意志上却表现为盲目自信，对自己的能力和客观条件作出缺乏根据的判断，过于轻率地作出决定，以致发生危害社会的结果。疏忽，这种意志因素的社会危害性，就在于行为人应当预见到自己的行为可能发生危害社会的结果，但却在意志上抱着疏忽大意的态度，马马虎虎，麻痹松懈，丧失警惕，因而没有预见到，以致发生了这种结果。这表明行为人对社会公共生活规则的不关心，缺乏责任心，不爱护他人的和国家的利益。疏忽大意过失的形成，意志因素起着相当大的作用。"[2] 笔者认为，上述论述是没有心理学根据的。因为"应当预见"是以"没有预见"为前提的，"没有预见"是缺乏认识因素，怎么能说具有认识因素呢？至于"轻信"和"疏忽"：前者是应当避免而没有避免的心理原因，后者是应当预见而没有预见的心理原因，也正是缺乏意志因素，怎么能说具有意志因素呢？还有的刑法学家把与过失行为相伴随的故意行为的意志内容视为疏忽大意的过失的意志内容，指出："在疏忽大意犯罪的条件下，虽然行为人实施任何行为或者放弃行为（不作为），实际上都没有向自己提出达到危害社会结果的目的。但在这里却始终存在着对另一个目的（针对实际达到的结果而言）的追求。实际产生的结果不是行为的目的，而是行为附带的、派生的结果，是以次等的结果出现的。"[3] 显然，这一论点是不符合心理学的一般原理的。因为过失的心理态度是针对结果而言的：行为可能是故意的，对结果却是过失的，例如，故意违章驾车，过失造成重大交通事故，所以，不能把对行为的故意

---

[1][2] 朱华荣：《略论刑法中的罪过》，载甘雨沛主编：《刑法学专论》，66、68~69页，北京，北京大学出版社，1989。

[3] [苏] 斯·塔拉鲁欣：《犯罪行为的社会心理特征》，55页，北京，国际文化出版公司，1987。

的心理事实视为对结果的过失的心理事实。

根据传统的心理学理论难以说明过失的心理事实，只有应用潜意识的理论才能科学地加以描述。这一点，在某些国家的刑法理论中已经得到承认。例如，匈牙利刑法学家 K. 吉耶尔季指出："当代马克思主义心理学有关下意识（即潜意识——引者注）的学说，对理解过失罪的心理学内容作出了非常重要的贡献。以格鲁吉亚学者 Д. H. 乌兹纳译的调查材料为基础形成的理论认为，在缺乏有意识的行为知觉，但行为人具备有意识地认识自身行为的能力，具备所谓具体化能力的情况下，疏忽大意的过失就是一种被称之为冲动行为的表现。"[①] 笔者认为，这里明确提到用潜意识的学说解释过失的心理事实是可取的，但认为疏忽大意的过失是一种所谓冲动行为的表现，似有简单化之嫌，未能科学地揭示过失的具体心理机制。苏联刑法学家 M. T. 乌格列赫里捷从承认存在无意识或下意识心理的现代心理学概念出发揭示过失的心理事实，认为过失的心理事实是不受意志和意识控制的冲动定式，由这种定式所引起的行为蕴含着造成社会危害后果的现实可能性。[②] 这一解释虽然具体，但冲动定式一语仍然难以说明过失的复杂心理过程。

我们说疏忽大意的过失心理是由潜意识构成的，其心理内容主要表现为两种心理倾向的互相牵制。例如，一个扳道工，因家里来了客人急于回家，把自己的职责遗忘了，以至于发生交通事故。在这个案件中，扳道工急于回家是一种心理倾向，履行职责又是一种心理倾向，两者发生矛盾冲突。在扳道工的潜意识中，急于回家的心理倾向压倒履行职责的心理倾向，从而表现为对职责的遗忘。这种遗忘本身似乎是对危害结果没有心理态度，实际上这种心理态度只是没有显现于犯罪人的自觉意识当中，以潜意识的形态存在而已。但是，这种无意识的心理状态本身包含着犯罪人对履行职责的消极态度，从而为犯罪人承担过失犯罪的责任提供了心理事实。这种心理事实与故意的心理事实相比，只有表现形态上的差

---

① ［苏］苏联科学院国家与法研究所主编：《社会主义刑法的当代发展趋势》，52 页，重庆，西南政法学院，1988。
② 参见［苏］A. A. 皮昂特科夫斯基等：《苏联刑法科学史》，曹子丹等译，81～82 页，北京，法律出版社，1984。

别，而没有根本性质上的差别。在过于自信的过失心理中，对事实有认识，这是与故意相同之处，但犯罪人又对行为作出了有悖于客观规律的选择，以至于事与愿违。在这种情况下，虽行为人有明确的认识，但对于结果来说，仍然缺乏有意识的希望或者放任的意志，而是由潜意识支配下的心理活动导致的结果。正是在这个意义上，弗洛伊德指出："过失不是无因而致的事件，乃是重要的心理活动；它们是两种意向同时引起——或互相干涉的结果；它们是有意义的。"① 这里所谓两种意向，就是指预见与不预见（疏忽大意的过失）、轻信与不轻信（过于自信的过失）。这两种意向互相斗争，预见与不轻信的意向为不预见与轻信的意向所牵制，从而导致过失结果的发生。可见，疏忽与轻信本身并非过失的心理事实中的意志因素，而是潜意识的一种外在表现。

最后应当指出，心理事实内容是主观的，属于精神的范畴，但它又不是虚无缥缈的和难以捉摸的东西。它相对于立法者和司法者来说，是一种客观存在，是可以测定的。即使潜意识，隐蔽在犯罪人的内心深处，仍然是可知的，唯一的途径就是通过心理事实的外部表现加以把握。正如马克思指出："除了行为的内容和形式而外，试问还有什么客观标准来衡量意图呢？"②

（本文原载《中外法学》，1991（1））

---

① ［奥］弗洛伊德：《精神分析引论》，26页，北京，商务印书馆，1984。
② 《马克思恩格斯全集》，第1卷，138页，北京，人民出版社，1956。

论主观恶性的规范评价

一

主观恶性是心理事实与规范评价的统一，没有心理事实，主观恶性就是无源之水[①]；同样，没有规范评价，主观恶性就是无本之木。离开了规范评价，犯罪人主观上的罪过就无从谈起，因此，规范评价对于对主观恶性的认定具有极为重要的意义。遗憾的是，对于规范评价这样一个重要的问题，在我国罪过理论中恰恰缺乏必要的研究。本文就主观恶性中的规范评价问题略加探究，以期深化我国刑法中的罪过理论。

在罪过心理中，是否存在规范评价的因素？对于这一问题，大陆法系刑法理论存在心理责任论与规范责任论之争。心理责任论认为责任的实质在于行为者自己的心理状态（故意或过失），行为者对其行为结果有认识（预见）或有可能认

---

① 参见陈兴良：《论主观恶性中的心理事实》，载《中外法学》，1991 (1)。

识的情况（故意或过失）下实施了侵害行为，应负责任。① 显然，心理责任论把罪过仅仅看作是一种心理事实，完全排斥规范评价的因素。规范责任论认为故意、过失只是心理事实，是中性无色的，只有从规范意义上加以评价才出现非难和责任。这说明规范责任论并没有否定心理事实的这一结构，而是从心理事实出发，落在规范评价的非难上。而这一非难或规范的否定评价，就是责任本质之所在。换句话说，规范责任论既不排除心理事实（故意、过失的心理状态），也不孤立地谈论规范评价，而是两者相结合，但又着眼于规范评价是责任的本质。② 显然，规范责任论肯定在罪过心理中具有规范评价的因素。在大陆法系国家，规范责任论是更具号召力的通说，心理责任论主张者寥寥。在英美法系，对于罪过心理中的规范评价因素也是承认的。例如在美国刑法中，犯罪心理（mens rea，亦译为犯意）就是行为人在实施社会危害行为时应受社会谴责的心理状态。犯罪心理这个概念有两层含义：（1）规范内容——应受道德规范和法律规范的谴责与否定；（2）心理内容——具有知和意的心理要素，即认知行为性质以及行为与危害结果间的关系，并且表明对行为和结果的意向。③

在苏联刑法学界，罪过中包含着规范评价的观点被斥之为罪过评价论，受到严厉的批判。例如苏联刑法学家 A. A. 皮昂特科夫斯基在评论德国刑法学家克尔岑的观点时指出："一切罪过评价理论的特征，就在于否认人的罪过形式是故意和过失。在人的行为中所表现的故意和过失，乃是确定不移的事实。而把故意和过失看作罪过的形式，是与罪过评价的概念不相容的。因此，罪过评价理论仅仅把故意和过失看作法院对被告人的行为评断时可能考虑到的、与其他许多情况并列的一种情况。克尔岑同心理学的罪过概念进行着顽强的斗争。他同心理学的罪过概念作斗争，也就是同法的理论方面尚未根除的唯物主义观点的因素作斗争。"④

---

① 参见甘雨沛、何鹏：《外国刑法学》（上册），351 页，北京，北京大学出版社，1984。
② 参见上书，348 页。
③ 参见储槐植：《美国刑法》，72 页，北京，北京大学出版社，1987。
④ ［苏］A. A. 皮昂特科夫斯基：《社会主义法制的巩固与犯罪构成学说的基本问题》，载《苏维埃刑法论文选译》，第 1 辑，78 页，北京，中国人民大学出版社，1955。

А. А. 皮昂特科夫斯基进而断言:"这些反动的罪过评价的理论,是帝国主义时代资产阶级法制的腐朽和瓦解的产物。"① 应该指出:苏联刑法学家对所谓罪过评价论的大肆鞭挞,完全是把学术问题与政治问题混为一谈了,况且,即使是以之为学术问题,他们也歪曲了规范责任论。事实上,根本就不存在完全脱离心理事实的罪过评价论。因此,笔者认为,所谓罪过评价论只是苏联刑法学家的虚构,对此予以批判不能不给人以堂吉诃德大战风车式的滑稽感。即使在苏联,也还是有个别刑法学家对罪过中的规范评价因素予以充分肯定的。例如,苏联刑法学家乌切夫斯基把罪过分为两个方面:第一方面包含着主体对行为的以故意和过失为形式的心理状态;第二方面是刑法上的独立制度(超出犯罪构成的范围的制度),是以对某人的罪过行为的社会政治评价为基础的。前者是作为犯罪构成因素的罪过,后者是作为刑事责任的一般根据的罪过,后者涵括前者。② 继乌切夫斯基之后,苏联刑法学家塞尔格叶娃把罪过区分为:(1)作为刑事责任的一般基础的"有罪";(2)作为刑事责任的主观基础的罪过。③ 应当指出,乌切夫斯基将罪过区分为狭义与广义两个概念,从逻辑上来说,确实有其不妥之处。但这两位苏联刑法学家试图在罪过的概念中增加规范评价因素的努力,却是值得我们充分肯定的。耐人寻味的是,即使是对罪过评价论大加批判的苏联刑法学家曼科夫斯基也主张抛弃形式心理学的罪过概念,认为苏维埃刑法的罪过概念,表现出人对其所实施的危害社会行为的心理态度(故意或过失形式)、苏维埃社会主义立法对人的这种心理态度的谴责以及人对其所实施的行为的社会危害性的认识。④ 这一罪过概念难道不是明白无误地包含着规范评价的内容吗?

---

① [苏] А. А. 皮昂特科夫斯基:《社会主义法制的巩固与犯罪构成学说的基本问题》,载《苏维埃刑法论文选译》,第1辑,78页,北京,中国人民大学出版社,1955。
② 参见[苏]乌切夫斯基:《苏维埃刑法中的罪过》,俄文版,9页,莫斯科,苏联国家法律书籍出版局,1950。
③ 参见[苏]塞尔格叶娃:《苏联最高法院有关刑事案件实践中的罪过与有罪问题》,俄文版,11页,莫斯科,苏联科学院出版社,1950。
④ 参见[苏]曼科夫斯基:《苏维埃刑法中的罪过问题》,载《苏维埃刑法论文选译》,第1辑,159页,北京,中国人民大学出版社,1955。

总之，问题不在于罪过的概念中要不要规范评价的因素，而在于如何认识规范评价与心理事实之间的关系。笔者认为，心理事实与规范评价不是两种心理过程，规范评价并非自处于心理事实之外的独立实体，而是内在于心理事实的价值内容。罪过概念从内在构成上可以被区分为心理事实与规范评价两方面的内容，但在外在表现上，统一于罪过形式——犯罪故意与犯罪过失。当然，在刑法理论上完全可以把规范评价作为一个范畴加以研究。在明确心理事实与规范评价的关系的基础上，我们可以对规范评价的内容进行分析，认为它包括：（1）对心理事实中认识因素的规范评价，即违法性意识问题；（2）对心理事实中意志因素的规范评价，即期待可能性问题；（3）规范评价之所以可能，是以人的相对意志自由为前提的，相对意志自由是规范评价的哲学根据。

二

违法性意识问题是西方启蒙运动的产物。德国著名刑法学家费尔巴哈把损害他人主观权利作为犯罪的定义。如同违法性构成犯罪的核心一样，意志决定的违法性成为罪过的核心。费尔巴哈从自由主义立场出发，认为故意中追求违法的意识——他将故意解释为以决定违法为目的——从根本上说是故意罪过的核心。[①]此后，违法性意识为规范责任论所采纳，成为责任的本质要素。

尽管如此，违法性意识是否为罪过所必要仍然是一个长期争论的问题。关于在犯罪故意中是否要求违法认识，刑法理论上存在以下四种观点：一是严格故意论，认为故意的成立必须具备违法性意识。其理由在于，故意是一种重责任形式，即承认将规范意识的反对动机排除在外所作的行为，若无违法性意识，则这种反对动机也不存在，从而也不被认为是故意责任。二是限制故意论，认为构成犯罪故意至少需具备违法性意识的可能性，如无违法性意识的可能性，则无谴责的可能性，更无责任可言。三是违法性意识否定论，认为构成犯罪故意根本不需

---

① 参见［德］列克沙斯、伊内贝格：《民主德国刑法理论的若干问题》，90页，深圳大学，1988。

要违法性意识。其根据是自古罗马法以来的法律传统："不知法为有害"。四是行政犯、自然犯区别论，主张自然犯在故意上不需要违法性意识，行政犯需要违法性意识。① 我国刑法学界对此存在两种观点：一是否定论，认为故意的认识内容不包括违法性认识。主要理由在于：第一，这里所说的违法性认识，是指行为主体认识到自己的行为违反了一般法律秩序的要求，而这种违法性认识，应当说是每一个达到责任年龄、具有责任能力的人都具备的，所以，没有必要再把违法性认识列为故意的认识内容。第二，行为主体认识到自己行为的社会危害性，也就在实质上认识到自己行为的违法性。第三，在故意的认识内容中排除违法性认识，有利于加强法制的权威。法律知识的多少并不是犯罪的决定因素，决定的因素是对法律的态度。第四，我国刑法（1979年）没有关于缺乏违法性认识不为罪或对缺乏违法性认识的犯罪从轻、减轻、免除处罚的规定，因此，不把违法性认识列入故意的认识内容是符合我国法律规定的。② 二是肯定说，认为决不能认为我国刑法采取了"不得因不知法律而免除刑事责任"的原则。根据我国刑法的主、客观一致的原则，如果某个人不知道，而且显然没有可能认识到自己有意识的行为是违法的，因而也不可能认识到它的社会危害性，则应该认为是无认识，那就意味着这一行为欠缺意识因素，就不能认为他有罪过，也就不能认为他的行为构成犯罪。③

笔者认为，以社会危害性认识为内容的违法性认识是构成犯罪故意所必要的，正如苏联刑法学家特拉伊宁指出的："假如人没有意识到自己行动的社会危害性，就不能从道德上谴责他的行动，正因为如此，这种意识是作为犯罪构成因素的罪过的特征之一。"④ 在笔者看来，违法性认识可分为事实意义上的违法性认识和法律意义上的违法性认识。所谓事实意义上的违法性认识是指以对自己行

---

① 参见 [日] 福田平、大塚仁编：《日本刑法总论讲义》，122~125页，沈阳，辽宁人民出版社，1986。
② 参见裴广川：《刑法故意论》，载赵秉志等：《全国刑法硕士论文荟萃（1981—1988届）》，223页，北京，中国人民公安大学出版社，1984。
③ 参见朱华荣：《略论刑法中的罪过》，载甘雨沛主编：《刑法学专论》，65~66页，北京，北京大学出版社，1989。
④ [苏] A. H. 特拉伊宁：《犯罪构成的一般学说》，162页，北京，中国人民大学出版社，1958。

为的社会危害性的认识为内容的违法性认识；而所谓法律意义上的违法性认识是指以对法律条文的具体规定的认识为内容的违法性认识。在事实意义来说，违法性认识是犯罪故意不可或缺的内容。因为刑事违法性是社会危害性的法律表现，违法性认识是以行为人对社会危害性的认识为前提的，既然行为人已经认识到自己行为的社会危害性，那么他不具有违法性认识是难以理解的。因为，任何犯罪都是社会危害性与刑事违法性的统一，如果行为人不认识自己行为的社会危害性，那么也就不可能认识到这种行为是法律所禁止的，反之亦然。但从法律意义来说，违法性认识又不是犯罪故意所必要的。因为，在现实生活中，对刑法条文掌握得十分娴熟的人毕竟只是个别的，即使是司法工作人员，甚至是刑法专家，对某些刑法条文的理解还存在争议。如果要求每个犯罪人对自己行为的法律性质都认识得一清二楚，否则，就以不知法律而免除其刑事责任，这样势必放纵犯罪，不利于保护社会利益。在这个意义上说，也仅仅在这个意义上，"不得因不知法律而免除刑事责任"的原则才是正确的。

　　犯罪过失的违法性意识问题更为复杂。对这个问题过去极少涉及，但日本刑法学界最近提出了过失犯在有认识的过失上也能存在违法性认识，在无认识的过失上存在违法性意识的可能性的问题。[①] 笔者认为，对犯罪过失来说，违法性意识也是应当要求的，当然在具体表现形式上不同于犯罪故意。就过于自信的过失而言，是要求违法性认识的。对此没有异议。但疏忽大意的过失，是一种所谓无认识的过失，怎么理解其违法性意识呢？日本刑法学家以违法性意识的可能性相要求，与应当预见而没有预见的规定是一致的，不无道理。但违法性意识与这种意识的可能性毕竟不能等同。我们在论述过失的心理事实时，用潜意识来解释过失心理。[②] 由此看来，违法性意识在疏忽大意的过失中也是一种潜意识，是由长期的社会生活和工作态度积淀下来的法漠视性情绪。这种违法性的潜意识不知不觉地对犯罪人起着作用。

---

① 参见 [日] 福田平、大塚仁编：《日本刑法总论讲义》，125 页，沈阳，辽宁人民出版社，1986。
② 参见陈兴良：《论主观恶性中的心理事实》，载《中外法学》，1991 (1)。

违法性意识之所以是对心理事实中的认识因素的规范评价,原因就在于它赋予一定的认识因素以法律的内容,是对行为人的认识因素的否定法律评价。正是通过违法性意识,心理学意义上的故意或者过失转化为刑法学意义上的犯罪故意或者过失。违法性意识作为对心理事实的规范评价,在某些特殊情况下认定行为人的主观心理状态具有重要意义。例如,在正当防卫和紧急避险的情况下,防卫人和避险人故意地实施防卫行为和避险行为,是否存在犯罪故意呢?对此,有些刑法学家认为,在处于正当防卫或紧急避险的状态下,实施在形式上是犯罪的行为,人的意识中发生着一定的心理过程。这种行为人预见到自己行为的后果,并希望这种后果的到来,那就是说他的行为具有一定犯罪构成的主观条件,即具有作为犯罪构成因素的罪过。① 显然,这种观点是荒谬的,因为在这种情况下,防卫人和避险人实施防卫行为和避险行为的目的是保护公共利益、本人或者他人的人身和其他权利,在这种认识的支配下所实施的防卫行为和避险行为是正当的。防卫人和避险人只有防卫和避险的故意,没有违法性意识,因而不具有作为罪过形式的犯罪故意。

三

期待可能性理论是根据以癖马案而闻名的德意志莱比锡法院的判例(1897年3月23日)产生的。癖马案的基本情况如下:被告系驭者,自1865年以来受雇驾驭马车,其中一匹马有以马尾绕缰并用力以尾压低缰绳的习癖,故称癖马。被告曾要求雇主更换这匹马,而雇主不仅不答应,反而以解雇相威胁。被告乃不得不驾驭该癖马。1867年7月19日,当被告驾车上街之际,该马癖性发作,将尾绕缰用力下压,被告虽极力拉缰制御,但均无效,而马亦遂惊驰,致将某行人撞倒,使其骨折。检察官以上述之事实,对被告以过失伤害罪提起公诉。一审法

---

① 参见[苏]乌切夫斯基:《苏维埃刑法中的罪过》,俄文版,63页,莫斯科,苏联国家法律书籍出版局,1950。

院宣告被告无罪。检察官以判决不当为由,向德意志帝国法院提出抗诉。帝国法院审理后,认为抗诉无理,遂维持原判。帝国法院维持原判的理由是:确定被告之违反义务的过失责任,不能仅凭被告曾认识驾驭癖马可能伤及行人,而同时必须考虑能否期待被告不顾自己失去职业,而拒绝驾驭癖马。此种期待,对于本案中的被告来说事实上是不可能的。因此,本案被告不能承担过失伤害行人的责任。该判例发表之后,麦耶于1901年首先提及期待可能性问题,认为违法性认识与否之问题,不过是区别故意和过失的标准而已。1907年弗兰克在其《关于责任概念的构成》一书中将癖马案判例加以采纳,成为期待可能性理论研究的开端。弗兰克反对仅把犯罪心理要素作为责任内容的心理责任论,提出非难性和非难可能性的概念,认为责任应当包括以下内容:(1)责任能力;(2)故意或过失;(3)正常的附随情况,即行为时四周之状况处于正常状态之下,也就是说,可以期待行为者为合法行为。至1913年,杰姆斯·高尔德休米德将这一理论进一步发挥。高尔德休米德主张法律除要求个人外部遵守之法律规范外,还有必须作出遵守法律规范的意思决定,即不得为违法行为之意思决定的义务规范,违反前者,引起违法性,违反后者,则引起责任。而规范的责任要素,以义务规范为基础。在弗兰克和高尔德休米德之后,弗洛伊颠特尔针对第一次世界大战后法国陷于极端贫苦之状态,人民苦于生活,为求生存而犯罪者颇多的情况,极力主张因困于生活、为求生存出于不得已而犯罪者,应无责任,从而将期待可能性之范围予以扩大。之后,贝尔哈尔·休米德基本上完成了期待可能性之理论,认为高尔德休米德所主张的法律规范与义务规范无论在时间上还是理论上同时并存之规范论是不恰当的,而认为此两者不过是同一法律规范在不同方面发挥作用而已。休米德认为法律规范具有两种作用:(1)制定某行为是适法还是违法的评价规范作用;(2)命令行为者必须决意采取合法态度而不得决意采取违法态度的命令规范作用。对于前者是有关客观的价值判断;对于后者是有关判断责任之规范,故只能依据命令规范而为意思决定之人,如违反其期待而决意实施违法行为时,才发生责任问题。期待可能性理论经过上述主要代表人物的不断发展和完善,虽然至今在期待可能性之标准以及其在刑法学体系中的地位等一些具体问题上还存在

着分歧和争论，但它已为某些国家的刑法所承认：不仅德国和日本予以普遍采用，其余欧洲各国的刑法理论和刑事审判也深受其影响。

期待可能性，就其含义来说，是指在行为当时的具体情况下，能期待行为人作出合法行为的可能性。法并不强制行为人作出绝对不可能的事，只有当一个人具有期待可能性时，才有可能对行为人作出谴责。如果不具有这种期待可能性，那么也就不存在谴责可能性。由此可见，期待可能性是就一个人的意志而言的。意志是人选择自己行为的能力，这种选择只有在期待可能性的情况下，才是行为人的意志的体现。

期待可能性的规范评价在犯罪故意与犯罪过失这两种罪过形式中具有完全不同的表现：在犯罪故意的心理状态中，期待可能性的规范评价因素内在于犯罪人显意识的心理过程。正是在这个意义上，黑格尔指出："我的行为仅以其内部为我所规定才是我的故意，或我的意图才算是我的行为。凡是我的主观意志所不存在的东西，我不承认其表示是我的东西，我只望在行为中能看到我的主观意识。"[①] 由此出发，我们可以把故意犯罪看作是犯罪人自己选择的结果。犯罪故意中的认识因素和意志因素由于内化着规范评价因素，所以就是一种犯罪认识和犯罪意志，就从中性无色的心理事实转化为具有价值评价的罪过表现。但在犯罪过失的心理状态中，期待可能性的规范评价因素却内在于犯罪人的潜意识的心理过程。在过于自信的过失心理中，已经预见自己的行为可能发生危害社会的结果，也就是说，对违法性是有认识的。在这个意义上说，犯罪人具有犯罪认识。这也正是过于自信的过失与犯罪故意的相同之处。但犯罪人又不是明知故犯，而是对危害社会的结果持否定的态度。由此，犯罪过失在意志因素上明显不同于犯罪故意。因此，犯罪人不具有犯罪故意中那种作为显意识的犯罪意志，犯罪行为并非犯罪人有意识地选择的结果。在这种情况下，犯罪人本来应当更加谨慎行事以防止危害社会结果的发生，或者说，法是可以具有这种合理期待的。但犯罪人过于自信，采取一种轻率的态度，导致危害社会结果的发生。在这种过于自信或

---

① [德] 黑格尔：《法哲学原理》，范扬、张企泰译，114页，北京，商务印书馆，1961。

者说轻率的心理态度中，包含着对法的潜意识的漠视。在疏忽大意的过失心理中，期待可能性的规范评价因素内在于犯罪人的潜意识的心理过程这一特征更为明显。应当预见，因疏忽大意而没有预见，从而导致危害社会结果的发生，是疏忽大意的过失的法律特征。由此可见，在疏忽大意的过失心理中，没有显意识的违法性认识，因而没有犯罪认识。在这个意义上说，它是一种无认识的过失，以区别于有认识的过失（过于自信的过失）。由于没有显意识的犯罪认识，当然也就没有显意识的犯罪意志，所以，惩罚疏忽大意的过失犯罪，并不是惩罚显露在外的具有犯罪内容的认识和意志。在疏忽大意的过失心理中，违法性意识是作为潜意识而存在的，由于这是一种潜意识，犯罪人本人并没有自觉地意识到，因此，只有通过一定的方法才能加以测定。而对危害结果是否应当预见，就是法定的测量尺度。一般认为，应当预见包括两层意思：一是预见义务，二是预见能力。显然，这里的预见义务与预见能力都不是犯罪人的心理事实本身，而是对潜藏于犯罪人无意识中的期待可能性的规范评价因素的测量标准，通过这种测量标准来确定行为人的潜意识中期待可能性的规范评价因素的有无，从而确定行为人是否具有疏忽大意的过失。因此，过失犯罪的责任根据存在于犯罪人的内心，并非外加于它的。正如黑格尔指出，在过失的情况下，"那背后埋伏着的正义始终不将其自己独特的形态暴露于行动的意识之前，而只是自在地存在于（行为者的）决意与行为所包含的过失之中"[1]。正由于违反正义的过失之根据存在于他的自我意识之中，并通过他的行为而造成了后果，所以"过失也获得了罪行的意义"[2]。

四

主观恶性中的规范评价不可避免地涉及意志自由问题。正如恩格斯指出：

---

[1] ［德］黑格尔：《精神现象学》（下册），26 页，北京，商务印书馆，1983。
[2] 同上书，24 页。

"如果不谈谈所谓自由意志、人的责任、必然和自由的关系等问题,就不能很好地讨论道德和法的问题。"① 至于人有无意志自由的问题,哲学上历来存在意志决定论与意志自由论之争。这一争论也反映在刑法领域。近代刑事古典学派(旧派)与刑事人类学派、刑事社会学派(新派)在意志自由问题上存在根本对立。旧派以意志自由论为其哲学基础,例如,黑格尔把法与自由意志相联系,认为:法是自我存在的精神和它通过人的意志所体现出来的精神世界之间的统一。法的基础是精神。精神的第一天性,是它自身的绝对存在;第二天性,是从精神自身产生出来、由人的意志所体现的精神世界。所以,法的出发点,它的实体性就是意志。而意志的根本属性,是自由。意志没有自由,就不能称其为意志。由此出发,黑格尔把犯罪视为犯罪人基于本人的意志自由选择的结果。在这个意义上,黑格尔认为"刑罚既被包含着犯人自己的法,所以处罚他,正是尊敬他是理性的存在"②。古典派犯罪学大师马里奥·帕加诺更为直截了当地指出:"一个人应对其所犯的罪行负责,如果在其犯罪之际,只有二分之一的意志自由,应当负二分之一的责任;如果只有三分之一的意志自由,则只负三分之一的责任。"③ 对于这种观点,新派代表人物菲利坚决予以否定。他指出:"我们不能承认自由意志。因为如果自由意志仅为我们内心存在的幻想,则并非人类的心理上存在的实际功能。"④ 菲利宣称:"实证派犯罪学主张,犯罪人犯罪并非出于自愿,一个人要成为罪犯,就必须使自己永久地或暂时地置身于这样一种人的物质和精神状态,并生活在从内部和外部促使他走向犯罪的那种因果关系链条的环境中。"龙勃罗梭提出的"天生犯罪人"的命题,更是对意志自由这一传统信念的直接挑战。

随着历史的发展,进入19世纪后半叶,出现了旧派和新派从对立逐渐走向折中、调和局面的现实状况。在意志自由问题上也是如此:新古典学派抛弃了旧派的绝对意志自由论,而新社会防卫论也不主张决定论,而主张选择的自由。这

---

① 《马克思恩格斯选集》,第3卷,152~153页,北京,人民出版社,1972。
② [德]黑格尔:《法哲学原理》,范扬、张企泰译,103页,北京,商务印书馆,1986。
③ [意]菲利:《实证派犯罪学》,郭建安译,11页,北京,中国政法大学出版社,1987。
④ 同上书,14页。

就在哲学理论基础方面开辟了走向两派折中、调和的道路。① 但是，无论是新古典学派还是新社会防卫论，都没有从哲学上解决意志自由问题。

马克思主义持相对意志自由的观点，它是我们对主观恶性中的心理事实进行规范评价的哲学基础。在犯罪故意中，犯罪人具有明确的违法性认识，并且决意实施这一行为。因此，犯罪人在实施犯罪这一点上，其意志是自由的。正是这种相对的意志自由，可以说明为什么犯罪人具有期待可能性，因而可以为刑事责任提供理论根据。那么，如何用相对意志自由来解释犯罪过失呢？例如，菲利就认为意志自由说不能解释为什么具有过失，尤其是疏忽大意的过失应当负刑事责任。② 在英美法系，有些法学家认为，纯属疏忽大意的人的心理状态似乎根本谈不上邪恶，并且，可以说未表现出任何报应理论可据以责难之处。③ 笔者认为，这种观点是不能成立的。在过失犯罪的情况下，行为人在实施犯罪行为时，其意志似乎是不自由的，也就是说是不自觉的。但是，正如我国刑法学界有人指出：这种不自由是以能够自由为前提的。因为在过失犯罪中，客观上已经具备了认识行为与结果间的必然联系的充分条件，能不能获得对客观必然性的认识，完全取决于行为人愿不愿意发挥自己实际具有的主观能动性。④ 在这个意义上说，过失犯罪的行为人在实施犯罪行为时所表现出来的不自由只是一种现象，在这种现象的后面，包含着行为人的自由选择，尽管这是一种无意识的选择。正如哈特指出：在惩罚过失犯罪时，决定性的因素是"我们所惩罚的那些人应在其行为之时具备正常的实施法律行为和不实施法律所禁止的行为的身体和心理上的能力以及发挥这些能力的公平机会"⑤。因此，相对意志自由说完全可以解释过失犯罪的刑事责任的主观根据问题。

关于违法性意识与相对意志自由的关系，是不言而喻的，因为只有在对违法

---

① 参见甘雨沛、何鹏：《外国刑法学》（上册），144 页，北京，北京大学出版社，1984。
② 参见［意］菲利：《实证派犯罪学》，郭建安译，12 页，北京，中国政法大学出版社，1987。
③ 参见［英］哈特：《惩罚与责任》，王勇等译，126 页，北京，华夏出版社，1989。
④ 参见张智辉：《试论过失犯罪负刑事责任的理论根据》，载《法学研究》，1982 (2)。
⑤ ［英］哈特：《惩罚与责任》，王勇等译，145 页，北京，华夏出版社，1989。

215

性有认识（故意）或者具有违法性潜意识（过失）的情况下，才谈得上进行有意识的选择（故意）或者无意识的选择（过失）的问题。至于期待可能性与相对意志自由的关系，还有必要加以探讨。在刑法理论上，有一种观点认为，责任论的期待可能性的判断标准是客观的社会正常人，因此与主观性的自由意志没有关系，期待可能性只限于说明一定的行为归于一定的行为者，无须牵涉到自由意志问题。[1] 笔者认为，这种观点是没有科学根据的，因为期待可能性的有无与大小是相对意志自由有无与大小的外在尺度，只有在行为人具有相对意志自由的情况下，才具有期待可能性，否则，就根本谈不上期待可能性。至于判断期待可能性是采个人标准、平均标准还是国家标准，那只是一个期待可能性的认定问题，从而也是一个相对意志自由的测量问题。从判断期待可能性采取客观标准不能得出期待可能性与意志自由无关的结论。

（原载《法学研究》，1991（6））

---

[1] 参见甘雨沛、何鹏：《外国刑法学》（上册），347页，北京，北京大学出版社，1984。

刑事责任能力研究

刑事责任能力是刑法中的责任能力，是罪责要素之一。换言之，如果没有刑事责任能力，也就不能归责于行为人。因此，对刑事责任能力的研究具有重要意义。

一

责任能力通常是指有责行为之能力。在理解责任能力的时候，一个重要问题是责任能力是否为一种行为能力。

行为能力，是民法上的一个概念，并由此上升为法理学上的概念。行为能力与权利能力是相对应的，权利能力是权利主体享有权利和承担义务的能力，而行为能力则是指权利主体通过自己的行为享有权利和承担义务的能力。就权利能力与行为能力的关系而言，行为能力必须以权利能力为前提，无权利能力则无行为能力；反之则不然，即有权利能力可能无行为能力。那么，什么是责任能力呢？责任能力是某人因违法而承担法律责任的能力。在这个意义上说，责任能力是一

种法律能力，即资格。①

由此可见，责任能力是法律所设定的资格。在刑法中，除正当防卫等个别规范属于授权性的法律规范以外，其他均属于制裁性规范，因而不存在权利能力的问题。关键在于，责任能力是否一种行为能力。对此，我国刑法学界一般均持否定观点。笔者认为，否定的观点是对行为能力的错误理解所致。例如，将行为能力视为行为人支配其身体动作的能力，认为人不问其年龄、生理或精神状态如何，凡实际上可自由发动其身体的动静者，即具有行为能力。② 实际上，行为能力并非动作能力，而是法律设定的参与某种法律关系的资格。例如，在民法中，根据年龄和健康状况的限制，往往将行为能力分为完全民事行为能力、限制民事行为能力人和无民事行为能力。③ 由此可见，并非只要能行动的人都具有行为能力，由此否认责任能力与行为能力的区分缺乏事实根据。又如，将刑法中的行为能力理解为与人的精神状态、意思支配无关的身体活动能力，由此可得出结论，精神病人在不能辨认或者不能控制情况下的行为与意思支配无关，因此无责任能

---

① 凯尔森对法律能力有精彩的论述，指出，在制裁的条件中，也有些人的行为，既不能当作义务又不能当作权利。当规范将某个人的行为当作法律条件或法律后果时，意思是只有这个人才有"能力"，做或不做这一行为；只有他才有"资格"（competenct，最广义的资格）。只有当这个有能力的和有资格的人做或不做时，才发生根据规范来说成为法律条件或法律后果的行为或不行为。一个人有"资格"为一定行为，意思就是只有在这一行为是由这个人作出时，才被给予法律条件或法律后果的质（quality）。即使是不法行为也预定了不法行为人的"资格"（最一般定义上的资格）。并不是每一个存在（being）都能为不法行为。在文明人法律秩序中，只有人才有能力为不法行为。在原始法律中却并不如此，那里的动物、植物甚至无生命的客体都被认为有为不法行为的能力。根据现代法律，甚至也不是所有的人都是应受惩罚的：儿童和精神病患者按例对任何制裁都是不负责的，因此他们也没有能力为不法行为。参见［奥］凯尔森：《法与国家的一般理论》，沈宗灵译，101、102页，北京，中国大百科全书出版社，1996。由此可见，凯尔森将责任能力视为一种法律能力，即资格。我国学者亦有称犯罪主体为资格主体。参见杨兴培：《犯罪主体的重新评价》，载《法学研究》，1997（4）。

② 参见熊选国：《刑法中行为论》，30页，北京，人民法院出版社，1992。对于这种观点，即使主张行为能力与责任能力相区分的学者也不同意，认为这种关于行为能力的表述中存在矛盾，因为对于不问其年龄、生理或精神状态如何的儿童与精神病人的行为，是不能加进自由发动、意志支配这样的内容的。参见冯军：《刑事责任论》，111页，北京，法律出版社，1996。

③ 关于民法中的民事行为能力的详尽论述，参见王利明等：《民法新论》（上），154页及以下，北京，中国政法大学出版社，1988。

力，但是仍然是具有行为能力的行为。① 这种观点虽然将行为能力的范围缩小为与意思支配无关的行为，但在这种情况下，行为人是否具有行为能力是值得怀疑的。在民法上，不能辨认自己行为的精神病人是无行为能力人②，何以这种人在刑法中反而成为有行为能力人？其间转换的根据不得而知。再如，在将有行为能力者界定为具有与人的年龄、精神状态及意思支配无关的身体活动能力的人，不限于应对其行为负责任的人，即存在虽然具有行为能力但不具有责任能力的情形。③ 笔者认为：行为能力与责任能力并不是分离的。责任能力作为因违法而承担法律责任的能力，是行为能力在保护性法律关系中的特殊表现形式。④ 因此，行为能力与责任能力是不可分离的。正是行为能力使行为人应对其行为承担法律责任。在这个意义上说，行为能力不仅包括合法行为能力，而且包括不法行为能力。⑤ 既然民事上的不法行为能力是行为能力，由此而使行为人承担民事责任，那么这种行为能力就成为责任能力。在刑法上也是如此：责任能力就是行为能力，刑事责任能力作为一种犯罪能力就是刑法上的行为能力。

对责任能力的本质的理解，是以对责任的本质的理解为前提的。因此，道义责任论与社会责任论对责任能力的本质在理解上是完全不同的。道义责任论认为，责任能力的本质在于意思决定能力（Willenstimmung），或者说是一种犯罪

---

① 我国学者以此作为刑法上的行为能力与民法上的行为能力的区分，认为民法上的行为能力是以意思自由为前提的，而刑法上的行为能力则与意思自由无关。参见冯军：《刑事责任论》，110～111 页，北京，法律出版社，1996。刑法中并无行为能力一词。因而上述说法大可质疑。

② 关于民法上精神障碍而丧失行为能力者，在民法上有专门术语"禁治产人"，即因心神丧失或精神脆弱而对自己的财产无处理能力，经法院宣告丧失民事行为能力的人。

③ 参见王晨：《刑事责任的一般理论》，258 页，武汉，武汉大学出版社，1998。

④ 在大多数保护性法律关系中，对责任能力无须特殊规定，如果一个人具有行为能力，他也就具有责任能力。参见沈宗灵主编：《法理学》，384 页，北京，高等教育出版社，1994。

⑤ 在民法上，民事行为能力有广义与狭义之分。狭义的民事行为能力是指公民以自己的行为取得民事权利和设定民事义务的能力，广义的民事行为能力既包括实施民事法律行为等合法行为的能力，而且也包括实施不合法行为的能力，即对不法的实现和不履行义务行为的责任能力。参见王利明等：《民法新论》，154 页，北京，中国政法大学出版社，1988。

能力（Deliktsfahighkeit）。① 社会责任论认为，责任能力的本质是刑罚适应能力（Anpassumgsfahig-keit），或者说是一种刑罚能力（Stvaffahigkeit）。② 上述两种观点的差别，与是否承认意志自由是密切相关的。道义责任论肯定意志自由，因而必然地引申出意思决定能力。社会责任论否定意志自由，从而以是否有能力适应刑罚来解释责任能力。我国刑法学者一般认为刑事责任能力是行为人的犯罪能力和承担刑事责任能力的统一。③ 这里的承担刑事责任能力就是指刑罚能力，尽管在理解上不完全同于社会责任论所主张的，但如何理解犯罪能力与刑罚能力的统一，换言之，两者是否能够统一以及这种统一的基础是什么，却是一个十分复杂的问题。在一般情况下，有犯罪能力则有刑罚能力，反之亦然，则两者确实得到统一。在这种情况下，是犯罪能力决定刑罚能力还是相反？答案是前者而非后者。既然如此，将责任能力直接表述为犯罪能力即可，又何必加上刑罚能力？更何况在某些特殊情况下，犯罪能力与刑罚能力是可能分离的，即行为时有犯罪能力，行为后无刑罚能力。在这种情况下，犯罪能力与刑罚能力难以统一。对于确定是否具有责任能力而言，应以犯罪能力而非刑罚能力为标准。换言之，刑罚能力在确定是否构成犯罪时并无考虑之必要。因此，笔者以为责任能力的本质就是犯罪能力，即行为者实施有责之行为的能力。

责任能力在责任结构中处于何种地位，即它与责任是一种什么关系，也是一个在刑法理论上存在争论的问题，主要有责任前提说与责任要素说之争。

责任前提说（Voraussetzung der schuld）认为，责任能力是一种能够独立进

---

① 小野清一郎指出：行为人的道义责任是以行为人具有意识伦理性法的规范、根据该意识决定自己和行动的能力，换言之，是以具有辨别是非、根据该辨别行为的自由意思为前提的。参见冯军：《刑事责任论》，113页，北京，法律出版社，1996。

② 牧野英一指出：从把刑事责任视为社会性责任的立场来看，在所谓能力者的行为和所谓无能力者的行为之间，不能承认道义责任论所主张的那种实质上的差异，因此，只认为在被视为能力者和被视为无能力的人之间存在社会防卫方法的不同，即对普通的犯罪人以普通的方法待之，对精神障碍者及年少者以适合其各自的方法待之。换言之，所谓责任能力，就是能够通过科以刑罚实现刑罚之目的的能力，即责任能力是刑罚能力。笔者认为，还可以把它称为刑罚适应性。参见冯军：《刑事责任论》，113页，北京，法律出版社，1996。

③ 我国学者指出：刑事责任能力的本质，应当是行为人实施危害社会行为时其相对的自由意志能力的存在，换言之，是实施危害社会行为时行为人的犯罪能力与刑罚适应能力（承担刑事责任能力）的有机统一。参见赵秉志：《犯罪主体论》，26页，北京，中国人民大学出版社，1989。

行判断的人格能力，它不以犯罪行为为转移。① 责任前提说是把责任与责任能力分开的，责任以具有责任能力为前提，无责任能力则无责任。（这一说法，在逻辑上是能够成立的。）由此可见，责任前提说强调的是责任能力的独立性与先在性，由此将之与犯罪行为和主观罪过加以区分。② 责任要素说（Schuldelemente）则认为，责任能力虽然是犯罪主体的一种人格属性，从生物学上为非难可能性奠定基础，但它不是与具体行为无关的责任前提，而是针对具体行为的责任要素。由此可见，责任要素说着眼于责任能力与行为人的相关性，因为责任能力是实施有责行为之能力，对行为的非难与是否具有责任能力是密切相关的。无责任能力的人所实施的行为，在刑法上不得被判断为犯罪行为，由此论证责任能力是责任要素。③

上述两种观点的对立是十分明显的，各自的逻辑演绎也是能够成立的。笔者认为，对于孰是孰非的判断可能不应局限在对文字的理解上，而应当从犯罪行为的实施过程和犯罪构成的体系特征上加以把握。从犯罪行为的实施过程来说，先有责任能力之人，后有主观罪过支配下之犯罪行为，因而，从时间顺序上来说，责任能力在前，这是客观事实。但在这里，我们并不是解决孰先孰后的问题，而是解决从一个构成要件的结构考虑应将责任能力置于一种什么地位的问题。

由此分析，笔者认为，责任要素说更为合理。首先，责任前提说之责任，只有在罪过的意义上理解才是成立的，即责任能力对于罪过具有先在性。但责任要素说之责任，并非仅指罪过，而是指主观归责性。就此而言，应当把责任能力囊

---

① 苏联学者认为，没有责任能力，刑事责任问题本身就不会发生，因而犯罪构成的问题本身也就不会发生。正因为如此，责任能力并不是犯罪构成的因素，也不是刑事责任的根据；责任能力是刑事责任的必要的主观条件，是刑事责任的主观前提。参见［苏］A. H. 特拉伊宁：《犯罪构成的一般学说》，王作富等译，60页，北京，中国人民大学出版社，1958。

② 我国学者认为，确定是否让行为人对其行为负担刑事责任，就主体或主观方面而言，必须先后回答三个层次的问题：首先，人的意志是否自由，即人有无选择、决定自己行为的自由；其次，具体的人具不具有这种能力；最后，具有这种能力的人是如何选择、决定自己行为的。在上述三个问题中，第二个是责任能力问题，它先于并独立于主观罪过。参见王晨：《刑事责任的一般理论》，267～268页，武汉，武汉大学出版社，1998。

③ 我国学者指出，责任能力具有强烈的生物学基础，能够相应地被独立地判定，从易于判定的角度出发，应视为刑事责任的第一要责，因此，根据论者所主张的责任要素说，应当把关于责任能力的规定置于关于故意、过失的规定之前。参见冯军：《刑事责任论》，123页，北京，法律出版社，1996。

括在责任概念之内而非之外。按照通常理解,刑法上的责任是指有责性,即有责任能力者的主观罪过。因此,责任能力应是责任要素,而非责任前提。其次,责任前提说之所以将责任能力排除在责任要素之外,主要是基于责任能力是一种先在的生理事实,不是犯罪本身,而行为与罪过才是刑事责任根据,因而将责任能力排除在责任要素之外,特拉伊宁进而否认责任能力是犯罪构成的因素。[①] 特拉伊宁的主张是建立在行为本位的刑法理念之上的,由此建立一种没有犯罪主体的犯罪构成。这一观点确实很有诱惑力,笔者也曾经考虑过将犯罪主体(连同责任能力)逐出犯罪构成,把它作为追究刑事责任的前提条件。也就是说,在确定是否构成犯罪时,不考虑责任能力;在构成犯罪以后、追究刑事责任时才考虑责任能力。[②] 这种理论构想与刑法条文排列顺序似乎更为对应:刑法通常先规定犯罪行为与罪过形式,然后才规定刑事责任能力。这种构想是以犯罪与刑事责任相分离为原则的,因而涉及一个难以解决的矛盾,即:难道存在一种不能被追究刑事责任的犯罪吗?如果这种构想成立,我们必然要承认精神病人、未达到法定刑事责任年龄的人的犯罪,只是不追究其刑事责任而已。[③] 而这又与犯罪的应受刑罚

[①] 特拉伊宁说过一句十分精彩的话:刑事法律惩罚犯罪人并不是因为他心理健康,而是在心理健康的条件下来惩罚的。参见 [苏] A. H. 特拉伊宁:《犯罪构成的一般学说》,王作富等译,66 页,北京,中国人民大学出版社,1958。这句话成为否定犯罪主体是犯罪构成要件的经典性根据。

[②] 这一观点通常为犯罪主体否定说所主张。例如我国学者指出,刑事责任仅是犯罪行为的前提条件,而与行为的性质没有直接关系,因而否定其为犯罪构成要件。参见李守芹:《论犯罪构成的要件》,载《河北法学》,1983(3);傅家绪:《犯罪主体不是犯罪构成的一个要件》,载《法学评论》,1984(2)。我国学者还将犯罪主体分为资格主体与身份主体,认为无论哪一种意义上的犯罪主体都不可能是,也不应该是犯罪构成的要件。犯罪构成的基本功能在于解决行为是否构成犯罪的问题,犯罪主体并不能帮助我们确定行为是否构成犯罪以及构成什么犯罪。参见杨兴培:《犯罪主体的重新评价》,载《法学研究》,1997(4)。

[③] 凯尔森指出:为不法行为的能力往往用归责(德语 Zuerchnung)的概念来加以表示。制裁,尤其是刑事制裁,只被加于具有某些性质的人,即具有某种最低年龄和某种精神能力的人的行为。这样,人们往往就说不法行为对儿童或精神病患者的特征就是不负责任的(unzurechnungsfahig)。然而,不法行为对儿童或精神病患者不可归责的这一说法是引人误解的。他们的行为根本并不构成任何不法行为。他们的行为只有在他们已到达要求的年龄或精神健全时,才是不法行为。某些行为,如谋杀,是不是一个不法行为,要依据行为人是否具有某些由法律秩序决定为制裁的一般条件的质。参见 [奥] 凯尔森:《法与国家的一般理论》,沈宗灵译,103 页,北京,中国大百科全书出版社,1996。由此可见,不追究刑事责任意味着对先前行为的犯罪性的否定。

处罚性特征相冲突,除非改变犯罪概念。考虑再三,笔者不得不放弃这一构想[1],将责任能力纳入罪责的构成要件之中,使之成为责任要素。

二

责任能力的要件是指判断责任能力有无之根据与标准。

责任能力的根据是指辨认能力与控制能力。如果有辨认能力与控制能力,则有责任能力;如果无辨认能力与控制能力,则无责任能力。那么,什么是辨认能力与控制能力呢?辨认能力,是指对事物性质的辨别能力,即行为人是否存在认识能力。控制能力,是指对自己行为的支配能力,即行为人是否存在意志能力。辨认能力与控制能力的关系是,辨认能力是前提,只有正确地对事物性质,尤其是事物的法律性质作出判断,才能有效地控制自己的行为,使之合乎法律规定。因此,在辨认能力与控制能力同时丧失的情况下,当然是无责任能力。那么,是否存在只有辨认能力而无控制能力或者没有辨认能力而有控制能力的情形以及在此情况下,对责任能力应当如何判断呢?只有辨认能力而无控制能力,是指行为人能够认识到一定行为之不可为,而难以控制,从而为之。在这种情况下,行为人应被视为无责任能力。没有辨认能力而有控制能力,是指行为人没有认识到一定行为之不可为,而在控制能力的支配下为之。[2] 在这种情况下,行为人同样应

---

[1] 在《刑法哲学》一书中,笔者以主观恶性与客观危害筑已然之罪的构成体系,以罪过心理事实具有主观恶性而刑事责任能力不具有主观恶性为由,将刑事责任能力视为阻却主观恶性的一个法定事由。参见陈兴良:《刑法哲学》(修订版),61页,北京,中国政法大学出版社,1997。这一构想与英美法系刑法理论将未成年、精神病作为抗辩事由具有相似性。

[2] 我国学者认为,控制能力的具备是以辨认能力的存在为前提的,不具备辨认能力的未达到刑事责任年龄的幼年人和患有精神病的人,自然也就没有刑法意义上的控制能力。其由此得出结论,不可能存在仅有控制能力而没有辨认能力的情况。参见赵秉志:《犯罪主体论》,28页及以下,北京,中国人民大学出版社,1989。这里的没有控制能力是指没有刑法意义上的控制能力。笔者认为,控制能力无所谓刑法意义上的与非刑法意义上的之分。例如,母亲精神病发作,以为其子系妖怪,将其掐死。将其子视为妖怪,系无辨认能力;掐死,未必无控制能力,完全可能是正常意志支配下之所为。因而不能否认无辨认能力而有控制能力的情形之存在。

被视为无责任能力。由此可见，对于刑事责任能力的成立来说，辨认能力与控制能力缺一不可。

责任能力的标准，有生物学标准和心理学标准之分。生物学标准是指以患者是否具有刑法所规定的精神障碍作为判定行为人是否具有刑事责任能力的标准。心理学标准，又称为法学标准，是指以达到刑法所规定的心理状态或心理状态导致的结果作为判定行为人是否具有刑事责任能力的标准。

上述两种标准，在责任能力判断的结果上不完全相同。一般来说，采用生物学标准判断时较为宽松：行为人只要有精神病患，即被判定为无责任能力者。而精神病患本身是十分复杂的，难以成为责任能力判断的唯一标准。责任能力的根据是行为人的辨认能力和控制能力，因此，责任能力的判断也应该统一为对行为人的辨认能力和控制能力的判断。但心理状态的判断，自然不能完全离开生物学根据。当今世界各国大多兼采生物学标准和心理学标准，称为混合标准。混合标准的内容为，不仅行为人必须具有刑法所规定的精神障碍，而且其所患精神疾病必须引起法定的心理状态或心理结果，方可被判定为无刑事责任能力或限制刑事责任能力。[1] 根据这种混合标准，首先判明行为人是否存在某种法定的精神障碍，然后进一步判明行为人是否由于这种精神障碍而丧失了辨认能力和控制能力。

精神障碍者[2]的刑事责任能力有二分法与三分法之别。二分法是将精神障碍者的责任能力分为完全有刑事责任能力与完全无刑事责任能力。三分法是将精神

---

[1] 参见黄京平：《限制刑事责任能力研究》，7页，北京，中国政法大学出版社，1998。这一判断标准的优越性在于：与纯粹的生物学标准相比，它有可以针对行为人精神障碍的程度根据行为人的特征进行轻重判断的优点；与纯粹的心理学式相比，它具有更加稳定的医学认识基础。参见李海东：《刑法原理入门（犯罪论基础）》，111页，北京，法律出版社，1998。

[2] 我国刑法使用精神病人一词，但我国学者主张用精神障碍一词来表述生物学要素所包含的内容，并认为：无责任能力者（包括限制责任能力者）的生物学要素的本质是存在精神障碍，而精神病、痴呆症等不过是其产生的原因。只要精神（包括认识、情感、思维、意志）活动存在障碍，并且其障碍的产生并不在于行为人时，不论其是源于精神病、精神障碍、精神变态等继续性的原因，还是源于醉酒睡眠等一时性的原因，我们都不能谴责其精神障碍下的行动或者应当减轻对其行动的谴责。参见冯军：《刑事责任论》，135～136页，北京，法律出版社，1996。笔者认为，这一说法有道理，故从之。

障碍者的责任能力分为完全刑事责任能力、完全无刑事责任能力和限制刑事责任能力（也称部分刑事责任能力、减轻刑事责任能力）。值得注意的是，日本刑法将完全无刑事责任能力的精神障碍者称为心神丧失人，把有限制刑事责任能力的精神障碍者称为心神耗弱人。①

以上三分法与二分法对比而言，三分法更为精确，也符合精神病司法鉴定的实际状况。② 即使在刑法上采用二分法的国家，在刑事司法中也在一定程度上承认心神耗弱人，从而予以从轻处罚。③ 由此可见，在采取二分法的情况下，存在着立法与司法之间的脱离若采三分法则没有这个问题。

责任能力的根据，如前所述，是辨认能力和控制能力，这种能力可能因精神障碍而丧失，同时也会因达到一定年龄而获得，因此，未成年人的责任能力涉及的是年龄与责任能力的关系，即所谓刑事责任年龄问题。

关于刑事责任年龄，一般采用三分制④，即无刑事责任年龄（我国刑法规定为不满14周岁）、相对刑事责任年龄（对法律规定的特定犯罪负刑事责任）和完全刑事责任年龄（我国刑法规定为16周岁以上）。

---

① 心神丧失人，是指因精神障碍不能辨别行为的是非或由于不能辨别而不能控制自己行动的人，这种人被视为没有责任能力，不被处罚。心神耗弱人，是指因精神障碍使其辨别行为是非的能力或由于辨别控制自己行动的能力严重减退的人，这属于限定责任能力人，减轻负担其刑罚。参见〔日〕福田平、大塚仁编：《日本刑法总论讲义》，李乔等译，117页，沈阳，辽宁人民出版社，1986。这种命名法，使无责任能力的精神障碍者和限制责任能力的精神障碍者得到法律上的正式认可，便于使用，可以考虑在我国刑法理论中采纳。

② 在司法精神病学上，根据承担刑事责任的资格及其不同的程度，刑事责任能力（或称责任能力）分成完全（或称有）责任能力、无责任能力（即丧失责任能力），还有它们的中间状态，即限定责任能力的三种类别。参见李从培：《司法精神病学》，14页，北京，中国人民大学出版社，1989。

③ 虽然在立法上明文规定了刑事责任能力的二分制，但在刑事司法中并非完全否认或无视精神障碍者的限制刑事责任能力的事实，而是在法律未明文禁止或许可的限度内，对于依法被规定为完全刑事责任能力但实际属于限制刑事责任能力的精神障碍者，予以适当从宽处罚。参见黄京平：《限制刑事责任能力研究》，9～10页，北京，中国政法大学出版社，1998。

④ 此外还有两分制与四分制，参见王晨：《刑事责任的一般理论》，298页及以下，武汉，武汉大学出版社，1998。

三

原因上的自由行为与责任能力存在一定的关系。在这种情况下，行为时没有责任能力，但使之陷于这种无责任能力状况的原因行为是自由的，即在完全责任能力状态下之所为。① 那么，对于这种原因上的自由行为，行为人是否应当承担刑事责任呢？

关于原因上的自由行为是否有责，刑法理论上存在否定说与肯定说。否定说认为在原因上的自由行为中，行为人实施行为时即已陷入无责任能力状态，无意思自由，也无法辨认是非，因此，与精神病患者无异，欠缺责任要素。肯定说认为，在原因上的自由行为中，行为人虽然在实施客观构成要件行为时，无意思决定自由或无完全自由，但其原有的精神状态，即在招致无责任能力的原因设定阶段，本来与正常人的没有差异，因此，与因疾病而导致精神错乱的情况不可同日而语，应认定具有责任能力。② 原因上的自由行为有无责任之争，关键在于判断责任能力是以原因设定行为为标准还是以实行行为为标准。以实行行为的精神状态为标准，必然得出无责任能力的结论。而从刑事政策考虑，对于这种故意或者过失使本人陷于无责任能力状态而实施犯罪的行为如果不予处罚，显然并不妥当。就此而言，原因上的自由行为的有责说应当获得支持，关键是如何从理论上加以证明。

---

① 原因上的自由行为（actio libera in causa）：在这种情况下，构成犯罪的 actio（即行为）"本身"并不是 libera（自由的），因为主体在行为时处于无能力状态。但 in causa（在原因中），即作为犯罪行为起因的行为，却是自由的，因为使自己陷入无能力状态是主体在有能力的情况下，出于实施犯罪的目的而自由地作出的选择。参见［意］杜里奥·帕多瓦尼：《意大利刑法学原理》，陈忠林译，193 页，北京，法律出版社，1998。

② 此外，还有折中说，认为原因上的自由行为有无责任能力，应以当时有无自觉为断，行为当时有相当自觉者，仍应负刑事责任，至于行为时实属昏沉无识、精神错乱者，应被视为心神丧失而不具有责任能力。参见熊选国：《刑法中行为论》，217～218 页，北京，人民法院出版社，1992。折中说之谬十分明显，之所以认为是原因上的自由行为，就是因为行为时处于无责任能力的状态，又谈何以行为当时的精神状态分别判定为有责任能力与无责任能力呢？

在论证原因上的自由行为的可归责性时，遇到的一个理论障碍是"责任能力与实行行为同在"的原则。对此，形成两种解释方法。第一种是恪守"责任能力与实行行为同在"的原则并在此原则下加以解释，由此形成以下诸说：（1）间接正犯说，认为利用自己陷于无责任能力的状态来实现犯罪，实际上是利用自己的无责任行为为机械或道具来实现犯罪，因而应以间接正犯论处。由于间接正犯是以利用行为之着手为犯罪实行行为之着手，因而将原因设定行为与此后的实行行为一并作为犯罪行为，维持了"责任能力与实行行为同在"的原则。（2）因果关系说，认为有发生犯罪结果危险的原因设定行为就是适合于构成要件的行为，不过以原因设定行为与发生结果行为之间可以认定有因果关系为必要，且仅限于过失犯及不作为犯的情形。（3）统一行为说，对原因设定行为与心神丧失的行为予以统一的观察，并将此等行为一并认定为犯罪的实行行为。上述观点虽然维持了"责任能力与实行行为同在"的原则，但对实行行为的解释有过于宽泛之嫌，因为原因设定行为与杀人、强奸等实行行为毕竟在性质上是有区分的。第二种是对"责任能力与实行行为同在"原则加以修正，称为责任原则修正说，认为只要在行为开始之时存在责任能力，纵使在实行行为之际已丧失责任能力，亦认为行为人具有责任能力。[①] 对责任原则修正说的评价基础在于：责任原则能否被修正？换言之，不能修正的理由又是什么？笔者认为，之所以确立"责任能力与实行行为同在"原则，是为了防止客观犯罪，从而坚持责任主义的立场。[②] 但原则必有

[①] 英美刑法中存在预先过失之说，认为如果被告的无能力状况是自己以前的行为引起的可以预见的结果，并且他能够采取某些可以而且也应该采取的预防措施来避免，那么，被告就不能提出不由自主行为或其他非自愿行为的辩护理由。参见［英］鲁珀特·克罗斯、菲利普·A.琼斯：《英国刑法导论》，赵秉志等译，101页，北京，中国人民大学出版社，1991。苏联刑法理论中存在预先故意之说，认为一个故意饮用酒精并一直喝到意识模糊的人能够预料到产生的各种后果，包括法律后果，这是他们对酗酒和在这种状态中实施的犯罪应负责任的根据。参见［苏］А.Н.别利亚耶夫、М.И.科瓦廖夫主编：《苏维埃刑法总论》，马改秀等译，116页，北京，群众出版社，1987。上述观点都以先在的故意或者过失解释自陷于无责任能力状态下实施犯罪行为的责任根据，与责任原则修正说具有异曲同工之妙。

[②] 日本学者指出，责任能力必须存在于实行行为的时间上。只有根据实行行为与责任能力的同时存在，才能对其行为进行非难，切离实行行为与责任能力，即使从实质的观点可以看出两者相符合，也是不符合责任主义的。参见［日］大塚仁：《犯罪论的基本问题》，冯军译，178页，北京，中国政法大学出版社，1993。

例外。因此，笔者认为，与其对实行行为作牵强的扩大解释，不如径行承认原因上的自由行为是"责任能力与实行行为同在"原则的例外。更何况，在原因上的自由行为的情况下，虽然行为时没有意思决定，即内在意思决定与外在身体举止发生脱节，但这种脱节只是时间上的错位，而非绝对分离。

（本文原载《浙江社会科学》，1999（6））

论醉酒人犯罪的刑事责任根据

我国刑法（1979 年）第 15 条第 3 款规定："醉酒的人犯罪，应当负刑事责任。"刑法理论上一般认为，这里的醉酒，是指生理性醉酒，即饮酒过量，超过饮酒者正常的承受能力，导致饮酒者辨认或控制自己行为的能力丧失或减弱的状态。那么，既然由于过量饮酒，行为人减弱甚至丧失了辨认或控制自己行为的能力，为什么法律还要规定其应当负刑事责任呢？这就是醉酒人犯罪的刑事责任根据问题。有感于我国刑法学界尚未圆满地解决这个问题，特撰文略抒己见，就教于刑法学界。

一

关于醉酒人犯罪的刑事责任根据，在西方刑法理论中是一个众说纷纭的问题。流行的学说主要有以下数种：

（一）公共利益说

这种理论认为，从生理、心理角度看，醉酒（慢性中毒除外）虽不是精神病，但它能在一定时间内减弱甚至使丧失辨认或控制能力；从社会角度看，醉态

（指行为人自己主动引起的）之中又干坏事，则是错上加错。显然，心理能力和社会政策之间存在矛盾。解决矛盾的途径只能是以公共利益为重，以社会政策为主，一般的刑法原则服从根本的社会利益。公共利益说指出了在醉酒人犯罪的场合，存在行为人心理能力和社会政策的矛盾，突出了社会利益，从而揭示了醉酒人犯罪负担刑事责任的根本原因。但是，这种理论忽视了对个人合法权益的保护，没有区别醉酒的不同原因，也没有指出醉酒人犯罪的行为本身具有可罚性。

（二）预先故意说

这种理论认为：对于偶尔或者经常饮用酒精并处于醉酒状态的人，不能免除刑事责任，因为这些人是有责任能力者，他们并不具备无责任能力医学的和法学的特征。一个故意饮用酒精并一直喝到意识模糊的人能够预料到产生的各种后果，包括法律后果，这是他们对酗酒和在这种状态中实施的犯罪应负责任的根据。

（三）原因自由行为说

在论及醉酒人犯罪负担刑事责任的根据时，不能不提及西方刑法学中的原因自由行为理论。这种理论着眼于醉酒的原因，如果醉酒人由于可归责于自己的原因而致醉酒，并进而实施危害行为的，行为人应负完全的刑事责任；反之，如果醉酒是不可归责于醉酒人的原因造成的，便应按实施危害行为时行为人辨认和控制自己行为的能力的实际状态，确定行为人的刑事责任。

虽然行为人在实施构成要件行为时，没有或只有部分意思决定的自由，但在导致自己处于无责任能力或限制责任能力状态的原因设定阶段，行为人仍有意思决定的自由。这种在有责任能力状态下种下决定性的原因，在无责任能力或限制责任能力状态下实施危害行为的，在学说上被称为"原因自由行为"。原因自由行为理论为我们解决醉酒犯罪人负担刑事责任的根据问题，提供了一条崭新的思路。但是，这种理论并非完美无缺：醉酒本身并不是犯罪行为，醉酒人之所以要负担刑事责任，是因为其在醉酒后实施了严重危害社会的行为。刑法中的故意或过失都是针对危害行为和危害结果的。醉酒人对醉酒所持的心理态度不能等同于刑法中的罪过。

在我国现有刑法理论中,多数论著在解释醉酒人负担刑事责任的根据时,论据主要不外乎这样三点:(1)在醉酒状态下,行为人没有完全丧失辨认和控制自发行为的能力,而只是有某种程度的减弱;(2)醉酒是醉酒者自己饮酒造成的,并非不可避免,行为人在醉酒以前,应当预见或认识到自己在醉酒以后,有可能会实施某种危害行为;(3)酗酒是旧社会遗留下来的恶习,是一种不文明的行为,理应加以制止。这在我国似乎成为让醉酒人负担刑事责任根据的通说,但是,仔细推敲一下,其中的疑问颇耐人寻味。

关于第一点根据:首先,认为在醉酒状态下,行为人不可能完全丧失辨认和控制自己行为的能力,不符合客观实际情况。在现实生活中的不同醉酒人,程度各不一样,有些是烂醉如泥,有些是失去常态,有些则只是轻微醉酒。可见,不仅存在醉酒后导致责任能力减弱的情形,而且还存在导致责任能力丧失的情形。其次,根据现行刑法规定,醉酒后实施危害行为者应当负完全的刑事责任。既然醉酒人的责任能力有所减弱,又怎能以此作为让醉酒人负担完全刑事责任的根据呢?

关于第二点根据:首先,认为实际生活中所有醉酒都是行为人自己的过错造成的,也不符合实际情况。在实际生活中,导致醉酒的原因是多种多样的。因不可抗拒或不可预见的原因而醉酒的情形并非绝无仅有,笔者认为,对这种人是不能不分青红皂白,都让其负担完全刑事责任的。其次,行为人因为自己可归责的原因而醉酒,并进而实施危害行为的,行为人对醉酒本身的过错,能否等同于刑法中的罪过?为什么这种过错能够成为让醉酒人对其在醉酒后所实施的危害行为负担刑事责任的主观基础?现有刑法理论没有将这一问题说清议透,这就难免给人一种牵强的感觉。

至于第三点根据,弱点更加明显:它混淆了道德与法律的界限,将酗酒应受道德谴责的原因当作应负刑事责任的根据。

二

在笔者看来,关于醉酒人犯罪的刑事责任根据,合理的解释只能是:实行行

为作为犯罪构成的客观要件，是一般原则，而以实行行为的原因自由行为作为犯罪构成的客观要件，实行行为被视为原因行为的自然延续，则是一般原则的例外。在主观方面，从醉酒期间醉酒人的精神状态的实际情况看，醉酒如果只是轻度的，就不会影响醉酒者辨认和控制行为的能力，或者影响较轻；如果是深度醉酒，情况就会不同：饮酒者辨认和控制行为的能力不仅会有所减弱，甚至还会丧失。但是，由于对于醉酒行为人存在过错，因此，应当根本不顾及实施危害行为时行为人的精神状态，一律追究行为人完全的刑事责任。若承认这是例外，则相应的醉酒人的刑事责任能力以及主观罪过问题，便能够迎刃而解。为什么要有这种例外呢？

（一）行为人主观上存在过错

在危害行为实施之前的饮酒至醉行为与醉酒人酒后实施危害有着密不可分的联系。醉酒不同于精神疾病，醉酒人在醉酒前不仅能够控制自己的饮酒行为和饮酒程度，而且能够预见、应当预见，甚至已经预见到自己在醉酒后可能实施危害行为，有些甚至是故意借醉酒来增强自己犯罪的勇气，或者企图以此逃避法律制裁。正因为存在这种过错，即使在导致危害结果发生的构成要件行为实施期间行为人处于无责任能力或限制责任能力状态，也不能免除其责。这种过错与危害结果相结合，本身就可成为追究刑事责任的主观基础。

（二）刑罚目的需要

刑罚目的包括惩罚与预防两个方面。醉酒只是一种暂时现象，绝大多数人在醉酒之后能够在较短的时间内完全恢复精神上的正常。这就为惩罚醉酒犯罪人提供了可能性。同时，在醉酒之前和醉酒之后，行为人的精神上都是正常的，而且相当一部分人即使在醉酒期间，也并未完全丧失辨认和控制自己行为的能力。这就决定了对醉酒犯罪人处以刑罚，可以达到教育改造罪犯的目的。对于其他人来说，这种惩罚也可以起到以儆效尤的作用。

（三）刑事政策的需要

刑法是阶级统治的工具，是为阶级统治服务的。醉酒后实施危害行为，严重威胁着正常的统治秩序。醉酒、酗酒，涣散人的意志力，削弱人的道德感、社会

责任感和工作责任心，促使人产生或加深反社会的心理，不利于社会秩序的安定，往往成为犯罪发生的直接原因或潜在基础。因此，醉酒、酗酒本身虽不是犯罪行为，但却是应受道德谴斥的行为。一旦这种行为与危害社会的严重结果结合起来，变通普通责任原则，以便追究这种人的刑事责任，便是合乎社会需要的。

基于上述理由，对于因可归责的原因而醉酒，并在醉酒期间实施危害行为的，不论行为人在实施危害行为期间的精神状态如何，即使其完全丧失辨认和控制行为的能力，也应让其对所实施的危害行为负担完全的刑事责任。但是不容置疑，在现实生活中也确实存在由于不可抗力或不能预见的原因陷于醉酒状态的情形。例如，锅炉工在工作期间，被人用不可抗力的暴力灌醉至酩酊，因而未能按时给锅炉加水，致使锅炉爆炸。又如，扳道工在上班期间，被人强行灌醉，虽然知道自己应该扳道了，但身不由己，导致火车出轨颠覆。对于这种人，是否也能作为普通责任原则的例外，追究行为人完全的刑事责任？我国现行刑法笼统规定，醉酒的人犯罪，应当负刑事责任。按照这一规定，虽然行为人醉酒是不能抗拒或不能预见的原因造成的，行为人也应对醉酒后实施的危害行为负担完全的刑事责任。这显然是不合情理的。

综上所述，实践中追究醉酒人的刑事责任时，以下几点特别关键，值得注意。

首先，应当认真分析醉酒的原因。如果醉酒是行为人的故意或过失所致，则对于在醉酒期间所实施的危害行为，行为人应负完全的刑事责任；如果醉酒是不可抗拒或不能预见的原因所致，则对于醉酒期间实施的危害行为，应根据行为人在实施危害行为时实际的精神状态，确定是无责任能力的人、不负任何刑事责任，或者是限制责任能力的人、负担减轻的刑事责任。因此，在追究醉酒犯罪人的刑事责任时，确定行为人对于醉酒是否有过错，至关重要，意义十分重大。

其次，严格区别罪与非罪。虽然醉酒行为本身是一种丑陋的社会现象，应受到社会的谴责，但是，仅有醉酒行为，而没有实施严重的危害行为，或者仅仅实施了一般的违法行为的，不能被认为是犯罪。另外，也应防止无原则地放纵醉酒人的犯罪行为。在被害人是醉酒者的家属、亲戚、朋友的场合，当事人容易以感

情代替法律，把应当被追究刑事责任的醉酒犯罪行为当作一般违法行为处理。正确的态度应该是，正确看待醉酒后实施的危害行为的社会危害性程度，严格按照刑法总则和分则的有关规定，准确区分罪与非罪。

再次，正确认定醉酒人犯罪的罪过形式。如何理解醉酒人犯罪的罪过形式？如前所述，醉酒犯罪人在实施犯罪行为期间，一般都处于精神障碍状态，有些甚至完全丧失了辨认和控制自己行为的能力。因此，认定醉酒犯罪人的罪过形式，便不能仅仅考虑犯罪行为实施期间行为人的意识和意志内容，而应与醉酒的原因结合起来。如果行为人明知自己醉酒后会实施危害社会的行为，并且希望或放任这种行为发生，则应追究行为人故意的刑事责任；如果行为人应当预见自己在醉酒后可能会实施危害行为，因疏忽大意而没有预见，或者虽然预见到了，但轻信这种情况不会发生，以致发生危害结果的，则应当追究行为人过失的刑事责任。在实际生活中，过失醉酒犯罪占全部醉酒犯罪的大多数。如果酗酒前即有犯罪预谋，酒后故意犯罪，即所谓借酒壮胆，实施犯罪行为的，则应以故意犯罪论处。

最后，对醉酒犯罪人的处罚，应坚持区别对待的原则。具体说，对于嗜酒成癖、经常借酒闹事的人与偶尔醉酒后实施危害行为的人，在处罚上应有所区别。量刑时除主要考虑行为的社会危害性外，还应参酌行为人的人身危险性。只有这样，才能使刑罚的适用具有针对性，从而可以收到良好的社会效果。

（本文与王晨合著，原载《法学杂志》，1992（1））

故意责任论

刑法中的故意责任，是刑事责任的主要形式，它意味着行为人是在一种故意的心理状态下实施犯罪的，因而属于重责任形式。作为一种责任形式，故意不仅是一种心理事实，而且包含着规范评价，由此形成统一的故意概念。[①] 本文拟从心理构造与规范构造两个方面，对故意责任进行法理探究。

上篇：故意的心理构造

故意作为一种心理描述性概念上升为刑法上作为罪过形式的专业术语，经过了一个漫长的发展过程。这里存在一个故意的心理构造问题，即故意由哪些心理要素构成。在这个问题上，主要存在以下三种学说之演进。

---

① 大陆法系刑法理论将故意分为事实性故意、违法故意和责任故意，分别在构成要件该当性、违法性、有责性中加以研究。参见［日］大塚仁：《犯罪论的基本问题》，冯军译，190～191页，北京，中国政法大学出版社，1993。

(一) 认识主义 (Vorstellungstheorie)

认识主义，又称为预见主义，认为故意的构成以行为人对客观上的犯罪事实具有认识为必要。显然，这种观点强调的是知的因素在故意构造中的重要性。明知故犯，以知为故，就是对这种认识主义的绝佳注解。[1] 认识主义产生于罪过观念尚不发达的古代刑法，当时人们对心理现象的认识也只是停留在表象层面上，尚未能窥见观念背后的支配性的意志力。从刑法上说，知只是反映人对客观事物的认识，这种认识本身尚不足以体现人的主体恶性。因此，脱离意志因素，将故意建立在认识因素之上，显然是一种偏颇的立场[2]，故今已不取。

(二) 希望主义 (Villenstheorie)

希望主义，又称为意欲主义，认为故意的成立不仅要认识构成要件的事实，而且须希望危害结果发生。显然，这种观点强调的是意志因素在故意构造中的重要性，进而从知的表面进入意的深层，使人们对故意的心理本质的认识大为推进。然而，希望主义对意志因素的理解过于狭窄，将意志等同于希望，从而缩小了故意的范围[3]，故今已非通说。

(三) 容忍主义 (Einwilligungstheorie)

容忍主义是对希望主义的一种修正，故而又称为折中主义，它在承认认识因素是故意的心理基础的前提下，认为故意的构成并不一定以希望结果发生为条件，只要行为人容认危害结果发生，同样可以构成故意。容忍主义在对意志因素

---

[1] 中国晋代学者张斐云："其知而犯之谓之故"。参见陆心国：《晋书刑法志注解》，75 页，北京，群众出版社，1978。

[2] 日本学者指出：行为具有对犯罪事实的表象，无疑是推测其违反刑法规范的人格态度的一个根据。但是，在表象了犯罪事实却想避免其发生，其避免发生犯罪事实的努力没有发生意想的效果，而终致犯罪事实发生的场合，就不可能在类型上看出行为人有违反刑法规范的积极的人格态度，只能在其想避免发生犯罪事实的努力不够的意义上，说其存在消极的违反刑法规范的态度。而且，为了认识违反刑法规范的人格态度，本来需要综合行为人心理状态中知的一面，难免说是一种偏颇的立场。参见 [日] 大塚仁：《犯罪论的基本问题》，冯军译，193 页，北京，中国政法大学出版社，1993。

[3] 日本学者指出，意思说 (即希望主义) 认为在对于犯罪事实的表象之上还需要与实现犯罪事实的意欲，在一并考虑了行为人的情意一面的意义上，是可以明显地看出违反刑法规范的积极的人格态度的。但是，总以实现犯罪的意欲为必要，就不免会使故意犯能够成立的范围变得过于狭窄。参见 [日] 大塚仁：《犯罪论的基本问题》，冯军译，193 页，北京，中国政法大学出版社，1993。

的理解上,持一种更为宽泛的态度,不仅希望可以成为意志因素,容认亦可以成为意志因素,从而扩大了故意的范围①,故今为通说。

在上述三种学说中,都涉及人的心理事实即知与意的关系。(1)知,即认识因素,是人的心理基础。认识,在心理学上又被称为意识,是指对客观事实的反映,包括感觉和思维两个方面。② 在感觉和思维这两个因素中,思维是决定性因素,因此,认识因素是人的心理活动的重要内容。③ 当然,我们又不能把心理与意识等同起来。心理学中就有这种心理即意识的观点,即所谓意识心理学。显然,这种夸大意识在人的心理活动中的地位与作用的观点是不能成立的。(2)意,即意志因素,是人的心理活动中具有支配力的因素。意志带有强烈的主观能动性,使主观意识转化为外部动作,从而对人的行为起调节(发动和制止)作用。就认识和意志这两者的关系而言,两者是密不可分的,由此形成人的同意的心理过程。更为重要的是,虽然认识是意志的前提,但认识活动本身也不能离开意志,是在意志的主导下实现的。④ 因此,在认识和意志的对立统一的矛盾关系中,意志占主导地位,认识居辅助地位。

值得注意的是,在人的心理中还有一种情感的因素。关于对人的心理如何划

---

① 日本学者指出,所谓"容认"(即容忍)是指行为人虽然不是积极地希望发生其所表象的犯罪事实,但是具有它如果发生了也是没有办法的事这种心理态度,认为作为故意的内容需要行为人具有这种心理态度的所谓容认说,是处于表象说和意思说中间的见解。在今日,容认说得到广泛的支持。参见[日]大塚仁:《犯罪论的基本问题》,冯军译,192页及以下,北京,中国政法大学出版社,1993。

② 意识是人们在任何生活、实践和正常情况下必然有的包括感觉和思维两方面的认识活动的综合体。参见潘菽主编:《意识——心理学的研究》,30页,北京,商务印书馆,1998。

③ 在论及认识对于责任的意义时,黑格尔指出:"我只对属于我的表象的东西承认负责。这就是说,人们只能以我所知道的事况归责于我。意图的法在于,行为的普遍性质不仅是自在地存在,而且是为行为人所知道的,从而自始就包含在他的主观意志中。倒过来说,可以叫做行为的客观性的法,就是行为的法,以肯定自己是作为思维者的主体所认识和希求的东西。"[德]黑格尔:《法哲学原理》,范扬、张企泰译,123页,北京,商务印书馆,1961。

④ 黑格尔对认识与意志的关系作过以下精辟的论述:精神一般来说就是思维,人之异于动物就因为他有思维。但是我们不能这样设想,人一方面是思维,另一方面是意志,他一个口袋装着思维、另一个口袋装着意志,因为这是一种不实在的想法。思维和意志的区分无非就是理论态度和实践态度的区别。它们不是两种官能,意志不过是特殊的思维方式,即把自己转变为定在那种思维,作为达到定在的冲动的那种思维。参见[德]黑格尔:《法哲学原理》,范扬、张企泰译,12页,北京,商务印书馆,1961。

237

分，历来存在三分法与二分法之争。① 传统心理学采知、情、意三分法，中国古代对心理的认识更是注重情的因素。但这种三分法受到现代心理学的挑战，二分法得到肯定。② 情的因素是客观存在的，但在分析人的心理时，是否有必要将之与知、意相提并论，确实值得研究，毕竟，从性质上说，情是依附于意而存在的。在刑法的罪过心理中，一般是采二分法。对于情感因素在罪过心理中的影响是不可不论的③，但它不足以成为与认识、意志这两个因素并列的划分罪过形式的心理标准。

一、故意的心理事实Ⅰ：事实性认识

事实性认识是指对于构成事实的认识，这就为事实性认识限定了范围。④ 事实性认识包括对以下因素的认识：（1）行为的性质。对于行为性质的认识，是指对于行为的自然性质或者社会性质的认识，对于行为的法律性质的认识属于违法性认识而非事实性认识。（2）行为的客体。对于行为的客体的认识，是指对行为客体的自然或者社会属性的认识。例如杀人，须认识到被杀的是人。凡此，即属于对行为客体的事实上的认识。（3）行为的结果。对于行为结果的认识，是指对行为的自然结果的认识，这种认识，在很大程度上

---

① 这种争论可以追溯到古希腊哲学。柏拉图认为，人的心理不仅有认知活动的水平（感性和理性）之间的差别，而且还有思维（理性）与它有高低之分的动机（非理性）之间的差别。相传这是欧洲心理学史上最早的知、情、意的三分法的雏形，在灵魂结构上，亚里士多德反对知、情、意的三分法，主张知、意的二分法。亚里士多德认为，人的灵魂的功能有两种，即认识功能（如感觉和思维）和欲动功能（如欲望、动作、意志和情感）。参见车文博：《西方心理学史》，41、45页，杭州，浙江教育出版社，1998。

② 我国学者指出，长期以来，传统心理学大都采用知、情、意三分法。这种三分法是不够符合实际情况的。因为情和意在实际上是密切结合在一起而难于分割的。情由意生，或意由情生。二者是实质相同而形式有异的东西。其实情也就是意。所以情和意可以而且应该合在一起，也可称情意。参见潘菽主编：《意识——心理学的研究》，17页，北京，商务印书馆，1998。

③ 关于情感因素在罪过心理中的作用的详尽分析，参见陈兴良：《刑法哲学》（修订版），33～35页，北京，中国政法大学出版社，1997。

④ 故意中认识因素的对象应包括典型事实的全部构成因素，即全体心理上对这些构成因素性质的认识。参见［意］杜里奥·帕多瓦尼：《意大利刑法学原理》，陈忠林译，208页，北京，法律出版社，1998。

表现为一种预见。即其结果是行为的可期待的后果。（4）行为与结果之间的因果关系。对于因果关系的认识，是指行为人意识到某种结果是本人行为引起的，或者行为人是采取某种手段以达到预期的结果。在这种情况下，行为人都对行为与结果之间的因果关系具有事实上的认识。（5）其他法定事实。例如时间、地点等，如果作为犯罪构成特殊要件的，亦应属于认识内容。此外，某种行为的前提条件，亦在认识限度之内。① 除上述情况以外，法律还规定某些特定事项作为认识对象，无此认识则无故意。例如，在刑法明文规定明知的场合，就是如此。

事实性认识还存在一个认识程度问题。在故意犯罪中，认识程度是指认识结果必然发生与认识结果可能发生。应当指出，这里的必然发生与可能发生都是指行为在当时情况下的一种主观判断，因而属于主观认识内容，而非客观事实。② 所谓认识结果必然发生，是指行为人当时认为，基于事物发展的趋势，结果发生是在预见之中。所谓可能发生，是指行为人当时认为，基于事物发展的趋势，结果有可能发生，也有可能不发生。认识结果必然发生与认识结果可能发生，对于区分直接故意与间接故意具有一定意义。一般认为，直接故意的认识因素，既包括认识结果必然发生，又包括认识结果可能发生。对此，理论上没有疑问。而间接故意，在理论上通常称为可能的故意或者未必

---

① 所谓行为的前提条件，是指那些按法律规定在逻辑上先于行为存在，并能决定犯罪能否成立的条件。例如，重婚罪必须以现存的合法婚姻为条件等。之所以称为行为的前提条件，是因为它们必须先于犯罪行为而存在，并且与犯罪的存在没有必然的内在联系（显然不能将重婚行为归咎于先前的婚姻）。然而，在逻辑上，这些条件又有决定犯罪性质的作用，如果行为时这些条件不存在，就无犯罪可言。从这个意义上说，这些条件又可称为"行为的伴随条件"（concomitanti di condotta）。参见［意］杜里奥·帕多瓦尼：《意大利刑法学原理》，陈忠林译，119～120页，北京，法律出版社，1998。

② 我国学者认为刑法意义的认识可能性或认识必然性与哲学意义的必然性、可能性互有区别，又不可分割。为了避免不必要的混乱，便于阐明故意的认识程度的根据，建议对"会发生"的两种情形不宜用"必然"与"可能"表述，而改用"一定"与"可能"说明，似乎更为确切。参见姜伟：《犯罪故意与犯罪过失》，150～151页，北京，群众出版社，1992。上述说法有一定道理，但我认为，只要明确这是一种主观上的判断而非客观事实，采用"必然"与"可能"不会从根本上影响对这个问题的理解。

的故意①，因而都以认识结果可能发生为前提。但也有与之相反的观点，认为间接故意之认识因素，在程度上包括认识结果必然发生与认识结果可能发生两种情形。② 这里的争论焦点在于：是否存在认识结果必然发生而又不希望其发生这种心理状态？对此，我的态度是否定的③，关键是要正确地理解认识因素与意志因素的关系。

二、故意的心理事实Ⅱ：心理性意志

心理性意志，是指心理事实意义上的意志。意志对人的行动起支配作用，并且决定着结果的发生。④ 如果说，意志对于行为本身的控制是可以直观地把握的话，意志对于结果的控制就不如行为那么直接。因为结果虽然是行为引起的，它

---

① 关于可能的故意，特拉伊宁指出：可能的故意——它的特点也就在于此——就在于犯罪人在不希望、但却有意识地放任发生的结果，是可能的，也就是说，可能发生，也可能不发生。参见［苏］А. Н. 特拉伊宁：《犯罪构成的一般学说》，王作富等译，167页，北京，中国人民大学出版社，1958。关于未必的故意，日本学者指出：未必的故意是不确定故意的一种，例如子弹可能击中甲，但他却抱着无所谓的态度开枪的情况，这是明知有结果发生的可能性但他对结果采取容忍的态度。参见［日］福田平、大塚仁编：《日本刑法总论讲义》，李乔等译，69页，沈阳，辽宁人民出版社，1986。

② 我国学者把间接故意分为两种类型：（1）积极的放任。当行为人认识到自己的行为一定（必然）会发生某种危害社会的结果，而仍放任这种结果发生时，便是积极放任的心理态度。（2）消极的放任。当行为人认识到自己的行为可能会发生危害的结果，而放任这种结果发生时，便是消极放任的心理态度。参见姜伟：《犯罪故意与犯罪过失》，176页，北京，群众出版社，1992。

③ 关于这个问题的详尽论述参见陈兴良：《刑法哲学》（修订版），168页，北京，中国政法大学出版社，1997。

④ 犯罪结果是否是意志因素控制的对象，长期以来都是一个极有争议的问题。有的理论认为，行为人的意志只能作用于自己的举动，只有对自己行为的控制才是故意的意志因素；因为客观的因果链条一经发动（例如，为了淹死自己的对手而将其扔入河内），犯罪结果就只能为行为人所预见，而不可能成为行为人控制的对象（此即所谓的"预见说"）。实际上，由于故意行为的实质在于行为人有意识地将各种现实因素都变成自己实现"目的"的"手段"，行为决定结果整个的过程都应被视为行为人意志控制的过程（此即所谓"希望说"）。参见［意］杜里奥·帕多瓦尼：《意大利刑法学原理》，陈忠林译，209~210页，北京，法律出版社，1998。

又在一定程度上受外界力量的影响。① 在这种情况下，应当区分必然的结果与偶然的结果。必然后果是由意志力支配的后果，可以归之于行为。而偶然后果是受外在东西所支配的后果，不能归之于行为。②

从意志与这些结果的关系上来说，必然结果是意志控制范围之内的、预料之中的后果；偶然结果是出乎意料的结果。从意志对行为后果的支配关系上，我们可以把故意中的意志区分为以下两种形态：

（一）希望

希望是指行为人追求某一目的的实现。在刑法理论上，由希望这一意志因素构成的故意，被称为直接故意。直接故意是与一定的目的相关联的，只有在目的行为中，才存在希望这种心理性意志。在希望的情况下，由于行为人是有意识地通过自己的行为实现某一目的，所以，行为与结果之间的关系是手段与目的之间的关系，意志通过行为对结果起支配作用。

（二）放任

放任是行为人对可能发生的结果持一种纵容的态度。在刑法理论上，由放任这一因素构成的故意，被称为间接故意。放任与希望之间的区别是明显的：希望是对结果积极追求的心理态度，放任则是对这种结果有意地纵容其发生。两相比较，在意志程度上存在区别；希望的犯意明显而坚决，放任的犯意模糊而随意。

对于希望是一种意志，在理论上是没有疑问的，也符合心理学原理。但如何看待

---

① 黑格尔曾经对此作过辩证的分析，指出：移置于外部定在中、并按其外部的必然联系而向一切方面发展起来的行为，有多种多样的后果。这些后果，作为以行为的目的为其灵魂的形态来说，是行为自己的后果（它们附属于行为的）。但是行为同时又作为被设定于外界的目的，而听命于外界的力量，这些力量把跟自为存在的行为全然不同的东西来与行为相结合，并且把它推向遥远的生疏的后果。所以，按照意志的法，意志只对最初的后果负责，因为只有这最初的后果是包含在它的故意之中。参见［德］黑格尔：《法哲学原理》，范扬、张企泰译，119～120 页，北京，商务印书馆，1961。

② 黑格尔指出：后果是行为特有的内在形态，是行为本性的表现，而且行为本身，所以行为既不能否认也不能轻视其后果。但是另一方面，后果也包含着外边侵入的东西和偶然附加的东西，这却与行为本身的本性无关。参见［德］黑格尔：《法哲学原理》，范扬、张企泰译，北京，商务印书馆，1961。尽管黑格尔认为必然的结果与偶然的结果难以确定，因为必然性与偶然性是可以转化的，但我们还是可以在一般意义上区分必然结果与偶然结果。

放任的意志属性，不无疑问。因为心理学上的意志行为都是以追求一定的目的为特征的，是目的行为之实现。而在放任的情况下，发生之结果并非行为人所追求的目的，通常认为放任行为没有自身目的。① 那么，又何以论证放任的意志性呢？我认为，对于放任的意志性，应当从行为与结果之间的主观联系上加以说明。在放任的情况下，行为人对于结果发生是认识到其可能性。对于这种可能的结果，如果持希望的态度，就是直接故意。对于这种可能的结果，如果既不希望其发生，亦非否定其发生，这就是间接故意。因此，作为可能的故意，间接故意不仅认识上是可能的，即认识结果可能发生，而且在心理态度上也是"两可"（这也可以说是一种可能）的。② 这种"两可"态度，表明行为人具有"接受危害结果发生的危险"（accettazione di rischio）③。这就是间接故意的意志性。间接故意的意志性不仅从心理态度上可以得到说明，更重要的是从其与结果的关系上得到解释。这种关系，正如间接故意一词所表明的，是一种间接关系。在间接故意的情况下，其结果具有间接性、附属性和派生性。④ 那么，

---

① 放任行为自身没有目的，但并不排斥其他目的的存在。当追求某一目的而放任构成要件的结果发生时，其所追求的目的并非放任行为的目的，更非犯罪目的。就放任行为本身而言，不存在目的。我国学者指出，在行为过程中，行为人所追求的不是其所放任的结果而是别的结果。放任的结果只是希望的结果的派生物，放任的结果不属于行为人目的的内容。放任不是也不能等同于追求结果，否则，便与放任的含义相悖。参见姜伟：《犯罪故意与犯罪过失》，180 页，北京，群众出版社，1992。

② 意大利学者指出：间接故意或称可能（eventuale）故意，这里的"可能"（eventuale）不是指实际上存在的故意本身，而是指与故意相联系的"可能"（possibile）发生的结果。参见［意］杜里奥·帕多瓦尼：《意大利刑法学原理》，陈忠林译，211 页，北京，法律出版社，1998。在上述论断中，实际上存在的故意本身的可能，和与故意相联系的结果发生的可能到底意在何指，捉摸不透，耐人寻味。译者将可能（eventuale）与可能（possibile）用原文注出，按照我的理解，故意本身的可能是指认识上的可能，属于认识因素，与故意相联系的结果发生的可能是指对这种结果发生的两可态度，因而属于意志因素。

③ 意大利学者认为，根据理论界最通行的观点，行为人是否"接受危害结果发生的危险"（ac-cettazione dirischio），是决定（和限制）可能故意成立的根据。参见［意］杜里奥·帕多瓦尼：《意大利刑法学原理》，陈忠林译，211 页，北京，法律出版社，1998。

④ 英国学者边沁对此作了精辟论述，指出：一个结果，当它是故意引起的时候，既可以是直接故意，也可以是间接故意。当预期产生某种结果构成促使行为人决心实施其行为的因果锁链中的一个环节时，就可以说，行为人对这一结果的态度是直接故意或直接产生的故意。当结果虽然是预料之中的，并且是在行为的实施过程中很可能伴随出现的，但预期产生这种结果不构成上述因果锁链中一个环节时，就可以说，行为人对该结果的态度是间接故意或伴随的故意。参见［英］鲁珀特·克罗斯、菲利普·A. 琼斯：《英国刑法导论》，赵秉志等译，30 页，北京，中国人民大学出版社，1991。

这种间接的结果为什么能够归之于行为人呢？对此，黑格尔引用了一句绝妙的古谚："从手里掷出的石头，变成了魔鬼的石头。"① 由此可见，在间接故意的情况下，一旦行为实施，对于可能发生的结果是非行为人所能控制的。但之所以仍然将这种结果归之于行为，是因为这块石头毕竟是行为人所扔，即使变成了魔鬼的石头，也是行为人的意志之显现。

下篇：故意的规范构造

在刑法上，作为罪过形式的故意不是一种纯心理事实，而同时包含着规范评价因素。那么，这种规范评价是如何体现的呢？这里涉及故意的规范构造问题。

对于故意的规范评价须以心理事实为基础，而不是独立于心理事实的另外一种因素。在这个意义上说，我们应当将规范评价因素融入心理事实之中。心理事实包含认识与意志两个因素，规范评价同样体现在这两者之中。

对于认识因素的规范评价表现为违法性认识，亦称违法性意识。作为心理事实，故意是以事实认识为基础的。构成犯罪故意，在此基础之上，还要求存在违法性认识。因此，违法性认识是认识因素的规范评价。在犯罪故意的构成中，是否要求违法性认识，存在心理责任论与规范责任论之争。心理责任论认为只要具有对犯罪事实（构成要件中的客观事实）的认识，就可以追究故意责任。因此，

---

① 黑格尔指出：一方面，主观反思无视普遍与单一的逻辑性质，而把单一部分和各种后果细加分裂；另一方面有限性事件的本性包含着偶然性的这种分离。Dolus indirectus［间接故意］的发明就是根据上述而来的。一种行为可能或多或少地受到种种情况的冲击，这是当然的事。在放火的场合，可能不发生火灾，或相反地可能燃烧得比放火者所设想的更厉害。尽管这样，这里不应作出什么吉祥与凶煞的区别，因为人在行为时，必然要同外界打交道。古谚说得好："从手里掷出的石头，变成了魔鬼的石头。"在行为时我本身就暴露在凶煞面前。所以凶煞对我具有权利，也是我自己意志的定在。参见［德］黑格尔：《法哲学原理》，范扬、张企泰译，122～123页，北京，商务印书馆，1961。

心理责任论是把故意视为一种纯心理事实,而不考虑规范评价。① 可以说,否定违法性认识的思想源远流长,在以下这句罗马法格言中得以充分说明:不知法律不负责(Ignorantia juria non excusat)。② 因此,违法性认识不要论的产生是基于国家主义的立场,要求公民知法,不知法为有害(Juris ignorantia nocet),甚至将不知法本身视为一种法的敌对性。显然,这种观点与刑法的人权保障精神是相悖的。③ 为软化违法性认识不要论的国家主义立场,出现了各种修正的理论,主要有以下两种观点:(1)限制故意论,认为故意至少需要具备违法性意识的可能性,如无违法性意识的可能性,则无谴责的可能,更无责任可言。显然,这种观点并未完全否认违法性认识,因而不同于违法性认识不要论。但它又以违法性认识的可能性相要求,正是在这一点上容易混同于过失,从而受到批评。④ (2)行政犯、自然犯区别论,主张对自然犯在故意上不需要违法性认识,对行政犯则需要违法性认识。这是社会责任论的立场,认为自然犯的行为具有当然的反社会性,只要认识到这种行为的性质并决意实施,就可以成立反社会意识。而行政犯的行为是因为法律的特别禁止才视为反社会性行为,因而要求对于违法性的认识。这种区分说对于行政犯要求违法性认识,对于自然犯则认为违法性认识包含

---

① 否定违法性认识的观点称为违法性认识不要说,该说认为违法性认识不是故意的要件,法律错误不阻却故意,法律的不知或误解不影响刑事责任。不要说的理由有三:其一是以心理责任论为基础,认为故意是对犯罪事实(构成要件中的客观事实)的认识,只要行为人具有对事实的认识,就可以追究其故意责任;其二是认为责任能力者通常都具有能够认识违法性的能力,没有对违法性的认识进行特别考察的必要;其三是所谓刑事政策的考虑,认为如果把违法性的认识作为责任要素,就会导致刑法的松弛化,会因为违法性认识的证明困难而给犯罪者逃避惩罚提供借口。参见冯军:《刑事责任论》,211页,北京,法律出版社,1996。

② 关于这一格言的法理分析,参见张明楷:《刑法格言的展开》,207页及以下,北京,法律出版社,1999。值得注意的是,中国古代有与之相悖的格言:不知者不为罪。参见田宏杰:《违法性认识研究》,50页,北京,中国政法大学出版社,1998。

③ 在无违法性意识的可能性的情况下承认故意责任,这是单方面强调国家权威,而无视刑法的意思决定机能的,因此它也不妥当。参见[日]福田平、大塚仁编:《日本刑法总论讲义》,李乔等译,124页,沈阳,辽宁人民出版社,1986。

④ 所谓违法性意识的可能性意味着虽无违法性意识但稍加注意就会有可能的,就违法性来说,意味着过失,所以这种说法是在故意概念中混进了过失要素,抹杀故意与过失的区别,是不妥当的。参见[日]福田平、大塚仁编:《日本刑法总论讲义》,李乔等译,123页,沈阳,辽宁人民出版社,1986。

在对行为事实的认识之中因而没有必要特别要求。但也不能否认在自然犯中不具有违法性认识的情形的存在,在这一点,区别说也有不妥。规范责任论主张违法性认识必要说,将违法性认识视为故意成立的必要条件。如果欠缺这种违法性认识,故意即被阻却。我认为,这种观点是正确的。因为违法性认识反映出法敌对意识的存在,体现了故意这种犯罪形式的性质。在我国刑法理论中,违法性认识是否必要,往往转换为社会危害性认识是否必要这样一个命题,由此展开讨论。然而,由于社会危害性概念本身的含混性,使这种讨论的科学性大为降低。[①] 因此,我们仍然坚持违法性认识的说法,并将违法性认识作为故意中认识因素的规范评价。

对于意志因素的规范评价如何表现,这在刑法理论上是一个悬而未决的问题。意志是以选择为特征的,作为心理事实的意志因素,是指对行为事实之所欲。那么,这种欲何以成为犯罪的意志呢?我认为,其规范评价表现在期待可能性的有无上。期待可能性是指期待行为人实施合法行为的可能性。在期待可能性与故意的关系问题上,主要存在并列说与要素说。并列说将期待可能性视为独立于故意的责任要素,即故意成立,然后再考虑是否存在期待可能性,以此判定责任之存否。而要素说则将期待可能性视为故意的构成要素。我认为,期待可能性应视为故意要素。确切地说,是故意中意志因素的规范评价,即这种意志决定是否是在具有期待可能性情形下作出。如是,则具有犯罪意志,成立故意;反之,则没有犯罪意志。

一、故意的规范评价 I:违法性认识

违法性认识是指对行为人的违法性的判断属于对认识的规范评价因素。因

[①] 我国学者指出,社会危害性不是法律的规范要素,以此作为犯罪的认识内容,要么无法确定某些显而易见的犯罪故意的成立而放纵罪犯;要么无视行为人对社会危害性欠缺认识这一客观事实,而追究行为人故意犯罪的刑事责任,既冤枉了无辜,又使得犯罪故意的认定标准形同虚设。所以,社会危害性不是、也不可能是故意犯罪的认识内容,其认识内容应当是也只能是违法性认识。参见田宏杰:《违法性认识研究》,44 页,北京,中国政法大学出版社,1998。

此，违法性认识与事实性认识在性质上是存在区别的。如果说，事实性认识是对于客观事物的认知；那么，违法性认识就是对于法律关于某一客观事物的评价的认知。简言之，前者为对事的认知，后者为对法的认知。这里的事与法又不是分离的，法是对事之法。尽管在理论上可以明确地区分事实性认识与违法性认识，在实践上这种区分仍然是十分困难的。问题在于：这里的规范评价是指法的规范评价，还是也包含社会的规范评价，这直接影响对于事实性认识与违法性认识的区分。例如，我国学者将行为人的认识在刑事归责上涉及的事实分为两部分：不需要评价的事实，如火车、货币、妇女等；需要评价的事实，如淫书、敌方、珍禽等。由此得出结论：对需要评价的事实的认识，应当属于违法性认识，而不属于事实性认识。① 这里涉及对事实性认识与违法性认识的区分标准问题。我认为，无论是事实性认识还是违法性认识都属于对某种客体的一种主观认知，而不是评价，这是确定无疑的。违法性认识之所以称为规范评价，是指凡具有违法性认识的，就可以认为具有犯罪认识，因而为在刑法上评价为犯罪故意提供了主观根据。因此，违法性认识是对行为具有违法性这一事实的认识。就此而言，不能把对一切包含规范评价因素的事实的认识一概归之于违法性认识。例如淫书，是否认识到是淫书，这是一个事实性认识，是否认识到淫书乃法所禁止，这才是一个违法性认识。② 事实性认识的事实本身，并非裸的事实，同样包含评价的内容。这种评价，包括规范评价、认识评价、伦理评价等。尽管如此，这种事实仍

---

① 我国学者指出，所谓事实性认识，是指对构成要件中不需要评价的事实的认知。需要评价的事实虽然到底仍然是事实，但是，对需要评价的事实的认识，其重点在于评价，而不在于认知。划分事实性认识与违法性认识的标准是其认识是对事实的评价还是对事实的认知。参见冯军：《刑事责任论》，153 页，北京，法律出版社，1996。

② 日本学者大塚仁批评了卡特莱事件的判例中将关于文书的猥亵性的意义认识问题与违法性的意识的问题混同，指出：关于规范性构成要件要素的意义的认识和违法性的意识，都与规范相联系，具有类似之处。但是，它们与规范的关系明显不同，将它们同等看待，难免失当。就文书的猥亵性而言，意义的认识是认识到该文书具备猥亵性，而违法性的意识则未意识到贩卖该猥亵文书是刑法上所不允许的。前者是所谓犯罪事实的表象的一环，是构成要件性故意的要素；后者则是责任故意的要素，是责任论的对象。参见 [日] 大塚仁：《犯罪论的基本问题》，冯军译，213 页，北京，中国政法大学出版社，1993。

然是构成事实。① 因此，以是否存在评价因素作为区分事实性认识与违法性认识的标准，有失准确。

在大陆法系刑法理论中，违法性有形式违法性与实质违法性之分。那么，违法性认识之违法到底是形式违法性呢还是实质违法性？形式违法是违法性的形式概念，即违反法的规范，而实质违法是违法性的实质概念，指违反社会伦理规范（规范违反说）或者侵害、威胁法益（法益侵害说）。② 对于违法性认识来说，这种违法性应该是指形式的违法性，而不是实质的违法性。③ 因为形式违法性是从法律规定中直观地推演出来的，因而易于为人们所认识。而实质的违法性，是以法律以外的因素，诸如法益、社会伦理等加以说明的。这当然对揭示违法的本质有所裨益。但以此作为违法性认识的内容，则可能丧失法的确定性，甚至以对社会伦理规范的违反之认识取代违法认识。④ 至于以法益侵害作为违法性认识的内容，则在一定意义上沦为社会危害性认识，都与把违法性认识作为故意的规范评价因素的宗旨相悖。

违法性认识中的违法如何理解，在理论上也是一个值得研究的问题。对此，存在可罚的违法性认识说、法律不允许的认识说与违反前法律规范的认识说之

---

① 对此，小野清一郎指出：构成要件中的规范要素，是指构成要件中不但要有确定的事实，而且以规范评价为必要部分。这里，既有以诸如"他人财物"之类的法律评价为必要的场合，也有以诸如"虚假文书"之类的认识评价为必要的场合，还有以诸如"猥亵行为""侮辱"之类的社会的、文化的评价为必要的场合，以及以"故意的""不法"等完全是伦理的、道义的评价为必要的场合。因此，构成要件这种客观事实的记述和叙述，在实质上、整体上与规范相关并且含有评价的意味。参见〔日〕小野清一郎：《犯罪构成要件理论》，王泰译，32 页，北京，中国人民公安大学出版社，1991。

② 日本学者指出，关于违法性，从来是分为形式的违法性与实质的违法性两方面来考虑的：所谓形式的违法性，是从形式的立场把握违法性的观念，把违法解释为违反法律。实质的违法性论可以分为两个立场：一是李斯特所代表的把违法性解释为社会侵害性态度的行为的观点，认为违法无非是侵害权益或使法益遭受危险，可以说是把重点放在法益的侵害上的立场。另一个是源于 M. E. 麦耶的见解的认为违法性是违反国家所承认的文化规范的态度的观点，这是重视规范的违反一面的立场。参见〔日〕大塚仁：《犯罪论的基本问题》，冯军译，115 页，北京，中国政法大学出版社，1993。

③ 对此问题的论述，参见田宏杰：《违法性认识研究》，15 页，北京，中国政法大学出版社，1998。

④ 在这种情况下，对违法性认识的内容作这种宽泛解释的结果，是使实际结论同违法性认识不要说几乎没有了差异，使"不要说"与"必要说"的对立仅仅成为一种表面的对立。参见刘明祥：《错误论》，146 页，北京，法律出版社，1996。

争。其可罚的违法性认识说认为违法性认识不仅仅只是限于违反刑法的认识,而且以包含具体的可罚性认识的"可罚的刑法违反"的认识为必要。[1] 法律不允许的认识说,认为违法性认识是指行为人认识到行为具有反伦理性或反社会性,不能认为有违法性认识,但是,也不要求行为人具有可罚的违法性,而只要求其具有一般的违法性认识。违法性认识的内容是违反法律或违反实定法。[2] 违反前法律规范的认识说认为只要行为人具有违反前法律规范的认识,就可以认定为具有违法性认识。[3] 在上述两说中可罚的违法性认识说将违法性认识限制在刑罚可罚的范围内,使违法性认识过于狭窄,有其不妥。法律不允许的认识说将违法性放在整个法秩序当中加以考虑,有其合理之处。因为在某些情况下,例如空白罪状,违反刑法是以违反行政法规为前提的,如果没有违反行政法规,当然也就谈不上违反刑法。但对于行政违法性或者其他违法性的认识是否可以取代对于刑事违法的认识呢?当行为人对于行政违法性或者其他违法性有认识,但对于刑事违法性没有认识,在这种情况下难道也能认为具有犯罪故意的违法性认识吗?由此看来,法律不允许的认识说对于违法性认识范围的确定过于宽泛。至于前法律规范的认识说对于违法性认识的理解更为宽泛,几乎与违法性认识不要论异曲同工,其不妥之处更为明显。我认为,在违法性认识范围上,还是应采刑事违法性的认识说。刑事违法性是犯罪的基本特征,在罪刑法定的构造中,也有明确的界限,应当成为违法性认识的内容。至于行为是否违反刑法的认识,并不要求像专

---

[1] 这种观点的理论根据是:通过威吓抑制违法行为从而实现刑罚一般预防的机能。如果行为人对自己行为的可罚性无认识、甚至不存在认识的可能性,仍然对之加以刑法的非难、给予刑罚处罚,那就达不到通过适用刑罚抑制犯罪的这种刑罚的目的。另外,责任说进一步指出,违法性认识与形成反对动机的可能性是刑罚得以发挥其威吓作用的必要条件。因此,对不可能形成刑法上的反对动机者,施加刑法的非难、给予刑罚处罚,是不恰当的。参见刘明祥:《错误论》,145~146页,北京,法律出版社,1996。

[2] 此说来源于麦兹格的违法论。麦兹格认为,故意以行为人知道自己的行为是违法的即对行为的违法性有认识为要件,但对行为的可罚性的认识则是不必要的。后来的学者进一步发展了这种理论,认为对违法性的认识,不能从形式上去把握,而应该理解为是指实质的违法性认识,对实质的违法性认识还应当进一步加以实质化。参见刘明祥:《错误论》,144页,北京,法律出版社,1996。应当指出,将违法性认识加以实质化,可能导致对违法性认识的否定,这是不可取的。

[3] 这里的前法律规范是指一般规范或条理。参见刘明祥:《错误论》,142页,北京,法律出版社,1996。

业人员那种确知。① 因此，以刑事违法性的认识作为违法性认识的内容，并不会缩小犯罪故意的范围，而且合乎罪刑法定的原则。

二、故意的规范评价Ⅱ：违法性意志

违法性意志是指心理性意志的评价因素，这种评价成为归责的根据。② 在心理性意志的基础上，之所以还要进一步追问违法性意志，是因为：对于违法性的结果虽然是行为人所选择的，但如果这种选择是在不具有期待可能性的情况下作出的，即缺乏违法性意志，我们仍然不能归罪于行为人。因此，违法性意志其实就是一个期待可能性的判断问题。在一般情况下，具有责任能力的人，在具有违法性认识的基础上，实施某一行为，通常就存在期待可能性。但在某些特殊情况下，期待可能性的判断仍然是必要的。例如，有配偶而与他人结婚，构成刑法上的重婚罪。但因自然灾害而流落外地，为生活所迫与他人重婚的情形下，行为人明知个人有配偶，具有事实性认识；明知重婚违法，具有违法性认识；在这种情况下仍然与他人结婚，具有心理性意志。但由于是为生活所迫而与他人重婚，缺乏期待可能性，因而没有违法性意志。对此，不能以重婚罪论处。

（本文原载《政法论坛》，1999（5））

---

① 我国学者认为某些行为是否违反刑法，甚至司法工作人员一时也难以认定，而要求行为人认识到这一点，显然是不合情理的，以此为由否认刑事违法性的认识说。参见刘明祥：《刑法中错误论》，214 页，北京，中国检察出版社，1996。

② 黑格尔论述了评价因素对于归责的重要性，指出：凡是出于我的故意的事情，都可归责于我，这一点对犯罪说来是特别重要的。不过责任的问题还只是我曾否做过某事这种完全外部的评价问题；我对某事负责，尚不等于说这件事可归罪于我。参见［德］黑格尔：《法哲学原理》，范扬、张企泰译，118 页，北京，商务印书馆，1961。

刑法中的故意及其构造

一

故意是由一定的心理要素构成的，这种心理要素可以分为认识与意欲。在对故意本质的认识上，从来就存在认识论与意欲论之争。在某种意义上说，故意内涵的演化史，就是认识论与意欲论的反复消长史。我国台湾地区学者指出：根据19世纪德国刑法学者给色勒（Geβler）对认识论与意欲论演进阶段的研究，故意内涵的演化可分为四个阶段。第一个阶段中，依行为的外在效果决定行为人的归责。当一个针对轻结果而采取的行动造成重结果时，如果所使用的方法，必然或一般而言经常会造成该重结果时，则行为人将因全部的结果而受归责。在第二个阶段中，行为人的意欲（Wille）是决定罪责的要素，任何被认为易于预见的结果，都是行为人所意欲的结果。第三阶段中，认识和意欲两个要素被区分出来了，但有认识通常即被认为有意欲。第四个阶段中，意欲是一个判断故意的独立要素。[1]

---

[1] 参见许玉秀：《主观与客观之间——主观理论与客观归责》，46页，北京，法律出版社，2008。

以上论述为我们发现认识与意欲在故意中的地位,提供了一张路线图。第一个阶段属于结果责任阶段,尚未确立主观归责的思想。而第二个阶段是意欲论占统治地位的阶段,尚未对认识与意欲加以区分。第三个阶段是认识论占统治地位的阶段,认识成为意欲的标志。第四个阶段则是认识与意欲区分,并把认识与意欲同时作为故意的心理要素,加以独立判断。目前的通说是认识与意欲的统一说,但认识论与意欲论仍然具有各自独立的主张,以下分别加以论述。

(一)认识论

在认识论中,又存在可能性说与盖然性说之争。这两种观点是围绕认识程度而展开的,认识程度要求不同,基于认识论而成立的故意范围就会有所不同。我国学者分别对可能性说与盖然性说作了以下介绍,指出:可能性说是一种彻底的表象主义的立场。在德国,施罗德(Schroder)、施密特霍伊泽尔(Schmidhauser)等学者提倡此说。他们认为,只要对结果发生的可能性有具体的认识(预见),而仍然实施行为,就具有故意。此说排斥意思的因素,即使行为人并不希望结果发生,但只要对结果的发生有具体的认识,就认为存在故意。因此根据该说,有认识的过失就没有存在的余地。盖然性说认为,要成立故意,不仅需要认识到结果发生的可能性,而且还应当认识到其盖然性。这里所说的盖然性,是指超过50%的可能性,但并不要求高度的盖然性或接近确切程度的盖然性。这一学说认为,强调意思的要素有导致刑法过度心情化的危险,因而仍然将故意的核心理解为认知的要素。但与可能性说相比,该说显然缩小了故意的成立范围。根据该说,故意与过失的分水岭在于所认识到的结果发生可能性的程度。仅认识到结果发生的可能性,是有认识的过失;认识到结果发生的盖然性,是未必的故意;认识到结果确定会发生,是确定的故意。[①] 在认识论的以上两说中,都是仅根据是否具有认识来认定故意,至于可能性或者盖然性,都只不过是认识的程度而已。应该说,作为主观要素,认识较之意欲更容易把握。而且,在一般情况下具有认识而为之者,都可以被认定为具有故意。这就是我国古代刑法中所说的

[①] 参见陈家林:《外国刑法通论》,219~220页,北京,中国人民公安大学出版社,2009。

"明知故犯",即"明知"这一认识要素被视为故意的表象。这也是认识论之所以又称为表象主义的缘由。当然,认识论本身也存在不容回避的问题,就是认识程度本身也是不好界定的。例如,盖然性说将认识分为可能性认识、盖然性认识与确定性认识:认识到可能性是有认识的过失;认识到盖然性是间接故意;认识到必然性,则是直接故意。这种区分当然具有一定的合理性,但在具体案件中存在判断上的困难。例如,可能性与盖然性的区分:盖然性是指50%以上的可能性。从这个意义上说,盖然性本身仍然是一种可能性,只不过是一种较大的可能性,而50%以上这样一个度的把握几乎是不可能的。

(二)意欲论

意欲论不同于认识论,认识论是以认识因素作为判断故意的心理根据,而意欲论主张以意志因素作为判断故意的心理根据。在故意概念的演化史上,意欲论曾经占上风,但如何描述意欲成为一个难题。我国台湾地区学者指出:如何才能将意欲要素描写得较为"逼真",不管是认诺(Einwilligung)、认可(Billigung)、同意(einverstanden sein)、容忍(Inkaufnehmen)、漠然(Gleichgütigkeit)还是接受(Sich-Abfinden),甚至估算(Rechnen)、信赖(Vertrauen)、防果意思(Vermeidungswille)、认定(严肃地判断)(ernsthaftes Urteil)或者是作出可能侵害法益的决定(Entscheidung für die mogliche Rechtsgüterverletzung),都是在描述一种类似于意欲的心态,都是借着描述行为人的某种心理情状,来证明行为具备故意当中"欲"的要素。[1] 由此可见,描述意欲的心理,确实是劳而无功之举。实际上,关于到底如何界定意欲在意欲论中本来就是存在争议的,这也就是希望说与容认说之争。我国学者分别对希望说与容认说作了以下介绍,指出:希望说认为,成立故意需要行为人对构成要件结果的发生持意欲或者希望的态度。这是希望注意的原本形态。德国学者比克迈尔、海波尔,日本学者大场茂马等持此说。但现在大多数学者认为,该说不承认作为不确定故意的未必的故意,将有

---

[1] 参见许玉秀:《主观与客观之间——主观理论与客观归责》,44~45页,北京,法律出版社,2008。

未必的认识的情况基本上都视为有认识的过失，这是不合适的。容认说认为，故意的成立不仅需要有对结果的预见，而且还必须容认、认可、忍受该结果的发生。这一学说是基于意思主义的立场，将容认、认可等意欲的要素作为重点，来考虑故意内容的立场。该说认为，应尽可能地排除"希望"这种情绪性的评价要素。这是现在日本的通说。① 在意欲论中，希望说与容认说涉及对意欲内容的理解，由此导致对故意范围的不同界定。希望说把意欲理解为希望结果发生的心理态度，具有较为强烈的意志性质，对意欲的界定范围明显是较为狭窄的。笔者认为，指责希望是一种情绪性的评价要素并没有道理，希望并不具有情绪性，它是对结果的一种积极追求。当然，希望说将间接故意排除在故意之外，这显然是不合适的。而容认说以容认作为意欲的下线，它容纳了希望的心理态度，因而使故意包含直接故意与间接故意。这是较为合理的。但关于容认到底是积极的容认还是消极的容认、容认到底是一种情绪还是一种意欲等问题，在刑法理论上还是存在争议的。

（三）风险说

认识论与意欲论的争论，主要是围绕故意的主观心理展开的。但除此以外，还存在主观说和客观说之争。在20世纪60年代以后，故意出现了客观化的取向，即以客观的行为风险取代对行为人主观心态的描述，借以证明行为人的故意。② 如果说，认识论与意欲论都试图从行为人的主观心理上揭示故意的内容，因而属于主观说，那么客观说就是从客观层面解释故意的一种学说，以福利许的风险说为代表。我国台湾地区学者在介绍福利许的风险说时指出：福利许（Frisch）在他备受瞩目的专论［指1983年发表的《故意与风险》（vorsatz und Risiko）——引者注］中，一开始即质问：故意的问题为什么一定属于主观犯罪阶层的问题？为什么不可以是客观面的问题？福利许尝试从客观层面解释故意，包括间接故意的内涵。他的第一步是澄清故意的对象，不是一般所认为的结果、

---

① 参见陈家林：《外国刑法通论》，219～220页，北京，中国人民公安大学出版社，2009。
② 参见许玉秀：《主观与客观之间——主观理论与客观归责》，45页，北京，法律出版社，2008。

行为与结果的因果流程或构成要件的客观要素,而是构成要件的行为本身,也就是法律所不容许的行为风险。第二步即确认处罚故意行为的理性所在:处罚故意行为的根本理由在于故意行为人表现出颠覆法律忠诚的态度,行为人认识到其行为会造成法所不容许的风险仍径而作出行为决定,已表现出法敌对性。第三步得出结论:行为人认识风险之时,即对风险形成个人的评价(personliche Stellungnahme),这就是所谓的"就他自己看来"(Fürsichso-Sehen)的风险,进而作出行为决定,即有行为的间接故意。这种依风险认知(Risikowissen)而确定的故意形态,是故意的基本形态,即直接故意或称明知,或危险的认知。意图则表现了行为人特别高的危险性,行为人有意图,并不是估算有毁灭的风险,而是要造成毁灭或破坏。意图通常应罚或需罚程度较高,但意图与明知何者较严重,应视实际情况而定。意欲要素在传统轻忽认知要素的情况下是重要的,但从故意的对象是客观的构成要件行为,是不能被容许的风险来看,是不必要的;在有风险认知而行为属于间接故意的情况下,相信有好结局即是有认知的过失。[①] 以上风险论,显然是以客观归责理论为其逻辑前提的,以制造法所不允许的风险作为核心内容。风险说不同于传统故意论的独特之处在于:简化故意的认知客体。通常认为,构成要件具有故意规制机能,凡是被纳入构成要件的客观要素,例如行为、结果以及行为与结果之间的因果关系,都是要求行为人认识的,在此基础上才能形成故意之所谓意欲。在这个意义上说,故意的意欲是相对于构成要件结果而言的,是对结果的希望或者放任。这样一种故意,也被称为结果本位的故意:只要对这种危险具有认识且实施其行为即为故意。这就在一定程度上否认了意欲要素在故意中的必要性。实际上,将风险说称为客观说是有些名不符实的,因为行为的风险当然是客观的,但对风险的认识本身仍然是主观的。就此而言,风险说属于认识论的故意范畴。

当然,福利许的风险说的提出,仍然是具有一定意义的:它是故意理论对风险社会的一种回应。风险社会是德国学者乌尔里希·贝克提出的一个概念,用来

---

① 参见许玉秀:《主观与客观之间——主观理论与客观归责》,79~80页,北京,法律出版社,2008。

理解现代社会。贝克认为，工业革命与现代科技深刻改变了人类的生活秩序与方式，提出了传统社会无法想象的物质便利，但也创造出众多新生危险源，导致技术风险的日益扩散。现代社会越来越多地面临各种人为风险，从电子病毒、核辐射到交通事故，从转基因食品、环境污染到犯罪率攀升等。工业社会由于其自身系统制造的危险而身不由己地突变为风险社会。[1] 风险社会同时带来了刑法危机：刑法如何应对风险社会并形成风险刑法，即风险社会刑法。这是一个值得探讨的问题。[2] 风险社会同样给故意理论带来了重大冲击。对此，我国学者指出：刑法理论一般公认，故意犯的本质在于对法规范的敌对意思，而此种敌对意思需要通过对法益的侵害决意表现出来。在传统刑法的范围内，由于行为人通常采取的是反社会反伦理的手段，其实施行为的意欲与侵害法益的意欲完全重合，肯定前者即能认定行为人对法规范的敌对心态，故而，可以毫无障碍地将意欲的内容解释为对法益侵害结果的意欲。相反，对于那些具有引起法益侵害风险的日常行为来说，行为人的从事行为的意欲（即行为决定或行为决意）并不等同于侵害法益的意欲。也就是说，从行为决定本身无法断定行为人对法益侵害结果所持的心态，行为决定本身也难以直接表明行为人对法规范的敌对意思。相应地，倘若仍然坚持意欲的内容是对法益侵害结果的意欲，则不仅认定故意会变得异常困难，而且难以有效地保护他人与社会的法益。由是之故，在认定故意时，放弃或放宽意欲要素的要求而将关注重心放在认识因素之上，便成为理论为迎合风险社会之现实需要而被迫作出的应变之举。[3] 从以上论述来看，从意欲论转向认识论，是故意理论在风险社会背景下的应变之举。这一观点，当然有其合理性。在笔者看来，对这个问题可能还是要从客观构成要件入手进行分析，因为主观故意对客观构成要件具有某种依附性。刑法对风险社会的应对首先表现为构成要件的设置

---

[1] 参见［德］乌尔里希·贝克：《世界风险社会》，吴英姿等译，102 页，南京，南京大学出版社，2004。

[2] 关于风险社会与刑法的探讨，参见劳东燕：《公共政策与风险社会刑法》，载《中国社会科学》，2007（3），126 页及以下。

[3] 参见劳东燕：《犯罪故意理论的反思与重构》，载《政法论坛》，2009（1），88 页。

上。风险社会刑法在构成要件设置上的特征,正如我国学者所指出的,主要表现为行为范畴的拓展与犯罪标准的前移这两个方面。① 行为范畴的拓展,主要表现为不作为犯与持有犯的增加。传统的犯罪是作为犯,不作为犯只是例外。而现代刑法中,不作为犯大有扩张之势,并且出现了大量的持有犯。犯罪标准的前移,主要表现为危险犯与行为犯的增加。传统的犯罪都是实害犯与结果犯,但在风险社会里基于防范风险的需要,立法者把刑法惩治的时间前移,设置了大量的危险犯与行为犯。无论是行为范畴的拓展,还是犯罪标准的前移,对客观构成要件带来的一个重大影响就是,传统的以行为、结果以及因果关系为内容的这样一种结果式的构成要件有所萎缩,而产生了一种以行为、危险为内容的,相对于结果式的构成要件这样一种完整的构成要件模式来说,截短的构成要件模式。我们称之为行为式的构成要件。在行为式的构成要件中,其实质内容是法益侵害危险而不是法益侵害结果,因而只要明知行为具有法益侵害危险而实施的,就应该认为行为人具有故意。只有在结果式的构成要件中,其实质内容是法益侵害结果,因而只有对这一结果具有意欲才能构成故意。在这种情况下,随着结果本位的刑法让位于行为本位的刑法,结果本位的故意概念也应该让位于行为本位的故意概念。对此,我国学者也作了深刻的论述,指出:可以肯定的是,当前某些犯罪罪过形式的认定难题,并非孤立的现象,而是结果本位主义对刑事立法的影响力有所衰退的结果。随着刑法任务观的重新定位,刑法中结果本位主义一统天下的时代已经过去,服务于风险控制的行为本位的思想正不断渗透进来。因而,期望利用结果本位的传统刑法理论来诠释日益受行为本位思想影响的刑事立法,无异于刻舟求剑,终非长久之计。②

我国刑法第 14 条第 1 款规定:"明知自己的行为会发生危害社会的结果,并且希望或者放任这种结果发生,因而构成犯罪的,是故意犯罪。"从这一规定来看,我国刑法中的故意显然是一个结果本位的故意。对此,我国学者储槐植教授

---

① 参见劳东燕:《公共政策与风险社会刑法》,载《中国社会科学》,2007 (3),131~132 页。
② 参见劳东燕:《犯罪故意理论的反思与重构》,载《政法论坛》,2009 (1),92 页。

指出：根据定义（指我国刑法关于故意犯罪的规定），只有"明知"会发生危害"结果"才能构成故意犯罪。这表明只有发生了法定结果才能成立既遂罪。然而，刑法分则并非都如此。总则采用的是"结果本位"原则，是消极刑法思想的反映。提到理论高度，作为犯罪本质特征的行为严重社会危害性，表明了国家对某类行为的政治法律评价，并不是行为人的主观判断。刑法分则规定的故意犯罪主观要件也都没有要求行为人对行为的社会危害性有认识，把故意犯罪的构成建立在犯罪人与国家意志相一致的基础上是一种理论失误。[1] 基于以上理由，储槐植教授建议对刑法关于故意犯罪的规定作如下修改："明知自己的行为会发生法律规定为犯罪的结果或者明知自己的行为就是法律规定为犯罪的行为，并且希望或者放任发生这种结果或者实施这种行为，因而构成犯罪的，是故意犯罪。"这一建议，实际上主张把故意分为结果故意与行为故意这两种情形。对于这个问题，笔者曾经发表过否定性的见解，指出：行为人对危害结果有无认识、是否要求其认识是一回事，法律在构成要件的客观方面是否以一定的危害结果作为必要要件是另一回事，不能因为法律不以危害结果为必要要件，而否定行为人主观上对一定的危害结果必须有认识。[2] 现在看来，笔者的这一观点是值得反思的。笔者曾以我国刑法中的诬告陷害罪为例加以论证：虽然诬告陷害罪不要求使他人受到刑事处分的结果，但在行为人的主观故意中显然是包含对这一结果的认识的，否则诬告陷害的故意难以成立。这一结论是正确的，因为诬告陷害罪属于目的犯，在客观构成要件上是断绝的结果犯。虽然客观上不要求行为人具有对某一结果的认识，但主观上行为人具有实现这一结果的目的。在这种情况下，断绝的结果犯的故意当然包含对结果的认识。但在我国刑法中，断绝的结果犯只是行为犯的一种特殊情况。在我国刑法中，还存在纯正的行为犯、持有犯、危险犯等各种犯罪类型，对于这些行为式的构成要件模式来说，其构成要件要素只是行为，以及相类似的持有等内容，并没有结果。对于这些犯罪来说，只要行为人对行为的危险有

---

[1] 参见储槐植：《建议修改故意犯罪定义》，载《法制日报》，1991 - 01 - 24。
[2] 参见陈兴良：《刑法哲学》，修订3版，169页，北京，中国政法大学出版社，2003。

认识，并且实施了这一行为，就应当认为行为人具有故意。这是一种行为故意。当然不能否认在结果式的构成要件模式中，构成故意要求具有对结果的认识及意欲。这是一种结果故意。在行为故意的情况下，认识要素对故意具有决定性作用，而意欲被认识包裹，隐藏在其身后。在司法实践中，对于行为故意只要表明认识因素即可，而不需要另外认定意志因素。

二

明知是故意的认识因素。对此我国刑法第 14 条作了明文规定。但如何理解与认定这里的明知，在刑法理论上存在探讨的必要。

（一）明知的内容

明知是对构成要件要素的事实性认识，这是构成要件的故意规制机能所决定的。并且，对于不同构成要件类型的犯罪，其明知的内容是有所不同的。对此，贝林指出：为了确定故意，行为人必须认识到属于法定构成要件的事实情节。即是说，必须考虑到一些重要的具体事实状况，即认识内容在法律上基本上与构成要件要素相一致。由此而论，在实质犯（即实害犯）中，成立故意要求行为人必须具有对因果性和结果的预见（在过失犯中，只是预见到危险，而不是预见到损害结果）。李斯特将故意定义为"因果性认识"，这是不正确的。因此，在实质犯中，只有故意所认识到的构成要件要素，才应该适用于定罪，相反，在形式犯中，认识的内容，不要求在客观上有相应的构成要件要素。① 笔者认为，贝林将构成要件区分为实质犯与形式犯，实质犯也就是结果犯，形式犯也就是行为犯。实质犯与形式犯的构成要件要素不同，因而其明知的内容也是有所不同的。因果性认知只存在于实质犯中，在形式犯中只有行为性认识。正是在这个意义上，贝林指出了李斯特把故意定义为因果性认识是错误的。

在明知的内容中，大多是日常生活的事物，对它们的认识并不需要专业知

---

① 参见 [德] 贝林：《构成要件理论》，王安异译，104 页，北京，中国人民公安大学出版社，2006。

识。但在构成要件中还存在一些规范性、价值性事实,对这些构成要件要素的认识达到何种程度才属于故意范畴?对这个问题,李斯特作了以下令人深省的阐述:立法者制定的法学概念,使用法律的法律工作者能够很快理解,但是离普通老百姓(的知识范畴)太远了。如果想知道何为"故意",那么,"只有法律工作者能够实施犯罪"。只要构成要件中包含的是法学概念,则应当归因于概念所涉及的生活中的具体名词,以及归因于立法者与之有关的社会、文化评价。此等社会中的具体名词和评价对具体的人的认识范畴而言原则上是相通的。如果《刑法》第 267 条涉及"证书",则对此等非常难懂的且颇具争议的法律概念的认识并非故意所必须,而只要(行为人)能认识到它涉及一个在法律事务中符合概念内容的功能即可。《刑法》第 242 条谈及的"他人"之物,我们不能要求行为人对法学的、民法中的财产概念有清楚的了解,而只要求他认识到,其行为侵害了当事人对该物所享有的排他性占有权。属于行为人故意的不是对行为的推定(属于法律范畴)及其抽象的概念特征,而是对那些事实和法律关系的认识,后者构成行为危害性事由,并被立法者在法学概念的抽象中用于建立构成要件。[①] 笔者以为,李斯特的以上论述是十分深刻的。法律是用来规范社会生活的,社会生活又具有其自身的逻辑。在这种情况下,法律术语要去贴近社会生活,而不是相反。因此,在刑法对构成要件要素的描述中可能采用某些专业术语,但并不要求老百姓都成为专业人士,否则"只有法律工作者才能实施犯罪"。例如,我国刑法规定了制作、贩卖、传播淫秽物品罪,其第 367 条对淫秽物品规定了以下定义:"本法所称淫秽物品,是指具体描绘性行为或者露骨宣扬色情的诲淫性的书刊、影片、录像带、录音带、图片及其他淫秽物品。"这里的淫秽物品是一个极其专业的术语,一般的老百姓并不使用,甚至也不知道这样的术语。因此,我们可以听到下面这样一段警察和卖淫秽光盘的妇女之间的对话:

  警察:你为什么被抓?
  妇女:因为在街头倒卖光盘。

---

① 参见[德]李斯特:《德国刑法教科书》(修订版),285~286 页,北京,法律出版社,2006。

警察：你倒卖的光盘中有多少张淫秽光盘？

妇女：没有淫秽光盘，只有10张毛片，其他都是盗版光盘。

警察：毛片不就是淫秽光盘吗？

妇女：我不知道。

警察：你看过毛片吗？

妇女：没有。

警察：你知道倒卖淫秽光盘是犯罪吗？

妇女：我不知道，我只知道倒卖毛片犯法，抓住要罚款。

在以上对话中，妇女虽然不知道什么是淫秽光盘，但知道什么是毛片；不知道什么是犯罪，但知道什么是犯法，因而其故意的认识因素就具备了，而不能强求妇女认识到自己贩卖的是淫秽光盘，才具有贩卖淫秽物品罪的故意。这里存在一个日常世界如何与法律世界沟通、行为人所为与所知如何印证的问题。对此，德国学者考夫曼通过一个生动的例子加以阐述，指出：对我们而言，要讨论的是，究竟对故意的归责如何可能，如果行为者，如一般案件，对其行为并没有法律的想象，而仅掌握其社会的、人性的意义内涵，而那个内涵亦是不清楚的并在一种简化的日常语言中掌握。例如，在帝国法院判决的"啤酒垫案"中，一个酒店的客人将女侍者为了方便后来算账，在放啤酒的垫子上所划的线擦掉。困难的是这个客人是否在行为时想到文书犯罪（啤酒垫子被当作是文书），对他而言，或仅仅想到这是如"操纵""骗子""甩个耳光"等意义（纵使，他是一个外国人，但对该些线的意义并非完全不认识）。在此再度要提的问题是：这个常人的意识如何取得与法律的关联性？① 因此，对明知的内容是按照一般的社会生活常识来确认的，而不能按照法律或者其他专业的知识来衡量。这也正是所谓"外行的平行评价"（Parallelwertung in derLaiensphare）。②

---

① 参见［德］考夫曼：《法律哲学》，刘幸义等译，195页，北京，法律出版社，2004。
② 参见［德］汉斯·海因里希·耶赛克、托马斯·魏根特：《德国刑法教科书（总论）》，徐久生译，356页，北京，中国法制出版社，2001。

(二) 明知的程度

明知有程度之分，这就是明知结果可能发生与明知结果必然发生。应当指出，明知程度只对结果犯才具有意义，对行为犯则没有意义，因为对行为犯来说，行为人只要明知其行为的性质而有意实施该行为即构成故意。在这种情况下，并不存在一个明知的程度问题。

在刑法理论上，关于明知结果必然发生的情况下是否可能成立间接故意，是存在争议的。对此，苏俄学者曾经通过以下案例进行讨论。

【案例一：罗曼诺夫杀人案】[①]

有一座楼房正在修建，依万诺夫和谢敏诺夫两个工人同在一个被粗麻绳系在10层楼的房顶旁的脚手架上工作。公民罗曼诺夫（依万诺夫的仇人）企图杀死依万诺夫，为了这个目的而割断了捆着脚手架的绳索，结果两个工人都跌下来摔死了。

【案例二：甲放火烧死婴儿案】[②]

公民甲为了获得保险费而放火烧掉了房子，这所房屋里有一个婴儿，甲并不希望这个婴儿死，但是，婴儿是可能被火烧死的，而甲有意识地放任这种死亡的发生。

针对以上两个案例，特拉伊宁作了对比性分析，认为：在案例一中罗曼诺夫虽然不希望，但却有意识地放任了谢敏诺夫，不能不同依万诺夫一块摔死。谢敏诺夫的死亡并不是可能的，而是不可避免的。因此，罗曼诺夫不仅以直接故意杀害了依万诺夫，而且以直接故意杀害了谢敏诺夫，因为在这种情况下，不杀害其中一人，就不能杀害另一人。因而，只要不希望发生，但有意识放任发生的结果必然要发生的，就不能再说是可能发生的，但它也可能不发生。案例二中甲虽不希望，但却有意识地放任婴儿的死亡，所以，甲要负直接故意放火罪并对由可能的故意构成的杀害婴儿罪负责。[③] 在以上论述中，特拉伊宁所说的可能的故意，又称为未必的故意，也就是我国刑法中所规定的间接故意。特拉伊宁认为，在故

---

①②③ 参见〔苏〕A. H. 特拉伊宁：《犯罪构成的一般学说》，王作富等译，167页，北京，中国人民大学出版社，1958。

意必然发生的情况下就应定直接故意。这一结论是正确的。因为间接故意是以结果可能发生为前提的，如果结果必然发生，就不可能构成间接故意。但特拉伊宁说在结果必然发生的情况下，即使对结果有意识地放任其发生，也不可能构成间接故意。这一论述存在表述上的瑕疵。应该说在明知结果必然发生的情况下主观上不可能存在放任心理，必然是希望其发生。由此可见，在故意中，认识因素对意志因素具有制约作用。我国刑法学以往过于强调意志因素，应该适当地回归对认识因素的关注。在许多情况下，只要查明认识因素就可以区分直接故意还是间接故意，完全没有再去考察意志因素的必要。

（三）明知的规定

我国刑法总则关于故意犯罪的概念中规定了明知，我们称为一般的明知。此外，我国刑法分则对某些具体犯罪又规定了明知，我们称为特定的明知。例如刑法第191条规定的洗钱罪中的明知，第214条规定的销售假冒注册商标的商品罪中的明知，第218条规定的销售侵权复制品罪中的明知，第258条规定的重婚罪中的明知，第259条规定的破坏军婚罪中的明知，第310条规定的窝藏、包庇罪中的明知，第311条规定的拒绝提供间谍犯罪证据罪中的明知，第312条规定的掩饰、隐瞒犯罪所得、犯罪所得收益罪中的明知等。这些明知，都是对行为客体的明知。在刑法明文规定这种主观上明知的情况下，没有这种明知，当然不具有故意，因而也不构成这些犯罪。问题在于：在刑法没有明文规定这种明知的情况下，是否就意味着不要明知？这个问题，涉及对明知条款的性质的界定，即：这些明知条款到底是提示性规定还是特别规定？对此的不同回答，就会使对上述问题得出不同的结论。奸淫幼女构成强奸是否以明知幼女年龄为必要，就是一个曾经引起广泛争论的问题。这一争议缘于一个司法解释，而该司法解释是缘于一个奸淫幼女案例[①]：

被害人徐某，女，1989年5月2日出生，案发时12岁，身高1.65米，

---

① 参见陈兴良：《奸淫幼女构成犯罪应以明知为前提——为一个司法解释辩护》，载《法律科学》，2003（6）。

体重60.2公斤。该女在2002年2月,以"疯女人"的网名上网与人聊天,随后与人见面,先后与张某等六人发生性关系。

某区人民法院审理该案后,对该案中的奸淫事实确认无误,但对被告人张某等人的行为是否构成奸淫幼女,存在以下两种意见。第一种意见认为,被害人徐某案发时未满14周岁,而奸淫幼女罪(该罪名已经被取消,奸淫幼女行为均被定强奸罪——作者注)是指与不满14周岁的幼女发生性交行为。不管幼女是否同意,也不管行为人采用什么方法达到奸淫目的,只要实施与幼女的性交行为,即构成此罪,上述六被告人的行为符合奸淫幼女罪的犯罪构成。第二种意见则认为,被告人张某等六人的行为不构成奸淫幼女罪。其理由是:首先,对奸淫幼女罪主要是考虑到不满14周岁的儿童对性的认识能力欠缺,为保护儿童的身心健康,所以在强奸罪中加以单独规定。在本案中,被害人徐某虽然未满14周岁,但其从网上和其他渠道更多地了解了有关性知识,其在给被告人的信中也宣称"爱好:上网、找男人做爱……"。这说明其心理发育早熟,有别于传统意义上的幼女。其次,被害人徐某与上述张某等六被告人均是在网上聊天时相识,被害人在被奸淫之前大多主张提出要与对方见面,不想回家,想找个地方睡觉。在网上聊天时,被害人徐某也是以性爱作为主要内容,想知道性爱是什么。由于早熟及好奇心驱使,被害人徐某主动接触异性并勾引异性,导致其与多人发生性行为。且被害人在网上及当着六被告人的面均说自己19岁,从体貌特征看其似成人,被告人不可能知道其是幼女。也就是说在本案中,上述六被告人无罪过,不能认为其行为犯罪。因为对本案的定性存在上述分歧意见,某区人民法院遂将本案请示到某中级人民法院。某中级人民法院经审判委员会讨论,同样存在意见分歧,遂请示辽宁省高级人民法院。辽宁省高级人民法院对本案的定性没有把握,尤其是考虑到这个案件涉及对刑法第236条第2款规定的正确理解,具有一定的普遍性,遂将本案请示到最高人民法院。最高人民法院经过审判委员会讨论,于2003年1月17日颁布了《关于行为人不明知是不满十四周岁的幼女,双方自愿

发生性关系是否构成强奸罪问题的批复》*（以下简称《批复》），指出，辽宁省高级人民法院：你院《关于行为人不明知是不满十四周岁的幼女而与其自愿发生性关系，是否构成强奸罪问题的请示》收悉。经研究，答复如下：行为人明知是不满十四周岁的幼女而与其发生性关系，不论幼女是否自愿，均应依照刑法第236条第2款的规定，以强奸罪定罪处罚；行为人确实不知对方是不满十四周岁的幼女，双方自愿发生性关系，未造成严重后果，情节显著轻微的，不认为是犯罪。

这个司法解释颁布以后，引发了社会公众的广泛争论。刑法学界尽管一致赞同《批复》的精神，但也存在不同意见。[①] 笔者认为，这一争议涉及对明知的理解。主张奸淫幼女行为构成强奸罪不要求行为人对幼女的年龄明知的重要理由之一就是刑法关于奸淫幼女没有规定以明知为条件，因而在法律上并不要求明知。问题在于：刑法分则没有规定明知，就意味着具体犯罪故意对行为客体的性质不要求明知吗？笔者的回答是否定的。因为对行为客体的明知，是故意的应有之义。如果没有这种明知，故意就不能成立。实际上，在刑法分则所有没有规定明知的情况下，这种明知都是必要的。例如，我国刑法第348条规定的非法持有毒品罪，在罪状中也未规定明知是毒品而持有的，那么，能不能说非法持有毒品在主观上不要求对毒品明知呢？显然不能。如果没有对毒品的明知，那么行为人只有持有物品的故意，却没有持有毒品的故意。因此，刑法分则有关持有明知的规定是一种提示性规定而不是特别规定。笔者在为《批复》辩护的论文中曾经从解释方法角度作了论证，认为《批复》采用了限制的方法，指出：

> 就本文涉及的奸淫幼女的司法解释而言，被解释的法律文本是"奸淫不满十四周岁的幼女的，以强奸论，从重处罚"。在这一法律条文中，并没有明知是不满14周岁的幼女的内容。因此，仅从法律条文的字面规定来看，理解为不需要明知是不满14周岁的幼女发生性行为的即可构成本罪，在文

---

* 该批复已失效。——编辑注
[①] 有关争论情况，参见赵秉志主编：《主客观相统一：刑法现代化的坐标——以奸淫幼女型强奸罪为视角》，北京，中国人民公安大学出版社，2004。

理上并无不可。而司法解释对此理解为行为人明知是不满14周岁的幼女而与其发生关系才构成强奸罪，这就排除了不明知而构成本罪的情形，因而在一定程度上缩小了法律条文所指称的内容。尽管这种解释从字面来看，缩小了本罪的范围，但这一解释是与刑法的整个立法精神相吻合的。①

孤立地看刑法第236条第2款，限制解释的说法似乎是能够成立的。但根据一般文义解释，若对幼女年龄不明知相关的性行为也构成强奸罪，则与刑法总则关于犯罪故意的规定相矛盾。在这种情况下，现在看来不能认为《批复》采取了限制解释，而应当从体系解释的角度来作分析。关于体系解释，我国学者指出：体系解释是指根据刑法条文在整个刑法的地位，联系相关法条的含义，阐明其规范意义的解释方法。一般认为，可以在法律用语具有歧义的情况下，通过体系解释明确法律用语的含义，并且使刑法规定的内容得到完整的揭示。② 体系解释要求我们在解释一个刑法条文的时候，应当把它置于整个刑法体系中，在法律文本的语境内还原法律蕴含。在这个意义上说，体系解释也是一种语境解释，即将法律文本作为一个有内在完整结构、融贯一致的体系，每一语词和句子都不能同该文本发生冲突。③ 根据体系解释，在解释刑法第236条第2款的时候，不能断章取义地就法条论法条，而应把它与刑法第14条的规定联系起来，由此来看，"明知"是刑法第236条第2款的应有之义。就此而言，就不存在限制解释的问题。

（四）明知的认定

明知是行为人的一种主观心理状态，对明知如何认定，是一个值得研究的问题。目前在我国司法解释中，往往把明知解释为知道或者应当知道。例如2000年11月22日发布的最高人民法院《关于审理破坏森林资源刑事案件具体应用法律若干问题的解释》第10条第一句规定：刑法第345条规定的"非法收购明知是盗伐、滥伐的林木"中的"明知"，是指知道或者应当知道。此外，也有个别

---

① 陈兴良：《奸淫幼女构成犯罪应以明知为前提——为一个司法解释辩护》，载《法律科学》，2003(6)。
② 参见林维：《刑法解释的权力分析》，102页，北京，中国人民大学出版社，2006。
③ 参见上书，106页。

司法解释把明知解释为知道或者可能知道。例如，2001年6月11日最高人民检察院《关于构成嫖宿幼女罪主观上是否需要具备明知要件的解释》规定："行为人知道被害人是或者可能是不满十四周岁幼女而嫖宿的，适用刑法第三百六十条第二款的规定，以嫖宿幼女罪追究刑事责任。"这里的"知道或者可能知道"与"知道或者应当知道"是同一含义，都把明知区分为两种情况。但我国学者认为，"可能知道"是相对于"知道（即明确知道）"而言的，是一种程度较低的明知状态，它仍属于行为人主观明知的范畴，并非推断的一种方式，因而"可能知道"与"应当知道"之间存在着本质上的差别。① 笔者不赞同这种观点。可能知道与应当知道是同一含义，只是措辞不同而已。"可能知道"只在最高人民检察院2001年6月11日关于嫖宿幼女罪的司法解释中出现过，后来未再被采用。而"应当知道"被最高人民法院的司法解释广泛采用。因此，知道与应当知道或者可能知道的区别不在于认识程度而在于证明方式。知道是指有证据证明的明知，例如，有被告人本人供述、书证或者证人证言佐证。在这种情况下，可以认定行为人对行为客体具有明知。因此，知道的认定相对是较为简单的。

应当知道，它是与知道并列的，因而区别于知道。那么，如何理解这里的应当知道呢？应当知道的提法来源于我国刑法（2009年修正）第219条关于侵犯商业秘密罪的规定，该条第2款规定："明知或者应知前款所列行为，获取、使用或者披露他人的商业秘密的，以侵犯商业秘密罪论。"* 这里出现了"明知或者应知"的表述。由于把"应知"与"明知"并列，而按照通常理解，"应知"不属于"明知"，因此，如何理解这里的"应知"？对此，出现了以下两种观点：第一种观点认为在应知的情况下仍然侵犯商业秘密的，推定其具有故意。② 第二种观点认为应知是指过失，在应知的情况下，构成该罪的，则是一种过失犯罪。③ 我国刑法关于过失犯罪的定义中采用了"应当预见"这样一种表述，应当预见是

---

* 刑法修正案（十一）将该款中的"或者应知"去掉了。——编辑注
① 参见于志刚：《刑法总则的扩张解释》，49页，北京，中国法制出版社，2009。
② 参见陈兴良主编：《刑法学》，2版，580页，上海，复旦大学出版社，2009。
③ 参见高铭暄主编：《新型经济犯罪研究》，841～842页，北京，中国方正出版社，2000。

以没有预见为前提的。由此推论,"应当知道"是以不知道为前提的,因而认其为过失犯罪不能说没有根据。但我国刑法学界的通说认为侵犯商业秘密罪是故意犯罪,"应知"只不过是明知的一种情形。此后,司法解释从"应知"中引申出"应当知道"。但"应当知道"容易被误解为不知,由此被认为是疏忽大意的过失。因此,笔者主张引入推定故意的概念。推定故意是相当于现实故意而言的。现实故意是指有证据证明的故意,而推定故意是指没有证据能够直接证明,但根据一定的证据可以推定行为人具有某种故意,行为人如果否认自己具有此种故意,必须提出反证。我国学者指出,犯罪故意的推定有两类:一类称一般故意的推定,即以假定为前提,只要行为人对客观事实认识无误,就表明行为人具有社会危害意识,存在故意的心理。另一类称证明故意的推定,即以证明为基础,从客观事实出发,推断行为人主观心理的故意内容。[①] 由此可见,推定故意是证明故意推定的肯定性结果,因而它也是故意的一种特定类型。应当指出,对明知的推定就是对故意推定的一种主要途径,因此,"应当知道"作为一种推定的明知,是推定故意的应有之义。那么,如何认识"应当知道"的本质呢?对此,我国学者指出:"应当知道"的本质,只是用以证明行为人主观认识状态的一种事实推定方式,是行为人之外的人基于证据之外的客观事实而对行为人主观认识状态的一种判断,必须指出的是,它本身并不是一种行为人主观上的认识状态。[②] 以上论述指出"应当知道"是采用事实推定方式获得证明的,这是正确的,但又认为这种"知道"不是行为人主观上的认知状态,这则值得商榷。通过推定获得的"知道"虽然在可靠性程度上不如有证据证明的知道,但它仍然是行为人的主观认识状态,只要没有反证,就应当根据这一推定认定行为人主观上具有过失。

在境外的司法实践中,对犯罪事实的认定往往重视对客观事实的认定而忽视对主观事实的认定。这里的犯罪客观事实,是指以行为为中心而存在的犯罪客观形态,而犯罪主观事实,则是指以认识与意志等心理内容为中心而存在的犯罪主

[①] 参见姜伟:《犯罪故意与犯罪过失》,168 页,北京,北京大学出版社,2009。
[②] 参见于志刚:《刑法总则的扩张解释》,46 页,北京,中国法制出版社,2009。

观形态。实际上，客观事实与主观事实之间的关系是十分复杂的。在有些情况下，客观事实可以直接反映主观事实，因此只要客观事实得到认定，主观事实不证自明。例如，在违反妇女意志强行与之发生性关系的情况下，只要强行实施性行为的事实客观存在，主观上的强奸故意是无须另行证明的。而在另一些情况下，客观事实相同，主观罪过形式不同，因而可能构成不同的犯罪。例如，都是客观上致人死亡，如果主观上是故意，就应定故意杀人罪；如果主观上是过失，就应定过失致人死亡罪。可见，主观事实是在客观事实之外另需证明的。在此，就提出了一个主观事实的证明问题。主观事实表现为行为人的主观心理状态，它不像客观事实那样具有外在形态可以加以证明，因而主观事实的认定较之客观事实的认定更为困难。在有些情况下，主观事实是有其他证据证明的，例如对幼女年龄的明知，有证人证实告诉过行为人幼女的实际年龄，行为人本人也承认，因此，对幼女年龄的明知就是有证据证明的。但在另一些情况下，主观事实是没有证据直接证明，因而需要推定的。这里涉及司法推定这样一种司法技术。司法推定是间接地证明行为人某种主观事实存在的法律方法，因而推定是可反证的。如果反证成立，推定结论即可被推翻。在司法推定的适用中，为保证推定结论的正确性，应当科学地确定推定的基础事实。只要基础事实与推定结论之间具有高度相关性，推定结论就具有可靠性。为避免司法推定中发生错误，司法推定的基础事实应当由法律或者司法解释加以确认。在此存在一个司法推定的基础事实的法定化问题。在实现了司法推定的基础事实法定化以后，司法工作人员的任务只是查明基础事实的存在，至于推定过程，已经由法律或者司法解释完成。例如，关于对销售假冒注册商标的商品罪之明知的推定，2004年12月8日最高人民法院、最高人民检察院《关于办理侵犯知识产权刑事案件具体应用法律若干问题的解释》明文规定了三种推定的基础事实，查明其中之一的，即可认定行为人主观上具有对自己销售的是假冒注册商标的商品之明知，除非行为人能够提出反证。当然，上述司法解释还规定了"其他知道或者应当知道是假冒注册商标的商品的情形"。这是对司法推定的基础事实的一种空白性规定，授权司法工作人员根据案件的具体情况确定司法推定的基础事实。从近年来司法解释的规定来看，对主观

事实推定的基础事实的规定越来越完善。这都是值得充分肯定的,也是司法解释发展的一个方向。当然,在这些规定中,也存在用语是否妥当的问题,例如"应当知道",需要探讨。根据笔者的研究,刑法第219条中的"应知"就曾经引起是过失的误解,此后司法解释中频繁出现的"应当知道"虽然已被明确规定为明知的一种情形,因而不至于被误解为过失,但"应当知道"是以不知为逻辑前提的,在法律用语上不尽贴切,因此,笔者建议摒弃"应当知道"一语,代之以"推定知道",以此作为推定故意的认识因素。

三

意欲是故意的意志因素,我国刑法第14条将之表述为希望或者放任,并据此而将故意分为直接故意与间接故意。换言之,从我国刑法关于犯罪故意的定义来看,直接故意与间接故意是根据对结果持希望的还是放任的心理态度所作出的区分。因此,我国刑法中的故意具有较为浓厚的意欲论色彩。但正如笔者在前面指出的,只有在结果犯的情况下才存在对结果的希望与放任问题,而在行为犯的情况下,行为人只要明知其行为的性质而有意实施,主观上就具有故意。这种行为故意以及危险故意,一般都被划入直接故意,对它们主要是通过认识因素来认定,其意志因素并不表现在对结果的支配而表现在对行为的支配。[①] 当然,在结果犯的情况下,结果的意欲对于故意的成立以及故意形式的划分具有重要意义。

(一)希望

希望是行为人对结果所持的一种有目的地追求的主观心理态度。在理解希望这一意欲形式的时候,可以从以下三个方面加以考察。

1. 结果性

希望是对结果的追求,意图实施某一构成要件的结果,因此,希望与结果之

---

① 关于行为犯的故意,参见史卫忠:《行为犯研究》,123页及以下,北京,中国方正出版社,2002。

间具有密切相关性。可以说，只有在存在结果的情况下才存在希望的心理态度，如果没有结果，这种希望的心理态度是不可能存在的。例如，杀人罪的构成要件结果是死亡，因此存在对这一结果的希望，即希望他人死亡的结果发生。但对于持有毒品罪来说，不存在独立于行为的结果，我们不能说持有毒品罪的结果是持有毒品，这样就会将行为与结果混为一谈。因此，持有毒品罪是典型的行为犯——以持有方式构成的行为犯。在行为犯的情况下，由于不存在结果，当然也就不存在对结果的追求。换言之，行为犯的意志是通过对行为的支配表现出来的。对此不能套用希望这一意志因素。

应当指出，作为希望之客体的结果是构成要件的结果，因而不是广义上的结果。明确这一点对于认定某一犯罪的罪过形式具有重要意义。例如，我国刑法第129条规定的丢失枪支不报罪，以"造成严重后果"作为处罚条件。对于该罪的罪过形式，我国刑法学界众说纷纭，故意说、过失说与复合罪过说不一而足。[1] 故意说是以丢失枪支不报的主观心理来认定其罪过形式，过失说是以对"造成严重后果"的主观心理来认定其罪过形式，而复合罪过说认为对"造成严重后果"既可能是故意也可能是过失。[2] 值得注意的是，张明楷教授提出客观的超过要素理论来加以解释，指出：该罪中的"造成严重后果"虽然是客观构成要件要素，但不需要行为人对严重后果具有认识与希望或者放任态度，"造成严重后果"便成为超出故意内容的客观要素，即本书所说的"客观的超过要素"[3]。对此，黎宏教授认为，"客观的超过要素"类似于德日刑法学中的客观处罚条件，并对此持批评态度，指出：这个观点（指超过的客观要素——引者注），在从与德日刑法理论中所存在的"超过的客观要素"相对应的角度出发，论证类似于客观处罚条件的"超过的客观要素"的存在这一点上，应当说，在方法论上有其独创的一面，跳出了德日刑法学当中长期以来一直受到非议的，为了说明客观处罚条件不

---

[1] 参见林维：《刑法归责构造的欠缺——以丢失枪支不报罪为中心》，载陈兴良主编：《刑事法评论》，第2卷，217页及以下，北京，法律出版社，2000。
[2] 关于复合罪过，参见杨书文：《复合罪过形式论纲》，北京，中国法制出版社，2004。
[3] 张明楷：《刑法学》，3版，537～538页，北京，法律出版社，2007。

是犯罪构成要件，就先说明其不是故意、过失的认识对象，但在说明故意的认识内容时，又主张其受构成要件中的客观要素的制约之类的循环论证的窠臼，值得注意，但在该观点将类似于所谓客观处罚条件的事实排除在故意的认识范围之外这一点上，笔者持有异议。[①] 在以上论述中，笔者感兴趣的是所谓循环论证的问题。在四要件的犯罪构成体系中，既然把"造成严重后果"列为客观构成要件，又认为主观上不要求认识，即使是像张明楷教授那样将其作为"超过的客观要素"，也是理据不足的。而在三阶层的犯罪体系中，将"造成严重后果"作为客观处罚条件，在三阶层以外加以讨论，基于客观判断→主观判断，然后才是客观处罚条件的判断，怎么可能存在循环论证呢？笔者认为，将"造成严重后果"一开始就从构成要件中予以剔除，根据构成要件的故意规制机能，不要求行为人认识，这是理所当然的，因而也不存在循环论证的问题。而张明楷教授恰恰是没有直接地采用客观处罚条件理论，反而会出现逻辑漏洞。至于黎宏教授认为，"造成严重后果"之类的要素是说明行为成立犯罪的重要条件，行为人对其没有认识或者不可能认识的话，就不会产生刑事违法性意识，难以认定行为人具有犯罪故意。[②] 笔者认为，这一观点也是难以成立的。"造成严重后果"是否属于认识内容，并不是一个主观判断问题，而首先是一个客观判断问题。也就是说：丢失枪支不报罪到底是行为犯还是结果犯？这实际上还是一个"造成严重后果"的体系性地位问题。如果把丢失枪支不报罪视为行为犯，"造成严重后果"不是构成要件而是客观处罚条件，则既不要求行为人对此有认识，也不要求行为人对此存在希望或者放任的态度，径直就可以将该罪认定为故意犯罪，即不及时报告行为是故意实施的。而有的学者之所以认为该罪是过失，在很大程度上是把"造成严重后果"看作是构成要件的结果，因而认为该罪是结果犯。在结果犯的情况下，如果认定行为人具有故意，则行为人要有对结果的认识与意志，而这在该罪中是不可能的，因而应将该罪认定为过失犯罪。

---

① 参见黎宏：《刑法总论问题思考》，193～194 页，北京，中国人民大学出版社，2007。
② 参见上书，195 页。

综上所述，希望这种主观心理态度是与结果相关的，结果是希望的客体。在没有结果的情况下，当然不存在希望的意欲形式。

2. 目的性

希望是受目的支配的，因而在希望构成的直接故意中具有明显的目的性。这里的目的是指结果的主观显现，结果发生也就是主观目的的客观化。从心理机制上分析，动机→目的→行为→结果，这是一个前后推进的、行为导致结果发生的过程。

在理解希望的目的性的时候，首先应当把这里的目的与动机相区别。动机是推动行为人实施某一行为的内在起因。相对来说，动机还是较为模糊的。在动机的基础上形成一定的目的，目的已经指向一定的结果，因而是较为明确的。在直接故意中，犯罪是有动机的，但这种动机不同于目的，两者不能混淆。例如，杀人的目的是剥夺他人生命，但杀人动机是多种多样的，它们分别促成杀人目的的产生，并且通过杀人行为予以实现，从而导致死亡结果的发生。

在理解希望的目的性的时候，还要把这里的目的与作为主观违法要素的目的加以区分。希望的目的是故意范围内的目的，而主观违法要素的目的是故意范围外的目的。德国学者麦兹格曾经把希望的目的称为"外部行为的单纯的意欲"，而把主观违法要素的目的称为"外部行为的有意义的意欲"[1]。在此，两种目的都是"意欲"，区别仅在于"单纯"与"有意义"，可谓语焉不详。对此还要结合目的犯理论加以探讨。目的犯可以分为断绝的结果犯（kupierte Erfolgsdelikte）和短缩的二行为犯（verkümmert zweiaktige Delikte）这两种情形。日本学者大塚仁认为，前者是直接的目的犯，后者是间接的目的犯。[2] 在断绝的结果犯中，犯罪是行为犯，其构成要件中并不包含结果，但却要求行为人对并不包含的结果具有目的。例如，我国刑法第 243 条规定的诬告陷害罪并不要求发生他人受到刑事追究的结果，但却要求对这一结果的目的，法条表述为"意图使他人受刑事追

---

[1] 付立庆：《主观违法要素理论——以目的犯为中心的展开》，34 页，北京，中国人民大学出版社，2008。

[2] 参见［日］大塚仁：《刑法概说（总论）》（第 3 版），冯军译，124 页，北京，中国人民大学出版社，2003。

究"。在这种情况下,没有构成要件的结果,因而也就没有希望的目的,只有主观违法要素的目的。这就是直接的目的犯。但在短缩的二行为犯的情况下,它属于单行为犯,该单行为犯是结果犯,其故意本身就有目的,而另一个主观违法要素的目的就是间接目的,因而其属于间接的目的犯。那么,如何区分故意的目的与目的犯的目的呢?对此,大塚仁指出:目的犯的目的通常超出构成要件客观要素的范围,被称为超过的内心倾向(überschießende Innentendenz)。在这一点上,要把目的与故意区别开来,故意需要以符合构成要件的客观事实作为行为人表象的对象。只是,目的犯的目的中也并非没有处在构成要件客观要素的范围之内的。例如,通说、判例认为作为横领罪要件的"不法领得的意思",就是以与横领行为共同的范围为对象,只不过是对其进行规整并且赋予其意义。这种目的,被称为赋予意义的目的(sinngebende Absicht)。[①] 在此终于出现了"有意义的目的"这一用语,并用来揭示目的犯之目的的性质。那么,如何理解这里的"有意义"呢?我国学者在解释麦兹格的观点时指出:在麦兹格看来,这种"外部行为的有意义的意欲",是指法律对于行为人仅仅有意识并且有意志地实现外部的构成要件还不满足,在此基础上还要求行为人具有特定的附随的精神现象,外部的东西必须能够展示所谓的特定的心理色彩、特定的精神内容、特别的主观意义。[②] 因此,这里的"有意义"是指独立于客观的构成要件,并且对违法性认定具有意义,从而区别于依附于客观的构成要件、只在责任判断中发挥作用的单纯的意欲。

综上所述,目的性是希望的意欲的应有之义,但这种目的与动机及目的犯之目的是存在明显区别的,不可混为一谈。

3. 非难性

希望是一种意欲,它反映了行为人的意志倾向,因而不同于认识因素。认识

[①] 参见[日]大塚仁:《刑法概说(总论)》(第3版),冯军译,124页,北京,中国人民大学出版社,2003。

[②] 参见付立庆:《主观违法要素理论——以目的犯为中心的展开》,34页,北京,中国人民大学出版社,2008。

是主体对客体的一种主观认知,这种认知本身无所谓善恶之分,但希望这种意志具有可非难性。

(二)放任

放任是我国刑法规定的另一种意欲形式,它存在于间接故意之中,是间接故意的意志因素。在理解放任这一意欲形式的时候,可以从以下三个方面加以考察。

1. 可能性

间接故意,在刑法理论上也被称为可能的故意与未必的故意。这两种称谓表明,它都是从认识因素来界定间接故意:可能的故意之可能是指认识到结果可能发生,而未必的故意之未必是指认识到结果未必发生。笔者认为,对于间接故意,从意欲上界定更为科学。因为间接故意犯罪都是结果犯,存在对结果的意欲,这种意欲就表现为放任。这里的放任,是指对可能发生的结果持一种纵容的态度。相对于希望结果发生的直接故意,间接故意对结果是容认其发生。值得注意的是,虽然间接故意是以放任作为其意欲形式的,但这种放任又是以结果发生具有相当可能性为根据的。如果结果发生的可能性很小,即使是在对结果不在意的情况下实施其行为,也不能认为行为人存在放任。在现实生活中,往往存在对放任的错误理解。例如,对孙某铭酒后无证驾车导致交通肇事的案件中,法院认为孙某铭明知酒后无证驾车出行会造成交通肇事后果,仍然驾车出行,其主观上对于交通肇事后果具有放任的心理态度,因而构成间接故意。以上分析似乎符合间接故意的特征,但实际上它不是建立在对间接故意的科学认识的基础之上的。现在的问题是:酒后无证驾车出行造成交通肇事的可能性有多大?如果这种可能性在50%以上,那么可以说行为人对结果是放任的。但如果可能性是10%,也就是说,在绝大多数情况下酒后无证驾车出行并不会造成交通肇事后果,那么就不能由此认为行为人主观上对结果是放任的。由此可见,放任这种心理态度是在认识到结果发生有相当大的可能性的基础之上,通过认识因素对放任加以限制,以免使放任成为抽象而空洞的东西,从而使间接故意的放任虚幻化。

那么,在具体案件中如何来判断可能性呢?笔者认为,主要还是根据社会一

般人的认识来加以判断。例如，张某在驾车路过公安检查站时，因车上载有违禁品，就想冲过哨卡。在窄小的通道上站着的执勤民警王某示意张某停车，张某开始减速佯装欲停车，结果行至哨卡前五六米时突然加速冲向哨卡。民警王某见状阻拦，当车行至他跟前时想躲闪已经来不及。张某急忙刹车，但车头仍然将王某撞倒。张某见状快速驾车逃逸，民警王某不治身亡。在该案中，张某交代称：以为快速冲撞过去，民警王某会及时躲避，然后再驾车逃跑，但没想到车撞向民警王某时，王某已经来不及躲避。这一口供有张某在车撞到民警王某的瞬间曾经急踩刹车的动作可以佐证。对于该案，控方指控张某的行为构成间接故意杀人罪，辩方则认为构成过失致人死亡罪。如何认定张某的主观心理状态？这里的关键是张某认为民警会躲避，这种躲避的可能性有多大，实际上也就是死亡结果发生的可能性有多大。从社会一般人来判断，民警王某见到驾车冲撞过来，当然可能躲避，但他也会认为对方不敢冲撞，不及时躲避的可能性也是相当大的。在这种情况下，张某将民警王某置于一种生命危险的境地，对于民警王某未能及时躲避而被撞倒的结果持一种放任的心理态度。因此，该案最终法院对张某以间接故意杀人罪论处是正确的。

2. 间接性

间接故意的放任具有间接性。关于这种间接性，边沁曾经作过以下深刻的阐述：一项后果在它是有意的时候，可以是直接有意，也可以仅仅是间接有意。当产生它的前景构成那导致人采取行为的因果链上的一环时，它便可以说是直接有意。当后果虽在意料中并似乎很可能随行动而来，但产生它的前景不构成上述链条的一环时，它便可以说是间接有意。[①] 边沁在这里所说的直接有意是指直接故意，而间接有意是指间接故意。由此可知，间接故意之间接性就表现在结果的发生不构成其预期的链条的一环，因此，这一结果是间接的或者附带的结果。可见，间接性主要是就意志与结果的关系而言的。当意志直接追求结果发生时，意志与结果之间具有直接关系。在这种情况下，行为人对结果的心理态度就是直接

---

① 参见［英］边沁：《道德与立法原理导论》，时殷弘译，134～135 页，北京，商务印书馆，2000。

故意。而当意志并不直接追求结果，结果只是直接结果的附属结果时，意志与结果之间具有间接关系。在这种情况下，行为人对结果的心理态度就是间接故意。在上述张某撞死民警王某案中，张某的直接目的是闯过哨卡逃避检查，而将民警王某撞死只是为追求这一结果而放任发生的另一个间接结果。正是间接性这一特征，将间接故意与直接故意加以区分。

3. 附属性

间接故意的放任具有附属性，它往往是依附于另一个主意志而存在的。我国刑法理论上一般认为，间接故意具有以下三种形式：一是行为人为追求一个犯罪的结果而放任另一个犯罪结果的发生，例如杀甲而放任乙的死亡。二是行为人为追求一个非犯罪的结果而放任一个犯罪结果的发生，例如打兽而放任将人打死。三是行为人放任轻重结果中的一个结果发生，例如不顾他人死伤而捅刀子，无论捅死捅伤都是行为人放任的结果。在以上三种形式中，除第三种形式以外，前两种形式都存在主意志与从意志的关系，其中放任意志都处在从意志的地位，对于主意志具有一定的附属性。

（原载《法治研究》，2010（6））

过失责任论

上篇：过失的心理构造

　　故意是人的一种心理活动，其中包含认识因素与意志因素。作为罪过形式的故意，只不过是经过规范评价的心理事实。对此，在刑法理论上已成定论。那么，过失是否具有心理性呢？这个问题，如同不作为的行为性一样，成为各种过失理论难以绕过的难题。

　　对于过失是否具有心理性，在刑法理论上不乏否定的见解，甚至认为过失行为人的内心一片空白。意大利有学者指出，从实质内容来说，过失是一种与故意截然不同的罪过形式：故意的内容由有关犯罪行为的"真实的"心理因素组成，而过失则基本上是一种法律的评价，即对主体是否遵守与其行为相关的注意义务的判断。在过去，人们曾多次试图寻找过失存在的心理学根据，但最终都一无所获。[①] 英国

[①] 参见［意］杜里奥·帕多瓦尼：《意大利刑法学原理》，陈忠林译，21页，北京，法律出版社，1998。

学者认为，过失意味着在某人的心理上完全缺乏特定的思想，即空虚。[①] 确实，与故意相比，过失不存在故意心理中的认识因素与意志因素。因而，犯罪过失定义上"缺乏任何构成犯罪故意的必要因素的情况"，将过失作为一个从反面与故意相对应的概念，即：在心理事实上，故意是"有"，过失则是"无"。故意与过失，就是这种心理事实上的有与无的对立。那么，难道没有故意的心理，就是没有任何心理，就是没有任何心理活动呢？正如同在不作为中，不作为就不是行为吗？回答是否定的。过失具有心理性，只不过这种心理性具有不同于故意心理的特点而已。

传统心理学认为："心理的即意识的"，将心理与意识等同。[②] 奥地利著名精神分析学者弗洛伊德（Sigmund Freud）在精神分析的基础上创立了过失心理学理论。弗氏过失心理学的一个核心概念是"潜意识"（unconscious）。潜意识，亦译为无意识，本人认为译为潜意识更为确切，无意识容易误解为没有意识，潜意识却可以理解为是一种潜在的、未被感觉到的意识，是意识的一种特殊存在形式。弗氏认为，心灵包含有感情、思想、欲望等等作用，而思想和欲望都可以是潜意识的。[③] 因此，潜意识指被压抑的欲望、本能冲动以及替代物（如梦、癔症）。弗洛伊德认为，潜意识的主要特点是非理性、冲动性、无道德性、反社会性、非逻辑性、非时间性、不可知性、非语言性。潜意识是心理深层的基础和人类活动的内驱力，它决定着人的全部有意识的生活，甚至包括个人和整个民族的命运。这是精神分析学派的心理基石。[④] 从潜意识的理论出发，弗氏提出"过失是有意义的"这一命题，这里所谓意义是指心理内容，包括重要性、意向、倾向及其一系列心理过程。弗洛伊德揭示了过失的心理机制，他认为，我们不但知道

---

① 参见［英］特纳：《肯尼刑法原理》，王国庆等译，43 页，北京，华夏出版社，1989。
② 弗洛伊德指出：习惯上把心理的东西都看作是有意识的，这是完全不切实际的。它把一切心理上的道德都割裂开来了，使我们陷入心身平行论的无法解决的困境中，它易于受到人们的指责，认为它全无明显根据地过高估计了意识所起的作用。参见［奥］弗洛伊德：《一个幻觉的未来》，杨韶钢译，132 页，北京，华夏出版社，1999。
③ 参见上书，9 页。
④ 参见车博文：《西方心理学史》，464 页，杭州，浙江教育出版社，1998。

过失是有意义和有目的的心理现象,不但知道它们是两种不同意向互相牵制的结果,而且知道这些意向中若有一个想要牵制另一个而得到发展,其本身便不得不先受一些阻力禁止它的活动。简单地说,一个倾向必须先受牵制,然后才能牵制其他倾向。由此弗氏认为,过失的心理机制由两个因素构成:(1)倾向和倾向的冲突;(2)有一倾向被逐而产生过失以求补偿。① 弗氏的观点为我们理解过失心理提供了理论根据。潜意识理论说明了在过失的情况下,并不意味着心理真空,仍然存在着复杂的、深层的心理活动(正是在这个意义上,精神分析学被认为是一种深度心理学)。更为重要的是,在人的心理中,意识和潜意识是共存的,潜意识涵括前意识(preconscious)进入意识。弗洛伊德认为,前意识是指潜意识中可召回的部分,人们能够回忆起来的经过。意识则是指心理的表面部分,是同外界接触直接感知到的一纵即逝的心理现象。前意识是潜意识和意识之间的中介环节,潜意识很难或根本不能进入意识,前意识则可能进入意识,所以从前意识到意识尽管有界限,但没有不可逾越的鸿沟。② 在过失心理中,人的行为是受意识与意志支配的,例如司机驾车,这是一种目的行为。但对于交通肇事来说,并非司机所欲,而是过失所致。在分析这种过失心理的时候,不能局限在意识这一心理表层,而是应当追溯到潜意识,由此说明过失心理的存在。苏联学者 M. T. 乌格列赫里捷从承认存在无意识或下意识心理的现代的心理学概念出发,揭示过失的心理事实,认为过失的心理事实是不受意志和意识控制的冲动定势,由这种定势所引起的行为蕴涵着造成社会危害后果的现实可能性。③

　　潜意识只是说明了过失的心理性,它本身还不足以解释过失承担刑事责任的根据,也不能为认定过失提供法律标准。因此,潜意识的因素还必须转换为刑法上过失的心理要件。显然,过失的心理要件是与故意不同的,故意具有构成事实

---

① 参见[奥]弗洛伊德:《精神分析引论》,45、50页,北京,商务印书馆,1984。
② 参见车博文:《西方心理学史》,464页,杭州,浙江教育出版社,1998。
③ 参见[苏]A. A. 皮昂特科夫斯基等:《苏联刑法科学史》,曹子丹等译,81~82页,北京,法律出版社,1984。关于潜意识理论在过失心理分析中的进一步论述,参见陈兴良:《刑法哲学》(修订版),40页及以下,北京,中国政法大学出版社,1997。

的认识因素和意志因素，而过失则没有。但过失的心理事实仍然可以从认识与意志这两个方面加以分析，即具有认识特征与意志特征。传统过失心理沿袭故意的认识因素与意志因素的概念，认为疏忽过失的认识因素是没有认识，意志因素是疏忽；轻信过失是有认识因素，意志因素是轻信。有学者认为，犯罪过失的认识因素表现为行为人对危害结果的发生没有认识、预见，或者虽有所认识、预见，但对其可能性变为现实性的概率估计不足；犯罪过失的意志因素表现为行为人否定、希望避免结果发生。① 本人认为，这种表述存在逻辑上的矛盾，例如没有认识何以成为疏忽过失的认识因素？我国学者还将认识分为已然性认识与未然性认识，认为故意是明知故犯，其认识是已然的。而过失是不知误犯，其认识分为盲目性认识和疏忽性认识。我国学者指出，盲目性认识是指行为人虽然对事实的存在或发生的可能性曾经有所认识，但是，由于其主观上的紧张、谨慎程度不够（不太注意）而盲目地在主观上排除了事实存在或发生的可能性，而导致在实施行为时其主观上缺乏对事实的认识。疏忽性认识是指由于行为人主观上缺乏紧张、谨慎（不注意），行为人对事实存在或发生的可能性不曾认识。但是，如果行为人在主观上使自己处于紧张、谨慎的注意状态，那么，行为人就能够认识事实存在或发生的可能性。② 笔者认为，这种论述是有新意的，可谓别出心裁。不过，已然性认识与未然性认识的观点仍然是在故意的认识因素与意志因素的框架内分析的，因而是有局限的。其实，我们大可不必用故意的认识因素与意志因素去套过失心理。在过失心理中，并不是一个是否存在的故意的心理中的那种认识因素与意志因素的问题：在疏忽过失的情况下，没有预见就是无认识，又何必说成是有疏忽性认识呢？过失心理中需要解决的是认识特征与意志特征的问题，我们不能把无认识说成有认识因素，但可以视之为疏忽过失的一种认识特征；我们不能把不希望或者不放任说成是有意志因素，但可以视之为轻率过失的一种意志特征。由此，可以正确地分析过失的心理本质。

---

① 参见胡鹰：《过失犯罪研究》，71 页，北京，中国政法大学出版社，1995。
② 参见冯军：《刑事责任论》，160～161 页，北京，法律出版社，1996。

关于过失的心理事实，在刑法理论上主要存在以下三种学说之演进：

（一）无认识说

无认识说认为行为人对一定的事实或结果没有认识，以不意误犯描述过失心理。这是过失的一种早期观点，该说从预见义务的违反上界定过失，而这种预见义务的违反就表现为无认识，以此将过失与故意加以区分。无认识说的缺陷是十分明显的：它只注意过失的认识特征，而没有注意过失的意志特征。更为重要的是，它只说明了疏忽过失，因为这种过失公认为是无认识过失，而未涉及轻信过失，因为这种过失一般认为是有意识过失，因而有以偏概全之嫌。

（二）不注意说

不注意说认为过失是行为人因违反注意义务而导致一定结果发生的心理态度。不注意说不像无认识说那样只强调过失的认识特征，而是强调过失的意志特征，将过失的本质视为是对注意义务的违反。

（三）结果避免说

结果避免说认为过失是行为人因违反注意义务或结果回避义务而导致一定结果发生的心理态度。结果避免说将违反注意义务与违反结果回避义务相提并论：违反注意义务是疏忽过失的心理本质，而违反结果回避义务是轻信过失的心理本质，因而更为圆满地说明了过失的心理特征。

以上三说为我们分析过失心理特征提供了参照标准。对于过失心理，还是应当从认识特征与意志特征这两个方面来认识，由此确立过失的心理模型。

一、过失的心理事实Ⅰ：认识特征

认识是一切心理活动的基础，过失也不例外。过失可以分为无认识过失（疏忽过失）和有认识过失（轻信过失）。因此，这两种过失的认识特征是有所不同的，下面分别加以分析：

（一）疏忽过失的认识特征

疏忽过失是一种无认识过失，因而其认识特征是一种无认识状态。疏忽过失

之无认识并非对一切事实皆无认识,而仅仅是对构成事实无认识。在刑法理论上,对于作为无认识内容的构成事实的范围存在争议,有的强调对作为犯罪构成要件的结果没有认识,有的强调对犯罪事实无认识。而在后一种观点中必然产生是对构成犯罪事实的全部要件没有认识还是仅仅对构成犯罪事实的部分要件没有认识也可以的争论。① 笔者认为,无认识是指对于侵害法益结果没有认识,而非其他。对于疏忽过失的认识特征的分析,不能停留在这种无认识状态,还应当进一步追问是否应当预见。因此,注意义务和注意能力②,就成为分析疏忽过失的认识特征之关键所在。

注意义务是指行为人作为时应当注意有无侵害某种法益,不作为时应当注意有无违反某种特定的法律义务的责任。在疏忽过失中,注意义务是指结果预见义务,即对于构成要件的结果所具有的预见义务。结果预见义务是一种客观的注意义务,这种义务是在社会生活中存在的。关于结果预见义务的范围,在刑法理论上存在争论,狭义说将结果预见义务规定为法律规范所确定的义务。③ 广义说将结果预见义务规定为社会规范所确定的义务。我倾向于注意义务的范围可以扩大一些,甚至包括某些道德义务。根据注意义务的适用范围和对象,注意义务可以分为两类,一类是一般注意义务,是适用于社会上一切有责任能力的公民的义务,指在日常生活中尊重他人及社会权益的义务;一类是特别注意义务,只适用于特定职业或从事特定业务的人,指在特定职业或业务范围内,遵守有关规章制度及职业道德,不危害社会利益的义务。④ 注意义务范围大小直接关系到过失范

---

① 参见张智辉:《刑事责任通论》,239页,北京,警官教育出版社,1995。
② 大陆法系刑法理论把注意义务分为客观的注意义务与主观的注意义务。违反客观的注意义务是过失犯的构成要素和违法性要素;违反主观的注意义务成为责难过失犯的根据。换言之,前者违反评价规范;后者违反意思决定规范。正如我国学者指出,大陆法系国家过失理论中的主观注意义务问题实质上就是我国刑法中的注意(预见)能力问题。参见周光权:《注意义务研究》,44页,北京,中国政法大学出版社,1998。
③ 我国学者指出:过失的注意义务,应当严格地以法律(法规、规章、条例等)的要求为依据。认为没有违反法律规范要求的和行为人自己的行为所产生的注意义务,就不存在过失心理。参见张智辉:《刑事责任通论》,235页,北京,警官教育出版社,1995。
④ 参见姜伟:《犯罪故意与犯罪过失》,288~289页,北京,群众出版社,1993。

围的大小。笔者认为,注意义务范围的确定,应当与刑法所规定的过失犯罪存在的范围相一致。刑法中的过失犯罪,一般可以分为普通过失与业务过失。普通过失是指行为人在日常社会生活中发生的过失,而业务过失是在业务人员从事具有发生一定侵害法益结果危险的业务时,疏忽业务上的必要注意而发生的过失。业务过失较之普通过失在过失程度上更重。我国台湾地区学者指出:从事业务之人因系反复持续地从事特定业务,对其业务行为可能发生之危险,自较一般人有深切之认识,而具有较高之注意能力,并负有较高之注意义务,故从事业务之人从事该特定业务时之过失,在不法内涵与罪责内涵上,均较普通人之一般过失为高。同时,就刑事政策上之考量,业务行为之危险性在原则上较普通行为要高,因业务之过失行为所造成之后果,在原则上亦较一般之过失行为为严重。因此,无论就刑法理论之观点,抑或就刑事立法政策上之考量,因业务过失行为而造成之过失犯罪,应较因一般过失行为而造成之过失犯罪,负担较重之刑事责任。[①]显然,业务过失是违反法律规范(包括法律、法令、法规、制度等)所明示的注意义务。而普通过失则不然。因为普通过失一般发生在日常生活中,例如戏谑中失手将他人摔倒在石头上,引起他人死亡。在此,不存在违反法律规定的注意义务的问题,行为人所违反的是社会生活中的一般注意义务。由此可见,将社会生活中一般注意义务纳入过失之注意义务,并不会不恰当地扩大过失范围;恰恰相反,如果将社会生活中一般注意义务排斥在过失注意义务之外,就会不恰当地缩小过失范围。至于将社会一般注意义务作为过失的注意义务是否违反罪刑法定原则,笔者的回答是否定的。因为罪刑法定只是"法无明文规定不为罪",在某些情况下,立法者采用空白要件的方式作出规定,司法者据此加以填补,这正是立法所赋予的司法裁量权的行使,不存在违反罪刑法定原则的问题。例如,在过失犯罪的规定中,立法者规定应当预见而没有预见,完全由司法机关确定,至于是根据相关法律确定,还是根据一般社会规范确定,都是在罪刑法定范围内的司法认定,谈不上违反罪刑法定原则。

---

① 参见林山田:《刑法通论》,2版,255页,台北,三民书局,1986。

注意能力是指对于应当注意事项主观上注意的可能性。在疏忽过失中，注意能力是指结果预见能力，或者认识能力，即对于构成要件结果所具有的预见能力。注意义务之履行是以注意能力为前提的，如果仅有注意义务，行为人缺乏注意能力，则仍然只构成疏忽过失。在注意能力的问题上，主要存在一个认定标准问题。对此，在刑法理论上存在以下三说：（1）主观说，亦称个人标准说，以行为人本人的注意能力为确定违反注意义务的过失标准。根据本人的注意能力对一定的构成事实能够认识，应当认识而竟未认识，产生了违法后果。依此确定违反注意义务，称主观标准。（2）客观说，以社会一般人或平均人的注意能力为标准，确定某具体人的违反注意义务的过失责任。具体人就是一定的行为者个人，一般人或平均人的标准是意味着社会上一般认为是相应的社会相当性的客观标准。（3）折中说，认为把具有相应情况的某些个人的注意能力加以抽象化，作为一种类型标准，而这一类型标准是根据社会相当性形成的。根据这样的某些类型标准再以广泛意义的社会相当性来加以抽象而形成一种一般的普通的类型标准。以这个标准确定出来的注意能力，推论出违反注意义务的过失责任。客观说的主要理由是法律的一般性，即法律是一般规范，它是针对社会一般人的，以此论证客观标准说的合理性。日本学者指出：法律是针对社会一般人的规范，故以一般人的注意能力为标准，对于一般人不可能预见的结果，否定其违背注意义务是妥当的，在这种意义上的注意义务，就叫作客观的注意义务。[1] 上述论断中未考虑一般人能预见，具体行为人不能预见的情形。而主观说的主要理由，是刑事责任的个别性，即刑事责任的承担者，是具体的人，应以该人的注意能力为标准，否则就有客观归罪之嫌。英国学者指出：法律制度在主观因素问题上所作的最重要的妥协包括采纳了被不适当地称为"客观标准"的东西。这可能会导致这样的情况，即为了定罪和惩罚而把一个人看作是他已具备了（实际他并没有具备）某一正常人或有理智的正常人具备并将发挥出的控制行为的能力。[2] 笔者认为，这里

---

[1] 参见［日］福田平、大塚仁编：《日本刑法总论讲义》，李乔等译，75 页，沈阳，辽宁人民出版社，1986。

[2] 参见［英］哈特：《惩罚与责任》，王勇等译，146 页，北京，华夏出版社，1989。

涉及一个法律上对人的推定问题。在一般情况下，立法的对象是一般人，而不可能是个别人，因而法律仅仅将人设定为一个抽象的理性人，民法中更是如此。①在刑法中，经历了一个从古典学派的理性人到实证学派的经验人的转变过程。②

尽管在刑法中，作为犯罪主体的人仍然要求是具有刑事责任能力的理性人，但在刑事责任的追究中，个别化的呼声越来越高。在这种情况下，以具体人为标准的主观说似乎更合理。因此，笔者是赞同主观说的。至于我国刑法理论中的主观与客观统一说认为，在判断注意能力的时候，应当把人的主观认识能力同客观存在的认识条件结合起来，进行全面、辩证的分析。如果客观上存在着足够的相当预见条件，同时主观上具有能够预见的能力，就说明行为人具有应当预见义务，法律则要求他应当预见。如果主观上具有预见的能力，但客观上不具备预见的相当足够的条件，或者客观上虽然具有相当足够的条件，主观上却不具有预见的能力，则说明行为人不具有预见的义务，法律上亦不应当要求其预见。③ 上述论述中，存在混淆预见义务与预见能力之嫌。预见义务之有无不以预见能力为转移，只有在同时具备预见义务与预见能力的情况下才能以过失论。仅有预见义务而无预见能力则不存在过失问题，但不能认为无预见能力则无预见义务。所以，主观与客观统一说，实际上仍然是一种主观说，客观情况不过是判断主观上是否具有注意能力的根据而已。

（二）轻率过失的认识特征

轻率过失是一种有认识的过失，尽管在理论上对于这种认识状态尚有争论，刑法明文规定只有在已经预见法益侵害结果发生的可能性的情况下才构成轻率过失。

关于轻率过失的认识特征，首先是对轻率过失之"有认识"的判断，在刑法

---

① 我国学者对民法典中的"人"的观念进行了考察。参见赵晓力：《民法传统经典文本中"人"的观念》，载《北大法律评论》，1998年第1辑，13页及以下，北京，法律出版社，1998。
② 关于刑法中的理性人与经验人的详尽阐述，参见陈兴良：《刑法的人性基础》，北京，中国方正出版社，1996。
③ 参见李靖选：《过失犯罪若干问题浅论》，载甘雨沛主编：《刑法学专论》，98页，北京，北京大学出版社，1989。

理论上通常是承认的。其内容是对构成条件结果发生可能性的认识。但我国个别学者认为轻率过失不能称为有认识的过失，而是一种盲目性认识，这种盲目性的认识同样是一种无认识。有学者认为，过于自信的过失通常被说成是"有认识的过失"，论者认为是不妥的。过于自信的过失在认识方面，是一种盲目性认识，行为人虽然曾经对事实"有认识"，但是，由于主观上的盲目性，轻信了各种有利条件，最终在实施行为的阶段否认了事实存在或发生的可能性。刑法上所重视的正是在实施行为时行为人的主观认知状态，行为人实施行为时的主观认知状态只能在一定程度上作为认定行为人在实施行为时的主观认知状态的判断资料。当我们对行为人实施行为时的主观认知状态进行判定时，我们只能得出过于自信的过失也属无认识过失的结论。① 笔者认为，轻率过失之有认识，是对构成要件结果发生可能性的认识，这种认识是或然性的认识、不确定的认识、未必的认识，但这种事实上的认识是客观存在的，对此否认也是没有必要且没有根据的。正是这种认识的存在，将轻率过失与疏忽过失区分开来。

在确定轻率过失是一种有认识的过失基础上，我们还要对这种实际的认识状态进一步加以分析。如上所述，轻率过失认识的是构成要件结果发生的可能性。那么，这种认识与间接故意的可能性认识有无区别以及如何区别呢？这个问题涉及轻率过失与间接故意的区分问题。关于两种可能性认识存在区分，在刑法理论上已经达成共识。这种区分是一种认识程度上的区分，虽然在轻率过失和间接故意的情况下，都是具有可能性认识，但轻率过失认识到的是一种抽象可能性②，而间接故意认识到的是一种现实可能性，由此可见这是两种完全不同的可能性。③

---

① 参见冯军：《刑事责任论》，161页，北京，法律出版社，1996。
② 我国学者亦称为假定可能性，参见王作富：《中国刑法研究》，174～175页，北京，中国人民大学出版社，1988。
③ 在哲学上可能性与现实性是一对范畴，现实性是指现在存在着的一切事物的客观实在性，是现象与本质、形式与内容的统一。可能性是指事物发展变化的种种趋势，是事物中潜在的、在一定条件下可以转化为现实，但尚未转化为现实的东西。而可能性又可以分为抽象可能性与现实可能性：抽象可能性是指在现实中缺乏充分的根据，在目前无法实现的可能性。现实可能性是指在现实中有充分的根据，在目前即可实现的可能性。参见李武林等主编：《欧洲哲学范畴史》，404页，济南，山东人民出版社，1985。

因此，轻率过失虽然也有认识，但只是一种抽象可能性的认识，这种认识远未达到间接故意的现实可能性的认识程度。

二、过失心理事实Ⅱ：意志特征

如果说，故意的意志是一种积极意志；那么，过失的意志就是一种消极的意志。这种意志特征在于：它不是对构成要件结果的希望或者放任，而是在无认识的疏忽过失中，没有发挥主观认识能力；在有认识的轻率过失中，没有履行结果回避义务。

（一）疏忽过失的意志特征

疏忽过失作为一种无认识的过失，其认识特征是在具有预见能力的情况下没有履行预见义务。之所以没有履行预见义务，从意志上分析就是因为没有发挥主观认识能力。这种没有发挥主观认识能力的状态，就是疏忽。

（二）轻率过失的意志特征

轻率过失作为一种有认识的过失，其认识特征表现为对构成要件结果发生的抽象可能性的认识。尽管这是一种抽象可能性，但在一定条件下仍然会转化为现实可能性，然后再转化为现实性。但行为人却轻率地以为这种可能性不会转化为现实性，因而在意志上表现为对于结果回避义务的违反。这种结果回避义务违反的状态，就是轻率。

在刑法理论上，往往把结果回避义务与结果预见义务相提并论，通称为注意义务。这种说法大体上是正确的，并且业已成为通说。[①] 笔者认为，在刑法理论上，一般认为注意义务可以分为结果预见义务和结果回避义务。结果预见义务是指对于危害社会的结果所具有的预见义务。结果回避义务则是指在预见可能发生危害结果以后，行为人所具有的回避这种危害结果发生的义务。在疏忽大意的过失犯罪的情况下，行为人违反的是结果预见义务；而在过于自信的过失犯罪的情

[①] 参见陈兴良：《刑法哲学》（修订版），187页，北京，中国政法大学出版社，1997。

况下，行为人违反的则是结果回避义务。日本学者指出，把注意义务分为结果预见义务和结果回避义务，乃是今日通说的立场。[①] 但在性质上来说，将结果预见义务与结果回避义务并称是否合适，是笔者所考虑的一个问题。笔者在《刑法哲学》一书中，将注意能力与注意义务分别称为过失犯罪的主观特征，并在注意义务中分别论述结果预见义务和结果回避义务。对此，冯军博士提出一个问题：注意能力和注意义务在刑法理论体系上的位置如何？注意能力和注意义务在理论体系上被归于主观特征的哪一部分中？冯军认为，注意义务是确定行为是否正当的标准，过失犯罪首先是违反了注意义务。但是，注意义务的违反引起了刑事责任的问题，却不是刑事归责的内容本身。因此，注意义务在体系上先于主观特征，而不是主观特征的内容本身。注意能力虽然属于归责要素，但它不同于也属归责要素的"主观特征、认识因素"[②]。在笔者看来，结果预见义务是疏忽过失的认识特征，而结果回避义务则是轻率过失的意志特征。因此，应当在轻率过失的意志特征中论述结果回避义务。

下篇：过失的规范构造

在过失这一罪过形式中，心理事实因素较之规范评价因素更难揭示。换言之，在过失的情况下，规范起着决定性的作用。只不过，应当把属于心理要件的规范要素与属于评价要件的规范要素正确地加以区分。例如注意义务无论是结果预见义务还是结果回避义务，到底是主观特征还是归责要素，在理论上不无争论。对此，日本学者大塚仁有如下细致的分析：以行为人的内心态度为中心来理解过失时，内心的注意义务就不仅仅是结果预见义务。作为行为人内心的精神作用，正如就故意所说明的那样，区别出知的方面和情意的方面，不仅可能而且必

---

① 参见［日］大塚仁：《犯罪论的基本问题》，冯军译，244页，北京，中国政法大学出版社，1993。
② 同上书，248~249页。

要，结果预见只是关于知的方面，与情意的方面没有特别的关系。但是，在此，也应当与故意一样考虑情意方面的要素。这种情意方面的要素，笔者认为，是实施回避结果所需要的作为、不作为赋予动机的义务。可以简单地称为赋予动机的义务。行为人懈怠了结果预见义务时是没有认识的过失，虽然履行了结果预见义务却懈怠了赋予动机的义务时，是有认识的过失。这样，就可以从遵守义务的观点来区别没有认识的过失和有认识的过失。① 笔者认为，注意义务虽然具有规范性，但它本身是过失心理存在的基础。如果离开注意义务，就难以说明行为人的过失。正如在不作为的情况下，离开了作为义务就难以阐明不作为的行为性。过失的规范评价因素是指注意义务以外的归责要素，包括违法性认识及其可能性和从期待可能性引申出来的信赖原则和允许的危险。

一、过失的规范评价Ⅰ：违法性认识及其可能性

违法性认识可能性是指行为人在实施行为时处于能够认识行为的违法性的状态。违法性认识可能性是相对于违法性认识而言的。违法性认识是已经认识到行为违法，而违法性认识可能性则是应当预见到行为违法。由此可见，违法性认识及其可能性是对过失心理中认识特征的规范评价。

对于疏忽过失来说，违法性认识只是一种可能性。② 疏忽大意的过失，是一种所谓无认识的过失。如何理解其违法性认识？日本刑法学家以违法性认识的可能性相要求，与应当预见而没有预见的规定是一致的，不无道理。但违法性认识与这种认识的可能性毕竟不能等同。我们在论述过失的心理事实时，用潜意识来解释过失心理。由此看来，违法性认识在疏忽大意的过失中也是一种潜意识，是由于长期的社会生活和工作态度积淀下来的漠视性情绪，这种违法性

---

① 参见[日]大塚仁：《犯罪论的基本问题》，冯军译，248～249页，北京，中国政法大学出版社，1993。
② 参见陈兴良：《刑法哲学》（修订版），52页，北京，中国政法大学出版社，1997。现在看来，这种违法性的潜意识与违法性认识的可能性并无根本区别。

的潜意识不知不觉地对犯罪人起着作用。① 也就是说，这种违法性的潜意识与违法性认识的可能性没有什么不同，即应当认识而没有认识。行为人对于构成要件的结果是应当预见而没有预见；同样，对于违法性也是应当认识而没有认识。

对于轻率过失来说，是具有违法性认识还是具有违法性认识可能性，不无疑问。对于轻率过失要求的是违法性认识的可能性，这是通说。例如日本学者在涉及过失犯与违法性认识时指出，迄今为止虽未涉及过失犯的违法性认识问题，但最近却提出了过失犯在有认识的过失上也能存在违法性认识，在无认识的过失上存在违法性认识的可能性的问题。站在责任说的立场认为，对过失犯也应区分构成要件的过失和责任，应把违法性认识及其可能性理解为过失犯的责任要素。② 我国有学者认为，违法性认识的可能性是一切过失犯罪的共同特征，而有无违法性认识，则是有认识的过失和无认识的过失的区别所在。③ 但也有个别学者是以违法性认识与违法性认识可能性作为区分故意与过失的标志，指出：行为人认识到其行为的违法性，却实施了行为的，就是故意犯罪；行为人实施行为时虽然没有认识到其行为的违法性，但是，存在认识的可能性的，就是过失犯罪；行为人没有认识也不可能认识其行为的违法性的，就不能成立犯罪。④ 笔者认为，从轻率过失是一种有认识的过失出发，行为人不仅对构成要件的结果有认识，对于行为的违法性也具有认识。这样的推理大体上是可以成立的。否认轻率过失具有违法性认识而主张其只有违法性认识的可能性，与否认轻率过失是一种有认识的过失的观点是一脉相传的，因而成为通说。

---

① 参见陈兴良：《刑法哲学》（修订版），52页，北京，中国政法大学出版社，1997。
② 参见［日］福田平、大塚仁编：《日本刑法总论讲义》，李乔等译，125~126页，沈阳，辽宁人民出版社，1986。
③ 参见田宏杰：《违法性认识研究》，69页，北京，中国政法大学出版社，1998。
④ 参见冯军：《刑事责任论》，229页，北京，法律出版社，1996。

二、过失的规范评价Ⅱ：信赖原则与允许的危险

期待可能性不仅适用于故意，而且适用于过失。这是没有疑问的。① 但期待可能性在故意和过失中具有完全不同的表现形式。如果说，在故意中，期待可能性的意义在于判断作为谴责根据的违法性意志之有无。那么，在过失中，期待可能性的意义在于通过信赖原则与允许的危险以判断谴责可能性。

在疏忽过失的情况下，行为人只有违法性意识的可能性。那么，这种可能性何以转化为谴责可能性呢？这里存在一个信赖原则的问题。信赖原则是指在社会生活中的某些场合，应该对他人的行为给予信任，相信他人的行为能够对自己的安全和正常活动予以保障。根据信赖原则，过失行为人与被害人都存在预见和避免危险结果发生的可能性，也都有违反注意义务的问题。如果确认双方都违反注意义务之后，就产生了如何分担过失责任的问题，即危险的分配。② 在刑法理论上，通常认为信赖原则是一个注意义务之有无的问题，而危险的分配则是一个注意义务之大小的问题。笔者认为，信赖原则是从免责的意义上论及过失的，因而其前提是事实上过失的存在。如果根本不存在过失，也就无所谓通过信赖原则予以免责的问题。因此，信赖原则是对过失行为的谴责可能性的判断，即行为人因过失造成了一定的法益侵害结果，唯此，尚不足以引起刑事追究，还应当进一步追问：这种注意义务的违反具有期待可能性吗？换言之，如果是基于信赖而过失地造成法益侵害结果，这种期待是不可能的，因而不应以过失犯罪论处。只有在具有期待可能性的情况下，疏忽过失违反信赖原则才具有可归责性。

在轻率过失的情况下，行为人具有违法性认识，但对于违法结果是持否定态度的，因而不具有违法性意志。如果由于轻率而引起这种违法结果的发生，应当

---

① 期待可能性理论是从过失中发展起来的，此后才扩大适用于故意。参见 [日] 木村龟二主编：《刑法学词典》，顾肖荣等译，296 页，上海，上海翻译出版公司，1991。

② 参见 [日] 大塚仁：《犯罪论的基本问题》，冯军译，234～235、239 页，北京，中国政法大学出版社，1993。

负刑事责任。但是，如果仅考虑侵害法益的结果，而不考虑从事某种危险业务而可能出现的风险，就会阻碍社会进步。为此，在刑法理论上形成了允许的危险原则。[1] 允许的危险使过失的评价从结果无价值向行为无价值转变，因而被认为是过失理论的一场悄悄的革命。在刑法理论上，通常认为允许的危险是一个注意义务的问题。笔者认为，允许的危险是在行为人具有违法性认识的前提下，基于社会相当性的考虑而免除其过失责任的事由。实际上，是对轻率过失的期待可能性的判断。在允许的危险的情况下，造成法益的侵害的结果，是期待不可能，因而不能归责于行为人。

（本文原载《法学评论》，2000（2））

---

[1] 日本学者指出，现在大量存在着诸如铁路、汽车、航空器、船舶等各类交通工具以及土木建筑事业、矿山、工厂、电力、煤气供应设施等可以引起灾害带有侵害各种法益的危险性，而又为社会生活不可缺的事业。如若因其带有危险性而予以禁止，社会生活将陷于瘫痪。尽管这些事业带有分割法益的危险性，在危险与社会效益的相对关系上，还具有社会相当性，应在某种限度上被容许存在，这就叫作"被容许的危险"。参见［日］福田平、大塚仁编：《日本刑法总论讲义》，李乔等译，109页，沈阳，辽宁人民出版社，1986。

过失犯论的法理展开

过失犯论是犯罪论的一个重要组成部分。由于过失作为一种心理现象,在客观把握上存在相当大的难度,因而刑法学中的过失理论就成为犯罪论发达程度的标尺之一。我国刑法学的过失犯论经历了从法条注释到法理展开这样一个演进过程。同时,这也是过失犯论的法教义学化的过程。

一、苏俄过失论的引入

我国近代刑法中的过失概念是从德日引进的,民国刑法典明确将过失分为无认识过失与有认识过失。民国学者在此基础上展开对过失犯的研究。在民国刑法学中,已经不局限于对过失规定的简单注释,而是从法理上对过失本质进行探讨。[①]

民国时期刑法学关于过失形态的论述,基于对民国刑法的解释,主要分为无认识之过失与有认识之过失,而将无认识过失,即应注意并能注意而不注意者,

---

[①] 详见王觐:《中华刑法论》,姚建龙勘校,131~133页,北京,中国方正出版社,2005。

称为懈怠过失（Negligentia，faute inconscient），与此同时，又将有认识之过失，即在预见其能发生而确信其不发生时，称为疏忽过失（Luxuria，faute consciente）。关于有认识之过失，民国学者指出：此为例外规定，乃为过失之变态，学说上称曰有认识之过失（Bewussts Fahrlassigkeit）。又以此时系为疏忽，故又称曰疏忽过失（Luxuria，faute consciente）。前之无认识过失，与故意易于区别，此之有认识之过失，则与未必之故意，不易区别。即此时应为故意，抑或应为过失，尚不无疑义，故刑法特以明文解读，以与前条第2项区别之，即在前者，对于构成犯罪事实之发生，不但有认识，而且有意思，不过其意思不确定；在后者，则对于构成犯罪事实之发生，虽有认识但无意思，即并无容许或承认之心理状态。① 以上结合法条对两种过失形态的讨论是较为深入的，尤其是以无认识过失为原则规定、以有认识过失为例外规定的定位，至今仍然具有启发意义。有认识过失是对我国古代将过失限于无认识的不意误犯情形的一种重要补充。当然，民国刑法将无认识过失称为懈怠过失，将有认识过失称为疏忽过失②，与现代过失观念有悖。颇有意思的是，承继民国刑法学传统的我国台湾地区刑法学，与民国时期的划分正好相反，将无认识过失称为疏忽过失，将有认识过失称为懈怠过失。例如我国台湾地区学者在论及有认识过失时指出："有认识之过失，亦曰懈怠过失（luxuria，faute consciente，bewusste Fahrlssigkeit），乃谓行为人对于构成犯罪之事实，认识其可能发生，但基于某种理由或情境确信其绝不至于发生，然竟违背其认识致发生犯罪结果之过失。盖行为人对于构成犯罪事实之发生已有一般预见之可能，而未尽避免结果发生之注意义务，仅因信赖自己判断之故，致生意外之结果，是其显属轻率，而有违法规范所要求之注意义务，故有非难之可能性。"③ 在此，该学者以懈怠过失指称有认识过失，但有认识过失的实质在于轻率，因而称为轻率过失也许是更为合适的。

从以上无认识过失与有认识过失的称谓演变可以看出，引入德日过失理论是

---

① 参见陈瑾昆：《刑法总则讲义》，吴允锋勘校，117页，北京，中国方正出版社，2004。
② 参见郗朝俊：《刑法原理》，191页，上海，商务印书馆，1932。
③ 廖正豪：《过失犯论》，122页，台北，三民书局，1993。

一个曲折的过程。

我国刑法学中的过失论是从苏俄引入的，其特点是以法条关于过失犯罪的规定为中心进行注释性论述。苏俄刑法学是在罪过的类概念下讨论过失的，并把罪过看作是刑事责任的条件或者主观根据。罪过这个概念，是苏俄刑法学概念术语中译为中文最为传神的一个概念。但当罪过被称为故意与过失的类概念时，罪过一词所具有的责任意蕴就消失殆尽。值得注意的是，《苏俄刑法典》关于过失犯的规定，经历了一个从规定犯罪过失到规定过失犯罪的转变。1926年《苏俄刑法典》第10条规定："凡应当预见到自己希望的结果，而竟没有预见到，或者轻率地避免这种结果的发生，就是出于过失。"这是犯罪过失的定义。但1960年《苏俄刑法典》第9条规定："如果犯罪人预见到自己的作为或者不作为可能发生危害社会的后果，而轻信可以防止它的发生，或者虽然应当预见，并且可以预见发生这种结果的可能而没有预见的，都认为是过失犯罪。"这是关于过失犯罪的规定。1960年《苏俄刑法典》以过失犯罪而非犯罪过失的形式对过失犯加以规定。这一立法模式对此后我国刑法关于过失犯的规定产生了重大影响。在这种情况下，对过失犯的讨论需要从过失犯罪的法律定义中转述犯罪过失的概念。我国刑法第15条规定的也是过失犯罪的概念："应当预见自己的行为可能发生危害社会的结果，因为疏忽大意而没有预见，或者已经预见而轻信能够避免；以致发生这种结果的，是过失犯罪。"根据苏俄刑法对过失犯罪的规定，苏俄刑法学把犯罪过失分为两种类型加以研究。值得注意的是，1950年翻译出版的《苏联刑法总论》一书中，译者在翻译的时候采用了民国刑法术语，译为疏忽过失（luxuria）与懈怠过失（negligentia）两种：疏忽过失是预见其行为之结果，而轻信不致发生者；懈怠过失是犯罪者对其行为之结果无预知，而按实际情况言，则他应该预知。① 及至1954年翻译出版的《苏维埃刑法总则》一书，对犯罪过失的两种形式相应地译为过于自信与疏忽大意，并指出：过于自信就是虽已预见自己行为

---

① 参见［苏］孟沙金主编：《苏联刑法总论》（下册），彭仲文译，376、377页，上海大东书局，1950。

的后果，但轻率地希望避免此种后果的发生。疏忽大意就是犯罪人未预见自己行为的后果，而按实际情况，他应该预见其行为的后果。① 此后，我国刑法学沿袭了这种关于过于自信的过失与疏忽大意的过失的称谓。例如某篇在 20 世纪 50 年代发表的关于过失犯罪的论文引用上述《苏维埃刑法总则》一书关于"过失是人对于所发生的犯罪结果的心理态度的特殊形式"的定义，并将过失犯罪分为轻率的犯罪形式和疏忽的犯罪形式，指出：所谓轻率的过失犯罪形式，就是犯罪人已经预见到自己的行为可能发生危害结果，但却轻率地相信可以避免，以致发生了危害结果；所谓疏忽的过失犯罪形式，就是按照具体情况犯罪人应当预见到并且能够预见到自己的行为可能发生危害结果，但他竟然没有预见到，以致发生了危害结果。②

到 1979 年刑法颁布初期，我国刑法学对犯罪过失的研究中，对犯罪过失的要素采用了特征分析法。例如我国刑法教科书指出，疏忽大意的过失有两个特征：一是行为人应当预见自己的行为可能发生危害社会的后果，二是行为人因疏忽大意而没有预见。过于自信的过失也有两个特征：一是行为人对自己的行为可能发生某种危害社会的结果有预见；二是轻信能够避免，以致发生这种结果。③以上两个特征其实是对法律规定过失构成要素的分解，并没有揭示这些要素的性质以及这两个要素之间的相关性，也未能从法理上对这些过失构成要素进行分析。由此可见，我国刑法学对犯罪过失的研究是从一个较低水平开始起步的，而并没有从苏俄刑法学获得太多的学术传承。

我国对过失犯的研究，从简单地注释法条转而开始从法理上阐述法条，但仍然受到苏俄刑法学的影响。例如，早期有学者对过失犯的研究往往探讨其刑事责任根据问题，力图把犯罪过失与刑事责任相勾连。这与受来自苏俄刑法学的"犯

---

① 参见［苏］B. M. 契科瓦则主编：《苏维埃刑法总则》（中），中央人民政府法制委员会编译室、中国人民大学刑法教研室译，133、134 页，北京，中国人民大学出版社，1954。
② 参见史言：《过失罪》，载《政法研究》，1957（2）。
③ 参见高铭暄主编：《刑法学》，修订本，151、152 页，北京，法律出版社，1984。

罪构成是刑事责任的根据"这一命题的影响有关。① 在对过失心理的研究中，我国学者把犯罪故意的认识因素与意志因素引入过失犯，以此描述过失犯的心理特征。例如我国学者指出：过失，作为与故意相对的一种罪过形式，是指主体对其行为的危害结果所持的忽视或轻视的心理态度。因此，对过失罪过的内容上的分析起点应是过失犯罪的心理过程。犯罪意识与犯罪意志是构成罪过的两个要素，它们是犯罪心理过程的两个不同侧面，两者相互依存、相互包含。没有犯罪意识就不可能存在犯罪意志，没有犯罪意志也就不会出现犯罪的意识。② 在这种情况下，对过失犯的心理构造按照分析故意犯的方法加以分析，过失犯的特征也就改为过失犯的因素。例如，我国学者把无认识的疏忽大意过失的"应当预见"视为认识因素，指出：在疏忽大意的过失上，所谓无认识并不是真正的不能认识，也不是缺乏意识因素，只是由于意志上的疏忽大意，对于应当预见且能够预见的可能发生危害的结果，竟然没有预见到。③ 同时我国学者又把过失犯的"轻信"与"疏忽"视为过失的意志因素，指出，在过失犯罪中，意志的因素表现为：轻信与疏忽。轻信这种意志的社会危害性表现为：已经预见到自己的行为可能发生危害社会的结果，在这种情况下，行为人在意志活动上更应该抱谨慎态度，更应该慎重地选择和控制自己的行为，以防止和避免危害社会的结果发生。但是，行为人在意志上表现为盲目自信，对自己的能力和客观条件作出缺乏根据的判断，过于轻率地作出决定，以致发生危害社会的结果。疏忽这种意志因素的社会危害性就在于，行为人应当预见到自己的行为可能发生危害社会的后果，但却在意志上抱着疏忽大意的态度，马马虎虎，麻痹松懈，丧失警惕，因而没有预见到，以致发生了这种结果。这表明行为人对社会公共生活规则的不关心，缺乏责任心，不爱护他人和国家的利益。对于疏忽大意过失的形成，意志因素起着相当大的作用。④

---

① 参见张智辉：《试论过失犯罪负刑事责任的理论根据》，载《法学研究》，1982 (2)。
② 参见邱兴隆：《过失犯罪刑事责任的主客观基础》，载《法学评论》，1984 (3)。
③④ 参见朱华荣：《略论刑法中的罪过》，载甘雨沛主编：《刑法学专论》，北京，北京大学出版社，1984。

以上这种对犯罪过失的认识因素与意志因素的分析思路，在我国刑法学界产生了一定的影响。例如，我国学者虽然将犯罪过失的认识因素归结为认识能力，但在分析过失的意志因素时却采用了注意义务等概念。① 此后，我国还有学者把过失犯的认识因素称为未然性认识，并将这种所谓未然性认识分为盲目性认识和疏忽性认识，认为：盲目性认识是指行为人虽然对事实存在或发生的可能性曾经有所认识，但由于其主观上的紧张、谨慎程度不够（不太注意）而盲目地在主观上排除了事实存在或发生的可能性，而导致了在实施行为时主观上缺乏对事实的认识；疏忽性认识是指由于行为人主观上缺乏紧张、谨慎（不注意），行为人对事实存在或发生的可能性不曾认识。但是，如果行为人在主观上使自己处于紧张、谨慎的注意状态，那么行为人就能够认识事实存在或发生的可能性。② 由此可见，上述论述仍然囿于认识因素与意志因素的认知框架内。

对此，笔者较早地提出了批评，指出："应当预见"是以"没有预见"为前提的，"没有预见"是缺乏认识因素，怎么能说具有认识因素呢？至于"轻信"和"疏忽"，前者是应当避免而没有避免的心理原因，后者是应当预见而没有预见的心理原因，也正是缺乏意志因素，怎么能说是具有意志因素呢？③ 因此，笔者对过失犯采用认识特征与意志特征的表述，以区别于故意犯的认识因素与意志因素；并指出：我们大可不必套用故意的认识因素与意志因素去说明过失心理。在过失心理中，并不是一个是否存在故意的心理中那种认识因素与意志因素的问题；在疏忽过失的情况下，没有预见就是无认识，又何必说成是有疏忽性认识呢？过失心理中需要解决的是认识特征与意志特征的问题，我们不能把无认识说成有认识因素，但可以视之为疏忽过失的一种认识特征。我们不能把不希望或者不放任说成是有意志因素，但可以视之为轻率过失的一种意志特征。④ 对过失犯的内容从过失构成特征的法条分析到对认识因素和意志因素的过失心理要素的内

---

① 参见姜伟：《犯罪故意与犯罪过失》，269页及以下，北京，群众出版社，1992。
② 参见冯军：《刑事责任论》，160、161页，北京，法律出版社，1996。
③ 参见陈兴良：《刑法哲学》，37、38页，北京，中国政法大学出版社，1992。
④ 参见陈兴良：《本体刑法学》，354页，北京，商务印书馆，2001。

容描述，再到对认识特征和意志特征的过失心理构造的法理阐述，这是我国刑法学对过失犯认识的深化过程。笔者较早地提出了主观恶性的心理事实与规范评价统一的命题①，试图对过失犯的构造分为心理与规范这两个层面加以分别揭示。这里涉及过失犯的心理性问题，正如同不作为的行为性问题。我国学者对此的研究，也较大程度上受到苏俄刑法学的影响，这主要表现为引入潜意识的心理学原理说明过失犯的心理性。苏俄学者 M. T. 乌格列赫里捷从承认存在无意识或下意识心理的现代的心理学概念出发，揭示过失的心理事实，认为过失的心理事实是不受意志和意识控制的冲动定势，这种定势所引起的行为蕴含着造成社会危害后果的现实可能性。② 我国学者对此作了反思性评述，认为过失犯罪心理中存在无意识因素的特点，有助于分析过失犯罪心理形成的原因，但若一味强调这一无意识因素而否定过失犯罪心理的多水平、多层次性，则在理论上难以成立。③ 心理学虽然对于揭示过失犯的心理概念具有一定的参照价值，但过失犯为一种责任形式，还是应当从规范层面对其进行分析。

二、德日过失论的话语转换

如前所述，根据苏俄刑法学，在四要件的犯罪论体系中，犯罪过失作为罪过形式之一，是在刑事责任的主观根据这样一个理论背景下予以展开的，但除对法条的注释以外，没有更多的学术含量。而从 20 世纪 80 年代中期开始被引进我国的德日刑法学，为过失犯研究打开了一扇学术之窗。自此我国刑法学中的过失犯研究进入了一个以德日刑法学为主导的时期。

早期引入的日本刑法理论中，过失在三阶层的犯罪论体系中被重新定义。例

---

① 参见陈兴良：《刑法哲学》，23 页及以下，北京，中国政法大学出版社，1992。
② 参见[苏] A. A. 皮昂特科夫斯基等：《苏联刑法科学史》，曹子丹等译，81、82 页，北京，法律出版社，1984。
③ 参见蔡卫平：《过失犯罪的心理状态及其形成原因》，载史焕章主编：《华东政法学院法学硕士论文集》，上海，上海社会科学出版社，1988。

如，日本学者对过失作了以下论述：故意和过失即是构成要件要素，同时，在另一个方面也被理解为责任形式或责任要素。作为责任要素的过失与作为构成要件的过失不同，它并不违反客观的注意义务，而是以违反主观的注意义务为内容的。换言之，可以这样加以理解，只在行为人能够预见到行为结果时才存在过失责任。① 日本学者将过失分为构成要件的过失和责任要素的过失。这是以三阶层的犯罪论体系为框架分析的结果。对于深受苏俄刑法学四要件犯罪论体系桎梏的我国学者来说，构成要件过失与责任要素过失的区分是难以理解的。

此外，以违反注意义务为中心解释构成要件过失的性质，也对我国刑法学关于过失之性质的认识产生了重大影响。日本学者指出：注意义务，是以认识和预见构成要件结果的义务为核心的，它包含两种义务：作出预见所必要的行为义务和作出作为或不作为以防止结果发生的义务。然而，因为义务是以可能性为限度的，所以，对不可能预见的结果不存在违反注意义务的问题。关于预见可能性及注意能力问题，有以行为人本身的注意能力为标准的主观说和以一般人的注意能力为标准的客观说。法律是针对社会一般人的规范，故以一般人的注意能力为标准，对于一般人不可能预见的结果，否定其违背注意义务是妥当的。在这种意义上的注意义务，就叫作客观的注意义务。② 过失犯的注意义务包含了对构成要件结果的预见义务和防止构成要件结果发生的避免义务，即回避义务，由此将疏忽过失与轻率过失的规范内容予以展示。笔者认为，以此阐述我国刑法中的疏忽过失的"应当预见"和轻率过失的"应当避免"是具有合理性的。我国刑法教科书开始采用注意义务来说明疏忽大意过失的"应当预见"，但对过于自信的过失未能采用注意义务原理。例如，我国刑法教科书指出："应当预见"兼指行为人负有预见义务和具有预见能力。"预见义务"就是根据事实行为时的具体情况，行为人负有预见自己的行为可能发生危害社会结果的义务。行为人如果没有这种预见义务，就谈不上疏忽大意的过失存在。"预见能力"就是根据行为人的个人情

---

①② 参见［日］福田平、大塚仁编：《日本刑法总论讲义》，李乔等译，75页，沈阳，辽宁人民出版社，1986。

况，行为人具有预见自己的行为可能发生危害社会结果的能力。如果没有预见能力，法律就不可能让他承担预见的义务，因而同样谈不上具有疏忽大意的过失。① 在以上论述中，涉及预见义务与预见能力的关系，并且从预见义务与预见能力的统一出发，解释疏忽大意过失的"应当预见"的法律特征。当然，当时的刑法教科书仍然未能将过于自信的过失上升到注意义务的高度，而仅仅是描述了过于自信过失所具有的以下两个特征：（1）预见自己的行为可能发生危害社会的结果；（2）轻信能够避免。②

笔者在《刑法哲学》一书中较早地试图揭示包括疏忽大意的过失和过于自信的过失这两种类型在内的过失犯的共同主观特征，这就是注意能力与注意义务。关于注意义务，笔者指出：在刑法理论上，一般认为注意义务可以分为结果预见义务与结果回避义务。结果预见义务是指对于危害社会的结果所具有的预见义务，结果回避义务则是指在预见可能发生危害结果以后，行为人所具有的避免这种危害结果发生的义务。在疏忽大意的过失犯罪的情况下，行为人违反的是结果预见义务，而在过于自信的过失犯罪的情况下，行为人违反的则是结果回避义务。③ 笔者对过失犯的注意义务的上述理解，即分别采用违反结果预见义务和违反结果回避义务来说明疏忽大意的过失和过于自信的过失，是在当时德日刑法学资料缺乏的情况下对过于自信的一种误解。现在来看，日本学者一般都把结果回避义务称为客观的注意义务，违反结果回避义务是过失犯的构成要件该当性的问题，而把结果预见义务称为主观的注意义务，违反结果注意义务是过失犯的责任要素。例如日本学者山口厚指出：结果预见义务违反（其由于结果预见可能性而被肯定）是与故意犯中的故意相对应的（作为过失的）责任要素，而结果回避义务违反（肯定其存在结果回避可能性成为必要）则是与故意犯（基本上）相通的，以引起了构成要件结果为内容的构成要件该当性的要件。若不能同时肯定存

---

① 参见高铭暄主编：《中国刑法学》，133页，北京，中国人民大学出版社，1990。
② 参见上书，131页。
③ 参见陈兴良：《刑法哲学》，184页，北京，中国政法大学出版社，1992。

在对结果预见义务的违反和对结果回避义务的违反,就不能成立过失犯。[①] 因为日本刑法典并没有对过失的明确定义,因此日本刑法学者在对过失进行解释时,并没有把疏忽大意的过失和过于自信的过失当作过失的主要类型来阐述,往往以疏忽大意的过失为阐述对象,因而强调结果预见义务。但在过于自信的过失中,结果预见义务如何理解,则是一个疑问。

以注意能力与注意义务为中心揭示过失犯的心理特征,采用的完全是德日刑法学的话语,由此而与苏俄刑法学划清了界限。在德日刑法学的过失犯理论传入我国过程中,我国台湾地区学者洪福增的《刑事责任之理论》一书起到了启蒙的作用。洪福增的《刑事责任之理论》一书系汉文中对责任理论阐述最深、篇幅最大的著作,于1982年出版,于1988年修订再版。该书于20世纪80年代中期经影印在祖国大陆发行。除韩忠谟的《刑法原理》一书以外,该书是影响最大的著作之一。在当时出版的关于罪过论的著作中,《刑事责任之理论》一书引用率颇高。《刑事责任之理论》一书在过失犯领域为祖国学者开启了世界性视野。例如在该书中,洪福增介绍了德国学者李斯特、贝林、麦耶,日本学者牧野英一、宫本英修、小野清一郎、泷川幸辰、团藤重光、井上正治,英美学者奥斯汀、克拉克、威廉姆斯等关于过失的定义[②],在此基础上揭示注意义务是过失犯的中心问题,指出:"'注意义务'为过失犯之中心问题,认定过失之积极的要件者,即系违反注意义务。在有认识的过失之情形,行为人对于构成犯罪事实之认识一点,与故意犯之情形,并无所异,仅其对于所预见结果,确信其不发生,而违反回避结果之义务以致发生结果一点,与故意之情形有异尔。在无认识过失之情形,行为人虽未认识犯罪构成事实,但其具有客观的注意义务(即有客观的预见可能性与客观的回避可能性之情形),换言之,即此注意义务为一般通常人所能注意,并能采取适当的措置,以回避其结果之发生(限于发生结果之过失犯),且亦为行为人依据其本身之能力,在具体的情况下所能预见(主观的预见可能性),而

---

① 参见[日]山口厚:《刑法总论》(第2版),付立庆译,229页,北京,中国人民大学出版社,2011。

② 参见洪福增:《刑事责任之理论》,修订再版,26页及以下,台北,刑事法杂志社,1988。

可能采取适当的措施（包含作为及不作为）以回避此结果（主观的回避可能性）时，由于行为人怠于注意而未采取适当的措施以致发生结果（限于结果犯之过失犯的情形），同时并无信赖原则或社会相当性原理之适用者，即有过失的责任，而应受非难。"① 应该说，洪福增以上关于过失犯的注意义务的阐述是十分深刻的，对祖国大陆学者是具有启发性的。

随着德日刑法学的引入，我国刑法学对过失犯的研究不满足于将过失作为一种罪过形式，而是在三阶层的犯罪论体系框架内，进行多层次的、立体性的研究，由此揭示过失犯的构造。在此，德日刑法学旧过失论、新过失论和新新过失论的分析工具的引入，为我国刑法学的过失论提供了较为丰富的学术资源。例如我国学者在20世纪80年代初期的介绍外国刑法学的著作中，就已经涉及对新过失责任论与最新过失责任论的介绍，认为：从构成论分析过失责任的论点，称为新责任论，而以违反回避义务的因果责任来推断，是最新过失责任的本质。② 由于当时德日三阶层的犯罪论体系尚未被系统地介绍到我国，因而上述关于新过失论和新新过失论的论述较难理解，也未能引起我国学者的充分关注。

及至20世纪90年代初我国才系统地引入过失犯的理论资源和学说，并对旧过失论、新过失论和新新过失论都有了系统的介绍，其中，揭示了旧过失论的中心观点在于：过失的本质在于违反预见义务，行为人既有预见的可能性，就应加以防止，违反其预见义务，以致危害结果发生，就应承担过失责任。新过失论的中心观点是，过失不仅是责任的要素，而且还是违法的要素，过失的根据不在于过失的心理事实，而在于行为人违反回避结果义务。新新过失论的中心观点是行为人对危害结果的预见上以具有危惧感为已足，并不以有具体的预见为必要，因而该说又被称为危惧感说。正如我国学者所指出的：德日刑法中的新、旧过失论之争，实质上就是过失论体系之争以及过失责任的根据之争。③ 此言甚是。

德日刑法的过失理论与三阶层的犯罪论体系是密切相关的。所谓新、旧过失

---

① 洪福增：《刑事责任之理论》，修订再版，308页，台北，刑事法杂志社，1988。
② 参见甘雨沛、何鹏：《外国刑法学》（上册），372、373页，北京，北京大学出版社，1984。
③ 参见胡鹰：《过失犯罪研究》，36页，北京，中国政法大学出版社，1995。

论之争，实乃过失在三阶层的犯罪论体系中的地位之争。旧过失论是在责任论中把握过失的，把过失视为与故意并列的责任形式。旧过失论的核心是预见义务与预见能力问题，它与心理责任论是密切相关的。而新过失论是在规范责任论出现以后，将心理性要素逐出责任论，因而出现了构成要件的过失与责任的过失的区分。构成要件的过失是一个对客观注意义务的违反问题，而责任过失是一个对主观注意义务的违反问题。

随着德日刑法学的过失学说被引入我国，我国学者开始以注意义务为分析工具，阐述我国刑法中的犯罪过失。例如我国有学者指出："在笔者看来，能够准确而全面地概括出犯罪过失意识和意志因素共同而特殊的属性的，应当是'违反注意义务'。在意识（认识）、意志因素的基础上只有再明确违反注意义务的特征，犯罪过失的构成条件才能得到全面揭示：虽不愿结果发生，但因行为人应当预见自己的行为可能发生危害社会的结果，竟疏忽大意而没有预见，或者已经预见却轻信能够避免，因而引起结果发生。"① 根据上述观点，犯罪过失的过程是二因素一特征。所谓二因素，是指犯罪过失必须具备的认识因素和意志因素。这里的认识因素是指行为人对危害结果的发生没有认识、预见，或者虽有所认识、预见，但对其可能性变为现实性的概率估计不足；意志因素是指行为人否定、希望避免结果发生。所谓一特征，是指犯罪过失在认识因素和意志因素相统一的基础上，必须违反注意义务。这一论述，试图把违反注意义务这一来自德日刑法学的命题和犯罪过失中的认识因素与意志因素这一源于苏俄刑法学的概念结合起来，以此解释我国刑法中的犯罪过失。

这里涉及一个问题：犯罪过失中的认识因素与意志因素和违反注意义务之间究竟是一种什么样的关系？实际上，所谓犯罪过失中的认识因素和意志因素并不是独立于违反注意义务的心理内容，而恰恰是违反注意义务的外在表现。因此，不能离开犯罪过失的心理内容空洞地讨论过失之注意义务的违反。对此，我国学者将犯罪过失的心理内容与注意义务的违反相结合，对疏忽大意的过失与过于自

---

① 胡鹰：《过失犯罪研究》，71页，北京，中国政法大学出版社，1995。

信的过失的本质作了以下论述：从违反注意义务的立场考察，疏忽大意的过失的行为人首先违反了结果预见义务，即应当预见自己的行为可能发生危害社会的结果，因为疏忽大意没有预见。同时，疏忽大意的过失违反了结果避免义务：由于没有预见到自己的行为会发生危害结果，因而也就未能采取有效措施，以避免结果的发生。从违反注意义务的立场考察，过于自信的过失违反的是结果避免义务，即在对危害社会的结果有所预见的情况下，应当避免而没有避免结果发生。这也是过于自信的过失的实质。①

随着将过失的本质确立为违反注意义务，我国的过失理论最终完成了从苏俄刑法学话语到德日刑法学话语的转变，由此而使我国刑法中的过失理论获得了生命力。进入 21 世纪以后，我国的过失犯研究已经完全被纳入德日刑法学的范围，对于注意义务的违反也有了更为深入的研究。在这当中，程皓的《注意义务比较研究——以德日刑法理论和刑事判例为中心》（武汉大学出版社，2004）和刘期湘的《过失犯中的违反注意义务研究》（经济科学出版社，2004）两书，可以说是过失犯研究方面的力作。在这个时期，德日刑法学的过失犯资料已经大量地引入我国，这在客观上为过失犯研究提供了更为广阔的理论视角，因而过失犯研究能够走得更远。笔者注意到，这个时期对过失犯的研究已经不再局限于罪过形式，而是以注意义务之违反为中心，从主、客观两个层面展开对过失犯的研究。在苏俄刑法学的框架下，我国学者也曾经在主、客观相统一的名义下，对过失犯罪的主观方面与客观方面进行论述，但这种论述是以四要件的犯罪构成理论为根据的，其过失犯罪的客观方面与故意犯罪的客观方面并无根本区别，都是指行为、危害结果以及二者之间的因果关系。例如，我国学者在论及过失的犯罪行为时指出：过失犯罪行为是多种多样的。随着社会的发展，尤其是科学技术的发展，各种过失行为的方式也在不断地发生变化，但无论出现什么新的行为方式，基本的行为方式还是作为与不作为。过失犯罪的作为，是指行为人过失地以自己的积极行为侵犯刑法所保护的社会关系；过失犯罪的不作为，是指行为人有作为

---

① 参见周光权：《注意义务研究》，118、120 页，北京，中国政法大学出版社，1998。

义务防止某种危害结果的发生而过失地没有防止以致引起了危害社会的结果。①以上关于过失行为的论述并没有揭示出其有别于故意行为的特征，因而并没有突破过失作为一种罪过形式的苏俄刑法学话语。

在德日刑法学被引入我国以后，在对新过失论的阐述中，过失实行行为的概念脱颖而出，并且在违反注意义务的命题中得到阐述。旧过失论是以结果预见可能性为中心的，因而其过失只是对主观注意义务的违反，是一个心理事实的问题，而新过失论以结果预见可能性和结果回避可能性为中心，因而，其将注意义务区分为客观的注意义务和主观的注意义务：在构成要件该当性及违法性阶段，以客观注意义务的违反为中心；在有责性阶段，以主观注意义务的违反为中心。我国学者把注意义务区分为狭义的注意义务与广义的注意义务：狭义的注意义务是指主观的注意义务，而广义的注意义务是指包含客观的行为义务和主观的心理义务在内的主、客观相统一的注意义务。显然，旧过失论主张的是狭义的注意义务，而新过失论主张的是广义的注意义务。从狭义的注意义务到广义的注意义务，表明对过失犯从一种罪过心理到一种犯罪类型的研究视角的转变。对此，我国学者指出：如果是从成立"犯罪过失"的角度来界定注意义务，那么应当将注意义务界定为一种主观义务，即上述狭义的注意义务。如果是从成立"过失犯罪"的角度来界定注意义务，则应当将注意义务界定为一种客观义务与主观义务的有机统一体，即上述广义的注意义务。②违反客观注意义务，就是一种涉及过失实行行为的问题。对于过失实行行为，我国学者引入日本刑法学的违反客观注意义务的学说予以展开。例如，我国学者指出：过失犯的实行行为是以违反注意义务为内容来体现的，具体在我国刑法典分则中可以得到明证。就过失犯而言，对于其客观方面的危害行为，不是采用直接定义的方法，而是以"违反日常生活中的注意义务的行为"或"违反规章制度的行为"来加以说明，因为，过失犯本

---

① 参见孙国祥等：《过失犯罪导论》，123、124页，南京，南京大学出版社，1991。
② 参见程皓：《注意义务比较研究——以德日刑法理论和刑事判例为中心》，7页，武汉，武汉大学出版社，2009。

来就是不意误犯，即不小心实施了某种足以造成危害结果的行为，因而构成犯罪的。① 以违反注意义务为中心对过失犯进行研究使德日刑法学中的过失犯理论从他者逐渐向自我转变，这是一个德日刑法学的过失犯理论在我国本土化的过程。对此，我国学者在论及新过失论与我国现实生活的契合性时指出：通过对中国现阶段社会背景、立法和司法现状及理论层面的考察，虽然中国与德日等大陆法系国家在很多方面，尤其是刑法理论架构上，并不相同，但是，一方面，社会发展趋势的一致性决定了中国现在所处的社会转型期与新过失论在德日等国的产生时期具有相似性，所面临的问题也是大同小异；另一方面，这种社会大背景的相似性决定了刑法理念上的共通性，即使是在所采犯罪构成体系完全不同的学界，一定时期内的价值选择仍然是同一的。而且，对逻辑体系终极完美的追求在大陆法系国家和中国同样是学者的偏好，这是由不同理论同样的出发点和价值目标所决定的。在这一点上中国与英美法系国家不同。由此看来，研究过失实行行为对于中国刑法学界确有其必要。②

除了日本的违反注意义务学说，德国的客观归责理论对于我国的过失犯研究同样产生了重大影响。客观归责理论是随着德国刑法教科书的引入而为我国学者所了解的。该理论在已违反客观注意义务的情况下，通过允许的危险等理论对过失行为加以限制。对此，我国学者指出：允许的危险的理论是过失理论的一场悄悄的革命，倡导过失的核心已不在于危害结果，而在于过失行为本身。只要行为人客观上尽到注意能力、遵守了具体的注意义务，即便造成危害结果，也不负过失责任。③ 关于允许的危险理论的体系性地位问题是存在争议的，一种有力的观点主张在违法性中讨论允许的危险，例如，日本学者把被允许的危险作为阻却违法性的理由之一，认为只有在实行该种行为的人被断定为防止被害发生尽了应有

---

① 参见刘期湘：《过失犯中的违反注意义务研究》，60、61页，北京，经济科学出版社，2009。
② 参见高洁：《过失犯罪实行行为研究》，载陈兴良主编：《刑事法评论》，第20卷，北京，北京大学出版社，2007。
③ 参见姜伟：《犯罪故意与犯罪过失》，377页，北京，群众出版社，1992。

的注意责任，没有差错地实行了行为时，才可以说该行为是缺少违法性的。[1] 据此，是否存在允许的危险，这是一个违法性的问题而非构成要件的问题，存在允许的危险成为阻却违法性的事由。但根据客观归责理论，允许的危险是一个构成要件的问题，只有创设了不允许的危险才能进行客观归责，没有创设不允许的危险的，即这种危险是被允许的，则不能进行客观归责。例如德国学者指出：在过失犯情况下，同样不存在被允许的危险这一特殊的合法化事由。在学说里，作为被允许的危险的事例有下列行为：从该行为性质上看虽然同样是危险的，但在社会交往中只要遵守必要的注意义务则是被允许实行的，因而也就不符合构成要件该当性。在此等情况下，已经不存在违反注意义务的情形。[2] 随着客观归责理论被引入我国的过失犯研究，创设不允许的风险、不允许风险的实现、构成要件的作用范围等客观归责的具体规则[3]，均被用来对过失犯进行审查，因而极大地丰富了我国刑法学的过失理论。

注意义务违反说与客观归责理论可以说是对过失犯，尤其是过失实行行为，进行分析的两套不同方案。日本主要采用注意义务违反说，德国主要采用客观归责理论。目前，我国刑法学界对上述两种过失犯分析方法均予以采用，当然也产生了一些互相抵牾的现象。例如，我国学者对客观归责理论持肯定态度，认为它比注意义务违反说更为精确[4]，而另有学者力主注意义务违反说，认为即使没有客观归责理论，也不妨碍采用实行行为、因果关系、预见可能性、结果回避义务等概念对过失犯进行研究。[5] 笔者认为，客观归责理论与注意义务违反说并不是

---

[1] 参见［日］木村龟二主编：《刑法学词典》，顾肖荣等译，195页，上海，上海翻译出版公司，1991。
[2] 参见［德］汉斯·海因里希·耶赛克、托马斯·魏根特：《德国刑法教科书（总论）》，徐久生译，711页，中国法制出版社，2001。
[3] 参见［德］克劳斯·罗克辛：《德国刑法学总论》，第1卷，王世洲译，245页及以下，北京，法律出版社，2005。
[4] 参见高洁：《过失犯罪实行行为研究》，载陈兴良主编：《刑事法评论》，第20卷，北京，北京大学出版社，2007。
[5] 参见周光权：《结果回避义务与交通肇事罪——兼论与客观归责无关的过失论》，载刘明祥主编：《过失犯研究——以交通过失和医疗过失为中心》，北京，北京大学出版社，2010。

互相对立的两种理论，而是研究过失犯的两种分析工具，它们在互相的学术竞争中促进了我国对过失犯的理论研究。

与 20 世纪八九十年代相比，进入 21 世纪以来我国过失犯研究的进步是十分巨大的，可以说是在一片荒芜的草地上忽现满园鲜花，争奇斗艳。

第一本过失犯罪专著系张炳明等人所著的《过失犯罪的理论与实践》（中国人民公安大学出版社，1988），全书 15 万字，共 220 页，其中总论 88 页、分论 132 页。该书的总论部分理论浅显，分论部分涉及刑法分则所有过失罪名，内容没有超过刑法教科书应有的内容。第二本过失犯罪专著则是孙国祥等人所著《过失犯罪导论》（南京大学出版社，1991）一书。该书对刑法总论与分论的研究都有所提升，例如，总论部分对过失犯罪的客观方面作了论述，但限于四要件的犯罪构成论，过失犯理论没有根本改变。到第三本过失犯罪专著——姜伟所著《犯罪故意与犯罪过失》（群众出版社，1992 年）一书出版时，过失犯的研究才发生变化。虽然该书不是专门研究过失犯的，但其犯罪过失论的篇幅都超出了前两本过失研究专著的相应篇幅。尤其该书的内容全都是过失犯总论，并引入了日本刑法学的注意义务违反、允许的风险、信赖原则等前沿性学说，从而极大地提升了我国刑法学过失犯研究的理论水平。及至进入 21 世纪以后，有关过失犯罪的新作迭出。我国过失犯研究不仅在一般理论上，而且在个罪研究上，均达到了较高的学术层次。

总之，在过去三十年当中，对过失犯的研究从以法条规定为中心到以违反注意义务为中心，经历了一个全面提升，而这一过失犯论的演变过程，也正是我国刑法学从引介苏俄刑法学到引介德日刑法学的转型过程。

三、过失犯论的晚近发展

过失有普通过失与业务过失之分，可以说，业务过失是过失犯的研究重点。随着工业社会发展呈现出多发趋势，尤其是在风险社会背景下，如何应对业务过失已经成为一个不得不面对的课题。过去的三十年，我国经济迅速发展，各种责

任事故也频频发生，尤其是造成群体性伤亡的克拉玛依大火案、三鹿奶粉案等，一次又一次地刺痛了社会神经，同时也对业务过失理论提出了挑战。

日本学者是以犯罪过失理论来应对风险社会中的过失犯罪的。上文的论述中提及日本过失犯论经历了旧过失论、新过失论和新新过失论。其中，新新过失论，又称危惧感说，就是为适应日本20世纪六七十年代经济高速发展、公害现象成为日益严重的社会问题而提出的。新新过失论的代表人物之一——藤木英雄在其代表作《公害犯罪》一书中论及日本著名的公害案件——森永奶品公司出售含砷奶粉引起中毒案（简称森永奶粉案），并对过失犯中的因果关系、预见可能性、注意义务标准等重大问题作了全新的阐述。在该书中，作者提出了危惧感——对责任主义的新理解的命题，指出："在科学技术的无限发展和扩大的同时，未知的危险对我们人类的威胁越来越大……要想利用科学技术，就必须负有社会性的责任。如果这种见解是正当的，那么，作为结果来说，即使是不能具体地预想到会有什么样的危险发生，但由于存在不知道会对人的生命和健康发生何种破坏的有害结果的危惧感，在这种情况下，为能足以消除这种危惧感，防止结果发生起见，令其有合理的负担，应该说是理所当然的了吧！"[①] 以上就是新新过失论的核心命题，它以对预见可能性的抽象判断取代了对预见可能性的具体判断，其关键词就是危惧感。只要对危险发生具有危惧感，就产生了消除这种危惧感的结果回避义务。没有履行这种义务而致使结果发生的，就违反了注意义务而应负过失责任。新新过失论的提出，适应了日本当时处理公害案件的需要。森永奶粉案是一个最具象征性的案例：森永奶品公司为了在奶粉中掺入安定剂，向A公司订购第二磷酸苏打。A公司一直是从B公司购买此药品的，长年以来并无任何问题。但有一次，B公司将砒霜化合物作为第二磷酸苏打卖给了A公司，A公司也确信其属于第二磷酸苏打而将此货发给了森永奶粉的制造工厂，结果造成奶粉中混入了大量的砒霜，并造成德岛地区附近县市大量幼儿食用奶粉后死亡。对此，负责工厂事务的工厂厂长、负责技术的生产科科长以业务过失致死伤罪受到

---

① ［日］藤木英雄：《公害犯罪》，丛选功等译，62页，北京，中国政法大学出版社，1992。

起诉。一审法院以并无预见可能性为由，宣判无罪。但二审法院撤销一审判决并发回重审，最高裁判所也支持二审法院。一审法院在重审该案时，认为过失的本体为违反结果回避义务，并在判决理由中指出："这种场合的预见可能性只要达到能证实'为防止结果的发生而科以某种负担是合理的'这种程度即可……虽不能确定究竟是什么，但并非完全没有这种危险，因而不能完全无视这种危险，只要具有这种危惧感即已足够。"该判决同时指出：该案工厂本有可能防止有毒物质混入奶粉之中，且对于防止混入有毒物质负有客观注意义务，却违反注意义务并未采取防止措施，因而导致了该案中毒事故。也就是说，就生产科科长而言，本应该要么订购规格品，要么对所购入的第二磷酸苏打进行抽样检查，而其均没有采取，因而判定其有罪。[①] 这样，新新过失论就把对结果的具体预见可能性扩展到抽象预见可能性。新新过失论在日本为判例和通说所否定，正如日本学者西田典之指出："这种危惧感说是一种结果论，并不具体探讨行为之时的预见可能性，认为只要具有某种危惧感即可，便要求行为人采取事后所明白的结果回避可能的措施，这最终属于追究结果责任，从责任主义的视点看，不应该被允许。"[②] 尽管新新过失论并未成为日本通说，甚至旧过失论与新过失论都各有学者予以采用，但面对新类型的过失犯罪案件，日本刑法学者不是简单地要求修改法律，而是通过法教义学方法发展适当的学说，以适应社会的需求。这一点是令人印象深刻的。

除了日本的业务过失理论，德国的业务过失理论也在较后被翻译介绍到我国。例如德国著名学者许乃曼教授在 2000 年 6 月 12 日中国人民大学法学院举办的"欧洲一体化与中欧法学教育合作"讲习班中，作了题为《传统过失刑事责任观念在当代社会中的弊病——新的趋势与展望》的学术报告。在该报告中，许乃曼教授对传统过失犯罪概念进行了反思，认为面对现代工业社会中的危险，以侵

---

① 参见［日］藤木英雄：《公害犯罪》，丛选功等译，93、94 页，北京，中国政法大学出版社，1992。
② ［日］西田典之：《日本刑法总论》，刘明祥、王昭武译，210 页，北京，中国人民大学出版社，2007。

犯了法律保护的法益、引发这种违法现象的行为以及行为人最终造成的客观危害结果这三个要素为中心的传统过失犯罪概念呈现出显而易见的缺陷。许乃曼指出："因为某一不谨慎的、极端危险的行为是否会造成损害后果，纯粹是偶然事件。只要行为人相信如果因为其行为的后果没有危害性而会受到处罚，那么对行为人可能实施的处罚的威慑和预防效果就会大大削弱。对造成了严重损害结果的轻微过失犯罪行为处以重罚，而对造成轻微损害后果的重大过失犯罪不予处罚，都是错误的和不公平的，因此所有欧洲国家的立法都已经摒弃了传统的过失犯罪的概念，现在都转而采纳了危险犯罪的概念。"[1] 根据许乃曼教授的上述观点，存在一个从过失犯罪向危险犯罪的演变过程。其思路是：过失犯以危险结果发生作为处罚根据，而其行为本身具有危险性，行为人也可以预见到将来事态发展的危险性。在这种情况下，根据公平原则和一般预防的要求，就应当将对过失犯罪处罚时间提前到结果尚未发生时，这就是各种危险犯罪，包括具体危险犯和抽象危险犯。这就是许乃曼教授所谓从过失犯到危险犯的命题。许乃曼教授尤其强调：过失行为并不都造成危害结果，结果出现是具有一定偶然性的，因此，只有在结果出现的情况下才对过失行为处罚，有违公平观念。而如果设置为危险犯，就不会招致批评，因为如果某一疏忽行为导致具体危害的产生，那么所有具有相同危害程度的行为都会遭到相同方式的惩罚，行为人就不能排除接受惩罚的威胁，而指望出现幸运的结果。[2] 许乃曼教授所称过失犯的立法发展趋势是危险犯，这虽然属于立法论问题，但这是就刑法分则罪名设置而言的，因而不同于苏俄学者所说的过失犯罪一般概念的完善。事实上，近年来我国已经开始将刑法中的实害犯修改为危险犯的立法进程，例如，我国刑法修正案（八）中有以下三处涉及危险犯的规定：（1）增设危险驾驶罪。这里的危险驾驶行为是指在道路上驾

---

[1] ［德］许乃曼：《传统过失刑事责任观念在当代社会中的弊病——新的趋势与展望》，王秀梅译，载《法学家》，2001（1）。该文在我国台湾地区被译为《过失犯在现代工业社会的捉襟见肘——资产清算》，单丽玟译，载许玉秀、陈志辉主编：《不移不惑献身法与正义——许乃曼教授刑事法论文选辑》，台北，新学林出版股份有限公司，2006。

[2] 参见上文。

驶机动车追逐竞驶，情节恶劣，或者在道路上醉酒驾驶机动车的行为。上述危险驾驶行为在此前的刑法中并没有被规定为犯罪行为，只有在发生交通肇事后果后，才以交通肇事罪论处。刑法修正案（八）考虑到危险驾驶行为本身具有危险性，因而专门将之设置为犯罪。（2）刑法修正案（八）删除了我国刑法第141条原条文中的"足以严重危害人体健康"这一要件，使只要实施了生产销售假药行为即可成立生产、销售假药罪，因而该罪从具体危险犯转变为抽象危险犯。（3）刑法修正案（八）将我国刑法第338条中的"造成重大污染事故，致使公私财产遭受重大损失或者人身伤亡的严重后果"修改为"严重污染环境"，将重大环境污染事故罪修改为污染环境罪，使处罚门槛降低。以上修改都表明我国从结果本位向行为本位演变。随着危险犯的设立，是否也存在一个从过失犯向故意犯的转化呢？换言之，这些增设的危险犯究竟属于故意犯还是过失犯？这是一个值得研究的问题。

  现以危险驾驶罪为例进行分析。该罪属于抽象危险犯，对此没有不同意见。但关于它是属于故意的抽象危险犯还是过失的抽象危险犯，则存在分歧。这里涉及过失危险犯理论。我国学者刘仁文较早对过失危险犯进行研究，并对其持肯定态度。[①] 在有关危险犯的论著中，通常也论及过失危险犯。例如我国学者指出：过失危险犯是指行为人严重违反注意义务，过失引起多数人的生命、健康和重大公司财务损失的严重危险，但并未发生严重的实害结果的犯罪。[②] 在我国刑法学界，笔者较早否定了过失危险犯的概念。[③] 当然，笔者的设想是：将没有发生实害结果的行为犯罪化，由于这种行为通常都是故意的，因而设置为故意危险犯。例如醉驾行为，过去是作为交通肇事罪的行为方式，只有在发生重大事故的情况下才构成过失犯罪。考虑到"醉驾"行为本身的危险性，我国刑法修正案（八）将"醉驾"行为犯罪化。在这种情况下，通常都认为"醉驾"型的危险驾驶罪属于故意犯罪。例如，张明楷教授指出：醉酒驾驶属于故意犯罪，行为人必须认识

[①] 参见刘仁文：《过失危险犯研究》，北京，中国政法大学出版社，1998。
[②] 参见舒洪水：《危险犯研究》，74页，北京，法律出版社，2009。
[③] 参见陈兴良：《刑法哲学》，191页，北京，中国政法大学出版社，1992。

到自己是在醉酒状态下驾驶机动车。但是对醉酒状态的认识不需要十分具体（不需要认识到血液中的酒精具体含量），只要有大体上的认识即可。① 对于上述问题，我国也有学者持相反的观点，例如，冯军教授采用法教义学方法，论证了"醉驾"型危险驾驶罪属于过失的抽象危险犯。冯军教授指出：刑法第133条之一处罚"醉驾"型危险驾驶罪的规范目的在于，防止行为人在因为醉酒而不具备安全驾驶能力时在道路上过失地不安全驾驶机动车。它针对的应该仅仅是这样一种情况：行为人故意或者过失饮酒后，虽然行为人事实上已经因为醉酒状态而处于不能安全驾驶机动车的状态，却因为疏忽大意而没有预见自己的醉酒驾驶行为会造成公共安全的危险，或者已经预见到自己的醉酒驾驶行为会造成公共安全的危险，却轻信自己还能够在道路上安全驾驶机动车，轻信自己的醉酒驾驶行为不会危害公共安全，因而故意在道路上醉酒驾驶了机动车，却过失地造成了公共安全的抽象危险。② 显然，冯军教授认为行为人是在故意地醉酒驾驶，这一点与张明楷教授的认识是相同的。两者的不同之处在于：张明楷教授认为明知醉酒而驾驶的，已经是故意犯罪。而冯军教授认为这是违反交通规则的故意，它不等于犯罪故意，行为人对于醉酒驾驶会造成公共安全的危险仍然是过失的，因此醉酒驾驶属于过失犯罪。

这里涉及故意犯与过失犯的区分问题，以及刑法第133条之一的规范目的。就故意犯与过失犯的区分而言，如果承认危险故意的概念，则不能不承认"醉驾"型危险驾驶罪属于故意犯罪。所谓危险故意是相对于侵害故意而言的。日本学者指出：所谓侵害故意，是指对侵害法益的结果有认识并追求实现该结果的意思。所谓危险故意，是指认识到会对法益造成危险，但是有意引起该危险状态发生的意思。在具体危险犯和抽象危险犯中，对危险的认识程度是不同的。在具体危险犯中，行为人对危险性必须有明确的认识，但是在抽象危险犯中，并不要求行为人对危险性有认识。③ 对于危险故意的概念，我国学者姜伟持否定态度，认

---

① 参见张明楷：《刑法学》，638页，北京，法律出版社，2011。
② 参见冯军：《论〈刑法〉第133条之1的规范目的及其适用》，载《中国法学》，2011（5）。
③ 参见［日］大谷实：《刑法讲义总论》（新版第2版），黎宏译，158页，北京，中国人民大学出版社，2008。

为危险故意是不存在的。① 笔者认为，只要承认危险犯的存在，就不能否认作为危险犯的存在，就不能否认作为危险犯的罪过形式的危险故意的概念。② 在抽象危险犯的情况下，法律规定其行为具有一般性的抽象危险，因此只要行为人明知其行为属于构成要件的行为而实施，即认为具有危险故意，应构成故意危险犯。在"醉驾"型危险驾驶罪中，行为人明知其行为属于醉酒驾驶，就应当视为已经认识到对公共安全的抽象危险，因而其行为构成故意危险犯。

至于刑法第133条之一的规范目的，冯军教授指出：把"醉驾"型危险驾驶罪解释为故意的抽象危险犯，也不能妥当地说明增设刑法第133条之一的必要性。如果根据既有的刑法规定完全能够处罚作为故意的抽象危险犯的"醉驾"型危险驾驶罪，那么，在刑法中就并不真正存在处罚漏洞，也就没有必要增设刑法第133条之一。如上所述，在行为人通过醉酒驾驶行为来故意危害公共安全的情形下，只要行为人的醉酒驾驶行为尚未给公共安全造成具体的危险，即使行为人的醉酒驾驶行为抽象地危害了公共安全，也不能单独适用刑法第114条的规定来直接处罚行为人，因为刑法第114条处罚的是危害公共安全的具体危险犯。但是，在行为人通过醉酒驾驶行为故意给公共安全造成了抽象危险的情况下，完全可以将其行为视为以危险方法危害公共安全罪的未遂，将刑法第114条和刑法第23条结合起来，就可以处罚行为人。③ 在以上论述中，存在一个前提性规则：只要对于某一行为根据现行刑法能够加以处罚，就不存在处罚漏洞，也就没有必要增设罪名，因此不符合该罪名设置的规范目的。笔者以为，这一规则本身难以成立。在刑法已有处罚规定的情况下又另立罪名的情形，在我国刑事立法中屡有发生。例如，1997年刑法设立了金融诈骗罪，其实在此之前对于金融诈骗行为完全可以按照1997年刑法规定的诈骗罪加以处罚。又如1997年刑法对渎职罪中的玩忽职守罪进行分解，设置了大量具体的玩忽职守犯罪。其规范目的在于使玩忽职守犯罪的行为具体化，以利于司法适用。因此，堵塞刑法处罚的漏洞，并非罪

---

① 参见姜伟：《罪过形式论》，158、159页，北京，北京大学出版社，2008。
② 参见陈兴良：《刑法哲学》，175、176页，北京，中国政法大学出版社，1992。
③ 参见冯军：《论〈刑法〉第133条之1的规范目的及其适用》，载《中国法学》，2011（5）。

名设置的唯一规范目的。更何况，在刑法修正案（八）设置危险驾驶罪之前，对于"醉驾"故意危害公共安全，尚未造成具体危险的行为，能否作为具体危险犯的未遂犯予以处罚，也是值得推敲的。未遂犯本身是具体危险犯，它与抽象危险犯是互相排斥的，因而具有抽象危险的"醉驾"行为不能成为具体危险犯的未遂犯。由此可见，如何理解过失危险犯以及抽象危险犯是否存在未遂的问题，仍然是一个难题。

对过失犯理论的需求，是从司法实践中产生的。只有在理论不能满足实践需要的情况下，一种理论才会得到发展。对于过失犯理论来说，也是如此。例如，笔者曾经在1995年参加了新疆克拉玛依大火案的被害人代理工作，该案的基本案情是：克拉玛依市教委、新疆石油管理局教育培训中心于1994年12月8日18时许在新疆石油管理局总工会文化艺术中心友谊宾馆举办迎接新疆维吾尔自治区"两基"（基本普及九年义务教育、基本扫除青壮年文盲）评估验收团的文艺汇报演出活动。全市7所中学、8所小学的学生、教师及有关领导共796人参加。演出至18时20分左右，友谊宾馆舞台纱带被光柱灯烤燃，火势迅速蔓延到剧厅，各种易燃材料燃烧后产生大量有毒有害气体，最终致使323人死亡、132人受伤，直接经济损失达3 800余万元。在本案中，检方指控被告人赵某秀是克拉玛依市主管文教工作的副市长，又是克拉玛依市迎接自治区"两基"评估验收团领导小组组长之一，她在同意组织学生开展汇报演出前，没有向有关部门和人员提出安全要求；在舞台起火后她没有正确履行法定职责和特定的组织指挥职责，指挥疏散不力，故对这次火灾造成的严重后果负有直接责任。被告人赵某秀的辩护人认为：被告人赵某秀同意组织学生开展汇报演出，没有提出火灾安全要求，最终突发了火灾，造成了严重后果所负的责任，只能是一种领导责任，应予以党纪、政纪处理。被告人赵某秀发现舞台起火后，立即让人打电话报警，让人拉闸断电，并迅速到舞台南侧疏散孩子。这些都应被视为组织、疏散、抢救的行为。在舞台失火后，能够进行组织疏散、抢救的时间只有两三分钟。在此段时间内，她作出上述行为，应该说是正确履行了法定职责和特定义务。因此，被告人赵某秀不应承担刑事责任。法院判决认为，被告人赵某秀系迎接"两基"评估验收工作及演出现场的主要领导人，对未成年人未能正确履行法定的监护职责；在发生

火情时，有责任，也有条件组织指挥场内的学生疏散，但没有组织和指挥疏散，对扩大事故的伤亡后果负有直接责任，其行为已构成玩忽职守罪。[①] 在该案中，赵某秀的责任分为两个阶段：一是组织环节，二是现场环节。现场施救不力只是玩忽职守责的一个方面，更为重要的是，在演出组织过程中，赵某秀应当承担何种责任及其根据是什么？辩护人认为其应当承担责任，但不应承担刑事责任。而法院判决也只是简单地论及赵某秀对未成年人未能正确履行法定的监护职责，而未作深入论证。即使在代理意见中，也只是提及被告人赵某秀等演出活动的具体组织者和领导者，对汇报演出事先没有向友谊宾馆或者其上级主管机关提出安全要求，没有采取安全措施等，也没有从法理上论证其过失的根据。这主要是当时我国对过失犯的研究尚处在一个较低水平。实际上，这是一个监督管理过失的问题。如果采用监督管理过失理论，就能够对赵某秀等组织者在火灾中的责任确切地予以法理论证。

监督管理过失，在日本又分别被称为监督过失和管理过失或者监督、管理过失。监督过失理论，源于前述日本森永奶粉案。法院在该案判决中指出："制造科科长兼任工厂厂长助理，对该厂乳制品的实际生产具有决定权，为防止部下从业人员导致事故发生，有责任对订货、产品的使用、化学检验等进行监督、检查，却疏忽业务上的注意义务，没有指示、监督有关人员对购进的添加剂进行必要的化学检验并确认其是否有害，因而负有监督上的过失责任。"[②] 监督过失是新新过失论的副产品，虽然新新过失论不再被日本刑法学界采用，但监督过失理论成为富有特色的过失理论并在日本刑法学中成为一个亮点。当然，日本监督过失理论被引入我国并引起学界的重视，是在20世纪90年代以后。我国学者对于监督过失理论被引入我国勾勒了一条线索：顾肖荣教授率先在《过失犯罪理论的比较研究》（载《法学研究》，1988年第5期）一文中对日本刑法理论中的监督过失理论进行了介绍。1992年，张明楷教授发表了《监督过失探讨》（载《中南

[①] 参见中国高级法官培训中心、中国人民大学法学院编：《中国审判案例要览》（1996年刑事审判卷），211页及以下，北京，中国人民大学出版社，1997。

[②] 刘丁炳：《监督管理过失犯罪研究》，3页，北京，中国人民公安大学出版社，2009。

政法学院学报》，1992年第3期）一文，专门论述了日本刑法学中的监督过失理论。1993年，廖正豪教授在其专著《过失犯论》（三民书局，1993）一书中对监督过失进行了研讨。1995年，胡鹰在其博士论文《过失犯罪研究》（中国政法大学出版社，1995）一书中对监督过失责任进行了初步探讨。同年，张凌教授在日本早稻田大学写就了博士学位论文《论过失犯罪中的监督过失责任》，对监督过失进行了系统研究。[1] 惜乎张凌的博士学位论文未能公开出版，而公开出版的以监督过失为题的博士学位论文是刘丁炳的《监督管理过失犯罪研究》（中国人民公安大学出版社，2009）。由此可见，监督过失是逐渐传入我国并获得刑法学界认同的。

采用监督过失理论论证在克拉玛依大火案中赵某秀的过失责任，就变得较为容易。辩护人所指称的赵某秀的领导责任，在某种意义上就是一种监督过失的责任。日本学者指出：监督过失有狭义与广义之分。广义的监督过失，是指处于监督引起直接结果的行为人（直接行为人）立场的人的过失，它可以分为因为对直接行为人的指挥监督不当而成立过失的监督过失（狭义）和（不通过直接行为人的不当行为）通过管理者的物质配备、人事制度的不完善自身及引起结果之间的关系而成立过失的管理过失。只是，在管理过失的场合，在命令从业人员完善物质配备、人事制度的时候，也存在对该从业人员的行为进行监督的问题。因此，其和监督过失（狭义）的区别是相对的，将此二者进行区别，并不具有理论上的意义。[2] 在以上论述中，管理过失是广义上的监督过失。在此我们主要讨论的还是狭义上的监督过失。在这种监督过失中，存在监督与被监督之间的关系，也就是我们通常所说的领导与被领导的关系。被监督者是直接实行者，其过失行为造成法益侵害结果的发生，应当对此承担过失责任。这是一种直接过失责任。那么，监督者是否应当对被监督者的过失承担相应的过失责任呢？在此，存在一个领导责任与过失责任如何区分的问题。以往在我国现实生活中，往往以领导责任代替过失责任，只有在尽到了监督职责的情况下才能免除其监督过失，由此承认

---

[1] 参见刘丁炳：《监督管理过失犯罪研究》，15页，北京，中国人民公安大学出版社，2009。
[2] 参见［日］大塚裕史：《企业灾害和过失论》，载高铭暄、赵秉志主编：《过失犯罪的基础理论》，北京，法律出版社，2002。

其领导责任。如果监督者未尽监督职责，则存在监督过失，不能以领导责任作为追究过失责任的挡箭牌。在克拉玛依大火案中，法院判决认定赵某秀在演出组织活动中，未正确履行法定职责，实际上就是一种监督过失。至于在火灾现场是否履行组织疏散的义务，则是另外一个问题。在上述案件发生十年以后，我国才有学者采用监督过失理论加以分析。① 理论相对于实践来说，具有一定的超前性，而实践往往滞后于理论。在我国当前刑法学界广泛认同监督过失理论的情况下，该理论在司法实践中的接受情况并不乐观。例如，我国学者利用监督过失理论对2007年2月28日发布的最高人民法院、最高人民检察院颁布的《关于办理危害矿山生产安全刑事案件具体应用法律若干问题的解释》*（以下简称为2007年《解释》）作了分析，认为从2007年《解释》的具体内容来看，其中隐含了监督过失理论的大量运用。② 一方面是"隐含"，另一方面是"大量运用"。这两者之间显现出一定的矛盾。事实上，所谓2007年《解释》对监督过失的运用，主要是指对矿山生产安全犯罪的主体予以扩张。

早在2000年11月15日最高人民法院《关于审理交通肇事刑事案件应用法律若干问题的解释》（以下简称2000年《解释》）就已经采取了扩大主体的解释方法。2000年《解释》第7条规定："单位主管人员、机动车辆所有人或者机动车辆承包人指使、强令他人违章驾驶造成重大交通事故，可具有本解释第二条规定情形之一的，以交通肇事罪定罪处罚。"该解释意图通过扩张有关责任事故犯罪的主体而使那些负有监督与管理职责的人入罪，这当然是正确的。但主体并不能作为入罪的充分条件，客观上未履行监督义务或管理职责，主观上具有监督过失或管理过失，才是更为重要的入罪条件。例如在梁某金交通肇事案中，被告人梁某金以榕山建筑公司名义经批准建造短途客船"榕建"号。梁某金对船只进行违章改造，并且长期不重视营运安全。2000年6月22日因船上驾驶人员周某金、梁某兵等指挥、操作不当，客船倾翻于江中，船上人员全部落水，导致130人溺

---

* 注解释于2015年12月16日失效。——编辑注
① 参见彭凤莲：《监督过失责任论》，载《法学》，2004（4）。
② 参见陈伟：《监督过失理论及其对过失主体的限定——以法释［2007］5号为中心》，载《中国刑事法杂志》，2007（5）。

水死亡、公私财物遭受重大损失。在该案中，船上驾驶人员存在过失，应当负刑事责任，这当然没有问题。那么，事故发生时不在船上的梁某金为什么要承担刑事责任呢？对此，该案的裁判理由指出：本案中，被告人梁某金作为"榕建"号客船所有人的法定代表人，对"榕建"号客船的营运安全具有管理职责，在"榕建"号船舶达到适航状态之前，不应将"榕建"号船舶投入运营。但其违反了《中华人民共和国内河交通安全管理条例》，聘用不具备资格的驾驶员周某金，安排无合格职务证书的梁某兵、石某和周某全任船员，并且未按规定配足船员，在擅自改造船舶、决定升高驾驶舱后，未经检验即投入营运。也就是说，被告人梁某金将不具备适航条件的"榕建"号投入运营的行为，实质上相当于指使周某金等人违章驾驶。在"榕建"号投入营运后，被告人梁某金对船舶长期超载运输不予管理，听任周某金等长期违章驾驶，最终导致"榕建"号因违章驾驶而倾覆，造成130人死亡的特大交通事故。参照最高人民法院《关于审理交通肇事刑事案件具体应用法律若干问题的解释》第7条关于"单位主管人员、机动车辆所有人或者机动车辆承包人指使、强令他人违章驾驶造成重大交通事故"，以交通肇事罪定罪处罚的规定，被告人梁某金的行为，完全符合交通肇事罪的构成要件，应当以交通肇事罪追究其刑事责任。[1] 其实，在本案中，问题并不在于梁某金的主体资格和指使行为，而在于其主观上是否存在监督管理过失。从该案的情况看，被告人梁某金同时具备监督过失与管理过失。其监督过失表现在被告人梁某金听任"榕建"号驾驶人员长期违章驾驶，未能履行监督职责。其管理过失表现在作为"榕建"号船舶的所有人和法定代表人，被告人梁某金在该船舶建造、航行以及日常管理活动中，都未能履行管理职责。因此，只有从监督过失理论出发，才能为该案的定罪提供更为充分的法理根据。

三十年并不是一个太长的时间，我国的过失犯理论借助于德日刑法学的学术资源，得到了迅猛发展。这是令人难以忘怀的一段学术史。

(本文原载《华东政法大学学报》，2012（4))

---

[1] 参见最高人民法院编：《刑事审判参考》，第13辑，1~6页，北京，法律出版社，2001。

过失犯的危险犯：以中德立法比较为视角

　　过失犯的危险犯这一概念，是两种犯罪分类相交的产物。一种犯罪分类是以行为人的主观罪过形式为标准的分类：故意犯与过失犯。另外一种犯罪分类是以是否发生法益侵害的实际结果为标准的分类：实害犯与危险犯。以上两种分类形成的组合，就产生了以下四个概念：故意犯的实害犯与过失犯的实害犯、故意犯的危险犯与过失犯的危险犯。在刑法理论上，故意犯的实害犯与故意犯的危险犯这两个概念并不存在争议。而过失犯的实害犯这个概念则需要进一步厘清：过失犯的实害犯也就是过失犯的结果犯。对于过失犯来说，未遂并不受处罚，都是在发生了实害结果以后才受刑事处罚。因此，过失犯的实害犯这个概念是可以成立的。过失犯在没有发生实害结果的情况下，当然不能作为未遂处罚，那么，是否可以作为危险犯进行处罚呢？这是一个值得研究的问题，在中外刑法理论上都存在争议。在我国，随着危险驾驶罪的设立，对于醉酒驾驶型的危险驾驶罪是故意犯还是过失犯展开了讨论，这一讨论直接涉及过失犯的危险犯问题。在我国风险刑法理论的语境中，这一讨论更是为过失犯的危险犯提供了知识背景。为此，有必要对过失犯的危险犯进行深入研究，以此提升刑法教义学的水平。

一、《德国刑法典》中过失危险犯规定的探析

过失犯的危险犯，又称为过失危险犯，是一个与故意犯的危险犯或者故意危险犯相对应的概念。例如我国学者认为，故意危险犯是指以行为人故意实施的危害行为造成的危险状态作为犯罪既遂标志的犯罪，而过失危险犯是指以行为人过失实施的危害行为造成的危险状态作为犯罪构成必要条件的犯罪。[①] 在此，该论者所定义的过失危险犯是一种危险状态犯，即所谓过失犯的具体危险犯，似乎并未包括过失犯的抽象危险犯。那么，是否存在过失犯的抽象危险犯？这也是一个值得研究的问题。在德国刑法理论上，是肯定过失犯的抽象危险犯的，而且在《德国刑法典》中也有关于过失犯的抽象危险犯的立法规定。罗克辛教授指出："当人们使抽象危险性犯罪的刑事可罚性取决于上面提到的'没有结果的过失'时，这个方案在很大程度上就已经根据现行法律实现了。"[②] 下文笔者还将论及《德国刑法典》中关于过失犯的危险犯的具体规定可以印证罗克辛教授的论述。因此，合乎逻辑地说，过失犯的危险犯既包括过失犯的具体危险犯，又包括过失犯的抽象危险犯。过失犯的具体危险犯是指以造成一定的危险状态作为犯罪成立条件的过失犯，而过失犯的抽象危险犯是指以实施一定的危险行为作为犯罪成立条件的过失犯。如果说，过失犯的具体危险犯是一种结果危险，还属于客体危险，那么，过失犯的抽象危险犯就是一种行为危险。对此，有德国学者在论及过失犯的危险犯中的双重的危险概念时指出："对过失危险犯的理解必须制定双重的危险概念而变得更加困难。一方面，违反注意义务要求，根据有观察力的观察者的判断，行为对受保护的法益带来了危险；另一方面，犯罪结果恰恰在于特定的行为客体因违反注意义务而受到危害。这两个危险概念的区别在于，行为的危险性是根据是否会影响受保护的法益而抽象地加以评判的，而行为客体的危险是

---

① 参见舒洪水：《危险犯研究》，72、74 页，北京，法律出版社，2009。
② ［德］克劳斯·罗克辛：《德国刑法学总论》，第 1 卷，王世洲译，279 页，北京，法律出版社，2005。

以是否属于危险行为的有效范围而具体地加以认定的。"① 因此，在过失危险犯的情况下，具体危险与抽象危险之间是存在明显区分的，一如故意犯的危险犯。

过失犯的危险犯是与过失犯的结果犯相对应的，因此，上述犯罪分类是从结果犯与危险犯的分类中引申出来的一对范畴。德国学者罗克辛将犯罪分为两类：侵害性犯罪和危险性犯罪。这里的侵害性犯罪就是结果犯或者实害犯，而这里的危险性犯罪就是危险犯或者行为犯。罗克辛教授指出："根据行为构成的行为客体是受到损害或者说在整体上有危险，人们可以在侵害性犯罪和危险性犯罪之间作出区分。大多数行为构成都是侵害性犯罪。在这种犯罪中，行为的客体在构成行为既遂地存在时就必须真实地受到损害，例如，杀人犯罪（第211条以下）、身体伤害犯罪（第223条以下）、毁坏财产犯罪（第303条），等等。相反，危险性犯罪仅仅表现为一种或轻或重的对行为客体的强烈威胁。在这里，最重要的区别是具体的和抽象的危险性犯罪的区别。"② 在各国刑法典所规定的犯罪中，绝大多数犯罪都是所谓侵害性的犯罪，包括结果犯或者实害犯。此类犯罪，其构成要件要素是齐全的，包括了行为、客体、结果以及行为与结果之间的因果关系。在侵害性犯罪的情况下，存在着实际的法益侵害结果，在构成要件上采取的是结果性的归责，因此，侵害性犯罪是一种典型的犯罪形态。与之不同，危险性犯罪并不存在行为对客体的实际损害结果，而只是存在着这种结果发生的可能性，也就是法益侵害的危险性。当然，这种危险性可以分为具体的危险性和抽象的危险性，因此，危险性犯罪也可以相应地分为具体危险犯和抽象危险犯。在危险性犯罪的情况下，因为不存在实际的法益侵害结果，在构成要件上就不是采取结果性的归责，而是基于行为自身危险性的归责。在危险性犯罪的立法例中，罗克辛教授列举了《德国刑法典》关于放火罪的规定。

放火罪是各国刑法中通常规定的犯罪，属于公共危险罪，我国刑法称之为危

---

① [德] 汉斯·海因里希·耶赛克、托马斯·魏根特：《德国刑法教科书（总论）》，徐久生译，700页，北京，中国法制出版社，2001。
② [德] 克劳斯·罗克辛：《德国刑法学总论》，第1卷，王世洲译，221～222页，北京，法律出版社，2005。

害公共安全罪。我国刑法对放火罪的规定比较简单，只是规定了故意犯的实害犯、故意犯的具体危险犯和过失犯即过失犯的结果犯。尤其是，我国刑法中的放火罪侵害的客体包括人身和财产，因此在放火罪的构成要件中包含了侵害人身的犯罪与毁坏财产的犯罪。但《德国刑法典》对放火罪的规定则较为复杂，设置了各种类型的罪名。《德国刑法典》第306条规定的是放火罪的基本犯；第306条a规定的是严重的放火，即放火罪的加重犯；第306条b规定的是特别严重的放火，即放火罪的特别加重犯；第306条c规定的是带有死亡结果的放火，即放火罪的结果加重犯；第306条d规定的是过失的放火，即放火罪的过失结果犯；第306条e规定的是积极悔过的放火；第306条f规定的是火灾危险的引起，即放火罪的危险犯，包括故意犯的危险犯和过失犯的危险犯。在以上规定中，涉及过失犯的规定包括以下三个条款。

其一，放火罪的结果加重犯，即带有死亡结果的放火。《德国刑法典》第306条c规定："如果行为人通过第306条至第306条b规定的放火至少轻率地造成他人死亡的，那么，处终身自由刑或者不低于十年的自由刑。"在这一规定中，放火这一基本行为过失地造成了他人死亡的后果：行为人对于放火是故意的，但是，对于死亡结果是过失的。因此，该行为属于放火罪的结果加重犯。

其二，放火罪的过失结果犯，即过失的放火。《德国刑法典》第306条d规定："（1）行为人在第306条第1款或者第306条a第1款的情形中过失地行动或者在第306条a第2款的情形中过失地造成危险，处三年以下的自由刑或者金钱刑。（2）行为人在第306条a第2款的情形中过失地行动和过失地造成危险的，处三年以下的自由刑或者金钱刑。"在这一规定中，虽然在法条中存在着"造成危险"之类的表述，使人误以为是对过失犯的危险犯的规定，但该法条是以《德国刑法典》第306条第1款、第306条a第1款和第2款为前提的，而第306条第1款规定是放火烧毁财产的犯罪，即放火罪的故意犯的结果犯；第306条a第1款规定是对有人居住的场所放火的犯罪，也是故意犯的结果犯；第306条a第2款规定是对第306条第1款规定的放火烧毁财产犯罪的加重犯，其加重条件是因此造成他人健康损害的危险。就这一规定的内容而言，是对财产的故意

犯的结果犯与对他人健康的故意犯的危险犯的竞合。因此，除第 306 条 a 第 2 款中存在竞合性的危险犯的内容以外，其他犯罪都是结果犯，即以发生财产烧毁的实际损害作为犯罪成立条件的犯罪。因此，《德国刑法典》第 306 条 d 规定的放火罪，是过失犯的结果犯。

其三，放火罪的危险犯，即火灾危险的引起。《德国刑法典》第 306 条 f 规定："（1）行为人使他人的①易燃的工厂或者设备；②农业或者喂养经济的其中存放着其产品的设备或者工厂；③森林、草原火灾沼泽地或者；④已经耕种的田地或者农业经济的存放在田地上的易燃的产品，通过抽烟、通过明火或者火源、通过丢扔燃烧着的或者闪烁着的物体或者以其他方式处于火灾危险之中的，处三年以下的自由刑或者金钱刑。（2）同样处罚，如果行为人使第 1 款第 1 项至第 4 项所标明的某一物品处于火灾之中和因此给他人的身体或者生命或者具有重要价值的物品造成危险。（3）行为人在第 1 款的情形中过失地行动的或者在第 2 款的情形中过失地造成危险的，处一年以下的自由刑或者金钱刑。"在这一规定中，放火行为并不需要发生实害结果，而只要求造成引起火灾的危险，因此属于危险犯。对此确定无疑。从以上三款法条规定来看，第 1 款是对财产烧毁的放火罪之故意犯的危险犯的规定，这是一种具体危险犯。第 2 款是对他人身体或者生命造成危险的放火罪之故意犯的危险犯的规定，这是一种抽象危险犯。第 3 款是过失犯的危险犯的规定。那么，这里的过失犯的危险犯究竟是具体危险犯还是抽象危险犯，抑或既包括具体危险犯又包括抽象危险犯？对此，值得进一步辨析。

危险犯可以分为具体危险犯和抽象危险犯，两者之间存在较大的差别。具体危险犯的所谓危险是一种具体危险。德国学者指出："法律对具体危险犯的规定是建立在这样一个考虑之上，即某个违反规范的举止对受保护的客体有可能造成危险和当罚，一旦该危险性在案件中具体出现。危险性的出现，在这里是构成要件标志。如要处罚，需由法官特别认定。"[1] 因此，具体危险犯的危险是一种危险的结果或者状态，需要法官加以认定。在犯罪的构造上，具体危险犯与侵害性

---

[1] ［德］约翰内斯·韦塞尔斯：《德国刑法总论》，李昌珂译，13 页，北京，法律出版社，2008。

犯罪是相同的,甚至被认为是结果犯。只不过在实害犯中,这种结果是一种实际的损害结果。而在具体危险犯中,这种结果是一种可以预期的损害结果,即危险结果,也可以说是结果发生的危险。例如罗克辛教授指出:"这种具体的危险性犯罪是结果犯罪,这就是说,它与前面讨论的侵害性犯罪,基本上不是通过不同的归责标准来加以区别的,而是通过在一种侵害性结果的位置上出现了各种行为构成的危险结果来加以区别的。因此,与在侵害性犯罪中一样,一种在恰当的、不许可的侵害性风险意义上的具体'结果性危险',就必须首先被创设出来。"[1] 根据罗克辛教授的观点,具体危险犯的具体危险本身就是一种结果,需要法官根据案件事实进行认定。在这个意义上,具体危险犯的构造与结果犯的是相同的,都是"行为+结果",只不过,在结果犯的情况下,这种结果表现为实际损害;在具体危险犯的情况下,这种结果表现为危险状态。笔者曾经将具体危险犯归之为行为犯,因为我国刑法对具体危险犯的表述是"尚未造成严重后果"。从逻辑上理解,尚未造成严重后果,就是法律规定的一定犯罪结果没有发生,又怎么能说这本身就是一种结果呢?[2] 这里主要还是涉及对结果的理解。如果把这里的结果理解为构成要件的结果,那么在具体危险犯的情况下,这种构成要件的结果并没有发生,当然可以将其归之于行为犯。但是,如果把这里的结果理解为法益受到的威胁,则这种结果就是行为所造成的危险状态。如此理解,则可以把危险状态本身作为一种结果,因而将具体危险犯归入结果犯。

然而,抽象危险犯的所谓危险是一种抽象危险。德国学者指出:"抽象危险犯则是建立在法律的这个认识之上,即一定的举止方式普遍对受保护的客体形成危险。行为的危险性在这里不是构成要件标志,而只是法律规定的存在理由,法官对此通常不必去审查危险性在个案中是否已经出现或者并未出现。"[3] 因此,抽象危险犯的危险是一种立法推定的危险,并不需要法官具体查明。在这个意义

---

[1] [德]克劳斯·罗克辛:《德国刑法学总论》,第1卷,王世洲译,275页,北京,法律出版社,2005。
[2] 参见陈兴良:《刑法哲学》,216页,北京,中国政法大学出版社,1992。
[3] [德]约翰内斯·韦塞尔斯:《德国刑法总论》,李昌珂译,14页,北京,法律出版社,2008。

上，抽象危险犯不是结果犯而是行为犯，即只要实施一定的构成要件行为即可构成犯罪。由此可见，在具体危险犯与抽象危险犯之间，还是存在着较大区分的。

根据以上具体危险犯与抽象危险犯的定义，《德国刑法典》第306条f所规定的过失犯的危险犯，既包括过失犯的具体危险犯，又包括过失犯的抽象危险犯，由此对应于故意犯的具体危险犯和过失犯的抽象危险犯。对于财产被烧毁的放火罪来说，要求对于财产烧毁的结果具有危险，这是一种具体危险。但对他人身体或者生命被损害的放火罪来说，并不要求存在具体危险，因此是一种抽象的危险犯。对于《德国刑法典》第306条f所规定的过失犯的抽象危险犯，罗克辛教授指出："抽象的危险性犯罪，是指依照典型的危险的举止行为被作为犯罪而处于刑罚之下，不需要在具体案件中出现一种危险的结果。这就是说，防止具体的危险和侵害，仅仅是立法的动机，而不是使这种具体的危险和侵害的存在成为行为构成的条件。因此，放火烧毁房屋所产生的损害财产结果为第306条所包含，另外，立法者因为想到放火能够产生的对自然人生命造成的危险，又在第306条中作为重罪对其规定了特别严厉刑罚的威胁。但是，在具体案件中不存在对生命的威胁时，这个条文的原文文字也已经得到了满足。"[1] 因此，对于放火威胁自然人的生命的犯罪而言，它是一种抽象的危险犯，并不需要对他人生命产生具体的危险。

二、我国刑法是否存在过失危险犯的辨析

在我国刑法学界对于过失犯的危险犯问题，同样存在着较大的争议。这一争议当然也与我国刑法是否规定过失犯的危险犯这个问题是密切相关的。事实上，我国1979年刑法并未规定过失犯的危险犯，因此，也就不可能从解释论的角度出发，对过失犯的危险犯进行研究，而是基于过失犯的增加这一现实，从立法论

---

[1] ［德］克劳斯·罗克辛：《德国刑法学总论》，第1卷，王世洲译，278页，北京，法律出版社，2005。

角度提出是否应当将过失行为犯罪化，即设立过失犯的危险犯问题。对此，我国学者存在着不同观点。笔者曾经将这种不同的观定概括为肯定说与否定说。肯定说认为："在一般情况下，过失行为仅有造成某种损害的可能性，不宜规定为犯罪。但是，对那些主观恶性比较重，损害结果虽未发生，但发生的可能性极大，且可能造成的损害结果巨大的严重过失行为，可考虑在分则中特别规定为危险状态构成的过失犯罪。从实际情况看，这类犯罪应该主要出现在具有危害公共安全性质的犯罪中。"[①] 论者在此提出的设立过失危险犯是具体的过失危险犯，并且论者认为应该对严重的危害公共安全犯罪设立过失危险犯。否定说则认为："否定犯罪过失的结果责任是不合适的。危害结果是限制过失责任范围的客观尺度。脱离这一标准，便会无限制地扩大犯罪过失的范围。在业务活动过程中，行为人违反任何一项注意义务（主要是规章制度）都可能发生危害社会的结果。如果对这种行为处以刑罚，无异于刑罚惩罚违反行政法规的行为。而且，这种立法的效果不好，加重了业务人员的心理负担，不利于社会的进步与发展。"[②] 由此可见，否定说主要是从刑法谦抑的角度否定过失的危险犯，同时，也考虑了设立过失危险犯的社会效果。这是发生在20世纪90年代初期的讨论，表明我国学者对过失犯的危险犯问题的关注。在当时，笔者是赞同否定说的，并且主要从恪守过失犯的结果无价值的角度进行了论证，指出："在刑法理论上，危险犯就是指法律规定不以发生某种实际危害结果为要件，而是以具有发生这种结果的危险为要件的犯罪。危险犯通常存在于直接故意犯罪之中，由于它不要求犯罪结果，因此必须是该行为本身就具有足够危害的，是所谓行为无价值。而过失犯历来都是结果犯，以发生的危害结果作为构成犯罪的必要条件，是所谓结果无价值。在没有发生一定危害结果的情况下，就没有过失犯罪可言。因此，我们认为，过失不存在

---

① 王伊端、王晨：《晚近过失犯罪发展趋势研究》，载《中国高级法官培训中心、全国法院干部业余法律大学首届学术讨论会论文选》，55页，北京，人民法院出版社，1990。
② 姜伟：《罪过心理的立法构想》，载杨敦兰、周其华、姜伟编：《廉政建设与刑法功能》，292页，北京，法律出版社，1991。

设立危险构成的可能性。"① 应该说,当时对过失危险犯的讨论还是较为粗浅的,并未涉及一些基本理论问题。因此,在过失危险犯问题上,笔者的观点也是具有明显的局限性的。在尚不了解德国以及其他国家关于过失危险犯的立法例的情况下,这种关于在我国刑法中是否应当设立过失危险犯的探讨,缺乏较为宽阔的视野,难免失之局囿。

在1997年我国刑法修改以后,对过失危险犯的关注视角开始从立法论向解释论转变,即围绕着我国刑法中的具体罪名,对于我国刑法是否存在过失危险犯展开讨论。在刑法修正案(八)颁布以后,在关于醉酒驾驶构成的危险驾驶罪的讨论中也涉及过失危险犯的问题。从现有的情况来看,我国学者主要围绕以下三个罪名对过失危险犯进行研讨。

(一)妨害传染病防治罪

我国刑法第330条第1款(2011年修正)规定:"违反传染病防治法的规定,有下列情形之一,引起甲类传染病传播或者有传播严重危险的,处三年以下有期徒刑或者拘役;后果特别严重的,处三年以上七年以下有期徒刑:(一)供水单位供应的饮用水不符合国家规定的卫生标准的;(二)拒绝按照卫生防疫机构提出的卫生要求,对传染病病原体污染的污水、污物、粪便进行消毒处理的;(三)准许或者纵容传染病人、病原携带者和疑似传染病病人从事国务院卫生行政部门规定禁止从事的易使该传染病扩散的工作的;(四)拒绝执行卫生防疫机构依照传染病防治法提出的预防、控制措施的。"

我国刑法对妨害传染病防治罪的规定,除了法条所列举的四种具体行为,还规定以引起甲类传染病传播或者有传播严重危险为该罪成立的条件。这里的传播是指实害结果,而传播严重危险是指具体危险,因此,以引起甲类传染病传播为犯罪成立条件的情形,属于实害犯;以传播严重危险为犯罪成立条件的情形,则属于危险犯,确切地说,是具体危险犯。对此,并无争议。问题在于:该罪的主观罪过形式是故意还是过失?如果该罪属于故意犯罪,则该罪是故意犯的危险

---

① 陈兴良:《刑法哲学》,191页,北京,中国政法大学出版社,1992。

犯。如果该罪属于过失犯罪,则该罪是过失犯的危险犯。据此可见,该罪是否属于过失犯的危险犯取决于该罪的主观罪过形式是故意还是过失。

关于妨害传染病防治罪的主观罪过形式,我国刑法学界的通说是过失,在此基础上,我国学者肯定其为过失犯的危险犯。[1] 将该罪的主观罪过形式认定为过失的主要理由在于:行为人对于违反传染病防治法规定的行为虽然可能是故意,但对于引起甲类传染病传播或者有传播严重危险这一结果是疏忽大意或过于自信,因此,其属于过失犯。[2] 由此可见,我国学者是根据行为故意、结果过失这一逻辑将妨害传染病防治罪的主观罪过形式归之于过失的。那么,在这种情况下,为什么不是根据对于违反传染病防治法规定的行为的主观心理态度认定为故意,而是根据对于传播严重危险的主观心理态度认定为过失呢?这里涉及传播严重危险这一要素在构成要件中的体系性地位问题。对此,我国学者张明楷教授引入客观超过要素的理论,在此基础上论证该罪属于故意犯。张明楷教授指出:"将本罪确定为过失犯罪,缺乏'法律有规定'的前提,只能确定为故意犯罪,但宜将'造成甲类传染病传播'视为本罪的客观超过要素,既不需要行为人明知该结果的发生(但要求有认识的可能性),也不需要行为人希望或者放任其发生。"[3] 在此,张明楷教授否认妨害传染病防治罪的主观罪过形式是过失的一个主要理由是法律没有规定,因为我国刑法第15条第2款明确规定:"过失犯罪,法律有规定的才负刑事责任。"但是,我国刑法第330条所列举的违反传染病防治法规定的行为显系故意,而并没有规定该罪是过失。在这种情况下,该罪应当被认定为故意犯罪。笔者认为,这一规定并没有充分的法理根据。过失犯可以分为纯正的过失犯与不纯正的过失犯:前者是指只能由过失构成而不可能由故意构成的犯罪,后者是指既可以由过失构成又可以由故意构成的犯罪。刑法关于"过失犯罪,法律有规定的才负刑事责任"的规定主要适用于不纯正的过失犯而并不适用于纯正的过失犯。因为在不纯正的过失犯罪中,同一种行为,故意与过失都

---

[1] 参见刘仁文:《过失危险犯研究》,22页,北京,中国政法大学出版社,1998。
[2] 参见王作富主编:《刑法分则实务研究》(下),5版,1343页,北京,中国方正出版社,2013。
[3] 张明楷:《刑法学》,4版,985页,北京,法律出版社,2011。

可以构成犯罪，因此，在法律没有规定过失犯罪的情况下，只能处罚故意而不能处罚过失。而纯正的过失犯只能由过失构成而不能由故意构成，因此无须法律规定，过失行为人也应当负刑事责任。就妨害传染病防治罪而言，如果构成犯罪，则是纯正的过失犯。对于纯正的过失犯，并不需要法律规定也能构成犯罪，例如，我国刑法中的重大责任事故罪就是如此。因此，以缺乏法律规定为根据否定妨害传染病防治罪是过失犯，理由并不充分。至于客观超过要素的见解，笔者认为还是具有独特性的，但这只是排除了行为人对于引起甲类传染病传播或者有传播严重危险的认识，而肯定了认识可能性，以此认定该罪属于故意犯。

妨害传染病防治罪能否被认定为故意犯，根本问题还是在于行为人是否可能对引起甲类传染病传播或者有传播严重危险持希望或者放任的主观心理。过失说认为，行为人虽然对于违反传染病防治法规定的行为是故意的，但对于引起甲类传染病传播或者有传播严重危险不可能是故意，而只能是过失。但这一说法的根据并不明确。对该罪罪过持故意说的学者则认为该罪属于明知故犯，主观方面应该是故意。例如黎宏教授指出："行为人明知自己的违反国家传染病防治法规定的行为具有引起甲类传染病传播或者有传播严重危险而希望或者放任该种结果的发生。因为，从本罪的实行行为来看，多半是明知故犯，说行为人在行为时对自己可能引起的后果没有认识，是难以想象的。"[①] 对于该罪的主观罪过形式属于故意，笔者是赞同的。在笔者看来，在该罪中，违反传染病防治法规定的行为与引起甲类传染病传播或者有传播严重危险之间应当具有因果关系，即在客观上，行为人不仅必须实施了违反传染病防治法规定的行为，例如，供水单位供应的饮用水不符合国家规定的卫生标准等，而且，这一违反传染病防治法规定的行为还必须引起甲类传染病传播或者有传播严重危险。不可否认，违反传染病防治法规定的行为在一般情况下是不可能直接引起甲类传染病传播或者有传播严重危险的。因此，在客观上我国刑法为该罪的入罪设置了极为严格的条件。不仅如此，而且在主观上行为人要对于引起甲类传染病传播或者有传播严重危险具有认识，

---

① 黎宏：《刑法学》，854 页，注 [98]，北京，法律出版社，2012。

如果没有这种认识，该罪也不能成立。

笔者认为，我国刑法第 330 条所列举的四种违反传染病防治法规定的行为是该罪的实行行为，而引起甲类传染病传播或者有传播严重危险，则是该罪的构成要件结果，行为人应当对其有所认识。引起甲类传染病传播或者有传播严重危险相对于情节严重，是区分犯罪行为与行政处罚行为的界限。事实上，刑法第 330 条所规定的四种行为，在传染病防治法第 73 条中都有明文规定，对于违反传染病防治法规定，导致或者可能导致传染病传播、流行的，可以处以行政处罚；构成犯罪的，依法追究刑事责任。而刑法第 330 条将引起甲类传染病传播或者有传播严重危险作为追究刑事责任的标准，从而在应当受到行政处罚与应当被追究刑事责任的违反传染病防治法规定的行为之间划出了明确的法律界限。因此，引起甲类传染病传播或者有传播严重危险体现的是刑事政策的精神。从法条内容本身理解，将该罪认定为故意犯，更能够限缩刑罚范围。基于这一分析，笔者认为该罪属于故意犯，由此可以否定过失犯的危险犯。

（二）妨害国境卫生检疫罪

我国刑法第 332 条规定："违反国家卫生检疫规定，引起检疫传染病传播或者有传播严重危险的，处三年以下有期徒刑或者拘役，并处或者单处罚金。"

妨害国境卫生检疫罪具有相似于前述妨害传染病防治罪的规范构造，也是以引起检疫传染病传播或者有传播严重危险作为犯罪成立条件的。我国学者指出："行为人违反国境卫生检疫规定，妨害国境卫生检疫的行为具有高度的危险性，一旦这一危险转化为具体的危害结果时，后果将会极其严重。因此，从刑事政策的角度考虑，《刑法》第 332 条将本罪的构成要件规定为'引起检疫传染病传播或者有传播严重危险'。'引起检疫传染病传播'，是指妨害国境卫生检疫的行为造成了传播的后果。换言之，行为人的行为使他人感染上了检疫传染病。这在刑法理论上被称为实害犯。'有传播严重危险'，则是指虽然尚未实际造成检疫传染病的传播，但具有造成检疫传染病传播的较大的现实可能性。这在刑法理论上称为危险犯。"[①]

---

① 王作富主编：《刑法分则实务研究》（下），5 版，1351 页，北京，中国方正出版社，2013。

以上对妨害国境卫生检疫罪立法规定的描述是正确的。该罪是否属于过失犯的危险犯就在于主观罪过形式是否为过失。我国学者正是在肯定该罪是过失犯的基础上，认为妨害国境卫生检疫罪是典型的过失犯的危险犯。[①]

关于妨害国境卫生检疫罪的罪过形式，在我国刑法学界也是存在争议的，即故意说与过失说的争论，当然也还存在既可能是故意也可能是过失的观点。该罪的罪过到底是故意还是过失，主要取决于对故意与过失的界定。我国学者在论证该罪的主观罪过形式属于过失时指出："根据刑法理论，故意和过失都是针对行为人对危害结果的态度而言的，本罪中行为人对'引起检疫传染病传播或者有传播严重危险'的结果是不希望发生的，因此本罪的主观罪过形式是过失。"[②] 这一论述是以行为人不希望引起检疫传染病传播或者有传播严重危险发生作为其逻辑演绎起点的。笔者认为，如果行为人确实存在这种不希望的主观心理态度，其行为当然不能构成该罪，但不能由此得出结果，行为人的行为可以构成过失犯。根据刑法第332条之规定，只有在行为人对于引起检疫传染病传播或者有传播严重危险具有希望或者放任的主观心理态度的情况下，其行为才能构成该罪。因此，该罪属于故意犯，而不能构成过失犯的危险犯。

（三）危险驾驶罪

危险驾驶罪是我国刑法修正案（八）设立的一个罪名，笔者重点讨论其类型之一——醉酒驾车构成的危险驾驶罪。我国刑法第133条之一规定："在道路上驾驶机动车追逐竞驶，情节恶劣的，或者在道路上醉酒驾驶机动车的，处拘役，并处罚金。有前款行为，同时构成其他犯罪的，依照处罚较重的规定定罪处罚。"

我国刑法中的危险驾驶罪，包括了两种行为：一是追逐竞驶，二是醉酒驾驶。其中，更为引人注意的是醉酒驾驶构成的危险驾驶罪。在刑法修正案（八）设立危险驾驶罪之前，我国刑法只规定了交通肇事罪，这是一个过失犯罪，以发生重大事故，致人重伤、死亡或者使公私财产遭受重大损失作为犯罪成立条件，

---

① 参见刘仁文：《过失危险犯研究》，26页，北京，中国政法大学出版社，1998。
② 王作富主编：《刑法分则实务研究》（下），5版，1352页，北京，中国方正出版社，2013。

属于过失犯的结果犯。对于交通肇事罪来说，行为人对于违反交通运输管理法规的行为既可能是故意的，也可能是过失的，但对于肇事结果，都是过失的。在违反交通运输管理法规的行为中，事实上包含了酒后驾驶机动车的行为，但酒后驾驶机动车，即使达到醉酒程度驾驶机动车，只要没有发生肇事结果，都不构成犯罪，在某些特殊情况下，只是可以构成交通肇事罪的条件之一。例如，2000年11月15日最高人民法院《关于审理交通肇事刑事案件应用法律若干问题的解释》（以下简称2000年《解释》）第2条第2款规定，交通肇事致一人以上重伤，负事故全部或者主要责任，并具有六种情节之一的，以交通肇事罪定罪处罚。在这六种情节中，就包括酒后驾驶机动车的行为。由此可见，醉酒驾驶行为的入罪具有明显的对肇事后果的依赖性。但刑法修正案（八）设立危险驾驶罪之后，这种情况发生了根本改观：醉酒驾驶机动车的行为可以独立入罪，而不再依赖于肇事后果。因此，醉酒驾驶机动车行为的入罪是典型的刑法处罚的前置，体现了刑法对公共安全的特殊保护。

从我国刑法对危险驾驶罪的立法规定来看，醉酒驾车构成的危险驾驶罪是危险犯，而且是抽象危险犯，因为只要实施醉酒驾驶机动车的行为，即使没有发生肇事后果，也构成犯罪。这种危险不是具体危险，而是抽象危险，因此，危险驾驶罪是抽象危险犯。我国学者指出："抽象危险犯的危险在于该种危险尚无具体危及的对象、尚未达到具体危险，距离实害结果更是相对较远，在这个意义上，将抽象危险犯的危险归为行为的危险而将具体危险犯的危险归为结果的危险还是有一定道理的。依如此逻辑来看我国的危险驾驶罪，在行为性质上应当属于抽象的危险犯。"[1] 在我国刑法中，关于危害公共安全罪的规定，最初是设立了具体危险犯，例如刑法第114条和第115条规定的放火罪、决水罪、爆炸罪、投放危险物质罪和以危险方法危害公共安全罪，都分别设立了实害犯和危险犯，其中，危险犯以尚未造成严重后果作为标志。这里的危险犯不仅是故意犯的危险犯，而且是具体危险犯，而刑法修正案（八）规定的危险驾驶罪属于抽

---

[1] 刘军：《危险驾驶罪的法理辨析——兼论刑法法益保护的前期化》，载《法律科学》，2012（5）。

象危险犯。

那么，危险驾驶罪是故意犯的抽象危险犯还是过失犯的抽象危险犯呢？对此，我国刑法学界存在着争议。这里主要涉及如何界定危险驾驶罪的主观罪过形式问题，即：危险驾驶罪是故意犯还是过失犯？我国刑法学界的通说认为，危险驾驶罪的罪过形式是故意。① 这里的故意表现为：明知自己的危险驾驶行为会危及公共安全而实施该行为。对于危险驾驶罪是故意犯的观点，冯军教授持反对意见。其从刑法第133条之一的规范目的出发，论证了危险驾驶罪属于过失犯。根据冯军教授的观点，刑法第133条之一的规范目的不是通过防止人醉酒驾驶来故意地维护公共安全。也就是说，它针对的情形是：行为人故意在道路上醉酒驾驶，并且故意通过醉酒驾驶行为来引起公共安全的抽象危险。刑法第133条之一的规范目的在于弥补在交通违法行为与交通肇事罪之间所存在的处罚漏洞。因此，应当将"醉驾"型危险驾驶罪解释为过失的抽象危险犯。② 冯军教授采用规范目的的分析方法是值得赞许的，尽管笔者并不赞同其结论。冯军教授的意思是：醉酒驾驶型的危险驾驶行为虽然不能被认定为以危险方法危害公共安全罪的具体危险犯，但完全可以被认定为以危险方法危害公共安全罪（实害犯）的未遂犯。因此，根据既有的刑法规定完全能够处罚作为故意犯的抽象危险犯的醉酒驾驶型的危险驾驶罪，此处并不存在着处罚漏洞。只有在交通违法行为和交通肇事罪之间才存在处罚漏洞，因而有必要设立作为过失犯的抽象危险犯的醉酒驾驶型的危险驾驶罪。笔者认为，刑法已有规定并不能成为否定新设罪名的理由，更何况，将"醉驾"型危险驾驶罪理解为故意犯，并不能认定为刑法第114条规定了以危险方法危害公共安全罪（具体危险犯）的未遂犯。正如张明楷教授指出："如果行为人仅具有造成抽象危险的故意，而不具有刑法第114条要求的造成具体危险的故意，就不可能成立刑法第114条的未遂犯。"尤其是张明楷教授论及："冯文主张危险驾驶罪属于过失的抽象危险犯的观点，不仅没有实现刑法的规范

---

① 参见全国人大常委会法制工作委员会刑法室编：《〈中华人民共和国刑法修正案（八）〉条文说明、立法理由及相关规定》，71页，北京，北京大学出版社，2011。

② 参见冯军：《论〈刑法〉第133条之1的规范目的及其适用》，载《中国法学》，2011（5）。

目的,没有填补所谓相关的漏洞,反而导致过失的抽象危险犯受处罚,而故意的抽象危险犯没有相应的可以适用的法条的矛盾局面。"[1] 事实上,过失的抽象危险犯的设立是以故意的抽象危险犯为前提的。例如,《德国刑法典》第 316 条对交通中的酗酒作了以下规定:其一,行为人在交通中(第 315 条至第 315 条 d)驾驶交通工具,尽管他由于饮用酒精饮料或者其他醉人的药物而不能安全地驾驶交通工具的,处一年以下的自由刑或者金钱刑,如果该行为没有在第 315 条 a 或者第 315 条 c 中被用刑罚加以威吓的话。其二,也根据第 1 款予以处罚,如果行为人过失地实施该行为。

以上《德国刑法典》关于醉酒驾驶罪的规定,可以分为两款:第 1 款是故意犯的抽象危险犯,第 2 款是过失犯的抽象危险犯。因此,将我国刑法中的危险驾驶罪解释为过失的抽象危险犯,可能会使故意的抽象危险犯丧失处罚根据。而且,将我国刑法中的危险驾驶罪解释为过失的抽象危险犯,还可能会扩张刑罚惩罚的范围,因为:如果将我国刑法中的危险驾驶罪理解为故意的抽象危险犯,则在刑法没有明文规定的情况下,对于过失的抽象危险犯不得处罚。但若将我国刑法中的危险驾驶罪解释为过失的抽象危险犯,则不仅使应当受到刑罚处罚的故意的抽象危险犯无法被处罚,而且使不应当受到处罚的过失的抽象危险犯受到处罚。

三、对过失危险犯的法理考察

基于以上论述,对于过失犯的危险犯,在《德国刑法典》中有处罚性的明文规定,因此,德国刑法学界围绕着其立法的正当性对过失犯的危险犯展开了刑法教义学的讨论。但我国刑法对过失犯的危险犯并无规定,因此,我国刑法学界应当讨论的主要还是在刑法中是否应当设立过失犯的危险犯的问题。

在一般情况下,过失犯都是过失结果犯。德国学者在论及过失结果犯的不法

---

[1] 张明楷:《危险驾驶罪的基本问题——与冯军教授商榷》,载《政法论坛》,2012(6)。

构成要件时指出:"过失行为的不法性的确定,是根据它的结果无价值和行为无价值。在过失结果犯的范围内,组成不法构成要件之基础的,是三个相互之间有着紧密连接的特征:结果造成、违反客观上所要求的谨慎义务和由于举止的缺陷所造成之结果的,根据谨慎规范所指向的保护目的而客观上的可归责性。"① 因此,在过失结果犯的情况下,实行的是结果归责的原则。尤其是,过失犯的实行行为本身具有较为强烈的规范性特征,它像故意犯的实行行为那样具有存在论意义上的定型性。在这种情况下,过失犯的结果就成为过失犯构成的根本标识,对于过失犯的归责具有重要意义。

《德国刑法典》关于过失犯的危险犯的规定,完全不同于对过失结果犯的规定,德国学者称之为"没有造成结果的过失"。这种所谓没有造成结果的过失,其实就是一种过失的未遂。但在刑法理论上,从来都认为过失犯不存在未遂,或者过失犯的未遂是不受处罚的。从这个意义上说,刑法关于过失犯的危险犯的处罚性规定,实际上是过失犯的未遂不处罚原则的一种例外或者突破,反映了刑法对过失犯处罚范围的扩张。例如,德国学者在论及没有造成结果的过失时指出:"如果过失行为人虽然违反了注意义务实现了行为不法,但还没有产生消极的结果,即结果不法不存在,就存在着与故意犯罪未遂相当的情况。这种情况下,行为大多不受处罚。"② 故意犯的未遂之所以受处罚,过失犯的未遂之所以不受处罚,主要原因就在于行为人的意志决定:故意犯存在着对构成要件结果的意志决定,结果之所以没有发生,是由于意志以外的原因。但在过失犯的情况下,并不存在行为人对构成要件结果的意志决定,因此不能适用故意犯未遂受处罚根据的法理。

我国刑法学界否定过失危险犯的一个重要理由就是,过失犯是结果犯,而危险犯,无论是具体危险犯还是抽象危险犯,不存在这种结果,因此,没有结果的过失是不能成立的。我国刑法第 15 条规定:"应当预见自己的行为可能发生危害

---

① [德] 约翰内斯·韦塞尔斯:《德国刑法总论》,李昌珂译,392 页,北京,法律出版社,2008。
② [德] 冈特·斯特拉腾韦特、洛塔尔·库伦:《刑法总论》,Ⅰ·犯罪论,杨萌译,417~418 页,北京,法律出版社,2006。

社会的结果，因为疏忽大意而没有预见，或者已经预见而轻信能够避免，以致发生这种结果的，是过失犯罪。"这一过失概念显然是以结果为本位的，我国学者由此得出过失犯只能是结果犯的结论，指出："客观上发生了严重危害结果，是构成过失犯罪的客观条件。只有实际上发生了严重的危害结果，才能赋予行为人的行为以犯罪的性质，也才能体现出行为人主观过失的严重性。如果实际上没有发生危害结果，或者发生的危害结果不严重，那么，即使行为人主观上存在过失，也不构成过失犯罪。"[①] 这一论述把我国刑法第15条规定的过失犯罪概念中的"危害社会结果"理解为构成要件结果，因此，没有这种结果，过失犯罪就不能成立，从而排斥了过失犯的危险犯。我国学者在论及过失行为与过失结果在过失犯的构成要件中的功能时指出："在过失犯罪的场合，行为人对构成犯罪的事实缺乏认识，即使有可能性之认识，但也不希望其发生或轻信能避免其发生，也就是说，行为的结果不是他特定的目的，因此，过失行为本身不具有违法性和危害性，不受法律上否定之评价。故通称过失犯罪为'非行为犯'。但是，过失犯罪的结果对社会却是有害的，是法律所不容许的。也就是说，当过失行为还没有造成危害后果（实指严重的危害后果）时，其行为本身不具有犯罪的性质，但当过失行为造成了严重的危害结果时，其行为就构成了犯罪。可见，过失犯罪具有浓厚的实质犯色彩，故又称过失犯罪为'结果犯'（实质犯），意即无实害即无过失犯罪。"[②] 由此可见，在我国刑法的语境中容纳过失犯的危险犯，需要对我国刑法第15条关于过失犯罪的概念性规定进行合理的解读，否则难以在我国刑法中肯定过失犯的危险犯。

其实，这个问题在故意犯中同样存在着。我国刑法第14条第1款规定："明知自己的行为会发生危害社会的结果，并且希望或者放任这种结果发生，因而构成犯罪的，是故意犯罪。"这一故意犯罪中的故意，也是结果本位的。那么，在故意犯中如何能够容纳危险犯呢？因为，危险犯也是结果缺失的，在故意犯的危

---

① 侯国云：《过失犯罪论》，83~84页，北京，人民出版社，1993。
② 同上书，85~86页。

险犯的情况下，如何满足犯罪故意的构成要素？这也是一个值得研究的问题。我国学者提出了结果本位主义的故意概念与行为本位主义的故意概念，指出："在结果本位主义的刑法体系中，危害结果既然是意欲的对象，自然也是认识的对象，并且认识内容实际上需要以危害结果为核心。相应地，凡是指向结果或者影响结果出现的因素都会被认为属于故意的认识内容或明知的范围。而在行为本位主义的刑法体系中，故意的认识对象则以行为为核心。据此，只有与行为相关且直接影响行为违法性的因素才属于认识的内容。"[①] 在此，论者是从理论上分析故意的认识内容的。但从刑法教义学角度来说，我国刑法第14条以及第15条所规定的"结果"到底是指什么？这个问题恰恰是最为关键的。如果把这里的结果理解为构成要件结果，即对行为客体的作用或者影响，则我国刑法中的犯罪故意只能是结果犯的故意，只有对结果具有认识时才有可能成立故意。同样，我国刑法中的过失也只能是结果犯。反之，如果把这里的结果理解为法益侵害性，也就是上述学者所称的（实质）违法性，那么，当这种法益侵害性体现为实害时，当然要求对结果有认识；当这种法益侵害性体现为危险时，要求对行为的危险性有认识。由此，可以将我国刑法中的犯罪故意分为结果犯的故意与行为犯或者危险犯的故意。基于这一逻辑，对于我国刑法中过失犯罪概念中的结果，也应当作以上理解，即：在过失犯的结果犯的情况下，行为人所被要求预见或者已经预见的是实害结果发生的可能性；在过失犯的危险犯的情况下，行为人所被要求预见的是行为本身的危险性。如此，则可以在我国刑法关于犯罪过失的语境中，容纳过失犯的危险犯。

在过失犯是否可以成立危险犯的争议中，还存在一个问题，就是过失行为本身是否具有危害性、是否应当作为犯罪处理。否定说的理由是过失行为的危害性取决于结果：如果发生了法益侵害结果，则过失行为具有危害性；如果没有发生法益侵害结果，则过失行为不具有危害性。因此，在没有发生法益侵害结果的情况下，不能成立过失犯的危险犯。这一观点涉及危险犯的处罚根据问题。在实害

[①] 劳东燕：《犯罪故意理论的反思与重构》，载《政法论坛》，2009（1）。

犯即侵害性犯罪中，法益侵害结果已经发生，因此，法益理论可以为其刑事处罚的正当性提供根据。但在危险犯的情况下，法益侵害结果没有发生，就其刑事处罚根据如何进行论证呢？关于这个问题，具体危险犯与抽象危险犯还是存在差别的。就具体危险犯而言，虽然法益侵害结果没有发生，但具有发生的可能性，这种可能性就表现为结果性危险。在这个意义上说，具体危险犯仍然属于结果犯，只不过其结果不是实害，而是危险状态。对此，德国学者许乃曼提出规范的危险性结果理论加以说明。该理论认为，具体的危险存在于侵害性结果偶然地没有发生的场合。这种偶然性不是确定为在自然科学上无法说明的理由，而是确定为一种人们不能相信会出现的情形。[1] 但抽象危险犯与此有所不同：不仅没有发生法益侵害结果，而且结果发生的可能性也不存在，只存在一种行为性危险。对此，德国学者霍恩和布雷姆提供了客观上的违反谨慎性的解释径路，而许乃曼修改为主观上的违反谨慎性。[2] 无论是客观上的违反谨慎性还是主观上的违反谨慎性，都以防止危险发生作为最终目标，同时也为过失犯的危险犯创造了空间，即，过失性地没有采取预防措施避免危险发生与故意性地没有采取预防措施避免结果发生一样，都是具有刑事可罚性的行为。因此，不仅存在故意犯的危险犯，而且也存在过失犯的危险犯。

过失犯的危险犯对于危险的发生具有过失，其在客观上与故意犯的危险犯相同，只是主观罪过形式不同而已。就故意犯的危险犯与过失犯的危险犯而言，故意犯的危险犯在处罚上要重于过失犯的危险犯，因此，只有在处罚故意犯的危险犯的前提下，才能处罚过失犯的危险犯。例如，《德国刑法典》就是这样规定的。我国刑法中的"醉驾"型的危险驾驶罪，对于醉酒驾驶行为会造成公共安全的危险是明知的，因此属于故意犯的危险犯。就此而言，我国刑法并没有关于"醉驾"型危险驾驶罪的过失危险犯的处罚性规定。换言之，在我国刑法中，只有明知醉酒驾驶行为会造成公共安全的危险仍然驾驶的，才构成犯罪。如果在不知情

---

[1] 参见［德］克劳斯·罗克辛：《德国刑法学总论》，第1卷，王世洲译，277页，北京，法律出版社，2005。

[2] 参见上书，279页。

的情况下饮用了含有酒精的饮料,没有认识到自己处于醉酒状态而驾驶的,尽管对于客观上造成的公共安全的抽象危险具有过失,也不能被认定为危险驾驶罪。

我国刑法,即使是在1997年修订以后,结果本位的立法特征还是较为明显的。根据我国刑法规定,无论是故意犯罪还是过失犯罪,一般都要求发生一定的危害结果或者情节严重,才构成犯罪。因此,我国刑法中的行为犯或者危险犯的立法规定是较为例外的。笔者认为,这种立法状况与我国所特有的二元处罚体制具有密切关联。在我国的法律体系中,存在着行政处罚与刑事处罚的二元处罚体制。在行政处罚中,又可以分为公安机关的治安处罚和其他行政机关的行政处罚。除此以外,在过去相当长的一个时期,还存在着劳动教养,它介于治安处罚与刑事处罚之间。直到2013年12月28日全国人大常委会才通过决议,废除劳动教养制度。在我国刑法中,为了给行政处罚留下空间,除了性质严重的行为,对于其他行为都根据情节分别予以行政处罚与刑事处罚,即对于情节严重或者造成严重后果的,予以刑事处罚;对于情节轻微或者没有造成严重后果的,予以行政处罚。在这个意义上说,我国刑法所规定的犯罪只是相对于其他国家刑法典中的重罪和部分轻罪。因此,我国刑法中只有极少数故意犯的危险犯,没有过失犯的危险犯。对于这些危险行为,一般都作为行政违法行为予以行政处罚。而在其他国家,行政机关,甚至警察机关,没有处罚权,一切涉及对公民财产和人身的处罚都必须经过司法程序。因此,即使需要对于没有发生法益侵害结果的危险犯予以处罚,也必须以刑法规定为根据。在这种情况下,其他国家的刑法典中存在较多关于危险犯,包括过失犯的危险犯的规定,就是比较容易理解的了。

即使在其他国家,过失犯也存在一个从过失结果犯到过失危险犯的演进过程,其社会背景是现代科技的迅速发展、风险源的增加,以及所谓风险社会的到来。德国学者许乃曼教授曾经提出"从过失犯罪向危险犯的演进"的命题,指出:"从公平和威慑效果的角度来看,传统的过失犯罪的概念都有欠缺,因为某一不谨慎的、极端危险的行为是否会造成损害后果,纯粹是偶然事件。只要行为人相信如果因为其行为的后果没有危害性而不会受到处罚,那么对行为人可能实施的处罚的威慑和预防效果就会大大削弱。对造成了严重损害后果的轻微过失犯

罪行为处以重罚，而对造成轻微损害后果的重大过失犯罪不予处罚，都是错误的和不公平的。因此，所有欧洲国家的立法都已经摈弃了传统的过失犯罪的概念，现在都转而采纳了危险犯罪的概念。"① 这里所谓传统的过失犯罪的概念，就是指只有发生危害后果才处罚的结果犯的过失犯罪概念。在这种情况下，危险犯就成为过失犯的立法发展趋势。例如，《德国刑法典》就极为细致地规定了过失犯的危险犯，其他国家也有类似规定。过失犯从结果犯向危险犯的立法发展趋势，反映了在科技发展的社会背景下危险源的增加，刑法的功能从事后的惩治向事前的预防转变。在这种情况下，刑法的预防观念得到了进一步的加强。

目前我国刑法学界主要是在从风险社会理论中引申出来的风险刑法的框架内论证过失犯的危险犯的正当性与必要性。但德国社会学家贝克关于风险社会的理论是1986年提出的，正如罗克辛教授所指出的那样，德国学者普里特维茨在1993年出版的关于刑法与风险的著作，第一次以专著的形式对风险刑法问题进行研究。②《德国刑法典》关于过失危险犯的立法出现在1975年。可见，立法远远走在理论的前面。只能说，风险刑法理论在一定程度上契合了过失危险犯的立法，为过失危险犯的立法提供了理论论证。在我国刑法学界，关于我国刑法中是否存在过失危险犯的规定，只是讨论的一个面向。如前所述，笔者个人并不认为我国刑法存在过失危险犯的立法例，但是，在逻辑上是否存在以及在刑法中是否应当设置过失危险犯，是另一个层面的问题。笔者曾经认为：所谓过失危险犯实际上是过失犯的故意行为的犯罪化，在这种情况下，应当成立的是故意的抽象危险犯。③ 例如，交通违法行为，就像醉酒驾车，在绝大多数情况下都是故意的，当刑法中只有交通肇事罪的时候，只有发生肇事结果才能构成过失犯的结果犯。没有发生这种肇事结果，故意的交通违法行为是不构成犯罪的。但将故意的交通

---

① ［德］许乃曼：《传统过失刑事责任观念在当代社会中的弊病——新的趋势与展望》，王秀梅译，载《法学家》，2001（3）。

② 参见［德］克劳斯·罗克辛：《德国刑法学总论》，第1卷，王世洲译，19页，北京，法律出版社，2005。

③ 参见陈兴良：《风险刑法理论的法教义学批判》，载《中外法学》，2014（1）。

违法行为，例如醉酒驾驶，规定为犯罪以后，就成为故意犯的危险犯。但是，能否得出结论说，根本就不存在过失犯的危险犯呢？现在看来，尚不能得出这样的结论。因为在现实生活中，除了故意的交通违法行为，还存在过失的交通违法行为，当刑法规定在没有发生肇事结果的情况下，过失的交通违法行为也构成犯罪的时候，就属于所谓过失犯的危险犯。但是，既然过失犯的危险犯是与故意犯的危险犯相对应的不纯正的过失犯，那么应当以法律有明文规定作为追究刑事责任的根据，并且，必然以刑法规定了相对应的故意犯的危险犯为前提。

从我国刑法来看，结果本位的倾向还是极为强烈的，在晚近的立法中，出现了向行为本位演变的某些迹象。危险驾驶罪的设立，就是一个具有说服力的立法例。此外，我国刑法第338条从作为过失犯的结果犯的环境污染重大责任事故罪修改为作为故意犯的危险犯的环境污染罪，也是最佳例证。笔者认为，这些规定只是表明我国刑法中出现了某些故意犯的危险犯，但还没有出现过失犯的危险犯。在我国目前行政处罚与刑事处罚的双重制裁体制下，没有发生实害结果的过失行为仍然属于行政处罚的范畴，还没有达到受刑事处罚的程度。

（本文原载《政治与法律》，2014（5））

过失犯的规范构造：以朱平书等危险物品肇事案为线索

过失犯是指行为人基于主观上的过失而构成的犯罪，其与故意犯之间存在对应关系。如果说，故意犯是典型的犯罪，那么，过失犯就是非典型的犯罪。在刑法教义学中，故意犯是作为犯罪的标本受到讨论的，而过失犯或多或少处于受冷落的状态。我国刑法学界亟待加强对过失犯的研究，唯此，才能在整体上提升我国刑法教义学的理论水准，并为过失犯的司法认定提供分析工具。本文以朱平书等危险物品肇事案为线索，对过失犯的规范构造进行刑法教义学考察。

一、过失犯的性质：从存在论到规范论

过失犯罪的现象自古以来就已然存在，然而，在刑法上对过失犯的重视程度远不如对故意犯罪的。例如，《日本刑法典》总则甚至未提及过失一词。该刑法典第38条第1款规定："无犯罪意思之行为，不罚。但法律有特别规定者，不在此限。"根据日本学者的解释，这是关于刑法以处罚故意为原则，以处罚过失为例外原则的条款。但在《日本刑法典》中并没有出现过失这个概念，然而，日本学者将过失解释为这里的"例外"情形。山口厚教授指出："要成立犯罪，原则

上要求故意（以处罚故意犯为原则）（刑法第 38 条第 1 款）。不过，作为一种例外，在存在'特别的规定'的场合，只要存在过失即可。"① 尽管《日本刑法典》在总则中没有对过失进行规定，但《日本刑法典》在分则中对需要处罚的过失犯作了规定，例如失火罪、过失伤害罪、过失致死罪等。因此，在《日本刑法典》中，对于过失犯的成立要件主要是通过刑法解释的方法加以填补的，具有明显的法教义学特征。至于德国，在其刑法典中在与故意相对应的意义上涉及过失一词，如《德国刑法典》第 15 条规定："如本法未有处罚过失之规定，仅处罚故意之行为。"这是对刑法以处罚故意为原则、以处罚过失为例外原则的规定。但正如我国台湾地区刑法学者指出："本条仅有立法技术上之意义，并无实质内涵。德国刑法并没有故意或过失之立法定义。故意或过失之意义，由实务判决或学说加以具体化，并在犯罪论体系上加以定位。"② 正是德、日刑法典中对过失未作定义式的规定，为过失犯的刑法教义学论述留下了广阔的空间。而在我国刑法中，对故意犯罪与过失犯罪都作了明确的规定，存在故意犯与过失犯的法定概念。尽管这种立法例是模仿《苏俄刑法典》的结果，但这一法律规定对于我国刑法教义学中的过失犯研究具有一定的指导性与制约性。

在过失概念的历史演变过程中，曾经发生一个从存在论到规范论的转变过程。存在论的过失概念是以主观心理事实为内容的，因而具有存在论的性质。就主观心理事实而言，故意犯表现为对构成要件事实的认知，即认识到自己的行为符合构成要件而有意实施之。在这种情况下，行为人对于行为性质以及行为所可能造成的结果具有故意的心理态度。而过失犯缺乏这种认识，德国学者李斯特称之为"预见缺乏"（Voraussichtsmangel）。李斯特在论述过失与故意的区分时指出："过失与故意之区别在于心理认识的不同。故意（领域）之未必故意停止之处，可能是过失（领域）开始之时。因此，如果故意所持有的对符合构成要件的结果及其社会危害性与行为之间存在特有的联系，则不是过失。如此，我们就知

---

① ［日］山口厚：《刑法总论》（第 3 版），付立庆译，239 页，北京，中国人民大学出版社，2018。
② 林东茂主编：《德国刑法翻译与解析》，23 页，台北，五南图书出版公司，2018。

道了如何且在哪里寻找过失与故意的不同点。当行为人未预见符合构成要件的结果或其社会危害性时，才可能出现过失问题。"① 这种存在论的过失概念是在故意的反面界定过失的，因此，如果说故意是认知因素的"有"，那么，过失就是认知因素的"无"。当然，以上观点用来说明疏忽大意的过失，即无认识的过失，是十分贴切的。那么如何说明过于自信的过失，即有认识的过失呢？对此，李斯特指出，虽然认识到其行为有实现构成要件该当性的可能，但由于过于自信，认为符合构成要件之结果不可能发生的，同样视为存在预见缺乏。② 对于过失，仅仅从主观心理的角度进行界定，就必然会在与故意相反的意义上，得出缺乏预见的结论。这种方法论，也正是在李斯特时代盛行的实证主义或者科学主义。

在欧洲大陆的18世纪，科学主义思潮泛滥一时，对整个人文社会科学研究产生了重大影响。科学主义的特征就在于将自然科学的方法引入社会科学的研究，把社会现象等同于自然现象。在法学中，同样流行这种观察与实证的研究方法。而在刑法研究中，采用科学主义方法最为著名的代表人物是李斯特。例如，李斯特认为法科学是一个非常体系化的科学，法科学甚至被视为逻辑学或者数学，甚至被视为数学性自然科学。③ 李斯特采用自然科学方法对刑法中的行为进行研究，提出了因果行为论，认为刑法中的行为是意志活动到外界变动的因果历程。对于意思活动，即意欲，李斯特采用心理学的分析方法，指出："表明意思活动特征并进而表明行为特征的'意欲'，在这里仅意味着意志冲动（Willensimpuls）。可将其规定为心理学上的神经支配（Innervation），可将其理解为心理学上的'确定其原因的意思过程'。"④ 而对于外界变动，李斯特采用了物理学的分析方法，指出："意志的实现是相对于外界而言的。因此，行为的概念要求在社会外界产生某种改变（即使是暂时的），这种改变可以是针对人（即使是内

---

① [德]李斯特：《德国刑法教科书》（修订版），徐久生译，302页，北京，法律出版社，2006。
② 参见上书，303页。
③ 参见[德]李斯特：《论犯罪、刑罚与刑事政策》，徐久生译，46页，北京，北京大学出版社，2016。
④ [德]李斯特：《德国刑法教科书》（修订版），徐久生译，177页，北京，法律出版社，2006。

心活动），针对物或针对状态，我们称这种改变为结果。"[①] 李斯特以一种科学主义的方法对刑法中的基本概念进行研究，力图排除刑法理论中的规范要素，因而成为古典派犯罪论体系的缔造者之一。我国学者在评论李斯特的自然主义刑法学说时指出："古典体系以自然主义的因果性和心理性，着眼于外部事实因素，强调行为的物理特征和责任的事实状态，试图建立如自然科学般精准的理论。"[②]

科学主义刑法方法兴盛一时，其对刑法中的核心概念具有某种去魅功能，因而具有一定的历史进步意义。然而，科学主义刑法方法对于刑法教义学来说，可谓捉襟见肘。虽然它能够较好地解释客观上的作为与主观上的故意等刑法概念，但面对客观上的不作为与主观上的过失，科学主义刑法方法却无能为力，因为：不作为是作为的反面。如果说，作为是物理上的"有"，那么，不作为就是物理上的"无"。从自然主义的观点观察，"无"中难以生"有"，因而不作为的原因力问题就是一个难题。如果从力学的角度理解不作为，那么，其原因力是不可能获得合理说明的，"无中不可能产生有"的幽灵似的公式就会仍然作祟。[③] 只有从作为义务出发，才能在作为义务之违反的规范意义上认定不作为的行为内容。同样，对于故意与过失来说也是如此。故意的心理要素是主观上的认知与意志，表现为心理事实上的"有"。而过失却是心理要素的缺失，表现为心理事实上的"无"。因此，对于刑法中的故意可以采用心理学的分析方法。李斯特就是在与故意的对应中界定刑法中的过失，认为过失与故意之区别在于心理认识的不同，过失是心理认识方面所特有的预见缺乏（Voraussichtsmangel）。

如果仅从心理要素的缺失这个意义上界定过失犯，显然是不能正确揭示过失犯的性质与特征的。正如对不作为犯不能仅从行为要素缺失的意义上而应当从作为义务之违反的意义上加以界定，对过失犯也应当从注意义务之违反的意义上加

[①] ［德］李斯特：《德国刑法教科书》（修订版），徐久生译，179页，北京，法律出版社，2006。
[②] 方泉：《犯罪论体系的演变——自"科学技术世纪"至"风险技术社会"的一种叙述和解读》，32页，北京，中国人民公安大学出版社，2008。
[③] 参见［德］李斯特：《德国刑法教科书》（修订版），徐久生译，196页，北京，法律出版社，2006。

以理解。这里涉及过失犯研究方法从存在论到规范论的转变,只有从规范意义上,才能为过失犯提供分析根据。

以注意义务之违反界定过失,这是一种典型的规范论思维。按照规范论的观点,过失并不是一种心理事实本身,而是根据规范所确定的一种心理状态。在违反注意义务的情况下,尽管行为人主观心理属于"无"的状态,然而,其过失心理属于"有"的状态。因此,只有从规范论的意义上,才能对过失作出正确的判断。

笔者以下以朱平书等危险物品肇事案为例①,对过失心理的心理性和规范性问题进行分析。

朱平书、刘超分别担任山东省临沂市沂州化工有限责任公司(以下简称沂化公司)副总经理和经营二部经理,负责本公司生产的剧毒化学品液氯的销售与审批工作,并负责核查外来购买液氯车辆的有关安全证件。

2005年3月29日,山东济宁远达石化有限公司安排驾驶员兼押运员康兆永和王刚(另案处理)驾驶鲁H000××号罐式半挂车到沂化公司购买液氯。该车行驶证核定载重为15吨,山东省质量技术监督局锅炉压力容器安全监察处核准该槽罐安全技术要求为最大充装量30吨。然而,朱平书、刘超未审查该车任何证件。刘超制定销售液氯40吨计划单,报经朱平书审批后对鲁H000××号车充装液氯,最终为该车严重超限充装液氯40.44吨。2005年3月29日18时40分许,当该车行驶至京沪高速公路沂淮江段103KM+525米处时,汽车左前轮胎爆裂,车辆方向失控后撞毁道路中间护栏冲入对向车道,罐车侧翻在行车道内。马建军驾驶的鲁Q084××号解放牌半挂车因避让不及,与鲁H000××号罐车发生碰刚,导致鲁H000××号车槽罐顶部的阀门被撞脱落,发生液氯泄漏。

事故发生后,周边29人因氯气中毒死亡,400余人中毒住院治疗,

---

① 本案参见陈兴良、张军、胡云腾主编:《人民法院刑事指导案例裁判要旨通纂》(上卷),127~128页,北京,北京大学出版社,2018。

1 800余人门诊留观,1万余名村民被迫疏散转移,数千头(只)家畜、家禽死亡,大面积农作物绝收或受损,同时还有大量的树木、鱼塘、村民的食用粮、家用电器受污染、腐蚀等,造成了巨大经济损失。

淮安市清浦区人民法院经审理认为:我国《刑法》规定构成危险物品肇事罪的犯罪主体为一般主体,即只要达到刑事责任年龄、具有刑事责任能力的自然人即符合主体要件。被告人刘超系负责液氯销售工作的部门经理,具有完全刑事责任能力,所提主体不符的辩护意见不能成立。肇事的鲁H000××号罐车行驶证核载为15吨,液化气体罐车使用证上槽罐核载为30吨,交警部门的车管所和质量技术监督局均是国家法定的对车辆载重和槽罐车载重的审核机关,并且二机关也是根据车主马建国提供的该车出厂合格证及相关资料进行审核的,且该车的制造商武汉船用机械厂出具的合格证上也载明槽罐车核定载重为30吨。辩护人依设计计算书对鲁H000××号罐车的核定载重量进行主观推断,无证据印证,所提鲁H000××号罐车所装液氯没有超装超载的辩护意见不能成立。我国的《氯气安全规程》和《液化气体汽车罐车安全监察规程》明确规定充装单位要审核装运车辆的安全证件,严禁超装超载车辆驶离充装单位。被告人朱平书、刘超作为生产企业中分管和主管剧毒化学品液氯销售、审批工作的直接责任人员,违反国家有关液氯充装应审查危险品运输车辆的安全证件及不准超装超载的规定,为鲁H000××号车超装液氯,使该车超载行驶,引发交通事故后造成液氯泄漏,29人因氯气中毒死亡。根据交通事故认定书认定,鲁H000××号罐车发生特大交通事故的直接原因之一是该车严重超载,因此,二被告人的行为均构成危险物品肇事罪,且属于后果特别严重。公诉机关指控罪名正确,本院予以支持。被告人朱平书、刘超归案后能认罪、悔罪,依法可以对其酌情从轻处罚。据此,为维护社会公共安全,惩治生产领域违反国家安全规定的犯罪行为,依据《中华人民共和国刑法》第136条、第25条第2款之规定,判决如下:(1)被告人朱平书犯危险物品肇事罪,判处有期徒刑3年6个月。(2)被告人刘超犯危险物品肇事罪,判处有期徒刑3年6个月。

一审判决后，朱平书、刘超不服，向淮安市中级人民法院提起上诉。上诉人朱平书及其辩护人对原判认定的事实不表异议。

在我国刑法中，危险物品肇事罪属于责任事故犯罪，因此是过失犯罪。根据刑法第 136 条的规定，危险物品肇事罪是指违反爆炸性、易燃性、放射性、毒害性、腐蚀性物品的管理规定，在生产、储存、运输、使用中发生重大事故，造成严重后果的行为。在本案中，涉案的液氯（液化氯气）属于危险物品，而责任事故发生在运输过程中，并且造成重大人员伤亡和经济损失，属于危险物品重大事故。那么，如何对相关人员追究刑事责任呢？在该事故中，存在两部分责任人员：一是购买液氯的山东省济宁市远达石化有限公司的相关人员，包括经理马建国和驾驶员兼押运员康兆永和王刚。作为事故直接肇事者的两名驾驶员、押运员因犯危险物品肇事罪被判处有期徒刑 6 年 6 个月；对事故车辆及人员负实际管理责任的山东省济宁市远达石化有限公司经理马建国因犯危险物品肇事罪被判处有期徒刑 6 年。上述判决并未引发疑问。二是出售液氯的沂化公司的相关人员，包括本案的两名被告人，即公司副总经理朱平书和经营二部经理刘超。关于本案被告人是否应当对危险物品肇事结果承担刑事责任，存在较大争议。

从本案的事故原因来看，主要是汽车左前轮胎爆裂，车辆方向失控后撞毁道路中间护栏冲入对向车道，槽罐车侧翻在行车道内。马建军驾驶的解放牌半挂车避让不及，导致槽罐车顶部的阀门被撞脱落，发生液氯泄漏。如果本案事故原因仅限于此，则难以追究到朱平书和刘超，因为朱平书和刘超是液氯的出售方，运输过程中出现的问题与其无关。然而，本案事故之所以发生，与超限充装有关。根据案件事实，涉案槽罐车的最大充装量是 30 吨。在未经审查该车任何证件的情况下，被告人刘超制定销售液氯 40 吨的计划单，报经被告人朱平书审批后，最终该车严重超限充装液化氯气 40.44 吨。在本案二审法院的审理过程中，围绕被告人朱平书和刘超对槽罐车的充装限量没有进行严格审查的行为与肇事后果之间是否存在因果关系进行了辩论。这本身是一个构成要件客观要素的问题。对此，二审法院认为，该车长期超载运输，致使轮胎处于超标状态，案发当天又超载行驶，加重、加速了轮胎爆裂现象的发生。该车超载与事故的发生具有直接的

因果关系，是该起事故发生的直接原因之一。故对上诉人所提出的所装液氯没有超载、后果与其行为无因果关系及要求鉴定的申请不予采纳。然而，在本案审理过程中，对被告人的主观过失并未涉及，没有进行应有的论证。

　　对于本案，仅仅从客观方面讨论被告人的刑事责任是不够的。对于构成危险物品肇事罪来说，还需要深入分析被告人的主观过失。就本案而言，主观过失是针对肇事后果的一种心理状态。那么，如何确定被告人对肇事后果的过失呢？显然，如果仅仅从存在论的角度是难以认定被告人的主观过失的，因为被告人并不是直接造成肇事结果的驾驶人员，液氯泄漏事故发生时不在现场。在这种情况下，如果本案的过失被确认为疏忽大意的过失，则这种过失的心理内容是难以以事实方式呈现出来的，因为，此时被告人主观上对肇事结果是没有预见的，从存在论的意义上说，过失的心理只能是"无"。在这种情况下，对被告人的过失就不能只是从存在论角度加以把握，而是要转向规范论的立场。我国刑法将疏忽大意的过失心理描述为应当预见自己的行为可能发生危害社会的结果，因为疏忽大意而没有预见，以致发生这种结果的情形。因此，我们可以把我国刑法对疏忽大意的过失规定的内容概括为应当预见而没有预见。由此可见，在疏忽大意过失的犯罪中，行为人的主观是处于没有预见的状态。然而，这种没有预见的状态又是以应当预见为前提的。而应当预见就是一种规范评价，属于规范论的判断。对于本案被告人的过失心理，也应当采用规范论的分析方法。具体而言，应当考察在当时情况下，被告人对于肇事结果是否应当预见，而这种应当预见的状态，在刑法教义学中称为预见可能性。显然，预见可能性就不是一种"无"，而是一种"有"。

　　从本案中，我们可以清楚地看出，虽然过失属于犯罪的主观要素，是一种存在的内容。然而，如果局限于存在论的立场就不可能真正揭示过失的法律蕴含，只有坚持规范论的立场，才能对被告人的过失加以科学界定。

二、过失犯的位阶：从责任要素到构成要件要素

　　过失同故意一样，在三阶层的犯罪论体系中，起初是作为责任要素而确定

的。此后,则前置到构成要件阶层,成为构成要件要素。从责任要素向构成要件要素的转变,成为近代刑法教义学中过失的体系性地位的重大变动。通过考察日本刑法教义学中从旧过失论到新过失论以及新新过失论的演变,我们可以发现过失从责任要素嬗变为构成要件要素的过程。

过失是在与故意相对应的意义上提出的,它们同属于犯罪的主观要素,是与行为、结果以及因果关系等客观要素相对应的。正如故意那样,过失也是犯罪的主观心理状态。在这种心理学意义上的故意与过失的观念指导下,过失既为一种心理态度,同时又是归责要素。而这也正是旧过失论的基本论点。例如,日本山口厚教授在论述旧过失论时指出:"将过失理解为过失犯中的责任要素与责任形式,是对过失的传统理解。从这一思考方法出发,与故意被理解为构成要件该当事实的认识、预见相对应,过失也就被理解为构成要件该当事实的认识与预见可能性。"[1] 从以上论述中可以看出,过失只是作为责任要素被论及,在构成要件阶层并不需要专门讨论过失。也就是说,在构成要件要素上,故意和过失并没有区分。由此可见,旧过失论强调的是过失的预见可能性问题。应该说,在传统刑法立法中,以故意犯为犯罪的主要形式,而过失犯只是处罚的例外。因此,过失与故意共用一个构成要件可谓常态。在这种情况下,故意犯与过失犯之间往往存在对应关系。例如,故意杀人罪对应于过失杀人罪,故意伤害罪对应于过失伤害罪,如此等等。在故意杀人罪与过失杀人罪这对犯罪范畴中,其共同的构成要件都是杀人,只是主观要素上区别为故意和过失。因此,正如日本学者在概括旧过失论时所说的那样:"在旧过失论中,在客观方面是无法区分故意犯与过失犯的,二者是在责任非难的层面被区别开来。"[2] 由此可见,旧过失论是在主观心理和归责层面界定过失,由此赋予其在犯罪论中的体系性地位。

在旧过失论的基础上逐渐发展出新过失论,其契机是现代社会随着工业事故,尤其是交通事故的大量出现,过失犯数量激增,由此刺激与推动了过失犯论

---

[1] [日]山口厚:《论过失》,付立庆译,载《河南省政法管理学院学报》,2010 (5)。
[2] [日]桥爪隆:《过失犯的构造》,王昭武译,载《苏州大学学报(法学版)》,2016 (1)。

的更迭。新过失论不仅把过失犯视为一个主观心理和责任的问题，而且视为一个构成要件行为的问题。换言之，故意犯与过失犯的区分不再是在责任层面，而是被前置到构成要件阶层。对于具有对应性的故意犯和过失犯，例如杀人罪而言，虽然也可以在构成要件阶层对故意杀人和过失杀人进行考察，但因为在致人死亡这个本质特征上是相同的，所以，这种对故意杀人和过失杀人分而论之的考察并没有特别重要的意义。然而，在现代社会，业务过失犯罪大量出现，而业务过失并没有与之对应的故意犯。在这种情况下，如果仅仅把过失视为一种主观心理态度，则对过失犯的构成要件行为就不能进行独立的考察。这明显是不妥当的。在这种背景下，新过失论应运而生。新过失论的基本观点可以被概括为基准行为论。日本学者指出，根据新过失论，故意犯和过失犯在违法性阶段就有区别，因此，在作为违法类型的构成要件阶段就不同。新过失论将过失作为注意义务违反来把握，其内容以结果回避义务为中心构成。根据新过失论，违反结果回避义务的行为，即有失误的行为（偏离了社会生活上所要求的行为标准），是过失的本质，这是违法要素（构成要件要素）。[①] 新过失论把对过失的理解从仅仅是主观心理前置到构成要件，可以说是对过失的更为深入的认知。在这种情况下，过失犯的实行行为的问题就被提出了。实行行为是日本刑法教义学所特有的一个概念，德国刑法教义学通常称为构成要件行为。日本学者把实行行为作为构成要件的核心要素，对实行行为进行了专门的研究，最初将过失犯的实行行为描述为基准偏离行为，这种行为概念还是从形式上描述过失行为。例如日本学者曾根威彦认为，在限速 40 公里的道路上，以时速 60 公里的速度驾车，因而将路边跑出来的小孩撞死的场合，为了避免发生结果应当将速度降到 40 公里以下，但是，行为人没有这样做，这种不作为就是过失犯的实体内容。[②] 因此，根据基准偏离说，为避免结果发生，行为人具有回复基准的义务；如果没有回复基准，就成立过失实行行为。在这种情况下，过失就在客观上都被评价为不作为，因而不可避

[①] 参见［日］左伯仁志：《刑法总论的思之道·乐之道》，于佳佳译，243 页，北京，中国政法大学出版社，2017。

[②] 参见［日］曾根威彦：《刑法学基础》，黎宏译，116～117 页，北京，法律出版社，2005。

免地会与不作为相混同。因此,基准偏离说也是存在缺陷的。如果从规范论的角度进行论述,将过失犯的实行行为界定为违反结果回避义务,则可以较好地解决这个问题。

在新过失论提出以后,其基本观念逐渐被刑法学者接受。在这种情况下,旧过失论作出了积极回应,提出了修正的旧过失论,而在新过失论的基础上又出现了新新过失论。修正的旧过失论不同于旧过失论之处在于对过失实行行为的关注,由此而扩展了过失论的研究范围。如前所述,旧过失论把过失仅仅作为一个责任要素,对过失实行行为未予关注。在吸收和借鉴新过失论的基础上,旧过失论不仅把过失看作是一个责任要素,而且还从构成要件阶层对过失实行行为进行考察,因而形成了修正的旧过失论。应该说,修正的旧过失论在坚持旧过失论的核心观点的同时,在一定程度上调整了过失论的内容,以便适应社会发展和过失犯罪的现实状况,具有其可取之处。至于新新过失论,又称为危惧感说,它是在新过失论的基础上发展起来的一种过失理论。根据新新过失论,于对预见可能性的判断来说,并不要求具体的预见可能性,只要达到一般人所具有的危惧感的程度就足矣。对新新过失论如何评价?这是一个仁者见仁、智者见智的问题。如果仅仅从字面来看,只要具有危惧感就足以成立过失,似乎对过失的认定标准是极为宽泛的,因而受到诟病。然而,仔细分析新新过失论的理论,其实并非如此。日本学者曾经对新新过失论作过以下评价:"新新过失理论并不是想主张,只要承认有危惧感,就直接肯定过失,而是把结果预见可能性的程度和结果回避义务关联在一起,为高水平的结果回避义务提供基础的预见可能性必须是高度预见可能性,而作为低水平的结果回避义务的基础,即使是危惧感程度的低度预见可能性,也足够了。新新过失论是在彻底理解了以结果回避义务作为过失本质的新过失论的精髓之后发展出来的理论。"[1] 因此,这里的危惧感是指对预见可能性判断的根据。按照新新过失论,对预见可能性的判断和对结果回避义务是直接相关

---

[1] [日] 左伯仁志:《刑法总论的思之道·乐之道》,于佳佳译,244 页,北京,中国政法大学出版社,2017。

联的，因而可以将预见可能性区分为高度预见可能性和低度预见可能性。所谓高度预见可能性是指预见难度较高，反之，低度预见可能性是指预见难度较低。因此，对于那些预见难度较低的过失，只要行为人具有危惧感，就可以得出具有预见可能性，因而成立过失的结论。

从旧过失论到新过失论，过失理论发生了巨大的变化，由此适应了现代社会惩治业务过失犯罪的客观需要。当然，旧过失论和新过失论之间并不是势不两立、互相取代的关系。事实上，在旧过失论的基础上发展起来的修正的旧过失论仍然是日本刑法学界的通说。而新新过失论虽然在日本司法实务中发挥过重要作用，被用来处理当时发生的某些重大业务过失犯罪案件，但是现在已经式微与失势。

旧过失论与新过失论的对峙主要发生在日本，它在一定程度上推动了过失理论的发展。然而，在德国有一种完全不同的景象。在德国刑法教义学中，在心理责任论盛行之际，主观心理等同于归责，因此，过失心理就直接等同于过失责任。规范责任论在取代心理责任论以后，将主观心理与主观归责加以区分：主观心理是故意与过失，而主观归责是在具备主观心理的条件下，进一步考察行为人是否具有违法性认识和期待可能性等归责要素，由此把心理事实与规范评价严格加以区分。在这种情况下，基于目的行为论的理论，构成要件并不仅仅只有客观要素，还应当包括主观要素，因而故意与过失这两种主观心理事实被挪至构成要件，由此，构成要件就被扩充，称为违法有责行为类型，而不再仅仅是违法行为类型。当然，在此还涉及违法性论从客观违法性论向主观违法性论的转向等理论背景。显然，在心理责任论的语境中，故意与过失的心理等同于责任，两者不能分离。因此，当时的责任要素，除了责任能力和责任年龄，就是责任心理，也称为责任形式。在这种情况下，故意与过失是归责的主要根据，如果把故意与过失从责任论中移除，则责任论就完全难以成立。因此，在心理责任论的情况下，不可能出现将故意与过失前置到构成要件的问题。在规范责任论的语境下，故意与过失的心理事实不再直接等同于责任，责任要素是指违法性认识和期待可能性等评价性要素。在这种情况下，就具备了将故意与过失挪至构成要件阶层的条件，

而责任要件被纯粹化。

这里涉及客观与主观、不法与责任两对范畴之间的关系。刑法教义学中的犯罪论体系,自古典派的犯罪论体系创立以来,主要就是围绕着上述两对范畴的相互角力而演变的。古典派的犯罪论体系是以客观与主观相区分为前提、以客观与主观为实体构筑的。在三阶层犯罪论体系中,构成要件与违法性是客观要件,因此,不仅构成要件是客观的,而且违法性也是客观的。这就是所谓客观的违法性论。有责性则是主观要件,同时在心理责任论的语境下,主观心理就等同于责任。因此,犯罪的客观要件可以区分为事实与评价,因而分立为构成要件和违法性这两个构成要件。而犯罪的主观要件——故意与过失等同于责任,心理事实要素与主观评价要素无法分离,因而共存于一个有责性要件。这就是在古典派的犯罪论体系中客观与主观、不法与责任之间的关系。此后,新古典派的犯罪论体系虽然指出了构成要件中的主观要素和主观的违法性论,但并没有从根本上动摇古典派的犯罪论体系的框架和支柱。在目的行为论的犯罪论体系出现以后,客观与主观、不法与责任之间的关系发生了颠覆性的变动。目的行为论的犯罪论体系是以规范责任论为其根据的,因此,它逐渐地以不法与责任取代客观与主观,整个犯罪论体系从事实性向着规范性转向。事实上,引入规范责任论以后,故意与过失等心理要素和归责要素分离,并不必然要求将故意与过失等心理要素前置到构成要件,而是也完全可以在保持三阶层框架的前提下,在有责性要件中,区分主观心理事实和规范评价。或者,还有一种例外的选择,就是把主观归责要素加以独立,这样就把有责性要件分解为主观构成要件和主观归责这两个要件,与客观构成要件和违法性构成四个要件。这是一个犯罪构成要素的划分问题。然而,德国学者在普遍接受目的论的犯罪论体系以后,在坚持三阶层架构的前提下,把故意与过失等主观心理要素挪至构成要件,因而构成要件的范畴极度扩张,它同时包括客观构成要件和主观构成要件。由此可见,在目的行为论的语境下,故意与过失不再是责任要素,而是构成要件要素,由此而发生了故意与过失在犯罪论体系中的位置变动。

以三阶层的犯罪论体系来分析朱平书等危险物品肇事案,朱平书等人是否对

危险物品肇事的重大危害结果承担刑事责任，主要取决于他们客观上是否具有违反危险物品运输中的安全规则的行为，以及这种行为与肇事结果之间的因果关系，同时，还取决于他们在主观上是否具有对肇事结果的过失。在司法认定中，应当坚持先进行客观判断后进行主观判断的原则。如果将过失的心理事实归属于构成要件的主观要素，这当然是一个主观构成要件的判断问题。如果将过失仍然归属于责任的心理要素，则这是一个责任的心理事实基础的判断问题。由此可见，将故意与过失放置于构成要件还是有责性之中并没有根本的区分。由于在该案中，对违法性要件并不需要专门讨论，因此，先讨论过失犯的实行行为，然后再讨论过失本身，就可以解决该案中朱平书等人的行为是否构成危险物品肇事罪的问题。

三、过失犯的特征：从结果预见可能性到结果回避可能性

如前所述，德、日刑法典对故意与过失都没有定义式规定，我国刑法则明确规定了故意与过失的概念。对此，我国刑法理论称之为故意与过失的法定概念。其中，我国刑法第15条规定："应当预见自己的行为可能发生危害社会的结果，因为疏忽大意而没有预见，或者已经预见而轻信能够避免，以致发生这种结果的，是过失犯罪。"从刑法条文的表述来看，这是对过失犯罪，也就是过失犯的定义，而不是对犯罪过失，即过失心理的界定。当然，我们还是可以从上述犯罪过失的法定概念中剥离出过失犯的构成要素。其中，应当预见自己的行为可能发生危害社会的结果，可以说是疏忽大意的过失的客观构成要件要素，即预见义务，而因为疏忽大意而没有预见则是疏忽大意的过失的主观心理要素。因此，我们可以将我国刑法中的疏忽大意的过失的犯罪构成特征概括为应当预见而没有预见。至于我国刑法中过于自信的过失的构成要素，解读起来则稍微复杂些，某些地方需要进行内容填补。我国刑法第15条对过于自信的过失的客观构成要素，只是表述为"已经预见自己的行为可能发生危害社会的结果"。然而，这一表述的内容是不完整的，它只是相对于疏忽大意的过失的"没有预见"而言的，并没

有从正面说明过于自信的过失的客观构成要素的具体内容，因此需要进行规范填补。经过填补以后规范的完整内容是：已经预见自己的行为可能发生危害社会的结果，因而应当避免危害结果的发生。这也就是避免义务。而因为轻信能够避免而没有避免，是过于自信的过失的主观心理要素。因此，我们可以将我国刑法中的过于自信的过失的犯罪构成特征概括为应当避免而没有避免。根据对我国刑法第15条中的过失的法定概念的规范解读，可以发现，我国刑法分别以违反结果预见义务和违反结果避免义务来揭示过失犯的构成特征。

在德日刑法教义学中，结果避免可能性和结果预见可能性是经常使用的术语，以此揭示过失犯的规范内容。在此，对于过失犯来说，在具有结果避免可能性和结果预见可能性的情况下，可以认定过失心理的存在。因而，结果避免可能性与违反结果避免义务、结果预见可能性与违反结果预见义务可以说是相通的概念，经常混合使用。这里应当指出，德日刑法教义学中的结果避免可能性和结果预见可能性，与我国刑法中的结果避免义务和结果预见义务之间，存在较大的含义差异，不能混同。因此，需要进一步厘清。

我国刑法理论引入德日刑法教义学的过失犯论，以违反结果避免义务来描述过失犯的构成要件，以违反结果预见义务来描述过失犯的主观心理要素。那么，这一理论如何与我国刑法规定相协调？这是一个值得研究的问题。例如，德日刑法教义学将过失犯的心理特征描述为违反注意义务、缺乏预见可能性，这在我国学者看来是很奇怪的。如果将过失描述为不注意而没有预见，则这只能概括无认识的过失，即疏忽大意的过失，而不能包含有认识的过失，即过于自信的过失。这是因为我国刑法中明确规定了这两种过失犯的类型。但德、日刑法典没有规定过失的概念和类型，因而其过失论并不受刑法条文的拘束。

不可否认，德、日刑法典没有对过失犯的类型作出规定，因而尽管德、日刑法教义学也承认无认识的过失与有认识的过失之类型区分，但在刑法理论上，还是以无认识过失，也就是疏忽大意的过失作为过失犯的标准类型进行分析的，或多或少地忽略了有认识的过失，也就是过于自信的过失。当然，从司法实践中过失犯的发生概率来说，出于疏忽大意的过失的犯罪占据主导地位。这也是事实。

只有个别德、日学者论及过于自信的过失，在论述中的主流倾向是将有认识解读为无认识，因而适用与疏忽大意的过失相同的理论模型。例如，日本学者指出：在过于自信的过失的情形下，行为人未充分认识到危害结果发生之内在机制，轻率作出了结果可回避之错误判断，存在着注意能力未正确、充分发挥之问题。①可见，日本学者还是将过于自信的过失，也就是他们所说的轻率过失，纳入无认识过失的范畴进行分析。而我国刑法对过于自信的过失作了明确规定，并且将对危害社会结果的"已经预见"作为其构成特征。在这种情况下，仍然将过于自信的过失简单地归入无认识的过失，对刑法规定视而不见，似不可行。因此，在德、日刑法教义学的过失犯论框架下，在构成要件阶层，违反结果避免可能性，对于疏忽大意的过失和过于自信的过失都是适用的。这并不存在问题。而在主观心理阶层，对于疏忽大意的过失来说，其主观心理是违反结果预见可能性，那么，对预见结果可能发生的过于自信的过失来说，又如何理解其主观心理呢？为此，笔者认为，应当将结果预见可能性区分为结果发生的预见可能性和结果回避的预见可能性。对于疏忽大意的过失来说，需要考察的是结果是否发生的预见可能性。而对于过于自信的过失来说，需要考察的则是结果回避的预见可能性。也就是说，在过于自信的过失中，行为人虽然已经预见结果可能发生，但并没有正确地预见结果是否能够被回避，因而仍然具有过失心理。

日本刑法教义学对于过失犯的性质的旧过失论和新过失论之争中，存在预见可能性与避免可能性的争议。旧过失论认为，过失犯的本质是违反结果预见义务。例如，有日本学者指出：根据旧过失论，过失是内心的不注意，如果注意就能预见到结果，实际上没有预见而实施了行为，让结果发生，因此受到非难。②及至新过失论的提出，对过失的理解从责任阶层的心理特征演变为构成要件阶层

---

① 参见［日］甲斐克则：《过失犯的基础理论》，冯军译，载高铭暄、赵秉志主编：《过失犯罪的基础理论——二十一世纪首次（总第七次）中日刑法刑事法学学术讨论会论文集》，2页，北京，法律出版社，2002。
② 参见［日］左伯仁志：《刑法总论的思之道·乐之道》，于佳佳译，243页，北京，中国政法大学出版社，2017。

的过失行为。正如日本学者指出,新过失论将过失作为注意义务违反来把握,其内容以结果回避义务为中心构成。根据新过失论,违反结果回避义务的行为,即有失误的行为(偏离了社会生活上所要求的行为标准),是过失的本质。这是违法要素(构成要件要素)。新过失论也要求结果预见可能性,结果预见可能性作为注意义务的内容成为过失的要件,但这只不过是推导出结果回避义务的第二顺位要件。[①]

根据以上对新、旧过失论的比较,我们可以发现,旧过失论只在有责性中论及过失,这里的过失是主观责任要素,因而只是结果预见可能性。而新过失论分别在构成要件和有责性中讨论过失犯:在构成要件中的过失实行行为可以被概括为结果避免可能性。而在有责性要件中予以讨论的过失心理要素,可以被概括为结果预见可能性。由此,结果避免可能性和结果预见可能性分别成为过失犯成立的客观要件和主观要件。因此,德、日刑法教义学中的结果避免可能性与结果预见可能性和我国刑法第15条规定的预见义务和避免义务是不能等而同之的。当然,在刑法教义学中,在具有结果避免可能性的情况下未能避免结果的发生,也称为违反客观注意义务。而在具有结果预见可能性的情况下未能预见结果的发生,则可以称为违反主观注意义务。由此,将过失犯的客观成立条件与主观成立条件具体化为违反结果避免义务和违反结果预见义务。只有同时具备以上两者,才能成立过失犯。

在结果避免可能性和结果预见可能性的顺序问题上,日本刑法学界存在争议,这种争议涉及对结果避免可能性和结果预见可能性的正确界定。例如日本学者指出:作为实际顺序,首先只有行为人集中内心意识,才有可能预见/认识到该结果的发生,其后,也才有可能为了防止结果的发生而实施作为/不作为,在此意义上,结果预见义务应该先于结果避免义务。但是,在犯罪论体系中,与"违法的客观性""责任的主观性"相对应,各个阶段所应重视的注意义务的内

---

① 参见[日]左伯仁志:《刑法总论的思之道·乐之道》,于佳佳译,243页,北京,中国政法大学出版社,2017。

容，就应该是按照从结果避免义务到结果预见义务这一顺序。① 由此可见，从违反结果预见义务到违反结果避免义务是一个从主观到客观的顺序。如果从事实发生的角度来说，该顺序是符合科学的。而从违反结果避免义务到违反结果预见义务是一个从客观到主观的过程，对于认定过失犯来说，该顺序是符合规范的。我们首先应当在构成要件阶层判断是否存在违反结果避免义务以便认定过失犯的实行行为，然后在有责性阶层判断是否存在违反结果预见义务以便认定过失犯的心理要素，为主观归责奠定基础。正如周光权教授所指出的："对过失犯的认定，是在作一种回溯性思考，即在结果发生以后，反过去看结果是否可以避免，如果结果难以避免，可能属于不可抗力；如果可以避免而没有避免，就需要去考察结果回避义务没有履行的原因——是否存在预见义务。是否存在预见可能性？"② 因此，从客观到主观，运用在过失犯的认定就是从违反结果避免义务到违反结果预见义务。在此所采用的就是周光权教授所说的回溯性思考。

（一）过失犯之违反结果避免义务

违反结果避免义务是指在具有结果避免可能性的情况下，未能避免结果发生。那么，如何确定结果避免义务以及如何判断是否违反结果避免义务呢？笔者认为，对日常生活中的过失犯（普通过失犯）和业务活动中的过失犯（业务过失犯）来说，结果避免义务的来源是有所不同的。普通过失犯的结果避免义务主要来源于社会共同生活规则，而业务过失犯的结果避免义务主要来自保障业务活动的安全规则。在此，笔者主要讨论业务过失犯的结果避免义务。这种结果避免义务通常以行政法规或者规章制度的方式呈现出来，因而使业务过失犯具有某种法定犯的性质，它以违反行政法规或者规章制度为前置条件。例如，我国刑法第136条规定的危险物品肇事罪：立法机关明确将违反爆炸性、易燃性、放射性、毒害性、腐蚀性物品的管理规定，作为该罪的构成要件规范要素。在我国刑法理论上，通常将该罪的客观行为表述为违反爆炸性、易燃性、放射性、毒害性、腐

---

① 参见［日］佐久间修：《过失犯》，王昭武译，载《河南省政法干部管理学院学报》，2010（5）。
② 周光权：《结果回避义务研究：兼论过失犯的客观归责问题》，载《中外法学》，2010（6）。

蚀性物品的管理规定的行为。这样，业务过失犯的构成要件行为就是一种违反行政法规的行为，该种行为引发危害结果，就构成业务过失犯。例如，在朱平书等危险物品肇事案中，客观构成要件是违反危险物品运输安全的规定，被告人的行为首先要有行政违法性，然后才能构成犯罪。在这个意义上说，危险物品肇事罪属于法定犯的范畴。

这里存在一个值得研究的问题，就是危险物品肇事罪的实行行为如何认定。如果直接将违反危险物品运输安全规定的行为界定为该罪的实行行为，是否存在将该罪理解为行政违法行为的结果加重犯的问题？对此，日本学者西田典之教授指出：根据行政取缔法规的义务判断基准行为，违反这些义务的即为过失，其结果便是：业务过失致死罪便成了这些违法行为的结果加重犯。[1] 由此可见，不能直接将行政法规违法行为等同于业务过失犯的实行行为。

在认定业务过失犯的实行行为的时候，应当从以下三个方面进行考察。

第一，关联性。

在认定业务过失犯的时候，应当确认违反行政法规的行为与结果避免可能性之间的关联性。如果没有这种关联性，则不能将这种违反行政法规的行为等同于业务过失犯的实行行为。在刑法分则对业务过失犯的罪状的描述中，通常来说，所违反的行政法规的范围都是极为宽泛的，在案件中，则是较为具体的。在这种所违反的行政法规从宽泛到具体转化的时候，应当注意违反行政法规的行为与违反结果避免义务之间是否具有关联性。例如，我国刑法第133条规定的交通肇事罪，以违反交通运输管理法规为前置条件，但交通运输管理法规的范围是极为宽泛的，而交通肇事罪是以发生交通重大事故为处罚条件的。在这种情况下，只有保障交通运输安全的行政法规才是与违反结果避免义务具有关联性的，其他交通运输法规就不具有这种关联性，因而不能将违反它们的行为认定为违反结果避免义务的行为。此外，我国刑法第134条第1款规定的重大责任事故罪，以违反有

---

[1] 参见［日］西田典之：《日本刑法总论》，刘明祥、王昭武译，207页，北京，中国人民大学出版社，2009。

关安全管理的规定为前置条件。这里的安全管理规定，范围更是宽泛，可以包括以下三种情形：（1）国家颁布的各种有关安全生产的法律、法规等规范性文件。（2）企业、事业单位及其上级管理机关制定的反映安全生产客观规律的各种规章制度，包括工艺技术、生产操作、技术监督、劳动保护、安全管理等方面的规程、规则、章程、条例、办法和制度。（3）虽无明文规定，但反映生产、科研、设计、施工的安全操作客观规律和要求，在生产实践中为职工所公认的行之有效的操作习惯和惯例等。[1] 在这种情况下，就应当严格考察违反行政法规与违反结果避免义务之间的关联性。

在朱平书等危险物品肇事案中，刑法第136条规定所违反的行政法规涉及对各种危险物品管理，该条并没有对行政法规的具体内容进行描述。在这种情况下，就需要根据案情进行分析判断。例如，朱平书等危险物品肇事案的二审判决对朱平书等人的违反行政法规的行为进行了具体描述，指出："根据我国劳动部颁发的《液化气体汽车罐车安全监察规程》第五十条第七项规定，液化气体汽车罐车严禁超装，否则严禁驶离充装单位。二上诉人却违反国家有关液氯充装不准超装超载的规定，向充装工人下达超装指令，引发交通事故后致液氯泄漏，造成了29人死亡的特别严重后果，二人是致车辆超装的直接责任人员。"据此，二审判决认定朱平书等人违反对危险品运输车辆的核查义务。

第二，归因性。

归因性是指违反行政法规的行为与危害结果之间具有因果关系。业务过失犯的因果关系是一个极为复杂的问题，主要是由于过失犯的因果关系不像故意犯的因果关系那样彰显。业务过失犯都属于结果犯，只有在结果发生以后，行为人才应对结果承担过失犯的刑事责任。因此，在业务过失犯中，对因果关系的认定具有以果溯因的性质。《日本刑法典》所规定的业务过失犯主要是指业务过失致人死亡罪，这是普通过失致人死亡罪的特别规定。此后，《日本刑法典》又设置了交通过失致人死亡罪，将交通事故中的过失致人死亡行为在罪名上加以分立。相

---

[1] 参见陈兴良：《规范刑法学》（上册），533页，北京，中国人民大学出版社，2017。

对比之下，我国刑法中的业务过失犯的罪名要多得多，我国刑法在分则第二章规定了数十个涉及各个公共安全领域或者各种公共安全物品的责任事故犯罪，并且这些业务过失犯的构成要件中都存在过失致人死亡的内容。我国刑法中的业务过失犯不仅处罚致人死亡的行为，而且处罚致人重伤或者造成财产损失以及其他法益侵害的行为，其处罚范围远远超过《日本刑法典》。在这种情况下，业务过失犯所违反的行政法规涉及面十分广泛。对此，应当根据可归因性的原则进行辨析，只有那些具有可归因性的违反行政法规的行为才能被认定为违反结果避免义务的行为。

在业务过失犯中，因果关系是较为复杂的，多因一果的情况是较为常见的。对此，就要根据案情进行具体分析。例如，在朱平书等危险物品肇事案中，实际上存在前后两个阶段：第一阶段是朱平书等违反规定，未尽核查义务，对肇事的槽罐车超出规定充装限额进行充装液氯。第二个阶段是槽罐车驾驶人员康兆永和王刚违反规定，驾驶超载的槽罐车在行驶过程中发生轮胎爆裂，导致车辆方向失控后撞毁道路中间护栏，冲入对向车道，罐车侧翻在行车道内。因与他车发生碰剐，槽罐车顶部的阀门被撞脱落，发生液氯泄漏。从具体事故原因来看，液氯泄漏是由于槽罐车左轮胎爆裂。因此，被告人朱平书等人的辩护人认为，发生事故的直接原因是使用的报废轮胎爆裂，超载不是该起事故发生的直接或主要原因。这就否定了超载与槽罐车液氯泄漏造成重大伤亡之间的因果关系。对此，二审判决指出："槽罐车由于长期超载运输致使轮胎处于超标状态，案发当天又因超载行驶，加重、加速了轮胎爆裂现象的发生，该车超载与事故的发生具有直接的因果关系，是该起事故发生的直接原因之一。"然后，二审判决进一步判定："根据沂化公司的文件及经营部岗位职责规定，被告人朱平书、刘超均负有对危险品运输车辆的核查义务。从公司的具体实施过程看，二人对液氯的充装数量也具有绝对的决定权，并实际违规实施了充装审批行为，向充装工人下达超装指令，最终引发事故。二人虽然不是具体从事装载和运输危险物品的人员，但对液氯超载充装起着决定作用，是致车辆超装的直接责任人员，二被告人的审批行为与发生重大事故的危害结果之间具有直接的因果关系。"经过以上步骤，完成了对本案被

告人朱平书等人的行为与事故结果间之因果关系的阐述。

第三，危险性。

要认定违反行政法规的行为为违反结果避免义务，应当对其进行实质判断，也就是进行危险性的判断。只有这样，才能避免落入形式主义的陷阱。行政法规的功能可以被设定为防止风险，在通常情况下，如果遵守行政法规，就可以避免风险的发生，而违反行政法规，会引起风险。因此，必须从引起风险和避免风险的双重视角进行考察。这里应当指出，客观归责理论注重对风险的判断，以是否制造法所不允许的风险作为判断构成要件行为的实质标准。对于过失犯的实行行为，也是如此。正如我国学者指出："客观归责理论将防止危险的行政法规范，作为重要的判断危险的标准。违反行政法规范对于肯定不被允许的危险的创设，即过失实行行为的存在，是具有重要意义的推定证据。"① 在朱平书等危险物品肇事案中，液氯本身就是一种物理上的危险，如果保管不当，发生泄漏，就会造成重大人员伤亡。因此，行政法规对于液氯的安全运输作出了具体规定，这些规定对于保障液氯运输安全具有重要意义。然而，朱平书等人作为对于液氯运输安全负有重大职责的工作人员，决定对液氯超载运输。该行为直接违反了液氯运输安全规定，为此后液氯泄漏造成重大人员伤亡埋下了伏笔。从这个意义上说，朱平书等人违反行政法规的行为具有一定的危险性。当然，本案结果的发生还与槽罐车轮胎爆裂，车辆失控而与他车剐蹭，导致槽罐车顶部的阀门被撞脱落，发生液氯泄漏等相关要素有着直接关系。因此，朱平书等人违反结果避免义务只是结果发生的原因之一。

（二）过失犯之违反结果预见义务

违反结果预见义务是指在具有预见可能性的情况下未能预见结果的发生。违反结果预见义务是以违反结果避免义务为前提的，因此，违反结果预见义务是对行为人的主观归责。

在对结果预见义务的讨论中，首先涉及的是标准问题，即认定结果预见义务

---

① 王海涛：《行政法规范之违反与过失实行行为之认定》，载《法学研究》，2014（2）。

是以行为人为标准还是以一般人为标准。因为每个人的认识能力不同，因而，其预见可能性也是不同的。行为人标准是主观说，而一般人标准是客观说。此外，还存在折中说，认为在一般情况下以行为人为标准，当行为人标准高于一般人标准时，以一般人为标准。① 对于以上三种观点，刑法学界存在争议。笔者主张主观说，即以行为人为判断结果预见可能性的标准，因为主观归责具有个别性，只有以行为人为标准进行把握，对行为人来说才是最为合理的。行为人标准说承认不同个体之间在预见能力上的差异，因而不是采取一刀切的方式来判断预见可能性，而是根据每个个体的具有状况确定预见可能性。

对于结果预见可能性，旧过失论和新过失论之间存在较大的理解上的不同。旧过失论因为把过失仅仅理解为一个主观责任问题，因而对结果预见可能性采取了较为限制的理解，即主张具体的结果预见可能性说。而新过失论因为在构成要件阶层对过失犯的实行行为进行了实质审查，因此主张抽象的结果预见可能性。相对来说，新过失论对结果预见可能性的理解较为宽泛。从司法实践中的情况来看，十分严格的具体结果预见可能性，对于过失犯的认定过于苛刻，并不妥当。而抽象的结果预见可能性具有一定道理。在日本刑法中，业务过失犯主要是指业务致人死亡罪，在对此类过失案件认定预见可能性的时候，就应当把对过失的直接后果的预见可能性与对致人死亡的后果的预见可能性加以区分。例如，日本经常发生为客人提供河豚的肝料理而致人死亡的案件，在这种情况下，厨师的行为是否构成业务过失致人死亡罪，就取决于如何判断预见可能性。在此类案件中，存在两个结果：第一是河豚中毒，第二是致人死亡。在日本板东三津五郎案中，三津五郎给客人提供河豚的肝料理，致其死亡。关于被告人的行为是否构成业务过失致人死亡罪，判决中关于业务过失致人死亡罪的预见可能性的判断是："这里的伤害是指，被告人给被害人提供河豚肝脏料理而导致被害人出现河豚中毒症状。就伤害这一点而言，只要预见可能性就足够了。这里的致死是指，被害人出

---

① 参见［日］左伯仁志：《刑法总论的思之道·乐之道》，于佳佳译，247页，北京，中国政法大学出版社，2017。

现中毒症状以至于死亡。就死亡这一点而言，没有必要有预见可能性。"① 对于上述观点，日本学者左伯仁志教授并不赞同。左伯仁志援引该判例时指出，最近得以查明的河豚毒性是可能造成人死亡的毒性，因而关于致死这一点也能够承认被告人具有预见可能性，这是当然的前提。② 笔者认为，尽管可以肯定对于致人死亡具有预见可能性，但对河豚中毒的预见可能性和对致人死亡的预见可能性在程度上是会存在差异的，因此，对河豚中毒具有具体的预见可能性、对致人死亡具有抽象的预见可能性的认定较为妥当。

在朱平书等危险物品肇事案中，不仅存在一种多因并存的状况，而且因果链条拉长，因果进程具有一个时间上的延续过程。在这种情况下，要求处于较前因果环节的被告人对最终结果具有具体的结果预见可能性并不现实。就朱平书等人来说，其违反结果避免义务的行为发生在液氯的充装阶段，而最终结果是在驾驶人员超载驾驶车辆上路以后，轮胎爆裂而引发翻车，并与他车相剐蹭引发液氯泄漏，由此造成重大人员伤亡。对于朱平书等人来说，对在此后因果过程中的发展进程以及最终发生重大伤亡事故这一具体结果要求具有预见是强人所难，不能做到。而应当肯定，朱平书等人对于其违反结果避免可能性的行为可能造成液氯运输中的事故具有较为具体的预见可能性。然而，对于液氯泄漏，发生数十人死亡的严重后果，朱平书等人不具有具体的预见可能性。然而，抽象的预见可能性是可以期待的。

四、结语

在我国司法实践中，过失犯的认定是一个较为疑难的问题，其主要原因在于过失犯的构成要件要素，无论是过失行为还是过失心理，其判断标准都缺乏定型性与明确性。我国刑法第 15 条虽然对过失犯罪作了规定，然而，该规定并没有

---

① ［日］左伯仁志：《刑法总论的思之道·乐之道》，于佳佳译，250 页，北京，中国政法大学出版社，2017。
② 参见上书，251 页。

对过失行为进行具体描述，而是一般性地规定为可能发生危害社会结果的行为。即使是在刑法分则条文中，对过失行为也往往采用空白规定的方式，只是规定为违反行政法规。至于过失心理，刑法第 15 条规定为疏忽大意与过于自信，并将疏忽大意规定为应当预见而没有预见，将过于自信规定为应当避免而没有避免。这些规定只是为过失犯的认定提供了方向，并没有提供具体规则。在这种情况下，刑法教义学对过失犯的研究就显得十分重要，它能够为过失犯的认定提供基本步骤和判断规则。当然，在刑法教义学中，过失犯论本身也存在这种观点的聚讼。对此，我们应当结合我国的立法与司法进行认真筛选，确定对我国过失犯认定具有指导意义的理论观点。在此，最为重要的还是将过失犯的认定纳入犯罪论的阶层体系，在构成要件和有责性这两个阶层，展开对过失犯的过失行为与过失心理的研究。笔者认为，应当以结果回避义务与结果预见义务为中心，完成过失犯的规范构造。

（本文原载《比较法研究》，2020（5））

纯正的过失犯与不纯正的过失犯：
立法比较与学理探究

在刑法中，一般都以处罚故意犯为原则，以处罚过失犯为例外，因此，相对于故意犯之受到刑法理论的青睐，过失犯之被冷落是显见的，以至于德国学者恩吉斯（Engisch）将过失理论称为刑法理论的"私生子"。德国学者罗克辛引用许乃曼的评论称，在德国刑法教义学中，过失犯罪经历了从前妻的孩子到最受宠爱的孩子的变化。[①] 但在我国刑法学中，过失犯研究几乎还是一片有待开垦的处女地。可以说，过失犯在刑法理论中的地位与不作为犯的具有一定的相似性。相对于不作为犯的理论研究而言，过失犯的理论研究仍然是落后的。本文拟从我国刑法关于过失犯的立法规定出发，以纯正的过失犯与不纯正的过失犯之分类为视角，对过失犯论进行拓展性的法理探讨。

一、分类概述

关于对犯罪过失的研究，我国四要件的犯罪论体系一般都是以刑法第 15 条

[①] 参见［德］克劳斯·罗克辛：《德国刑法学总论》，第 1 卷，王世洲译，713 页，北京，法律出版社，2005。

对过失犯罪的规定为根据,将过失作为犯罪构成的主观要件进行研究。因此,在四要件的犯罪论体系中,只有对犯罪过失的研究而没有对过失犯罪的研究。当然,在我国刑法学界也有以过失犯罪为题目的专著,例如侯国云于1993年在人民出版社出版的《过失犯罪论》等。但此类专著其实还是以主观上的过失作为犯罪特征进行研究,并没有特别注重过失犯罪的客观特征。因为在四要件的犯罪论体系视野中,过失犯的客观要件完全没有独立的研究价值。即使是对犯罪过失的研究,也局限于对刑法规定的语义阐释,未能形成深入的犯罪过失理论。

近年来,我国刑法学界引入了德、日刑法教义学,过失犯论也随之引入我国。德、日刑法学中的过失论以一种更为繁复的学术形象展现在我们面前,尤其是在三阶层的犯罪论体系中,德国和日本之间存在体系性的差异:德国的通说将过失的作为犯与故意的作为犯和不作为犯这三种犯罪形态相并列进行研究,由此形成过失犯论。罗克辛教授的客观归责论为过失犯研究开辟了独特的方向。而日本仍然在三阶层的框架内容纳过失犯,只不过行为无价值论将过失分为构成要件的过失与责任的过失分别进行研究,例如大塚仁教授;而结果无价值论将过失作为责任要素进行研究,例如西田典之教授,而且在过失中附带地论及过失犯的实行行为。不仅在过失犯的体系地位上的分歧与争议使过失犯论的定位复杂化,而且过失犯论也越来越脱离法条规定本身,呈现出细致的法教义学的内容,例如主观注意义务的违反等成为过失犯论的核心。除此以外,还有一个值得注意的地方就是,对过失犯的研究,突破了犯罪过失的视角,而是以过失犯为中心对过失实行行为进行研讨。在这种情况下,不再将过失仅作为一种主观要素加以研究,而是也作为一种客观要素展开讨论。

过失犯具有不同于故意犯的特征,对其加以专门研究是完全必要的。在对过失犯进行研究的时候,应当对其进行科学分类。在以往的刑法理论中,对于犯罪过失只有根据刑法规定所作的疏忽大意的过失与过于自信的过失这样一种法定分类。这种法定分类及其研究当然是十分必要的,但这只是从主观要素上对过失犯所作的一种分类。从不作为犯的分类中受到启发,笔者认为,对于过失犯,也可以与不作为犯一样,从刑法规定的角度区分为纯正的过失犯与不纯正的过失犯。

纯正的过失犯与不纯正的过失犯：立法比较与学理探究

在刑法理论上，不作为犯可以分为纯正的不作为犯与不纯正的不作为犯，也称为真正的不作为犯与不真正的不作为犯。一般认为，纯正的不作为犯与不纯正的不作为犯之间是存在重大区别的，这种区别首先表现在刑法规定上。例如日本学者山口厚教授指出："不作为犯有两种。第一种是，将不作为当做明示的构成要件要素加以规定，对不作为成立犯罪的条件在条文上明确规定。这称为真正不作为犯。第二种是，不作为并没有明示地作为构成要件要素加以规定的犯罪，以不作为的方式实现了通常是由作为所实施的构成要件的场合。这称为不真正不作为犯。"[①] 在刑法理论上，重点研究的是不纯正的不作为犯，因此，在某种意义上说，所谓不作为犯理论就是不纯正的不作为犯理论。纯正的不作为犯具有独立的构成要件，而且该种犯罪只能由不作为构成，不能由作为构成，故而只要依照刑法规定就可以对纯正的不作为犯予以正确的认定，在刑法理论上没有独特的地方。而不纯正的不作为犯与之不同，刑法对其只有隐含的规定而没有明确的规定，而且不纯正的不作为犯是与作为犯共用一个构成要件，即某种犯罪既可以由作为构成，又可以由不作为构成，而在作为与不作为这两者之间难免存在抵牾之处，因此，才有必要对不纯正的不作为犯进行专门研究。

事实上，刑法对过失犯的规定与对不作为犯的规定是极为相似的，也可以分为纯正的过失犯与不纯正的过失犯。类似于某种犯罪只能由不作为构成而不能由作为构成时，可被称为纯正的不作为犯，某种犯罪只能由过失构成而不可由故意构成时，其过失犯可被称为纯正的过失犯。类似于某种犯罪既可能由作为构成又可能由不作为构成不纯正的不作为犯，某种犯罪既可能由过失构成又可能由故意构成时，其过失犯可被称为不纯正的过失犯。当然，这里的"某种犯罪"是同种罪名还是异种罪名，在不作为犯与过失犯之间还是存在一些差异的。在纯正的不作为犯的情况下，不作为犯不存在与之对应的作为犯，因此其罪名是独立的。在不纯正的不作为犯的情况下，不作为犯存在与之对应的作为犯，两者共用一个罪名。例如，故意杀人罪，既可以由作为构成，又可以由不作为构成，当由不作

---

① [日] 山口厚：《刑法总论》（第2版），付立庆译，74页，北京，中国人民大学出版社，2011。

为构成的时候就是所谓不纯正的不作为犯。在这种情况下，作为犯与不作为犯都成立故意杀人罪。此为共用一个罪名。过失犯与故意犯，即使是不纯正的过失犯，即同一种行为，故意与过失情形下都构成犯罪，其罪名也是各自有别的。例如，放火罪与失火罪就是同一种行为，按照主观上的故意与过失分别设立两个罪名。当然，也有个别例外，例如我国刑法第408条之一规定的食品监管渎职罪包含了食品监管的滥用职权与玩忽职守这两种行为：前者是故意的，后者是过失的。因此，食品监管渎职罪是故意与过失的复合犯。当然，这里的故意和过失对应于滥用职权与玩忽职守这两种行为。不过，这只是司法解释对罪名的确定所产生的问题。从理想的角度来看，对于食品监管的渎职犯罪还是根据故意与过失分设两个罪名较好，即食品监管玩忽职守罪和食品监管滥用职权罪。

基于对过失犯之纯正的过失犯与不纯正的过失犯的分类，需要考察的问题是：这两种过失犯在法律规定上是否存在区别？这里涉及刑法分则对过失犯的规定，同时还要确定过失犯研究的重点。我国刑法分则对过失犯的分类，主要可以分为以下两种情形。一是同一行为，故意行为与过失行为都构成犯罪的，刑法分则或者在同一条文或者在不同条文作了规定。在同一条文中规定，例如刑法第115条第1款规定的是放火罪、决水罪、爆炸罪、投放危险物质罪和以危险方法危害公共安全罪，而第2款规定的与之对应的过失犯，包括失火罪、过失决水罪、过失爆炸罪、过失投放危险物质罪和过失以危险方法危害公共安全罪。在不同条文中规定，例如刑法第232条规定的故意杀人罪和第233条规定的过失致人死亡罪。以上规定的过失犯罪的特征是同一种行为，无论是故意行为还是过失行为，都构成犯罪，只不过构成不同的罪名。这种过失犯，可以被称为不纯正的过失犯。二是某种行为，只能构成过失犯罪。这就是我国刑法中的渎职型过失犯罪与事故型过失犯罪。这种过失犯，可以被称为纯正的过失犯。如果说，在不作为犯中，重点需要研究的是不纯正的不作为犯，那么，在过失犯中，重点需要研究的恰恰是纯正的过失犯。纯正的过失犯与不纯正的过失犯之间，无论是在立法方式上还是在构成要件上，都存在不同之处，因此需要进行深入研究。

关于纯正的过失与不纯正的过失犯的分类，以笔者之寡闻陋见，在德、日

纯正的过失犯与不纯正的过失犯：立法比较与学理探究

以及其他国家的刑法学中尚未见阐述。在意大利刑法学中出现过所谓"不纯正的"（impropria）过失这一概念，是指尽管行为是故意实施的，但却应按过失处罚的情形。一般认为，这种情形出现在各种排除犯罪性行为过失地超过了必要限度的场合。例如，防卫人应该知道只要给侵害者造成伤害就可以制止对方的侵害，但却有意地造成了侵害者的死亡，因为他过失地认为只有打死对方，才是有效保卫自己唯一的方法。① 笔者认为，在意大利刑法学中之所以出现不纯正的过失的概念，是与《意大利刑法典》关于过失的否定概念直接相关的。《意大利刑法典》第43条第1款所规定的过失概念中，其核心是否定性因素，即"不是出于行为人的希望"的结果，但在上述过失的防卫过当的情况下，危害结果也可能是行为人希望发生的结果。法律之所以将这种情况下规定为过失，是因为行为人实施行为时主观上有疏忽、不谨慎、无经验等原因。这种过失显然不同于通常的过失，由此将其称为不纯正的过失。当然，即使在意大利刑法学界，对于不纯正的过失这个概念也是存在较大争议的。由此可见，意大利刑法学中所谓不纯正的过失和本文中所说的不纯正的过失犯是内容完全不同的两个概念。本文中的不纯正的过失犯是指，同一行为，故意与过失情形下都可以构成犯罪，在过失构成的情况下，就是不纯正的过失犯。

二、立法描述

在我国刑法中，不纯正的过失犯在过失犯中占有一定的比重。不纯正的过失犯的主要特征是存在着与之对应的故意犯，因此，在对这些过失犯的规定中都包含了"过失"的字样，并且在罪名中得到体现。从罪名上看，绝大多数罪名都冠以过失一词，个别罪名则以特定的用语表达出来，例如"失火""遗失"等。从刑法分则"过失犯前款罪"的立法用语来看，在立法者看来，以上过失犯与对应

---

① 参见［意］杜里奥·帕多瓦尼：《意大利刑法学原理》（注评版），陈忠林译评，225页，北京，中国人民大学出版社，2004。

的故意犯在客观构成要件上是完全相同的，只是主观罪过形式不同而已。既然在刑法条文中已经将过失标出，对与之对应的故意犯就没有必要加上"故意"二字，否则就是多余。从我国刑法的规定来看，确实，大部分与不纯正的过失犯对应的故意犯都没有使用故意这一用语。例如，刑法对决水罪的规定，并没有表述为故意决水罪，而是将与之对应的不纯正的过失犯称为过失决水罪，由此而把这两种犯罪正确地加以区分。但是，在我国刑法中还是存在少数犯罪，对故意犯的规定中和对与之对应的不纯正的过失犯的规定中都加上故意与过失的标识。例如，过失致人死亡罪与故意杀人罪，过失致人重伤罪与故意伤害罪，过失损毁文物罪与故意损毁文物罪，过失提供不合格武器装备、军事设施罪与故意提供不合格武器装备、军事设施罪，过失泄露国家秘密罪与故意泄露国家秘密罪。在以上罪名中，对故意犯的规定中的"故意"二字纯属赘语，因为，在以处罚故意为原则，以处罚过失为例外的法律语境下，只有过失犯才需要标明过失，而故意犯不需要标明故意。

相对来说，刑法对不纯正的过失犯的立法规定还是较为简单的，对纯正的过失犯的规定则复杂得多。因为纯正的过失犯不存在与之对应的故意犯，因此，在对纯正的过失犯的立法规定中都没有标示过失一词。这种情况给对纯正的过失犯的梳理带来了一定困难。某些犯罪，究竟是过失犯还是故意犯，在学理上引发相当大的分歧意见。在我国刑法中，以下犯罪属于纯正的过失犯，一般来说不存在争议：(1) 重大飞行事故罪（第131条）；(2) 铁路运营安全事故罪（第132条）；(3) 交通肇事罪（第133条）；(4) 重大责任事故罪（第134条第1款）；(5) 强令违章冒险作业罪（第134条第2款）；(6) 重大劳动安全事故罪（第135条）；(7) 大型群众性活动重大安全事故罪（第135条之一）；(8) 危险物品肇事罪（第136条）；(9) 工程重大安全事故罪（第137条）；(10) 教育设施重大安全事故罪（第138条）；(11) 消防责任事故罪（第139条）；(12) 签订、履行合同失职被骗罪（第167条）；(13) 国有公司、企业人员失职罪（第168条第1款）；(14) 医疗事故罪（第335条）；(15) 玩忽职守罪（第397条）；(16) 执行判决、裁定失职罪（第399条第3款）；(17) 国家机关工作人员签订、履行合同

失职被骗罪（第406条）；（18）传染病防治失职罪（第409条）；（19）商检失职罪（第412条第2款）；（20）动植物检疫失职罪（第413条第2款）；（21）失职造成珍贵文物损毁、流失罪（第419条）；（22）武器装备肇事罪（436条）。

以上所列举的纯正的过失犯，主要可以分为两种：一是事故型过失犯罪，二是渎职型过失犯罪。事故型过失犯罪是指发生在生产、作业或者其他业务活动中，违反规章制度，造成重大人身伤亡或者财产损失的过失犯罪。可以说，事故型过失犯罪中的过失一般都是业务过失，因此具有业务过失的特征。而渎职型过失犯罪是指发生在职务活动中，违背其职责，造成重大人身伤亡或者财产损失的过失犯罪。可以说，渎职型过失犯罪中的过失一般都是职务过失，因此具有职务过失的特征。

值得讨论的是，在我国刑法中存在较多的法条竞合的情形。例如，交通肇事罪的构成要件中包含了致人死亡的内容，因此，交通肇事罪与过失致人死亡罪之间存在法条竞合关系。如果在刑法中没有规定交通肇事罪，则对于这种交通肇事致人死亡的行为，可以直接认定为过失致人死亡罪。在这种情况下，就提出了一个问题，即：能否认为交通肇事罪实际上对应于故意杀人罪，由此否定纯正的过失犯的概念？显然，这是一种实质分析的观点。笔者并不赞同这种观点，因为就罪名而言，交通肇事罪是一个独立的罪名。虽然交通肇事罪的构成要件包含过失致人死亡的内容，但其内涵已经超出了过失致人死亡罪。在这种情况下，还是要强调交通肇事罪的独立性。唯有如此，才能确立纯正的过失犯的概念。

三、法理分析

纯正的过失犯与不纯正的过失犯的分类，为正确认识过失犯提供了一个视角。虽然这两类过失犯都具有过失犯的共性，但更应该关注的是其个性。这就需要从刑法教义学的理论上，对纯正的过失犯与不纯正的过失犯的有关问题进行法理分析。

（一）对于理解"过失犯罪，法律有规定的才负刑事责任"规定的意义

我国刑法第15条第2款规定："过失犯罪，法律有规定的才负刑事责任。"

与这一规定相对应的是刑法第 14 条第 2 款的规定:"故意犯罪,应当负刑事责任。"以上两款规定构成刑法理论所称的"刑法以处罚故意为原则,以处罚过失为例外"的原则。对于这一原则,我国学者也称为"法定原则"[①] 或者"过失行为法无明文规定不为罪原则"[②]。在对这一规定的理解上,我国刑法学界还存在着一定的争议。

在此,"过失犯罪,法律有规定的才负刑事责任"这一规定和罪刑法定原则的关系,是一个值得推敲的问题。从我国学者的有关论述来看,他们大多将这一原则视为罪刑法定原则的派生物。换言之,我国学者多是从罪刑法定原则出发,理解"过失犯罪,法律有规定的才负刑事责任"的规定。这一规定,在我国 1979 年刑法中就已存在,而当时我国刑法并没有规定罪刑法定原则。因此,在 1997 年刑法规定罪刑法定原则以前,我国刑法学者一般都将这一规定理解为排除类推适用的法律根据。例如有学者指出,"这一原则的含义是:过失犯罪的具体行为都必须是我国刑法明文规定的,对于没有明文规定的过失行为,不论其社会危害结果如何,都不得追究刑事责任,包括不得以类推定罪。笔者认为排除运用类推对过失行为定罪量刑的规定是确定这一原则的主要的立法意图。"[③] 以上理解,在我国 1979 年刑法规定了类推制度的情况下,在该特定语境下,具有解释论上的合理性。但是,以上理解也会受到质疑,因为这一规定并非我国刑法的独创,而是各国刑法规定的通例。也就是说,在明文规定了罪刑法定原则的国家,其刑法典一般也都规定了类似我国刑法中的"过失犯罪,法律有规定的才负刑事责任"的条款,只是表述上有所不同而已。例如,《德国刑法典》第 15 条规定:"故意之行为始有可罚性,但法律明定处罚过失行为者,不在此限。"根据这一规定,对过失行为的处罚仅限于法律有明文规定的情形。又如,《日本刑法典》第 38 条第 1 款规定:"没有犯罪的故意的行为,不处罚,但法律有特别规定的,不在此限。"在此,《日本刑法典》虽然没有提及过失,但这里的"法律有特别规

---

① 胡鹰:《过失犯罪研究》,28 页,北京,中国政法大学出版社,1995。
② 侯国云:《过失犯罪论》,193 页,北京,人民出版社,1993。
③ 孙国祥等:《过失犯罪导论》,160 页,南京,南京大学出版社,1991。

定的"情形,显然是指过失。这些国家的刑法都实行罪刑法定原则,为什么还要就对过失行为的处罚作出明确规定呢?显然,在此,排除类推适用的解释是难以成立的。即使在我国刑法中,1997年刑法规定了罪刑法定原则,但"过失犯罪,法律有规定的才负刑事责任"的条款依然保留。

笔者认为,罪刑法定原则是指应当受到刑罚处罚的行为必须在刑法分则有明文规定,因此,罪刑法定原则所解决的是行为的可罚性的法律根据问题。对罪刑法定原则不能进行扩张的解释,例如,罪刑法定原则中的"法"是指刑法分则,而不包括刑法总则。当然,这里的刑法分则也包括附属刑法的分则规范。罪刑法定原则中的"定",是指对构成要件行为的规定,而不是对犯罪成立所有要件的规定。因为罪刑法定原则是与三阶层的犯罪论体系紧密关联的,它主要是犯罪论体系的第一阶层即构成要件阶层必须遵循的法律原则,因此,只有结合古典的构成要件理论才能正确理解罪刑法定原则的含义。目前犯罪论体系的结构发生了重大变化,例如,罗克辛的目的理性的犯罪论体系,试图挖掘出罪刑法定原则除限制司法权滥用的消极功能以外的积极功能,指出:"在既有的自由的保障机能之外,罪刑法定原则也有了指导人们举止的目标,这样,该原则就成为变革社会的工具,而且是具有重要意义的工具。"[1] 尽管如此,罪刑法定原则的基本功能还是通过限制国家司法权来保障人权,其对构成要件的规制机能并没有改变。依此理解罪刑法定原则,就可以得出其与"过失犯罪,法律有规定的才负刑事责任"的规定并没有关联性的结论,因为,这一规定旨在解决故意与过失的处罚根据问题,其逻辑位阶在行为可罚性的法律根据之后。

解释论上,对于"过失犯罪,法律有规定的才负刑事责任"的规定如何理解?对此,我国刑法学界也存在较大争议,因为在我国刑法中,除了部分过失犯罪,也就是本文所说的不纯正的过失犯,其他过失犯罪,主要是纯正的过失犯,而在刑法分则中并无"处罚过失"的明文规定。对于这种刑法总则规定和刑法分

---

[1] [德] 克劳斯·罗克辛:《刑事政策与刑法体系》(第2版),蔡桂生译,12页,北京,中国人民大学出版社,2011。

则规定之间的疏离与脱节，究竟应当如何进行刑法教义学上的解释？张明楷教授认为，对于这里的"法律有规定"存在以下三种理解：一是将"法律有规定"理解为"法律有明文规定"，即只有当法律条文对某种犯罪使用了"过失""疏忽""失火"等明确指示过失犯罪的用语时，该犯罪才属于"法律有规定"的过失犯罪（明文规定说）。二是将"法律有规定"理解为"法律有实质规定"，即为了实现刑法分则条文的法益保护目的，只要有必要处罚过失行为，即使没有"明文规定"，也应认定为"法律有规定"（实质规定说）。三是将"法律有规定"理解为"法律有文理的规定"，即虽然法条中没有"过失""疏忽""失火"之类的用语，但根据具体条文的文理，能够合理地认为法律规定了过失犯的构成要件时，就属于"法律有规定"，因而处罚过失犯（文理规定说）。① 在以上三种观点中，张明楷主张文理规定说。

在笔者看来，"过失犯罪，法律有规定的才负刑事责任"的规定并不适用于所有的过失犯，而只适用于不纯正的过失犯。这是由纯正的过失犯与不纯正的过失犯的特征所决定的：对于纯正的过失犯来说，对某种行为法律只规定了对过失犯的处罚，尽管在有些犯罪中究竟是过失犯还是故意犯难以界分，但对这种犯罪，法律已经有明文规定，这是显而易见的。只有不纯正的过失犯，存在着与之对应的故意犯，因此，只有在对该行为法律明文规定处罚过失犯的情况下，过失行为才应当受到刑事追究。如果法律没有处罚过失犯的明文规定，则对于该行为只处罚故意犯而并不处罚过失犯。由此可见，只有把"过失犯罪，法律有规定的才负刑事责任"的规定的适用范围限制在不纯正的过失犯，该规定的含义以及立法意图才能得到合理的解释。

（二）对于界定过失实行行为的意义

过失的实行行为是刑法理论上一个较为复杂的问题，该问题的核心是：过失犯究竟是否存在独立的实行行为？对此，各种过失理论存在着不同的见解，旧过

---

① 参见张明楷：《刑法分则的解释原理》（上），2版，126～127页，北京，中国人民大学出版社，2011。

失论与新过失论之间各执一词。

旧过失论完全否定过失犯存在独立的实行行为，即认为过失犯与故意犯共用一个实行行为。例如日本学者西田典之教授在论及旧过失论时指出："旧过失论认为，预见可能性是过失犯的责任基础，也就是，只要结果已经发生，在行为的构成要件该当性、违法性方面，过失犯与故意犯并无不同，二者的不同仅仅在于，故意是对结果的认识、预见，而过失是对结果的认识可能性、预见可能性。"[1] 与之相反，新过失论则肯定过失犯具有独立的实行行为，认为它是对基准行为的违反。因此，新过失论也被称为基准行为说。例如西田典之教授指出："新过失论认为，过失的本体并不在于预见可能性，而在于违反了结果回避义务。也就是，所谓过失，是指对于社会生活中一般要求的结果回避行为及基准行为的懈怠。为此，过失犯由并未实施法律所要求的基准行为的不作为而构成。该说立足于认为行为的违法性在于并未遵守规范的要求这种行为无价值的视点，进一步指出，只要并未逸脱（超出、脱离）基准行为，就并无该当于构成要件且违法的行为。"[2] 旧过失论与新过失论在实行行为方面的分歧，并不在于过失犯是否存在实行行为，而在于过失犯是否存在独立于故意犯的实行行为。旧过失论认为，过失犯与故意犯的实行行为是相同的，因此，过失只是一个责任要素。新过失论则认为，过失犯与故意犯在实行行为上是不同的，因此，过失首先是一个违法要素。

在刑法规定的过失犯中，对于过失犯是否存在独立的实行行为这个问题，如果不从纯正的过失犯与不纯正的过失犯的分类出发，难以得出唯一结论，因为，有些过失犯并不存在独立于故意犯的实行行为，换言之，其过失犯与故意犯是共用一个构成要件的。例如，故意杀人罪与过失致人死亡罪，两者在非法剥夺他人生命这一点上具有共同之处，被评价为同一种实行行为具有一定的根据。但另外有些过失犯则存在独立的实行行为，例如重大责任事故罪的实行行为是，在生

---

[1][2] ［日］西田典之：《日本刑法总论》，刘明祥、王昭武译，207 页，北京，中国人民大学出版社，2009。

产、作业中违反有关安全管理规定,因而发生重大伤亡事故或者造成其他严重后果的这一行为。经过仔细梳理可以得出结论:凡是不纯正的过失犯,都不存在独立的实行行为;凡是纯正的过失犯,都存在独立的实行行为。以上结论并没有否定过失犯都具有实行行为这一命题,只不过认为在不纯正的过失犯中,其与故意犯共用一个实行行为而已。

按照这一思路再来审视旧过失论与新过失论就会发现,旧过失论对于不纯正的过失犯是适用的,却完全不适用于纯正的过失犯,因为不纯正的过失犯与故意犯共用一个构成要件,两者的实行行为是共同的,在这种情况下,只要把过失当作一个主观责任的问题即可,没有必要讨论过失犯的实行行为问题。当然,即使是在不纯正的过失犯的情况下,其实行行为在内容、性质上与故意犯的实行行为也还是存在差别的。对此需要另外撰文加以论述。新过失论则强调过失犯具有独立的实行行为,因此这一过失犯理论适合纯正的过失犯,因为,纯正的过失犯并没有与之对应的故意犯,因而不可能像不纯正的过失犯那样,与故意犯共用一个构成要件。在这种情况下,如果不在构成要件阶层讨论纯正过失犯的实行行为,则纯正过失犯的构成要件与违法性均告阙如,怎么可能构成犯罪呢?例如,放火罪与失火罪,在引起火灾这一实行行为上,两罪是相同的,只不过对于放火行为可以直接从行为人的身体举止上去把握,而对于失火行为需要从规范违反上去界定。但是,对于诸如玩忽职守罪这样的纯正过失犯,如果在构成要件阶层不对玩忽职守的实行行为加以描述,则无法对该罪予以法律上的认定。因此,对纯正的过失犯完全不能适用旧过失论。在这种情况下,新过失论将理论视角转向过失犯的实行行为,是完全正确的,它对于解释纯正的过失犯具有重要意义。

这里涉及刑法理论上可以说是老生常谈的问题,即过失犯的实行行为的定型性。相对于故意犯而言,过失犯的定型性程度确实较差,因过失犯在很大程度上以结果发生作为客观构成要件的标志。但是,不能由此认为过失犯的实行行为就不存在,关键是如何理解实行行为的定型性问题。其实,通常所论及的故意犯的实行行为的定型性,是以身体动作为中心而展开的,具有存在论的性质。例如,杀人的实行行为类型,一般都由各种杀人方法所实施的剥夺他人生命的事实特征

而形成；强奸的实行行为类型，由强制发生性关系的事实特征而形成。但在过失犯中，如果从存在论角度判断，其实行行为的定型性确实难以描述。然而，如果从规范论或者机能论角度分析，则过失犯的实行行为仍然具有可以把握的定型性。在刑法理论上，对于过失犯的实行行为都是以违反注意义务为中心而展开的。可以说，注意义务的违反以规范方法，抽象概括了过失犯的实行行为的本质特征。在这个意义上，过失犯的实行行为是可以界定的。这也正是从旧过失论向新过失论演变背后的方法论原因。

过失论从旧过失论到新过失论的转变，在一定意义上是纯正的过失犯大量出现所推动的结果。对此，西田典之教授曾经指出："主张基准行为说的背景在于，从昭和30年代到40年代（1955年—1965年），随着汽车的急速普及，业务过失致死罪的发案件数也急剧增加。如果按照传统观点，认为过失属于预见可能性、责任要素，由于驾驶汽车本身便属于危险的行为，因而便能很容易地肯定预见可能性，进而认定成立过失犯，但这样一来，无疑意味着不允许驾车，现代社会即工业社会更是无法构建。正是出于这种考虑，该说主张，鉴于汽车交通所具有的便利性，应该以一般人作为标准，只要采取了一般人而言具有合理性的结果回避义务即基准行为，即便具有预见可能性，由此所出现的结果也属于被允许的危险，并不具有违法性。"[①] 由此可见，新过失论所主张的基准行为说其实限制了过失犯的范围，因为：日本刑法中的交通过失致人死亡的案件都以业务过失致死罪论处，而业务过失致死罪是一种特殊的过失致死罪。根据旧过失论，对于业务过失致死罪在构成要件阶层不作考察，只要在交通过程中发生致人死亡的结果，就在责任阶层认定是否具有过失，从而十分容易入罪。而根据基准行为说，在构成要件阶层进行考察，如果行为人实施了基准行为，即使发生了致人死亡的结果，也不能认为构成业务过失致死罪。这就起到了限制过失犯范围的作用。由此，新过失论肯定了过失犯的实行行为问题。

---

① ［日］西田典之：《日本刑法总论》，刘明祥、王昭武译，208～209页，北京，中国人民大学出版社，2009。

值得注意的是，目前日本的旧过失论也开始承认对过失犯的实行行为在构成要件中独立考察的必要性。这是在向新过失论靠拢，因此被称为修正的旧过失论。这就是山口厚教授所说的，在立足于旧过失论立场的同时，对过失犯罪的构成要件该当性作限定理解的见解。[①] 这里所谓限定的理解，就是指对过失犯的实行行为予以定型化处理。

应该指出，日本刑法中的业务过失致死罪虽然属于业务过失犯罪，但还不属于真正意义上的纯正的过失犯，因为业务过失致死罪与过失致死罪之间存在着法条竞合关系，系特别法与普通法的竞合。对于业务过失致死罪，即便在构成要件阶段不进行实行行为的考察，也完全可以采用过失致死罪的实行行为，而过失致死罪又与杀人罪共用杀人的实行行为。因此，这个意义上的基准行为还不是为纯正的过失犯而专门设立的。这也与日本刑法中大量的业务过失，其中主要是纯正的过失犯，并不在刑法典中规定，而是在附属刑法中加以规定这样一种立法例具有重要的关联性。

基于在刑法典中主要规定的是不纯正的过失犯这一事实，在各国刑法典中，对过失的规定都是以不纯正的过失犯为摹本的，而根本没有顾及纯正的过失犯。例如，《德国刑法典》第15条和《日本刑法典》第38条都没有对过失的正面规定，因而没有涉及过失的具体内容。更为重要的是，德、日刑法典对过失都是在与故意对比的意义上进行规定的。这个意义上的过失，是指不纯正的过失。相对来说，《意大利刑法典》关于过失的规定，既包括不纯正的过失又包括纯正的过失。例如，《意大利刑法典》第43条第1款规定："在结果，即使有所预见，不是出于行为人的希望，而是由于疏忽、不谨慎、无经验，或者不遵守法律、法规、命令或者纪律等原因而发生时，是过失。"意大利学者指出，当该款规定提到"疏忽、不谨慎、无经验"时，是指源于社会一般经验或科学技术经验的抽象规则，违反这些规则的过失即所谓普通过失。而当该款规定说到"不遵守法律、

---

① 参见［日］山口厚：《从新判例看刑法》（第2版），付立庆、刘隽译，54页，北京，中国人民大学出版社，2009。

法规、命令或者纪律"时,则是指包含于专门规范中的具体规范,违反这些规范的过失,人们称之为特殊过失。① 以上所说的普通过失就是不纯正的过失犯,而特殊过失主要是纯正的过失犯。由此可见,刑法关于过失犯的立法状态,在很大程度上制约着刑法典中的过失概念。

我国刑法摈弃了附属刑法的立法方式,将所有的犯罪,包括过失犯罪,都规定在刑法典中,形成所谓统一刑法典。因此,我国刑法分则规定了大量的纯正的过失犯。对于这些纯正的过失犯,除少数罪名以外,大多数罪名都在罪状中对过失行为进行了描述。在此基础上,可以提炼出纯正的过失犯的实行行为,这些实行行为是对基准行为的违反,因此,基准行为说对于纯正的过失犯的实行行为的认定具有较大参考价值。

应该指出,不纯正的过失犯与纯正的过失犯在实行行为上还是具有较大差异的。不纯正的过失犯是以过失而犯故意之罪,因此,其实行行为基本上与故意犯的实行行为是相同的。在这种情况下,可以在不考虑主观要素的前提下,对实行行为进行认定。例如,对于致人死亡的案件,无论是故意杀人罪还是过失致人死亡罪,行为人在客观上都必须具有致人死亡的行为。因此,故意杀人罪的实行行为与过失致人死亡罪的实行行为在实质上并无根本区别。纯正的过失犯的实行行为是其所单独具有的,因此需要进行专门的研究。纯正的过失犯在绝大多数情况下都是业务过失与职务过失,在分析纯正的过失犯的实行行为时,应当考虑以下三点。

1. 行政法规违反行为的性质

纯正的过失犯一般都是以违反行政法规为前提的,例如我国刑法第133条关于交通肇事罪的规定,就将该罪的客观行为描述为违反交通运输管理法规。这里的交通运输管理法规为我们判断基准行为提供了法律根据。交通运输管理法规规定了交通运输人员的结果回避义务,因此,违反相应法规的行为就是违反结果回

---

① 参见[意]杜里奥·帕多瓦尼:《意大利刑法学原理》(注评版),陈忠林译评,228页,北京,中国人民大学出版社,2004。

避义务的行为,同时也是对基准行为的懈怠。对行政法规的违反可以为过失的实行行为的定型化提供某种可能,而不至于使基准行为的判断变得过于恣意。然而,这里也提出一个问题,就是将违反行政法规的行为直接认定为过失的实行行为,会导致过失犯沦落为行政法规违反行为的结果加重犯。例如,西田典之教授指出:根据行政取缔法规的义务判断基准行为,违反这些义务的即为过失,其结果便是:业务过失致死罪便成了这些违法行为的结果加重犯。[①] 这就提出了行政法规违反行为与过失犯的实行行为的关系问题。

我国刑法学界也有学者指出,目前我国刑法理论对过失实行行为的过失性并不论述,将过失行为表述为行政法规的违反,虽然从实践出发具有一定的合理性,但是这一表述使过失行为本身并不能与故意行为相互区分,也有与过失违法行为混为一谈之嫌。[②] 这里的过失行为与故意行为都是指失犯罪行为与故意犯罪行为。在不纯正的过失犯中,其过失行为与故意行为因为共用一个构成要件而确实存在难以区分的问题。但对于纯正的过失犯来说,其过失行为是独立的,所以并不存在过失行为与故意行为难以区分的问题。至于过失犯罪行为与过失违法行为,也并不存在混淆的问题。对于违法行为来说,并不需要考虑主观上的过失,而且一般情况下,违法行为都是故意的。行政法规违反行为在没有发生过失犯的构成要件结果的情况下,只是一种单纯的行政法上的违法行为,应当受到行政处罚。但在该行政法规违反行为满足了过失犯的构成要件结果的情况下,则该行为就属于过失犯的实行行为。在这个意义上,与其说过失犯是行政法规违反行为的结果加重犯,不如说过失犯是行政违法行为与刑事违法行为的竞合犯。在该行政法规违反行为亦被规定为犯罪的情况下,其与过失犯之间发生刑法上的想象竞合关系。例如,我国刑法第133条规定了交通肇事罪,属于纯正的过失犯。在刑法修正案(八)将醉酒驾驶行为规定为危险驾驶罪之前,醉酒驾驶行为本身只

---

① 参见[日]西田典之:《日本刑法总论》,刘明祥、王昭武译,210页,北京,中国人民大学出版社,2009。
② 参见高洁:《过失犯罪实行行为研究》,载陈兴良主编:《刑事法评论》,第20卷,413页,北京,北京大学出版社,2007。

是一种行政违法行为，只有在发生了肇事后果的情况下，才构成犯罪。因此，在行政违法行为与交通肇事行为之间存在想象竞合关系。但在刑法修正案（八）将醉酒驾驶行为规定为危险驾驶罪以后，就在危险驾驶罪与交通肇事罪之间存在想象竞合关系，按照我国刑法第133条之一第2款的规定，应当依照处罚较重的规定定罪处罚。因此，在我国刑法十分普遍地将行政法规违反行为规定在纯正的过失犯的罪状当中的情况下，当行政法规违反行为引起了构成要件的结果时，将行政法规违反行为界定为纯正的过失犯的实行行为，并无不妥。

在纯正的过失犯中，往往存在着数个行政法规违反行为。在这种情况下，是把全部行政法规违反行为认定为过失的实行行为，还是只把其中的一个认定为过失的实行行为？如果是后者，以什么标准认定过失的实行行为？这些问题都与纯正的过失犯的实行行为直接相关。对此，我们可以将过失犯的实行行为与故意犯的实行行为进行对比。在故意犯的实行行为中，以构成要件作为判断实行行为及其个数的根据，例如故意杀人行为，在德、日刑法学中都是以杀死一人作为一个杀人罪的实行行为。至于在杀人过程中，实施了数次具体的砍杀或者射击行为，在所不问。在纯正的过失犯的情况下，如果存在一个违反行政法规的行为，并且造成一个危害结果，当然可以认定为一个过失实行行为。但是，如果存在数个违反行政法规的行为，但只造成一个结果，又如何认定过失实行行为及其个数呢？在这种情况下，不能将违反行政法规行为的个数直接等同于实行行为的个数，而是要根据行为与结果之间的因果关系来判断纯正的过失犯的实行行为。

这个问题，在日本刑法学界是一个所谓阶段性过失的问题。对此存在以下两种观点：一是过失并存说，二是直近过失单独说。前者认为数个违反行政法规的行为并列成为纯正的过失犯的实行行为，后者认为只有与结果最相接近的违反行政法规的行为才是纯正的过失犯的实行行为。[1] 按照过失并存说，可能会把前后相距时间较长的两个违反行政法规的行为都认为是纯正的过失犯的实行行为，这

---

[1] 参见［日］北川佳世子：《交通事故和过失论》，载高铭暄、赵秉志主编：《过失犯罪的基础理论》，72页及以下，北京，法律出版社，2002。

样就会使与结果发生没有直接关系的违反行政法规的行为也被认定为纯正的过失犯的实行行为，因此是不妥的。而按照直近过失单独说，只有与结果发生具有因果关系的违反行政法规的行为方被认定为纯正的过失犯的实行行为，而更为明确。当然，在两种违反行政法规的行为都是结果发生的原因的情况下，可能还是要同时将它们认定为纯正的过失犯的实行行为。在这个意义上说，应该区分不同情况分别采用过失并存说和直近过失单独说。在我国司法实践中，一般都采用过失并存说，在存在数个违反行政法规的行为的情况下，一般都把它们认定为纯正的过失犯的实行行为。当然，与结果发生没有因果关系的除外。

2. 过失实行行为危险性的判断

并非所有在形式上违反行政法规的行为都可以径直被认定为纯正的过失犯的实行行为，还需要进行危险性的实质判断。日本学者认为，过失犯和故意犯一样，作为其客观要件的实行行为，应当是具有侵害法益的现实危险性的行为。[①]因此，在数个违反行政法规的行为并存的情况下，只有具有现实危险性的行为才是纯正的过失犯的实行行为。当然，如果数个违反行政法规的行为都具有现实危险性，则可以同时被认定为纯正的过失犯的实行行为。

如果说，是否存在行政法规违反行为是对过失犯的实行行为的一种形式性的判断，那么，危险性就是对过失犯的实行行为的一种实质性的判断。在通常情况下，凡是违反行政法规的行为都是具有一定的危险性的。如果没有违反行政法规，则该行为就不具有危险性。例如，罗克辛教授的客观归责理论，在创设法所不允许的风险时，主要就是以违反法律规范作为判断标准的。例如，罗克辛指出："在许多生活范围内，尤其是在道路交通中，立法者发布了一些禁止危险的抽象规定。一般来说，违反这些规定就会创设一种不允许的危险。"[②]但是，这种危险还是抽象的危险，正如罗克辛所指出的那样，在纯粹概念上是危险的，但

---

① 参见［日］北川佳世子：《交通事故和过失论》，载高铭暄、赵秉志主编：《过失犯罪的基础理论》，74页，北京，法律出版社，2002。

② ［德］克劳斯·罗克辛：《德国刑法学总论》，第1卷，王世洲译，716页，北京，法律出版社，2005。

在具体案件中未必是危险的,在抽象危险与现实危险之间存在着某种差异。在这种情况下,就不能仅仅将对行政法规的违反作为危险判断的唯一标准,还要进行危险的实际判断。如果虽然违反行政法规,但在具体案件中没有危险,则不能将相应的行为认定为过失犯的实行行为。

此外,允许的危险具有排除过失犯的危险性的功能,因此,在对过失犯的实行行为的危险性进行考察的时候,还要注意这里的危险必须是不被允许的危险。我国学者将允许的危险称为过失犯的实行行为的消极要件,指出:"如果创设的危险经过权衡之后发现是被允许的,则过失实行行为仍然不能成立。从实质角度来说,在消极要件中排除的行为在积极要件认定中也会排除,但是将部分容易为人所误认的行为定型化,并通过规则的形式表现出来,作为过失实行行为认定的独立的阶段,这使认定更为准确,从而避免处罚范围的不当扩大。"① 因此,允许的危险也是过失犯的实行行为的实质判断的应有之意。

3. 过失犯的结果实现

过失犯基本上都是结果犯,其不同于直接故意的结果犯,而类似于间接故意的结果犯。在刑法理论上,直接故意犯罪存在未遂,其实行行为具有独立于结果的性质。在结果没有发生的情况下,实行行为同样具有犯罪性,只不过构成犯罪未遂而已。但过失和间接故意犯罪一样,在结果没有发生的情况下,其行为不具有犯罪性,因而不存在脱离结果的实行行为。换言之,只有当结果发生时,行政法规违反行为才转化为过失犯的实行行为,从而产生行政法规违反行为与过失犯的实行行为的竞合。因此,过失犯的实行行为具有被结果决定的属性。对于过失犯的成立来说,结果实现具有十分重要的意义。

过失犯的结果实现首先应当适用合义务性代替行为的原理。所谓合义务性代替行为,是指行为人虽然违反了行政法规所设定的义务,但即便遵守了该具体义

---

① 高洁:《过失犯罪实行行为研究》,载陈兴良主编:《刑事法评论》,第 20 卷,434 页,北京,北京大学出版社,2007。

务，也并无结果回避可能性的情形。① 在这种情况下，应当否定行政法规违反行为与结果实现的实际关联性。在我国司法实践中也存在类似案例，但合义务性代替行为的原理并没有被采用。例如，赵某达驾驶汽车行至某路口时，因超速（该路段限速每小时 60 公里，赵某达的车速高于 77 公里/小时）采取措施不及，其所驾驶车辆轧在散落于路面上的雨水井盖后失控，冲过隔离带，进入辅路，与正常行使的杨某所驾驶的汽车和正常行使的刘某所骑自行车等人相撞，造成 3 人死亡、2 人受伤。经交通管理部门认定，赵某达负事故全部责任。对于该案，一审、二审法院都认定赵某达违法超速驾驶车辆，且未尽到注意义务，在其发现散落在路中的雨水井盖时，采取措施不及，导致事故发生，故其行为构成交通肇事罪。对于该案，仅根据超速就认定赵某达存在过失实行行为，由此认定其行为构成交通肇事罪，则正如周光权教授所评论的那样，赵某达明显不妥当的行为是超速，但是，如果赵某达的车速降到每小时 50 公里，结果仍然可能难以避免，则应该在规范意义上认为具体的结果回避可能性不存在，赵某达无罪。② 在该案中，超速是一种违反交通管理法规的违法行为，这是没有问题的。但能不能以此作为交通肇事罪的实行行为呢？对此，还要考察该违法行为对于结果实现是否具有原因力。如果违法行为与结果实现之间缺乏因果关系，则仍然不能将其认定为交通肇事罪的实行行为。在这种因果关系的判断中，合义务性代替行为的原理具有参考价值。当然，就该案而言，虽然超速与交通肇事之间缺乏因果关联性，但能否径直认定无罪，也还存在着争议。事实上，一审法院在判决中，对于该案中的实行行为，除了指出超速，还指出未尽到注意义务，即没有及时发现道路上的雨水井盖，因此没有能够及时采取规避措施。就此而言，赵某达还是存在过失行为的。由此可见，对过失犯的实行行为的正确论证极为重要。

---

① 参见［日］西田典之：《日本刑法总论》，刘明祥、王昭武译，220 页，北京，中国人民大学出版社，2009。对于合义务性代替行为，德国学者罗克辛称为合法替代行为。参见［德］克劳斯·罗克辛：《德国刑法学总论》，第 1 卷，王世洲译，257 页，北京，法律出版社，2005。

② 参见周光权：《客观归责与过失犯论》，载《政治与法律》，2014（5），22 页。

（三）对于过失犯的体系性地位确定的意义

过失犯的体系性地位问题，是与过失犯的实行行为紧密相关的一个问题。在德国，过失经历了一个从责任要素到构成要件要素的前移过程，这个过程是以犯罪论体系从古典派到新古典派，再到目的行为论的演进为基本线索的。在古典派那里，基于违法是客观的、责任是主观的原理，作为主观要素的过失理所当然地被确定为责任要素，在有责性阶层受到审查。及至新古典派，发现了所谓主观违法要素，例如目的犯之目的，因此在例外的情形下，目的犯之目的等主观要素被纳入构成要件，但故意与过失仍然被视为责任要素。在目的行为论兴起以后，随着规范责任论的传播，故意与过失才彻底从责任中分离出来，被吸纳为构成要件要素。笔者认为，纯正的过失犯与不纯正的过失犯之分类，对于正确界定过失在三阶层的犯罪论体系中的地位，具有重要参考意义。

就德国与日本而言，虽然其主流学说都主张三阶层的犯罪论体系，但在对犯罪论体系的具体叙述上已然出现重大的分野。德国学者一般都把故意的作为犯、过失的作为犯和不作为犯分开叙述，在对各部分的叙述中坚持构成要件、违法性与有责性的分析方法论，因此，三阶层完全成为一种分析工具。对于德国刑法学中的过失犯论，以耶赛克、魏根特所著的《德国刑法教科书（总论）》为标本进行分析，可以分为过失犯的不法构成要件、过失犯的合法化事由和过失犯的责任三个阶层。除了过失犯的合法化事由，过失犯的构成要件和责任是其过失犯论的主体内容。德国学者指出："当过失行为的客观方面能够被认定时（不法构成要件），然后才能探讨，根据行为人的智力、教育、灵活性、能力、生活经验、社会地位等，一般注意要求和预见要求能否满足（责任构成要件）。"[1] 换言之，德国刑法学对于过失犯，是在构成要件和责任这两个层次分别论述的。其中，在构成要件中论述的是客观注意义务的违反、结果发生、引起及其预见可能性。在此，客观注意义务的违反属于过失犯的实行行为范畴，结果发生属于过失犯的结

---

[1] ［德］汉斯·海因里希·耶赛克、托马斯·魏根特：《德国刑法教科书（总论）》，徐久生译，677~678 页，北京，中国法制出版社，2001。

果范畴，而结果引起及其预见可能性属于刑法因果关系范畴。可见，德国刑法学在构成要件中讨论的过失犯的实行行为，属于客观要件；在责任中论述的责任能力和不法意识、客观注意义务的认识可能性与履行可能性、结果和因果过程的主观预见可能性，符合规范行为的不可期待性。在以上内容中，在责任能力、不法意识和期待可能性三项方面，过失犯的责任与故意犯的责任是相同的，只是内容稍有差异而已。但客观注意义务的认识可能性与履行可能性、结果和因果过程的主观预见可能性这两项属于过失犯的主观要素，是对过失犯进行归责的主观事实基础。由此可见，在德国刑法学中，过失的主观要素和归责要素都还是在有责性阶层予以讨论的问题。

在日本刑法学中，结果无价值论与行为无价值论对于过失的体系性地位的设立存在着明显的区分。结果无价值论一般还是坚持在有责性中讨论过失，这里的过失是作为主观要素，因此，结果无价值论中的过失犯主张旧过失论，但这种旧过失论是一种修正的旧过失论，主要表现在对过失犯的实行行为的承认。例如，西田典之教授一方面认为过失属于责任要素，旧过失论即预见可能性说更为妥当；另一方面又进一步指出："过失犯的责任谴责的根据即便在于以预见可能性为基础的精神性紧张的懈怠，但根据预见可能性本应采取的相应措施即结果回避行为则从反面显示出行为，这种具有实质性危险的行为就是过失犯中的实行行为。"[1] 由此可见，西田典之还是承认过失犯的实行行为。但从犯罪论体系来说，在有责性中讨论过失犯的实行行为，终究显得不太协调。

行为无价值论将过失分别在构成要件与有责性中加以讨论，例如大塚仁教授分别在构成要件与责任中讨论过失，于前者称为构成要件性过失，于后者称为责任过失。这里的过失是指作为主观要素的过失。与此同时，大塚仁教授在构成要件的实行行为中又专门讨论了过失犯的实行行为，指出，"过失犯的构成要件性行为，在具体的事案中是多种多样的，难以一般地、抽象地定型化，因此，通常

---

[1] ［日］西田典之：《日本刑法总论》，刘明祥、王昭武译，210~211页，北京，中国人民大学出版社，2009。

纯正的过失犯与不纯正的过失犯：立法比较与学理探究

法律没有表示，需要裁判官基于对符合具体事态的注意义务的认定、补充，来确定违反它的行为（需要补充的构成要件）。因而，违反这种注意义务而进行的行为人的行为是过失犯的实行行为，它必须特别包括使犯罪结果发生的现实危险性。"[1] 应该说，大塚仁在实行行为中论及过失犯的实行行为是完全正确的，但对于作为主观要素的过失是否有必要在构成要件中论述，还值得探讨。大塚仁在论及构成要件过失的体系性地位时指出："只要不承认作为构成要件要素的过失观念，就不可能论及过失犯的构成要件符合性。这样，过失也与故意并立，首先应被视为构成要件的要素，可以称其为构成要件性过失。"[2] 这里的问题是：过失犯的实行行为是否以过失观念为前提？即，过失犯的实行行为是否能够独立于过失观念？从逻辑上说，过失犯的实行行为是以过失观念为前提的。但在事实层面，过失犯的实行行为又是独立于过失观念的。也就是说，对过失犯的实行行为是可以先于过失进行考察的。在纯正的过失犯的情况下，其客观上的行政法规违反行为并不以主观上的过失为前提，因此，在构成要件中讨论过失犯的实行行为是完全必要的，否则，对于纯正的过失犯来说，其构成要件就不具备，因此，主观上的归责缺乏客观基础。但是，对于主观过失要素还是可以作为责任的事实基础在有责性要件中予以论及。因此，如果不采取德国的过失犯独立于故意犯和不作为犯的犯罪论叙述体系，在三阶层的框架内，对于过失犯，尤其是纯正的过失犯，就应该在构成要件中讨论过失犯的实行行为，在有责性中讨论主观过失及其归责问题。

论及德、日之间关于过失犯的实行行为在犯罪论体系中的差异，不能不提及客观归责论。德国学者罗克辛提出客观归责论，在很大程度上是为了解决过失犯的构成要件问题。可以看到，日本学者对于过失犯的实行行为是以违反注意义务为内容加以描述的。当然，即使是旧过失论，对过失犯的实行行为的理解也并不限于此，而是进一步从实质意义上判断是否行为具有危险性。例如山口厚教授认

---

[1] [日] 大塚仁：《刑法概论（总论）》（第3版），冯军译，152页，北京，中国人民大学出版社，2003。

[2] 同上书，199页。

为，过失犯的实行行为在于违反结果回避义务，并且该行为具有引起结果发生的危险性。这一观点采取了从形式到实质的分析模式。而根据罗克辛的观点，过失性犯罪的构成要件，只有其不包含一种额外的举止行为的说明，就只有通过客观归责的理论才能得到满足：一个被归责于客观构成要件的结果，就是过失地造成的，不需要其他的标准。实际上，在损害谨慎义务的特征之后隐藏着各种归责的因素，比一种一般性条款更精确地表示着过失的条件。因此，罗克辛是以创设不被允许的风险为核心内容的客观归责论，来完成对过失犯的实行行为的实质审查的。

这两种思路尽管存在某些差异，但就在构成要件阶层考察过失犯的实行行为这一点，是具有共同之处的。可以说，德国的客观归责论是以一种体系化的方式对过失犯的构成要件进行审查，而日本的过失论是以个别性的方式对过失犯进行审查。在将过失犯区分为纯正的过失犯与不纯正的过失犯的情况下，对过失犯的审查，就可以分别在不同的阶层开展。在此，德、日刑法学对过失犯的分析方法都是值得参考的。

纯正的过失犯与不纯正的过失犯之分类为确立过失犯在三阶层的犯罪论体系中的地位提供了更为充分的根据。这对于过失犯论的演进，具有重要的理论意义。

(本文原载《法学家》，2015（6））

阶层理论在过失犯认定中的司法适用

过失犯是一种对应于故意犯的特殊犯罪类型。如果说，故意犯是典型的犯罪类型，那么，过失犯就是非典型的犯罪类型。对于犯罪论体系来说，应当不仅能够正确地处理故意犯，而且能够正确地处理过失犯。在这个意义上说，过失犯是检验犯罪论体系的试金石。本文以过失犯为视角，对三阶层和四要件的犯罪论体系在犯罪认定中的方法进行比较，为三阶层理论的司法适用提供参考。

一、三阶层的过失犯论

过失是与故意相并列的一种主观心理状态。值得注意的是，在心理学中，故意心理，尤其是以意志为核心内容的故意心理，是主要研究内容，而过失心理往往是被忽略的。在刑法中，大多数犯罪是故意犯罪，只有极少数是过失犯罪。随着近现代科学技术的飞速发展，过失犯罪案件以前所未有的速度增加。尤其是交通过失犯罪案件，伴随着现代交通工具在社会生活中的普及而居高不下。因此，过失犯成为刑法教义学研究的重点，过失犯理论受冷落的凄凉状态也在改变，发生着如同德国学者许乃曼所描述的境况：在刑法教义学中，过失犯经历了从弃儿

到宠儿的演变。① 过失犯法律形象的变化，导致过失犯在犯罪论体系中的地位的重大变动。因此，考察其演变历史具有重要意义。

根据古典学派所主张的心理责任论，过失只是一种责任形式，应将它作为一种主观心理加以把握，而不能作为一种完整的犯罪形态进行研究。例如，德国学者李斯特认为，故意（领域）之未必故意②停止之处，可能是过失（领域）开始之时。③ 因此，过失被认为是非故意或者故意的反面，将故意与过失界定为非此即彼或者正、反面的关系。此外，德国学者贝林缔造了构成要件理论，这里的构成要件是纯客观的、价值无涉的，因此，在构成要件中并不包含主观要素。在贝林看来，构成要件是犯罪的客观轮廓，是犯罪的指导形象。正是透过构成要件，才能把握犯罪概念和犯罪类型。贝林指出："每个法定构成要件肯定表现为一个'类型'，如'杀人'类型、'窃取他人财物'类型等。但是，并不意味着这种——纯粹'构成要件'的——类型与犯罪类型是一样的。二者明显不同，构成要件类型绝不可以被理解为犯罪类型的组成部分，而应当被理解为观念形象（Vorstellungsgebild），其只能是规律性的、有助于理解的东西，逻辑上先于其所属的犯罪类型。"④ 在此，贝林强调了构成要件类型与犯罪类型之间的区别，并揭示了构成要件类型是先于犯罪类型的。这对于我们认识构成要件的机能具有重要意义。在贝林看来，犯罪的主观要素并不包含在构成要件之中，而是属于责任要素，包括故意与过失。贝林把故意和过失界定为在责任非难量上有所区分的两种情况。贝林指出："在第一种情况下，行为人认识到违法性，但至少对其可能实施的不法没有尽量予以遏制，甚至根本上就是积极追求：按照意志内容进行非难。在第二种情况下，这种意志的内容不具有可谴责性，只有意志形成过程存在

---

① 参见［德］克劳斯·罗克辛：《德国刑法学总论》，第1卷，王世洲译，713页，北京，法律出版社，2005。

② 这里的未必故意，是指间接故意。

③ 参见［德］李斯特：《德国刑法教科书》（修订版），徐久生译，302页，北京，法律出版社，2006。

④ ［德］贝林：《构成要件理论》，王安异译，5、6页，北京，中国人民公安大学出版社，2006。

法律上的毛病，对该意志才可非难。"① 因此，根据贝林的观点，故意是意志非难，而过失是意志形成非难。贝林和李斯特一样，都把故意和过失视为犯罪成立的责任要素，在犯罪论体系的有责性阶层进行讨论。

过失论在三阶层的犯罪论体系中的位置，随着目的行为论的犯罪论体系的兴起而发生重大变动。事实上，在韦尔策尔提出目的行为论之前，新古典学派已经揭示了主观违法要素，这在一定程度上动摇了贝林的纯客观的构成要件概念。而规范责任论提出将故意和过失的内容区分为心理事实和规范评价两个层面。正是在此基础上，目的行为论对过失的界定不再限于主观层面，而首先将过失行为作为一种不法行为在构成要件中进行讨论。例如韦尔策尔指出："过失犯的关键性的不法内容在于，现实中被实施的行为，与根据交往中必要的注意本来应当遵守的举动之间，存在不相吻合之处。这一不法内容首先存在于行为无价值之中，而已经出现的结果无价值（对某种法益的侵害或侵害危险）只具有限制性和约束性的意义，即它把那些在刑法上具有重要性的违反注意义务的行为抽取了出来。"②在此，韦尔策尔将对过失犯的关注点从结果无价值论转向了行为无价值，因而过失行为就成为讨论的重点，而这恰恰是构成要件的内容。由此，过失犯的刑法教义学完成了从过失心理到过失犯罪的转变，过失不再仅仅作为一种主观责任被考察，而且作为一种客观构成要件要素被探讨。

在目的行为论之后，罗克辛的目的理性的犯罪论体系将过失置于客观归责中进行论述，由此重塑了过失犯理论。罗克辛指出："根据目前几乎统一的较新的观点，过失是一个行为构成③的问题。一个过失的举止能够在具体案件中被正当化或者免责；但是，这个举止行为究竟是不是过失，是在行为构成中决定的。与此相反，在这个领域中，古典的理论一直到战后也仍然把过失看成是与故意并存的一种唯一具有比较轻微严重性的罪过形式。我们用一个清楚的例子来说明：一

---

① ［德］贝林：《构成要件理论》，王安异译，5、6页，北京，中国人民公安大学出版社，2006。
② ［德］汉斯·韦尔策尔：《目的行为论导论》（增补第4版），陈璇译，41、42页，北京，中国人民大学出版社，2015。
③ 这里的行为构成就是指构成要件。特此说明，下同。

个年轻人与他的女朋友约好在一个地方见面,但是,他的女朋友在那里偶然被一颗流星砸死了。根据旧的理论,这是一个符合行为构成和违法性的杀人,仅仅由于缺乏过失的罪责而不受刑事惩罚。相反,根据现代的观点,在原因造成实施的一种完全没有争议的举止行为中,并没有满足过失杀人的行为构成。"① 罗克辛清楚地描述了过失从罪责要素到构成要件要素的转变过程,这是一种体系性的转变。其中,恩吉施的规范性理论揭示了过失的禁止规范,不可能只是简单地禁止结果的发生,而是禁止一种特定的不谨慎的举止行为。而目的行为论加强了上述立场,目的行为论把过失性犯罪解释为潜在的或者真实的目的性行为。最后,罗克辛采用客观归责理论对过失犯进行独创性的研究,由此为过失犯论的发展作出了重要的学术贡献。罗克辛指出:"当归责于客观行为构成在规范保护目的的范围内,以一种实现由行为人创设的、超过允许的风险而出现的危险为条件时,这个结果就不是单纯借助于条件理论,而是根据为一种过失的举止行为提供基础的标准被归责的。"②

二、四要件的过失犯论

传统的四要件犯罪论将过失作为一种罪过类型,在犯罪构成主观方面加以讨论,并且主张过失与故意之间具有并列关系。因此,过失首先是作为罪过的下位概念而存在的。例如,苏俄学者特拉伊宁在论及罪过时指出:罪过是两种(两个形式)罪过——故意与过失——的类的概念。③ 特拉伊宁在对过失的论述中主要揭示了过失的构成内容,指出:"凡是预见而轻率地认为可以避免,或者虽然应当预见而没有预见结果的、法律认为是形成过失罪的具体构成的那些事实特征会

---

①② [德] 克劳斯·罗克辛:《德国刑法学总论》,第 1 卷,王世洲译,713 页,北京,法律出版社,2005。

③ 参见 [苏] A. H. 特拉伊宁:《犯罪构成的一般学说》,王作富等译,162 页,北京,中国人民大学出版社,1958。

发生的人，他的行为就是出于过失。"① 据此，苏俄刑法中的过失罪可以分为过于自信和疏忽大意这两种类型。② 应该说，在苏俄刑法学中，对过失犯罪的研究是极为薄弱的，只是对《苏俄刑法典》关于过失的法定概念的规定的简单解读。苏俄刑法教科书对过失与故意之间的区分作了考察。例如，在论及懈怠过失的特征时，苏俄学者指出："作为罪过形式之一的懈怠，是以犯罪者对其所造成之犯罪结果之一定的心理关系为前提。在懈怠的形式之下，犯罪主体同其所造成结果间之此种关系，在本质上，不同于其他一切罪过形式之主体对所造成结果间之心理关系形式。在直接故意、间接故意与疏忽之下，犯罪主体都预见到犯罪结果发生的可能，不过，如我们前面所讲，他们对其所预见行为之可能结果是持不同态度的。懈怠乃是无认识的过失。在这里，主体并无预见犯罪结果发生之可能性，不过，他们并非无预见其发生之真实可能，从而，亦并非无避免或防止其发生之可能。该人本有预见并防止犯罪结果发生之可能，结果并未预见，并将其变成为实际，是因为他在这里并未表现必要的细心、对他人的利益不关心、对社会主义共同生活规则的遵守不注意等。形成过失罪的形式——懈怠——其在主体与所造成结果间之心理关系，在该人的实际现有心理状态中，表现出来了。"③ 因此，四要件的犯罪论体系对过失犯的处理就是，将其作为一种罪过形式，由此确定了过失在四要件中的体系性地位。

我国传统的犯罪构成理论是建立在模仿苏俄刑法学之上的，因此，过失理论也与苏俄刑法学的如出一辙。我国刑法学界研究过失的出发点是我国刑法关于犯罪过失的概念。德日刑法一般都没有对故意和过失加以明确定义，《日本刑法典》在总则中甚至没有提及犯罪过失，只是在分则的个别罪名中提及过失。不同于德、日刑法典，我国刑法典承继苏俄刑法典，在刑法总则中明确规定了过失。值

---

① ［苏］A. H. 特拉伊宁：《犯罪构成的一般学说》，王作富等译，178 页，北京，中国人民大学出版社，1958。
② 过于自信又称为懈怠过失，疏忽大意又称为疏忽过失。参见［苏］孟沙金主编：《苏联刑法总论》（下册），彭仲文译，376 页，上海，大东书局，1950。
③ 同上书，378 页。

得注意的是，刑法规定的是过失犯罪。在我国刑法理论中，并没有以过失犯为题加以研讨，而是将刑法第15条规定的过失犯罪转换为犯罪过失，在犯罪构成的主观要件中加以论述。从刑法规定的过失犯罪到刑法理论上的犯罪过失，这个转换是耐人寻味的。当然，也有个别学者在专著中，是以过失犯罪为专题进行讨论的。例如侯国云的《过失犯罪论》一书，从过失犯罪的主观要件和客观要件两个面向对过失犯罪进行了讨论。其中，在过失犯罪的主观要件面向主要讨论过失的概念和特征，而在过失犯罪的客观要件面向主要讨论过失犯罪的行为、结果以及因果关系。例如，在论述过失犯罪的行为时，侯国云指出："过失犯罪的行为，是指行为人为实现其他目的而实施的，但在客观上违反行为人本意而造成了危害社会的结果的行为。"① 这一论述并没有深刻揭示过失犯罪行为的独特内容，反而在一定程度上只是重复故意犯罪行为的概念而已。

我国学者关注了刑法分则对过失犯的规定，并将我国刑法分则关于过失犯的立法例进行了归纳，主要分为三种情形。第一种是混合型条款。为了简明扼要，减少刑法条文，我国刑法分则往往将某些客观特征一致的行为，无论是故意犯还是过失犯，混合规定在一个条文中，只是在不同的款项中分别予以说明。例如放火罪和失火罪，就被规定在同一条文，属于混合型条款。第二种是单一型条款。立法者并不一定都把同一行为的故意犯、过失犯规定在同一条文内。对某些过失犯，例如交通肇事罪等，刑法分则也可能设专条予以规定，并具体描述该种过失行为的特征。第三种是模糊型条款。我国刑法分则对个别条款的罪状未描述心理特征，甚至在其中找不到立法者的任何暗示，于是，这种犯罪的主观罪过引起了学者的争议，例如，1979年刑法第186条规定的泄露国家机密罪。② 此外，刑法修正案（八）第49条增加刑法第408条之一，设立了食品监管渎职罪，就其罪状所描述的客观行为包括滥用职权和玩忽职守，对主观罪过则未予明确。对此，司法解释明确规定，该罪的主观要素既包括故意又包括过失。该罪因为是故意和

---

① 侯国云：《过失犯罪论》，108页，北京，人民出版社，1993。
② 参见姜伟：《罪过形式论》，210页及以下，北京，北京大学出版社，2008。

过失合并于一个罪名,是极为特殊的立法例。

值得注意的是,近些年来随着德、日刑法知识传入我国刑法学界,过失犯理论也出现了知识更新。例如,在我国较早出版的过失犯罪研究的专著中,胡鹰所著的《过失犯罪研究》一书,在吸收德、日过失犯理论的基础上,结合我国刑法规定和司法解释,对我国刑法中的过失犯进行了具有新意的探究。例如,胡鹰在论及我国对过失犯罪的研究现状时指出,我国刑法理论"虽然对过失犯罪的主观方面有所探讨,但客观方面却涉及甚少。整个犯罪过失体系,都是以故意犯罪为标准而构成的,除了在罪过形式中对犯罪过失略有述及,其他领域都没有过失犯的应有地位。这种状况在很大程度上限制了过失犯理论的发展,也不利于实践中过失犯的认定,从而削弱了刑法同过失犯罪作斗争的作用"[①]。此言甚是。目前,我国的过失犯理论已经大有进步,但在司法实践中对过失犯的认定仍然只是在四要件的框架中,在主观罪过的意义上加以考察,而没有分别从构成要件、违法性和有责性这三个阶层进行逐个认定。因此,有必要在过失犯的司法认定过程中引进阶层理论,为过失犯的正确认定提供分析工具。

三、过失犯的阶层判断

通过以上理论叙述可以发现,三阶层和四要件这两种犯罪论体系,对过失犯的处理是不同的。于前者,过失犯从过失仅仅为一种责任要素,转变为需要在构成要件、违法性和有责性三个阶层都对过失犯进行考察的犯罪特殊形态。而于后者,仅仅将犯罪过失视为犯罪构成的主观要素,并没有对过失行为进行具有深度的理论考察。在此,下文拟对三阶层的过失犯论及其司法认定进行重点探讨。

在三阶层的犯罪论体系中,过失犯具有独特的地位。例如,德国刑法教科书在一般犯罪论中叙述三阶层的犯罪论体系,将其作为一般的方法论加以确立。在此基础上,分别讨论三种犯罪类型,这就是故意的作为犯、过失的作为犯和不作

[①] 胡鹰:《过失犯罪研究》,122页,北京,中国政法大学出版社,1995。

为犯。其中，故意的作为犯是典型的犯罪形态，而过失的作为犯和不作为犯是应受处罚的特殊形态。德国学者指出，对于过失的作为犯和不作为犯这两种应受处罚的行为所呈现的犯罪论构造上的相异，应在故意作为犯理论背景下探讨。作为该当构成要件、违法和有责的犯罪行为的基本结构，在过失犯和不作为犯那里同样存在。[①] 在过失犯中，分别讨论过失犯的不法构成、过失犯的合法化事由和过失犯的责任，这就是三阶层理论在过失犯认定中的实际运用。

至于日本，其情况不同于德国的，关于过失在犯罪论体系中的地位存在旧过失论和新过失论之争。新过失论认为，对于过失，首先应当在构成要件阶层讨论，其次才将之作为主观要素在有责性阶层讨论。而主张旧过失论的学者在有责性阶层中讨论过失，但修正的旧过失论肯定应当在构成要件阶层讨论过失，例如，虽然山口厚在其刑法总论教科书中将过失确立为责任要素，但其在过失犯的构造中，不仅讨论过失，而且讨论过失犯的构成要件该当性。山口厚认为，结果预见义务违反（其由于具备结果预见义务可能性而被肯定）是与故意犯中的故意相对应的（作为过失的）责任要素，而结果回避义务违反（为了肯定其存在结果回避可能性而成为必要）则是与故意犯（基本上）相通的、以引起了构成要件的结果为内容的构成要件该当性的要件。[②] 因此，根据山口厚的观点，对于过失犯同样需要从构成要件、违法、有责这三个阶层分别进行考察。

（一）过失犯的构成要件

对过失犯的构成要件的考察，是一种客观的考察，其功能在于为对过失行为的违法性考察提供客观根据。对过失犯的构成要件的考察，具有日本的和德国的两种不同的径路，这就是实行行为论和客观归责论。

实行行为是日本刑法学特有的一个概念，它是指作为构成要件核心的行为。对此，日本学者西原春夫指出："实行行为原本是作为构成要件之核心的行为，

---

① 参见［德］汉斯·海因里希·耶赛克、托马斯·魏根特：《德国刑法教科书》（下），徐久生译，755页，北京，中国法制出版社，2017。
② 参见［日］山口厚：《刑法总论》（第2版），付立庆译，229页，北京，中国人民大学出版社，2011。

它必须具备每个构成要件中所描述的各构成要件要素。因此，自不待言，所谓决定实行行为的实质和内容，就是指根据每个构成要件——最终是根据构成要件分论的解释——来确定其实质和内容。"① 根据西原春夫的观点，实行行为的实质是法益侵害之危险。由此可见，实行行为本身是一个实质判断的概念：它不只是在形式上符合某一犯罪的构成要件，更为重要的是，它在实质上具有法益侵害的危险。以此为逻辑推演，构成要件结果只不过是实行行为的法益侵害危险之现实化而已。通过实行行为的判断，就把那些虽然形式上符合构成要件但实质上不具有法益侵害性的行为排除在构成要件行为范围之外，从而为犯罪认定奠定基础。

　　实行行为是故意犯和过失犯的共通要件，不仅故意犯需要具备实行行为，而且过失犯也需要具备实行行为。过失犯的实行行为就是过失实行行为，它是过失犯构成的基础。过失实行行为具有不同的类型。如前所述，我国刑法对过失犯罪的规定分为三种情形，这就是我国学者姜伟所归纳的混合型、单一型和模糊型。应该说，所谓刑法对过失犯的模糊型规定本身就存在瑕疵，它并不能成为正式的过失犯的立法体例。而混合型是指同一行为既可以由故意构成，也可以由过失构成。在这种情况下，故意和过失是共用一个构成要件。故意杀人和过失杀人就是一个典型的例子：这两种犯罪在客观上都表现为杀人，只是主观罪过不同而已。对于在这种情况下构成的过失犯，笔者称为不纯正的过失犯。② 这种不纯正的过失犯的实行行为虽然在形式上与故意犯的实行行为相同，但在具体表现形式上还是不同的。例如，故意杀人和过失杀人虽然都是杀人或者致人死亡，似乎没有不同，但故意杀人可以表现为以物理的方式将他人杀死，而过失杀人主要表现为没有尽到注意义务而导致他人死亡。对于故意犯和过失犯的实行行为性质之不同，日本学者前田雅英指出："虽然加入不能认定'杀意'，考虑杀人罪的实行行为就没有意义，但对于没有杀意的行为，还要考虑能否认定为伤害致死罪或过失致死罪的实行行为，因这两个罪同样是将人杀害的犯罪。在此意义上也可以说，针对

---

① ［日］西原春夫：《犯罪实行行为论》，戴波、江溯译，13页，北京，北京大学出版社，2006。
② 参见陈兴良：《纯正的过失犯与不纯正的过失犯：立法比较与学理探究》，载《法学家》，2015(6)。

各个构成要件,值得作为各相应的构成要件来处罚的实行行为,在'客观上'各不相同。这是因为,'故意的杀人'行为与'过失的杀人'行为,包括其最初开始的时点在内,在客观上存在着不同之处。虽然杀人罪与过失致死罪作为侵害人的生命的行为,在外观上具有共通性,但在成立相应的构成要件所预设的实行行为的危险程度上,可能存在差异。"① 如其所言,故意杀人和过失杀人在性质和程度上都存在区别,不能等同视之。至于单一型是指一个刑法条款只规定了过失犯。对于这个意义上的过失犯,笔者称为纯正的过失犯。② 在纯正过失犯的情况下,构成要件是为过失犯而专门设立的,因而没有与之相对应的故意犯。这种纯正过失犯的实行行为,具有过失犯的专属性。如前所述,在日本刑法教义学中,存在旧过失论与新过失论之争。至于新新过失论,因为昙花一现,所以不去专门讨论它。旧过失论和新过失论的一个重要争议点,就在于如何理解过失实行行为。前者认为,过失只是一种主观责任要素,因而否定故意犯和过失犯在行为上的区分。后者则认为,过失不仅仅是一个主观责任的问题,而且应当在构成要件阶层予以考察,因而它肯定故意犯和过失犯在构成要件阶段上有所不同。③

根据新过失论,在引起的法益侵害之外,要求把对基准行为的逾越作为过失犯的构成要件要素,因此,新过失论也被称为基准行为论。这里的基准行为就是纯正过失犯的实行行为。基准行为为过失犯的实行行为提供了不同于故意犯的实行行为的行为实体,因此具有重要意义。在某种意义上说,对过失犯的实行行为的认定也就是对基准行为的判断。即使是旧过失论,也开始承认过失犯的实行行为。这种观点被称为修正的旧过失论。例如,山口厚指出:"最近,出现了在立足于旧过失论立场的同时,也指出了对过失犯罪的构成要件该当性作限定理解之必要性的见解。"④

---

① [日] 前田雅英:《刑法总论讲义》(第6版),曾文科译,68页,北京,北京大学出版社,2017。
② 参见陈兴良:《纯正的过失犯与不纯正的过失犯:立法比较与学理探究》,载《法学家》,2015(6)。
③ 参见 [日] 甲斐克则:《责任原理与过失犯论》,谢佳君译,82页,北京,中国政法大学出版社,2016。
④ [日] 山口厚:《从新判例看刑法》,付立庆、刘隽译,54页,北京,中国人民大学出版社,2009。

如果按照日本的实行行为概念，构成要件的行为具有独立的形式判断和实质判断。在这种情况下，在罗克辛所举的那个男青年和女朋友约会，女朋友被流星砸死的案例中，就不会得出男青年的行为符合构成要件的结论。之所以如此，是因为对男青年的行为只作形式上是否符合构成要件的判断，而未作实质判断。根据条件说，若无前者，即无后者。如果男青年不把女朋友约到该地点，女朋友就不会被流星砸死。在这个意义上，男青年的约会行为与女朋友的死亡之间存在因果关系，因而在构成要件阶层不能排除其犯罪性。只有在有责性阶层，才能以缺乏过失为由将其出罪。因此，德国的客观归责论是建立在对过失犯的行为只作形式判断基础之上的。至于对过失犯行为的实质判断，是通过客观归责完成的。根据客观归责理论，该男青年的行为并没有创制一个法所不允许的风险，因而不能将女朋友的死亡结果归咎于他。如此，在构成要件阶层完成出罪。

客观归责论对过失犯的审查，在构成要件阶层进行，并且总结了若干规则，对于正确认定过失犯具有重要指导意义。在论及对过失犯的客观归责时，罗克辛指出："当归责于客观行为构成在规范保护目的的范围内，以一种由行为人创设的、超过允许的风险而出现的危险为条件时，这个结果就不是单纯借助于条件理论，而是根据为一种过失举止行为提供基础的标准被归责。"[1] 在此，罗克辛提及"过失行为的举止标准"这个概念，也就是注意义务。而过失行为的本质就是违反注意义务，因此，在根据客观归责论认定过失犯的时候，首先应当判断是否违反注意义务，而这种判断的标准就是是否创设不允许的风险，而相关规范对于认定是否创设不允许的风险具有重要指导作用。例如，罗克辛论述了两类规范，这就是法律规范和交往规范。法律规范对于认定业务过失具有引导功能，而交往规范对于认定普通过失具有指导功能。罗克辛以交通过失为例，对法律规范在过失犯认定中的功能作了以下论述："在道路交通中，立法者颁布了一些禁止危险的抽象规定。一般来说，违反这些规定就会创设一种不允许的危险。因此，

---

[1] ［德］克劳斯·罗克辛：《德国刑法学总论》，第1卷，王世洲译，713页，北京，法律出版社，2005。

仅仅是不尊重优先行驶权，通常就足以表现为根据第 229 条应受刑事惩罚的侵害他人的优先行驶权利；禁止超速就成为由其产生的杀人过失的根据，等等。司法判例把这些归纳为这样一个原理：交通法规是'根据经验和思考对可能危险进行全面预见的结果；交通法规通过自身的存在表明：在这个领域中，违反这些规定就可能存在发生事故的危险'。"[①] 因此，在对过失犯的认定中，首先需要就是否违反法律规范或者交往规范进行判断。这是创设不允许的危险的判断根据。

在对不允许的风险的判断中，应当排除允许的风险。这里的允许的风险，是指法律所容许的风险。德国学者在论述道路交通活动中的允许的风险时指出："若行为人遵守了所有的安全规则，那么，其相应的举止就是合乎谨慎的。如果行为人尽管履行了所需要的各种措施，但仍然不能避免结果，行为人也就不需要为该结果负责，因而，这便是容许的风险。"[②] 据此，允许的风险是在遵守义务范围内发生的风险，对此行为人不承担过失责任。

（二）过失犯的正当化事由

在通常情况下，客观上违反注意义务的行为都会被直接推定为违法而进入对有责性的考察。但即使是对于过失犯来说，在个别情况下也存在正当化事由而阻却过失行为的违法性。因此，对过失犯的认定也需要经过违法性阶层的考察。

（三）过失犯的责任要素

过失犯的责任要素当然是指主观上具有过失。过失可以分为疏忽过失和轻率过失，我国刑法称为疏忽大意的过失和过于自信的过失。过失是以违反主观注意义务为内容的，违反主观注意义务表现为在具有预见可能性的前提下违反结果预见义务。在司法实践中，讨论较多的还是故意犯与过失犯在主观责任要素上的区分，在与故意相区分的意义上过失的认定问题，例如陈某铭交通肇事抗诉案。[③]

---

① ［德］克劳斯·罗克辛：《德国刑法学总论》，第 1 卷，王世洲译，716 页，北京，法律出版社，2005。
② ［德］乌尔斯·金德霍伊泽尔：《刑法总论教科书》（第 6 版），蔡桂生译，334 页，北京，北京大学出版社，2015。
③ 参见《最高人民法院公报》，1999（4）。

该案原由福建省泉州市中级人民法院于1996年9月24日作出一审判决：陈某铭犯以驾车的危险方法致人伤亡罪，判处死刑，剥夺政治权利终身。福建省高级人民法院于1997年5月30日作出终审判决：撤销泉州市中级人民法院的刑事判决；对陈某铭以交通肇事罪，判处有期徒刑7年。最高人民检察院认为，原审被告人陈某铭的行为已构成故意杀人罪，福建省高级人民法院对陈某铭的判决定性不准，量刑畸轻。为此，最高人民检察院向最高人民法院提出抗诉。最高人民法院经审理查明：1994年7月20日凌晨，原审被告人陈某铭酒后以每小时80公里以上的车速驾驶一辆无牌证的铃木250C摩托车途经泉州市顺济桥收费站时，发现顺行站口有人查车，因害怕所骑的无牌证摩托车被查扣，欲从当时无人无车的东边逆行车道上强行通过。在经收费站工作人员示意停车后，陈仍以每小时80公里以上的速度逆行东边车道冲过北端检票亭。武警战士游某良在拦截闯关的陈某铭时与逆行高速驶来的摩托车相撞，游某良被送往医院，抢救无效，于凌晨3时许死亡。该案定罪争议的核心问题就在于：陈某铭对于游某良的死亡结果，主观上到底是故意还是过失？对此，最高人民法院认为："陈某铭实施从当时无人无车的逆行车道上冲关的行为是故意的，其故意的内容是逃避检查和扣车；陈某铭当时无法预料到游某良会突然出现在逆行车道上进行拦截，在他发现后，车速和距离已经决定了相撞是不可避免的，因此，无法认定陈某铭对发生将游某良撞死的严重后果事先在主观上持有明知或者放任的心理态度。"由此，最高人民法院驳回了最高人民检察院的抗诉。在该案中，陈某铭闯关是故意的，但没有预见到游某良突然拦截，因而将其撞死的行为不是出于故意。但陈某铭的高速闯关行为具有极大的危险性，其应当预见可能会造成危害结果，因违反结果预见义务而导致结果发生，故其应当承担过失责任。

四、过失犯的司法认定

我国刑法大量规定了过失犯，包括不纯正的过失犯和纯正的过失犯。纯正的过失犯，在我国刑法中占有较大比重。对这种过失犯的构成要件要素如何界定和

认定就是一个值得关注的问题。

我国刑法中的纯正的过失犯可以分为两种：一种是业务过失犯，另一种是职务过失犯。当然，在广义上，也可以把职务过失犯归之于业务过失犯。业务过失的特征是这种过失发生在从事业务活动的过程中，因而所违反的也主要是相关业务领域的法律、法规和规章制度。这种规范对于业务过失犯的构成要件要素的认定具有重要意义。我国学者指出："所谓业务过失犯罪，是指从事业务的人员，对自己的业务行为可能造成刑法规定的危害结果有注意义务也有注意能力而可期待地不注意，致使自己的业务行为造成这种危害结果而构成的犯罪。"[1] 这个定义揭示了业务过失犯的违反业务行为所要求的客观注意义务的性质，对于理解业务过失犯具有参考价值。当然，该定义未能对业务过失犯违反相关业务规范，以此确立业务过失犯的构成要件要素，予以充分关注。这是存在缺陷的。从我国刑法对义务过失的规定来看，违反法律规定是罪状的主要内容。例如，根据我国刑法第133条，交通肇事罪是指违反交通运输管理法规，因而发生重大事故，致人重伤、死亡或者使公私财产遭受重大损失的行为。在该罪状规定中，行为要素是违反交通运输管理法规；结果要素是重大事故，内容包括人员伤亡和财产损失。如果仅仅从对法律规定的解释来说，交通肇事罪的行为是指违反交通运输管理法规的行为。这里的交通运输管理法规，是指国家有关交通运输管理方面的法律、法规以及国家有关部门制定的各种规定，如道路交通安全法、道路交通安全法实施条例、铁路道口管理暂行规定以及其他有关海运、船运等方面的法律、法规。[2] 但仅此还是停留在法律规定的表象，而未能揭示交通肇事罪的实行行为的内容。交通运输管理法规对于交通活动的参与者来说，是必须遵守的行为规则，违反交通运输管理法规的本质含义是违反交通运输过程中的注意义务。违反注意义务，可以进一步被区分为违反客观注意义务和违反主观注意义务。而违反客观注意义务的内容是在具有避免可能性的前提下违反结果避免义务，并由此造成法

---

[1] 刘志伟、聂立泽主编：《业务过失犯罪比较研究》，13页，北京，法律出版社，2004。
[2] 参见郎胜主编：《中华人民共和国刑法释义》（第六版·根据刑法修正案九最新修订），165页，北京，法律出版社，2015。

益侵害结果。这是一个过失犯的客观构成要素的问题。而违反主观注意义务的内容是在具有预见可能性的前提下违反结果预见义务,因而具有对法益侵害结果的主观过失。在构成要件中,主要讨论的是违反客观注意义务的问题,因此结果避免义务就成为关注的焦点。结果避免义务是指在特定情境中,行为人有采取有效措施,减少或者控制行为所带来的危险的义务。如果行为人没有尽到这种结果避免义务,则其行为创设了风险,其应当对此承担责任。当然,如果虽然违反结果回避义务,但与之相关的结果并没有发生,而是因为其他原因发生一定的结果,则该结果不能归属于行为人。这里涉及的是能否客观归责的问题,属于过失犯客观要素的认定内容之一。

除了纯正的过失犯,我国刑法中还存在较多的不纯正的过失犯。不纯正的过失犯是过失犯与故意犯共用一个构成要件,因而如何使其与对应的故意犯相区分,就成为司法实践中的一个疑难问题。对此,需要从阶层理论出发,结合个案的事实进行细致的法律分析。

在都某过失致人死亡案[①]中,检察机关以都某犯过失致人死亡罪向法院提起公诉,附带民事诉讼原告人邵某等提起了附带民事诉讼。该案的具体案情是:2011年9月30日19时许,都某及其子都乙在某高校宿舍区亲戚家中吃过晚饭后,都某准备驾驶轿车回家。其间,适逢住在该宿舍区另一幢楼房的该高校教授陈某(被害人,殁年48岁)驾车回家取物。陈某将其驾驶的车辆停在宿舍区两幢楼房前方的路口,堵住了车辆行进通道,导致都某所驾车辆无法驶出。双方遂发生口角,都某拳击、脚踹陈某的头部、腹部,致其鼻腔出血。后陈某报警。在此过程中,都乙与陈某的妻子邵某发生拉扯,并将邵某推倒在地。民警赶到现场后将都某父子带上警车,由陈某驾车与其妻跟随警车一起到派出所接受处理。双方在派出所大厅等候处理期间,陈某突然倒地,后经送医院抢救无效于当日死亡。经鉴定,陈某有高血压并冠状动脉粥样硬化性心脏病,因纠纷后情绪激动、头面部(鼻根部)受外力作用等导致机体应激反应,促发有病变的心脏骤停而死

---

① 参见最高人民法院编:《刑事审判参考》,第103辑,北京,法律出版社,2016。

亡。2012年3月16日都某因涉嫌犯故意伤害罪被逮捕。法院经审理后认为，都某的行为构成过失致人死亡罪，判处有期徒刑3年，同时，都某依法应当承担主要民事赔偿责任。

一审宣判后，都某不服，向某中级人民法院提起上诉。某中级人民法院经审理认为，都某应当预见到击打他人的头部、腹部可能导致他人死亡的危害后果，因为疏忽大意而没有预见，仍拳击、脚踹被害人的头部、腹部，以致发生被害人死亡的危害后果，行为和结果之间存在因果关系，其行为符合过失致人死亡罪的构成要件。遂裁定驳回上诉、维持原判。

在案件审理过程，对于该案的定性存在三种不同意见。第一种意见认为属于意外事件，不应以犯罪论处；第二种意见认为应当认定为故意伤害（致人死亡）罪；第三种意见认为应当认定为过失致人死亡罪。最终，法院判决采纳了第三种意见，认定都某的行为构成过失致人死亡罪。

（一）该案过失行为的认定

在该案中，首先是对客观行为的判断，即都某的殴打行为是否属于故意伤害行为。如果属于故意伤害行为，则致人死亡情形应当构成故意伤害（致人死亡）罪。只有排除故意伤害行为，才有可能将该案认定为过失致人死亡的行为。在该案审理过程中，这个问题也正是争议最大的问题之一。在该案中，都某殴打被害人的行为，当然是在故意的主观心理支配下实施的。这是一种故意行为，是没有问题的。然而，能否根据行为是故意的，就把结果归之于该行为？如果将该死亡结果直接归之于故意行为，则当然就会得出应当以故意杀人罪论处的结论。但这个结论是不能成立的，因为死亡结果不是都某追求或者放任其发生的结果。那么，能否理解为殴打行为成立故意伤害，而对于死亡结果都某主观上具有过失，因此构成故意伤害致人死亡的犯罪呢？在此，关键问题还是在于殴打行为是否达到伤害程度，因为在我国刑法中，只有达到轻伤以上的程度相关的行为才能构成故意伤害罪。如果没有达到轻伤程度，则相关的行为只是一般的违反治安管理法的行为，尚不构成犯罪。只有在寻衅滋事罪中，随意殴打他人才可能构成犯罪。对于这一点，该案的裁判理由明确指出："从被告人的行为及其造成的后果来看，

被告人在与被害人发生争执后互相殴打，被告人拳击、脚踹被害人头部、腹部，其中用拳头殴打被害人鼻根部的行为导致被害人鼻根部及右眼下方软组织出血。上述身体损伤只是一般的损伤，后果并不严重。鉴定意见也显示，被告人的行为并未造成严重的伤害结果。打斗结束后，被害人抓住被告人衣领不放，不让被告人离开，被告人也并未继续实施殴打行为，可见，从被告人打击被害人的部位、力度和造成的后果来看，被告人实施的尚属一般殴打行为，这表明被告人并没有积极追求造成被害人身体器官损伤的主观故意。综上，可以认定被告人只有殴打他人的故意，但不能认定被告人存在意图造成被害人身体器官损伤的刑法上的伤害故意，故不能认定被告人的行为构成故意伤害罪。"这一判断是正确的。值得注意的是，该案的裁判理由是在"都某没有造成他人身体器官损伤的主观故意"的题目下对此进行论述的，这是典型的主观判断先于客观判断的思路，是基于四要件的分析路径。而在此要讨论的应该是客观行为的性质，即客观上是否存在伤害行为。只有在具有伤害行为的基础上，才需要讨论主观上是否存在伤害故意的问题。

那么，该案中都某的行为是故意的殴打行为，何以能够在法律上被判断为过失致人死亡的行为？进一步说，能否仅仅以都某主观上对死亡结果具有过失心理来替代对致人死亡的过失行为的判断？换言之，该案中的致人死亡行为是否不需要专门判断？笔者认为，该案的客观行为还是需要进行判断的。这里的过失行为表现为违反对被害人死亡结果的避免注意义务。虽然殴打行为并不能直接造成他人死亡，但它创制了在一定条件下与其他因素结合，就会发生致人死亡结果的危险，并且这种危险在该案中已转化为现实。这里需要指出，该案被害人具有特殊体质，因而在客观上是否具有因果关系也是一个争议的焦点。不过，按照多因一果的原理，对该案的因果关系还是容易作出合理解释的。在这种被害人特殊体质的情况下，并不能否定行为与结果之间的因果关系。至于原因力大小，只是在责任承担的时候应当考虑的问题。

（二）该案中过失心理的认定

该案的难点还在于被告人主观上是否具有过失的问题。该案的裁判理由中提

及注意义务，即要求行为人承担避免因殴打行为力度较大而导致对方处于危险状态的注意义务。而之所以认定都某主观上具有过失，主要根据还是在于确认都某对结果预见义务的违反。正如该案的裁判理由所指出的："在一般争执过程中，行为人实施的暴力行为属于带有加害风险的行为，行为人通过殴打他人发泄愤怒情绪的同时，伴有导致他人受伤或死亡的可能。由于此类殴打行为源于愤怒情绪，不仅具有攻击性且力度容易失控，故致人受伤或者死亡的风险具有客观性，加之行为人通过殴打他人发泄情绪的行为应受谴责，不具有合法性，因此必然要求行为人承担避免因殴打行为力度较大而导致对方处于危险状态的注意义务，一旦发生危害结果，行为人就可能因未履行注意义务而构成过失犯罪。从本案情况来看，人的头部是敏感且较为脆弱的区域，被告人作为一个精神健全、身体健硕的成年人，应当预见到用拳头击打他人头部可能造成他人受伤或者死亡的风险，但其由于疏忽大意没有预见，最终导致被害人因纠纷后情绪激动、头面部（鼻根部）受外力作用等导致机体应激反应，促发有病变的心脏骤停而死亡，故被告人应当承担过失致人死亡的责任。也正是基于此，都某提出的无罪主张不能成立。当然，如果行为人只有一般的殴打行为，并未殴打被害人重要部位且殴打力度轻微，并未导致被害人产生机体应激反应并促发特殊疾病等原因死亡的，结合案件具体情况，行为人对被害人死亡结果没有过失的，则应当认定被告人无罪。"在以上论述中，对主观过失采用了违反结果预见义务的分析思路。这明显是阶层理论所具有的理论话语。这反映出我国司法实践中对过失的认定越来越多地采用阶层犯罪论体系的理论话语。这是值得称道的。

当然，在以上论述中，该案的裁判理由对该案之客观行为的评判与对主观心理的评判还是纠缠在一起，难以分离。笔者认为，在过失犯中，过失行为首先是一个构成要件要素的问题，应当予以独立评价。只有在具备了过失犯的构成要件的基础上，才能进行过失心理的分析，而不应当将这两者混为一谈。在对不纯正的过失犯的认定中，往往以故意犯的实行行为替代过失犯的实行行为，因此未能在构成要件中对过失犯的实行行为进行专门考察。

在对该案定罪过程中，还存在定性为意外事件的观点，认为都某致人死亡的

行为不构成犯罪。我国刑法第 16 条的规定包含了两种不构成犯罪的情形：第一种是不可抗力，即行为在客观上虽然造成了损害结果，但是不是出于故意或者过失，而是由于不能抗拒的原因所引起的情形；第二种是意外事件，即行为在客观上虽然造成了损害结果，但不是出于故意或者过失，而是由于不能预见的原因所引起的情形。这种观点的主要理由在于：被害人具有特殊体质，对此都某没有预见并且也不可能预见。但该案的裁判理由指出："被告人作为一个精神健全、身体健硕的成年人，应当预见到用拳头击打他人头部可能造成他人受伤或者死亡的风险，但其由于疏忽大意没有预见，最终导致被害人因纠纷后情绪激动、头面部（鼻根部）受外力作用等导致机体应激反应，促发有病变的心脏骤停而死亡，故被告人应当承担过失致人死亡的责任。"应该说，这一论述还是具有较强的说服力的。它从预见可能性的角度对此作了论证，预见可能性是预见义务的前提。从本案来看，都某打击的是被害人的头部等要害部位，作为一个正常人都某对于这种殴打所造成的后果具有预见可能性，因为疏忽大意而没有预见，违反日常交往中的安全规则，因此，应当认定都某存在对于死亡结果的主观过失。

（本文原载《华东政法大学学报》，2018（6））

违法性认识研究

在对犯罪故意与犯罪过失的探讨中,涉及一个重要问题:这里的故意与过失到底是一种单纯的主观心理状态还是也包含了规范评价要素?对此的不同回答,形成了心理责任论与规范责任论的分野。在此,心理责任论与规范责任论争论的一个焦点问题就是:违法性认识是不是归责要素?尤其是犯罪故意的成立是否以具有违法性认识为必要?这个问题,也就是刑法理论上的违法性认识问题。[①] 本文拟从罪责的一般原理出发,对违法性认识问题进行探讨。

一、违法性认识的立法考察

违法是客观的,责任是主观的,这是大陆法系刑法理论中的一个基本原理。尽管主观违法要素理论的出现,在一定程度上对违法的客观性观念有所动摇,但相对于责任的主观性而言,违法的客观性仍然是成立的。即使是主观违法要素,也有被客观化的倾向。无论如何,在大陆法系刑法犯罪论体系中,责任是与违法

[①] 违法性认识,也称为违法性意识,本文为行文便利,通称为违法性认识。

相并列的犯罪成立条件。正如日本学者大塚仁所言：违法性的判断是从法规范的立场客观地、外部地论事，而责任的判断则是主观地、内部地研讨能否进行与行为人人格相结合的非难。① 那么，在考虑对行为人进行主观上归责的时候，是否要求对其行为的违法性之认识呢？这就是一个违法性认识的要与不要问题。

从立法史的角度来看，违法性认识存在一个从不要到要的缓慢而又强有力的演进过程，推进这一演进的背后动力是国家与个人关系的变化、责任概念和归责根据理论的变化，以及相应的犯罪论体系的变化。

古代的法律是不以违法性认识为归责要素的。罗马法格言曰："不知法律不免责。"（Ignorantia juris non excusat）这实际上否认以违法性认识作为责任要素。可以说，古罗马时代对违法性认识的否定并不奇怪，这与当时责任观念的发达程度是相联系的。事实上，在古罗马时代，刚刚经历了从客观责任向主观责任的转变，因而这时的责任是以心理意图为内容的。爱尔兰学者凯利对古希腊及古罗马刑法中的惩罚与意图的关系作了梳理：在早期古希腊人的认识中，意图与惩罚具有不相关性。直到公元前7世纪德拉古所制定的雅典法典才涉及杀人行为的主观意图。在以后的世纪中，意图相对于惩罚责任的重要性得到广泛的承认。② 这种以意图作为惩罚根据的法律规则的诞生，获益于古希腊伦理学。例如，亚里士多德就区分了自愿行为与非自愿行为。非自愿行为是被强制的或由于无知，而自愿行为的始点则在有认识的人自身之中。③ 在亚里士多德看来，行为的自愿性与非自愿性，对于决定对一个人的奖惩具有重要意义。尤其是亚氏明确指出："我们力所能及的恶，都要受到责备。"这里的力所能及，显然是指主观上的自愿性。由于亚氏是从伦理学角度对归责性进行探讨，因此只要自愿实施某一恶行，就应对该恶行的后果承担某种违法上的责任。这种道德上的归责根据完全是心理

---

① 参见[日]大塚仁：《刑法概说（总论）》（第3版），冯军译，108~109页，北京，中国人民大学出版社，2003。
② 参见[爱]J.M.凯利：《西方法律思想简史》，王笑红译，32页，北京，法律出版社，2002。
③ 参见[古希腊]亚里士多德：《尼各马科伦理学》，苗力田译，44页，北京，中国社会科学出版社，1990。

的，并不涉及对违法性的认识。显然，古罗马法是受到了亚里士多德伦理学的影响。凯利在评论《十二铜表法》时指出：《十二铜表法》认识到了自愿伤害和非自愿伤害之间的区别，它规定，只有在"明知并可预见后果的情形下，根据盖尤斯为纵火罪而设立的火刑的惩罚才可成立，否则，即被免除"[①]。显然，这里的明知，其内容仅限于其行为的后果。这是一种事实性认识，而非违法性认识。事实上，在古罗马时代，犯罪的主观意图刚刚被确定为归责要素，要求违法性认识是不可能的。再者，在古罗马社会，犯罪与侵犯行为之间并不存在严格的区分，犯罪主要是从侵权行为演化而来，因此，犯罪具有明显的侵权性质。无论是罗马法中的公犯还是私犯，大都属于所谓自然犯。法定犯是此后随着国家立法的发达而逐渐发展起来的。这也决定了古罗马法对刑事责任的追究不以违法性认识为要件，并不影响其正当性与合理性。

古罗马法的不知法律不负责这一原则，对后世的刑事立法产生了深远的影响。大陆法系各国刑法至今仍存在着不知法律不免责的规定，但在司法实践中通过判例或者例外解释，甚至通过修改刑法、逐渐地摆脱不知法律不免责的影响。以下分别加以说明。

（一）意大利刑法关于违法性认识的规定

《意大利刑法典》第5条规定："不得因不知法律而免除刑事责任。"这是在大陆法系刑法中最为典型地体现不知法律不免责原则的立法例。但这一规定已被意大利宪法法院1988年364号判决宣布为部分违宪。根据该判决，在行为人尽最大努力仍不可能得到对法律规定的正确理解的情况下，行为人不知道法律的具体规定，也可以作为排除犯罪的理由。[②] 对此，意大利著名刑法学家帕多瓦尼评论指出：该判决的内容在实际上结束了是否应将危害作为故意认识对象的讨论。帕多瓦尼进而指出：行为的"客观违法性"应该是故意的认识对象之一，因为它

[①] [爱] J. M. 凯利：《西方法律思想简史》，王笑红译，71页，北京，法律出版社，2002。
[②] 参见陈忠林：《意大利刑法纲要》，121页，北京，中国人民大学出版社，1999。

是使典型事实成为犯罪的法定条件。① 意大利宪法法院的判决只是宣布《意大利刑法典》第5条部分违宪，只有在不具有知法的可能性的情况下才不得适用刑法典第5条。因此，在意大利刑法理论上多数刑法学者自然认为：行为人不知道自己的行为违法，一般都不能作为排除犯罪的理由。因此，在一般情况下，行为人对违法性的认识，不是故意成立的必需的内容。② 但是，至少例外的情形已经出现，肯定的观点也有了生存的空间。

（二）德国刑法关于违法性认识的规定

《德国刑法典》第17条规定："（法律上的认识错误）行为人行为时没有认识其违法性，如该错误认识不可避免，则对其行为不负责任。如该错误认识可以避免，则对其行为依第49条第1款减轻其刑罚。"这一规定是以法律上的认识错误在何种情况下可以免责为逻辑出发点的。不可避免的法律认识错误可以免责，而可以避免的认识错误只能减责。因此，该规定并没有从正面确定违法性认识是不是归责要素，但也不完全等同于不知法律不免责原则。德国著名刑法学家耶赛克在评论这一规定时指出：我们首先可从反面推论，该规定已经明确地将不法意识作为完全责任非难的前提。该规定所积极肯定的，是禁止的错误：如果行为人欠缺不法意识，若其不知是不可避免的，他所为的是没有责任的行为（第一句）；行为人若能够避免错误，则故意的构成要件所对应的刑罚将根据刑法典第49条第1款的规定予以减轻处罚（第二句）。因此，不法意识构成责任非难的核心，因为无论是否充分了解面临的法律规范而作出行为决意，本身便表明欠缺法律心理，正是由于该欠缺才对行为人进行谴责。法律规范发出的法忠诚呼吁，应当对行为人的意志形成产生直接的作用和影响。有意识反抗法律者，表明一个认真的国民背弃对受刑法保护的法益的尊重要求。但是，即使行为人欠缺完全的责任非难所必要的不法意识，换句话说，即使存在禁止错误，同样能够考虑责任非难，

---

① 参见［意］杜里奥·帕多瓦尼：《意大利刑法学原理》（注评版），陈忠林译评，187页，北京，中国人民大学出版社，2004。

② 参见陈忠林：《意大利刑法纲要》，121页，北京，中国人民大学出版社，1999。

当其错误是可以避免的便属于该种情形。① 这里存在一个对《德国刑法典》第 17 条的正确解决问题，按照耶赛克的观点，该条实际上确认了违法性认识可能性为责任非难的根据。

(三) 日本刑法关于违法性认识的规定

《日本刑法典》第 38 条第 3 款规定："不得因不知法律而认为没有犯罪的故意，但根据情节可以减轻刑罚。"这一规定并不以违法性为故意的要素，而只是把不知法律作为减轻刑罚的情节。因此，从法律规定上来看，日本刑法的规定是更接近于违法性认识不要说的。不仅如此，而且日本的判例也一贯地坚持这种立场，认为"为了认为存在犯意，只要认识符合犯罪构成要件的具体事实就够了，不需要认识其行为的违法"②。但在刑法理论上，日本学者大多是坚持违法性认识是责任故意的要件这一观点的。正如大塚仁所言，作为责任故意的要件，不需要违法性意识，这是过去有力的见解，但是，今日的学说几乎不采用它。③ 尤其是在刑法修改中，存在着违法性认识不要立场软化的趋势。例如 1974 年的《改正刑法草案》第 21 条规定："虽不知法律，也不得认为无故意，但根据情节可以减轻其刑（第 1 项）。不知自己的行为为法律所不允许而犯者，就其事有相当的理由时，不罚（第 2 项）。"

(四) 法国刑法关于违法性认识的规定

法国 1810 年刑法对违法性认识问题未作规定，但在司法实践中推定公民知法。但 1994 年《法国刑法典》对此作出了全新的规定，该法第 122—3 条指出："能证明自己系由于其无力避免的对法律的某种误解，以为可以合法完成其行为的人，不负刑事责任。"法国学者在评论这一规定时指出：过去，法国刑事法律有一个始终得到最佳保障的信条，那就是：不考虑（行为人）"对法律的误解"。

---

① 参见［德］汉斯·海因里希·耶赛克、托马斯·魏根特：《德国刑法教科书（总论）》，徐久生译，538 页，北京，中国法制出版社，2001。
② ［日］大塚仁：《刑法概说（总论）》（第 3 版），冯军译，391 页，北京，中国人民大学出版社，2003。
③ 参见上书，390 页。

我们知道，按照最高司法法院原来的意见，所谓"对法律的误解"既不能构成"具有证明行为人不受刑事追究之效力的事实"，也不构成"得到法律承认的理由"。这一规则甚至扩张到行为人对法律的"不可克服的误解"（不可避免的误解）。所谓"对法律不可克服的误解"是指，被告不可能通过自己了解情况，或者不可能通过向第三人了解情况来避免其错误（误解）。尽管最高司法法院曾作过一项判决，似乎承认"不可克服的误解"可以看成是行为人不受刑事追究的原因，但是，法院后来作出的判决更加具有限制性：在后来的案件判决中，最高司法法院即使承认"误解具有不可克服性"，但仍然排除将这种误解作为"不受刑事追究的原因"。最高司法法院之所以采取这种严厉立场，完全是出于社会生活的必要。"推定（公民）知道国法"（任何人都不得推托其不知国法）乃是实施刑事司法的一种必不可少的"假想"（fiction）。然而，法国理论界对法院判例采取的这种"不可弯曲的立场"提出了批评，认为在行为人"对法律产生不可克服的误解"的情况下，这种立场更有待批评。对一个公民来说，要想尽知在《政府公报》发布的无数法律条文，那可是太困难了。正因为如此，法国新刑法典最后草案的制定者在第 42 条中增加了一项条款："能够证明自己系由于其不可能避免的对法律的误解，以为可以合法完成其行为的人，不负刑事责任。"[①] 从法国刑法的规定来看，虽然在立场上确认了不可避免的法律误解可以阻却责任，但对"不可避免"作过于严格的限制解释，仍然会消解这一规定的意义。

（五）俄罗斯刑法关于违法性认识的规定

俄罗斯刑法是苏联刑法的承续与发展，而苏联刑法对罪过（故意与过失）的规定具有不同于大陆法系刑法的特征，即在故意与过失的概念中包含了对社会危害性的认识。例如 1986 年《苏俄刑法典》第 8 条规定："如果犯罪人认识到自己的作为或不作为的社会危害性，并预见到它的社会危害后果，而且希望或有意识地放任这种结果发生的，都认为是故意犯罪。"在这一犯罪故意的概念中包含了

---

① ［法］让·帕拉德尔、贝尔纳·布洛克等：《〈新刑法典〉总则条文释义》，罗结珍译，载《法国新刑法典》，308～309 页，北京，中国法制出版社，2003。

对社会危害性的认识，那么，社会危害性认识与违法性认识到底是一种什么样的关系呢？对此，苏联学者明确指出：不能把认识行为的社会危害性同认识它的违法性混为一谈。违法性是社会危害性的法律术语。在苏维埃法律中，一切违法行为都具有社会危害性，但是，危害社会的行为并不都是违法性的。认识违法性对于认定行为人是否有直接故意并无意义，因为法律并没有把认识违法性包括在故意的定义中（《苏俄刑法典》第 8 条）。[①] 但这里存在一个逻辑上的矛盾：既然违法性是社会危害性的法律表征，那么法律规定故意包括社会危害性认识，当然也就包括违法性认识，因为按照上述论证，有社会危害性不一定有违法性，有违法性则必然有社会危害性，同理，我们可以得出结论：有社会危害性认识不一定有违法性认识，有违法性认识则必然有社会危害性认识。正是在这个意义上，违法性认识与社会危害性认识具有同一性，要求社会危害性认识必然要求违法性认识。但上述苏联学者在论及法律上的错误时又指出：发生法律上的错误时，某人以为现行立法没有规定他所实施行为的责任，实际上，他所实施的行为已构成犯罪。在这种情况下，要依据法律的规定追究其刑事责任。这是因为，对违法性的认识并不是罪过的组成部分。[②]

　　这种将违法性认识与社会危害性认识相分离的观点被带入了俄罗斯刑法理论，尤其是在俄罗斯刑法明确地规定社会危害性认识错误可以阻却责任的情况下仍不承认违法性认识错误可以阻却责任。这真是令人难以理解。《俄罗斯联邦刑法典》第 28 条第 1 款规定："如果实施行为的人没有意识到而且根据案情也不可能意识到自己行为（不作为）的社会危害性，或者没有预见而且根据案情也不应该预见或者不可能预见到可能发生危害社会的后果，则该行为被认为是无罪过行为。"俄罗斯学者在解释这一规定时指出：在无罪过造成损害时，行为人没有意识到而且根据案情也不可能意识到自己行为的有罪性质，或者没有预见而且根据案情也不应该预见到或者不可能预见到可能发生危害社会的后果（第 28 条第 1

[①] 参见 [苏] H. A. 别利亚耶夫、M. И. 科瓦廖夫主编：《苏维埃刑法总论》，马改秀等译，149 页，北京，群众出版社，1987。

[②] 参见上书，165 页。

款)。行为人没有义务(或)可能预见到有害后果的发生是排除该人罪过的情节,所以无论后果是否发生,行为人都不应该被追究刑事责任。① 在此,论者明确认为行为人没有,也不可能意识到自己行为的有罪性质时不应被追究刑事责任,这是《俄罗斯联邦刑法典》第28条第1款的题中应有之义。没有,也不可能意识到自己行为的有罪性质,难道不就是缺乏对行为的违法性认识吗？但论者又指出：行为人错误地认为行为不违法,但行为却是违法的,那么,这种错误认识不能排除按刑事程序承担责任的可能。② 另一俄罗斯学者对这一问题的论述更是前后矛盾：一方面指出,违反刑法禁止规定的人不仅不了解这些规定,也不了解自己违反该禁止性规定时所处的条件,在这种情况下由于不存在罪过而应排除刑事责任；另一方面又认为,犯罪人的法律认识错误既不影响定罪,也不影响法院所处刑罚的种类和大小,因为刑事责任是不以犯罪人的意见为转移的。③ 由此可见,在俄罗斯刑法中,违法性认识也是一个没有得到科学解决的问题。

(六) 我国刑法关于违法性认识的规定

我国刑法是仿摹苏联刑法制定的,其中犯罪故意的概念与苏联刑法的规定极为相似。我国刑法第14条第1款规定："明知自己的行为会发生危害社会的结果,并且希望或者放任这种结果发生,因而构成犯罪的,是故意犯罪。"在这一概念中,犯罪故意包含对行为的社会危害性的认识,但这一社会危害性认识是否等同于违法性认识,是存在争议的,其中,否定说认为：犯罪的故意,只要求行为人对自己行为的社会危害性有认识,并不要求认识自己行为的违法性。因此,在一般情况下,无论行为人是否认识到自己的行为违反法律,都不影响故意犯罪的成立。④ 在相当长时间内,这一观点也是我国刑法学界的通说。如同苏俄刑法理论一样,这一观点在承认社会危害性认识与否认违法性认识之间存在着逻辑矛

---

① 参见[俄]斯库拉托夫、列别捷夫主编：《俄罗斯联邦刑法典释义》(上册),黄道秀译,58页,北京,中国政法大学出版社,2000。
② 参见上书,51~52页。
③ 参见[俄]Н.Ф.库兹涅佐娃、И.М.佳日科娃主编：《俄罗斯刑法教程(总论)》(上卷·犯罪论),黄道秀译,350页,北京,中国法制出版社,2002。
④ 参见何秉松：《犯罪构成系统论》,196页,北京,中国法制出版社,1995。

盾。例如，我国刑法教科书在论及违法性认识问题时指出：根据我国刑法规定和司法实践，认识行为的违法性一般说来并不是犯罪故意的内容。我国刑法规定故意的认识因素是明知自己的行为会发生危害社会的结果，而没有提出明知行为违法性的条件。同时在司法实践中，对于所谓"大义灭亲"的案件，即使行为人误认为自己的行为为法律所允许，仍然认为其行为构成故意杀人罪，只要行为人明知符合该种犯罪构成要件的一切事实情况就够了。这是因为行为的社会危害性与违法性是互为表里的，认识行为的社会危害性，自然也会知道这种行为是为法律所禁止的，不需要把违法性认识专门列为故意的内容，以免被人借口不懂法律逃避应负的刑事责任。但是在这个问题上，也不能绝对化，不能排除个别例外的情况。如果原来相关行为并非为法律所禁止，一旦被特别法规定为犯罪，在这个法律实施的初期，行为人不知道有这种法律，从而没有认识自己行为的违法性，是可能发生的。根据行为人的具体情况，如果行为人确实不知道有这种法律，而认为自己的行为是合法的，那就不应认为具有犯罪故意。① 这里存在两个矛盾：首先，既然认识行为的社会危害性就等于认识行为的违法性，为什么又得出刑法对犯罪故意要求社会危害性认识并不等于要求违法性认识？其次，既然刑法对犯罪故意并不要求违法性认识，为什么在行为人确实没有违法性认识的情况下又不认为具有犯罪故意？这些问题都是值得研究的。当然，在我国刑法学界，越来越多的学者主张违法性认识是犯罪故意的要素。对此，笔者将在下文加以探讨。

二、违法性认识的学理分析

关于违法性认识问题，刑法理论显然走在刑事立法的前面。也可以说，刑事立法关于违法性认识的规定是在刑法理论的推动下发展的。因此，在对违法性认识进行立法考察之后，再进行学理上的分析是十分必要的。

在刑法理论上，关于违法性认识是否属于犯罪故意的构成要素问题的讨论，

---

① 参见高铭暄主编：《中国刑法学》，127 页，北京，中国人民大学出版社，1989。

其逻辑与立法的逻辑是有所不同的。在立法上，除苏联及我国的刑法以外，大多数大陆法系国家的刑法典均是从没有认识到自己的行为的违法性是否被免除责任这样一个角度提出来的，因而属于法律认识错误问题。而在刑法理论上更多的讨论是围绕着犯罪故意的成立是否以违法性认识为必要这样一个角度展开的，因而更为直截了当。正因为在刑法理论上是从犯罪故意的成立是否以违法性认识为必要切入的，因而对这个问题的肯定或者否定的回答自然就形成了违法性认识必要说与违法性认识不要说。

违法性认识必要说主张违法性认识是犯罪故意的构成要素。这种观点将犯罪故意的认识内容区分为事实的认识与法律的认识。所谓事实的认识，是指对构成要件事实的认识，而法律的认识是指违法性认识。事实认识与法律认识对于犯罪故意的成立来说，是缺一不可的。我国学者认为，违法性认识必要说是客观主义刑法理论从道义责任说的立场出发提出来的。① 这种说法大体上是正确的，但尚需具体分析。客观主义刑法理论是指刑法中的古典学派，而古典学派又有前期古典学派与后期古典学派之分。前期古典学派是指贝卡里亚、费尔巴哈、康德、黑格尔等人。这些学者都是主张道义责任论的，但在归责问题上坚持的是心理责任论，即将道义非难归结为一种心理关系，因而古典派学者大多未深入论及违法性认识问题。事实上，前期古典学派的客观主义立场决定了它将违法性当作一个客观评价问题，而将主观上的故意作为归责要素。这种故意是纯心理事实，并不包括违法性认识。例如，黑格尔将刑事责任的主观要素区分为故意与意图。黑格尔指出："凡是出于我的故意的事情，都可归责于我。"② 这里的故意包括认识的法与意志的法。所谓认识的法，是指对客观事实的表象。黑格尔指出："它必须具有对定在的表象，才能作出行为；而且仅仅以摆在我面前的定在为我所认知者为限，我才负真实的责任。"③ 而所谓意志的法，是指某种意志过错。黑格尔指出："行动只有作为意志的过错才能归责于我。"④ 至于意图，在黑格尔看来，是指我

---

① 参见马克昌主编：《犯罪通论》，3 版，334 页，武汉，武汉大学出版社，1999。
② [德] 黑格尔：《法哲学原理》，范扬、张企泰译，118 页，北京，商务印书馆，1961。
③④ 同上书，119 页。

不但应该知道我的个别行为，而且应知道与它有关的普遍物。这样出现的普遍物就是我所希求的东西，就是我的意图。① 因此，黑格尔并没有将违法性认识纳入归责要素之中。违法性认识之成为归责要素，是后期古典学派以规范责任论取代心理责任论而确立的。

后期古典学派，又称为新古典学派，经由宾丁、毕克迈耶、贝林格、迈耶等人的发展，尤其是 20 世纪初期韦尔策尔的进一步推动，已经成为刑法理论之主流。新古典学派是从宾丁倡导规范论起始的，规范不仅成为对行为事实的评价要素，而且成为对心理事实的评价要素。根据规范责任论的见解，法律规范分为评价规范和意思决定规范，违法性是违反了评价规范，与主观的意思或责任能力无关。但既然要对违法行为负责任，则违法性当然地应以责任的存在为前提。规范责任论在从非难或非难可能性中寻求责任根据时，强调责任要素中必须要有违法性认识或者违法性认识可能性。但这里所谓的违法性认识或者违法性认识可能性并不是指单纯的心理事实，而同时是指用于抑制犯罪意思决定的规范意思，即应在其形成过程中考虑到反对动机的形成。所以，违法性认识或违法性认识可能性是规范的责任要素。如行为人对行为的违法性缺乏认识的可能性，就不能对其行为加以非难。作为德、日刑法理论中的通说，规范责任论被认为克服了心理责任论在结构上的缺陷。② 在规范责任论成为通说的情况下，违法性认识确立了其在归责要素中的地位。从以心理关系为归责根据到以规范要素为归责根据，道义责任的内涵发生了巨大的变化。对此，日本学者小野清一郎在论述道义责任时指出：道义责任的评价，是对已被客观地、外部地判断为违法的行为进一步去考虑行为人主观的、内部的一面，亦即行为人精神方面的能力、性格、情操、认识、意图、动机，等等，进而来评价其伦理的、道义的价值。这就是说，要以有违法行为为前提，再去追究责任。在这样的场合，法主要是对行为人为什么作出这种违法行为进行伦理的、道义的评价。作为文化性质的法，这也是必然的。伦理的

---

① 参见 [德] 黑格尔：《法哲学原理》，范扬、张企泰译，121 页，北京，商务印书馆，1961。
② 参见林亚刚：《犯罪过失研究》，174～175 页，武汉，武汉大学出版社，2000。

文化意识愈细腻，道义责任的理念就愈彻底。这种理念，是指行为人是否已经意识到了行为的违法而去行动，或者，如果是无意识的行为的话，那么行为人是不是理应能够意识到违法却没有意识而行动了。①小野清一郎在这里所说的"已经意识到了行为的违法"，就是违法性认识；"应能意识到违法却没有意识"，则是指违法性认识可能性。由此可见，小野清一郎已经俨然地将违法性认识以及违法性认识可能性视为道义责任的核心。

违法性认识不要说主张违法性认识并非犯罪故意的构成要素，认为行为人只要具有构成要件事实的认识，就足以成立故意并具有可归责性。如上文所述，自古罗马以来就有"不知法不赦"的格言，因此，违法性认识不要说是有其历史渊源的。当然，与建立在道义责任论基础之上的违法性认识必要说形成对立的是建立在社会责任论基础之上的违法性认识不要说。对此，我国学者指出：违法性认识不要说是主观主义的刑法理论从社会责任论的立场出发提出来的。②

社会责任论始于菲利，菲利在承继乃师龙勃罗梭关于天生犯罪人的思想的基础上，提出了犯罪饱和论，认为：在一个社会里，犯罪是一种必然现象。因此，犯罪并非行为人意志自由的结果，而是一种被决定的现象。在这种情况下，对行为人的道义谴责是毫无意义的，刑罚的真谛在于防卫社会。从社会防卫论中必然引申出社会责任论，社会责任论以行为人的人身危险性为根据，并以此替代道义责任论。行为人只要具有人身危险性，不论年龄如何、精神状态如何，都应当受到防卫社会的处分。因此，违法性认识作为责任要素亦不再要求，这是必然结论。

如上所述，违法性认识必要说与违法性认识不要说的对立实际上是道义责任论与社会责任论之争的表现。当然，随着新旧两派的互相融合与互相妥协，在违法性认识问题上也出现了一些折中的观点，这里主要涉及两种观点。

一是自然犯与法定犯区分说。这种观点认为，在自然犯中不需具有违法性认

---

① 参见［日］小野清一郎：《犯罪构成要件理论》，王泰译，32～33页，北京，中国人民公安大学出版社，2004。

② 参见马克昌主编：《犯罪通论》，3版，334页，武汉，武汉大学出版社，1999。

识，而在法定犯中必须具有违法性认识。这种观点，按照大塚仁的说法，是站在采取犯罪征表说的近代学派的立场上所提倡的见解，即认为，在自然犯、刑事犯中，如果存在犯罪事实的表象，就当然表明行为人的反社会性格。但是，在法定犯、行政犯中，不知道法律上所禁止的内容的人，就不能承认其有反社会性格。① 显然，这种观点是建立在自然犯与法定犯相区分的基础之上的，对自然犯与法定犯中的违法性认识提出了不同的要求。自然犯罪的观念来自近代学派的加罗法洛，加罗法洛指出：在一个行为被公众认为是犯罪前所必需的不道德因素是对道德的伤害，而这种伤害又绝对表现为对怜悯和正直这两种基本利他情感的伤害。而且，对这些情感的伤害不是在较高级和较优良的层次上，而是在全社会都具有的平常程度上，而这种程度对于个人适应社会来说是必不可少的。我们可以确切地把伤害以上两种情感之一的行为称为"自然犯罪"②。因此，自然犯罪的实质是对最基本道德的违反，具有明显的犯罪性。在这种情况下，只要认识到是在实施自然犯罪，其违法性认识亦在其中。因此，所谓自然犯不要求违法性认识，实际上是推定自然犯具有违法性认识。从这个意义上来说，自然犯与法定犯区分说，还是倾向于违法性认识必要说的。

　　二是违法性认识可能说。这种观点又被称为限制故意说，其主张作为故意的要件，违法性认识并不必要，但要求具有违法性认识的可能性。违法性认识可能说又分为两种见解。第一种见解认为，在缺乏违法性的认识上行为人存在过失（违法性的过失、法律的过失）时，与故意同样对待。第二种见解站在人格责任论的立场上认为，即使行为人不具有违法性意识，只要按照至此的人格形成承认其存在违法性认识的可能性，就可以从中看出行为人直接的反规范的人格态度，可以承认故意。③ 上述第一种见解中提出了法律过失的概念。所谓法律过失，是

---

① 参见［日］大塚仁：《刑法概说（总论）》（第3版），冯军译，391页，北京，中国人民大学出版社，2003。
② ［意］加罗法洛：《犯罪学》，耿伟、王新译，44页，北京，中国大百科全书出版社，1996。
③ 参见［日］大塚仁：《刑法概说（总论）》（第3版），冯军译，391页，北京，中国人民大学出版社，2003。

指行为人应当认识到自己行为的违法性,由于违反注意义务而没有认识的犯罪心理。在法律过失的场合,行为人对于犯罪事实及构成要件事实,本身是存在认识的,但对这一事实的违法性缺乏认识。因此,有学者称之为违法性的过失。[1] 关于法律过失是故意还是过失,在刑法理论上是有争议的。一种观点认为,法律过失应当被认定为犯罪故意。根据这种观点,犯罪故意成立不一定要有违法性认识,即使具有违法性认识可能性,也是可以成立的。但这种观点同样受到批评,被认为是在故意的概念中掺入了过失的内容,存在逻辑上的矛盾。另一种观点则认为,法律过失属于过失,在刑法明文规定处罚过失的情况下,应以过失犯论处。[2] 法律过失概念的提出,并与事实过失相对应,是具有一定意义的。那么,法律过失到底是故意还是过失呢?对于违法性认识必要说来说,法律过失只能是过失而非故意。至于从人格责任角度提出的,具有违法性认识可能性就具有反规范的人格态度,因而应承认法律过失为故意的观点,也是极为牵强的。判断故意与过失还是应当以一定的主观心理内容为根据,而人格态度之类的内容不太好确定,它只能反映责任程度而不能决定责任形式。

行文至此,实际上已经涉及犯罪过失是否需要违法性认识问题。对于这个问题,即使是故意的违法性认识必要说的主张者,也将行为人缺乏关于违法性的事实的表象或者缺乏关于其行为的违法性的认识作为责任过失的要件。例如大塚仁指出:因为是在不成立故意犯的场合才承认过失犯的,所以,必须在缺乏故意犯的成立要件时才能发现过失犯的成立要件。因为关于违法性的事实的表象和违法性的认识是责任故意的要件,所以,缺乏它们时就阻却责任故意,这是承认责任过失的前提条件。[3] 在与故意的对应关系上界定过失,无论是构成要件的过失还是责任的过失,都是不尽妥当的。过失并不等于非故意,过失具有自身的心理内容和规范内容。因此,在过失的情况下,同样存在一个违法性认识问题。

---

[1] 参见高仰止:《刑法总则之理论与实用》,3版,267页,台北,五南图书出版公司,1986。
[2] 参见[日]木村龟二编:《刑法学词典》,顾肖荣等译,289页,上海,上海翻译出版公司,1991。
[3] 参见[日]大塚仁:《刑法概说(总论)》(第3版),冯军译,401页,北京,中国人民大学出版社,2003。

至于在过失的情况下如何理解其违法性认识，在刑法理论上也存在各种观点。日本学者大谷实将违法性认识可能性视为故意和过失所共有的责任要素。大谷实指出：如果有符合构成要件的客观事实的预见可能性的话，通常，就能间接推定存在违法性认识的可能性。因此，违法性认识的可能性也是过失责任的消极要素。① 过失存在疏忽大意过失与过于自信过失之分。前者是无认识的过失，只是具有符合构成要件的客观事实的预见可能性，由此推定具有违法性认识的可能性，并无不妥。但后者是有认识的过失，行为人已经具有对符合构成要件的结果的预见。在这种情况下，行为人是具有违法性认识还是只是具有违法性认识的可能性，这是一个值得研究的一个问题。我国学者主张在违法性认识问题上，应区分有认识过失与无认识过失；认为有认识的过失与犯罪故意认识结构一致，其认识要素自然也应包括违法性认识，而无认识过失，只具有违法性认识可能性。② 对于这一观点，笔者是赞同的。在过失的构成要素中，不仅包含心理事实的内容，而且也包含规范评价的内容。当然，对于过失的违法性认识及其可能性，在论证时也应切忌简单化。例如，我国学者在论证过失应当具有违法性认识或违法性认识可能性时指出：在我国刑法分则关于具体过失犯罪的规定中，特别是关于业务过失犯罪的规定中，条文多已明文规定了以违法性认识，即违反注意义务的认识为过失成立的必备要素。例如，对于刑法第134条重大责任事故罪、第135条对于重大劳动安全事故罪、第137条工程重大安全事故罪、第330条妨害传染病防治罪等，均规定了诸如"违反规章制度""违反国家规定""违反传染病防治法的规定"等违反注意义务的情况。这些规定中，有的明文规定了必须具有违反规定的意识，这表明违反注意义务的过失心态中必须具备违法性认识因素。③ 笔者认为，刑法分则对某些过失犯罪规定以"违反国家规定"为构成要件，是对客观行为的评价要素，表明其行为是违反国家规定的，但并不能由此得出结论，认为在此种情形下法律要求行为人对于违反国家规定本身有认识。申言之，客观的

---

① 参见［日］大谷实：《刑法总论》，黎宏译，258页，北京，法律出版社，2003。
② 参见田宏杰：《违法性认识研究》，68～69页，北京，中国政法大学出版社，1998。
③ 参见林亚刚：《犯罪过失研究》，181页，武汉，武汉大学出版社，2000。

规范要素不能被直接理解为主观的规范要素。而且，即使在刑法明确规定对违反国家规定有认识的情况下，这种认识也不能等同于违法性认识。这里应当引入纯正的过失与不纯正的过失的概念加以说明。纯正的过失，是指行为人对于其行为、其行为所引起的结果均持过失态度的情况。由于行为人对其行为以及其行为可能引起的结果均持否定态度，均出于过失，在理论上亦可称之为典型的过失。而不纯正的过失，是指行为人实施危害行为是故意的，但对于其危害行为可能引起的危害结果却属过失的情况。① 在纯正的过失的情况下，行为人对于行为与结果均为过失，因此，对于其行为违反国家规定这一性质可能是没有认识到的。而在不纯正的过失的情况下，行为人对行为是故意的但对结果是过失的。在行为故意中就包含对其行为违反国家规定的认识，但这一认识并非该行为人过失心理的内容，更不是违法性认识的内容，只有对其结果的过失才是责任的根据。

三、违法性认识的内容辨析

如果主张违法性认识不要说，就没有必要再对违法性认识本身作进一步的辨析。而若主张违法性认识必要说，为了正确地认定违法性认识，就需要对违法性认识的内容加以辨析。这里主要涉及对违法性的界定，它直接关系到对违法性认识的理解。

关于违法性认识的内容，主要涉及对违法性的理解。关于这个问题，大陆法系国家的刑法理论中存在以下观点②：一是违反前法律规范的认识说，认为只要行为人具有违反前法律规范的意识，就可以被认定为具有违法性认识。二是法律不允许的认识说，认为违法性认识是指行为人认识到不为法律所允许，或者是违反了法秩序。三是可罚的违法性认识说，认为违法性认识不限于"违反刑法"的认识，以包含具体的可罚性认识的"可罚的刑法违反"的认识为必要。在这三种

---

① 参见胡鹰：《过失犯罪研究》，96～97页，北京，中国政法大学出版社，1995。
② 参见刘明祥：《错误论》，142页及以下，北京，法律出版社，1996。

对违法性的理解的观点中，违反前法律规范的认识说将违法性之法界定为前法律规范，这里的前法律规范是指伦理性、条理性以及道义性的规范。在这种情况下，与其说是违法性认识，还不如说是悖德性认识。为此，指摘这种违反前法律规范的认识说与违法性认识不要说同流合污，并非言过其实。至于法律不允许的认识说主张的法律是指刑法还是指一般秩序，在理论上是有争议的，更多的学者倾向于将法律不允许的认识说主张之法律理解为整体法规范，因此，这种观点也被称为违反整体法规说。① 这种观点将违法性认识与违反伦理规范认识加以区分，当然是更符合违法性之原意的，因而较之违反前法律规范的认识说具有更高的合理性，但违反刑法的认识与违反其他法律的认识仍然是有差距的。可罚的违法性认识说将违法性理解为违反刑法，当然具有妥当性，但将可罚性也纳入违法性认识的范畴，则有过分之嫌。根据上述分析，笔者主张刑事违法性的认识说。

刑事违法性认识说受到质疑：刑事违法性认识说是否具有可行性以及能否对普通公民提出刑事违法性认识的要求？当我们将这一问题放在中国法治环境下讨论时，出现了两种对立的观点。否定的观点认为，从司法实践的角度来看，刑事违法性说的主张很难付诸实施。如果以刑事违法性认识作为犯罪故意的必备要件，必然会因为无法证明许多行为人是否具有刑事违法性认识而不能确认其犯罪故意成立。也就是说，刑事违法性认识的要求在实践中不具备可行性。而且，只有在国民法律素质较高的情况下，才有刑事违法性认识说存在的余地。而在我国现实条件下，主张刑事违法性认识说的观点是不现实的。② 因此，可行性与现实性就成为刑事违法性认识说的重大障碍。肯定的观点则认为，在违法性认识有无的认定上是存在证明困难，但是，证明困难不等于没法证明，可以通过更深入的研究，指出不存在违法性认识的种种具体情形，来解决证明困难的问题。至于法治状态，在法治的历史尚只是人类历史进化过程中一个短短的阶段时，法盲的存在就是世界各国的普遍现象。即便在我国，现实也不是否定论者所忧虑的那

---

① 参见贾宇：《罚与刑的思辨》，170页，北京，法律出版社，2002。
② 参见上书，171~172页。

样。对于法盲中那些由于教育条件的恶劣、物质生活的贫困等而没能知法，不幸误犯了法律者，有什么理由不把他们排除在故意犯罪之外？[1] 在笔者看来，违法性认识的证明是一个存在论的问题，而在法治欠发达、法盲较多的情况下能否要求违法性认识是一个价值论的问题。就证明问题可言，不能因证明困难而否认违法性认识，这样的理由当然是正确的。但违法性认识如果在大多数情况下都无法证明，缺乏可行性的规定是无效果的，这样的判断也言之有理。问题在于：违法性认识的证明真有那么困难么？这要看采用什么方法。

一般认为，对违法性认识应当采用推定方法加以证明。这里的推定，是指通过已知事实推导出未知事实的一种方法。推定方法通常适用于对行为人的主观心理状态的证明，是司法实践中常用的一种证明方法。就违法性认识而言，同样可以采用推定方法。尤其是在大陆法系递进式的犯罪构成体系中，构成要件是前提性的犯罪成立条件，它是一种违法类型，具有构成要件该当的行为，便可以推定为具有违法性，从违法性又可以推导出有责性。对于三要件之间的这种逻辑关系，日本学者大塚仁指出：过去的通说认为构成要件符合性与责任之间没有特别的联系。迈耶虽然认为构成要件符合性与违法性之间存在上述作为认识根据的关系，但没有论及构成要件符合性与责任之间的关系。迈兹格也是一样，认为构成要件只是违法的类型。但是，也有人认为，构成要件符合性不仅与违法性，也与责任具有关联性，即构成要件是违法性同时也是责任的类型化。[2] 首倡责任类型论的是日本学者小野清一郎，小野明确指出：构成要件是违法类型，又是责任类型，是违法有责行为的类型，又是其法律的定型。在此意义上，它是不法（行为）类型，又是犯罪类型，并且不是单纯将违法性类型化，而是同时也将道义责任类型化。[3] 正是在这种情况下，构成要件符合性不仅可以作为违法性的认识根据，而且可以作为有责性的认识根据。换言之，从构成要件符合性中不仅可以推

---

[1] 参见冯军：《刑事责任论》，223~224 页，北京，法律出版社，1996。
[2] 参见 [日] 大塚仁：《犯罪论的基本问题》，冯军译，39 页，北京，中国政法大学出版社，1993。
[3] 参见 [日] 小野清一郎：《犯罪构成要件理论》，王泰译，38 页，北京，中国人民公安大学出版社，2004。

导出违法性，而且可以推导出有责性，包括违法性认识。如果在明知其行为符合构成要件的情况下仍然实施该行为，则不仅可以从客观上推导出违法性，而且可以从主观上推导出违法性认识，一般来说也可以推导出期待可能性。至于责任能力，因无从推导而需另行判明。当然，推定并非绝对正确，这里存在一个反证的问题。在理论上，推定有可反驳性的推定与不可反驳性的推定之分。可反驳性的推定系根据法律及相关结论要求从没有相反的证据中推出，如果提出相反的证据，则这种推定结论即被推翻。而不可反驳性的推定是不容反证的，某个结论一旦被推导出，必然成立。显然，从对构成要件该当性的认识推导出违法性认识，这是一个可反驳的推定。这种反驳，就是一种反证，主要是由辩方承担的。如果辩方的反证成立，就出现了责任阻却的情形。责任阻却被我国学者认为是构成要件推定机能的例外。①

至于说在政治发达的国家，公民的法律认知程度高，因而才可以将违法性认识作为归责要素，而在我国这样的法治欠发达的国家，公民的法律认知程度低，因而不宜将违法性认识作为归责要素，笔者是不认同的。事实上，我国历来有不教而诛谓之虐的古训，这是儒家文化中具有人本蕴涵的政治遗产之一。教，也就是教化，应该是国家的职责。公民对法律的不知乃至误解，均是国家不教之过。在这种情况下，就不应当将其不利后果转嫁给公民个人。至于以为将违法性认识作为归责要素，会大量地放纵犯罪，未免是危言耸听。事实上，就自然犯而言，从其客观行为中一般都可推导出行为人主观上的违法性认识，而要提出反证几乎是不可能的。至于法定犯，尤其是发生在各个经济领域的经济犯罪，其主体均为从事各该特定行业之业内人士，其违法性认识也可直接推定，仅在极个别情形中存在反证。因此，作为归责要素的违法性认识，是必不可少的，但也并非不可证明。这里还涉及一个对于不意误犯的公民是抱一种宽恕的态度还是持一种严苛的立场的价值选择问题。在我国这样公民法律认知程度不高的国家，尤其应当避免不教而诛，而是应当通过普遍而深入的普法教育，提高公民的法律认知程度。

---

① 参见邓子滨：《刑事法中的推定》，152 页，北京，中国人民公安大学出版社，2003。

关于违法性认识的内容，在我国法律语境中，存在一个十分具有中国特色的理论难题：如何界定社会危害性认识与违法性认识之间的关系？这个问题一直纠缠着我国刑法学界关于违法性认识的讨论。对于这个问题，无非存在两种观点：相同说与相异说。相同说主张我国刑法规定的社会危害性认识就是刑法理论上的违法性认识，因而从刑法规定直接推导出我国刑法将违法性认识规定为犯罪故意的要素之结论。例如我国学者指出：社会危害性认识与违法性认识是有机联系在一起的，具有相互依存的关系。社会危害性认识是违法性认识的实质内容，违法性认识又是社会危害性认识的法律形式。① 相异说则主张我国刑法规定的社会危害性认识不能直接等同于刑法理论上的违法性认识。在这种情况下，到底是要违法性认识还是要社会危害性认识，又有以下两说：一是要违法性认识而不要社会危害性认识。例如我国学者指出：社会危害性不是法律的规范要素，以此作为犯罪故意的认识内容，要么无法确定某些显而易见的犯罪故意的成立而放纵罪犯，要么无视行为人对社会危害性欠缺认识这一客观事实，而追究行为人故意犯罪的刑事责任，既冤枉了无辜，又使犯罪故意的认定标准形同虚设。所以，社会危害性不是，也不可能是犯罪故意的认识内容。那么，犯罪故意的认识内容是什么呢？这一认识要素，应当是，也只能是违法性认识。② 二是要社会危害性认识而不要违法性认识。例如我国学者指出：认定犯罪故意，应该从社会危害意识出发，不应从违法意识出发，违法意识是社会危害意识的表现形式，不能把二者分割为两个因素。如果要求犯罪故意不仅具有社会危害意识，而且具有违法意识，缺乏法律根据，实践中也不合适。只要行为人具有社会危害意识，即使其没有违法意识，也成立犯罪故意。③

以上这些观点之间存在一定的分歧。这里存在着一些值得研究的问题。

第一个问题是：如何看待法律规定与刑法理论之间的关系？能否因我国刑法只规定了认识到自己行为的社会危害性而没有规定违法性认识，就得出结论：我

---

① 参见刘明祥：《刑法中错误论》，201页，北京，中国检察出版社，1996。
② 参见田宏杰：《违法性认识研究》，44页，北京，中国政法大学出版社，1998。
③ 参见姜伟：《犯罪故意与犯罪过失》，145页，北京，群众出版社，1992。

国刑法中的犯罪故意不要求违法性认识而要求社会危害性认识？笔者的答案是否定的。这种对法律的理解有简单化之嫌，使刑法理论完全堕落为一种机械注释的理论。例如《日本刑法典》第38条第1项没有对犯罪故意下定义，而且第38条第3项明文规定"不得因不知法律而认为没有犯罪的故意"。这实际上是违法性认识的排除条款，但这并不妨碍日本学者将违法性认识确认为犯罪故意的要素之一，并且违法性认识必要说成为日本刑法理论的通说。因此，我国刑法虽然规定的是社会危害性认识而没有规定违法性认识，但仍然存在解释余地。

第二个问题是：如何看待社会危害性认识与违法性认识的关系？我国学者冯军曾经对此问题作了研究，认为两者之间的关系存在以下六种组合形式：（1）认识到社会危害性，同时也认识到违法性。（2）认识到社会危害性，却没有认识到违法性。（3）没有认识到社会危害性，却认识到违法性。（4）认识到违法性，同时也认识到社会危害性。（5）认识到违法性，却没有认识到社会危害性。（6）没有认识到违法性，却认识到社会危害性。[1] 在上述六种组合中，（1）和（4）、（2）和（6）、（3）和（5）实际上是相同的。社会危害性认识与违法性认识主要存在合一与分离两种情形，分离又存在认识到社会危害性却没有认识到违法性与没有认识到社会危害性却认识到违法性两种情形。在社会危害性认识与违法性认识合一的情况下，要求社会危害性认识即是要求违法性认识，这是没有疑义的。那么在分离的情况下怎么选择呢？笔者认为：认识到社会危害性却没有认识到违法性，或者认识到违法性却没有认识到社会危害性，只是一种逻辑上的分析，在现实生活中其实并不存在。例如大义灭亲杀人，经常作为认识到违法性却没有认识到社会危害性的例子加以列举。大义灭亲是一种在封建伦理语境中的话语，在法治社会每一个公民的生命都受到法律的同步保护，因此，大义灭亲者对于杀人犯法这一点当然是知晓的。那么，在这种情况下，行为人是否误以为这是大义灭亲的英雄举动而没有认识到其行为的社会危害性呢？笔者的回答是否定的。社会危害性是依附于行为而存在的，大义灭亲只是行为动机，这种行为动机是不影响

---

[1] 参见冯军：《刑事责任论》，225页，北京，法律出版社，1996。

行为性质的,是否具有社会危害性认识还是取决于对行为性质的认识。更何况,大义灭亲之类是一种辩解用语,不能成为对行为人之主观故意的掩饰。至于法盲犯罪之人,不能一概而论,要看所犯何罪,然后根据案件实际状况加以分析。总之,这都是一个违法性认识或者社会危害性认识的判断问题。

综上,笔者认为在我国刑法中,应当坚持社会危害性认识与违法性认识相一致的观点。社会危害性认识只不过是我国刑法使用的特定用语,其法理上的含义应当是指违法性认识。就此而言,与日本刑法相比,我国刑法中违法性认识作为犯罪故意的要素具有更为充足的法律根据。

最后应当论及违法性认识与违法性认识错误的关系。在大陆法系刑法著作中,对违法性认识往往不从正面讨论,而是在违法性认识错误中讨论。为什么会出现这样一种逻辑?笔者以为,这与德、日刑法没有规定犯罪故意概念并且有不得因不知法而免责的立法例有关。此外,从叙述的逻辑上来说,这也是正与反的关系。例如,日本学者小野清一郎指出:作为记叙的体裁,是否非按"构成要件—违法性—道义责任"的顺序不可,这并不是一定要坚持的问题,但作为体系性思路是重要的,否则,按纯实证主义的观点,就变成了"构成要件—违法阻却原因—责任阻却原因"[①]。从正面说,在道义责任中讨论违法性认识,是一种体系性思路。但根据实证主义观点,也就是司法实践的观点,径直将违法性认识错误作为责任阻却事由加以讨论,也并非不可以。当然,笔者认为,对违法性认识首先应当作为犯罪故意的规范评价要素加以讨论,这是违法性认识错误阻却责任的逻辑前提。

(本文原载《中国法学》,2005(4))

[①] [日]小野清一郎:《犯罪构成要件理论》,王泰译,39页,北京,中国人民公安大学出版社,2004。

违法性认识：中国刑法语境下的探讨

在行为人对危害行为及其后果这些事实具有认识的情况下，其不知道自己的行为不为法律所允许，或者对法律的效力发生错误认识时，应当如何处理？这在中外刑法学上一直都是有争议的问题。中国刑法关于犯罪故意概念的规定中包含对自己行为的社会危害性的认识，但中国刑法学界的通说赞成违法性认识不要说。笔者赞成违法性认识必要说的主张：犯罪故意的成立以具有违法性认识为必要，违法性认识是故意要素。本文首先对中国刑法学界通说中的违法性认识不要说进行反思；然后对违法性认识属于犯罪故意的规范要素的观点进行详尽论证；最后，对违法性认识内容的认定问题加以探讨。

一、违法性认识不要说的反思

故意犯罪的成立，只要求行为人认识犯罪事实即为已足，不需要其具有违法性认识或者违法性认识的可能性。这是绝对的违法性认识不要说。中国刑法学的通说和苏联刑法学的一样，在相当长的一个时期都采用这种观点。

中国刑法学通说认为，犯罪故意并不包括对违法性的认识，因为按照中国刑

违法性认识：中国刑法语境下的探讨

法第14条的规定，犯罪故意的认识因素表现为行为人明知自己的行为会发生危害社会的结果，这显然是只要求行为人明知行为及其结果的社会危害性，而没有要求行为人明知行为及其结果的刑事违法性，否则，有人将会以不知法律为借口而逃避罪责。但是，通说在否定违法性认识的同时也指出，有一种例外情况可以因行为人无违法性认识而否定其主观故意性。这就是某种行为一向不为刑法所禁止，后来在某个特殊时期或者某种特定情况下为刑法所禁止，如果行为人确实不知道法律已禁止而仍实施该行为的，就不能讲他是故意违反法律，而且此时他也往往缺乏对行为及其结果的社会危害性的认识，这种情况下难以认定行为人具有犯罪的故意。[①] 显然，通说是有所不妥的。笔者认为，通说的主要缺陷是：观点前后矛盾，难以贯彻到底。通说一方面强调犯罪故意的成立不需要考虑违法性认识，违法性认识的有无对犯罪故意的成立并不重要；另一方面又认为还是需要考虑违法性认识的特殊情况，如果行为人在某种特殊情况下不具有违法性认识，则可能阻却犯罪故意。问题在于：既然刑法对犯罪故意并不要求违法性认识，那么为什么行为人在确实没有违法性认识的情况下又不应被认为具有犯罪故意？

在某种意义上说，中国刑法学的违法性认识不要说与德国早期的立场非常接近。德国当时的刑法理论就坚持违法性认识不要说，其立论基础是：规范的适用与否不应受犯罪人的认识的左右。如果法秩序上认为行为人欠缺违法性认识或者违法性认识错误是重要的，那么，规范的适用就会出现问题，就是国家对罪犯的妥协。但是，它有违反责任主义之嫌。不要说以国民必须知道法、当然知道法这种拟制为前提，公权力含有想当然的成分，是一种国家权威主义的立场。只不过这种权威主义与近代刑法的基本观念难以调和，而且完全没有考虑罪刑法定的晓谕功能是否能够发挥、是否有必要发挥这样的问题。稍后的见解逐步认为违法性认识的欠缺或者法律错误，有时是很重要的。

在现代刑法理论中，被广泛接受的见解是：没有责任就没有犯罪。处罚没有违法性认识的行为，就是处罚没有非难可能性的行为。这必然会带来一些问题：

[①] 参见王作富主编：《刑法学》，2版，88页，北京，中国人民大学出版社，2004。

一方面，行为人是在缺乏对规范及其效果的预见可能性的情况下受到了刑罚的惩治，这种刑罚惩治虽然对于强化国家法律的权威具有一定的意义，但却难以令行为人本人信服，预防犯罪的效果难以实现。另一方面，国家在个人的规范意识欠缺的场合动用刑罚的做法可能难以得到公众的认同。中国学者一般认为，知法、守法是公民的义务，法盲犯罪大量存在，如果犯罪故意的成立要求具有违法性认识，会使刑罚处罚落空。① 这是国家权威主义思想的体现，主要是从刑事政策的角度而不是从规范刑法学的角度看待问题。随着法治建设的发展、人权意识的提高，违法性认识不要论的缺陷日益显露。

二、违法性认识必要说的论证

违法性认识必要说主张违法性认识是犯罪故意的构成要素，由此把犯罪故意的认识内容区分为事实的认识与法律的认识。所谓事实的认识，是指对构成事实的认识，而法律的认识是指对违法性的认识。事实认识与法律认识对于犯罪故意的成立来说，是缺一不可的。

中国刑法学者认为，违法性认识必要说是客观主义刑法理论从道义责任论的立场出发提出来的。② 这种说法大体上是正确的，但尚需具体分析。客观主义刑法理论是指刑法中的古典学派，而古典学派又有前期古典学派与后期古典学派之分。前期古典学派是指贝卡里亚、费尔巴哈、康德、黑格尔等人，这些学者都是主张道义责任论的，但在归责问题上坚持的是心理责任论，即将道义非难归结为一种心理关系，因而他们大都未深入论及违法性认识问题。事实上，前期古典学派的客观主义立场决定了将违法性当作一个客观评价问题，而将主观上的故意当作归责要素。这种故意是纯心理事实，并不包括违法性认识。例如，黑格尔将刑事责任的主观要素区分为故意与意图，并指出："凡是出于我的故意的事情，都

---

① 类似的观点，请参见张明楷：《刑法学》，2版，228页，北京，法律出版社，2003。
② 参见马克昌主编：《犯罪通论》，334页，武汉，武汉大学出版社，1999。

可归责于我。"① 这里的故意包括认识的法与意志的法。所谓认识的法，是指对客观事实的表象。黑格尔指出："它必须具有对定在的表象，才能作出行为；而且仅仅以摆在我面前的定在为我所认识者为限，我才负真实的责任。"② 而所谓意志的法，是指某种意志过错。黑格尔指出："行动只对作为意志的过错才能归责于我。"③ 至于意图，在黑格尔看来，是指我不但应该知道我的个别行为，而且应知道与它个别有关的普遍物。这样出现的普遍物就是我所希求的东西，就是我的意图。④ 因此，黑格尔并没有将违法性认识纳入归责要素之中。

违法性认识之所以成为归责要素，是后期古典学派以规范责任论取代心理责任论而确立的。后期古典学派，又被称为新古典学派，经由宾丁、毕克迈耶、贝林、迈耶等人的发展，尤其是在 20 世纪初期韦尔策尔的进一步推动，已经成为刑法理论之主流。新古典学派是经宾丁倡导规范论起始的，规范不仅成为对行为事实的评价要素，而且成为对心理事实的评价要素。根据规范责任论的见解，法律规范分为评价规范和意思决定规范，违法性是违反评价规范，与主观的意思或者责任能力无关。但既然要对违法行为负责任，则违法性当然地应以责任的存在为前提。规范责任论在从非难或者非难可能性中寻求责任根据时，强调责任要素中必须有违法性认识或者违法性认识可能性。但这里所谓的违法性认识或者违法性认识可能性并不是指单纯的心理事实，而同时是指作为抑制犯罪意思决定的规范意思，即应在其形成过程中考虑到反对动机的形成，所以，违法性认识是规范的责任要素。如行为人对行为的违法性缺乏认识的可能性，就不应对此加以非难。

作为德、日刑法理论中的通说，规范责任论被视为克服了心理责任论在结构上的缺陷。⑤ 在规范责任论成为通说的情况下，违法性认识确立了其在归责要素中的地位。从以心理关系为归责根据到以规范要素为归责根据，道义责任的内涵

---

① ［德］黑格尔：《法哲学原理》，范扬、张企泰译，118 页，北京，商务印书馆，1961。
②③ 同上书，119 页。
④ 参见上书，121 页。
⑤ 参见林亚刚：《犯罪过失研究》，武汉，武汉大学出版社，2000。

发生了巨大的变化。对此，日本学者小野清一郎在论述道义责任时指出：道义责任的评价，是对已被客观地、外部地判断为违法的行为进一步考虑行为人主观的、内部的一面，亦即行为人精神方面的能力、性格、情操、认识、意图、动机等等，进而评价其伦理的、道义的价值。这就是说，要以有违法行为为前提，再去追究责任。在这样的场合，法主要是对行为人为什么作出这种违法行为进行伦理的、道义的评价。作为文化性质的法，这是必然的。伦理的文化意识愈细腻，道义责任的理念就愈彻底。这种理念，是指行为人是否已经意识到了行为的违法而去行动，或者，如果是无意识的行为的话，那么行为人是不是理应能够意识到违法却没有意识而行动了。[①] 小野清一郎在这里所说的"已经意识到了行为的违法"，就是违法性认识；"应能够意识到违法却没有意识"，则是指违法性认识可能性。由此可见，小野清一郎已经俨然地将违法性认识以及违法性认识可能性视为道义责任论的核心。

犯罪过失是否需要违法性认识？这也是一个值得研究的问题。对于这个问题，即使故意犯的违法性认识必要说的主张者，也将行为人缺乏关于违法性的事实的表象或者缺乏关于其行为的违法性的意识作为责任过失的要件。例如大塚仁指出：因为是在不成立故意犯的场合才承认过失犯的，所以，必须在缺乏成立故意犯的成立要件时才能发现过失犯的成立要件。因为关于违法性的事实的表象和违法性的意识是责任故意的要件。所以，缺乏它们时就阻却责任故意，这是承认责任过失的前提条件。[②] 在与故意的对应关系上论及过失，无论是构成要件过失还是责任过失，都是不尽妥当的。过失并不等于非故意，过失具有自身的心理内容和规范内容。因此，在过失的情况下，同样存在一个违法性认识问题。

至于在过失的情况下如何理解其违法性认识，在刑法理论上也存在各种观点。日本学者大谷实将违法性认识可能性视为故意和过失所共有的责任要素。大

---

① 参见[日]小野清一郎：《犯罪构成要件理论》，王泰译，32页，北京，中国人民公安大学出版社，2004。
② 参见[日]大塚仁：《刑法概说（总论）》（第3版），冯军译，401页，北京，中国人民大学出版社，2003。

谷实指出：如果有符合构成要件的客观事实的预见可能性的话，通常，就能间接推定违法性认识的可能性。因此，违法性认识的可能性也是过失责任的消极要素。[1] 过失存在疏忽大意过失与过于自信过失之分。前者是无认识的过失，只是具有符合构成要件的客观事实的预见可能性，对此推定为具有违法性认识的可能性，并无不妥。但后者是有认识的过失，行为人已经具有对符合构成要件的结果的预见。在这种情况下，行为人是具有违法性认识还是也只是具有违法性认识的可能性，是一个值得研究的问题。中国刑法学者主张在违法性认识问题上，应当区分有认识的过失与无认识的过失。有认识的过失与犯罪故意认识结构一致，其认识因素自然也应当包括违法性认识。而无认识过失，只具有违法性认识可能性。[2] 对于这一观点，笔者是赞同的。在过失的构成要素中，不仅包含心理事实的内容，而且也包含规范评价的内容。当然，对于过失的违法性认识及其可能性，在论证时也应切忌简单化。例如，中国学者在论证过失应当具有违法性认识或违法性认识可能性时指出：在中国刑法分则对具体过失犯罪的规定中，特别是对业务过失犯罪的规定中，条文多已明文规定了以违法性认识即违反注意义务的认识为过失成立的必备要素。例如，中国刑法第134条对于重大责任事故罪、第135条对于重大劳动安全事故罪、第137条对于工程重大安全事故罪、第330条对于妨碍传染病防治罪等，均规定了诸如"违反规章制度""违反国家规定""违反传染病防治法的规定"等违反注意义务的情况。对于这些规定，有的明文规定了必须具备违反规定的意识，这表明违反注意义务的过失心态中必须具备违法性认识因素。[3] 笔者认为，刑法分则对某些过失犯罪规定以"违反国家规定"为构成要件，这是对客观行为的评价要素，表明其行为是违反国家规定的，但并不必然得出结论，认为在此种情况下法律要求行为人对于违反国家规定本身具有认识。申言之，客观的规范要素不能被直接理解为主观的规范要素。而且，即使在刑法明确规定对违反国家规定有认识的情况下，这种认识也不能等同于违法性认

---

[1] 参见［日］大谷实：《刑法总论》，黎宏译，258页，北京，法律出版社，2003。
[2] 参见田宏杰：《违法性认识研究》，68页，北京，中国政法大学出版社，1998。
[3] 参见林亚刚：《犯罪过失研究》，181页，武汉，武汉大学出版社，2000。

识。这里应当引入纯正的过失和不纯正的过失的概念加以说明。纯正的过失，是指行为人对于其行为、行为所引起的结果均持过失态度的情况。由于行为人对于其行为以及行为可能引起的结果均持否定态度，均出于过失，所以在理论上亦可称之为典型的过失。而不纯正的过失，是指行为人实施危害行为是故意的，但对于其危害行为可能引起的危害结果属于过失的情况。[①] 在纯正的过失的情况下，行为人对行为与结果均为过失，因此，对于其行为违反国家规定这一性质可能也是没有认识到的。而在不纯正的过失的情况下，行为人对行为是故意的但对结果是过失的，在行为故意中就包含对于其行为违反国家规定的认识，但这一认识并非该行为人过失心理的内容，更不是违法性认识的内容，只有对其结果的过失才是责任的根据。

三、违法性认识内容的认定

关于违法性认识的内容，主要涉及对违法性的理解。关于这个问题，大陆法系国家的刑法理论中存在以下三种观点。[②] 一是违反前法律规范的认识说，认为只要行为人具有违反前法律规范法意识，就可以认定其具有违法性认识。二是法律不允许的认识说，认为违法性认识是指行为人认识到不为法律所允许或者违反了法秩序。三是可罚的违法性认识说，认为违法性认识不限于违反刑法的认识，以包含具体的可罚性认识的可罚的刑法违反的认识为必要。

在这三种对违法性的理解中，违反前法律规范的认识说将违法性中之法律界定为前法律规范，这里的前法律规范是指伦理性、条理性以及道义性的规范。在这种情况下，与其说是违法性认识，还不如说是悖德性认识。为此，指摘这种违反前法律规范的认识说与违法性认识不要说同流合污，并非言过其实。法律不允许的认识说中的法律是指刑法还是指一般秩序，在理论上是有争议的，更多的学

[①] 参见胡鹰：《过失犯罪研究》，96 页，北京，中国政法大学出版社，1996。
[②] 参见刘明祥：《错误论》，142 页及以下，北京，法律出版社，1996。

者倾向于将法律不允许的认识说中之法律理解为整体法规范。因此，这种观点也被称为违反整体法规说。① 这种观点将违法性认识与违反伦理规范认识加以区分，当然是更符合违法性的原意的，因而较之违反前法律规范的认识说具有更大的合理性。但违反刑法的认识和违反其他法律的认识仍然是有差距的。可罚的违法性认识说将违法理解为违反刑法，当然具有妥当性，但将可罚性也纳入违法性认识的范畴，则有过分之嫌。根据以上分析，笔者主张刑事违法性的认识说。

刑事违法性认识说受到质疑：刑事违法性认识说是否具有可行性以及能否对普通公民提出刑事违法性认识的要求？当我们将这一问题放在中国法治环境下讨论时，出现了两种对立的观点。否定的观点认为，从司法实践的角度来看，刑事违法性说的主张很难付诸实施。如果以刑事违法性认识作为犯罪故意的必备要件，必然会因为无法证明许多行为人是否具有刑事违法性认识而不能确认其犯罪故意成立。也就是说，刑事违法性认识的要求在实践中不具备可行性。而且，只有在国民法律素质较高的情况下，才有刑事违法性认识说的存在余地。而在中国现实条件下，主张刑事违法性认识说的观点是不现实的。② 因此，可行性与现实性就成为刑事违法性认识说的重大障碍。肯定的观点则认为，在违法性认识有无的认定上是存在证明困难，但是，证明困难不等于没法证明，可以通过更深入的研究，指出不存在违法性认识的种种具体情形，来解决证明困难的问题。至于法治状态，在法治的历史尚只是人类历史进化过程一个短短的阶段时，法盲的存在就是世界各国的普遍现象。即使在中国，现实也不是否定论者所忧虑的那样。对于法盲中那些由于教育条件的恶劣、物质生活的贫困等而没能知法、不幸误犯了法律者，有什么理由不把他们排除在故意犯罪之外？③

在笔者看来，违法性认识的证明是一个存在论的问题，而在法治欠发达、法盲较多的情况下能否要求违法性认识则是一个价值论的问题。就证明问题而言，不能以证明困难而否认违法性认识，这样的理由当然是正确的。但违法性认识如

---

① 参见贾宇：《罪与刑的思辨》，170 页，北京，法律出版社，2002。
② 参见上书，171 页。
③ 参见冯军：《刑事责任论》，223 页，北京，法律出版社，1996。

果在大多数情况下都无法证明,缺乏可行性的规定当然是无效果的。这样的判断也言之有理。问题在于:违法性认识的证明真有那么困难吗?这要看采取什么方法。一般认为,对违法性认识应当采用推定方法加以证明。这里的推定,是指由已知事实推导出未知事实的一种方法。推定方法通常适用于对行为人的主观心理状态的证明,是司法实践中常用的一种证明方法。就违法性认识而言,同样可以采用推定方法。尤其是在大陆法系递进式的犯罪构成体系中,构成要件是前提性的犯罪成立条件,它是一种违法类型,具有构成要件该当的行为,可以被推定为具有违法性。从违法性又可以推导出有责性。对于三要件之间的这种逻辑关系,日本学者大塚仁指出:过去的通说认为构成要件符合性与责任之间没有特别的联系。迈耶虽然认为构成要件符合性与责任之间存在上述作为认识根据的关系,但没有论及构成要件符合性与责任之间的关系。迈兹格也是一样,认为构成要件只是违法的类型。但是,也有人认为,构成要件符合性不仅与违法性,也与责任具有关联性,即构成要件是违法性同时也是责任的类型化。[1] 首倡责任类型论的是日本学者小野清一郎,小野明确指出:构成要件是违法类型,又是责任类型,是违法有责的类型,又是其法律的定型。在此意义上,它是不法(行为)类型,又是犯罪类型,并且不是单纯将违法性类型化,而是同时也将道义责任类型化。[2] 正是在这种情况下,构成要件符合性不仅可以作为违法性的认识根据,而且同样可以作为有责性的认识根据。换言之,从构成要件符合性中不仅可以推导出违法性,而且可以推导出有责性,包括违法性认识。如果在其明知其行为符合构成要件的情况下仍然实施该行为,则不仅可以从客观上推导出违法性,而且可以从主观上推导出违法性认识,一般来说,也可以推导出期待可能性。至于责任能力,因无从推导而需另行判明。当然,推定并非绝对正确,这里存在一个反证的问题。在理论上,推定有可反驳性的推定与不可反驳性的推定之分。可反驳性推定系根据法律及相关结论要求从没有相反的证据中推出,如果提出相反的证据,则

---

[1] 参见[日]大塚仁:《犯罪论的基本问题》,冯军译,39页,北京,中国政法大学出版社,1993。
[2] 参见[日]小野清一郎:《犯罪构成要件理论》,王泰译,38页,北京,中国人民公安大学出版社,2004。

这种推定结论即被推翻。而不可反驳性的推定是不容反证的，某个结论一旦被推导出，必然成立。虽然，从对构成要件该当性的认识推导出违法性认识，这是一个可反驳的推定，这种反驳，就是一种反证，主要是由辩方承担的。如果辩方的反证成立，就出现了责任阻却的情形。责任阻却被我国学者认为是构成要件推定机能的例外。①

至于说在法治发达的国家，公民的法律认知程度高，因而才具备将违法性认识作为归责要素，而在我国这样的法治欠发达的国家，公民的法律认知程度低，因而不宜将违法性认识作为归责要素，笔者是不认同的。事实上，中国历来有不教而诛谓之虐的古训，这是儒家文化中具有人本内涵的政治遗产之一。在此，不教而诛之教是指教化，这种教化首先是指道德教化，在一定意义上也应当包括法律教化。显然。这应该是国家的职责。公民对法律的不知乃至误解均是国家不教之过。在这种情况下，就不应当将其不利后果转嫁给公民个人。至于以为将违法性认识作为归责要素，会大量地放纵犯罪，这未免是危言耸听。事实上，就自然犯而言，从其客观行为中一般都可推导出行为人主观上的违法性认识，而要提出反证几乎是不可能的。至于法定犯，尤其是发生在各国经济领域的经济犯罪，其主体均为从事各该特定行业之业内人士，其违法性认识也可直接推定，仅在极个别情形中存在反证。因此，作为归责要素的违法性认识，是必不可少的，但也并非不可证明。这里还涉及一个对不意误犯的公民是抱一种宽恕的态度还是持一种严苛的立场的价值选择问题。在中国这样一个公民法律认知程度不高的国家，尤其应当避免不教而诛，而是应当通过普遍而深入的普法教育，提高公民的法律认知程度。

关于违法性认识的内容，在中国的法律语境中，存在一个十分具有中国特色的理论难题：如何界定社会危害性认识与违法性认识之间的关系？这个问题一直纠缠着中国刑法学界关于违法性认识的讨论。对于这个问题，无非存在两种观点：相同说与相异说。相同说主张中国刑法规定的社会危害性认识就是刑法理论

---

① 参见邓子滨：《刑事法中的推定》，152 页，北京，中国人民公安大学出版社，2003。

上的违法性认识，因而从刑法规定直接推导出中国刑法将违法性认识规定为犯罪故意的要素之结论。例如中国刑法学者指出：社会危害性认识是违法性认识的实质内容，违法性认识又是社会危害性认识的法律形式。① 相异说则主张中国刑法规定的社会危害性认识不能直接等同于刑法理论上的违法性认识。在这种情况下，到底是要违法性认识还是要社会危害性认识，又有以下两说：一是要违法性认识而不要社会危害性认识。例如中国学者指出：社会危害性认识不是法律的规范要素，以此作为犯罪故意的认识内容，要么无法确定某些显而易见的犯罪故意的成立而放纵罪犯，要么无视行为人对社会危害性欠缺认识这一客观事实，而追究行为人故意犯罪的刑事责任，既冤枉了无辜，又使犯罪故意的认定标准形同虚设。所以，社会危害性不是，也不可能是犯罪故意的认识内容。那么，犯罪故意的认识内容是什么呢？这一认识因素应当是，也只能是违法性认识。② 二是要社会危害性认识而不要违法性认识。例如中国学者指出：认定犯罪故意，应该从社会危害性意识出发，不应从违法意识出发，违法意识是社会危害性意识的表现形式，不能把两者分割为两个因素。如果要求犯罪故意不仅具有社会危害性意识而且具有违法意识，缺乏法律根据，在司法实践中也不合适。只要行为人具有社会危害性意识，即使没有违法意识，也成立犯罪故意。③

以上观点之间存在一定的分歧。这里存在一些值得研究的问题。

第一个问题是：如何看待法律规定与刑法理论之间的关系？能否以中国刑法只规定认识到自己行为的社会危害性而没有规定违法性认识，就得出结论：中国刑法中的犯罪故意不要求违法性认识而要求社会危害性认识？笔者的答案是否定的。这种对法律的理解有片面化之嫌，使刑法理论完全堕落为一种机械注释的理论。例如日本刑法第38条第1项没有对犯罪故意下定义，而且第38条第3项明文规定："不得因不知法律而认为没有犯罪故意"。这实际上是违法性认识的排除条款，但这并不妨碍日本学者将违法性认识确认为犯罪故意的要素之一，并且违

---

① 参见刘明祥：《刑法中错误论》，210页，北京，中国检察出版社，1996。
② 参见田宏杰：《违法性认识研究》，44页，北京，中国政法大学出版社，1998。
③ 参见姜伟：《犯罪故意与犯罪过失》，225页，北京，法律出版社，1996。

法性认识必要说成为刑法理论的通说。因此，中国刑法虽然规定的是社会危害性认识而没有规定违法性认识，但仍然存在解释余地。

第二个问题是：如何看待社会危害性认识与违法性认识之间的关系？中国刑法学者冯军曾经对此问题作了研究，认为两者之间的关系存在以下六种组合形式：(1) 认识到社会危害性，同时也认识到违法性。(2) 认识到社会危害性，却没有认识到违法性。(3) 没有认识到社会危害性，却认识到违法性。(4) 认识到违法性，同时也认识到社会危害性。(5) 认识到违法性，却没有认识到社会危害性。(6) 没有认识到违法性，却认识到社会危害性。[①] 在上述六种组合中，(1) 和 (4)、(2) 和 (6)、(3) 和 (5) 实际上是相同的。社会危害性认识与违法性认识主要存在合一与分离两种情形，分离又存在认识到社会危害性却没有认识到违法性与没有认识到社会危害性却认识到违法性两种情形。在社会危害性认识与违法性认识合一的情况下，要求社会危害性认识即是要求违法性认识，这是没有疑义的。那么在分离的情况下怎么选择呢？笔者认为，认识到社会危害性却没有认识到违法性，或者认识到违法性却没有认识到社会危害性，只是一种逻辑上的分析，在现实生活中其实并不存在。例如大义灭亲杀人，经常作为认识到违法性却没有认识到社会危害性的例子加以列举。大义灭亲是一种在封建伦理语境中的话语，在法治社会每一个公民的生命都受到法律的同等保护，因此大义灭亲者对于杀人犯法这一点当然是知晓的。那么，在这种情况下，行为人是否误以为这是大义灭亲的英雄举动而没有认识到其行为的社会危害性呢？笔者的回答是否定的。社会危害性是依附于行为而存在的，大义灭亲只是行为动机，这种行为动机是不影响行为性质的，是否具有社会危害性认识还是取决于对行为性质的认识。更何况，大义灭亲之类是一种辩解用语，不能成为对行为人之主观故意的掩饰。至于法盲犯罪之人，不能一概而论，要看所犯何罪，然后根据案件实际状况加以分析。总之，这都是一个违法性认识或者社会危害性认识的判断问题。

综上，我认为在中国刑法的语境下，应当坚持社会危害性认识与违法性认识

[①] 参见冯军：《刑事责任论》，225 页，北京，法律出版社，1996。

相一致的观点。社会危害性认识只不过是中国刑法使用的特定用语,其法理上的含义应当是指违法性认识。就此而言,与日本刑法相比,中国刑法中违法性认识作为犯罪故意的规范要素具有更充足的法律根据。

(本文原载冯军主编:《比较刑法研究》,北京,中国人民大学出版社,2007)

期待可能性问题研究

期待可能性是我国刑法理论中的一个重要问题，它对于正确地对行为人进行刑事归责具有重要意义。在我国目前的犯罪构成体系中，归责要件并未从犯罪故意中独立出来，因而对期待可能性缺乏深入研究。本文拟以归责的合理化为基本理念，对期待可能性问题进行学理上的探讨。

一、期待可能性的学说史

论及期待可能性理论的产生，不能不提到德国司法史上著名的癖马案，将其案情及诉讼过程如下。

被告系驭者，自1895年以来受雇驾驭双轮马车，其中一匹名为莱伦芬格的马素有以马尾绕并用力以尾压低缰绳的习癖，故称癖马。被告曾要求雇主更换莱伦芬格，而雇主不仅不答应，反而以解雇相威胁。被告乃不得不仍驾驭莱伦芬格。1896年7月19日，在被告驾车上街之际，莱伦芬格癖性发作，将尾绕缰用力下压，被告虽极力拉缰制御，但均无效，因马惊驰，故将某行人撞倒使其骨折。检察官以上述之事实，对被告以过失伤害罪提起公诉。一审法院宣告被告无

罪，检察官以判决不当为由，向德意志帝国法院提出上告，但帝国法院审理后，认为上告无理，维持原判。帝国法院维持原判的理由是：确定被告之违反义务的过失责任，不能仅凭被告曾认识驾驭癖马可能伤及行人，而同时必须考虑能否期待被告不顾自己失去职业而拒绝驾驭癖马。此种期待，对于本案中的被告来说事实上是不可能的。因此，本案被告不能承担过失伤害行为的责任。

  癖马案本来是一个普通的案例，但它却引起了当时德国学者的普遍关注。这种关注不是没有缘由的，与当时通行的心理责任论有关。心理责任论是从19世纪到20世纪初德国刑法中的责任通说，它以道义责任论为基础，主张只要有责任能力以及故意、过失这样的心理事实，就具有道义上的责任。显然，心理责任论是将责任视为一种心理关系，正如日本学者大塚仁所言："心理责任论（psychologische schuldlehre; pcychologische schuldauf fassung）认为责任的实体是行为人的心理关系，基于其心理关系的不同，把责任的形式分为以对犯罪事实的现实认识乃至意欲为内容的故意和以其可能性为要素的过失时，就可以追究行为人的责任。"[①] 心里责任论将责任归结为一个心理的问题（因此也是一个主观的问题），从而将那种虽然客观上造成危害社会的结果但行为人主观上既无故意又无过失的情形从犯罪中排除出去，使刑事责任合理化。这显然是具有进步意义的。在通常情况下，对于本人行为的反社会性已经认识或者可能认识，在此基础上实施一定的危害行为，行为人主观上的罪过也是不言而喻的。对此，黑格尔曾经指出："我只对属于我的表象的东西承认责任。这就是说人们只能以我所知道的事况归责于我。"[②] 这就是当时通行的责任观念。根据这种心理责任论，癖马案中的被告是应负过失责任的，因为被告事先已经知道癖马的危险并曾经要求雇主更换莱伦芬格，因雇主执意不从并以解雇相威胁，被告不得不继续驾驭癖马。就此而言，对于癖马肇事伤人，被告是存在过失心理的，因而应以过失犯罪论处。在心理责任论通行的当时德国，这应当是必然的判决结果。但一审法院对被告

---

  ① [日] 大塚仁：《刑法概说（总论）》（第3版），冯军译，378页，北京，中国人民大学出版社，2003。
  ② [德] 黑格尔：《法哲学原理》，范扬、张企泰译，121页，北京，商务印书馆，1961。

作出无罪判决。由于无罪判决出乎意料,因而检察官上告。二审法院在维持无罪判决的同时对其裁判理由作了阐述,其要旨在于,按照通常心理责任论追究被告的过失责任"不得谓为得当"——请注意,判决理由首先从一般公正观念出发得出这一结论(这实际上是对心理责任论的某种否定),然后指出问题实质所在:能否期待被告不顾自己职位之得失而违反雇主之命令拒绝驾驭?判决回答:"此种期待,恐事实上不可能也。"申言之,只有存在这种期待可能性,被告才能承担过失责任。在该案中,不存在这种期待可能性,因而被告不负过失之责任。可以说,法官在作出这一判决的时候,仅仅是从一般的社会公正观念出发的,并没有想到要创立某种学说。著书立说是学者的职责。果然德国学者是敏感的:在这一判决作出以后,德国学者围绕着裁判理由展开了学术上的研究,由此促成了从心理责任论向规范责任论的转变。

首先对癖马案作出反应的是德国学者迈耶。迈耶于1901年发表了《有责行为及其种类》一文,认为,有责行为,即故意行为与过失行为,均为违反义务的意思活动,而这种违反义务性是规范的要素问题。至于行为人认识违法与否的心理要素问题,不过是区别责任种类的标准而已。在此,迈耶首度将罪责的内容界定为"违反义务的意思活动",后被称为"违反义务论"。义务违反显然是一个规范的问题而非纯心理要素问题,这就把规范要素引入责任。这一规范要素的实质是"非难可能性"。因此,迈耶主张责任要素除心理的要素外,尚需有非难可能性之存在。在这个意义上说,迈耶是规范责任论的首倡者。

在迈耶之后,德国学者弗兰克于1907年发表《论责任概念的构成》一文,指出通说将责任的本质理解为心理要素是错误的,认为"责任"除责任能力与心理事实要素之故意、过失外,还存在"附随情状之正常性"要素。这就是"附随情状论"。这里的附随情状是指在某些案件中存在的特殊或者异常状况。弗兰克关于附随情状的论述主要集中在以下四点:第一,心理责任论无视附随情状的差别而判断责任,背离了一般人的日常观念;第二,法院应当在裁量之际,考虑附随情状;第三,某些责任减轻事由的实际规定,无论从立法理由还是学说上讲,也是以附随情状为前提的;第四,在刑事诉讼中,也可以发现附随情状的责任要

素。在这一论述中，我们可以看出附随情状是一种客观的要素，并且是因案不同的情形，它在定罪量刑，甚至在刑事诉讼中，都是应当考虑的要素。在附随情状的基础上，弗兰克提出了"非难可能性"的概念，以此作为责任的共通概念。弗兰克认为，对违法态度的非难，除了要具有故意或过失，还必须要求行为人具备责任能力，并且行为之际的周围情形处于正常状态。因此，在判断一个人的责任的时候，"周围情形处于正常状态"也是应当考虑的要素之一。因此，弗兰克的附随情状论也被称为"附随情状之正常性论"。当然，在这一理论中，最引起争议的是附随情状作为一种客观存在，何以成为作为主观存在的责任要素？对于弗兰克来说，这确实是致命一击。为此，弗兰克在《论责任概念的构成》一文后不久出版的《注释书》（1911年）中，把具备正常的动机（Normale Motiverung）作为责任概念中不可缺少的因素。他解释说，即使是由于故意或过失而实施的行为，如果在附带情状异常并且缺乏正常的动机情况下，也要阻却责任。附带情状不是在其客观性上，而只是在反映了行为人的意识限度内才属于责任。① 这样，弗兰克就将附随情状这一客观之物转化为正常动机这一主观之物。

这里涉及对犯罪构成中的客观与主观的正确界定。违法是客观的，责任是主观的，这是大陆法系刑法理论中的一句法谚。在心理责任论的视野中，责任是主观的这一命题是容易被理解的。其实，根据心理责任论，责任只是责任能力与责任形式的上位概念，除此以外并无其他。在这个意义上，有责任性是具备责任能力与责任形式所导致的一种被否定评价的状态或者称为后果。但从规范责任论看来，责任不再是消极的后果，不是纯外在的东西，而是内在于责任要素本身的东西。因此，迈耶提出违反义务性问题。违反义务本来是对行为的客观评价，但迈耶将其引入责任论，并将违反义务的主观意思活动作为归责事由，从而走出了迈向规范责任论的第一步。而弗兰克提出的附随情状是否正常，实际上只是判断行为人主观上是否具有违反义务的意思活动的客观标准而已。当然，具有客观性的附随情状何以转化为作为责任的主观要素？这是一个值得商榷的问题。事实上，

---

① 参见［日］泷川幸辰：《犯罪论序说》，王泰译，70页，北京，法律出版社，2005。

此后弗兰克也已经意识到这一问题，发觉附随情状的正常性概念有所不妥，从而改为"正常的动机形成"。动机形成就成为一个主观的问题，但如何从动机形成中寻找规范要素，仍然是一个悬而未决的问题。

德国学者戈登修米特在1913年的论文《作为责任问题的紧急避险》和1930年的论文《规范的责任概念》中，对责任问题进行了进一步的探讨，尤其是提出了义务规范论，为期待可能性理论的形成作出了贡献。戈登修米特对弗兰克的附随情状的正常性论进行了批评，认为附随情状的正常性只不过是责任要素存在的表现形式，而不是责任的内在构成要素。在此，戈登修米特区分了责任要素本身与责任要素的表现形式。笔者理解，这里所谓责任要素的表现形式，是指判断责任要素是否存在的客观根据。由此，戈登修米特主张以"义务违反性"替代弗兰克的"附随情状的正常性"。戈登修米特将义务规范与法律规范加以区分，认为法律规范是对个人特定的外部态度的要求，义务规范则是人内心的规范。因此，违反法律规范，发生客观违法性；违反义务规范，导致主观责任非难。德国学者李斯特在评论戈登修米特的罪责理论时指出："除每一个要求具体的人为一定外在行为的法规范外，未讲明还存在一个法规范。它要求具体的人根据需要来调整其内在行为，以适应由法秩序向其外在行为提出之要求"。（《奥地利刑法学杂志》，第145页）。他将该规范称为"义务规范"（pflichtnorm）。根据他的观点，该规范要求人们有规律地朝着符合规范的方向去努力；但也有例外，即所谓的减免罪责事由，"它存在于主观上占优势的被许可的动机之中。在这样一种情况下——如《瑞士刑法草案》第27条——不可能期望行为人服从义务规范"[①]。义务违反性是一个规范要素，因此戈登修米特又回到了迈耶的立场。戈登修米特不同于迈耶之处仅仅在于：后者并未将义务违反与法律违反加以区分，作为责任要素的义务违反的意思活动是对客观上义务违反的一种主观决意。而前者将客观上的法律违反与主观上的义务违反加以区分，法律成为客观的规范要素，义务则成为主观的规范要素。对于戈登修米特的主要观点，我国学者冯军作了以下概括：

[①] ［德］李斯特：《德国刑法教科书》，徐久生译，254页，北京，法律出版社，2000。

故意不是违反义务的意欲（Wollen der Pflicht widrigkeit），而是违反了义务的意欲（pflichtw idriges wollen）；不是不应有的事情的意欲（wollen der Nicht-Sein-Sollenden），而是不应有的意欲（Nicht-sein-sollendes Wollen）。把故意概念只作为心理的东西来理解的过去的学说是失当的，有必要把规范性要素纳入故意、过失之中。在过失，特别是无意识的过失中，虽然不存在故意中那样的直接心理关系，但是，存在行为人应该预见并且曾经能够预见却由于不注意而没有预见这种过失特有的规范性要素。在应该基于预见去打消实施行为的念头却没有打消上，可以看出过失中存在与故意一样的对义务规范的违反。这样义务规范就是通过故意、过失给责任的规范性要素奠定基础的东西。[1] 这段话，如果不加以解释的话，确实有些令人费解，尤其是"故意不是违反义务的意欲，而是违反了义务的意欲"究竟何意？这里的意欲，是指意志。我们通常说故意包含认识因素与意志因素，意志就是行为人的一种意欲。违反义务的意欲与违反了义务的意欲又存在何种区别？笔者理解，违反义务的意欲是指对于义务违反的意志。在此，违反义务是意欲所指向的客体，而违反了义务的意欲是指意志本身违反义务。在此，违反义务是意欲本身所具有的性质。基于这一逻辑，我们也可以正确地区分"不应有的事情的意欲"与"不应有的意欲"。这里的"不应有"是一种否定性的评价：前者是指意欲的客体不应有，而后者是指意欲本身不应有。在这种情况下，违反义务不再是故意与过失以外的要素，而是故意与过失本身的要素。可以说，戈登修米特完成了规范要素对责任的由外而内的工作，因而对于期待可能性理论的形成功不可没。戈登修米特对于疏忽大意过失的双重义务违反的构造是值得我们重视的：疏忽本身是一种注意义务的违反，这是疏忽大意过失特有的规范要素，无此则无疏忽大意过失。但这种过失只是心理责任论意义上的过失而非规范责任论意义上的过失。规范责任论意义上的疏忽大意过失的义务违反表现为"基于预见去打消实行行为的念头却没有打消"。也就是说，能够期待行为人打消行为的念头却没有打消，行为人才应承担过失责任。换言之，如果行为人对结果发生应当

---

[1] 参见冯军：《刑事责任论》，243页，北京，法律出版社，1996。

预见，但不能期待行为人打消行为的念头，则无规范责任论意义上的过失。尤其值得一提的是，戈登修米特的义务规范论将期待可能性理论从适用于过失推广到适用于故意。这与弗兰克只将其适用于过失是一个重大的理论突破，为期待可能性成为责任的共通要素或者一般要素扫清了道路。

德国学者弗洛登塔尔在1922年发表了《责任与非难》一文，将期待可能性界定为"伦理的责任要素"，从而提出了"伦理的责任要素论"。弗洛登塔尔的主要功绩是从伦理上为期待可能性寻求根据，引入了义务履行的可能性概念，以此作为非难可能性的基础，从而进一步充实了戈登修米特的义务违反论。弗洛登塔尔指出：责任是非难可能性乃至违反义务性，因为不可能的东西到底不是义务，所以责任的实体是行为人应该（sollen）采取其他态度而且能够（konnen）采取却竟然违反了该期待实施了行为。作为责任非难的要件，需要行为人存在合法行为的期待可能性，作为伦理性责任要素（ethischer schuldmomet），期待可能性是不可缺少的。① 在此，弗洛登塔尔将期待可能性视为责任非难的要件，使责任具有伦理上的合理性。就强调责任的伦理性而言，心理责任论与规范责任论是共同的，它们都是站在道义责任论的立场，强调责任的道义非难性。当然，心理责任论认为，只要具有心理意义上的故意与过失，即可对行为人进行道义非难；而规范责任论认为，除故意与过失以外，还要求具有期待可能性，这种道义非难才是可能的。而弗洛登塔尔的伦理的责任要素论将是否具有义务履行可能性作为判断期待可能性的根据，有其可取之处。当然，由于弗洛登塔尔主张期待可能性是一种超法规的责任阻却事由，如其本人所承认，因而于现行法之外寻找伦理的责任要素。其立场逾越了解释论的界限，由此受到抨击。② 期待可能性到底是一种规范的责任要素还是超规范的责任要素？这涉及对期待可能性的正确理解，将在下文加以研究。

德国学者施米特被认为是期待可能性理论的集大成者。施米特是著名刑法学

---

① 参见冯军：《刑事责任论》，244页，北京，法律出版社，1996。
② 参见童德华：《刑法中的期待可能性论》，11页，北京，中国政法大学出版社，2004。

家李斯特的得意学生，并被老师指定为《德国刑法教科书》的修订人。在该书前24次的修订中，他忠实地维持着李斯特的理论思想。但在1927年的第25次修订中，他对该书，特别是其中的责任论部分，作了重大修正，正式摒弃了心理责任论，转而采用规范责任论的立场。① 我国翻译过来的李斯特《德国刑法教科书》系施米特修订的第26版，该版中反映的是施米特的观点。如前所述，戈登修米特将客观上法律规范之违反与主观上义务规范之违反加以区分，这对于论证责任的规范要素当然是一种逻辑进路，但这种法律规范与义务规范的二元论同时也带来某些逻辑上的困惑：法律规范与义务规范在性质和内容上能否截然分开？对此施米特进行了批判，认为它们只不过是同一法规范不同方面的作用，并根据梅茨格尔区分评价规范和决定规范（意思决定规范）的立场，认为评价规范是不问行为人是谁而一般来说是妥当的，而决定规范只在能够根据法的命令作出意思决定的人违反期待作出了违法行为的决意时方成为问题，所以，除行为人具有责任能力之外，还具有表象符合构成要件的结果而且能够认识其社会侵害性这种心理的要素和能够期待代替所实现的违法行为实施适法行为这种规范的要素时，才能够期待行为人作出实施适法行为的决意。而且，他通过使用期待可能性这一共同于故意、过失的规范性要素，把故意、过失作为责任的种类统一起来。故意是由犯罪事实的表象、容认这种心理性要素来构成的，而过失的本质不在于行为人的心理一面，而在于行为人应该认识却没有认识这种规范一面，因此，为了把故意和过失理解为并立的责任形式，也需要通过赋予故意以一定的规范性要素，使两者成为一个类概念之下的种概念。基于这种思考，施米特为统一故意和过失而使用了期待可能性的观念。② 由此，施米特完成了期待可能性理论在责任论体系中地位的最终确定。这样，施米特就揭示了心理事实与规范评价之间的逻辑关系，为责任概念奠定了基础。正如施米特指出：在罪责概念中我们能够确认，有责任能力之人的心灵深处与法律要求及其价值评价之间存在特殊的心理学—规范关系。

---

① 参见童德华：《刑法中的期待可能性论》，11页，北京，中国政法大学出版社，2004。
② 参见［日］大塚仁：《刑法概说（总论）》（第3版），冯军译，379页，北京，中国人民大学出版社，2003。

行为人的行为违反了作为社会生活秩序的法律，虽然他应当能够认识其行为的反社会性，且在行为时能够被期望放弃一个与应当规范（sollennorm）相适应的动机过程。① 由于施米特以评价规范与决定规范的二元论取代戈登修米特的法律规范与义务规范的二元论，尤其强调决定规范对于期待可能性的意义，因此其学说被称为"决定规范论"。

以期待可能性为核心的规范责任论的最终完成者，是德国学者韦尔策尔。韦尔策尔是目的行为论的首倡者，目的行为论是关于行为的一种理论，认为人的行为存在的本质是目的的行为。根据这种理论，人总是预先确定目标并选择达成此目标的手段，进而使用选择的手段而向达成目标的方向努力。这种目的性才是行为的本质的要素。目的行为论基于其对行为的目的性观念，把故意犯罪和过失犯罪中的违反客观上的谨慎义务，都归入行为构造之中，由此从罪责中基本上抽掉了那些单独形成心理性罪责概念内容的因素。通过这种方式，规范性罪责概念才真正前后一致地得到了贯彻。通过这种方式，主观的因素（评价的对象）从罪责概念中被排除出去了，保留下来的"仅仅是可谴责性的标准"（对象的评价）。毛拉赫和齐普夫称，这个由弗兰克和戈登修米特发展起来的意见，是一种"综合的罪责概念"（ein komplexer schuldbegriff），因为这个概念同时包含了心理的和评价的因素；这个概念没有能力"把罪责作为纯粹的价值评价加以掌握"，这一点只有在目的的行为理论中才得到实现。② 尽管目的行为论存在某种缺陷，但它对于规范责任论的贡献是难以磨灭的：目的行为论的出现，对大陆法系犯罪论体系的重构产生了重大影响。

期待可能性理论的形成，也就是心理责任论向规范责任论转变的历史过程。我们可以看到，较之心理责任论，规范责任论对刑事责任的追究作出了某种更为严格的限制，因而可以被看成是一种通过限制国家刑罚权来保障被告人权利的刑法理论。日本学者大塚仁教授曾经对期待可能性理论作出过以下恰当的评价：

---

① 参见［德］李斯特：《德国刑法教科书》，徐久生译，241页，北京，法律出版社，2000。
② 参见［德］克劳斯·罗克辛：《德国刑法学总论》，第1卷，王世洲译，561页，北京，法律出版社，2005。

"期待可能性正是想对在强有力的国家法规范面前喘息不已的国民的脆弱人性倾注刑法的同情之泪的理论。"[1] 这一说法并非没有缘由。从期待可能性理论产生的历史背景来看,18 世纪末、19 世纪初的德国,经济较为落后,劳苦大众生活艰难,尤其是失业率高。在这种情况下,癖马案中期待被告坚决违抗雇主的命令,不惜失去职业而履行避免其已预见的伤害行为之结果发生的义务,确实是强人所难。因此,期待可能性理论对于刑法的合理化与正当化都是一种强有力的推动。当然,期待可能性理论毕竟是一种理论,在对法规范作出柔性解决的同时,如果滥用,也可能损害法规范本身的确定性。这是必须加以警惕的。

二、期待可能性的理论考察

期待可能性是指在行为当时的具体情况下,期待行为人作出合法行为的可能性。这里的合法行为通常也称为适法行为。当然,更确切地说,也可以将期待可能性表述为期待行为人不实施一定的犯罪行为的可能性。换言之,期待适法行为的可能性也就是不期待犯罪行为的可能性。在理解期待可能性的时候,存在以下问题值得研究。

(一)期待可能性的征表

期待可能性之存在与否,需要根据一定的依据加以判断,这种依据就是期待可能性的征表。对于期待可能性的征表,存在两种不同的理解,由此形成广义的期待可能性与狭义的期待可能性。[2] 广义的期待可能性,是指自行为者所为行为之内部的以及外部的一切事情观察,可以期待该犯罪行为者不为犯罪行为,而为适法行为。而狭义的期待可能性,是指除自上述之内部的事情外,自行为时之四周的外部事情观察同样地可以期待其不为犯罪行为,而为适法行为。这里涉及期待可能性的征表是指内部的与外部的一切事情还是仅指外部的事情。这里首先需

---

[1] 冯军:《刑事责任论》,215 页,北京,法律出版社,1996。
[2] 参见童德华:《刑法中的期待可能性论》,19 页,北京,中国政法大学出版社,2004。

要明确的是何谓内部的事情与外部的事情。一般来说，所谓内部与外部是指主观与客观之分。内部的事情是指行为人的主观心理事实，外部的事情是指行为时的客观事实。从期待可能性理论的产生来看，其征表是指行为时的客观事实或曰外部事件，例如弗兰克所说的附随情状。这种附随情状当然是客观的，并且相对于行为人的心理来说是外部的事情。因此，外部事情成为期待可能性的征表是不存在争议的。关键在于内部的事情，也就是行为人的主观心理事实，能否成为期待可能性的征表。例如，行为人的责任能力是否为期待可能性的判断根据？对此存在各种不同的观点。我国学者曾经作过归纳，认为主要存在以下各种学说[1]：（1）内外关联论，认为责任能力等其他责任要素与期待可能性，是分别属于责任内部的和外部的两方面的要素，它们共同构成责任统一体。（2）例外·原则性关联论，认为在责任判断中，责任能力与期待可能性属于原则型与例外型两种表现。（3）无界限关联论，认为在实践中期待可能性与责任能力之间难以被区别开，所以它们之间没有界限。对于上述各种观点，笔者赞同内外关联论，主张要将责任能力与期待可能性加以界分。责任能力是行为人认识或者控制自己行为的能力，这种能力是否存在，对于责任之有无当然是有重大关切的。刑法对有责任能力与无责任能力以及仅具有部分责任能力的法律效果作了明确规定，因此不再对其进行实质判断，而是进行规范的一般性的判断。就此而言，责任能力不能成为期待可能性的征表。期待可能性是在行为人具有责任能力的前提下根据行为时的客观状态所进行的具体判断，这是一种外部的判断，当然不同于有无责任能力的判断。

与此相同，也应当把期待可能性与认识可能性加以区分。关于认识可能性，尤其是违法性认识可能性与期待可能性的关系，学者间观点不一，我国学者对此作了专门介绍。[2] 德国学者把期待可能性与认识可能性严格区别开来；日本学者认为两者之间有联系，只是就其联系的紧密程度，相关认识有所不同。这里的区

---

[1] 参见童德华：《刑法中的期待可能性论》，135 页，北京，中国政法大学出版社，2004。
[2] 参见上书，150 页。

别与联系，似乎存在对立，其实不然，区别不否认联系，联系也是以区别为前提的。因此，泛泛地论述期待可能性和认识可能性的区别与联系有时会造成误解。但是，在认识可能性是否为期待可能性判断的征表这一问题下考察认识可能性与期待可能性的关系，思路就会明确得多。笔者的回答是否定的，这种否定恰恰是建立在认识可能性与期待可能性的区别之上的：认识可能性的主体是行为人，而期待可能性的主体是司法者。认识可能性属于认识要素，而期待可能性属于意志要素。没有认识可能性当然不能有期待可能性，但不能由此认为认识可能性是期待可能性的征表。实际上，期待可能性是在行为人具备认识可能性的基础之上，根据行为当时的客观情状对其是否具有违法性意志的一种判断。

根据以上分析，笔者认为，期待可能性的征表只能是外部的事情而不包括内部的事情，因而只能承认狭义的期待可能性的概念。那种对期待可能性作过于宽泛的理解，将其与责任能力、认识可能性混为一谈的见解是不足取的。

（二）期待可能性的性质

期待可能性的征表是客观的外部事情，也就是外部情形的异常性。就此而言，期待可能性的征表具有客观性。但责任是主观的，客观的期待可能性征表何以转化成为主观的责任要素呢？这是一个值得研究的问题。

在此，首先要把期待可能性与期待可能性的判断加以区分。期待可能性之有无，直接关系到责任之有无。在这个意义上说，期待可能性属于责任要素。但期待可能性的有或者无，是一个判断的结果，其判断根据是附随情状。这种客观的附随情状只不过是期待可能性的征表。因此，我们不能把期待可能性与期待可能性的表征相混同。从期待可能性理论的产生过程来看，对期待可能性的性质存在一个逐渐认识的过程：起初，学者从癖马案中只是发现了某些客观情状对责任的影响，因而首先论及的是这些附随情状。例如，弗兰克就将这种附随情状的正常性作为责任要素，而附随情状的非正常性是责任阻却事由。但附随情状本身是客观的，它为什么会成为主观责任的要素？对此弗兰克并没有加以明确。关于这个问题，德国学者克尼格斯曼指出：附随事情的客观存在并不直接左右责任，只有在它作用于行为人的心理，对行为人的精神产生影响时，才能被看成是责任的要

素。对此我国学者冯军作出了正确的评价：克尼格斯曼正确地把握了问题的核心，因为有些附随事情并不直接影响行为人的主观，而责任是对行为人之主观的非难。因此，能够成为归责要素的，必须是那些与行为人的主观相关联的东西。① 由此可见，客观的附随情状之所以能够决定责任之有无，是因为它对人的主观精神，具体地说是意志选择，具有某种制约性。在这个意义上，期待可能性问题就是一个意志自由问题。对此，我在《刑法哲学》一书中曾经指出：期待可能性的有无与大小是意志自由与大小的外在尺度。只有在行为人具有意志自由的情况下，才具有期待可能性，否则，就根本谈不上期待可能性。②

期待可能性与主观要素有关，但它本身并不是一种主观的事实性存在，而是责任之规范要素。因此，我们应当充分认识到期待可能性的规范性。在心理责任论中，责任要素是纯心理事实，包括故意与过失。随着期待可能性理论的兴起，学者揭示了责任的规范要素。以往，人们将规范判断局限在客观行为上，遂有违法是客观的这一命题。虽然后来发现了主观的违法要素，因而兴起主观违法性论，在一定程度上动摇了违法是客观的这一命题，但这种主观违法要素与期待可能性仍然是两个完全不同的问题。主观违法要素本身仍然是一种心理事实，例如目的犯之目的、倾向犯之倾向等，但期待可能性是对行为人之主观意志的一种评价，这种评价虽然是以心理事实的存在为前提的，但它不能等同于这种心理事实本身。对此，日本学者泷川幸辰指出：责任是评价，这句话如果换个说法就是，责任不是存在于行为的头脑之中，而是从他的头脑中提出来的。这也许是一种奇异的说法，然而从下述情况来看，是没有什么疑问的。"行为人有责任地实施了符合构成要件的违法行为"的判断，是指"在行为人那里有一定的责任事实关系"的判断，不过它同时也包含着对作为非难行为人的事件的这一事实关系的评价，并且依靠法官的价值判断，这一心理性事件被提高到责任概念的地位上来了。③ 因此，应将事实与评价加以区分。期待可能性是评价性的，因而是规范性

---

① 参见冯军：《刑事责任论》，242页，北京，法律出版社，1996。
② 参见陈兴良：《刑法哲学》，修订3版，60页，北京，中国政法大学出版社，2003。
③ 参见［日］泷川幸辰：《犯罪论序说》，王泰译，67页，北京，法律出版社，2005。

的，从而区别于心理性的事实关系。期待可能性既然是评价性的，就有个评价主体问题。评价主体当然是法官——具体案件的判断者，也是违法行为的非难者。就此而言，被告人处于被判断、被非难的客体的地位。这就存在一个主体与客体的关系的问题。对此，弗兰克认为，在判断问题上，有必要把判断的主体和判断的客体对立起来，历来责任都被认为是非难可能性，同时重点只放在非难的客体方面。但是，非难是依据主体评价存在于客体方面的情况才成立的。附随情状对行为人的动机、对行为人的自由有什么影响，这是问题的中心。然而，行为人确实不能重新再成立其他行为（合法行为），这种判断者方面的价值判断又成了问题。所以被主体化了的附随情状转变成了客观意义上东西。[①] 正因为期待可能性是一种规范评价，使责任的判断成为一种主体的价值评判，苏联学者称之为"罪过评价论"，并对此进行批判，斥之为唯心主义。例如苏联学者指出：唯心主义的罪过评价理论，是为破坏犯罪构成服务的。根据这种理论，法院对被告人行为的否定评价，和对被告人行为的谴责，被认为是罪过。罪过的评价概念是以新康德主义的"存在"和"当为"的对立为前提的。新康德派刑法学者们否认人的罪过是实际现实世界的确定的事实。按照他们的理论，当法院认为某人的行为应受谴责时，法院就可以以自己否定的评断，创造出该人在实施犯罪中的罪过。主观唯心主义的罪过评价理论，使资产阶级的法官们可以任意对他们认为危险的人宣布有罪。[②] 这一批判当然是具有强烈的意识形态色彩的。撇开这一点不谈，即使在逻辑上这一批判也是建立在对规范责任论的误读之上的。规范责任论中的评价并非脱离心理事实而是以其为客观前提的，因此，评价并非要取代心理事实，而是引入客观的附随情状，使归责评价更为严格。从这个意义上说，以期待可能性为核心的规范责任论恰恰更有利于保障被告人的权利。它存在的消极作用仅仅在于，如果被滥用，则有可能侵蚀法规范的确定性。

---

① 参见 [日] 泷川幸辰：《犯罪论序说》，王泰译，71页，北京：法律出版社，2005。
② 参见 [苏] A. A. 皮昂特科夫斯基：《社会主义法制的巩固与犯罪构成学说的基本问题》，孔钊译，载《苏维埃刑法论文选译》，第1辑，77页，北京，中国人民大学出版社，1955。

(三) 期待可能性的标准

期待可能性是一种判断，这种判断必须基于一定的标准。唯有如此，才能避免期待可能性被滥用。期待可能性的标准历来就是一个存在争议的问题。我国学者认为，在期待可能性标准问题上，首先存在着立足于客观情形的标准学说与立足于人的各种标准学说之分。[1] 前者认为期待可能性的标准不是人，而是行为时的客观情形，尤其是类型化的客观情形。后者则认为期待可能性判断标准只能是人，因为只有人才是期待可能性的判断客体。笔者认为，所谓期待可能性的客观情形标准的观点，实际上混淆了期待可能性的征表与期待可能性的标准这两个问题。期待可能性的征表当然是客观的附随情状，对于判断有无期待可能性具有重大意义。而期待可能性的标准是指在一定条件下，这种客观的附随情状对行为人是否具有影响，从而确定期待可能性之有无的标准。一定的客观附随情状的存在，当然是期待可能性判断的第一步，但据此还不足以认定期待可能性之有无。因为这种客观的附随情状对每个人的影响是不同的，因而期待可能性的有无也可能具有不同的结果。在这种情况下，就出现了以什么人为标准判断期待可能性的问题。

期待可能性的标准是人而非客观情形，那么是什么人呢？在这一问题上存在以下三种观点的分歧[2]：一是行为人标准说，认为以行为人本人的能力为标准，在该具体的行为情况之下，能够决定期待适法行为是否可能。二是平均人标准说，认为通常人处于行为当时的行为人的地位该通常人是否有实施适法行为的可能性。三是国家标准说，认为行为的期待可能性的有无，不是以被期待的方面，是以期待方面的国家或法律秩序为标准，因此应当根据国家或法律秩序期待什么、期待怎样的程度来决定。在上述三说中，笔者赞同行为人标准说。国家标准说没有考虑到被判断的具体情状，具有明显的国家主义立场，无益于期待可能性的正确判断。而一般人标准说虽然从判断者的视角转到了被判断者的视角，但平均人是个类型化的概念，作为判断标准在掌握上有一定难度，而且它同样没有顾

---

[1] 参见童德华：《刑法中的期待可能性论》，89 页，北京，中国政法大学出版社，2004。
[2] 参见马克昌：《比较刑法原理——外国刑法学总论》，506 页，武汉，武汉大学出版社，2002。

及行为人的个人特征。只有行为人标准说站在行为人的立场，设身处地考虑其作出意志选择的可能性，从而使归责更合乎情理。在期待可能性的判断中采用行为人标准说，将使期待可能性的判断成为一种个别判断，并且能够顾及行为人的具体情状，纠正刑法的僵硬性，使之具有人情味。正如日本学者大塚仁指出："期待可能性的理论，其意向本来在于对行为人人性的脆弱给予法的救助，判断其存否的标准也自然必须从行为人自身的立场去寻找。刑法中的责任是就所实施的符合构成要件的违法的行为对行为人进行的人格性非难，所以，像关于责任故意和责任过失已经说明，必须站在行为人个人的立场上来考虑。期待可能性的判断也应该以行为人为标准。"[①] 诚哉斯言。

（四）期待可能性的错误

期待可能性的错误，是对期待可能性征表的认识错误。在刑法理论上，期待可能性的错误是指决定行为人的期待可能性的认知因素所发生的主观表象与现实情形的不一致。[②] 这里的现实情形，实际上是指期待可能性的征表。这是一种客观的附随情状。行为人对期待可能性的征表发生错误认识，足以影响期待可能性的存在，对于确定责任的有无也具有重要意义。

期待可能性的错误究竟属于何种性质？这在刑法理论上也是存在争议的。在传统刑法理论中，刑法中的认识错误可以分为事实认识错误与法律认识错误。在这一界分中，期待可能性错误显然不属于法律认识错误，但归入事实认识错误也存在牵强之处，因为这里的事实是指构成要件的事实，而期待可能性的征表当然不可归入构成要件事实。况且，期待可能性错误中既有事实认识错误又有法律认识错误，因而在事实认识错误与法律认识错误的二元区分中具有无法归类性。现在，大陆法系刑法理论中将错误区分为构成要件的错误、违法性的错误和期待可能性错误，分别对应于构成要件该当性、违法性和有责性。由此可见，将期待可能性的错误作为一种单独的错误类型加以研究是可取的。

---

① ［日］大塚仁：《刑法概说（总论）》（第3版），冯军译，406页，北京，中国人民大学出版社，2003。

② 参见童德华：《刑法中的期待可能性论》，282页，北京，中国政法大学出版社，2004。

期待可能性的错误可以分为积极错误与消极错误,这是日本学者佐伯千仞的分法,具有一定的代表性。① 所谓积极错误,是指不存在期待可能性的征表却误认为其存在;消极错误,是指存在期待可能性的征表却误认为其不存在。期待可能性错误,无论是积极错误还是消极错误,又可以分为事实认识错误与法律认识错误。根据佐伯千仞的观点,首先,积极的错误是关于事实的误信时,存在故意,但是,从行为人的精神状态来看缺乏期待可能性,如果在陷入错误上存在过失,就可以认为是过失犯。另外,在法律错误的场合,行为人的精神状态不是迫切的,在法上可以忽略。其次,关于消极的错误,事实的错误和法律的错误原则上都不发生问题,但是,法律规定着不允许反证的责任阻却事由时,就阻却责任。这种讨论有些烦琐,并且与阻却责任事由是否存在的法律规定有关。在我国刑法中这种讨论尚无理论上的迫切性。

三、期待可能性的适用范围

期待可能性本身是一个理论概念,它对于刑法适用产生了深远的影响。那么,期待可能性理论是如何对刑法适用发生影响的呢?它首先是作为犯罪构成要件对犯罪认定起作用的,因此,我们应当在犯罪构成理论中探讨期待可能性理论的适用。确切地说,应当确定期待可能性在犯罪构成中的体系性地位。

关于期待可能性在犯罪构成中的体系性地位问题,在刑法理论上也是存在争论的,主要有以下三种观点②:一是故意、过失的构成要素说,认为故意、过失是责任形式,故意责任、过失责任共同包含非难可能性的要素,欠缺期待可能性时,阻却故意责任、过失责任。二是第三责任要素说,认为作为客观的责任要素的适法行为的期待可能性,与作为主观的责任要素的故意、过失区别开来,是与传统的责任要素并列的积极的要素。三是阻却责任事由说,认为期待可能性的不

---

① 参见 [日] 大塚仁:《刑法概说(总论)》(第 3 版),冯军译,407 页,北京,中国人民大学出版社,2003;童德华:《刑法中的期待可能性论》,284 页,北京,中国政法大学出版社,2004。
② 参见马克昌:《比较刑法原理——外国刑法学总论》,500 页,武汉,武汉大学出版社,2002。

存在是阻却责任事由，是例外妨碍犯罪成立的情况。上述三种观点中，第二种观点与第三种观点似乎区别并不大，第三责任要素说可以说是一种积极的责任要素说，而阻却责任事由说可以说是一种消极的责任要素说。至于第一种观点，将期待可能性视为故意、过失的构成要素，则要看这里的故意、过失是指心理事实上的故意、过失还是规范评价上的故意、过失。如果是前者显然不妥，若是后者则具有妥当性。关键在于：如何建构犯罪论体系？大陆法系的犯罪论体系存在一个演进的过程，对此日本学者小野清一郎曾经作过具体的描述。[①] 在贝林格那里，构成要件是纯客观的、记叙性的，也就是说，构成要件是刑罚法规所规定的行为类型，但这种类型专门体现在行为的客观方面，而暂且与规范意义无关。在这种情况下，基于违法是客观的、责任是主观的命题，在责任这一要件中主要讨论的是责任能力与作为责任形式的故意与过失。在当时心理责任论的支配下，这里的故意与过失是指心理性事实。此后，在违法性中发现了主观违法要素，而在责任中随着期待可能性理论的形成也发现了规范要素。在目的行为论的推动下，作为心理事实的故意与过失被纳入构成要件该当性，从而使构成要件该当性成为客观与主观的统一体，对行为进行第一次事实判断。违法性论中既包括客观违法要素，也包括主观违法要素，对行为进行第二次规范判断。而责任这一要件中不再包含心理性事实要素，而只包括归责的规范要素，即违法性认识及其可能性和期待可能性，由此形成责任的故意与责任的过失，从而区别于存在于构成要件该当性中的构成要件的故意与构成要件的过失。基于以上对犯罪论体系的理解，期待可能性是一种责任的判断，也是犯罪成立的最后一次判断。当然，由于各国刑法规定与犯罪论体系上的差别，对期待可能性在法律适用上存在不同的情形，对此分别加以研究。

德国是期待可能性理论的发源地，但令人难以置信的是，在德国期待可能性理论恰恰受到冷落，甚至遭受弃用的命运。对此，德国学者指出：期待不可能性理论已经变得无足轻重了。刑法在责任领域需要标准，这些标准虽然应当包含对

[①] 参见［日］小野清一郎：《犯罪构成要件的一般理论》，王泰译，22页，北京，中国人民公安大学出版社，2004。

意志形成的评价，但必须被形式化，并从法律上加以规定。不可期待性这一超法规的责任事由，无论是从主观上还是从客观上加以理解，均会削弱刑法的一般预防效果，以至于导致法适用的不平等现象，因为所谓的"不可期待性"，并不是可适用的标准。此外，免责事由根据法律明确的体系表明了例外规定，这些例外规定不能够被扩大适用。甚至在困难的生活状况下，即使要求当事人作出巨大牺牲，社会共同体也必须要求服从法律。① 由此可见，德国刑法仅在规范的责任阻却事由中采用期待不可能性理论，而对作为超规范的责任阻却事由的期待不可能性予以否定。在德国刑法学目前的体系中，责任这要件的要素包括：责任能力、禁止性错误、排除责任的紧急状态和类似案件。例如德国学者论及德国刑法体系中罪责这一基本概念时指出：符合行为构成和违法性的行为必须是有罪责的，也就是说，行为人必须对这个行为承担责任。这个行为，就像人们常说的那样，必须是能够使行为人"受到谴责的"。对此应当具备的条件是罪责能力和不具有免责根据（Entschuldigung-Sgrunden），例如，像在不可避免的禁止性错误（der unyermeidb are verbotsirrtum）或者在免责性紧急避险（der entschuldigende Notstand）中所表明的那样。② 在此，违法性认识与期待可能性均并非责任要素，而违法性认识错误与法定的免责事由才是责任的消极要素。

期待可能性理论在日本有着广泛的影响，以至于给人以"墙内开花墙外香"的感觉：期待可能性理论发起于德国但却兴盛于日本。在日本，期待可能性理论成为一种被广泛认同的思想，正如日本学者指出："期待可能性的理论，在昭和初期被介绍到我国，之后支持者不断增加，实务界也表示了关心，战后完全成为通说，现在以期待可能性理论为基础的规范责任论也已经成为通说。"③ 例如。在大塚仁的犯罪论体系中，责任的要素分为：（1）作为主观的事情，可以举出的

---

① 参见［德］汉斯·海因里希·耶赛克、托马斯·魏根特：《德国刑法教科书（总论）》，徐久生译，603页，北京，中国法制出版社，2001。
② 参见［德］克劳斯·罗克辛：《德国刑法学总论》，第1卷，王世洲译，119页，北京，法律出版社，2005。
③ ［日］大谷实：《刑法总论》，黎宏译，267页，北京，法律出版社，2003。

有责任能力，关于故意犯有对犯罪事实以外的与违法性相关联的事实的表象和违法性的意识，关于过失犯有行为人在缺乏对它们的表象和意识上的不注意。(2) 作为客观的事情，可以考虑的是存在适法行为的期待可能性。它影响到责任的存在、强弱，被称为客观的责任要素（Objektive Schuldelemente）。[①] 当然，在日本刑法学界，关于期待可能性是积极的责任要素还是消极的责任要素，如果是消极的责任要素，是一般的超法规的责任阻却事由，还是仅仅在刑法有规定时才是责任阻却事由等，都是存在分歧的。尽管如此，日本的判例和理论均认同期待可能性，这是毋庸置疑的。

我国从苏联引入的刑法理论并未论及期待可能性，因而目前我国耦合式的犯罪构成体系中也没有期待可能性的地位。但期待可能性理论被引入我国以后，对司法实践与刑法理论都产生了重大影响。

就期待可能性理论对司法实践的影响而言，我国学者开始用期待可能性解释我国刑法的规定，以此影响司法实践。我国学者主要围绕着刑法关于不可抗力的规定论及期待可能性理论的适用问题。例如我国学者举例说明期待可能性对罪过心理的影响：王某（女，30岁）带邻居家的李某（男，5岁）去河边散步。在嬉闹过程中，李某不听王某劝告和制止，跌入河中。王某由于不会游泳，无法营救，致李某溺死。如果依据刑法的有关理论，王某带小孩外出的行为产生保护小孩安全的义务，当小孩跌入水中时，王某应予救助。但是，该案中的王某不会游泳，法律不能期待，更不能强迫不会游泳的人下水救人。正是这种期待不可能表明王某不下水救人不具有罪过心理，因而王某不对李某的死亡负刑事责任。当然，根据我国刑法（1979年）第13条的规定，王某无能力下水救人的行为（不作为）属于不可抗力事件，也排除王某主观上的罪过，故王某不负刑事责任。可见，尽管分析的角度不同，但殊途同归、结论一致。[②] 在此，我国学者试图打通期待可能性的法理与我国刑法中不可抗力的规定之间的关系，并将排除主观上的

---

① 参见［日］大塚仁：《刑法概说（总论）》（第3版），冯军译，381页，北京，中国人民大学出版社，2003。
② 参见姜伟：《犯罪故意与犯罪过失》，80页，北京，群众出版社，1992。

罪过作为期待不可能的法律后果。当然，由于我国传统刑法理论中的罪过并不等同于大陆法系刑法理论中的责任，因而如何借鉴期待可能性理论仍然是一个值得研究的问题。此后，以不具有期待可能性解释不可抗力，几乎成为我国刑法理论中的通说。例如，我国学者明确指出：可以把我国刑法（1979年）第13条解释为关于期待可能性的规定。① 当然，也有些学者将不可抗力解释为不具备构成要件的行为，认为人在不可抗力作用下的举动，并不表现人的意志，甚至往往是直接违背人的意志的，因而这种行动即使对社会造成损害，也不能被视为刑法中的危害行为。对于不可抗力作用下的举动，我国刑法（1997年）第16条作了明文规定，指出：行为在客观上虽然造成了损害结果，但是由于不能抗拒的原因引起的，不是犯罪。其理由正是不可抗力下的举动本身就不足以成为危害行为，不具备犯罪客观方面的必要要件。② 上述两种对不可抗力不被认为是犯罪的法理根据的解读当然是不同的：前者认为是不可归责，后者认为是没有行为。从刑法规定来看，不可抗力和意外事件是作为"不是出于故意或过失"的行为加以规定的，因而拟应被理解为在具有行为的基础上没有故意与过失的情形：不可抗力来说是无故意的行为，意外事件则是无过失的行为。那么，不可抗力的无故意能否被理解为缺乏期待可能性呢？关键在于如何理解这里的不可抗拒的原因。如果这种不可抗拒的原因是指物理上的强制，就不需要采用缺乏期待可能性的解释，而可以直接采用缺乏行为的解释，因为在物理强制下的举动确实不应被包括在行为的范畴内。只有当这种不可抗拒的原因是精神上的强制时，才可适用缺乏期待可能性的解释。这是因为期待可能性是以这种可能性存在为前提的，但在物理强制的情况下连这种可能性也不存在，谈何期待。只有在精神强制的情况下，存在这种可能性，才能提出期待的问题。当然，正如我国学者冯军所言："我虽然主张把不能抗拒之不可罚的理由解释为缺乏期待可能性，但是，我只认为可以如此解释，甚或说学理上如此解释才合理，至于立法者的原意是否如此，值得怀疑。"③ 如果我们坚

---

① 参见冯军：《刑事责任论》，240页，北京，法律出版社，1996。
② 参见高铭暄、马克昌主编：《刑法学》，69页，北京，北京大学出版社、高等教育出版社，2000。
③ 冯军：《刑事责任论》，240页，北京，法律出版社，1996。

持客观解释论而非主观解释论的立场,笔者认为,还是有解释余地的。这样,我们就可以把不可抗力界定为法定的免责事由。当然,期待可能性也可适用于防卫过当和避险过当的归责问题。对于那种由于惊恐或者惶恐而引起的过当,因其缺乏期待可能性,也不应追究刑事责任。由此可见,对建立在期待可能性理论基础之上的不可抗力的解释能量大、有发挥的余地,可以使之成为一般性的免责事由。

就期待可能性理论对刑法理论的影响而言,也有一个从个别性解释到被纳入我国犯罪构成体系这样一个演变过程。开始,我国只是个别学者论及期待可能性而并没有将其置于犯罪构成体系中加以思考。此后,我国学者在刑事责任研究中,明确地提出不能把期待可能性理解为例外的责任要素或消极的责任要素,而应该理解为与责任能力、事实性认识、违法性认识一样的普遍的或积极的责任要素。[①] 当然,把期待可能性作为独立的责任要素,必然涉及对我国犯罪构成体系的改造。在我国传统的耦合式的犯罪构成体系中,尤其是在故意的心理事实与规范要素未加界分的情况下,是无法确定期待可能性的体系性地位的。在《本体刑法学》一书中[②],笔者建立起罪体与罪责的二元体系,在罪责的一般原理中论及期待可能性。笔者在该书中讨论的故意责任和过失责任,都是心理事实与规范评价的统一。例如,故意具有心理构造与规范构造,心理构造讨论的是心理的故意,规范构造讨论的是责任的故意。在责任的故意中,分为违法性认识与违法性意志。在笔者看来,违法性意志,就是一个期待可能性的判断问题。由此可见,笔者也是将期待可能性作为一种积极的责任要素加以确立的。当然,如何在期待可能性理论基础之上建立起开放性的宽恕事由体系或者免责事由体系[③],仍然是一个需要深入研究的问题。

(本文原载《法律科学》,2006(3))

---

① 参见冯军:《刑事责任论》,253页,北京,法律出版社,1996。
② 参见陈兴良:《本体刑法学》,北京,商务印书馆,2001。
③ 关于对这一问题的初步探讨,参见邱传忠:《期待可能性宽恕根源的刑法解读》,载陈兴良主编:《刑事法评论》,第16卷,457页及以下,北京,中国政法大学出版社,2005;孙立红:《罪责与开放性的犯罪构成》,载陈兴良主编:《犯罪论体系研究》,335页及以下,北京,清华大学出版社,2005。

期待可能性的体系性地位
——以罪责构造的变动为线索的考察

期待可能性的体系性地位是刑法学中的一个重大理论问题。它关系到罪责的规范构造,甚至在一定程度上影响到犯罪论体系的内在逻辑,因而值得深入研究。本文以期待可能性为切入点,考察罪责的规范构造,并进而论及犯罪论体系的逻辑结构。

一

期待可能性是心理责任论向规范责任论嬗变的重要标志。期待可能性的体系性地位的获得,在很大程度上改变了古典派犯罪论体系的罪责构造,并动摇了罪责与构成要件之间的逻辑关系。因此,只有结合犯罪论体系的演变,才能正确地把握期待可能性的体系性地位。

从心理责任论向规范责任论的转变,几乎发生在犯罪论体系初创时期,是从古典派的犯罪论体系向新古典派的犯罪论体系演变的一个契机。古典派的犯罪论体系又被称为李斯特-贝林犯罪论体系。对于这一犯罪论体系的创立,两个时间点是值得我们关注的:一是1881年李斯特的《刑法教科书》出版,二是1906年

贝林的《犯罪论》一书出版。期待可能性理论的产生，其实非常接近这个时间点。我们可以列出期待可能性理论产生的以下时间表：1907年弗兰克的《论责任概念的构造》一文发表，首次论及期待可能性问题。1913年戈登施密特的《作为责任问题的紧急避险》一文发表，推进了期待可能性理论的发展。1922年弗洛登塔尔的《责任与非难》一文发表，以非难可能性作为责任的核心概念要素加以确立，展开了规范责任的构造。1927年施密特在对李斯特的《刑法教科书》的第25次修订中，摒弃了先前版本中的心理责任论，改而采用规范责任论。1930年戈登施密特的《规范的责任概念》一文发表，以义务规范作为期待可能性的本质。经过以上德国刑法学者的不懈努力，最终完成了从心理责任论向规范责任论的转变。在这一转变过程中，期待可能性理论始终是一种主要的推动力。

在期待可能性理论产生之前，"违法是客观的、责任是主观的"这一命题被奉为金科玉律。所谓责任是主观的，也就是在责任问题上占据统治地位的是古典派犯罪论体系的心理责任论。对此，罗克辛曾经作出以下评价："李斯特-贝林的犯罪论体系是建立在这样一种认识基础上的：不法和罪责之间的关系就像犯罪的外部方面和内部方面之间的关系一样。根据这个认识，所有犯罪行为客观方面的条件，都属于构成要件和违法性，而罪责是作为所有主观方面的犯罪因素的总和（Inbegriff）而适用的（所谓的心理性罪责概念）。从这个理论的立场出发，故意是作为罪责的形式被认识的。"[1] 因此，心理责任论的罪责构造与构成要件的客观性之间是存在相关性的。正因为强调构成要件的客观性，故意与过失等主观性的心理事实就被确定为责任要素。这种在与客观构成要件相对应的意义上把握犯罪的主观要素，使构成要件具有限定故意概念的机能，当然是具有可取之处的。在古典派的犯罪论体系中，责任是故意与过失的上概念，责任被认为是一种心理关系与心理事实。

对这种心理责任论的发难始自弗兰克，弗兰克质疑"责任就是可谴责性"这

---

[1] ［德］克劳斯·罗克辛：《德国刑法学总论》，第1卷，王世洲译，121页，北京，法律出版社，2005。

一命题。应当指出,弗兰克这里所称的"责任"是心理责任论意义上的"责任",因而是指故意与过失等心理事实。在弗兰克看来,"责任就是可谴责性"是一种同义反复,因此,对可谴责性不应当从心理事实中去寻找,而应当到其他地方去寻找。弗兰克指出了具有可谴责性的三个前提:(1)责任能力,亦称为归属能力。(2)心理联系,即故意与过失。(3)行为人在其中行动的各种状况具有通常的性质。① 在此,值得注意的是第三个前提:为使具有责任能力者的故意或者过失行为具有可谴责性,该行为是在正常状态下实施的。换言之,如果出现异常状况,则可以排除责任。弗兰克指出:如果各种附随状况本身包含着对行为人或者第三人而言的危险,恰是被禁止的行为会从这种危险中救助他,那么,可谴责性就消失了。由此弗兰克得出一个结论:人们不能根据行为人在某种程度上具有异常性的状况之下实施的某行为就谴责行为人。② 在此,弗兰克是以正常与异常这样一对范畴为分析工具的,这就包含了这样一个思想:在通常情况下,具有责任能力者的故意或者过失行为是具有可谴责性的,这是一种推定。但如果存在异常状况,则这种可谴责性就消失了。因此,异常状况是否定意义上的责任要素。这里还必须指出,所谓异常状况是一种客观情状。如何解释在具有主观性的责任概念中渗入客观要素?这个问题也是值得追问的。正如同在违法中发现了主观的违法要素,从而动摇了"违法是客观的"这一戒律,在责任中发现了客观附随状况,从而动摇了"责任是主观的"这一教条。当然,这种客观的附随状况的性质如何界定,是应当深入探讨的。弗兰克在当时并没有很好地回答这个问题。无论如何,弗兰克将客观的附随状况归入责任,使纯粹的心理责任论产生了一条缝隙。弗兰克还引用了著名的癖马案,认为在癖马案的判决理由中反映了各种附随状况属于责任这一观点。因此,在弗兰克看来,客观的附随状况是一种责任排除事由。

弗兰克对于期待可能性以及其在罪责构造中地位的确立具有首开先河之功,

---

①② 参见[德]弗兰克:《论责任概念的构造》,冯军译,载冯军主编:《比较刑法研究》,137页,北京,中国人民大学出版社,2008。

这是没有疑问的。当然,正如笔者在前面所指出的那样,弗兰克对作为消极的责任要素的客观附随状况的性质并没有深入揭示,因而也没有正确地解决它与心理事实之间的关系。而这一任务,是由戈登施密特完成的。戈登明确指出:弗兰克所谓的附随状况的正常性只不过是责任存在的表现形式,而不是责任的内在构成要素;并以义务违法性的概念取代附随状况的正常性的概念。[①] 值得注意的是,戈登提出了责任的内在构成要素这一概念,与之相对应的是责任的外在构成要素的概念。如果说,故意或者过失是责任的内在构成要素,那么,附随状况就是责任的外在构成要素。与此相对应的,还有形式的责任要素与实质的责任要素的描述。但附随状况毕竟只是一种客观存在的外在现象,其本质应当是义务违反性。在附随状况具有正常性的情况下,具有义务违反性,因而具有可谴责性。如果附随状况异常,则不具有义务违反性,因而不具有可谴责性。这样,戈登就完成了对期待可能性的由外而内、从现象到本质的转化,进一步深化了对期待可能性的认识。

在戈登之后,弗洛登塔尔进一步强化了非难可能性的概念,把期待可能性看作是故意和过失共同的伦理的责任要素,且认为它是超法规的责任阻却事由。[②] 当然,最终确立以期待可能性为中心的规范责任论的还是施密特。施密特修订的李斯特所著《刑法教科书》揭示了规范特征在罪责构造中的重要意义,指出:罪责概念的发展不得不取决于针对内心之人(人的内心世界)的义务概念和本质,也只有如此,罪责所特有的规范性特征才能被理解。[③] 根据施密特的观点,罪责是由以下两个部分内容构成的:一是心理事实,二是评价特征。施密特指出:任何单独的一方均不可能详尽阐述法律意义上罪责之本质;它不纯粹是一个心理事实,也不是简单的价值判断,它更多的是以责任能力这一先决条件为基础的心理事实存在和价值判断之间的一种评价关系。在这一意义上,罪责的本质可被简单

---

① 参见童德华:《刑法中的期待可能性论》,4页,北京,中国政法大学出版社,2004。
② 参见上书,11页。
③ 参见 [德] 李斯特:《德国刑法教科书》(修订版),徐久生译,252页,北京,法律出版社,2006。

地表述为：基于造成违法行为的心理活动过程的缺陷，罪责是指违法行为的可责性。[1] 笔者以为，施密特彻底完成了从自然主义和形式主义的罪责概念到规范主义的罪责概念的转变。尤其是施密特将期待可能性视为罪责中的评价要素，这是极为正确的。从弗兰克的附随状况到施密特的评价要素，期待可能性在罪责构造中的核心地位由此确立。

如上所述，在期待可能性理论产生以后的一个时期，期待可能性和故意、过失都是作为罪责要素而存在的。在这种情况下，期待可能性只是使罪责的构成要素发生了变化，并没有使整个犯罪论体系发生变动。使犯罪论体系发生结构性变化的是目的行为论，以韦尔策尔为代表。目的行为论将主观要素引入对客观行为的评价。根据目的行为论的观点，一个杀人行为，只有在行为人有意识和有意志地向这个目标前进时，也就是故意杀人时，才能存在。这样就得出了一个体系性的结论：虽然故意在古典体系和新古典体系中被理解为罪责形式，并且人们在理解不法意识时也把它作为必要的构成部分，但是，在一个归结为因果控制的形式中，故意就已经作为构成要件的构成部分表现出来了。这就意味着不法被进一步地主观化了，相反，对于罪责来说，这却意味着逐渐地非主观化和规范化。[2] 罗克辛指出了客观要件的主观化与责任的非主观化即规范化这两种趋势，这对犯罪论体系的构造产生了重大影响。

构成要件的主观化是一个逐渐的演变过程。贝林是主张构成要件客观化的。对此，小野清一郎指出：按照贝林的想法，构成要件是纯客观的、记叙性的。也就是说，构成要件是刑罚法规所规定的行为的类型，但这种类型专门体现在行为的客观方面，而暂且与规范意义无关。[3] 这种纯客观的构成要件概念，当然是基于人权保障的考虑，在此基础上形成的客观构成要件的概念能够有效地起到限

---

[1] 参见［德］李斯特：《德国刑法教科书》（修订版），徐久生译，257 页，北京，法律出版社，2006。

[2] 参见上书，122 页。

[3] 参见［日］小野清一郎：《犯罪构成要件理论》，王泰译，22 页，北京，中国人民公安大学出版社，2004。

制司法权的功用。但以后麦耶发现了主观不法要素,例如目的犯之目的、倾向犯之倾向等。但麦耶并没有将这些主观要素纳入构成要件,而是将它作为主观违法要素归入违法性当中,以此维持构成要件的客观性。与此同时,贝林也顽固地坚守构成要件的客观性命题,只不过对构成要件的定性作了某种策略上的调整。在早期贝林是把构成要件当作犯罪类型来看待的,但到了晚年,贝林将构成要件改称为指导形象,指出:每个法定构成要件肯定表现为一个"类型",如"杀人"类型、"窃取他人财物"类型等,但是,这并不意味着这种纯粹"构成要件"的类型与犯罪类型是一样的。二者明显不同,构成要件类型绝不可以被理解为犯罪类型的组成部分,而应被理解为观念形象(Vorstellungsgebild),其只能是规律性的、有助于理解的东西,逻辑上先于其所属的犯罪类型。① 正是基于对犯罪类型与犯罪的指导形象的区分,贝林辩解性地指出:那些被称为"主观构成要件要素"的情节在法律上的重要性固然毋庸置疑,但其方法论的立场另当别论:它们是犯罪类型本身的要素,而不是从犯罪类型中提炼出来的指导形象的要素。② 尽管贝林坚持客观的构成要件的立场,但主观违法要素的出现还是对建立在客观与主观绝对分离的逻辑之上的犯罪论体系带来了一定的挑战。

最终完成主观要素向构成要件转移的是韦尔策尔的目的行为论,最先被转移到构成要件中的是故意。新古典派的犯罪论体系对于主观违法要素在定位上的疑惑到了20世纪30年代中期有了确定的结论。新古典派与目的行为论的综合犯罪论体系最大的改变即发生在构成要件阶层:不但确定了主观构成要件,而且将原本被定位为罪责要素的故意移到构成要件阶层,亦即认为故意应该是主观构成要件,从此故意被称为构成要件的故意。③ 由于故意是一种纯粹的心理内容,可以较为容易地与规范评价要素分离,因而故意作为一种心理事实被目的行为论放到构成要件当中考察。相对来说,过失的情形较为复杂。在以往心理即意识这种传

---

① 参见[德]贝林:《构成要件理论》,王安异译,5~6页,北京,中国人民公安大学出版社,2006。
② 参见上书,17页。
③ 参见许玉秀:《当代刑法思潮》,72页,北京,中国民主法制出版社,2005。

统心理学的指导下，过失，尤其是无认识的过失，往往被认为是心理的缺失，是一种心理学上的"无"，正如同不作为是行为事实上的"无"一样。过失在犯罪论体系中的地位发生了一个缓慢的从罪责要素到构成要件要素的转移过程。基于心理责任论，过失是一种责任形式，属于罪责要素。在第二次世界大战以前，在德国的拉德布鲁赫、埃克斯纳、恩吉施等人的论著中已经出现把过失理解为违法性要素的倾向，主要是把对客观注意义务的违反性视为违法性要素。第二次世界大战以后，韦尔策尔的目的行为论也确认了这一点，但仍然没有把过失看作是构成要件的要素。此后，随着过失犯的大量增加，对过失研究日趋深入，对过失从关注结果到关注行为，即从结果无价值到行为无价值，由此而将过失确认为构成要件的要素。

随着故意与过失先后从责任要素转而成为构成要件要素，罪责中所要考察的就是纯粹的责任要素，包括责任能力、违法性认识和期待可能性等。在这种情况下，期待可能性获得了对归责具有决定性意义的地位。

二

尽管期待可能性作为责任要素被加以确认，但对于期待可能性的体系性地位问题，在刑法理论上还存在较大争议。关于这个问题，大体上存在以下三种学说：一是第三责任要素说，即将期待可能性与故意、过失并列，作为责任的第三个要素。二是故意、过失要素说，即把期待可能性作为故意、过失本身的要素加以确立，在没有期待可能性的情况下，故意、过失不能成立。三是责任例外说，即把期待可能性视为消极的责任要素，作为一种责任阻却事由。[①] 在以上三种学说中，责任要素说与责任例外说具有相同之处，都把期待可能性这一归责要素与故意、过失等心理性要素加以区分，只不过责任要素说把期待可能性看作是积极

---

① 参见［日］大塚仁：《刑法概说（总论）》（第3版），冯军译，406页，北京，中国人民大学出版社，2003。

的责任要素,而责任例外说把期待可能性看作是责任阻却事由、一种消极的责任要素。应该说,上述学说关于期待可能性在犯罪论体系中的定位都具有一定的合理性,至于是当作积极的责任要素还是当作消极的责任要素,是可以讨论的。但故意、过失要素说把期待可能性纳入故意、过失的构成范围内,作为故意、过失是否成立的条件,在一定程度上混淆了规范评价与心理事实的关系,是不尽妥当的。

这里涉及对心理事实与规范评价间之关系的理解问题。故意、过失是行为人在实施行为时的主观心理状态,在与行为事实相对应的意义上,我们可以称之为心理事实。尽管心理事实的内容具有主观性,但就其存在方式而言,仍然具有客观性,是不以人的主观意志为转移的客观存在。刑法将故意、过失规定为两种应当受到刑罚处罚的主观心理状态,故意、过失为刑罚处罚提供了主观根据。在这个意义上,故意、过失与刑事责任之间是具有密切联系的。在心理责任论占据统治地位的情况下,故意、过失就是责任形式。然而,虽然故意、过失为责任提供了主观根据,但在某些情况下,只有故意、过失,还不能追究一个人的刑事责任,刑事责任还必须建立在规范评价的基础之上,期待可能性就是这种归责要素之一,也被称为客观的责任要素。在这种情况下,没有规范评价,故意、过失等心理事实本身是可以成立的。当然,如果将故意、过失理解为心理事实与规范评价统一的责任形式,将期待可能性包含在犯罪的故意、过失中也是可以的。在这种情况下,没有期待可能性,不成立犯罪的故意、过失,但心理性的故意、过失仍然是可以成立的。总之,以期待可能性为中心的规范评价要素在责任中的确立,表明规范责任论的形成。相对于心理责任论而言,规范责任论为出罪提供了更大的余地,因而使刑事责任的追究更加合理化。

期待可能性是积极的责任要素还是消极的责任要素,也是一个与期待可能性的体系性地位有关的问题。对于这个问题,从期待可能性理论产生之初就已经存在争议。例如弗兰克就认为责任排除事由这一概念是多余的,因为各种附随状态的通常性质属于责任,所以,存在某种能够确立紧急避险或者正当防卫的危险,就无非是否定了那种通常性质,也就是说,否定了责任本身。当然,弗兰克也在

一定程度上承认采用责任排除事由的措辞具有可取之处。弗兰克指出：考虑到使用的方便，人们总是喜欢保留责任排除事由这一表述，这是因为，责任排除事由并不是由简单的重负（Bestreiten）来排除的，而是由动机赋予的重负来排除的。责任排除事由具有通过肯定的东西来否定的意义，只有人们认为责任排除事由这一概念表达了这样一种认识，即某些积极的事实对刑法而言仅仅具有消极的意义，也就是具有否定责任的意义，才可以使用责任排除事由这一概念。[①] 显然，弗兰克是把附随状态的正常性当作责任要素看待的，因而出现附随状态的异常情形时就不能归责。在弗兰克的逻辑中，消极的东西必然以某一积极的东西存在为前提。期待可能性当然是积极意义上的归责事由，期待不可能才是责任排除事由，即消极意义上的责任要素。

值得注意的是，期待可能性理论在德国刑法学中并未被有力地主张，而是有逐渐边缘化之虞，因此，在德国刑法学中，期待可能性更多的是被消极地论及，例如，作为因不可期望合法行为而免责[②]，这是一种超法规的罪责排除事由。期待可能性理论之所以在德国刑法学中命运不济，主要是学者担心期待可能性理论会弱化刑事司法的稳定性和均衡性。对此，德国学者指出：在帝国法院首先表明"根据现行法，行为人在故意犯罪情况下，法律规定之外的免责事由，不得予以承认"的立场后，在学术界贯彻了这样一种认识，即刑法在责任领域需要标准，这些标准虽然应当包含对意志形成的评价，但必须被形式化，并从法律上加以规定。不可期待性这一超法规的免责事由，无论是从主观上还是从客观上加以理解，均会削弱刑法的一般预防效果，以至于导致法适用的不平等现象，因为所谓的"不可期待性"并不是可适用的标准。此外，免责事由根据法律明确的体系表明了例外规定，这些规定不能够被扩大适用；甚至在困难的生活状况下，即使要

---

① 参见［日］大塚仁：《刑法概说（总论）》（第3版），冯军译，138～139页，北京，中国人民大学出版社，2003。

② 参见上书，311页。

求当事人作出巨大牺牲,社会共同体也必须要求服从法律。① 正因为德国帝国法院的判例严格限制超法规的免责事由,因而期待可能性理论在德国的司法适用大受影响,只是作为超法规免责事由被个别地适用。在这种情况下,期待可能性在德国刑法学中不可能成为积极的责任要素,而只是个别情况下的超法规免责事由。

期待可能性理论在日本受到学界和判例的肯定,成为责任论的有力学说。但在期待可能性是积极的责任要素还是消极的责任要素问题上,日本学者间同样存在较大的争议。日本通说将无期待可能性(期待不可能性)作为超法规的阻却责任事由。例如川端博认为,责任能力与故意或过失合二为一,构成责任的原则型,故于责任能力与故意或过失存在的情形中,可期待行为人为适法行为时,大致可推定可非难其为违法行为者(原则型),唯于排除此种规定之具体情况存在时,即适法行为之期待可能性不存在时(例外型),形成无法对该行为人加以责任非难。因此,期待可能性之不存在,被视为系阻却责任事由。② 由此可见,这种观点采用了"原则—例外"这一类型构造,具有思考上的经济性与诉讼上的便利性。但也有学者主张将期待可能性作为积极的责任要素。例如大塚仁指出:把期待可能性视为消极的责任要素,这在思考经济上是应予注目的,但是,把责任故意、责任过失理解为责任的积极要素时,把存在期待可能性也解释为责任的积极要素才为妥当。而且,既然期待可能性不只是在责任的存否一面,而且在决定责任的轻重程度上也发挥着重要作用,把它仅仅视为消极的责任要素就不妥当。③ 在此,大塚仁提出了期待可能性应为积极的责任要素的两个理由:一是在与责任故意与责任过失并列的意义上,应当把期待可能性当作积极的责任要素。大塚仁所称责任故意与责任过失,讨论的实际上是违法性认识问题。既然违法性

---

① 参见[德]汉斯·海因里希·耶赛克、托马斯·魏根特:《德国刑法教科书(总论)》,徐久生译,603页,北京,中国法制出版社,2001。
② 参见[日]川端博:《刑法总论二十五讲》,余振华译,259~260页,北京,中国政法大学出版社,2003。
③ 参见许玉秀:《当代刑法思潮》,405~406页,北京,中国民主法制出版社,2005。

认识是作为积极的责任要素加以确立的,具有相同意义的期待可能性也应当作为积极的责任要素加以确立。但是,即使是在日本,通说也是将违法性认识错误作为责任阻却事由。在这种情况下,在与违法性认识相对应的意义上,期待可能性也是可以作为责任阻却事由的。二是期待可能性不仅决定责任之有无,而且决定责任之轻重。在决定责任之有无的意义上,把期待可能性作为责任阻却事由是可以的;但在决定责任之轻重的意义上,如果期待可能性是责任阻却事由,则难以解释。这里涉及定罪与量刑的相关性问题。犯罪成立的绝大多数要素对量刑是有影响的,例如违法程度、期待可能性程度,即使是构成要件的行为与结果的轻重大小,都是量刑时应当考量的因素。但定罪与量刑是两个不同的环节,定罪只考虑有无,量刑是在定罪的基础上考虑责任轻重。期待可能性在定罪时作为责任要素,以例外的形式出现,是一种责任阻却事由,这并不排除在量刑时,期待可能性程度较小,还可以作为刑罚减轻事由。因此,笔者认为,是将期待可能性作为积极的责任要素还是作为消极的责任要素,应当从责任的规范构造本身考量。

三

责任的规范构造,对于期待可能性的体系性地位的确定具有重要意义。责任的规范构造牵动犯罪论体系的结构,因而需要从犯罪论体系上进一步展开。

在犯罪成立条件中,存在积极的条件与消极的条件。这两种条件在犯罪论体系中的存在是具有合理性的。日本学者小野清一郎就曾经提出:这些被称为违法阻却原因和责任阻却原因的,也是被类型地、抽象地规定的东西,而且它属于刑法总则部分,是比刑法分则的构成要件更进一步抽象的东西。因此,在具体适用它们的时候,不能形式地、字面上地适用,仍然必须考虑它们的实体,具体、妥当地适用。至于它们的实体,说到底还是行为的违法性和行为人的道义责任。违法阻却原因无非是在行为没有违法性的场合,责任阻却原因无非是在行为人没有道义责任的场合,将其予以类型化的规定,或者说是从消极方面对违法性和道义责任予以规定的法律定型而已。就此而言,刑法分则的构成要件是可罚性不法的

积极构成要件；相反，违法阻却原因和责任阻却原因，可以说是总则性的、一般的消极构成要件。① 笔者以为，小野清一郎的以上论述对于犯罪论体系的理解是十分重要的。其涉及三层含义：一是构成要件与违法性、有责性的关系。小野清一郎认为，构成要件是违法并且有道义责任的行为类型，因此，构成要件是违法性和有责性评价的根据与前提。构成要件必然以肯定性的形式出现，并且是事实的要件。在这个意义上，否定消极的构成要件的概念。在小野清一郎看来，构成要件不能以消极的形式出现，但违法性与有责性可以以消极的形式出现；不存在消极的构成要件，但可以存在消极的违法性要件与消极的责任要件，这就是指违法阻却事由与责任阻却事由。小野清一郎指出：构成要件与违法阻却原因和责任阻却原因的关系是：前者是肯定违法性及道义责任的法律定型，后二者则是否定违法性及道义责任的法律定型。它们之间有着积极与消极的差异。② 在这个意义上说，构成要件具有对违法性与有责性的推定机能，违法阻却事由与责任阻却事由只不过是对推定的否定而已。二是违法阻却事由与责任阻却事由必然以正面的、积极的行为违法性和行为人道义责任的实体性存在为前提。在这个意义上说，违法阻却事由与责任阻却事由都不是纯粹的消极要件，它必然以积极的实体为前提。值得注意的是，小野清一郎的这一论述是以日本刑法第35条及以下几条的违法阻却原因和责任阻却原因为解释对象的。由于日本刑法是以否定性的形式加以规定的，因而在日本刑法理论上出现了消极的犯罪成立条件。但对于这些否定性的刑法规定，不能只作形式与字面的解读，而是应当揭示作为其前提的积极的、肯定性的实体。三是总则性规定与分则性规定的关系。违法阻却事由与责任阻却事由都是在刑法总则中规定的，因而在刑法总论中加以讨论即可。在刑法分则中规定的具体犯罪成立条件，是具有可罚性不法的积极构成要件。因此，在刑法各论中，对各种具体犯罪，只要讨论积极的构成要件，而无须涉及违法阻却事由和责任阻却事由等消极的犯罪成立条件。换言之，构成要件是积极的客观事

---

① 参见许玉秀：《当代刑法思潮》，41页，北京，中国民主法制出版社，2005。
② 参见上书，45页。

实与主观事实，在刑法分则中只要讨论具体犯罪的构成要件即可，至于消极的排除要件已经在刑法总论中讨论，在刑法各论中不再赘述。这也就是消极的犯罪成立条件所具有的思考上的经济性。与思考上的经济性同时呈现的还有诉讼上的便利性：积极的犯罪成立条件，即构成要件的客观要素与主观要素，是需要控方举证的。只要具备构成要件该当性，即可推定违法性与有责性的存在。而消极的犯罪成立条件，即违法阻却事由与责任阻却事由，是要求辩方举证的。只有辩方有效地证明违法阻却事由与责任阻却事由的存在，才能推翻控方基于构成要件该当性而对违法性与有责性的推定。因此，对犯罪成立条件采用积极的犯罪成立条件与消极的犯罪成立条件这样一种逻辑上的安排，笔者认为，是具有优越性的。

期待可能性作为责任的规范要素，是随着心理责任论到规范责任论的转变而被纳入责任之中的。如前所述，随着目的行为论的传播，传统责任论中主观心理要素被纳入构成要件，而责任越来越为规范要素所占据，这也使责任逐渐地非主观化。这里涉及故意与过失，尤其是故意在犯罪论体系中的地位问题，它与期待可能性的体系性地位是相关的，并且同时影响到责任的规范构造。关于故意在犯罪论体系中的地位，在日本刑法学界存在以下四种学说：一是构成要件要素说（违法类型说）。这基本上是目的行为论的观点，认为将违法行为定型化，即为构成要件，故若承认故意为违法要素，则其位置由违法性移至构成要件。二是承认构成要件故意与责任故意说（违法类型与责任类型说）。这种观点一方面把故意视为主观构成要件，另一方面又把故意视为责任要素。三是责任类型之主观构成要件要素说（责任类型说）。这种观点一方面将故意解释为责任要素，另一方面因构成要件亦为有责行为类型，故同时又把故意作为主观构成要件要素。四是责任要素说。这是心理责任论的观点，认为故意专属于责任，而不承认其与构成要件之关联性。[1] 从以上四种观点来看，第一种观点与第四种观点正好处于两个极端，而第二种观点与第三种观点大同小异，都是把故意既当作构成要件的主观要

---

① 参见［德］汉斯·海因里希·耶赛克、托马斯·魏根特：《德国刑法教科书（总论）》，徐久生译，51页，北京，中国法制出版社，2001。

素，又当作责任要素。上述关于故意在犯罪论体系中的地位的学说和期待可能性的体系性地位具有密切联系，例如，第一种学说把故意完全当作构成要件要素，则期待可能性在责任论中的地位受到高度重视；第四种学说把故意完全当作责任要素，则期待可能性在责任论中没有任何地位。从目前的情形来看，规范责任论已经深入人心，而期待可能性虽然在法律上没有明文规定，但在超法规的责任阻却事由的名义下仍顽强地存在，而责任论仍然有回归"责任是主观的"这一命题的迹象。

下面，笔者以四位日本学者的刑法体系书为例，来考察责任的构造。

1. 大塚仁

大塚仁认为，责任的要素包括以下三个方面：（1）作为主观的事情，可以举出的有责任能力，故意犯有对犯罪事实以外的与违法性相关联的事实表象和违法性的意识，过失犯有行为人在缺乏对它们的表象和意识上的不注意。（2）作为客观的事情，可以考虑的是存在适法行为的期待可能性。它影响到责任的存在、强弱，故被称为客观的责任要素（objektive Schuldelemente）。（3）关于责任的程度，也必须考虑的是与人格形成相关的行为人自身的内部事情和人格形成环境的意义。这种环境也是客观的责任要素。[1] 除把责任程度当作责任要素是大塚仁的独特之处以外，前两者实际上都是归责要素。因为大塚仁已经将心理性的故意与过失放在构成要件中讨论，在责任论中讨论的责任的故意与责任的过失实际上是违法性认识问题。尤其是大塚仁将期待可能性当作客观的责任要素加以确立，表明其对期待可能性的重视。

2. 大谷实

大谷实认为，责任的要素包括以下两个方面：（1）主观的责任要素。具有责任能力是前提，故意、过失以及违法性意识的可能性是主观的责任要素。另外，由于主观的责任要素中包括对行为决意有影响的全部事实，所以，行为的目的、动机、性格、人格也能成为责任要素。（2）客观的责任要素。行为之际，对合法

---

[1] 参见许玉秀：《当代刑法思潮》，381页，北京，中国民主法制出版社，2005。

行为的期待可能性有影响的客观事实，如盗窃时的贫困等伴随状况，也是客观的责任要素。行为人的成长经历等人格形成环境，只要对行为人的行为决定具有影响，也是客观的责任。[①] 值得注意的是，大谷实将心理性的故意、过失，一方面作为主观的构成要件，另一方面又作为责任要素。因此，大谷实所主张的责任故意与责任过失与大塚仁所称的责任故意与责任过失在内容上是完全不同的，因为违法性认识可能性在大谷实这里是一个独立的责任要素。另外，关于期待可能性，大谷实是采责任阻却事由说的，认为故意、过失是责任的原则要素，没有期待可能性是排除责任事由。

3. 野村稔

野村稔把责任看作是就违法行为而对行为者所施加的规范的非难，并且主张把故意或过失作为主观构成要件要素乃至主观性违法要素，从责任的范畴排斥到犯罪论体系中的违法部分，认为这样就能使责任作为非难可能性这一规范上的评价得到纯粹化。[②] 由此可见，野村稔的观点是较为极端的，是责任的彻底规范化与客观化。值得注意的是，在野村稔的犯罪论体系中，责任都是在消极的意义上展开的。对此，野村稔指出：责任的非难通过对行为者产生唤醒他规范意识的作用而能期待实现特殊预防，而作为来自规范的报应的非难针对行为者而唤醒他的规范意识。换言之，为了使施加于行为者的责任的非难具有意义，行为者就必须具有责任能力、对违法性的意识可能性以及对合法行为的期待可能性。但是，各个行为者也是法律共同体的一员，因此面向一般法律共同体成员所宣告的规范的非难（即宣告为非法）对各个行为者来说也是理所当然的、极为妥当的。从违法的非难可以推导出责任的非难，所以从犯罪论体系的角度来看，实际便产生了责任非难的阻却以及减少的问题。[③] 所以，在责任论中，野村稔讨论的是作为责任的阻却及减少事由的无责任能力、限定责任能力和违法性的意识不可能性以及对合法行为的期待不可能性。

---

① 参见〔日〕大谷实：《刑法总论》，黎宏译，237 页，北京，法律出版社，2003。
② 参见〔日〕野村稔：《刑法总论》，全理其、何力译，280 页，北京，法律出版社，2001。
③ 参见〔日〕大谷实：《刑法总论》，黎宏译，283～284 页，北京，法律出版社，2003。

4. 西田典之

西田典之认为，犯罪类型是由违法构成要件与责任构成要件相互组合而形成的。在判断责任有无的时候，首先判断是否具有作为责任类型化的责任构成要件该当性，然后再判断是否存在责任阻却事由。故意、过失等主观性要素，属于责任构成要件要素。责任能力是指遵照规范的要求进行意思决定的能力，因而是责任的前提，但刑法将其作为满足责任构成要件之时的例外责任阻却事由或责任减少事由。[1] 具有特点的是，西田典之是将违法性认识问题放在故意论中的错误论中讨论的。至于期待可能性，西田典之是将之作为超法规的责任阻却事由确立的，只是简略地论及。

以上四位日本学者在犯罪论体系上都采用构成要件该当性、违法性、有责性的三阶层体系，但在各个要件的内容安排上，尤其是责任的规范构造上，差别如此之大，令人诧异。这种理论上的各有所取、决不千篇一律，表明在犯罪论体系构造上的一种开放的学术态度。尽管在犯罪论体系的叙述形式上存在重大差异，但学者在一些基本理论上还是具有共识的，例如关于客观判断与主观判断的区别、关于形式判断与实质判断的区分、关于事实判断与价值判断的区分等，以及这些判断之间的位阶关系。正因为如此，才能在犯罪论体系上做到杂而不乱、异而有同。

我国的犯罪构成体系来自苏俄刑法学。在犯罪客体、犯罪客观方面、犯罪主体、犯罪主观方面的四要件的犯罪构成体系中，存在着的严重问题之一是事实判断与价值判断的混乱。事实判断包括行为事实与心理事实，而价值判断主要是指客观上的违法判断与主观上的责任判断。在我国刑法学中，价值判断不是表现为规范判断，而是往往表现为一种超规范的判断。违法判断成为社会危害性判断，责任判断则糅合在故意、过失的概念之中，难以离析。在这种情况下，没有形成科学、合理的犯罪构成体系，成为我国刑法学研究进一步深入发展的结构性障

---

[1] 参见［日］西田典之：《日本刑法总论》，刘明祥、王昭武译，162页，北京，中国人民大学出版社，2007。

碍。从期待可能性的体系性地位出发,应该对我国犯罪构成体系中的责任要件进行重构。笔者在《本体刑法学》和《规范刑法学》中,以罪体、罪责、罪量作为犯罪构成的基本架构。罪体与罪责的区分,基本上是客观构成要件与主观构成要件的区分。在罪责这一主观构成要件中,除以责任能力为责任要素以外,分别确立了两种责任形式,这就是故意责任与过失责任。作为一种责任形式,故意不仅是一种心理事实,而且包含着规范评价,由此形成统一的故意概念。故意分为心理构造与规范构造,将违法性认识与期待可能性作为故意的规范评价要素纳入其中。过失亦如此。① 在这一责任的构造中,除心理性故意与过失、规范性故意与过失融为一体以外,责任能力、违法性认识和期待可能性都是作为积极的责任要素出现的。现在,在《规范刑法学》(第二版)② 中笔者采用"原则与例外"的二元思维方式,在罪责构造中,故意、过失等心理事实是作为积极的罪责构成要素,而责任能力、违法性认识和期待可能性作为消极的罪责排除事由。责任无能力、违法性认识错误和期待不可能就是罪责排除事由的具体表述,在消极的意义上加以论述。具备罪责构成要素的,可以推定罪责的成立;但若存在责任无能力、违法性认识错误和期待不可能等事由的,则否定罪责的成立。对于罪责排除事由以及客观上的罪体排除事由,只在刑法总论中加以讨论。刑法各论对具体犯罪的讨论,只论及客观上的罪体构成要素与主观上的罪责构成要素。同样,对于控方来说,只要证明罪体构成要素与罪责构成要素即可,至于罪体排除事由与罪责排除事由的证明责任由辩方承担。这样,就可以实现思想上的经济性和诉讼上的便利性这两种价值,笔者以为是可取的。正是在这个意义上,期待不可能是一种辩护理由,以此确定期待可能性的体系性地位,也可以消除期待可能性会削弱刑法的一般预防功能的忧虑。

(本文原载《中国法学》,2008(5))

---

① 参见陈兴良:《本体刑法学》,331~365页,北京,商务印书馆,2001。
② 参见陈兴良:《规范刑法学》,北京,中国人民大学出版社,2008。

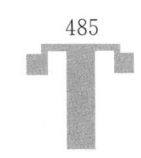

论犯罪的目的和动机及其两者关系

一

在心理学上，目的是指关于自己行为的趋向目标或对象的一种预见性的观念。犯罪目的是犯罪人的主观恶性的直接体现。它对于行为的性质具有决定性的意义。例如，正当防卫行为与犯罪行为的区别之一就在于行为人的目的是否正当，如系防卫挑拨，则不能被视为正当防卫，应以故意犯罪论处。关于犯罪目的存在的范围，我国刑法学界存在"通说"与"异说"之争。"通说"认为犯罪目的只存在于直接故意犯罪之中。"异说"则认为间接故意犯罪也存在犯罪目的，因而间接故意也被称为可能故意。其理由在于：行为人对危害结果发生的认识和心态有两种可能性，一种是可能产生，另一种是不可能产生，或说既有目的又没有目的、又希望又不希望，两种因素交错在一起。由此得出结论，间接故意具有不确定的目的。笔者对异说不能苟同，因为犯罪目的应该是确定的，尽管这种确定本身具有相对性，所谓不确定的目的是根本不存在的。更为重要的是，从犯罪学上来说，间接故意犯罪是一种连带性的犯罪。间接故意有三种形式：一是为了

追求某一犯罪结果而实施一种犯罪行为，同时放任该行为可能产生的另一犯罪结果的发生。对于由此行为与后一种结果构成的犯罪，犯罪人具有间接故意的心态。例如，采取投毒手段杀妻，明知幼儿可能中毒致死，因杀妻心切仍然投毒，致妻儿死亡。犯罪人对于妻子的死亡是直接故意的，对于幼儿的死亡却是间接故意。也即以杀妻为犯罪目的，连带犯罪，构成杀子的行为中，后者不存在犯罪目的。二是为了实现某一非犯罪的目的而实施某一行为时，明知自己的行为会发生犯罪结果，仍然实施这种行为，放任犯罪结果的发生。对于由这种行为构成的犯罪，犯罪人具有间接故意的心态。例如打猎，明知可能打中猎物旁边的人，因急于打中猎物，仍然开枪射击，以至于将人打死。在这一行为中，打猎是主行为，将人打死是由此行为派生出来的，是连带性犯罪。就打猎来说，行为人具有目的，但这并非犯罪目的。就杀人行为来说，则不存在犯罪目的。三是在突发性犯罪中，对同一对象实施犯罪，不计后果，放任严重犯罪结果的发生。例如，流氓在公共场合偶尔与人发生口角，拔出刀子就捅，死伤不计。如果致人死亡，就属于间接故意杀人。这种间接故意形式，其实就是第一种形式的变种。在这种情况下，犯罪人对人乱捅刀子，对于伤害是直接故意的，具有伤害的犯罪目的。如果没有发生死亡后果，就应以直接故意论处。但犯罪人对于乱捅刀子可能致人死亡是明知的，并且采取一种放任的态度，所以，在致人死亡的情况下，属于间接故意杀人。由于这是针对同一对象的犯罪行为，因而属于一行为触犯数罪名的想象竞合犯，按照从一重罪处罚的原则，应以间接故意杀人罪论处。在这种情况下，间接故意犯罪仍然没有犯罪目的。综上所述，间接故意犯罪虽然作为一种故意行为，有其犯罪的或者非犯罪的目的，但这种犯罪的或者非犯罪的目的是主行为所具有的，而作为连带性犯罪的间接故意犯罪不仅没有犯罪目的，而且没有非犯罪目的。这也正是间接故意犯罪在主观恶性上小于直接故意犯罪的重要原因之一。

二

在心理学中，动机是指推动人们行动的内在力量。一般来说，动机具有以下

三个功能：一是始发功能，它驱使一个人产生某种行为，即能引发行为；二是指向功能，它使行为趋向一定的方向；三是强化功能，它对行为起着保持和巩固的巨大影响。恩格斯指出："就单个人来说，他的行动的一切动力，都一定要通过他的头脑，一定要转变为他的意志的动机，才能使他行动起来……"[①] 恩格斯这一论述深刻地揭示了动机在人的行动中的重要性，对于我们理解犯罪动机具有指导意义。

在刑法理论中，犯罪动机就是激起和推动犯罪人实施犯罪行为的心理动因。犯罪动机产生于非法需要，犯罪动机是特殊的需要结构的体现。犯罪人产生犯罪动机，是因为具有一种反社会的消极的需要结构。这种需要结构是社会环境的消极因素和条件逐渐影响的后果：首先是改变个体原有的需要结构，使它逐步发生不良的变化，逐渐形成适应外界不良环境的倾向。而需要结构的改变，就会逐渐导致个体行为动机的演变，造成行为方面的变化。这种反馈作用又进一步影响个体需要结构的不良变化，促使反社会需要结构的真正形成，最终引起犯罪动机。犯罪动机进一步产生犯罪目的，犯罪目的则在一定条件下外化为犯罪行为。由此可见，犯罪动机与一般动机相比，其特殊性在于其是非法需要的产物，是与犯罪的目的、行为的产生和发展密切相关的，因而是犯罪人的主观恶性的重要表现之一。

犯罪动机对于直接故意犯罪来说具有十分重要的意义，这种意义主要体现在：一是促使犯罪发生。这就是所谓始发功能。人的任何行为都是有动机的，犯罪行为也不例外。没有犯罪动机的促使，犯罪行为就不可能发生。在这个意义上说，犯罪动机是促使犯罪人实施犯罪的内心起因。二是推动犯罪发展。犯罪动机不仅是促使犯罪人实施犯罪的内心起因，而且还是推动犯罪发展的内心动因。对于这一点，以前的刑法理论往往认识不足。正如我国刑法学界有人指出，传统刑法理论在解释犯罪动机时，都用了起因这个提法，从动机的实质来考虑，是含义不够完善的。因此，若从心理学角度对犯罪动机的概念加以修正，犯罪动机就是

[①] 《马克思恩格斯选集》，2版，第4卷，251页，北京，人民出版社，1995。

激起和推动犯罪人实施犯罪行为的心理动因。这个概念明确表明了犯罪动机是犯罪行为的动力性因素，使犯罪动机不易同产生犯罪的主观原因混淆起来，而且符合一般的动机概念，突出了犯罪动机是犯罪人的一个内在的心理过程。它不仅激起某种犯罪行为，而且使激起的某种犯罪行为继续保持下去，作用于实施某种犯罪行为的整个过程。笔者认为，这一观点是可取的。实际上，犯罪动机作为一种心理过程，在发起犯罪行为以后并没有立即消失，而是继续推动犯罪行为向犯罪结果运动，直接导致犯罪结果的发生。因此，犯罪动机反映了犯罪人主观恶性的程度，对定罪量刑都具有不可忽视的意义。

　　关于犯罪动机存在的范围，我国刑法学界也存在"通说"与"异说"之争。"通说"认为犯罪动机只存在于直接故意犯罪之中。异说认为，间接故意犯罪中，甚至过失犯罪中，都存在犯罪动机。我国刑法学界有人指出，间接故意犯罪和过于自信的过失犯罪的行为人，尽管不具有希望通过犯罪行为本身去导致危害结果发生的心理态度，不存在犯罪的目的，然而，他们对于自己的行为可能导致危害结果的发生都是有预见的。作为推动行为人实施犯罪行为的内心起因——动机，无论在直接故意犯罪或者间接故意犯罪和过于自信的过失犯罪中，都是存在的。笔者认为这种观点是难以成立的，关键理由在于：犯罪动机总是和犯罪目的紧密相连的，不存在犯罪目的，谈何犯罪动机。苏俄刑法学家斯·塔拉鲁欣认为存在两种动机：与犯罪目的相连的犯罪动机——这当然是指直接故意犯罪中的犯罪动机，与犯罪行为（作为或不作为）本身相连的犯罪动机——这就是间接故意犯罪和过失犯罪中的犯罪动机。我国刑法学界也有人将激起间接故意犯罪行为或者过于自信的过失犯罪行为本身的内心心理事实现为犯罪动机。例如，驾车逃亡的抢劫犯，明知违章高速行车可能造成行人伤亡，其之所以不计后果，决定高速行驶，是为了摆脱追捕，逃避抢劫的罪责。这就是推动他们间接故意实施杀、伤他人的犯罪行为的内心起因，即犯罪动机。这实际上是一种似是而非的理论。犯罪动机与一般的行为动机是两个不同的概念：一切行为，包括间接故意行为与过失行为，都具有动机，但这种动机并非犯罪动机。犯罪动机的质的规定性在于促使和推动犯罪行为，这里的犯罪行为本身就具有犯罪性质而不以犯罪结果的发生为

489

转移。间接故意犯罪和过失犯罪都属于结果犯,即以一定的犯罪结果发生为构成要件的犯罪,在该犯罪结果发生以前,就不能确定间接故意行为和过失行为具有犯罪性质。也就是说,间接故意犯罪和过失犯罪为连带性犯罪,其行为具有从属性。在这种情况下,促使和推动行为人实施主行为的动机,不能被视为犯罪动机。例如,打猎时间接故意将人打死,获取猎物只能是打猎的动机,而不是间接故意杀人的动机,否则,如果间接故意行为的犯罪结果没有发生,间接故意犯罪不存在,而促使和推动该行为的动机仍然存在,能否说它是犯罪动机呢?如果否认,那么,犯罪动机的性质就取决于行为的结果的性质,而这与动机理论显然是相违背的。根据动机理论:不是行为的结果决定动机,而恰恰相反,是动机决定结果。更为重要的是,犯罪动机是测定犯罪人的主观恶性程度的一个心理指数,只有能够说明犯罪人的主观恶性程度的心理事实才能成为犯罪动机。例如奸情杀人与义愤杀人,奸情与义愤这两个犯罪动机所反映的犯罪人的主观恶性是有所区别的。而在间接故意犯罪和过失犯罪的情况下,所谓动机并不反映犯罪人的主观恶性程度。例如,为投毒杀妻而间接故意杀子与为打中猎物而间接故意杀人,就间接故意杀人而言,主观恶性程度是有差别的,但这种差别本身与所谓动机没有关系。因此,间接故意犯罪与过失犯罪不存在犯罪动机。

三

犯罪的目的和动机的关系,是刑法理论中最为复杂的问题之一。无论是在刑事立法上还是在刑事司法中,这个问题都没有得到圆满解决。需要对犯罪的目的和动机的关系加以科学界定。

犯罪的目的和动机具有密切联系,这是一个不可否认的事实。这种联系主要表现在:犯罪的目的和动机都是犯罪人的内部心理活动,都是犯罪人的大脑对客观世界的一种主观反映。然而,犯罪的目的和动机毕竟是两种不同的心理现象,两者的区别也是明显的,主要表现在以下四个方面:第一,从心理过程的发展来看,犯罪动机形成在先,而犯罪目的的产生在后,犯罪动机是产生犯罪目的的原

因。第二，从意识的水平看，犯罪动机是一种比犯罪目的更内在、蕴藏更深的一种心理现象。行为人对自己的犯罪目的是一定意识到的，对犯罪动机则未必意识到。第三，从心理现象的内容看，犯罪动机与犯罪目的既可以是一致的，也可以是不一致的。第四，同一个犯罪动机可以体现在不同的犯罪目的中，而同一个犯罪目的也可以反映出不同的犯罪动机。

从理论上区分犯罪的目的和动机是容易的，但在实际生活中，要将两者区别则颇伤脑筋，犯罪目的与动机的转化问题更使这一问题扑朔迷离。笔者认为，在刑法中，犯罪的目的和动机是确定的，不存在互相转化的问题，因为刑法对各种犯罪都有具体规定，这种规定本身就使其犯罪目的确定化，不可能与犯罪动机发生转化。例如，盗窃罪的目的是非法占有他人财物，其动机则可以多种多样，无论如何，也不会发生犯罪的目的和动机的转化问题。在犯罪成立的情况下，认为犯罪的动机、目的和手段可以互相转化，实质上是否定它们的因果性和客观性，否定犯罪构成本身。

在犯罪的目的和动机关系上的困惑不仅来自理论，而且来自立法本身。我国刑法（1979 年）分则规定某些犯罪以法定的目的作为构成要件，刑法理论上称之为目的犯。例如，反革命罪必须以推翻无产阶级专政的政权和社会主义制度为目的，组织运送他人偷越国（边）境罪必须以营利为目的，破坏集体生产罪必须出于泄愤报复或者其他个人目的，等等。此外，还有些犯罪，刑法分则条文虽然没有规定构成该罪必须具备某种特定犯罪目的，但从司法实践中和刑法理论上看，必须具备某种特定犯罪目的才能构成该犯罪，此即所谓不成文的构成要件。我国刑法学界有人认为，对于尚未被立法成文化的事实上的目的犯，尤须注意。为免于犯罪认定发生困难，我国刑法有将这类不成文的目的犯成文化的必要。[①]但这样一来，这些所谓的目的犯就存在了两个目的，也有的人称之为双重目的。对此，我国刑法学界有人指出：犯罪目的虽然与犯罪的直接故意具有密切的联系，但是仍然存在着与作为犯罪目的所希望达到的结果不相同的情况，并且在这

---

① 参见陈立：《略论我国刑法的目的犯》，载《法学杂志》，1989（4）。

种情况下，犯罪目的并不是犯罪直接故意的内容。英国刑法理论把这种情况下的犯罪目的称为"潜在的故意"（further intention），以区别于可以成为直接故意内容的犯罪目的。我国刑法理论中目前还没有能够区别这两种犯罪目的的专门术语。但是我们不能不承认，在我国刑法规定的犯罪中，同样存在着这样两种略微不同的犯罪目的。① 还有人明确地将这两种目的分别称为一般犯罪目的与特定犯罪目的，一般犯罪目的是直接故意犯罪人实施犯罪行为希望达到的结果，特定犯罪目的则是超出故意内容所能包含的范围、独立于故意内容之外的目的。一般犯罪目的是所谓"外部行为单纯的意欲"，而特定犯罪目的是所谓"外部行为有意义的意欲"。两者的区别在于：第一，目的是否具有攻击性不同，特定犯罪目的属于主观目的，而一般犯罪目的是行为目的。第二，目的存在的时间不同，特定犯罪目的存在的时间长于一般犯罪目的的存在时间。从产生的顺序来看，先有特定犯罪目的，后有一般犯罪目的。② 这些论述是以刑法（1979年）的规定为根据的，在解释上不能说没有一定道理。但是，刑法（1979年）的规定本身是否正确？这个问题却鲜被考虑。如果刑法（1979年）规定本身是错误的，那么再解释也难以自圆其说。问题就在于刑法所标明的犯罪目的实际上是犯罪的动机。③ 这真是一语中的！以上关于一般犯罪目的与特定犯罪目的的区分，也证明所谓特定犯罪目的其实就是犯罪动机。首先，犯罪目的是与行为相联系的，而犯罪动机纯属内心的意欲。那些把犯罪动机称为特定犯罪目的的观点也正是将特定犯罪目的看作是与外部行为殊不相干的内心活动，一般犯罪目的则指向特定的对象和客体，是一种行为目的。其次，犯罪动机是产生犯罪目的的原因，从时间顺序来说，也是先有犯罪动机后有犯罪目的。这一切都充分地证明：刑法规定的目的犯之所谓目的，就是犯罪动机。

我国刑法之所以将犯罪动机规定为犯罪目的，除在一定程度上受苏联刑事立法的影响以外，一个十分重要的原因是没有科学地区分犯罪的目的和动机。刑法

---

① 参见张智辉：《我国刑法中的流氓罪》，19～20页，北京，群众出版社，1988。
② 参见陈立：《略论我国刑法的目的犯》，载《法学杂志》，1989（4）。
③ 参见余欣喜：《犯罪动机应是犯罪构成的选择要件》，载《西北政法学院学报》，1988（1）。

上的这些规定，给司法实践和刑法理论带来一系列问题。其一，犯罪未得逞的标准难以贯彻。我国刑法（1979 年）第 20 条明确把犯罪未得逞规定为犯罪未遂的特征之一。从语义上说，犯罪未得逞是指犯罪目的没有实现。而得逞与否纯粹是一个主观问题，在所谓目的犯即将犯罪动机规定为犯罪目的的场合，这一标准难以贯彻，例如，刑法（1979 年）第 168 条规定赌博罪必须以营利为目的，那么如果没有营利，是否属于犯罪未遂呢？显然不是。因此，在这种情况下，犯罪未得逞认定标准上的目的说就难以成立，这实际上不是因为目的说本身存在缺陷，而是因为刑法将犯罪动机规定为犯罪目的。其二，犯罪认定上发生困难。例如，我国刑法（1979 年）第 90 条规定，构成反革命罪，必须具有反革命目的。但在实际生活中，有些明显的反革命犯罪行为未必具有反革命目的。例如，组织越狱罪要求反革命目的，难免牵强附会。还有些反革命罪，例如反革命杀人罪，反革命实际上是动机，将人杀死才是目的。刑事立法规定目的犯的意图是以一定的目的作为划分罪与非罪的界限，缩小打击面。这一立法意图是可取的。但这些规定违背犯罪的目的与动机相互关系的心理学原理，因而引起不必要的歧义。因此，合乎逻辑的做法应该是将刑法中的目的犯改为动机犯，将犯罪动机作为犯罪构成的选择要件。至于反革命目的应予废除，在我国刑法学界几成通说，在此不赘述。

综上所述，犯罪的目的和动机的关系是一个对刑事立法与刑事司法都具有重大关系的问题，应当在心理学的一般原理的指导下，予以科学的界定。

（本文原载《法学杂志》，1991（4））

"应当知道"的刑法界说

在我国刑法及司法解释中,"应当知道"(也称"应知"或者"可能知道")是一个界定行为人之主观罪过形式的法律术语。近年来在有关司法解释中采用该语的频率颇高。那么,"应当知道"想要表达的是什么意思?这一意思果真得到了妥帖的表达吗?这是值得研究的问题。本文拟对我国刑法和司法解释中关于"应当知道"(包括"应知")的规定,从法理上略加探讨。

在我国1979年刑法中,并未使用"应当知道"一语。首次使用该语的是1997年刑法第219条关于侵犯商业秘密罪的规定。刑法第219条第2款规定:"明知或者应知前款所列行为,获取、使用或者披露他人的商业秘密的,以侵犯商业秘密论。"*这里有"明知或者应知"一语,其中"应知"就是"应当知道"。值得注意的是,在此,"明知"与"应知"是并列关系。"明知"是指故意,对此在刑法理论上并无异议,因为我国刑法关于犯罪故意的规定就是以"明知自己的行为会发生危害社会的结果"为其认识因素的。那么,"应知"究竟是指故意还是过失呢?对此,我国刑法理论上存在争议。第一种观点认为,"应知"是指故

---

* 刑法修正案(十一)将该款中的"或者应知"去掉了。——编辑注

意，因此侵犯商业秘密罪的罪过形式只能是故意而不包括过失。这种观点认为该罪在主观方面表现为故意，在行为人实施该条第 1 款第 1 项至第 2 项所规定的行为的情形下，行为人主观上只能是故意。行为人在实施该条第 2 款规定的行为时，其主观上是（推定的）故意，即行为人在明知他人是非法获取、披露、使用、允许他人使用商业秘密的情形下，仍然获取、使用或者披露该商业秘密的，就属于在明知情形下的故意行为。行为人应知他人是非法获取、披露、使用、允许他人使用商业秘密但仍然获取、使用或者披露该商业秘密，即在应知的情形下仍然侵犯商业秘密的，推定其具有故意。[1]第二种观点则认为，"应知"是指过失，因此侵犯商业秘密罪的罪过形式既可以是故意又可以是过失。这种观点认为，该罪在主观方面一般是故意，少数情况下是过失。侵犯商业秘密的犯罪行为多数由故意构成，如该罪第 1 款规定的犯罪行为。其中，有的行为只能由故意构成，如以盗窃、利诱、胁迫或者其他不正当手段获取权利人的商业秘密的行为，以及行为人违反约定或者违反权利人有关保守商业秘密的要求，披露、使用或者允许他人使用其所掌握的商业秘密的行为；有的行为既可以由故意构成，又可以由过失构成，如行为人明知或应知该条第 1 款所列行为，而仍获取、使用或者披露他人的商业秘密的行为，其中，在"应知"的情况下，构成该罪的，则是一种过失犯罪。[2] 值得注意的是，我国学者虽然认为侵犯商业秘密罪的罪过形式包括过失，但对这种立法例进行了批评，指出：《反不正当竞争法》（1993 年）第 10 条第 2 款*将应知的行为与明知的行为同等对待是适当的，因为在私法理论上，承担民事责任大小一般不受过错程度影响，行为人不论是出于故意还是过失，都要负相应的民事责任。但是，在刑法领域，行为人的主观恶性程度对刑事责任的有无和大小都有很重要影响，将故意与过失同等看待是不合适的。因此，对于过失侵犯商业秘密的，在追究刑事责任时，应当从严把握：一方面，行为人主观上有重大过失；另一方面，侵权行为造成特别重大损失时，才应追究行为人

---

* 2017 年修订时变更为第 9 条第 3 款。——编辑注
[1] 参见陈兴良主编：《刑法学》，592 页，上海，复旦大学出版社，2003。
[2] 参见高铭暄主编：《新型经济犯罪研究》，841～842 页，北京，中国方正出版社，2000。

的刑事责任。①

上述对"应知"的理解尽管存在重大差别,但由于基于"应知"而追究刑事责任的情形十分罕见,因而对司法实践并无影响。但刑法关于"应知"的规定提出了一个重大问题:它所指称的行为人的主观心理状态到底是故意还是过失?

如果说,对于刑法第 219 条第 2 款规定的"应知"到底是指故意还是指过失,在我国刑法理论上存在重大争议,那么,对于司法解释中规定的"应当知道"在刑法理论上均认为是指故意的情形,并无争议。据笔者统计,司法解释中规定"应当知道"一词的有以下情形(以颁布时间为序):

第一,1998 年 5 月 8 日最高人民法院、最高人民检察院、公安部、国家工商行政管理局《关于依法查处盗窃、抢劫机动车案件的规定》第 17 条规定:本规定所称的"明知",是指知道或者应当知道。有下列情形之一的,可视为应当知道,但有证据证明确属被蒙骗的除外:(1)在非法的机动车交易场所和销售单位购买的;(2)机动车证件手续不全或者明显违反规定的;(3)机动车发动机号或者车架号有更改痕迹,没有合法证明的;(4)以明显低于市场价格购买机动车的。值得注意的是,不同于刑法第 219 条第 2 款的规定,在这一司法解释中,应当知道是与知道并列的,两者均属于明知。因此,应当知道是明知的一种情形。显然,这里的应当知道属于推定的明知。该司法解释还规定了推定的基础事实,并且规定这种推定是可反证的,有反证即可推翻这一推定。

第二,2000 年 11 月 22 日发布的最高人民法院《关于审理破坏森林资源刑事案件具体应用法律若干问题的解释》第 10 条规定:刑法第 345 条规定的"非法收购明知是盗伐、滥伐的林木"中的"明知",是指知道或者应当知道。具有下列情形之一的,可以视为应当知道,但是有证据证明确属被蒙骗的除外:(1)在非法的木材交易场所或者销售单位收购木材的;(2)收购以明显低于市场价格出售的木材的;(3)收购违反规定出售的木材的。这也是对推定的故意的规定——为司法实践认定故意提供了法律根据。

---

① 参见王作富主编:《刑法分则实务研究》(上),760~761 页,北京,中国方正出版社,2001。

第三，2001年6月11日最高人民检察院《关于构成嫖宿幼女罪主观上是否需要具备明知要件的解释》规定："行为人知道被害人是或者可能是不满十四周岁幼女而嫖宿的，适用刑法第三百六十条第二款的规定，以嫖宿幼女罪追究刑事责任。"这一司法解释明确规定嫖宿幼女罪应以明知被害人是不满14周岁的幼女为条件，并且将"明知"规定为知道是或者可能是。这一表述可以被理解为"知道或者可能知道"，因而其含义等同于"知道或者应当知道"。司法解释制定者指出，这里的"行为人知道被害人可能是不满十四周岁幼女"，是指行为人根据被嫖宿对象的情况，知道被自己嫖宿的对象可能是幼女。① 由此可见，"知道可能是"实际上就是根据具体情况所作的一种推断，因而仍然具有司法推定的性质。

第四，2002年7月8日最高人民法院、最高人民检察院、海关总署《关于办理走私刑事案件适用法律若干问题的意见》第5条第2款规定，走私主观故意中的"明知"是指行为人知道或者应当知道所从事的行为是走私行为。具有下列情形之一的，可以认定为"明知"，但有证据证明确属被蒙骗的除外：（1）逃避海关监管，运输、携带、邮寄国家禁止进出境的货物、物品的；（2）用特制的设备或者运输工具走私货物、物品的；（3）未经海关同意，在非设关的码头、海（河）岸、陆路边境等地点，运输（驳载）、收购或者贩卖非法进出境货物、物品的；（4）提供虚假的合同、发票、证明等商业单证委托他人办理通关手续的；（5）以明显低于货物正常进（出）口的应缴税额委托他人代理进（出）口业务的；（6）曾因同一种走私行为受过刑事处罚或者行政处罚的；（7）其他有证据证明的情形。该司法解释同样为明知的推定规定了基础事实，因而"应当知道"可以被理解为是一种推定的故意。

第五，2003年12月23日最高人民法院、最高人民检察院、公安部、国家烟草专卖局《关于办理假冒伪劣烟草制品等刑事案件适用法律问题座谈会纪要》第2条第2款规定："明知"是指知道或应当知道。有下列情形之一的，可以认定

---

① 参见张穹主编：《解读最高人民检察院司法解释》，384页，北京，人民法院出版社，2003。

为"明知":(1)以明显低于市场价格进货的;(2)以明显低于市场价格销售的;(3)销售假冒烟用注册商标的烟草制品被发现后转移、销毁物证或者提供虚假证明、虚假情况的;(4)其他可以认定为明知的情形。这一司法解释也采用推定方法来认定"明知"。

第六,2004年12月8日发布的最高人民法院、最高人民检察院《关于办理侵犯知识产权刑事案件具体应用法律若干问题的解释》第9条第2款规定,具有下列情形之一的,应当认定为属于刑法第214条规定的"明知":(1)知道自己销售的商品上的注册商标被涂改、调换或者覆盖的;(2)因销售假冒注册商标的商品受到过行政处罚或者承担过民事责任,又销售同一种假冒注册商标的商品的;(3)伪造、涂改商标注册人授权文件或者知道该文件被伪造、涂改的;(4)其他知道或者应当知道是假冒注册商标的商品的情形。这里对明知的规定,都属于对应当知道的推定。

从以上叙述来看,刑法第219条第2款规定的"应知"往往被理解为过失,而司法解释将"应当知道"规定为明知,因而构成故意。在这两者之间存在重大差异。由此而使我们反思:将刑法第219条第2款关于"应知"的规定理解为过失正确吗?笔者的答案是否定的。之所以理解为过失,是将"应知"("应当知道")与疏忽大意过失中的应当预见对比而得出的结论。例如我国学者指出:现行刑法典第219条第2款规定:"明知或者应知前款所列行为……"也就是说,行为人可以是基于明知而故意犯罪,也可以是基于应知但由于疏忽大意而未知,从而实施了犯罪行为。[①] 这里涉及刑法关于疏忽大意过失的规定。刑法第15条第1款规定:应当预见自己的行为可能发生危害社会的结果,因为疏忽大意而没有预见,以致发生这种结果的,是过失犯罪。因此,在刑法理论上将疏忽大意过失称为无认识的过失,其特征就是应当预见而没有预见。在这种情况下,应当预见是预见义务与预见能力的统一:预见义务是有义务预见,预见能力是有可能预见。基于对疏忽大意过失的这种认识,"应知"也就被理解为是以不知为前提的,

---

① 参见赵秉志、田宏杰:《侵犯知识产权犯罪比较研究》,338页,北京,法律出版社,2004。

虽然不知但可能知道，以此表明行为人的主观心理状态是过失。笔者认为，对"应知"或者"应当知道"作如上理解，确实有其语言学上的根据。但实际上立法者并不是在过失意义上使用"应知"一词的，它的真实含义应当是指推定知道。由于刑法第219条将"应知"与"明知"相并列，将"应知"误解为过失也就是十分自然的了。及至司法解释，以"知道"或者"应当知道"（也有个别场合称为"可能知道"）诠释明知。显然，这里的"应当知道"也就不再是过失而是故意。对此已经没有疑问。但以"应当知道"来表述推定的故意，在用语上是否恰当，仍然是一个值得推敲的问题。

在以往关于奸淫幼女罪（现已取消该罪名，并入强奸罪）是否以明知为条件的讨论中，我国学者中有主张要明知的，也有主张不要明知的。在主张明知的学者中又有人对明知进一步解释，认为明知不等于确知，明知包括知道或可能知道。从可能知道又引申出奸淫幼女罪可以由间接故意构成的观点，即明知对方可能是幼女而与之发生性关系，放任奸淫幼女的后果发生。① 有的学者甚至得出结论：奸淫幼女也可以由过失构成，即行为人主观上没有认识到被害人是幼女，但只要给以应有的注意，就可能认识到被害人是幼女，而对之实施奸淫行为，也就是对是不是幼女存在着疏忽大意的过失。② 实际上，只要明知是幼女而奸淫的，就是直接故意，因而不能把可能知道是幼女解释为间接故意或者过失。间接故意奸淫幼女的观点之所以不能成立，原因就在于对是否为幼女的放任与是否为奸淫的结果的放任是有所不同的。前者是一个认识问题，后者是一个意志问题。而过失奸淫幼女的观点之所以不能成立，原因就在于可能知道并不等同于不知道。可能知道仍然是知道的一种情形，即推定知道。2003年1月17日发布的最高人民法院《关于行为人不明知是不满十四周岁的幼女，双方自愿发生性关系是否构成强奸罪问题的批复》中，明确规定奸淫幼女构成强奸罪应以明知是不满14周岁的幼女为条件。最高人民法院研究室负责人指出，批复中的明知是"知道或应当

---

① 参见张明楷：《犯罪论原理》，266页，武汉，武汉大学出版社，1991。
② 参见马克昌：《刑法理论探索》，209页，北京，法律出版社，1995。

知道"①。对此，笔者曾经作过以下评论："不能将应当知道解释为明知的表现形式，应当知道就是不知，不知岂能是明知。实际上，在应当知道这一用语中，人们想要描述的是一种不同于确切地知道的认识状态，这种认识状态我认为应当定义为推定知道。"② 因此，笔者认为，"应知"或者"应当知道"指的都是明知，因而属于故意的范畴，但"应当知道"容易被误解为不知，由此被认为是疏忽大意的过失。为此，应当引入推定故意的概念。

推定故意是相对于现实故意而言的。现实故意是指有证据证明的故意，而推定故意是指没有证据能够直接证明，但根据一定的证据可以推定行为人具有某种故意，行为人如果否认自己具有此种故意，必须提出反证。我国学者认为，犯罪故意的推定有两类：一类称一般故意的推定，即以假定为前提，只要行为人对客观事实认识无误，就表明行为人具有社会危害意识，存在故意的心理。另一类称证明故意的推定，即以证明为基础，从客观事实出发，推断行为人主观心理的故意内容。③ 由此可见，推定故意是证明故意推定的肯定性结果，因而它也是故意的一种特定类型。

在我国以往司法实践中，对犯罪事实的认定往往重视对客观事实的认定而忽视对主观事实的认定。这里的犯罪客观事实，是指以行为为中心而存在的犯罪客观形态。而犯罪主观事实，是指以认识与意志等心理内容为中心而存在的犯罪主观形态。实际上，客观事实与主观事实之间的关系是十分复杂的。在有些情况下，客观事实可以直接反映主观事实，因此只要客观事实得到认定，主观事实不证自明。例如，在违反妇女意志强行与之发生性关系的情况下，只要强行性行为的事实客观存在，主观上的强奸故意是无须另行证明的。而在另一些情况下，客观事实相同，主观罪过形式不同，因而可能构成不同的犯罪。例如，都是客观上致人死亡，如果主观上是故意，就应定故意杀人罪；主观上是过失的，就应定过失致人死亡罪。因此，主观事实是客观事实之外另需证明的。至于在目的犯等情

---

① 《注解司法解释》，新华社北京 2003 年 1 月 23 日电讯。
② 陈兴良主编：《中国刑事司法解释检讨》，144 页，北京，中国检察出版社，2003。
③ 参见姜伟：《犯罪故意与犯罪过失》，211 页，北京，群众出版社，1992。

况下，目的这一主观违法要素更需独立地加以证明。在此，就提出了一个主观事实的证明问题。主观事实表现为行为人的主观心理状态，它不像客观事实那样具有外在形态，可以加以证明，因而主观事实的认定较之客观事实的认定是更为困难的。在有些情况下，主观事实是有其他证据证明的，例如对幼女年龄的明知，有证人证实告诉过行为人幼女的实际年龄，对此行为人也承认。对此，对幼女年龄的明知就是有证据证明的。但在另外一些情况下，主观事实是没有证据直接证明，因而需要推定的。这里涉及司法推定这样一种司法技术。司法推定是间接地证明行为人和某种主观事实存在的法律方法，因而推定是可反证的。如果反证成立，推定结论即可被推翻。在司法推定的适用中，为保证推定结论的正确性，关键是应当科学地确定推定的基础事实。只要基础事实与推定结论之间具有高度相关性，推定结论就具有可靠性。为避免司法推定中发生错误，司法推定的基础事实应当由法律或者司法解释加以确认。在此存在一个司法推定的基础事实的法定化问题。在实现了司法推定的基础事实法定化以后，司法者的任务只是查明基础事实的存在，至于推定过程，已经由法律或者司法解释完成。例如，对于销售假冒注册商标的商品罪之明知的推定，2004年12月8日发布的最高人民法院、最高人民检察院《关于办理侵犯知识产权刑事案件具体应用法律若干问题的解释》明文规定了三种推定的基础事实，查明其中之一的，即可认定行为人主观上具有自己销售的是假冒注册商标的商品之明知，除非行为人能够提出反证。当然，上述司法解释还规定了"其他知道或者应当知道是假冒注册商标的商品的情形"。这是对司法推定的基础事实的一种空白性规定，授权司法者根据案件的具体情况确定司法推定的基础事实。从近年来司法解释的规定来看，对主观事实推定的基础事实的规定越来越完善。除本文所讨论的明知的推定以外，还有对目的犯的目的的推定等。这都是值得充分肯定的，也是司法解释发展的一个方向。当然，在这些规定中，也存在用语是否妥当的问题，需要探讨，"应当知道"即是一例。根据笔者的研究，刑法第219条中的"应知"就已经引起是过失的误解。此后司法解释中频繁出现的应当知道虽然已被明确规定为明知的一种情形，因而不至于被误解为过失，但"应当知道"是以不知为逻辑前提的，在法律用语上不尽贴

切。因此，笔者建议摈弃"应当知道"一语，代之以"推定知道"，以此作为推定故意的认识因素。

(本文原载《法学》，2005（7））

论无罪过事件的体系性地位

我国刑法第 16 条规定：行为在客观上虽然造成了损害结果，但是不是出于故意或者过失，而是由于不能抗拒或者不能预见的原因所引起的，不是犯罪。我国早期的刑法教科书将刑法的这一规定称为意外事件。[①] 此后，我国学者姜伟指出：不可抗力的行为人往往认识到自己的行为将发生危害社会的结果，只是无法避免。对这种意料之中的事件称为意外事件显然是不贴切的。其实，意外事件和不可抗力可以统称为无罪过事件，应该分别加以说明。[②] 应该说，这一论述是言之有理的，后来成为我国刑法学界的通说。现在，我国刑法教科书大多均将意外事件与不可抗力通称为无罪过事件。

一、意外事件与不可抗力

在我国刑法理论上，故意或者过失是犯罪成立的主观要件，把无罪过事件作为不具有故意或者过失，因而不构成犯罪的排除事由，从正反两个方面确认了我

---

① 参见高铭暄主编：《刑法学》，154～155 页，北京，法律出版社，1982。
② 参见姜伟：《犯罪故意与犯罪过失》，338～339 页，北京，群众出版社，1992。

国刑法中的罪过原则。这一结论，从刑法第 16 条关于无罪过事件的规定看，是具有法律根据的。然而，从法理上看，这一结论尚存在可推敲之处。笔者认为，对于意外事件来说，是一个不存在故意或者过失的问题，属于罪责的消极事件。但对于不可抗力来说，并不是一个主观的问题，而是不存在行为的问题，属于罪体的消极要件。因此，对于意外事件应在罪责中予以讨论，对于不可抗力则应在罪体中予以讨论。

意外事件是由不能预见的原因所引起的，因而在理解意外事件的时候，关键是要正确地界定不能预见的原因。这里的不能预见是指没有预见，并且不可能预见。其中，没有预见是结果，不可能预见是原因。因此，在一个具体案件中首先应当查明是否预见，如果已经预见到危害结果的发生，那就可能构成故意或者过于自信的过失，而不可能是意外事件。在确认没有预见的基础上，进一步追问是否能够预见，如果确实不能预见，就构成意外事件；如果能够预见，则构成疏忽大意的过失。在我国刑法理论上，一般将不能预见的原因分为以下情形[①]：（1）突发性的自然灾害、技术故障，如司机照章行车，至人行过道处踩刹减速停车，但刹车因故障突然失灵酿成重大事故；（2）被害方的过错行为，如被害人违反交通规则，骑自行车时搭机械车辆上坡，以致发生交通事故；（3）人体内部的潜在性疾病，如患有严重脑血管病的人与他人争吵、推搡，因气愤、激动致脑血管破裂，发生死亡的结果；（4）日常生活中的偶发事件，如到他人家吃喜酒时误将他人室内桌上用葡萄酒瓶装的无水钠即烧碱当葡萄酒分给同桌客人喝而导致伤亡事故发生。从以上列举的不能预见的原因来看，如果能够预见这些情形，是可以避免结果发生的。因此，意外事件纯粹是一个主观上是否具有过失的问题。因此，在罪责的构成要素中讨论意外事件是合适的，因为它所涉及的是故意或者过失是否存在的问题。

当然，关于意外事件在刑法中的体系性地位，也并非没有争议。例如《意大利刑法典》第 45 条对意外事件（il caso fortuito）作了规定，明文规定因意外事

---

① 参见赵廷光主编：《中国刑法原理》（总论卷），361 页，武汉，武汉大学出版社，1992。

件而实施行为的，不受处罚。但在刑法理论上，意大利学者认为"意外事件"在刑法体系中一直是一个"无家可归的流浪者"，因为它在刑法体系中究竟属于何种范畴，刑法学界从来没有定论。在意大利刑法学界，关于意外事件的体系性地位主要存在以下三种观点：第一种观点主张意外事件应属于因果关系研究的问题。第二种观点认为意外事件应属于研究行为是否出于主体意志与意识时所探讨的范畴。第三种观点，也是占统治地位的观点，认为意外事件是从一个侧面界定过失的标准，因为意外事件就等于"不可预见性"[①]。由此可见，对于意外事件在刑法体系中的地位是存在较大争议的，这个问题主要涉及过失行为、过失犯的因果关系以及过失的心理内容等重大理论问题。一般而言，过失行为主要表现为注意义务的违反，也就是对某一结果缺乏预见。就此而言，意外事件与过失行为具有共同性，因而难以在行为范畴内排除意外事件。至于因果关系，在主张条件说的情况下当然会肯定意外事件情形下存在因果关系。即使是主张相当因果关系，基于社会一般人的经验法则的判断也会肯定意外事件是存在因果关系的。因此，将意外事件看作是因不能预见而排除过失的情形，在刑法理论上是可以被接受的。

  不可抗力是由不能抗拒的原因所引起的，因而在理解不可抗力的时候，关键是要正确地界定不可抗拒的原因。我国刑法学界一般认为，所谓不可抗力，是指在特定的场合下，非人力所能抗拒的力量。它包括自然力和非自然力的强制。自然力通常有：（1）机械力量；（2）自然灾害；（3）动物的侵袭；等等。非自然力主要是指人力的作用。由于这些自然力和非自然力的强制与作用，行为人对损害结果的发生无能为力，不能加以阻止或排除。例如，铁路扳道工被歹徒捆绑，不能履行扳道职责，致使列车相撞，造成重大事故。扳道工对于自己不履行扳道义务的作为会导致事故发生，在主观上是有所预见的，但因身体受到外力强制，不能履行扳道叉的义务，不是由其本意决定的，而是由不可抗力决定的，所以不认

---

  ① ［意］杜里奥·帕多瓦尼：《意大利刑法学原理》（注评版），陈忠林译评，225～226页，北京，中国人民大学出版社，2004。

为其行为是犯罪,其不负刑事责任。① 从以上论述来看,不可抗力,无论是自然力还是非自然力,都涉及是否具有构成要件该当的行为的问题,没有行为,当然也就没有故意或者过失。但其出罪的根据,应该是无行为而非无罪过。

二、各国对行为的不同理解

在大陆法系刑法理论上,无论是因果行为论、社会行为论还是目的行为论,都强调行为本身所包含的意志因素,即有意性。例如,贝林把行为界定为有意的身体举止(有意行为)。贝林指出:行为的主观(心理)方面,是对活动身体或不活动的意志(有意性)。在此意义上的意志,是人们对其身体的支配,是一种自我决定,这种意志引起了肌肉的紧张,或者使肌肉无所作为。② 此外,李斯特也指出:行为的概念首先以意思活动(Willensbestaetigung)为先决条件(行为是具体化了的意思)。每一个任意行为都是意思活动,也就是说,每一个行为都是由人的思想所决定的,与机械的或生理上的强制无关。因此,在痉挛状态下损害他人财物,因昏厥而使其履行义务受阻,因绝对的不可抗力而迫使其主动地或被动地行为的,均不是(刑法意义上的)行为。③ 由于在《德国刑法典》中没有关于不可抗力和强制的规定,因而在德国刑法理论上,在不可抗力的情形下的举止,从刑法中的行为中被排除出去。当然,如何理解这里的有意性,在刑法理论上是存在争议的。

日本学者野村稔认为:作为行为性的要件,在现实的意思决定的意义上要求有意性实属过分。在可能予以规范的控制的意义上,对行为的意思支配可能性是必要的,只要具备这一条件就足够了。因此,野村稔主张以意思支配的可能性取代有意性。但无论如何,日本学者是承认行为概念中包含意思的要素。野村稔指

---

① 参见赵廷光主编:《中国刑法原理》(总论卷),365~366页,武汉,武汉大学出版社,1992。
② 参见[德]贝林:《构成要件理论》,王安异译,65页,北京,中国人民大学出版社,2006。
③ 参见[德]李斯特:《德国刑法教科书》(修订版),徐久生译,177页,北京,法律出版社,2006。

出：将意思要素从行为概念中完全排除是不恰当的。如果将意思要素从行为概念中排除，那么单纯的反射运动、无意识的行动、受到绝对强制的行动，也会被当作违法行为，因而导致仅仅因缺乏责任要素而不构成犯罪这样不当的结论。[①] 显然，野村稔认为，在不可抗力下的举止并非缺乏责任要素而不构成犯罪，而是因为缺乏行为要素而不构成犯罪。

在苏俄及我国刑法理论上，行为的有意性也是被承认的。例如，特拉伊宁指出：在刑法设定的范围内，表明行为特性的意识这个特征，具有特殊的意义。在不可抗拒的身体强制下作某种动作的人，他的这种动作也不是刑法意义上的行为。[②] 在苏俄刑法典中，一直没有关于无罪过事件的规定，直至1996年的《俄罗斯联邦刑法典》第28条才对无罪过造成损害作了规定：（1）如果实施行为的人没有意识到而且根据案情也不可能意识到自己行为（不作为）的社会危害性，或者没有预见而且根据案情也不应该预见到或者不可能预见到可能发生危害社会的后果，则该行为被认为是无罪过的行为。（2）如果实施行为的人尽管预见到自己行为可能发生危害社会的后果，但由于其生理心理素质不符合极度异常条件的要求或者不适应精神心理过重负担而未能防止这种后果发生，其行为也是无罪过行为。这里的无罪过造成损害和我国刑法中的无罪过事件是不同的，它只是相当于我国刑法中的意外事件，但并不包括我国刑法中的不可抗力。值得注意的是，《俄罗斯联邦刑法典》在第八章"排除行为有罪性质"的情节中专门对身体或心理受到强制作了规定。该法典第40条规定：（1）如果一个人由于身体受到强制而不能控制自己的行为（不作为），则由于身体受到强制而对受刑法保护的利益造成损害的，不是犯罪。（2）由于心理受到强制而对受刑法保护的利益造成损害，以及由于身体受到强制，但一个人仍可能控制自己行为时而对上述利益造成损害，其刑事责任问题应考虑本法典第39条的规定予以解决。在此，该条第1款规定的是身体受到强制的不可抗力，第2款规定的是精神受到强制的情形。法

---

① 参见〔日〕野村稔：《刑法总论》，全理其、何力译，122～123页，北京，法律出版社，2001。
② 参见〔苏〕А. Н. 特拉伊宁：《犯罪构成的一般学说》，王作富等译，111～112页，北京，中国人民大学出版社，1958。

律规定对此考虑是否符合紧急避险（第39条的规定）予以解决。虽然《俄罗斯联邦刑法典》对身体强制的不可抗力作了专门规定，但从逻辑上来说，这是一个行为的构成问题。俄罗斯学者在对刑法中的行为进行分析时明确指出：在不可抗力条件下——非常自然情况（地震、江河泛滥、森林火灾）或人为造成的环境中（事故、颠覆、剥夺自由）也没有选择行为的自由。例如，医生由于救护车事故未能及时赶到病人那里，没能给病人提供救助的，也不是行为。同样，身体受到强制的人不具有选择的自由，也不具有刑法意义上的行为。①

由于《俄罗斯刑法典》对意外事件与不可抗力是分别加以规定的，其在刑法理论体系中分别具有不同的归属当然是合乎法理的，但和我国刑法极为相似的是《意大利刑法典》第45条对意外事件或者不可抗力作了规定："因意外事件或者不可抗力而实施行为的，不受处罚。"此外，其第46条还对身体强制作了规定："因遭受他人采用的、不可抵抗的或者不能以其他方式避免的暴力而被迫实施行为的，不受处罚。在此种情况下，采用暴力的人对受强迫者实施的行为负责。"意大利刑法理论一般认为身体强制也是一种不可抗力，属于广义上的不可抗力。尽管《意大利刑法典》是在同一条文中规定意外事件与不可抗力的，但在意大利刑法学体系中，对意外事件与不可抗力分别在典型事实与罪过中加以讨论。在典型事实中涉及行为中的意识与意志问题，意识与意志是刑法中行为成立的条件，而不可抗力（forzamaggiore）和身体受强制（constringimentofisico）被认为是两种典型的排除意识与意志因素的情况。不可抗力是一种外在的自然力，它决定主体的身体不可能用其他方式行动，因此，所谓不可抗力就是不允许主体选择行为的自然力量（如山崩、突遇狂风等）。身体受强制，实际上也是一种不可抗力。它与前者的区别在于，这种力量是一种由他人实施的物质性暴力。② 根据意大利刑法理论，这里的身体强制是一种绝对的强制，使人丧失意志自由，因而属于排

---

① 参见［俄］Н.Ф.库兹涅佐娃、И.М.佳日科娃主编：《俄罗斯刑法教程（总论）》（上卷·犯罪论），黄道秀译，127~128页，北京，中国法制出版社，2002。
② 参见［意］杜里奥·帕多瓦尼：《意大利刑法学原理》（注评版），陈忠林译评，112页，北京，中国人民大学出版社，2004。

除意识与意志的行为。如果是相对强制，则行为仍然构成，只是属于排除罪过（责任）的原因，即可原谅的理由（le scusanti）。至于意外事件，是在排除心理联系的原因中受到讨论的。尽管关于意外事件的体系性地位在意大利刑法理论上尚存在争议，但占统治地位的观点认为，意外事件是从一个侧面界定过失的标准，因为意外事件就等于"不可预见性"，而以可预见性作为归罪的标准，只在认定一般过失时才具有意义。① 对同一法条的规定，在刑法理论体系的归属上作不同处理，笔者认为，这正是规范刑法学所具有的理论整合功能，它依据法条但又在一定程度上超越法条。

三、从刑法理论上区分二者

我国早期的刑法教科书不仅没有将意外事件与不可抗力区分，而且将其纳入犯罪过失中加以研究。② 在此后的刑法教科书中开始将不可抗力与意外事件分而论之，在危害行为中论及不可抗力，指出：假如一个人是在不可抗力或者身体被强制之下，完全不能按照自己的意志而行动，那就不能认为是他实施的危害行为，从而也不能让他负责。③ 但并没有把不可抗力作为排除行为要素的事由加以明确。同时，在犯罪过失中论及意外事件即不能预见的原因所引起的损害结果，指出：意外事件之所以不被认为是犯罪，就是因为行为人的行为缺乏犯罪的主观要件——故意或者过失。④ 有的刑法教科书还明确指出：人的任何行为都是在其意识和意志的支配下实施的。离开了意识和意志的支配，便不能被视为人的行为。在不可抗力的情况下，损害结果发生的原因是不可抗拒，即行为人受到一种外力的冲击或者限制，或者遇到了一种不可克服的困难，无法阻止损害结果的发

---

① 参见［意］杜里奥·帕多瓦尼：《意大利刑法学原理》（注评版），陈忠林译评，226 页，北京，中国人民大学出版社，2004。
② 参见高铭暄主编：《刑法学》，155 页，北京，法律出版社，1982。
③ 参见高铭暄主编：《中国刑法学》，97 页，北京，中国人民大学出版社，1989。
④ 参见上书，135 页。

生。这种"行为"实际上已经超过了"行为人"的意志所能支配的范围,因而不能被认为是"行为人"的行为。既然不是"行为人"的"行为",当然也就不能让"行为人"对这种"行为"负担刑事责任。① 尽管如此,我国还是有不少的刑法教科书,无论是1997年刑法修订之前的刑法教科书②还是1997年刑法修订之后的刑法教科书③,都将不可抗力和意外事件纳入犯罪的主观要件加以讨论。在笔者的《规范刑法学》(第一版)一书,不可抗力和意外事件也是被统称为无罪过事件,放在罪责中加以研究的。④ 现在看来,这种关于不可抗力在刑法学中的体系性地位的安排显然是不妥当的。之所以存在这样的安排失当,除刑法规定上的原因以外,主要原因还是我国犯罪构成体系具有扁平结构、缺乏阶层性。犯罪要件之间的位阶性,是指各个要件之间的先后顺序。它是犯罪构成体系的逻辑性的体现。犯罪要件的位阶关系的基本逻辑含义是:各个犯罪要件的序位不是随便排列的,后一犯罪要件以前一犯罪要件为前提,前一犯罪要件则独立于后一犯罪要件而存在。以犯罪的客观要件与主观要件而言,客观要件是主观要件存在的前提,因为故意或者过失是指行为时的主观心理状态,只有确定构成要件行为的存在,才能进一步追问该行为是在何种主观心理状态支配下实施的。如果构成要件的行为根本不存在,则没有必须判断是否存在故意或者过失。犯罪要件之间这种位阶关系的存在,使犯罪判断更为精确,并且由此形成精致的犯罪构成体系。对此,德国学者罗克辛指出:学术性和体系性的工作,明显地不限于建立这些初步的基本概念。在很大程度上,这个工作包括了具体确定各类犯罪范畴的条件以及明确它们之间的关系。⑤ 由此可见,明确各个犯罪要件之间的关系是犯罪构成理

---

① 参见马克昌主编:《犯罪通论》,344~345页,武汉,武汉大学出版社,1991。
② 参见赵秉志、吴振兴主编:《刑法学通论》,138页及以下,北京,高等教育出版社,1993。
③ 参见屈学武主编:《刑法总论》,185页以下,北京,社会科学文献出版社,2004;刘艳红主编:《刑法学总论》,126页及以下,北京,北京大学出版社,2004;曲新久等:《刑法学》,49页及以下,北京,中国政法大学出版社,2004;周光权:《刑法总论》,193页及以下,北京,中国人民大学出版社,2007,等。
④ 参见陈兴良:《规范刑法学》,90页及以下,北京,中国政法大学出版社,2003。
⑤ 参见[德]克劳斯·罗克辛:《德国刑法学总论》,第1卷,王世洲译,121页,北京,法律出版社,2005。

论的应有之义。

  犯罪要件之间的位阶性，决定了大陆法系的犯罪构成体系是一种递进式的逻辑关系，各种问题都被纳入这个体系的不同阶层加以解决。正如我国台湾地区学者指出：固然犯罪判断最终所在意的是要不要处罚行为人，但是弄清楚是否予以处罚的理由何在、处罚轻重的理由何在，才能真正决定处罚的成效。当一个人不真正知道为什么被责罚时，他也无从知道如何能免于被责罚，无从知道将来如何行为。犯罪阶层理论提供的犯罪判断构造，通过分析和定位构成要件要素，可以提供一个精确判断犯罪成立与否的步骤，借以确保刑罚制裁制度的合理和有效。[①] 因此，尽管不可抗力和意外事件，根据我国刑法第 16 条的规定，都不认为是犯罪，但不可抗力是因为没有刑法意义上的行为而不认为是犯罪，而意外事件是因为没有故意或者过失而不认为是犯罪。这两者在刑法上的理论意义是不同的，必须加以区分。

（本文原载《中国政法大学学报》，2008（3））

[①] 参见许玉秀：《当代刑法思潮》，59 页，北京，中国民主法制出版社，2005。

六、未完成罪

客观未遂论的滥觞

——一个学术史的考察

在我国的犯罪未完成形态中,未遂犯是一个核心问题,预备犯与中止犯都在一定程度上对未遂犯具有依附性。我国刑法学关于未遂犯的研究,以从法条为中心的释义性论述到法教义学的研究,经历了一个逐渐的演变过程。这也是一个吸收德、日刑法知识的演进过程。本文采用学术史的考察方法,展示我国未遂犯理论从主、客观相统一的苏俄刑法学话语到客观未遂论的德、日刑法学话语的学术流变。

一、未遂犯论:民国学说的废弃与苏俄理论的引入

我国古代刑法中并无未遂犯的一般规定,只是在个罪中规定了对未遂犯的处罚。例如,在关于财产犯罪中有"不得财"的规定,对不得财(未遂)的处罚轻于对得财(既遂)的处罚。对此,我国台湾地区学者戴炎辉教授指出:旧律既重实害,若无明文规定,未遂与预备,原则上不得予以处罚。[①] 我国未遂的概念是在清末制定《大清新刑律》时从日本引进的。未遂的概念有广义与狭义之分。广

---

① 参见戴炎辉:《中国法制史》,3版,72页,台北,三民书局,1979。

义的未遂概念包括中止，而狭义的未遂概念不包括中止。法国采狭义的未遂概念，德国采广义的未遂概念。而日本旧刑法（1881年公布、1882年实行）是仿效法国1810年刑法典制定的，因而对未遂采狭义概念。受日本旧刑法影响的《大清新刑律》亦采狭义的未遂概念。日本新刑法（1907年公布、1908年实行）是仿效德国1871年刑法典制定的，因而对未遂采广义概念。受日本新刑法影响的民国刑法（1928年）亦采广义的未遂概念。对此，民国学者指出："在一般学说，均以着手实行犯罪后而因不遂之原因，又分为三种：仅以不遂之因于意外之障碍者，始称为未遂犯，而以不遂之因于己者，则称为中止犯。不遂之因于不能发生结果者，则称为不能犯。其中尤以中止犯应与未遂犯区别，以前之立法例，亦从此见解，如法国刑法及属其法系之刑法并日本旧刑法均同，我国旧暂行刑律亦同。然又有一派，如德国学者，则以不分不遂是否因于意外之障碍，均为未遂犯。较近之立法例，多从此见解，如挪威、瑞士及日本现行刑法等是，我国现行法亦同，故特将旧刑律不遂因于意外之障碍一语删去，故现行法之所谓未遂罪，实包含学说上所谓未遂犯，不能犯，中止犯，三者。"[1] 由此可见，在清末及民国时期，我国关于未遂犯的立法深受日本刑法的影响。民国学者对未遂犯的研究，已经不限于对法条的解释，而是从构成要件的角度对未遂犯的性质及特征进行了具有相当深度的阐述。例如，民国学者指出："未遂者，未遂既遂状态之谓。犯罪之既遂，为完备刑法构成各罪所必要之一切事实均为发生之状态者，前既述之矣。故犯罪之未遂；为已着手于犯罪之实行，而构成该罪特别要件之一部或全部之结果；未发生之状态也。例如杀人罪之既遂，为发生死亡结果之谓，若已着手于杀人之实行，而被害者有半死半生未至于死者，有仅伤其身体之一部而止者，有并无何等伤害者，均可谓为杀人罪之未遂状态是也。"[2] 该论者上述所论及的特别要件，是指特别的构成要件，即具体犯罪的成立要件，它是由刑法分则

---

[1] 陈瑾昆：《刑法总论讲义》，吴允锋勘校，176页，北京，中国方正出版社，2004。
[2] 郗朝俊：《刑法原理》，230页，上海，商务印书馆，1930。

规定的，从而区别于刑法总论规定的犯罪成立的一般要件。① 可见，民国学者是从构成要件的角度展开未遂犯论。

1949 年以后，我国引入苏俄刑法，未遂论亦从苏俄刑法学。苏俄刑法对未遂采狭义概念，将未遂与中止区分，并单独处罚预备犯，从而将预备、未遂与中止这三种情况合称为犯罪的发展阶段。尤其值得注意的是，苏俄学者对所谓资产阶级的、主观主义的未遂论与客观主义的未遂论作了批判性介绍。② 苏俄学者所说的主观主义的未遂论与客观主义的未遂论，实际上是指预备与未遂相区分，即实行行为着手问题上的主观主义与客观主义，它与作为处罚根据论的主观主义与客观主义是存在区分的。只有在不处罚预备行为的法律语境中未遂与否才成为罪与非罪界限的区分，而在处罚预备行为的情况下，未遂与否只是预备犯与未遂犯的区分标准。在所谓资产阶级国家刑法典中，对于预备行为一般是不处罚的，即使通过主观主义个别地扩张未遂的处罚范围，也与苏俄刑法典一般地处罚预备行为不同。

苏俄学者对于未遂及其犯罪的发展阶段主要围绕立法规定而展开，其讨论的问题包括：预备行为和未遂行为的区分，预备行为是否应受惩罚的问题；犯意表示是否属于故意犯罪活动的发展阶段；未实行终了的犯罪构成和所谓切断的犯罪构成的概念。③ 在以上讨论的问题中，具有较大学术价值的是犯罪构成与未遂的关系问题。而对这一问题真正进行研究的是苏俄学者特拉伊宁。特拉伊宁从四要

---

① 关于犯罪成立的一般要件与特别要件，参见郗朝俊：《刑法原理》，123 页及以下，上海，商务印书馆，1930。

② 例如，苏俄学者指出：刑法学者关于未遂理论之争论，不能认为是简单的法学上的烦琐哲学。这种争论具有一定的政治意义。主观主义的未遂论，将处刑的范围扩及犯罪的预备行为。他们向法院的实务建议：将许多犯罪的预备行为，都以未遂罪的名义处刑。同时他们为法院的实务作辩解，认为法院在裁判中所实行之高压政策以及对法律在确定国家刑罚行为之界限时所赋予之基本权利的保障之破坏，都是合法的行为。因此，主观主义的未遂论具有反动的政治意义。客观主义的未遂论，划定的未遂罪行为的范围比较狭小，其目的是：在资产阶级的法制范围内，在上述问题上，对法院的实际裁判加以管制。资产阶级的刑法理论，对于刑法学者在未遂问题上意见分歧之政治意义，欲尽量加以抹杀。参见［苏］孟沙金主编：《苏联刑法总论》（下册），彭仲文译，439～440 页，上海，大东书局，1950。

③ 参见［苏］A. A. 皮昂特科夫斯基等：《苏联刑法科学史》，曹子丹等译，91 页，北京，法律出版社，1984。

件的犯罪构成论出发，对犯罪未遂的特征的论述，具有一定的理论价值。① 在特拉伊宁关于未遂的论述中，涉及两个问题：一是未遂成立的要件，二是处罚未遂的根据。关于未遂成立的要件，特拉伊宁采用以下公式加以表述：未遂行为＝故意＋是构成因素的行为－结果。② 这一公式用语言来表述就是：在具备某种犯罪构成的全部因素，而独缺少结果这一个因素的场合，所发生的就是未遂行为。③ 显然，特拉伊宁是把结果缺失与否作为未遂与既遂相区分的形式特征的。当然，以结果没有发生作为未遂成立的特征，带来了一个问题：在不要求结果的犯罪中，是否就不存在未遂？对于这个问题，苏俄学者是在形式犯罪与实质犯罪的分析框架下形式犯罪是否存在未遂的名义下展开讨论的。特拉伊宁认为，在实施所谓形式犯罪时，无论在事实上还是在法律上，未遂都是可能的。④ 而特拉伊宁所举的例子则是客体不能犯的未遂与手段不能犯的未遂：在这些情况下，尽管实施了构成要件行为，但由于客体缺失或者手段不能，其行为难以造成危害社会的结果，因而构成未遂。但在这些情况下，危害社会的结果与构成要件结果已经是两个不同的事实：前者是评价性要素，后者是事实性要素。因此，特拉伊宁的以上论证并非无懈可击。

关于处罚未遂的根据问题，特拉伊宁没有深入地进行探讨。特拉伊宁一方面认为犯罪构成是刑事责任的根据，另一方面又认为在未遂的情况下犯罪构成并不

---

① 例如，特拉伊宁指出：犯罪构成是法律中所描述的犯罪行为的诸要素的总和，缺少哪怕是一个因素，整个犯罪构成就不能成立，因而也就排除了刑事责任。未遂的特点就在于，这里缺少犯罪构成的一个因素；但是与一般原则不同，这时并不免除已实施行为的刑事责任，而造成未实行终了的犯罪的责任的特殊情况。参见［苏］A.H.特拉伊宁：《犯罪构成的一般学说》，王作富等译，247～248 页，北京，中国人民大学出版社，1958。
② 参见上书，247～253 页。
③④ 参见上书，247～252 页。

完全具备但同样要负刑事责任，给人以一种自相矛盾的感觉。① 我国学者还进一步分析了特拉伊宁处于自相矛盾的境地的原因，就是没有将四个共同要件和每个共同要件的具体要素加以区别。② 换言之，结果只是犯罪构成客观方面的要素，而且它并不是必要要素而是选择要素。缺乏结果以及因果关系，犯罪构成客观方面这一要件仍然具备，犯罪构成的四个要件仍然具备，因而同样符合犯罪构成。在未遂的情况下，犯罪构成仍然是刑事责任的唯一根据。

我国学者对特拉伊宁关于犯罪构成与未遂的关系理论的分析，当然是有一定道理的。但按照原则—例外的分析框架来理解特拉伊宁的观点，犯罪构成是刑事责任的唯一根据，将不完全具备犯罪构成的未遂不能被免除刑事责任作为一个例外，这也是能够说得通的。关键问题在于：未遂负刑事责任的实质根据是什么？对此特拉伊宁没有正面论述。而关于这一点，苏俄另一本权威刑法教科书给出了以下明确答案："未遂罪刑事责任的基础是与苏维埃法律犯罪责任的一般基础相同的。犯罪者行为对社会主义法律秩序之社会危害性，乃是此种基础……每种既遂的犯罪构成乃是其主观与客观两方面因素的一定的统一。在犯罪者的未遂行为中，无此种统一的存在：实际完成之行为尚未完全实现犯罪者之犯罪意图，行为之客观因素不及犯罪行为之主观因素完全。"③

以上论述提出社会危害性是未遂犯负刑事责任的基础，揭示了未遂犯负刑事责任的实质根据，将社会危害性理论贯彻到未遂论之中。然而，以上论述又提出

---

① 例如我国学者指出：苏联刑法学者 A. H. 特拉伊宁，在其名著《犯罪构成的一般学说》中，明确提出了"犯罪构成是刑事责任的唯一根据"的命题，但他也未能正确地把这一命题贯彻到未遂犯刑事责任的根据中。他认为，"犯罪构成的存在，是以具备形成该构成的一切因素（毫无例外）为前提的"，而每个犯罪构成客观方面的因素，应当包括危害行为、危害结果以及二者之间的因果关系。在分析未遂犯时，他认为，"未遂的特点就在于，这里缺少犯罪构成的一个因素"，即"独缺少结果这一因素"，并提出了"未遂行为＝故意＋是构成因素的行为－结果"的公式。如果贯彻他的观点，缺少作为犯罪构成必备要素的危害结果和因果关系，就是缺少刑事责任的客观根据，不存在犯罪构成，"不是犯罪，也得处罚"。但是他又提出，未遂犯的场合"与一般原则不同，这时并不免除已实施行为的刑事责任"。这样，这位学者就陷入了自相矛盾：一方面认为未遂犯缺乏作为刑事责任唯一根据的犯罪构成，另一方面又不能否认未遂犯的刑事责任。参见张永江：《未遂犯研究》，50～51 页，北京，法律出版社，2008。
② 参见徐逸仁：《故意犯罪阶段形态论》，134 页，上海，复旦大学出版社，1992。
③ ［苏］孟沙金主编：《苏联刑法总论》（下册），彭仲文译，426 页，上海，大东书局，1950。

另一个问题,即在未遂的情况下,主客观是不统一的,这种不统一性表现在:"在未遂罪中,行为之危险性不在其实际所造成之结果,而是在该行为所显示之某种犯罪结果发生之实际可能性,此可能之结果正是犯罪主体所意图达成者。此种实际的可能性,由于犯罪者进一步行动之结果,或由于在犯罪者所预想要创立或其所认为重要的条件存在之下外界现象因果关系进一步发展之结果,也许会变为真实的事体。"① 由此可见,苏俄刑法学并没有从主、客观相统一上阐述未遂犯负刑事责任的根据。

二、主、客观统一的未遂犯论的本土展开

我国关于未遂犯的理论,是 20 世纪 50 年代初期从苏俄引入的。虽然当时我国没有制定刑法典,但我国刑法理论还是仿照苏俄刑法典,将犯罪预备、未遂和中止称为故意犯罪的阶段,在这一框架下讨论未遂犯。在这种情况下,我国刑法教科书认为,已经着手实行犯罪,由于犯罪人意志以外的原因,没有达到预计结果,就是犯罪的未遂。② 这一犯罪未遂的概念采用的是狭义的未遂概念,并将未遂与中止加以区分。这明显是仿照了苏俄刑法典的立法例。当时,我国学者对犯罪未遂的研究也主要是结合惩治犯罪的实际需要,对犯罪未遂的特征进行探讨,其中受苏俄刑法学的影响较大,并与民国刑法学的未遂理论划清了界限。③ 当时在司法实践中批判了旧法关于未遂的观点,但没有树立正确的未遂观念。这一理论上的空白,当然是由苏俄刑法学来填补。前引论文对未遂作了较为深入的探

---

① [苏] 孟沙金主编:《苏联刑法总论》(下册),彭仲文译,426~427 页,上海,大东书局,1950。
② 参见中央政法干部学校刑法教研室:《中华人民共和国刑法总则讲义》,151 页,北京,法律出版社,1957。
③ 例如我国学者指出:在司法改革运动的时候,基于旧法观点的"未遂论"曾经受到严肃的批判(当时有些审判人员在旧法观点的支配或者影响下,脱离了阶级斗争形势和政策,以"超阶级"的"未遂论"错判了一些刑事案件,特别是宽纵了一些罪恶重大、应当从严处理的反革命分子),但有些同志对这种批判的精神实质理解不足,也曾经产生了一些简单化的看法,在一个时期内有的就不再使用"未遂"这个概念。有的用一些显然不正确的概念(如"企图")来代替刑法学上的"未遂"概念。参见周珏:《犯罪未遂问题》,载《政法研究》,1957(2)。

讨，在当时的历史条件下是难能可贵的。当然，这种探讨难免被打上了苏俄刑法学的烙印。例如，对形式犯罪是否存在犯罪未遂的讨论，对犯罪的切短构成属于未遂还是既遂的讨论，等等，都是苏俄学者所讨论的问题。

1979年刑法颁布以后，我国刑法学界关于犯罪未遂的讨论主要围绕刑法规定展开，尤其是对犯罪未遂的特征进行了分析。此后，对未遂的讨论才逐渐地涉及未遂负刑事责任的根据问题。我国学者对未遂犯缺乏负刑事责任的客观根据的观点进行了批评，指出："虽然犯罪构成诸因素的总和是刑事责任的根据，但是，犯罪构成的存在并不以必须具备犯罪结果为前提。由我国刑法的规定可以看出，在表明犯罪构成的诸因素中，具有作为刑事责任根据普遍意义的，只有罪过和犯罪行为两个因素。"[①] 根据以上论述，在未遂犯的情况下，虽然犯罪构成的客观方面缺乏犯罪结果和因果关系这两个要素，但具备主观方面的罪过和客观方面的犯罪行为，因而仍然是具备犯罪构成的。这种承认未遂犯的刑事责任的根据在于具备犯罪构成的观点，已经在一定程度上区别于特拉伊宁关于未遂犯承担刑事责任的根据的论述。此后，我国刑法理论逐渐地确立主、客观相统一原则，由此引入未遂犯研究，形成了主、客观相统一的未遂犯刑事责任根据论。

我国学者从资产阶级刑法理论上客观主义与主观主义的对立出发，对苏俄刑法学以马列主义为指导，批判了资产阶级刑法理论的客观主义与主观主义，初步对社会主义刑法主、客观相统一原则的历史过程作了梳理，在此基础上确立我国刑法中的主、客观相统一的原则，并将其贯彻于对未遂犯的刑事责任根据的揭示。[②] 应该说，我国学者所论述的主、客观相统一，实际上是十分空泛的，它几乎成为一种程式化的分析套路。至于主、客观方面如何统一，并没有深

---

① 张全仁：《论未遂犯的刑事责任》，载《河北法学》，1984（5）。
② 我国学者指出：我们划分思想活动（包括犯意表示）和犯罪预备行为、预备与未遂、未遂与既遂的界限的标准也只有两个：首先，在客观方面，由于犯罪行为所可能停顿的状态不同，它们接近危害结果的发生的程度也不同，因而在社会危害性的有无和大小上是有差别的。其次，在主观方面，犯罪主体在其犯罪目的实现的程度上有所不同。犯意表示在任何情况下也不应被认为是犯罪并受到处罚。犯罪的预备、未遂则不同，我国刑法规定要给一定的处罚。这是因为前者的主、客观要件不具备或不统一，而后者具备了主、客观要件，并且是相互统一的。参见张志愿：《论我国刑法的主客观相统一原则》，载《中国社会科学》，1982（6）。

入分析。

赵秉志教授的《犯罪未遂的理论与实践》(中国人民大学出版社，1987) 一书，是我国第一部较为深入地探讨未遂犯的理论著作。其中，该书对犯罪未遂应负刑事责任的根据进行了论述，初步形成了未遂犯刑事责任根据的主、客观统一说（以下简称为主、客观统一说）。赵秉志教授的主、客观统一说是建立在对资产阶级的客观主义未遂理论与主观主义未遂理论的批判的基础之上的，指出："在资产阶级刑法理论中，侧重危害结果的客观主义未遂理论奉行'客观责任论'，认为行为的客观危害性是行为人负刑事责任的根据，犯罪未遂之所以应负刑事责任，是由于它已表现为外部的危害行为，对刑法保护的法益具有客观的威胁，有的甚至已经造成了一定的实际危害。强调犯意的主观主义未遂理论力主'主观责任论'，认为犯罪意思是行为人负刑事责任的根据，犯罪未遂之所以应负刑事责任，是由于未遂行为也表现了行为人的主观犯罪故意，即具有主观危险性。按照马克思主义主观罪过与客观危害行为相统一的刑事责任观点来评价，可以说，客观责任论看到了行为的客观危害性，但却忽视了危害行为背后支配行为的行为人的主观罪过，因而失掉了处罚未遂的主观依据，易导致客观归罪；主观责任论抛开未遂的客观危害行为来强调主观犯意，这就失掉了犯罪未遂负刑事责任的客观基础，就难避免主观归罪。总之，这两种观点各执一端，都失之片面，因而都未能科学地解决犯罪未遂负刑事责任的根据问题。"[1] 以上对未遂理论中的客观责任论与主观责任论的描述并不能等同于客观未遂论与主观未遂论，因为在此赵秉志教授是把客观责任论等同于客观归罪，把主观责任论等同于主观归罪的。不可否认，这是建立在对刑法客观主义与刑法主观主义的误解之上的。其实，刑法客观主义不等于客观归罪；同样，刑法主观主义也不等于主观归罪。因此，对所谓资产阶级的主观责任论与客观责任论的批判并不是完全建立在正确理解之上的。值得注意的是，赵秉志教授在该书第二版中，采用主观的未遂论、客观的未遂论和折中的未遂论取代主观责任论和客观责任论。遗憾的是，在对主观的未遂论、客观的未遂论的评价方面，赵秉志教授仍然维系其对主观责任论和客

---

[1] 赵秉志：《犯罪未遂的理论与实践》，49 页，北京，中国人民大学出版社，1987。

观责任论的批评即主观归罪与客观归罪。① 在对主观责任论和客观责任论予以否定的基础上，赵秉志教授认为，根据我国刑法主、客观相统一的刑事责任理论，可以科学地解决犯罪未遂负刑事责任的根据问题。在这种情况下，赵秉志教授提出了犯罪未遂负刑事责任的主、客观相统一的根据论。② 未遂犯刑事责任根据的主、客观统一说形成以后，成为我国未遂理论中的一种有力学说。

需要指出的是，主、客观统一说是以社会危害性理论为前提的，并且是以四要件的犯罪构成为基础的。因此，主、客观统一说的具体内容就是犯罪未遂具备的犯罪构成的四要件。例如，我国学者在论述未遂犯与犯罪构成的关系时指出："未遂犯已经具备了犯罪构成的四个方面共同要件：（1）未遂犯的实行行为已经侵犯了刑法所保护的具体的社会关系，这就具备了犯罪客体要件。（2）未遂犯已经着手实行了刑法分则规定的犯罪构成客观要件的行为，只是由于意志以外的原因没有齐备法律所要求的犯罪构成全部要件，但客观方面的必要要件——行为已经实施。（3）未遂犯已经达到法定年龄并具有责任能力，具备了犯罪主体的资格。（4）未遂犯在主观方面具有犯罪的直接故意，即明知自己的行为会产生危害社会的结果，并希望这种结果的发生。若非出于直接故意，自然不可能构成未遂犯。由此可见，未遂犯的犯罪构成四个方面共同要件是完整的，具备犯罪客体、犯罪客观方面必要要件——犯罪行为，这就是未遂犯负刑事责任的客观依据；具备主体资格和主观方面故意这种心理状态，就是未遂犯负刑事责任的主观依据。也就是说具备了主、客观相统一的犯罪构成要件。"③ 由此可见，主、客观统一说作为未遂犯的处罚根据论，是在苏俄刑法学的四要件犯罪构成理

---

① 参见赵秉志：《犯罪未遂形态研究》，2 版，53 页，北京，中国人民大学出版社，2008。

② 赵秉志教授指出：从犯罪构成的主观要件看，行为人在其相对自由的意志的支配下，通过实施刑法所禁止的危害行为表现出其实行和完成犯罪的犯罪故意，其客观要件的不齐备是违背其犯罪意志的。从这个意义上讲，犯罪的未遂与既遂的主观要件的性质无异。这种犯罪故意的具备，是犯罪未遂负刑事责任的主观根据。犯罪未遂在客观方面具备的刑法所禁止的危害行为，是未遂犯负刑事责任的客观根据。总之，犯罪构成诸要件的具备，主观犯罪故意和客观危害行为的有机结合，构成了犯罪未遂负刑事责任的主、客观相统一的根据，这也就是我国刑法认定犯罪未遂具有应罚性的立法思想所在。参见赵秉志：《犯罪未遂形态研究》，54～56 页，北京，中国人民大学出版社，2008。

③ 徐逸仁：《故意犯罪阶段形态论》，134 页，上海，复旦大学出版社，1992。

论的语境下展开的。

随着德、日刑法学传入我国，苏俄刑法学中主、客观相统一的未遂犯刑事责任根据论受到质疑，其中，主、客观相统一的未遂犯处罚根据论混淆了未遂犯的处罚根据与未遂犯的性质，是最受关注的一个焦点问题。① 应该说，这些批评是一针见血的。主、客观相统一被看作是四要件的犯罪构成论的精华之所在，但它只是解决了既遂犯的处罚条件。而关于未遂犯成立的特殊条件，主、客观统一说恰恰未能正确地予以回答。

主、客观相统一不仅是关于未遂犯刑事责任根据的某种理论观点，而且也是一种刑法方法论。作为一种方法论，主、客观相统一原则贯彻于我国刑法理论始终。我国学者李海东从方法论角度对以社会危害性理论为基础的主、客观相统一原则进行了批判。② 这些批评虽然尖锐，但对于我国刑法思想的启蒙具有重要意义。随着对作为四要件犯罪构成论的理论基石的主、客观相统一原则的深入反思，对未遂犯负刑事责任的根据的思考也进一步引向深入。例如，在犯罪未遂的

---

① 例如我国学者对来自苏俄的未遂犯负刑事责任根据的观点进行了以下批评：这种观点（指主、客观相统一是未遂犯的刑事责任根据——引者注）的缺陷在于，其认为主观上具备的犯罪故意和客观上具备的刑法所禁止的危害行为是未遂犯负刑事责任的主、客观根据，可既遂犯不也"主观上具备了犯罪故意和客观上具备了刑法所禁止的危害行为"，否则相关行为不构成犯罪。"没有完成犯罪行为或没有造成法律所要求的特定犯罪结果"的未遂犯与"已完成犯罪行为或造成法律所要求的特定犯罪结果"的既遂犯负刑事责任的根据都是"主、客观相统一的犯罪构成"，这实际上与孟沙金教授在其主编的著作《苏联刑法总论》中的观点即"未遂罪刑事责任的基础是与苏维埃法律犯罪责任的一般基础相同的"如出一辙。未遂犯负刑事责任的根据解决的是未遂犯为何被当作犯罪处罚，而该理论的前提条件是未遂犯是犯罪，但未遂犯为何是犯罪？还是没有回答未遂犯负刑事责任的根据。而且该观点同苏联学者的观点一样，也将未遂犯负刑事责任的根据问题与未遂犯的性质问题混为一谈。参见张永江：《未遂犯研究》，53页，北京，法律出版社，2008。

② 李海东指出：中国刑法理论中认定社会危害性的所谓"主、客观一致原则"是很难让人弄懂的。当法益侵害没有发生或者不能发生时，呈现在我们面前的，恰恰是一种主观（行为人通过行为所希望达到的法益受到损害的目的）和客观（法益实害没有发生）不相符的状态。正因为如此，我们才要寻找行为的违法实质根据和可罚的客观条件。为什么行为在这种情况下也是危害社会的？这就是西方刑法理论提出的危险概念所要回答的问题。倘若主、客观方面一致了，也就是实害已经按照行为人的目的发生了，那就根本用不着这一原则。这时候只要认定事实就可以了，因为客观的社会危害性已经发生了。参见李海东：《社会危害性与危险性：中、德、日刑法学的一个比较——以法益实害未发生时的可罚性根据为切入点》，载陈兴良主编：《刑事法评论》，第4卷，北京，中国政法大学出版社，1999。

情况下主、客观是不统一的,其刑事责任根据论是要解决在这种主、客观不统一的情况下为什么仍然应当承担刑事责任。这在德、日刑法学中是通过危险理论解决的,而主、客观相统一原则只是重复了社会危害性的陈词,并没有为解决未遂犯的刑事责任根据提供新论,因而不仅在具体结论上不可取,而且在方法论上也不可行。

值得注意的是,赵秉志教授的论著中提及,为解决未遂犯的处罚根据问题,苏联刑法理论又提出了修正的构成要件的解释,认为犯罪既遂是齐备了犯罪构成要件的情况,犯罪未遂具备的是对既遂要件修正了的犯罪构成。① 但该书并未注明苏俄学者这一观点的确切出处,因而不知究竟是哪位苏俄学者提出了修正构成要件说。其实,修正的构成要件说是日本学者的见解,我国学者对此最早加以介绍的是马克昌教授。马克昌教授在关于犯罪构成的分类的论述中论及修正的犯罪构成,为我国的犯罪构成分类理论奠定了基础。马克昌教授指出:修正的犯罪构成,是指以基本的犯罪构成为前提,适应行为的发展阶段或共同犯罪的形式而分别加以修正变更的犯罪构成。预备犯、未遂犯、中止犯和主犯、从犯、胁从犯、教唆犯的犯罪构成,就是两类不同的修正的犯罪构成。②

修正的构成要件理论是日本学者小野清一郎最早提出的,又被称为构成要件的修正形式。③ 应当指出,小野清一郎所说的修正的构成要件和马克昌教授所说的修正的犯罪构成这两个概念之间是存在重大差别的:前者以三阶层的犯罪论体系为基础,后者以四要件的犯罪构成理论为依据。尽管如此,修正的构成要件理论被引入我国,以此解决未遂犯的犯罪构成问题,仍然具有重要意义。相对于特拉伊宁对未遂犯与犯罪构成之关系的解释,修正的犯罪构成理论显然更为合理。此后,我国

---

① 参见赵秉志:《犯罪未遂的理论与实践》,51~52 页,北京,中国人民大学出版社,1987。
② 参见马克昌:《犯罪构成的分类》,载《法学》,1984(10)。
③ 参见[日]小野清一郎:《犯罪构成要件理论》,王泰译,122 页,北京,中国人民大学出版社,2004。

有关刑法教科书开始在未遂犯的刑事责任根据中引入修正的犯罪构成理论①，将犯罪的未完成形态，包括未遂犯的刑事责任根据，确定为修正的犯罪构成，并以此充实主、客观统一说的内容。然而，将修正的构成要件理论与主、客观统一说嫁接起来，还是存在一些问题。例如，主、客观统一说是在批判主观责任论与客观责任论的基础上形成的，可以说是一种主、客观相统一的责任论，那么，修正的构成要件理论与主观责任论、客观责任论之间又是什么关系？更为重要的是，修正的构成要件还只是未遂犯负刑事责任的形式根据，那么，未遂犯负刑事责任的实质根据是什么？换言之，未遂犯具备修正的犯罪构成，只是对未遂犯的一种现象描述，尚不能由此直接得出其应当负刑事责任的根据。例如，日本学者大塚仁在关于未遂犯的意义（即概念——引者注）中阐述未遂犯具备修正的构成要件，以此区别于既遂犯的基本的构成要件。此后，又专门讨论未遂犯的刑事责任根据问题。② 由此可见，这是两个不同的问题。我国刑法学界是把这两个问题混为一谈了。

三、德、日未遂犯论的传播

应该说，在我国刑法学界真正全面、系统地介绍日本未遂犯理论的是张明楷

---

① 例如，有刑法教科书指出：我们认为，行为符合主、客观相统一的犯罪构成，是使行为人负刑事责任的科学根据。这既适用于故意犯罪的完成形态，也适用于故意犯罪的未完成形态。如果说故意犯罪完成形态的构成是基本的犯罪构成，那么，故意犯罪未完成形态的构成就是修正的犯罪构成。应当注意，修正的犯罪构成也是要件完整齐备的犯罪构成，因为犯罪构成只能是一个主、客观诸要件有机统一和紧密结合的整体，缺少任何要件，犯罪构成都是不可能存在的。因此，犯罪的预备、未遂、中止这些未完成形态的犯罪构成，是法律对既遂这种完成形态的犯罪构成加以修正和变更而确定下来的，未完成形态的构成要件与完成形态的构成要件在具体要件的内容上有所不同。我国刑法之所以就犯罪未完成形态追究刑事责任，是因为犯罪未完成形态完全具备了与既遂形态的基本犯罪构成有所不同的修正的犯罪构成的诸要件，完成了主观犯罪故意与客观危害行为的有机结合。此乃犯罪未完成形态负刑事责任最基本、最重要的主客观相统一的根据，这也正是我国刑法认定犯罪未完成形态具有应罚性的主要立法精神所在。参见高铭暄、马克昌主编：《刑法学》，148～149页，北京，北京大学出版社、高等教育出版社，2000。

② 参见［日］大塚仁：《刑法概说（总论）》（第3版），冯军译，245～246页，北京，中国人民大学出版社，2003。

客观未遂论的滥觞

教授。作为日本刑事法研究丛书的一种，张明楷教授的《未遂犯论》（法律出版社、成文堂，1997）一书明确提出，关于未遂犯刑事责任根据的理论所要回答的问题是：在未遂犯场合，既然没有发生侵害法益的结果，为什么要处罚它？对此，张明楷教授分别对主观的未遂论、客观的未遂论和折中的未遂论进行了分析。

（一）主观的未遂论

主观的未遂论强调以人身危险性作为未遂犯负刑事责任的根据，是主观主义刑法理论在未遂犯问题上的体现。然而，主观的未遂论与主观归罪还是存在根本区分的，因为主观的未遂论并不否认在处罚未遂的时候，行为人必须在客观上着手实行犯罪。① 主观的未遂论曾经存在过，例如，李斯特在描述未遂概念演变的历史时，对德国 1925 年刑法官方草案中关于未遂犯的规定作了以下论述："直至 1925 年官方草案第 23 条才在草案本身和立法理由中明确主张主观之未遂理论，而且——比帝国法院现今之实践要向前走得更远些——考虑到犯罪的预备和未遂。与这一主观的未遂学说相一致，1925 年官方草案准许将未遂犯与既遂犯一样来处罚，虽然不排除未遂犯从轻处罚的可能性，但是，这只是法院的裁量问题。"② 主观的未遂论是以刑法规定对未遂犯与既遂犯同等处罚为标志的，而当今各国刑法都不采这种同等处罚主义，因而主观的未遂犯论可以说已经是一种历史陈迹。

（二）客观的未遂论

客观的未遂论的基本观点是，未遂犯负刑事责任的根据在于发生构成要件结果的客观危险性或者法益侵害的客观危险性；即使认定存在犯罪意思，但如果没有发生结果的客观危险性，则不能作为未遂犯处罚。③ 客观的未遂论以客观上的法益侵害危险性作为未遂犯负刑事责任的根据，由此而区别于主观的未遂论。在

---

① 例如，张明楷教授指出：主观的未遂论由新派学者提倡，其基本观点是，未遂犯负刑事责任的根据在于显现出犯罪人的性格危险性的、与法相敌对的犯罪意思；如果某种行为将这种犯罪意思表现在外部，则未遂犯的意思与既遂犯的意思没有差异。既然如此，未遂犯就应与既遂犯受到同等处罚。参见张明楷：《未遂犯论》，34 页，北京，法律出版社；东京，成文堂，1997。
② ［德］李斯特：《德国刑法教科书》（修订版），徐久生译，334 页，北京，法律出版社，2006。
③ 参见张明楷：《未遂犯论》，35 页，北京，法律出版社；东京，成文堂，1997。

这个意义上说，客观的未遂论是把未遂犯当作危险犯来看待的。当然，在如何判断未遂犯的危险问题上，又存在以下两种学说的聚讼。

（1）形式的客观说。形式的客观说认为，发生构成要件结果的现实危险性或者犯罪的现实危险性是未遂犯负刑事责任的根据；而是否具有上述现实危险，应以各刑罚法规规定的构成要件为基准进行形式上的判断。① 那么，何谓这里的形式判断呢？对危险性的形式判断，就是指根据行为是否具备构成要件这一形式特征，来判断危险性是否存在，即：对于危险的有无应根据行为是否符合构成要件进行判断。在这个意义上，形式的客观说虽然以发生构成要件结果的现实危险性或者实现犯罪的现实危险性作为未遂犯负刑事责任的根据，但对这种危险又是基于行为是否符合构成要件而进行判断的，因此，未遂犯的危险是一种立法推定的危险。换言之，未遂犯是抽象危险犯。

（2）实质的客观说。实质的客观说认为，对法益侵害的客观的危险是对未遂犯处罚的根据；而是否具有上述危险，应从实质上进行判断。② 这里的实质判断，是指根据案件具体情况进行个案性的判断。因此，根据实质的客观说，未遂犯是具体危险犯。在如何进行这种实质判断的问题上，实质的客观说内部有行为危险说与危险结果说之分。行为危险说强调的是行为的危险性，它可以说是一种行为无价值论的观点。而危险结果说强调的是结果的危险，它可以说是一种结果无价值的观点。③ 应该说，在未遂犯负刑事责任的根据问题上，行为无价值论与结果无价值论的这种对立是十分明显的。当然，行为无价值论本身又可以分为主观的行为无价值论与客观的行为无价值论。主观的行为无价值论就是主观的未遂论；而客观的行为无价值论是客观未遂论中的行为危险说，认为之所以处罚未遂犯，是因为该行为具有侵害法益的一般危险（行为自身的危险）。它与结果无价

---

① 参见张明楷：《未遂犯论》，35～36页，北京，法律出版社；东京，成文堂，1997。
② 参见上书，36页。
③ 例如张明楷教授指出：行为危险说认为作为未遂犯负刑事责任根据的危险是行为的危险（行为的属性），即行为所具有的侵害法益的危险性；危险的有无应以行为时的情况为基础进行事前判断，而不考虑事后的因素。而危险结果说认为作为未遂犯负刑事责任根据的危险是作为结果的危险，即行为所造成的危险状态；危险的有无应以客观情况为基础进行事后的判断。参见张明楷：《未遂犯论》，36页，北京，法律出版社；东京，成文堂，1997。

值论的见解是存在明确区别的。结果无价值论贯彻客观的未遂论，认为未遂犯负刑事责任的根据是该行为具有侵害法益的具体危险（作为结果的危险）。按照这种见解，有无危险是对结果的判断。只有在发生结果的危险迫在眉睫的时候，才可以作为未遂犯加以处罚（结果危险说）。① 除了是行为的危险还是结果的危险之区别，还存在判断方法上的区别，即是作事前的判断还是作事后的判断。行为危险说主张作事前的判断，而危险结果说主张作事后的判断。

在实质的客观说中，除了行为危险说和危险结果说以外，还存在综合的危险说。该说认为，行为的危险与作为结果的危险都是未遂犯负刑事责任的根据。刑法是保护法益的，只有当作具有侵害法益的客观危险（作为结果的危险）时，未遂才可能作为犯罪受到处罚；但作为结果的危险是以行为的危险为前提的，因为如果没有行为的危险，就没有未遂犯的实行行为。因此，一方面要区分行为的危险与作为结果的危险，另一方面成立未遂犯又同时要求具备二者。如果虽有作为结果的危险，但作为不符合构成要件，不具有行为的危险时，则不能作为未遂犯予以处罚。② 上述综合的危险说也可以说是行为危险与结果危险的统一说，于对未遂犯的处罚要求更为完整的根据。当然，这里提及一个逻辑问题：行为危险与结果危险之间到底是一种什么样的关系？也即，是否存在没有行为危险的结果危险？如果根本不存在没有行为危险的结果危险，即结果危险以行为危险为前提，那么，综合危险说与危险结果说并无差别。关键问题还在于：对行为危险是根据什么标准来判断的？如果行为危险是进行实质判断的结果，那么危险结果很难从行为危险中予以排除。如果行为危险是根据行为是否符合构成要件进行类型化判断的，则不符合构成要件的行为就没有行为危险，而此时如果这种行为本身是具有危险的，就出现了根据形式判断行为没有危险但根据实质判断行为是有危险的情形，既然行为在实质上具有危险，则危险结果也是存在的。只有在这一前提下，综合的危险说才能成立。对此，张明楷教授认为，综合的危险说自称综合了行为危险说与危险结果说，实际上是形式的客观说与实质的客观说的综合。③ 笔者认为，这一说法是能够成立的。

---

① 参见［日］曾根威彦：《刑法学基础》，黎宏译，126页，北京，法律出版社，2005。
②③ 参见张明楷：《未遂犯论》，37页，北京，法律出版社；东京，成文堂，1997。

（三）折中的未遂论

折中的未遂论是主观的未遂论与客观的未遂论的折中，认为对未遂犯处罚的根据首先是实现犯罪的现实危险性，其次是行为人的主观罪过。

就德、日两国而言，在未遂犯负刑事责任的根据上，存在较大差异，对此我们必须注意。这一点，与德、日两国刑法关于未遂犯的规定有关。相对来说，德国的未遂犯负刑事责任根据论偏向于主观主义，而日本的未遂犯负刑事责任根据论偏向于客观主义。

《德国刑法典》第22条规定："根据其对行为的设想而直接开始着手实现构成要件者，为犯罪之未遂。"同时，第23条第3款规定："行为人由于对犯罪对象和手段的认识错误，在性质上其犯罪行为不能实行终了的，法院可免除其刑罚，或减轻其刑罚。"在上述规定中，都强调行为人主观意图于对未遂犯处罚的意义。这种意义，就在于消除行为人的法敌对意识。[①] 德国学者认为，印象理论（Eindruckstheorie）可用以适当地解释《德国刑法典》关于未遂犯的规定。印象理论强调的是行为人的法律敌对意识，根据该理论，负刑事责任未遂犯处罚的根据存在于违背行为规范及其所表现的意思；只有当公众对法秩序有效性的信赖受到动摇，法安定性的情感与法和平受到影响时，犯罪行为的可罚性才能被肯定。[②] 印象理论又称为第三种理论（折中理论），它以客观—主观说为前提，但又偏向于主观说，当然，不同于纯主观说，因为纯主观说主张预备犯与未遂犯，甚至与既遂犯应受同一处罚，因为其法敌对意识是相同的，但《德国刑法典》明确规定并不一般性地处罚预备犯，并且对未遂犯可以减轻处罚。同样，印象理论也不同于纯客观说，因为根据纯客观说，绝对不能犯不具有客观说上的危险性，因而不具有可罚性，但《德国刑法典》规定了不能犯的可罚性。

《日本刑法典》第43条规定："已经着手实行犯罪而未遂的，可以减轻刑罚，

---

① 例如德国学者指出：开始实施犯罪行为（《德国刑法典》第22条）、可以减轻刑罚（《德国刑法典》第23条第2款）和在显著无知导致的未遂情况下免除处罚的可能性，使现行法最好从印象理论的角度来理解。印象理论恰当地将未遂阶段里，使行为实现的行为人的法律敌对意识，也即相关构成要件的故意的行为不法。参见［德］汉斯·海因里希·耶赛克、托马斯·魏根特：《德国刑法教科书（总论）》，徐久生译，614～615页，北京，中国法制出版社，2001。

② 参见上书，613～614页。

但基于自己的意志中止犯罪的，应当减轻或者免除刑罚。"从以上规定可以看出，日本刑法对未遂犯的规定并未涉及行为人的主观意思，并且日本刑法并没有处罚不能犯的规定，因而在日本，不能犯区别于未遂犯，不具有可罚性。而这正是德、日两国刑法在未遂犯问题上的重大差别。

日本的通说是客观的未遂论。① 在日本的客观未遂论中，行为无价值论主张行为危险说，结果无价值论主张危险结果说。这是客观未遂论的内部分歧。当然，也有日本学者认为《日本刑法典》第43条对未遂犯采任意性减轻即得减主义而非必减主义，具有主观主义色彩。另外，日本学者指出："刑法中的未遂处罚既未采取完全的主观主义，也未采取完全的客观主义，而采取的是其折中的立场。我国裁判实务界在实际操作中，也是主张原则上减轻未遂犯之刑，因而可以说我国实质上运用的是客观主义。"②

总体上来说日本刑法是采客观未遂论的，重视未遂行为在客观上表现出来的危险性，因而其未遂犯属于危险犯。至于未遂犯是具体危险犯还是抽象危险犯，存在争议。③ 对此，拟在下文展开。

四、未遂犯论的话语转换

随着德、日刑法学的未遂论被引入我国，以主、客观相统一为内容的未遂犯负刑事责任根据论相形见绌，采用德、日刑法学的观点对未遂犯负刑事责任的根据进行论述遂成潮流，其中包括张明楷教授。张明楷教授也是从我国刑法关于未

---

① 例如日本学者指出：客观性见解从侵害法益的危险性中去寻求对未遂犯处罚的根据是妥当的。围绕着侵害法益的危险性，有把它理解为一个结果，认为应该从事后的、客观的观点对其加以判断的见解，以及把它作为行为的属性，认为应该从事前的、一般的观点加以判断的见解。但是我们认为，因为刑法规范对于引起侵害法益结果的人所实施的行为通过规范加以抑制，使该行为得到回避，发挥保护法益的机能，所以只有在认为其具有侵害法益的危险性的场合未遂行为才应该受到处罚。因此，尽管对未遂犯处罚的根据是侵害法益的危险性，我们还是应该从事前的、一般的观点去判断之。参见［日］野村稔：《刑法总论》，全理其、何力译，326～327页，北京，法律出版社，2001。

② ［日］西田典之：《日本刑法总论》，刘明祥、王昭武译，242页，北京，中国人民大学出版社，2007。

③ 参见［日］大谷实：《刑法讲义总论》（新版第2版），黎宏译，331页，北京，中国人民大学出版社，2008。

遂犯的规定出发，讨论未遂犯负刑事责任的根据。尤其因为我国刑法有1979年刑法与1997年刑法之分，张明楷教授在对新、旧刑法的对比中，以刑法法条为中心，对我国刑法中的未遂犯规定所采取的立场进行了具有价值的探讨。[①] 尽管难以下结论，张明楷教授还是认为我国刑法采取了客观的未遂论，并对此作了论证。他的论证路径与日本学者的是相似的，是以法条为中心。其中，对未遂犯与既遂犯是否采相同处罚是区分主观的未遂论与客观的未遂论的根本标准，但由于采绝对的同等处罚原则的立法例已经不复存在，因而张明楷教授在得减主义与必减主义之间展开分析，认为得减主义，即裁量性减轻或者任意性减轻，是偏向于主观未遂论的，而必减主义，即必要减轻主义则是偏向于客观未遂论的。其次，以刑法分则条文个别具体地规定对未遂犯的处罚还是刑法总则条文一般性地规定对未遂犯的处罚为界限，张明楷教授认为前者偏重于客观的未遂论，而后者侧向于主观的未遂论。最后张明楷教授是根据司法实务界对未遂犯处罚原则的实际把握，来考察实际运作中是采取客观的未遂论还是主观的未遂论。从我国刑法关于未遂犯的规定来看，其是倾向于主观未遂论的，因此，张明楷教授更多的是从事实上绝大多数犯罪的未遂都没有作为未遂犯受到处罚，来论证我国刑法采取了客观未遂论。[②] 如果仅仅从法条上分析我国刑法采取了客观的未遂论，不得不说有些牵强。笔者以为，对未遂犯的处罚原则只是考察刑法是采客观的未遂论还是采主观的未遂论的一个向度。如果刑法对未遂犯采绝对的与既遂犯同一处罚的原则，那么刑法采主观的未遂论是毫无疑问的。但目前已经没有这种绝对同一处

[①] 张明楷教授指出：我国1979年刑法第20条规定："已经着手实行犯罪，由于犯罪分子意志以外的原因未得逞的，是犯罪未遂。""对于未遂犯，可以比照既遂犯从轻或者减轻处罚。"新刑法对此没有作任何修改。如何理解这一规定，是很难下结论的。根据刑法的这一规定，未遂原则上与既遂犯在同一法定刑受处断，但"可以比照既遂犯从轻或者减轻处罚"，这表明不从轻、减轻处罚也可以。据此似乎可以看出其主观未遂论的立场。可是，现行刑法的法定刑幅度从总体上说并非很小，对未遂犯的处罚完全可能轻于对既遂犯的处罚，实际适用上是轻于既遂犯的。另外，现行刑法并没有规定对未遂犯的处罚以有明文规定为限，似乎任何犯罪的未遂都会受到处罚，表明采取了主观的未遂论；但事实上并非任何犯罪未遂都受处罚，实际上许多未遂行为没有被当作犯罪未遂而受处罚，这样做也有刑法上的根据，这又显示出了犯罪未遂的例外性。所以，很难下结论说现行刑法关于未遂犯的规定倾向于什么学说。参见张明楷：《刑法的基本立场》，202～203页，北京，中国法制出版社，2002。

[②] 参见张明楷：《刑法的基本立场》，203页，北京，中国法制出版社，2002。

罚的立法例,而大多采减轻处罚原则,只是存在得减主义与必减主义之分。其中,必减主义当然是客观的未遂论,但得减主义在一般情况下都减,只是在例外情况下不减,因此,那种认为得减主义偏向于主观的未遂论的观点值得商榷。当然,日本学者西田典之认为,日本从1880年刑法第112条规定对未遂犯之刑采取必要减轻主义,到现行刑法改采任意减轻主义,是受到当时的德国李斯特等人所倡导的主观主义刑法学的影响[①],所以,这一转变是从客观的未遂论向主观的未遂论的转变。但日本学者大谷实认为,从主观主义的角度出发的话,不应当将未遂犯和既遂犯加以区别。另外,严格贯彻客观主义的立场的话,对未遂犯不是不可罚就是必须减轻处罚。可见,日本现行刑法没有偏向上述任何一种主义。[②]如果说没有偏向于任何一种主义,那么就是采折中论的立场。由此可见,在日本刑法学界对法条的解释也并不完全相同。

值得注意的是,我国也有学者并不赞同认为我国刑法采客观主义的未遂论的观点,而认为折中的未遂论应是我国对未遂犯处罚的根据,而事实上我国现行刑法也采取了折中的未遂论的立场,并作了理论上的论证。[③] 应当指出,以上折中的未遂犯论与同样具有折中性质的主、客观相统一说是不同的。主、客观相统一

---

① 参见[日]西田典之:《日本刑法总论》,刘明祥、王昭武译,242页,北京,中国人民大学出版社,2007。

② 参见[日]大谷实:《刑法讲义总论》(新版第2版),黎宏译,338页,北京,中国人民大学出版社,2008。

③ 我国现行刑法规定对于未遂犯,"可以比照既遂犯从轻或者减轻处罚"。这是一种授权性规范。法官有自由裁量权,对未遂犯既可以从宽处罚,也可以不从宽处罚。但是,法律规定这种情节是带有倾向性的,即在通常情况下,法官在裁量刑罚时,除个别例外情形外,原则上对未遂犯应当比照既遂犯从轻或者减轻处罚。而"个别例外情形",是指对那些主观恶性较大者可以不从轻或者减轻处罚。同样是未遂行为,为何有的从轻或者减轻处罚,有的则不从轻或者减轻处罚?唯一的解释是两者在主观方面存在差异,否则刑法就会直接规定"应当比照既遂犯从轻或者减轻处罚"。这显示了刑法的主观主义的一面。现行刑法的法定刑幅度在总体上说较大,对未遂犯的处罚完全有可能轻于对既遂犯的处罚,实践中对未遂犯的处罚一般也是轻于对既遂犯的处罚的。这显示了刑法的客观主义的一面。现行刑法并没有规定对未遂犯的处罚以有明文规定为限,似乎所有犯罪都有未遂且都会受到处罚,表明其采取了主观主义立场;但事实上并非任何犯罪都有未遂且都会受到处罚,实际上许多未遂行为并没有被当作未遂犯受到处罚,这种做法也有刑法上的根据,这又显示出了对未遂犯处罚的例外性,表明其采取了客观主义的立场。由此可见,我国现行刑法对未遂犯的处罚是兼顾主、客观两个方面,但偏重主观方面。参见张永江:《未遂犯研究》,60~61页,北京,法律出版社,2008。

说基本上还是采用了以社会危害性为中心的四要件犯罪构成话语,而折中的未遂犯论明显地采用了德、日刑法学中关于未遂犯负刑事责任根据的学说。并且,作者明确地表达了应当采德、日刑法学的研究径路的立场,认为理论具有某种共同性,若在刑法学的话语体系之外建构不同的表达方式,则妨碍了中外的学术交流。① 这一学术立场当然是可取的。但折中未遂论的结论仍然是可置疑的。从我国学者的论证来看,其是认为我国刑法关于处罚未遂犯的规定既不完全采主观主义,又不完全采客观主义,换言之,既有主观主义的成分,又有客观主义的因素,因而被称为折中的未遂犯论。但这一观点是以绝对的主观未遂犯论与绝对的客观未遂犯论为前提的。如果我们摒弃这种绝对主义的方法论,从相对主义的径路进行分析,那么还是可以得出客观的未遂犯论的结论。其实,主观的未遂犯论与客观的未遂犯论的根本区别还是在于对未遂犯与既遂犯是采同一处罚原则还是采区别处罚原则。只要采同一处罚原则,那必然是主观的未遂犯论。只要是采区别处罚原则,则必然是客观的未遂犯论。在同一处罚还是区别处罚这一点上,并无折中的余地。至于得减主义还是必减主义,只是区分的程度问题。因此,不能认为得减主义就是主观的未遂犯论,只有必减主义才是客观的未遂犯论;也不能认为得减主义是折中的未遂犯论,因为在得减主义的情况下,以减轻处罚为原则,以不减轻为例外。只要基于相对主义而非绝对主义的方法论,就会得出得减主义是客观的未遂犯论的结论。

以法条为对象对未遂犯负刑事责任的根据进行讨论,只是客观的未遂犯论的一个视角,客观的未遂犯论还体现在对未遂犯的成立条件的认定上,尤其体现在对着手实行犯罪的认定上。在我国刑法学中,关于着手的认定同样经历了一个从主、客观相统一说到客观的未遂犯论转变的过程。

正如在未遂犯负刑事责任的根据上我国传统观点采主、客观统一说,在着手

---

① 参见张永江:《未遂犯研究》,60页,北京,法律出版社,2008。

客观未遂论的滥觞

问题上我国传统观点也采主、客观统一说。① 在此，社会危害性及其程度不是在具备主、客观特征之后、之外所作的一种实质判断，而是由犯罪构成的整体所决定的。因此，主、客观统一说对着手的认定明显地具有形式主义的性质。最先意识到这一点的是李海东博士，他在对苏俄及我国刑法学中的社会危害性和德、日刑法学中的危险性这两个概念进行比较的时候指出："在危险性作为处罚根据的问题上，由于中国刑法理论中预备犯、未遂犯和危险犯等的处罚根据在于行为的社会危害性，因此，对它的评价只停留在行为的规范内容——违法性（等于符合构成要件）上就可以了，而不必涉及可罚的危险性究竟是实害发生的物理可能性（客观的危险），抑或人感觉到的危险性（主观的危险）。如果是物理可能性，那么应当通过什么方式来认定？如果是人的感觉，那么是谁的感觉，为什么？只要证明了行为具有了违法性（等于符合构成要件），处罚根据——社会危害性问题解决了。因此，它在中国刑法学中并不是一个问题。可是这样一来，中国刑法中就不存在'实质犯'，而全部犯罪都是'形式犯'了。"② 这里所谓只存在形式犯而不存在实质犯，是指在四要件的犯罪构成理论中，只要具备四要件，社会危害性及其程度自在其中，不需要对社会危害性另作判断。在着手问题上也是如此：只要具备主、客观的着手特征，行为就具备了达到未遂程度的社会危害性。正是在这个意义上，张明楷教授将在着手问题上的主、客观统一说归之为形式的客观说，认为我国刑法理论基本上站在构成要件论的立场，于对实行行为的理解与对

---

① 例如赵秉志教授指出："着手"体现了具体犯罪构成主、客观要件的统一，因此，"着手"具备主、客观两个基本特征：主观上，行为人实行犯罪的意志已经通过客观实行行为的开始充分表现出来，而不同于在此之前预备实行犯罪的意志。客观上，行为人已开始直接实施具体犯罪构成客观方面的行为，这种行为已不再属于为犯罪的实行创造便利条件的预备犯罪的性质，这种行为已使刑法所保护的具体客体初步受到危害或面临实际存在的威胁。在有犯罪对象的场合，这种行为已直接指向犯罪对象。如果不出现行为人意志意外的原因的阻碍或行为人自动中止犯罪，这种行为就会继续进行下去，直到犯罪的完成即既遂的达到；在既遂包含犯罪结果的犯罪中，还会有犯罪结果合乎规律地发生。这两个主、客观基本特征的结合，从犯罪构成的整体上反映了着手行为的社会危害性及其程度，也给认定"着手"行为提供了一般标准。参见赵秉志：《犯罪未遂的理论与实践》，73~74页，北京，中国人民大学出版社，1987。

② 李海东：《社会危害性与危险性：中、德、日刑法学的一个比较——以法益实害未发生时的可罚性根据为切入点》，载陈兴良主编：《刑事法评论》，第4卷，北京，中国政法大学出版社，1999。

533

着手的认定都采取了形式的客观说；并对此作了批判。① 在这个意义上的形式客观说，其实与主观说相去不远，区别不大。当然，主、客观统一说对自己的观点作了辩解。②

主、客观统一说能否被归结为形式的客观说，关键在于危险性是否具有独立于构成要件的判断地位。从主、客观统一说的原始表述来看，主、客观基本特征的结合，从犯罪构成的整体上反映了着手行为的社会危害性及其程度。③ 按照这一表述，只要具备主、客观的构成要件特征，就具备了着手行为的社会危害性及其程度，因而称之为形式的客观说并无不妥。即使在上述辩解中，也强调犯罪实行行为的着手乃是主观与客观的统一，即行为人通过着手所体现出的不同于之前预备行为的犯罪意志以及在客观行为方面对刑法保护的法益所造成的实际的和迫切的危险的统一。在笔者看来，这仍然没有正面回答对于行为符合构成要件与上述实际的和迫切的危险是否需要分别作出独立判断的问题，因此难以从形式的客观说中解套。更为重要的是，上述论述把着手行为的形式特征纳入主观范畴，从而与客观要件的内容相分离，这是割裂了主、客观的关系，造成主、客观的混乱。这也是主、客观统一说的根本缺陷之所在。主、客观相统一的主观是指什么？客观又是指什么？这些基本关系都是混淆的。至于客观判断在前、主观判断在后，即

---

① 张明楷教授指出：尽管形式的客观说比主观说具有合理性，但形式的客观说没有从实质上回答什么叫实行行为，也没有回答什么叫着手和如何认定着手。离开关于犯罪本质的观点讨论实行行为，必然使实行行为成为没有边际、没有定型的抽象概念。刑法理论普遍认为，行为人以杀人的故意，误将白糖当作砒霜给他人食用时，也成立杀人未遂。这就意味着，只要是在罪过支配下实施的举动即可成为实行行为；只要有贩卖毒品的故意，即使出卖的是健身药品，也属于贩卖毒品罪的实行行为。这既可能使犯罪客观要件化为泡影，也可能使客观要件成为行为人之危险性格的征表。参见张明楷：《刑法的基本立场》，214 页，北京，中国法制出版社，2002。

② 例如赵秉志教授指出：虽然按照中国刑法理论的通说，实行的着手即是开始实施刑法分则具体犯罪构成客观方面的行为，但是，并非仅此而已。通说还同时强调犯罪实行行为的着手乃是主观与客观的统一，即行为人通过着手所体现出的不同于之前预备行为的犯罪意志以及在客观行为方面对刑法保护的法益所造成的实际的和迫切的危险的统一，而并非仅仅认为着手是客观行为与刑法分则的具体构成客观要件相符合。所以，很明显，中国刑法理论中的通说关于犯罪实行行为着手的认定标准，与德、日刑法理论中的形式的客观说存在着本质上的不同，因而将中国刑法理论中的通说与形式的客观说相等同的观点是不正确的。参见赵秉志：《犯罪未遂形态研究》，2 版，86 页，北京，中国人民大学出版社，2008。

③ 参见赵秉志：《犯罪未遂的理论与实践》，74 页，北京，中国人民大学出版社，1987。

主、客观之间的位阶性，更是不存在的，因而主、客观统一说是难以成立的。

值得注意的是，陈家林教授虽然认可我国目前的通说，即主、客观统一说是形式的客观说，即不反对将主、客观统一说归结为形式的客观说，但同时又主张形式的客观说，而对张明楷教授所主张采用的实质的客观说进行了批判。[①] 虽然陈家林教授自称赞成通说的观点，但此通说并非主、客观统一说，而是被转述为形式的客观说的观点。由此可见，陈家林教授已经不是在苏俄刑法学的社会危害性以及四要件犯罪构成的语境中讨论这个问题，而是在德、日刑法学的话语体系中讨论这个问题。这是一个重大的语境转换。如果说，张明楷教授是将主、客观统一说"翻译"为形式的客观说予以批判，那么陈家林教授是也是在形式的客观说的意义上为之辩护。这种批判与辩护无论在学术立场上差别有多大，都是立足于德、日刑法学的理论语境，因而完全不同于赵秉志教授仍然站在苏俄刑法学的立场上为主、客观统一说所作的辩护。更为引人关注的是，陈家林教授引入行为无价值论与结果无价值论的分析框架，明确地指出：形式的客观说是行为危险说，其理论前提是行为无价值论，并且把未遂犯确定为抽象危险犯。而实质的客观说是结果危险说，其理论前提是结果无价值论，并且把未遂犯确定为具体危险犯。在这种情况下，形式的客观说与实质的客观说之争就转换为未遂犯是抽象危险犯还是具体危险犯之争，并且把未遂犯纳入危险犯的范畴，在危险性理论而不是社会危害性理论的框架下对未遂犯的性质加以讨论。这是一个理论上的转变。

未遂犯到底是抽象的危险犯还是具体的危险犯关涉到未遂犯与危险犯之关系。危险犯是相对于实害犯而言的，在大多数情况下实害犯都是既遂的结果犯。

---

① 陈家林教授指出：对于行为（广义）的危险，存在着行为（狭义）危险与结果危险的对立，而这种对立又与行为无价值论和结果无价值论的对立直接相连。结果无价值论者认为，未遂犯是具体危险犯，未遂犯的危险不是作为实行行为属性的危险，而必须是由实行行为造成的作为结果的危险；既然是作为结果的危险，就只能是一种具体的危险状况。相反，行为无价值论者认为，未遂犯的实行行为是符合构成要件的行为，是刑罚法规规定的可能引起法益侵害结果的定型行为，故未遂犯的实行行为本身具有危险性，不应再要求其产生具体的危险状况。如前所述，笔者反对一元的结果无价值论，而持二元的人的不法论，认为未遂犯不是具体的危险犯。因此，笔者主张未遂犯的危险是一种行为的危险，即行为所具有的一种抽象的危险。参见陈家林：《不能犯初论》，204页，北京，中国人民公安大学出版社，2005。

而危险犯较为复杂,它被区分为抽象的危险犯与具体的危险犯:抽象的危险犯在大多数情况下属于行为犯,而具体的危险犯是未遂的结果犯,同时也是一种拟制的既遂犯。例如,我国刑法将放火罪分为危险犯与实害犯,其区分标准在于,是否发生致人重伤、死亡或者使公私财产遭受重大损失这一结果。发生这一结果的是放火罪的实害犯,没有发生这一结果的是放火罪的危险犯。而这种放火罪的危险犯实际上就是放火罪的实害犯的未遂犯,只不过刑法将其拟制为既遂犯,并规定了相应的法定刑。在这个意义上说,具体的危险犯本身是实害犯的未遂犯。那么,刑法没有规定为危险犯的未遂犯,是否属于具体的危险犯呢?抑或属于抽象的危险犯?李海东博士认为,实害犯既遂以外的情况都属于危险犯的范畴,可以称之为危险的未遂犯。李海东博士通过对危险的未遂犯之危险与具体的危险犯和抽象的危险犯之危险在规范层面上进行比较,得出了危险的未遂犯属于抽象的危险犯的结论。其主要理由在于:危险的未遂犯与具体危险犯在规范结构上是不同的。实害犯的结果在规范上是实害,如人的死亡;而危险犯的结果在规范上表现为危险,即致人死亡的现实可能性,而不是实害,否则,它就不是危险犯。用一句极端的话来说,危险犯,无论是具体的还是抽象的危险犯,在规范理论上都不会发生实害,否则,它就不是危险犯。法律对于未遂犯与具体危险犯在结果上的要求是不一样的,因此,危险的未遂犯不属于具体的危险犯,二者的危险内容也是完全不同的:具体危险犯中的危险指向的是针对构成要件所保护的法益的危险;而未遂犯中的危险指的是既遂要件实现的盖然性,而不是必须对法益造成直接危险,譬如不能犯。对于未遂犯中的危险的判断,是在对具体客观构成要件进行合理抽象后,对既遂实现的盖然性所下的判断。与未遂犯在规范结构上一致的不是具体危险犯,而是抽象危险犯。抽象危险犯与未遂犯相同的是,作为构成要件结果的危险都没有在规范中得到表述,也就是说,未遂犯与抽象危险犯的危险都是立法推定的危险。所谓立法推定的危险是指不是规范构成要件而是违法实质根据的法益损害可能性。换言之,这种危险及其程度与应否予以刑事处罚基本上是立法者的判断,法官只要证明这种危险不是想象或者臆断的,就可以认定危险

的存在，该构成要件该当的行为就具备了可罚的实质违法。① 李海东博士关于危险的未遂犯在规范结构上不同于具体的危险犯而与抽象的危险犯相同的论证，不同于行为的危险和结果的危险的区分。但是，具体的危险犯的危险是法益侵害的危险，而未遂犯中的危险是既遂要件实现的盖然性。这种区分是值得怀疑的，因为既遂要件就是指法益侵害结果，既遂要件实现的盖然性在一定意义上是可以等同于法益侵害的危险的，除非是危险犯之未遂犯。就此而言，笔者还是赞同未遂犯是具体的危险犯的观点。

从客观说到实质的客观说，再到具体的危险说，这样一条线索清晰地勾勒出客观的未遂犯论的基本轮廓，从而区别于主、客观统一说。当然，我国也有学者试图综合形式的客观说与实质的客观说，提出所谓形式客观和实质客观二元论基准结合说。② 该说对着手的认定过程是完全正确的，但所谓二元基准说具有折中的色彩。那么，形式的客观说与实质的客观说能否折中呢？这里涉及对形式的客观说与实质的客观说之关系的理解。对此，张明楷教授指出：形式的客观说将开始实施符合构成要件的行为作为实行的着手标准，实质的客观说将结果发生的危险作为实行的着手标准。二者的区别表面上也很明显，但形式的客观说也考虑到

---

① 参见李海东：《刑法原理入门（犯罪论基础）》，135～136页，北京，法律出版社，1998。
② 该说认为：就对实行行为的着手的判断而言，"形式的客观基准"与"实质的客观基准"并不是排他的，二者是互补的关系。具体言之，一方面，判断实行行为的着手不能超出刑法分则对犯罪的构成要件行为的定型性规定的范围，否则就会使对实行行为的着手的判断失去客观的定型的标准，这势必严重违背刑事法治的基本理念和罪刑法定原则的根本要求。另一方面，在以定型性构成要件行为为实行行为的着手的判断标准的基础上，还要进行行为对法益侵害的现实危险的实质判断，否则，就会落入"形式的客观基准说"的窠臼，导致对有些犯罪的着手的认定过于提前，从而混淆了犯罪预备与犯罪未遂，乃至罪与非罪之间的界限。有鉴于此，关于着手的判断标准应是形式客观基准和实质客观基准二元基准的结合，或者说是形式客观基准基础上的实质客观基准。具体言之，首先，在形式上必须要求已经开始实施了类型性规定的犯罪的构成要件行为或者构成要件行为的一部分（行为之定型的构成要件符合性），这是对实行行为的着手的判断的第一个层次，一旦能确定行为人的行为不符合某种犯罪的基本构成要件行为或不属于该种犯罪的基本构成要件行为的一部分，就无须进行第二个层次的判断。其次，在确定行为人的行为在犯罪的构成要件行为框内之后，还要进行第二层次判断，即该符合某种犯罪构成要件的行为具有侵害法益的现实危险（行为之侵害法益的现实危险性），即侵害法益的危险达到紧迫、具体的程度。参见钱叶六：《犯罪实行行为着手研究》，172页，北京，中国人民公安大学出版社，2009。

了"定型的危险";实质的客观说也考虑通过构成要件作出形式限定的必要性。因此,形式的客观说与实质的客观说并不是对立关系,可以认为,后者是以前者为前提并从实质上对前者进行修正、发展所形成的学说。① 如果对形式的客观说与实质的客观说之间的关系作以上理解,则可以认为实质的客观说是在形式的客观说所界定的构成要件行为的基础上,进行实质判断。这种实质判断受到构成要件的限制,并不存在违反罪刑法定原则的问题。就此而言,所谓形式客观和实质客观二元基准结合说并不能成立,因为它与实质的客观说的内容完全相同。至于该论者把笔者在《本体刑法学》一书中从行为的该当性与犯意的明确性两个方面对着手加以论述的观点归纳为形式客观与实质客观之二元基准结合说②,并不符合笔者的本意。笔者当时还是采主、客观统一说的,只不过在论述上有些新意,但尚未能从形式与实质两个方面对着手在客观上加以限制。当然,笔者现在是主张实质的客观说的,也赞成从形式与实质这两个层面对着手加以认定。因此,笔者并非不同意形式客观与实质客观二元基准结合说的内容,而只是说这实际上就是实质的客观说,因而没有必要另行命名。

五、以不能犯为例:通说的颠覆

不能犯可以说是各种未遂犯论的试金石。随着德、日未遂犯学说被引入我国刑法学,我国的不能犯理论发生了颠覆性的变化。

在苏俄刑法学中,对于不能犯是按照未遂犯处理的,称之为不能犯的未遂;并且是在事实认识错误的名目下进行讨论的,其结论是事实认识错误导致结果没

---

① 参见张明楷:《未遂犯论》,72~73页,北京,法律出版社;东京,成文堂,1997。
② 参见钱叶六:《犯罪实行行为着手研究》,160~161页,北京,中国人民公安大学出版社,2009。

有发生的不能犯未遂应当承担刑事责任。特拉伊宁对所谓不能犯未遂作了系统论述。① 其关于不能犯未遂的观点是以社会危害性理论为根据的，认为在不能犯未遂的情况下，行为仍然是具有社会危害性的，因而行为人应当承担刑事责任。但这种观点并没有论及不能犯未遂与能犯未遂在社会危害性判断上的差别，也没有指出在结果根本不可能发生的情况下行为的社会危害性究竟何在。

我国刑法教科书在四要件的犯罪构成理论框架内，全面引入苏俄刑法学关于不能犯的论述，在论及不能犯未遂承担刑事责任的根据时，指出："不能犯未遂仍然是危害社会的行为，因为犯罪分子根据自己设想的情况，如果对事实不发生认识错误，一定会发生自己追求的危害结果。在这种情况下，其犯罪行为仍具有社会危害性，所以不影响犯罪的成立。"② 这一论述对于不能犯未遂为什么具有社会危害性还是作了一些论证，尽管这种论证具有较为明显的主观主义色彩：似乎行为之所以具有社会危害性，是由行为人主观上的犯意所决定的。当然，我国刑法教科书将迷信犯排除在不能犯未遂的范围之外，认为如果行为人出于愚昧无知，竟把实际生活中根本不可能发生的事作为自己行为的基础，那么因为这种行为并不存在社会危害性，所以行为人当然不应负刑事责任。③ 关于迷信犯与不能犯的关系，在刑法理论上存在争议，但通常认为迷信犯不能独立于不能犯之外，应为不能犯的一种，即手段不能犯。④ 同样是不能犯，为什么迷信犯不可罚，而非迷信犯的不能犯可罚？关于这个问题并没有从法理上作出科学的阐述。因此，以社会危害性作为不能犯未遂受处罚的根据，虽然将迷信犯排除在了可罚范围之

---

① 例如特拉伊宁指出：所谓不能犯的未遂——手段不能犯的未遂和客体不能犯的未遂——的场合，应作特殊的处理。这些特点，是与一般存在于犯罪未遂时的特殊情况联系着的。未遂时缺少结果这个固定的构成因素，这种情况一般说来是排除刑事责任的，可是在未遂时行为人仍然要负刑事责任。对实施犯罪的未遂的社会危害性的估计，乃是这个原理的基础。对不能犯的未遂的各种特殊情况的划分，也是根据这一点来确定的：在客体错误和手段错误时所实施行为的社会危害性就使人有根据适用刑事制裁。因此，在不能犯的未遂的情况下，不论发生错误的事实在法权上的意义怎样，概不排除刑事责任。参见［苏］А.Н.特拉伊宁：《犯罪构成的一般学说》，王作富等译，259页，北京，中国人民大学出版社，1958。
② 高铭暄主编：《刑法学》，修订本，179页，北京，法律出版社，1984。
③ 参见上书，179页。
④ 参见张德友：《不能犯——刑事上的法外空间》，154页，长春，吉林人民出版社，2002。

外，但我国刑法中不能犯未遂受处罚的范围还是相对宽泛的。

在德、日刑法学中，关于对不能犯是否处罚，差别是十分重大的。《德国刑法典》第23条第3款明文规定处罚不能犯，只不过可减免刑罚而已。这一规定是1975年增加的，其实际意义虽小，但却对未遂理论带来重大冲击。德国学者在评价这一规定时指出：第23条第3款在系统上的真正效果也就是，恰恰没有如客观论所希望的那样，将不能犯未遂规定为不受处罚。这条规定其实要求得出相反的结论，即撇开严重无知这一疑难情况不谈，未遂的可罚性并不取决于它的危险性。确切地说，法律基本上采纳了主观的未遂理论。这不仅是帝国最高法院在这场争论中一开始就选择的立场，也是理论界经过数十年的抵抗后，最终在很大程度上同意的观点。[①] 虽然《德国刑法典》的规定是偏向于主观未遂论的，但德国学者仍然坚持印象理论，该理论被认为是折中理论，因为它强调主观上的法敌对意识是通过行为表现出来的，并且对公众造成法规范无效的印象，而这将会动摇法秩序的根基，因而是可罚的。[②] 印象理论的根据之一在于从一般预防中引申出来的处罚必要性，它与完全建立在行为人主观意思基础上的危害性还是有所差别的。正是在这个意义上，印象理论有别于纯粹的主观理论。

不同于德国刑法，日本刑法并没有规定对不能犯的处罚，因而日本刑法学严格区分未遂犯与不能犯：未遂犯可罚而不能犯不可罚。因而，未遂犯与不能犯的区分，就是罪与非罪的区分。尽管日本刑法理论上均认为不能犯不可罚，但如何

[①] 参见［德］冈特·施特拉滕韦特等：《刑法总论》，I·犯罪论，杨萌译，267页，北京，法律出版社，2006。

[②] 例如德国学者指出：根据印象理论，成为未遂可罚性标准的，虽是行为人敌对的法律意识，但这并非仅仅被作为现象理解的敌对意识，而是被作为从行为中产生的对社会有深刻影响来理解的敌对法律意识。如果对计划的并开始实施的严重的犯罪不加以处罚，那将会动摇公众对法秩序有效性的信赖。由于行为人忽视了重大障碍，行为不能既遂的，同样具有这样的效果，因为它已经显示行为人有实施该行为的能力，结果不发生是出于偶然的原因。无论是可能犯未遂还是不可能犯未遂，均会造成对社会的危害，造成对法律所保护的法的和平意识的危害，而可能犯未遂的场合，还会增加对被保护的行为客体的危险。从作为刑法任务的一般预防中产生的该学说，在今天占有统治地位。参见［德］汉斯·海因里希·耶赛克、托马斯·魏根特：《德国刑法教科书（总论）》，徐久生译，635~636页，北京，中国法制出版社，2001。

区分未遂犯与不能犯仍是一个争议较大的问题，因为未遂犯与不能犯都是犯罪未能达致既遂状态，只是未能达致既遂状态的原因不同而已：未遂犯是有可能达致既遂而未能，不能犯则是根本不能达致既遂。因此，未遂犯与不能犯的区分是能与不能的界限划分问题。在未遂犯与不能犯之间存在此消彼长的关系：过于扩张未遂犯的范围，必然使不能犯在未遂犯的名义下受到处罚。反之，过于扩张不能犯的范围，又会使未遂犯在不能犯的名义下不受处罚。因此，未遂犯与不能犯的区分意义重大，相关学说也异常复杂：从大的方面来说，存在主观说与客观说。主观说中又存在纯粹主观说与抽象的危险说；客观说中存在具体的危险说与客观的危险说，抽象的危险说与具体的危险说又合并称为危险说。此外，还有印象说，定型说与各种修正的客观说，定型说与各种修正的客观说都属于客观说。① 在日本刑法学界目前支配性的观点是具体危险说，该观点在日本刑法学界具有较大影响。②

日本学者强调具体危险说将行为时而非行为后作为判断危险性的时间标准，同时还主张将一般人所能认识到的事实以及行为人所特别认识到的事实作为判断危险性的内容标准。例如，就对死尸实施的杀人行为而言，按照具体危险说，在行为人以外的一般人也认为该尸体是活人的话，就是未遂犯；在一般人看来是死尸的话，就是不能犯。对此，日本学者指出：在此意义上讲，具体危险说是将刑法看作行为规范的见解，和将社会一般观念看作犯罪构成要件的基础的折中的相当因果关系说具有同样的理论基础。③ 在此，日本学者采用了行为规范与裁判规范的分析框架，因为从行为规范出发，对具体危险的判断与对折中的相当因果关系的判断一样，既非全然客观的，也非全然主观的，而具有一定的折中性质。如果完全站在客观立场上，那么根据客观危险说以及修正危险说，对死尸实施的杀

---

① 参见张明楷：《未遂犯论》，225～226 页，北京，法律出版社；东京，成文堂，1997。
② 日本学者对具体危险说作了以下描述：具体危险说，以行为当时一般人所认识的事实以及行为人所特别认识到的事实为基础，以行为时为标准，从一般人的立场出发，考虑在该种事实之下实施行为的话，通常是否能够实现构成要件：如果答案肯定的话，就有发生结果的具体危险性，因此是未遂犯；如果答案否定的话，就是不能犯。参见［日］大谷实：《刑法讲义总论》（新版第 2 版），黎宏译，341～342 页，北京，中国人民大学出版社，2008。
③ 参见上书，342 页。

人行为是绝对不可能造成死亡结果的，因而应被认定为不能犯。而如果完全站在主观立场，则根据纯粹主观说，对死尸实施的杀人行为具有主观危险性或者抽象危险性，因此应被认定为未遂犯。但根据具体危险说，对死尸实施的杀人行为属于未遂犯还是不能犯，不可一概而论，应当区分以下两种情形：一是，在一般人看来是死尸，但在行为人看来是活人，因而对死尸实施杀人行为的，属于不能犯。二是，不仅行为人而且一般人也认为是活人，因而对死尸实施杀人行为的，属于未遂犯。正因为如此，日本学者把这种理论称为印象说。例如日本学者指出：具体性危险说以行为时点为基准进行事前判断，并以一般人是否具有危险感为标准来认定是否存在未遂犯的危险。这是以一般人的印象作为处罚根据，因而该说又称为印象说。①

从以上分析可以看出，日本刑法与德国刑法虽然在对不能犯的规定上有所不同，但在理论上表现出惊人的一致：德国刑法学主张以印象说为不能犯受处罚的根据，而日本刑法学同样主张以具有明显的印象说色彩的具体危险说为不能犯与未遂犯的区分标准。在这种情况下，当德国刑法学以印象说认定某一行为属于不能犯而予以处罚的时候，日本刑法学同样以具体危险说认定该行为不属于不能犯，属于未遂而予以处罚。当然，即使在日本还是有学者主张偏向于对未遂犯与不能犯的区分作事后的客观性判断的客观性危险说，或者对此加以修正的各种修正危险说。相对于具体性危险说，客观性危险说具有客观主义色彩。② 由此可见，日本刑法学界在关于区分不能犯与未遂犯的问题上，确实聚讼不一而无定论。

从法条来看，我国刑法并未规定不能犯的可罚性，因而与日本刑法的规定是相同的，而不同于明文规定处罚不能犯的德国刑法。但我国刑法受苏俄刑法的影

---

① 参见［日］西田典之：《日本刑法总论》，刘明祥、王昭武译，251页，北京，中国人民大学出版社，2007。

② 例如日本学者西田典之指出：如果进行严密的事后性、科学性判断，所有的未遂均难免不成为不能犯。因此，在判断结果发生的可能性之时，既要探究未发生结果的原因、情况，同时也要探求存在何种情况变化便得以发生结果，以及这种情况变化具有多大程度的盖然性。只有在经过这种探求之后，仍然得出并无结果发生的盖然性，或者盖然性极低这一结论之时，方可否定可能性，认定构成不能犯。我们可以将这种观点称为"假定性盖然性说"。参见上书，253页。

响，将不能犯视为未遂犯而加以处罚，又与德国刑法相同，而且不能犯的处罚范围，比德国刑法规定的处罚范围还要大一些。

随着德、日刑法学传入我国，我国刑法学者对传统的不能犯理论进行了反思与质疑，并将其纳入德、日刑法学关于不能犯的话语体系进行讨论。在此，首推张明楷教授。他认为，我国刑法理论上一般否认迷信犯的行为构成犯罪，但一概认为不能犯都属于未遂犯，实际上采取了抽象的危险说；并从以下三个方面进行了批判：首先，上述通说没有考虑行为在客观上是否侵犯了法益，导致客观上完全不可能侵犯法益的行为也成立犯罪未遂。其次，上述通说没有坚持主、客观相统一的原则，导致主观归罪。抽象的危险说不是根据行为的客观事实来判断该行为有无侵害法益的危险，而是根据行为人的认识内容来判断有无危险。结局是，只要行为人认识到的事实"是一般人认为有危险的事实"，不管客观事实究竟如何，都被认定为有危险。换言之，只要行为人对实行行为有认识（有故意），不管客观上有无实行行为，都被认为有危险。但这实际上属于主观归罪。最后，与上述两点相联系，通说必然扩大刑法的处罚范围。这主要表现在，客观上完全没有危险性的行为，仅因为行为人的认识错误就作为犯罪而受到处罚。[1]

此外，张明楷教授还指出了通说与四要件犯罪构成理论之间的矛盾以及在司法适用上的矛盾。在批判通说的基础上，张明楷教授提出了其本人关于不能犯受处罚根据的以下观点：为了实现法益保护目的，同时保障行为人的人权，必须贯彻客观的未遂论。只有当行为人主观上具有故意，客观上实施的行为具有侵害法益的紧迫危险时，才能被认定为犯罪未遂；行为人主观上具有犯意，其客观行为没有侵害法益的任何危险时，就应被认定为不可罚的不能犯，不以犯罪论处。至于客观行为是否具有侵害法益的紧迫危险，应以行为存在的所有客观事实为基础，立足于行为时，根据客观的因果法则进行判断。[2] 在以上论述中，张明楷教

---

[1] 参见张明楷：《未遂犯论》，243～256页，北京，法律出版社；东京，成文堂，1997。
[2] 参见张明楷：《刑法学》，3版，299页，北京，法律出版社，2007。

授主张客观未遂论即客观说是没有问题的。那么，这种客观未遂论在不能犯问题上究竟是采具体危险说还是客观危险说？显然，它以事后的、客观的立场来判断是否具有危险，与以事前的、一般人的立场对危险进行判断是存在重大区分的。因此，张明楷教授的观点是客观危险说而非具体危险说。客观危险说在我国刑法学界具有一定的影响，例如黎宏教授也赞成客观危险说。①

我国学者周光权教授批评我国目前通说是纯粹主观说，认为仅仅以行为人主观上的危险性为判断依据来认定犯罪未遂和犯罪成立，采取了从主观到客观的思考方法，有主观归罪之嫌，是刑法主观主义的集中体现。在此基础上，周光权教授主张采用具体危险说而非客观危险说，并作了以下论证：客观危险说由于强调科学判断、客观判断，有"事后诸葛亮"的意味，可能使未遂犯都变成不能犯。具体危险说和因果关系理论中的相当因果关系说相一致，考虑了一般人的危险感觉，考虑了刑罚的积极预防功能，和规范违反说的内在精神相一致，因此是合理的理论。根据具体危险说，如果根据具体情状，行为具有发生结果的危险性，一般人对该事实有所认识，并且能够从行为中感觉到危险的存在，同时，能够产生处罚行为的呼吁的，就成立未遂犯。在被评价为未遂犯的场合，行为不仅具有主观的抽象危险，而且具有客观的具体危险。反过来，如果行为并不具有结果发生的具体危险性，而只具有抽象危险性，就只能成立不能犯。②除周光权教授以外，我国还有其他学者提倡具体危险说，认为这不仅可以在一定范围内限制刑罚适用的扩大化，进而体现刑法的谦抑性，而且还可以为不能未遂犯的可罚性判断提供实质性的客观标准。③

---

① 黎宏教授指出：在对未遂犯的危险判断上，必须以行为时所存在的全部事实为基础，站在行为时的立场，按照科学的因果法则的标准，进行判断。这种判断在以行为时所客观存在的全部事实为判断基础这一点上，和具体危险说所主张的以行为时一般人和行为人本人所能认识的事实为基础这一点上，具有根本上的差别；同时，在以行为时所存在的全部事实为基础，在事前对发生结果的概率进行预测这一点上，和纯粹客观危险说主张的从事后即裁判时的立场出发，判断行为是否具有危险的观点也不一致。参见黎宏：《刑法总论问题思考》，460页，北京，中国人民大学出版社，2007。

② 参见周光权：《刑法总论》，274页，北京，中国人民大学出版社，2007。

③ 参见郑军男：《不能未遂犯研究》，298页，北京，中国检察出版社，2005。

从传统通说到客观的未遂犯论的转变，在不能犯问题上表现得十分明显。例如赵秉志教授的《犯罪未遂的理论与实践》一书中，在不能犯受处罚根据问题上同样坚持主、客观统一说，认为主、客观要件及其所决定的行为的社会危害性，就是不能犯未遂构成犯罪及被追究刑事责任的科学根据。①而这种社会危害性往往被作主观化的解释，即行为人的犯罪意识和意志所表现出来的行为性质。在该书的第二版中，赵秉志教授反思了传统通说，转而赞同具体危险说。② 值得注意的是，陈家林教授为传统通说辩护。③ 当然，他已经不采用苏俄刑法的知识话语，而是从德、日刑法学的理论模式出发进行分析，认为具体危险说和客观危险说都存在不足，因而坚持抽象危险说的立场。④ 尽管陈家林教授为传统通说辩护，但其理论形态已经从苏俄的转向德日的，具有法教义学的性质，因而其主张已经不再是主、客观相统一及社会危害性之类的简单宣示。由此也可以看出我国不能犯理论的巨大变化。当然，司法实践还是相对滞后的。正如赵秉志教授通过分析胡某、张某筠等故意杀人、运输毒品案，认为中国最高司法机关在不能犯未遂的成立范围上实际上采用了抽象危险说的观点，存在过于扩大刑法处罚范围的弊端，其妥当性值得推敲。⑤ 又如，1991年4月2日最高人民检察院《关于贩卖假毒品案件如何定性问题的批复》*和1994年12月20日最高人民法院《关于执行〈全国人民代表大会常务委员会关于禁毒的决定〉的若干问题的解释》**第17条都规定：不知是假毒品而当作毒品走私、贩卖、运输、窝藏的，应以走私、贩卖、运输、窝藏毒品犯罪（未遂）定罪处罚。对此，我国学者指出：上述两个解

---

* 该批复于2013年1月18日失效。——编辑注
** 该解释于2013年1月18日失效。——编辑注
① 参见赵秉志：《犯罪未遂的理论与实践》，179页，北京，中国人民大学出版社，1987。
② 参见赵秉志：《犯罪未遂形态研究》，2版，194页，北京，中国人民大学出版社，2008。
③ 参见陈家林：《为我国现行不能犯理论辩护》，载《法律科学》，2008（4）。
④ 陈家林教授指出：抽象的危险说的基本观点是，以行为人在行为当时所认识的事实为基础，从一般人的立场来判断危险的有无；如果按照行为人的计划实施行为具有发生结果的危险性，那么就是未遂犯；即使按照行为人的计划实施行为也不具有发生结果的危险时，则是无罪的行为。参见陈家林：《不能犯初论》，223页，北京，中国人民公安大学出版社，2005。
⑤ 参见赵秉志：《犯罪未遂形态研究》，2版，196页，注释，北京，中国人民大学出版社，2008。

释的结论是否合适，值得研究。不首先考察客观要件（即客观上是否存在贩卖毒品罪的实行行为、行为人的"贩卖行为"是否具有现实的法益侵害性），便开始考虑主观要件，以主观上具有贩卖毒品的故意为由，追究被告人贩卖毒品罪（未遂）的刑事责任，似乎存在问题。①

相对于刑法理论而言，刑事立法与刑事司法的变化是较为缓慢的。不仅在不能犯理论上表现出这一特征，而且在整个刑法知识的转型上，均是如此。唯此，才要求刑法学者通过刑法理论去推动并促进刑事立法与刑事司法的向前发展。

（本文原载《法学家》，2011（4））

---

① 参见李立众：《刑法一本通：中华人民共和国刑法总成》，7版，364页，北京，法律出版社，2010。

未完成罪研究

　　未完成罪是犯罪的未完成形态，是犯罪的特殊形态之一。由犯罪之未完成的特征所决定，未完成罪在定罪与处罚上均具有不同于犯罪完成形态的特点，因而对其有必要在刑法理论上加以研究。本文拟对未完成罪的一般理论进行论述。

一

　　在刑法中，大陆法系国家一般只规定未遂犯，所以，其刑法理论在未遂犯的名目下对未完成罪加以论述。[①] 而苏联刑法将处罚范围从着手实行犯罪扩展到犯罪预备，并将犯罪预备、犯罪未遂与犯罪中止相并列，由此产生了在刑法理论上如何对上述三种犯罪形态加以概括的问题。我国刑法承袭了苏联的立法例，因而同样存在这个问题。

　　关于未完成罪的称谓，我国刑法理论最初将其概括为犯罪阶段。这里所谓犯罪阶段是指故意犯罪的发展阶段。这一称谓来自苏联。在 20 世纪 50 年代初我国

[①] 在大陆法系国家刑法理论中，未遂犯有广义与狭义之分，广义上的未遂犯包括障碍未遂与中止未遂，而狭义上的未遂犯仅指障碍未遂。参见张明楷：《未遂犯论》，321 页，北京，法律出版社，1997。

引入苏联刑法理论时，就有犯罪阶段之说。① 及至 20 世纪 80 年代，犯罪阶段的称谓在苏联刑法理论中仍然是通说。② 我国刑法学界承袭了犯罪阶段这一称谓，其成为一时的通说。③ 这种犯罪阶段的说法，强调犯罪预备、未遂、既遂以及中止是故意犯罪的一个阶段，并且是前后衔接的发展阶段。而正是在这两点上，存在逻辑上的破绽。就前者而言，犯罪预备、未遂、既遂以及中止只是一种状态，而非一个阶段。状态是一个空间的概念———一种结局，而阶段是一个时间的概念———一个环节，两者不能混淆。就后者而言，虽然犯罪预备、未遂、既遂以及中止存在一个距离犯罪完成的远近问题，但这些犯罪的未完成系统在其现实上不存在发展问题。换言之，一旦在犯罪预备阶段停顿下来，就不再可能发展到犯罪未遂。因此，我国学者对上述犯罪阶段说提出了批评。④ 笔者认为，犯罪阶段说确实有其不尽贴切之处。在否定犯罪阶段说的基础上，我国刑法理论代之以故意犯罪发展中的犯罪形态的称谓，即所谓犯罪形态说。犯罪形态说将犯罪预备、未遂、既遂以及中止概括为犯罪形态，正确地揭示了这些特殊犯罪形态的性质，较之犯罪阶段说更为科学。但由于这一称谓稍嫌冗长，因而在提法上不尽一致。⑤

---

① 我国最早翻译出版的苏联刑法教科书指出：故意犯罪阶段乃是表明犯罪发展程度的各个不同过程。参见［苏］孟沙金主编：《苏维埃刑法总论》（下册），彭仲文译，423 页，上海，大东书局，1950。

② 苏联学者指出：实施犯罪阶段的概念是故意犯罪发展的一定阶段，即预备犯罪、未遂犯罪和遂犯罪。参见［苏］Н. А. 阿别利亚耶夫、М. И. 科瓦廖夫主编：《苏维埃刑法总论》，马改秀等译，199 页，北京，群众出版社，1987。

③ 我国权威教科书指出：故意犯罪的阶段是指故意犯罪在活动过程中可能停顿的阶段。这就是犯罪的预备、未遂和既遂，以及与此直接相关的犯罪中止。参见高铭暄主编：《刑法学》，修订本，172 页，北京，法律出版社，1984。

④ 我国学者指出：犯罪预备、犯罪未遂和犯罪中止，只是表明犯罪行为不同危害程度的各种已经停顿的、静止的状态。把这些故意犯罪过程中出现的、具有不同危害程度且已经停顿的行为状态概括为故意犯罪发展阶段或故意犯罪阶段，都是不适当的，因而这种理论也是难以成立的。参见徐逸仁：《对故意犯罪阶段再认识》，载《法学研究》，1984（5）。

⑤ 犯罪形态说中的各种称谓包括以下几种：故意犯罪过程中的犯罪形态（参见叶高峰主编：《故意犯罪过程中的犯罪形态论》，2 页，开封，河南大学出版社，1989）、故意犯罪阶段形态（参见徐逸仁：《故意犯罪阶段形态论》，14 页，上海，复旦大学出版社，1992）、犯罪停止形态（参见赵秉志主编：《新刑法教程》，180 页，北京，中国人民大学出版社，1997）。

甚至，还有学者直接称之为故意犯罪形态。① 上述提法，大同小异，无非是称谓上的繁简之别。唯故意犯罪形态之称，有外延过宽之嫌，因为犯罪预备、未遂以及中止等只是故意犯罪过程中停顿下来的一种特殊犯罪形态，而非一般意义上的犯罪形态②，因而将犯罪预备、未遂以及中止称为故意犯罪形态，与其所概括的内容之间存在名与实上的出入。

无论是犯罪阶段说还是犯罪形态说，都不仅仅是一个称谓问题，而是涉及对犯罪预备、未遂以及中止在刑法中的性质的理解，应当从理论上加以界定。笔者认为，犯罪预备、未遂以及中止等犯罪形态作为一种犯罪结局，是一个空间的概念；作为发生在犯罪发展过程中的一种特殊的犯罪形态，又是一个时间的概念。因此，应当从时间与空间的统一上加以把握。

（一）犯罪过程

犯罪预备、未遂以及中止存在于一定的犯罪过程之中。这里的犯罪过程，是指犯罪发生与发展，直至完成的时间进程。更确切地说，犯罪过程是指故意犯罪发生、发展和完成所经过的程度、阶段的总和与整体，它是故意犯罪展开的连续性在时间和空间上的表现。犯罪过程有广义与狭义之分。狭义上的犯罪过程，是指犯罪行为的实施过程。犯罪行为是一条主线，犯罪过程就是犯罪行为从开始到终止的整个过程。广义上的犯罪过程还可以向前和后加以适当延伸：向前延伸，有一个犯意产生的问题；向后延伸，有一个结果发生的问题。总之，犯罪过程是从整体上对犯罪的实施过程加以描述，以展现犯罪实施在其时间上的连续性。

（二）犯罪阶段

犯罪阶段是犯罪过程中的一些段落。犯罪过程是一个整体，它可以分为几个

---

① 我国学者张明楷指出：故意犯罪形态，是指故意犯罪在其发展过程中，由于某种原因出现，结局所呈现的状态，即犯罪预备、犯罪未遂、犯罪中止与犯罪既遂。参见张明楷：《刑法学》（上），244页，北京，法律出版社，1997。从上述定义看，该观点只是称谓上较为简略，在其内容上与其他犯罪形态说并无实质区别。

② 一般意义上的犯罪形态，除未完成罪以外还包括共犯形态与罪数形态。我国学者姜伟甚至认为：犯罪形态是现实存在的犯罪现象在法律上的反映。在某种意义上讲，犯罪形态是犯罪的同义语。任何犯罪现象都呈现着一定的犯罪形态，犯罪形态实际上是犯罪构成要件的具体表现形式。参见姜伟：《犯罪形态通论》，1页，北京，法律出版社，1994。

段落，由此在犯罪过程中出现了犯罪阶段的概念。应当指出，犯罪阶段与犯罪预备、未遂以及中止这些犯罪形态不能等同。前述犯罪阶段说就是将两者等同起来，因而出现预备阶段、未遂阶段和既遂阶段这样的表述。① 这种表述实际上是把犯罪阶段与犯罪形态混为一谈②，因而有所不妥。犯罪阶段的划分，在刑法理论上是一个备受关注而又歧见迭出的问题，概而论之，存在以下诸说③：（1）二阶段说，认为犯罪行为可以被分为预备及实行两个阶段。（2）三阶段说，认为犯罪行为可以被分为预备、着手与完成三个阶段。（3）四阶段说，认为犯罪行为可以被分为阴谋、预备、着手与实行四个阶段。（4）五阶段说，认为犯罪行为可以被划分为犯意表示、阴谋、预备、着手与实行五个阶段。（5）六阶段说，认为犯罪行为可以被分为决意、阴谋、预备、着手实行、完成行为、发生结果六个阶段。④

在以上诸说中，犯罪预备与犯罪实行是为各说所承认的，被纳入犯罪阶段自无异议。关于着手与结果发生，笔者认为，并非一个犯罪阶段的问题。着手乃是实行行为之起点，尽管在刑法中具有重要意义，仍可被包容在实行行为之中，没有独立成为一个阶段的逻辑根据。结果发生亦如此：结果是犯罪的必然后果，在一般情况下是实行行为的终点，亦应被包括在实行行为之中。至于阴谋，往往是两个以上行为人商量实行犯罪，与预备处于同一犯罪阶段。在不处罚犯罪预备的国家，其刑法分则中往往有阴谋犯之设，以便对某些特殊类型的预备行为加以处

---

① 我国学者指出：故意犯罪的发展应当分为犯罪的预备、犯罪的未遂、犯罪的既遂三个阶段。犯罪的中止，可能发生在预备阶段，也可能发生在未遂阶段。参见杨春洗等：《刑法总论》，180页，北京，北京大学出版社，1984。

② 对犯罪预备可作犯罪阶段与犯罪形态的双重理解：作为犯罪阶段的犯罪预备是指与实行阶段相衔接的时间段落；作为犯罪形态的犯罪预备是指发生在犯罪预备阶段的一种行为状态。但不能由此类推，将犯罪未遂、既遂都表述为一个犯罪阶段。

③ 对关于犯罪阶段划分的各种观点的详尽论述，参见熊选国：《刑法中行为论》，236页及以下，北京，人民法院出版社，1992。

④ 六阶段说的另外两种划分是：(1) 犯罪动机发生、犯罪意思之决定、犯罪意思之表示、阴谋、预备、着手；(2) 犯罪动机之发生、犯罪意思之决定、犯罪意思之表示、犯罪之预备、犯罪之着手、犯罪之实行。参见熊选国：《刑法中行为论》，237页，北京，人民法院出版社，1992。

罚，因而不能将阴谋与预备相并列。① 换言之，预备阶段可以吸收阴谋。这里需要研究的是犯意形成是否为一个独立的犯罪阶段。在犯意表示不受刑事处罚的意义上说，犯意形成不属于犯罪的范畴，因而难以成为犯罪阶段。否定说的理由大抵如此。② 笔者认为，犯意表示并非犯罪行为，并不是刑事处罚的对象，这无疑是正确的，但如果我们把犯罪当作一个演进的过程，那么，其形成、发生与发展又确实是一个不可分割的整体。因为犯罪预备并非犯罪的起始，犯罪预备往往开始于犯意形成之后，因此，正确地理解犯意表示有助于认定犯罪预备。当然，在刑法意义上说，由于犯意形成阶段不存在刑事责任问题，将其排除在犯罪阶段之外，并无不可。③ 此外，我国刑法理论还提出一个颇具特色的实行后阶段。④ 实行后阶段是指犯罪行为实行终了以后、犯罪既遂发生之前的阶段。在一般犯罪中，犯罪行为终了，犯罪结果随之发生，没有时间上的间隙，因而不存在实行后阶段。但在某些情况下，犯罪行为终了，犯罪结果并非随即发生，这就存在一个从行为完毕到结果发生的时间上的间隙，被我国学者称为实行后阶段。⑤ 在这个阶段，虽然在客观形式上已经没有犯罪人直接实施的犯罪行为，但是犯罪人在此

---

① 关于阴谋与预备的关系，在刑法理论上存在以下三说：(1) 阴谋是预备的一种形式。(2) 阴谋是预备之前的一个阶段。(3) 阴谋与预备是各自独立的准备行为。参见张明楷：《未遂犯论》，440 页，北京，法律出版社，1997。我国学者一般认为，阴谋是预备的一种形式。参见马克昌主编：《犯罪通论》，修订 3 版，427 页，武汉，武汉大学出版社，1999。

② 我国学者指出：犯意的形成还没有进入犯罪过程，故不是犯罪阶段。因此，犯意的形成属于故意犯罪阶段的观点，并不可取。参见张明楷：《刑法学》（上），246 页，北京，法律出版社，1997。

③ 从犯罪发展的完整性出发，笔者曾经将犯意形成阶段纳入广义的犯罪过程，作为一个独立的犯罪阶段。参见陈兴良：《刑法适用总论》，上卷，385~386 页，北京，法律出版社，1999。鉴于犯意形成阶段不存在刑事责任问题，将其作为犯罪阶段缺乏刑法意义，经再三考虑，这里不将其作为一个独立的犯罪阶段。

④ 我国学者赵秉志首先提出这个问题，称之为行为后阶段，认为：由于这个阶段实质上仍是犯罪人先前的实行行为在直接促成犯罪既遂的发生，因此犯罪既遂当然仍应当直接归于犯罪人的犯罪行为和犯罪故意，犯罪人应当对此负责。参见赵秉志：《犯罪未遂的理论与实践》，46 页，北京，中国人民大学出版社，1987。我国学者认为，行为后阶段的提法，原则上并无不可，但用语不够贴切，因为"行为"一词，既可以被理解为实行行为，也可以被理解为预备行为。参见马克昌主编：《犯罪通论》，修订 3 版，410 页，武汉，武汉大学出版社，1999。比较行为后阶段与实行后阶段两个用语，笔者认为，后者更为贴切，本文从之。

⑤ 这里的实行后阶段显然不同于犯罪完成阶段或者结果发生阶段。

前所实施的犯罪行为仍在发挥作用,促使犯罪结果发生,只不过这种犯罪结果的发生需借助他人的行为或者自然人。例如,投毒杀人,在投毒完毕后,被害人误食毒物,继而毒性发作而死亡前,就存在一个或长或短的实行后阶段。对于实行后阶段的存在,我国学者多是持肯定观点的,但是也有个别学者持否定的观点,其理由在于,这里所谓实行后,实际上并非没有行为,只不过没有作为而已,同样存在不作为,因而仍然属于实行阶段。① 笔者认为,这种观点是对不作为的误解所致。作为与不作为具有相反关系:一种犯罪要么由作为构成,要么由不作为构成。在投毒杀人犯罪中,投毒是一种行为,这种行为完成,应当视为犯罪行为已经终了。投毒以后被害人中毒身亡前这段时间,是否存在不作为呢?笔者认为是不存在的,它只能被归结为实行后阶段,而不能被视为不作为的实行阶段。综上所述,犯罪阶段,在刑法意义上可以分为犯罪预备、犯罪实行和实行后这三个阶段。

(三) 犯罪形态

如果说犯罪过程与犯罪阶段是一个时间的概念,表现为犯罪行为的连续性,那么,犯罪形态就是发生在犯罪过程的一定阶段上的一种停顿状态,是犯罪的一种结局,是一个空间的概念。关于这里的犯罪形态,刑法理论通常概括为以下四种:犯罪预备、犯罪未遂、犯罪中止与犯罪既遂。以上四种犯罪形态又可分为两种类型:一是犯罪的未完成形态,即犯罪预备、未遂与中止。其特点是故意犯罪在其发展过程中由于主观或者客观的原因停顿下来而没有到达顶点。二是犯罪的完成形态,即犯罪既遂。其特点是故意犯罪在其发展过程中未在中途停顿下来而得以到达终点。

根据以上论述,笔者认为,犯罪的预备、未遂和中止等犯罪形态的共同特征

---

① 我国学者认为:实行后阶段的划分忽视了犯罪行为有作为和不作为两种表现形式,把犯罪行为与犯罪的作为混为一谈。就故意杀人罪来说,当行为人用投毒的方式杀人时,其表现形式既不是单纯的作为,而是兼有作为与不作为。也就是说,投放毒物是作为,投放毒物后,不作为行为开始而已。主张故意犯罪过程中存在行为后阶段的学者,无视犯罪的不作为也是犯罪行为这一性质,把作为行为之后、不作为行为正在进行的阶段,视为行为后阶段,实际上是把不作为排除在犯罪行为之外。参见叶高峰主编:《故意犯罪过程中的犯罪形态论》,10~11页,郑州,河南人民出版社,1989。

是其未完成性。① 相对于犯罪既遂而言，它是一种犯罪的未完成形态，因而可以将其称为未完成罪。在英美法系刑法中，未完成罪（inchoatecrime）是来源于普通法的一个传统概念，它除了包括犯罪的未遂与中止，还包括犯罪的教唆与共谋。② 笔者在这里所说的未完成罪与英美法中的未完成罪不完全相同，主要是后者中包括教唆与共谋，而依大陆法系刑法理论，教唆与共谋应当属于共同犯罪的内容，不属于未完成罪。因此，采用未完成罪概括犯罪的预备、未遂和中止只是一种概念的借用，其好处在于简明，能够正确地揭示犯罪的预备、未遂和中止等犯罪形态的特征。采用未完成罪的概念，会出现一个值得研究的问题，就是它只能概括犯罪的预备、未遂和中止，而不能包括犯罪既遂。那么，对于犯罪既遂是否有必要在此研究呢？笔者认为，犯罪既遂是犯罪的一般形态，对其可以直接按照刑法分则条文定罪处刑，因而刑法总则未作专门规定。而犯罪的预备、未遂和中止是犯罪的特殊形态，因而刑法总则有必要加以规定，刑法总论有必要加以研究。当然，在对未完成罪的研究中，完全可能涉及犯罪既遂，但笔者不主张将其与犯罪的预备、未遂和中止相提并论。

---

① 关于犯罪是否存在未完成形态与完成形态之分，我国台湾地区学者郑建才提出：行为之全体，只算一个行为。所谓自开始至终了，不过形容行为之过程；过程如何，并不影响行为本身之价值。故严格言之，行为之价值，于着手（开始）时即已确定。并无所谓行为完成与未完成之问题。唯因行为有发生结果者，如杀人行为，发生死亡之结果；有未发生结果者，如杀人行为，未发生死亡之结果。若称前者为行为之完成，称后者为行为之未完成，亦未始不可。但应注意此时只系行为在事实上之效果问题，亦仅与犯罪之既遂、未遂有关，与犯罪之成立无关。故将未遂之犯罪，称为犯罪未完成，则属不正确。参见郑建才：《刑法总论》，修订再版，133页，台北，三民书局，1982。笔者认为，郑建才在此混淆了行为之完成与未完成和犯罪之完成与未完成之间的界限，两者虽有联系，又绝非同一。犯罪包含行为与结果两个要素，因而不可否认犯罪可分为完成与未完成两种形态。

② 美国刑法理论中，这些犯罪行为都未达到刑法上要求的各个犯罪成立的条件，都未形成标准的犯罪形态。例如，犯罪的未遂和中止，都未达到犯罪的完成阶段；犯罪的教唆和共谋，属于共同犯罪的情况，但其行为人并未实施刑法上规定的各种犯罪的行为，亦不属于不完整的犯罪形态。这些行为与刑法关于各种具体犯罪的规定不完全相符，不可能据此将它们认定为犯罪而加以惩处。因此，对这些不完整的犯罪如何定罪、如何处罚，刑法理论有必要专门加以研究，以补充和扩大刑法的适用。参见朱华荣主编：《各国刑法比较研究》，249~250页，武汉，武汉大学出版社，1995。

二

未完成罪作为一种犯罪，具有一定的犯罪构成要件。对此在刑法理论上认识是共同的。但未完成罪的构成特征是什么？对此问题存在争议。其中，以下两种观点值得注意。第一种观点认为只有犯罪既遂才完全符合犯罪构成。在某种情况下，行为不完全符合犯罪构成，也可以追究行为人的刑事责任。犯罪的预备、未遂和中止就属于这种情况。[1] 我们知道，特拉伊宁曾经提出过一个著名的命题："犯罪构成是刑事责任的唯一根据"。显然，在关于未完成罪的论述中，特拉伊宁陷入了自相矛盾的境地：一方面认为犯罪构成是刑事责任的基础，另一方面又认为被视作犯罪追究刑事责任的未完成罪可以不具备犯罪构成。之所以出现上述矛盾，究其原委就在于，特拉伊宁把犯罪既遂的构成视为犯罪构成的唯一表现形式，由此得出犯罪的未完成罪不具备（确切地说，是不完全具备）犯罪构成的结论。第二种观点认为不仅犯罪既遂完全符合犯罪构成要件，而且犯罪的预备、未遂和中止也完全符合犯罪构成要件。[2] 这种观点被我国学者称为"基本构成要件齐备说"[3]。显然，基本构成要件齐备说肯定未完成罪具备构成要件，从而与特拉伊宁关于未完成罪不具备构成要件的观点划清了界限。但是，未完成罪的构成与犯罪既遂的构成之间是一种什么关系？对此，该论者并未予以深究。难怪我国

---

[1] 苏联学者特拉伊宁认为，犯罪预备是缺少犯罪构成因素的行为，在预备行为中只有一个构成因素即故意，而没有其余的因素。特拉伊宁将犯罪预备用公式表示如下：预备行为＝故意＋不是构成因素的行为。在分析犯罪未遂时，特拉伊宁指出：未遂的特征就在于，这里缺少犯罪构成的一个因素。这里所缺少的因素，应当是结果。特拉伊宁将犯罪未遂用公式表示如下：未遂行为＝故意＋是构成因素的行为－结果。参见［苏］A. H. 特拉伊宁：《犯罪构成的一般学说》，王作富等译，252~253页，北京，中国人民大学出版社，1958。

[2] 我国学者张明楷指出：立法者认为犯罪预备、未遂与中止具有应受到刑罚处罚的社会危害性，所以才把它们规定为犯罪。它们既然是犯罪，就必须完全符合犯罪的构成要件。如果认为犯罪预备、未遂与中止构成犯罪，但又不完全符合犯罪构成要件，就割裂了犯罪构成与犯罪的社会危害性的关系，犯罪的社会危害性不是根据刑法规定的犯罪构成来认定。参见张明楷：《犯罪论原理》，463页，武汉，武汉大学出版社，1991。

[3] 马克昌主编：《犯罪通论》，修订3版，413页，武汉，武汉大学出版社，1999。

学者认为这种观点把未完成形态犯罪的构成要件与完成形态犯罪的构成要件混为一谈，从根本上抹杀了两种犯罪形态的区分。① 在笔者看来，该种观点至少存在混淆犯罪的未完成形态与完成形态的构成要件之嫌。

这里涉及对犯罪的未完成形态与完成形态之关系的理解。在刑法理论上存在这样一个命题：刑法分则是以一人犯一个既遂罪为标准的。因此，一个人的行为，如果符合刑法分则规定的某种犯罪的全部构成要件，就表明这个人的行为构成了某种犯罪的既遂。② 正是在这一基础上，将刑法分则的犯罪确认为既遂的构成，才能进一步讨论未完成罪的构成问题。值得注意的是，我国个别学者否认这一前提，认为刑法分则规定的构成不仅包括既遂，而且包括未遂等其他形态。③ 由此产生的问题在于：如果刑法分则已经包含了犯罪各种形态，刑法总则中对未完成罪予以系统规定的意义何在？在刑法理论上，一般认为，根据处罚既遂犯的法律，对未达到既遂的场合也加以处罚。在这个意义上，未遂犯也可以被叫作刑罚扩张事由。④ 就此而言，刑法总则关于未完成罪的规定，是刑罚扩张的法律根

---

① 参见马克昌主编：《犯罪通论》，修订3版，414页，武汉，武汉大学出版社，1999。

② 参见高铭暄主编：《刑法学》，修订本，173页，北京，法律出版社，1984。这里的犯罪既遂是不是包括过失犯罪，不无疑问。否定说认为：在现代汉语中，既遂一词，顾名思义，就是已经遂愿，即某种愿望得到了满足。而在刑法意义上加以引申，既遂则意味着行为人的某种犯罪愿望得到了实现。因此，只有在故意犯罪中，才能讨论犯罪愿望是否实现的问题。而对于过失犯罪而言，尽管过失犯罪也是一种有意识的行为，但由于行为人并不希望或者放任这种行为及其结果的发生，由此，即使发生了某种危害结果，也是与行为人的主观愿望相违背的。所以，也就谈不上其愿望是否得到了满足。参见马克昌主编：《犯罪通论》，修订3版，489页，武汉，武汉大学出版社，1999。肯定说认为：凡是完成刑法分则条文对某种犯罪所规定的全部犯罪构成的，就是既遂。或者说，犯罪主体实现了刑法分则条文所规定的全部犯罪构成事实的，就是既遂。刑法分则所规定的各种犯罪构成形态，既包括故意犯罪，也包括过失犯罪。参见何秉松：《犯罪构成系统论》，333页，北京，中国法制出版社，1995。笔者认为，既遂与未遂是相对应而存在的，凡无未遂之犯罪，也就无所谓既遂问题。因此，不仅过失犯罪，而且间接故意犯罪等不存在未遂的犯罪，均无所谓既遂。

③ 我国学者张明楷指出：规定具体犯罪的分则条文，不仅包含了犯罪既遂，而且包含了其他可能出现的形态。参见张明楷：《犯罪论原理》，467页，武汉，武汉大学出版社，1991。

④ 参见［日］福田平、大塚仁编：《日本刑法总论讲义》，李乔等译，137页，沈阳，辽宁人民出版社，1986。

据，也就是其定罪的根据。① 笔者认为，刑法分则规定的是以实行行为中心的犯罪既遂的构成，对于犯罪的未完成形态未予规定，因此，对未完成罪不能直接适用刑法分则定罪量刑。在这种情况下，如果否认刑法总则是对未完成罪定罪的根据，则缺乏对未完成罪定罪的法律根据。至于法定刑，刑法分则的规定也是以犯罪既遂为标准的。正因为如此，刑法总则对未完成罪规定比照既遂犯从轻或者减轻处罚。因此，犯罪的完成形态与未完成形态的关系，应当是一般与特殊的关系，即完成形态的犯罪构成是一般构成，而未完成形态的犯罪构成是特殊构成。

基于一般构成与特殊构成的关系，笔者认为，日本学者小野清一郎主张的未完成罪的修正构成说是最为贴切的一种理论。② 根据修正的构成要件来说，未完成形态的构成是以犯罪完成形态的构成为基础的。对于犯罪完成形态的构成，在刑法分则中作了明文规定，只要某一行为符合刑法分则某一条文之规定，即可直接依照该条文规定，将该行为作为犯罪既遂追究其刑事责任。而犯罪的预备、未遂和中止，是犯罪的特殊形态。其特殊性表现在，它要以刑法分则中相应的犯罪构成为基础，以刑法总则有关规定为补充，来确定上述犯罪未完成形态的构成，由此形成对其定罪量刑的根据。

三

未完成罪作为一种特殊的犯罪形态，具有其特定的存在范围。犯罪的未完成形态严格地受到犯罪构成的限制，因此应当从罪体和罪责两个方面对未完成罪的

---

① 意大利学者在论及犯罪未遂在刑法体系中的性质时指出：刑法总则有关犯罪未遂的规定，实际上具有"成倍增加"刑法分则中犯罪规范的作用。由于有了犯罪未遂的规定，每一个有关重罪的规定，实际上都增加了一个与之相关的未遂形式。通过这种途径，刑法实际上将故意犯罪的可罚性，提前到犯罪既遂以前的行为。

② 小野清一郎指出：未遂犯是阶段性的行为类型，然而，它们作为犯罪，仍然不管在什么意义上讲还要以构成要件的特殊类型为基础，并且必须是以构成要件的特殊类型为基本的"一般性的"阶段性的类型。这除了构成要件的修正形式，不会有别的。参见［日］小野清一郎：《犯罪构成要件理论》，王泰译，70页，北京，中国人民公安大学出版社，1991。

范围加以论述。

(一) 未完成罪与罪体

刑法理论在罪体意义上将犯罪分为作为犯与不作为犯。在这两种犯罪类型中都存在未完成形态，对此在刑法理论上没有疑义。① 如果我们进一步考察，根据犯罪构成在客观上对行为要素与结果要素的要求程度，又可以将犯罪分为阴谋犯、行为犯、结果犯与结果加重犯。下面，根据上述犯罪类型，对其是否存在未完成罪的问题加以分析。

1. 阴谋犯

阴谋犯是以指阴谋实施某种犯罪作为构成要件的犯罪。阴谋犯以阴谋作为其构成特征。从犯罪过程来看，阴谋处于犯罪的预备阶段，因此，在一般犯罪中，阴谋属于犯罪预备。但阴谋犯不能等同于阴谋，它是刑法分则设立的一种特殊的犯罪类型。在阴谋犯的情况下，行为人只要进行了阴谋策划就构成既遂，而不存在未完成形态。对于阴谋犯的构成，刑法理论上往往称为截断的犯罪构成。② 笔者认为这是有一定道理的。在阴谋犯的情况下，实际上是把犯罪预备在法律上设置为既遂。

2. 行为犯

行为犯是指以刑法规定的一定行为作为构成要件的犯罪。在行为犯的情况下，只要实施了一定的构成要件的行为，不论结果是否发生，都构成犯罪。行为

---

① 对于不作为犯是否存在未完成形态，理论上有所论及。一般认为，纯正不作为犯不存在未遂问题，而不纯正不作为犯存在未遂问题。参见马克昌主编：《犯罪通论》，修订3版，392～393页，武汉，武汉大学出版社，1999。

② 截断的犯罪构成，又称为截短的犯罪构成，是苏联刑法理论中的一个概念。苏联学者指出：在犯罪活动一切可能的发展阶段里，当犯罪构成仅仅包括预备行为，或者包括旨在造成危害社会结果的某个行为的过程本身时，就存在截断的犯罪构成。在这种情况下，要确定既遂罪，并不需要造成危害社会的结果，也不需要将能够引起这些结果的行为进行到底，有时甚至不需要实施所指出来的行为本身。参见 [苏] H. A. 阿别利耶夫、M. И. 科瓦廖夫主编：《苏维埃刑法总论》，马改秀等译，88页，北京，群众出版社，1997。

犯又可以分为举动犯、程度犯与危险犯。① 举动犯，又称举止犯或者单纯行为犯，是指行为人只要着手实施刑法分则规定的行为就构成犯罪既遂的情形。因而在举动犯的情况下不存在犯罪的未完成形态。程度犯，又称为过程犯，是指行为人在着手实施刑法分则规定的构成要件的行为以后，虽然不要求发生某种危害结果，但要求将行为实施到一定程度，才构成犯罪既遂的情形。因此，在程度犯的情况下，存在犯罪的未完成形态。危险犯是指行为人的行为只要造成一定的法益侵害危险，就构成犯罪既遂的情形。② 在刑法理论上危险犯可以被分为抽象危险犯与具体危险犯，两者的区分在于对危险的要求不同：抽象危险犯要求的是一种立法推定的危险，这种危险并不要求达到现实化的程度。③ 而具体危险犯，又称危险状态犯，它所要求的是一种司法认定的危险，这是一种现实化的危险。

关于具体危险犯属于行为犯还是属于结果犯，在刑法理论上存在争论。第一种观点认为，具体危险犯属于结果犯，其结果即是一定的危险状态。④ 第二种观点认为，具体危险犯属于行为犯，即只要实施一定的行为，而无须产生一定的犯罪结

---

① 关于行为犯的进一步论述，参见陈兴良：《刑法哲学》（修订版），217页及以下，北京，中国政法大学出版社，1997。

② 我国学者认为：危险犯是指以行为人实施的危害行为造成的危险结果作为犯罪构成必要条件的犯罪。参见鲜铁可：《新刑法中的危险犯》，28页，北京，中国检察出版社，1998。在这一概念中，作者强调危险是一种结果，因而危险犯是结果犯。恰恰在这一点上，存在理论上的分歧意见。关于这个问题的进一步论述，参见陈兴良：《刑法适用总论》，上卷，252页，北京，法律出版社，1999。

③ 我国学者李海东指出：抽象危险犯的规范特征是，危险不是该犯罪构成的要件，而是该行为可罚的实质违法的根据。参见李海东：《刑法原理入门（犯罪论基础）》，133页，北京，法律出版社，1998。由于只要存在行为就可构成抽象危险犯，而危险不是其构成要件，所以，我国学者姜伟认为，危险犯只限于具体危险犯，不包括抽象危险犯。根据抽象危险犯的本意，似乎行为犯也包括在其中。任何犯罪行为都具有危害社会的危险，是否可以说都是危险犯。显然，采用抽象危险犯容易混淆其与行为犯的界限，故其是不可取的。参见姜伟：《犯罪形态通论》，117~118页，北京，法律出版社，1994。上述论述似乎有一定道理。抽象危险犯与行为犯，尤其与举动犯的界限如何划分，确实是一个值得研究的问题。笔者认为，危险犯，包括抽象危险犯与具体危险犯，实际上只不过是行为犯的一种特殊类型。如此界定，则可以厘清行为犯与危险犯的关系。

④ 我国学者指出：危险犯不是行为犯，而与实害犯同样，是结果犯，只是它要求的结果是某种危险状态，实害犯要求的结果是实际的损害。参见高铭暄主编：《中国刑法学》，169~170页，北京，中国人民大学出版社，1989。

果。就这一点而言，它也完全符合行为犯的本质，因而可以被归入行为犯。① 第三种观点则认为，危险犯既不同于结果犯又不同于行为犯，是一种独立的犯罪类型。② 在此，笔者仍坚持危险犯是行为犯中的一种特殊类型的观点，将之与结果犯相区分。在抽象危险犯的情况下，只要着手实施犯罪即构成既遂，因而与举动犯相似，不存在未完成形态，在具体危险犯的情况下要求存在一定的危险状态。如果只实施了一定的行为，危险状态尚未造成，则仍然存在未完成的形态。顺便指出，这里的危险犯主要是指具体危险犯，在自然意义上说是犯罪未遂，但立法者将其设置为既遂，故其构成也是一种截断的犯罪构成。

3. 结果犯

结果犯是指以一定的犯罪结果作为构成要件的犯罪。结果犯被认为是典型的犯罪完成形态。在结果犯中，又可以分为单纯结果犯与实害犯。在以犯罪结果作为构成要件这一点上，实害犯与单纯结果犯是相同的，只是在与危险犯相对应的意义上存在实害犯。但实害犯与单纯结果犯在是否存在未完成形态上存在差别：单纯结果犯在法定的结果没有发生的情况下，存在未完成形态。而在实害犯的情况下，如果实害结果没有发生，那就构成危险犯，而不存在未完成形态。

4. 结果加重犯

结果加重犯，又称为加重结果犯③，是指以一定的加重结果作为构成要件的犯罪。在结果加重犯中，存在着两个结果：一是本罪结果，二是加重结果。由于加重结果涉及另外一个犯罪（通常是过失犯罪），因而对结果加重犯往往在罪数论中论及。关于在结果加重犯的情况下是否存在未完成形态，刑法理论上存在争

---

① 参见陈兴良：《刑法哲学》，修订版，219 页，北京，中国政法大学出版社，1997。
② 我国学者姜伟指出：在危险犯的情况下，某种危害行为只造成损害危险，意味着还未发生危害社会的结果，当然不是结果犯。同时，姜伟又否认危险犯是行为犯，认为，从犯罪的实际发展过程看，危险犯比行为犯又发展了一步，接近于造成危害结果，因此，其危害程度也随之加大。参见姜伟：《犯罪形态通论》，117~118 页，北京，法律出版社，1994。
③ 正是在加重结果犯的意义上，我国学者姜伟认为它属于结果犯，只是区别于普通结果犯。参见上书，120 页。笔者认为，结果加重犯在构成特征上存在着与结果犯的重大差别，不宜将其归入结果犯。

议。① 笔者认为，对于结果加重犯是否存在未完成形态，主要是未遂犯，应当区分以下两种情况分别讨论：一是结果加重犯是否存在未遂犯，即结果加重犯的未遂犯；二是未遂犯②是否存在结果加重犯，即未遂犯的结果加重犯。就前一个问题而言，如果结果加重犯包括故意的结果加重犯，则加重结果没有发生，当然也就存在结果加重犯的未遂犯，这是加重结果的未遂。如果结果加重犯只是指过失的结果加重犯，则关于其是否存在未完成形态，基于认为过失犯罪是否存在未遂，又有两种见解：承认过失犯罪有未遂的，同时承认过失的结果加重犯存在未遂；反之则不然。笔者认为，根据通说，对于加重结果只能是出于过失而不能出于故意，且如下所讲述，过失犯罪不存在完成形态，因此，不存在结果加重犯的未遂犯。就后一个问题而言，在结果加重犯的情况下，基本结果没有发生，加重结果已经发生，是否构成结果加重犯的未遂犯呢？例如抢劫，未获财物但致人重伤、死亡，构成抢劫罪的结果加重犯，是否应以未遂犯论处？对此日本刑法学界存在肯定与否定的观点分歧。③ 我国刑法学界的通说认为结果加重犯不存在未遂④，或者否认存在既遂与未遂之分。⑤ 笔者认为，对于这种基本罪是未遂，而又发生了加重结果的情形，仍然应当承认其为未遂，只不过这不是结果加重犯。

---

① 这里的过失的结果加重犯指对于加重结果是过失的，而不是指对于基本结果是过失而构成的结果加重犯。

② 对在这个问题上争议观点的详尽介绍及评述，参见张明楷：《未遂犯论》，16 页及以下，北京，法律出版社，1997。

③ 平野龙一、小野清一郎、泷川幸辰等认为，行为发生了重结果而基本未遂时，是结果加重犯的未遂。而福田平、植松正等则认为，既然重结果已经发生，即使基本犯未遂，也符合结果加重犯的构成要件，成立结果加重犯的既遂。参见张明楷：《未遂犯论》，18～19 页，北京，法律出版社，1997。

④ 我国学者指出：在抢劫罪中，未劫取财物但造成被害人重伤、死亡的情况下，不存在未遂。理由如下：（1）它已经齐备了法律规定的结果加重构成要件。法律上此类结果加重犯的既遂，并不以通常抢得财物并占有财物为必要。（2）通常情况下，人身权利比财产权利更为重要，因此，即使没有抢到财物，也丝毫不影响抢劫罪既遂的成立。参见徐逸仁：《故意犯罪阶段形态论》，259～260 页，上海，复旦大学出版社，1992。

⑤ 我国学者指出：结果加重犯只有是否构成的问题，而没有既遂与未遂之分。如果确认是结果加重犯，又要区分犯罪既遂与未遂，就违背了结果加重犯的构成特征，也会使法律重罚结果加重犯的原则与未遂的从宽原则发生矛盾。参见赵秉志：《犯罪未遂的理论与实践》，225～226 页，北京，中国人民大学出版社，1987。

进一步深入分析，还可以将结果加重犯分为两种类型：一种是重合型的结果加重犯。在这种情况下，基本犯与加重结果之间具有某种重合性。例如故意伤害致人死亡，故意伤害与致人死亡都是对人身的伤害，两者在性质上具有重合性。因此，在重合型的结果加重犯中，不存在基本犯的未遂问题。另一种是非重合型的结果加重犯。在这种情况下，基本犯与加重结果之间具有非重合性。例如抢劫致人重伤、死亡，基本犯是以抢劫为主的，而加重结果是致人重伤、死亡，在性质上不存在重合性。因此，在这种非重合型的结果加重犯中，存在基本犯的未遂问题。[①] 由此可见，对于未遂犯的结果加重犯在理论上应当承认其存在。

（二）罪责与未完成罪

在刑法理论上，在罪责的意义上，可以将犯罪分为故意犯与过失犯。下面，就这两种犯罪类型是否存在未完成罪的问题加以分析。

1. 故意犯

犯罪故意可以分为直接故意与间接故意。未完成形态存在于直接故意犯罪过程中，对此没有争论。那么，间接故意犯罪是否存在未完成形态呢？在刑法理论上，对此存在肯定的观点。肯定的理由在于：一是从间接故意有认识得出存在未遂的结论。[②] 二是从间接故意有目的得出存在未遂的结论。[③] 以有认识而论证间接故意有未遂，其错误在于：未遂与既遂，存在一个是否得逞的问题，其得逞的根据在于行为人的主观意志而非主观认识。而恰恰在意志因素上，以放任为特征的间接故意与直接故意存在原则上的区分。希望是一种追求的态度，结果未发生，则希望落空，由此引申出来未遂之说。而放任是一种两可的态度，结果发生

---

① 关于对此的详尽分析，参见陈兴良、曲新久、顾永忠：《案例刑法教程》（下卷），274 页，北京，中国政法大学出版社，1994。
② 我国学者指出：有认识就有未遂，间接故意之认识，是和直接故意相同的，所以也有未遂。参见许鹏飞：《比较刑法纲要》，136 页，上海，商务印书馆，1936。
③ 我国学者指出：在实施某种违法犯罪行为而放任另一危害结果发生的场合，间接故意有犯罪目的，也有犯罪未遂。行为人在实施危害行为时所放任的结果，就是间接故意的犯罪目的。如果该犯罪目的未能实现，就是间接故意犯罪的未遂。参见高铭暄主编：《新中国刑法研究综述（1949～1985）》，330 页，郑州，河南人民出版社，1986。

与否都不违反行为人的本意。在结果没有发生的情况下,当然也就无所谓未遂。以有目的而论证间接故意有未遂,其错误在于:前提是荒谬的,即间接故意根本不存在犯罪目的。目的与希望结果发生的意志相联系,在放任的情况下,行为人对已经认识的结果持一种容忍的态度,因此不可能存在一定的目的,也就不会出现因目的未实现而未遂的情形。更为重要的是,间接故意犯罪,由其犯罪的性质所决定,其行为的犯罪性应当根据一定的犯罪结果加以确认。当这种犯罪结果未发生时,其行为即无犯罪性。这就是所谓结果无价值,由此不同于行为无价值的直接故意犯罪:在直接故意犯罪中,行为的犯罪性独立于犯罪结果而存在。因此,当这种犯罪结果未发生时,行为同样具有犯罪性,只不过处于未遂的状态。

2. 过失犯

过失犯是否存在犯罪的未完成状态,也是一个在刑法理论上存在争议的问题。通说均认为过失犯无成立未遂之必要与可能,而且从各国刑法规定来看,亦无处罚过失犯的未遂犯的立法例。但在刑法理论上仍有个别学者认为过失犯存在未遂之余地。[①] 过失犯是否存在未遂,涉及过失行为与结果的关系,即结果发生之前能否使过失行为个别化。笔者认为,过失犯是结果犯,如果结果未发生,则其行为的犯罪性难以证明,因而无所谓未遂而言。值得注意的是,某些学者主张设立过失危险犯。笔者认为,过失危险犯之提出,同样突破了过失犯之为结果犯的界限,实际上是将过失犯之未遂予以截断处理,与将故意犯罪中实害犯的未遂规定为危险犯同理。因此,过失危险犯是以承认过失犯之未遂为前提的,只不过不以未遂犯处理,而是在刑法分则中专门设定罪名而已。笔者认为,过失危险犯与过失的未遂一样,是违反过失犯的原理的,在理论上难以成立。对于行为出于

---

① 日本学者平野龙一指出:过失犯应可考量可成立未遂犯,只因现行法未设规定,故无研酌之必要而已。且现行法对于未遂犯之成立要求以故意犯为前提,其更无斟酌之余地。但如就理论上全未发生结果之轻情形,亦当可个别考量过失之情形。只以因均先就一定之结果予以预定而非予以个别化考量而已。但此与故意之情形同,即如未预设特定之结果,则有无认识即无法确定,此时亦无法考量个别的故意,因此,在现实未发生结果之情形,应可予以个别化。就此点而言,故意与过失应无如何之差别。参见廖正豪:《过失犯论》,139页,台北,三民书局,1993。

故意但又未造成严重后果的情形，需要处理，但没有必要设立过失危险犯，而是可以将该故意行为犯罪化。

（本文原载《政法论坛》，2000（3））

不能犯与未遂犯
——一个比较法的分析

不能犯与未遂犯的区分是刑法主观主义与客观主义之争的主战场，亦可以说是刑法理论走向的晴雨表，问题虽小却意义重大。本文拟从比较法的角度，对不能犯和未遂犯的立法与理论的发展进行分析。

一、德、日：不能犯理论从客观说到主观说的历史叙事

德、日刑法同属大陆法系，并且往往德日并称。两国刑法的相同之处甚多，但在不能犯与未遂犯的立法上存在明显的区分。正是这种区分对不能犯理论的发展带来深刻的影响。

德国刑法确认了不能犯未遂的可罚性，因此，在德国刑法上，不能犯是未遂犯的一种类型。根据《德国刑法典》第23条第3款的规定，行为人由于重大无知（aus grobem Unverstand），对犯罪对象和手段产生认识错误，而不可能完成犯罪的，法院可免除其刑罚，或者减轻其刑罚。根据这一规定，不能犯未遂与能犯未遂相比较，在具有可罚性这一点上是相同的，只是在处罚原则上，能犯未遂是比照既遂减轻处罚，而不能犯未遂是免除处罚或者减轻处罚。显然，不能犯未

遂较之能犯未遂可罚程度较低。

如果我们把德国刑法关于不能犯未遂具有可罚性的规定置于德国刑法学术史中进行考察，就会发现，这一规定明显地是从客观主义后撤而向主观主义靠拢，因此，德国在关于不能犯的立法与理论问题上经历了一个从客观主义向主观主义的转向。对此，李斯特曾经作过生动的说明，这就是从费尔巴哈的客观说到布里的主观说的嬗变。

费尔巴哈是客观说的肇始者，以存在客观危险作为未遂犯的处罚根据。费尔巴哈在论及既遂与未遂时指出：

> 如果属于犯罪概念的全部内容已经发生，那么，特定的犯罪就已经完成（犯罪既遂，vollendete Verbrechen，delictum consummatum）。如果：（1）是因为外在的障碍，而不是因为自由的意志改变，因而未实现既遂；（2）根据其外在特征（或间接或直接或多或少）行为与预谋的犯罪之间存在因果关系，在客观上具有危险性，那么，未完成犯罪所实施的外在行为本身就成立犯罪（unternomenes Verbrechen，conatus delinguendi im weiteren Sinne），并应受到处罚。[1]

在此，费尔巴哈强调未遂犯的可罚性应当建立在"客观上具有危险性"的基础上。当然，这种客观上的危险性如何判断，仍然是一个值得研究的问题。费尔巴哈基于其客观主义立场所主张的客观说，对此后不能犯与未遂犯的区分产生了深远影响。李斯特在论及费尔巴哈的不能犯学说时指出：

> 费尔巴哈只想处罚危险的犯罪未遂行为，因此，他要求行为——根据其外在特征——与行为人所追求的结果之间存在因果关系。他的这一要求导致区分手段不能犯（Untauglichkeit des Mittels）和客体不能犯（Untauglichkeit des Objekts），并将之进一步区分为绝对的和相对的手段不能犯，或绝对的和相对的客观不能犯。尽管受到一些学者如科斯特林、海尔施纳、冯·

---

[1] ［德］安塞尔姆·里特尔·冯·费尔巴哈：《德国刑法教科书》（第14版），徐久生译，45~46页，北京，中国方正出版社，2010。

施瓦茨等人的怀疑，但是，这一观点很快成为主流观点并一直持续至今。根据该观点，如果行为所使用的手段和攻击之客体不可能达到目的，即为绝对不能犯（如用未上膛的手枪杀人未遂，杀死已经死亡之人未遂）。如果所选择的手段或所攻击的客体虽在一般情况下是适当的，但在具体情况下由于情况的特殊性而表明是不适当的，即为相对不能犯（如用击发时已经损坏的手枪谋杀未遂，被害人穿有防弹衣而杀人未遂）。该观点的主张者（包括普鲁士、巴伐利亚、奥地利以及罗马的一些邦的司法判决）认为，应处罚相对不能犯，而不处罚绝对不能犯。①

在以上论述中，相对不能犯与绝对不能犯的区分，实际上就是未遂犯与不能犯的区分：相对不能犯属于未遂犯，因而是能犯而非不能犯。因此，相对不能犯与绝对不能犯的区分，体现了能犯与不能犯之间区分的相对性以及可转化性。在这种情况下，未遂犯与不能犯的区分就转化为客观上相对不能与绝对不能的区分。

在相对不能与绝对不能区分的基础上建立起客观说的是德国学者米特迈尔（Mittermaier）和贝尔纳（Berner）。米特迈尔继承了费尔巴哈关于客观未遂论的思想，采用相对不能与手段不能的分析框架，尤其是对手段的相对不能与手段的绝对不能进行了较为深入的阐述，指出：

> 某一行为在任何情况下都不会发生所意图的犯罪时，是不可罚。必须区分行为本身具有目的适合性，仅在具体情况下未能引起结果发生的所谓不充分行为，与目的不适合的不可罚的行为。在前者的场合，由于已经存在法律所认为的不法行为，因而经常是可罚的。②

因此，从手段不能犯切入，米特迈尔认为手段的绝对不能犯不可罚的根据在于缺乏构成要件的行为。米特迈尔把行为分为目的适合的行为与目的不适合的行为。绝对不能犯的手段属于目的不适合的行为，而相对不能犯的手段属于目的适

---

① ［德］李斯特：《德国刑法教科书》（修订版），徐久生译，340页，北京，法律出版社，2006。
② 转引自陈家林：《不能犯初论》，15页，北京，中国人民公安大学出版社，2005。

合的行为。当然,这里的目的适合与不适合的区分标准具有一定的恣意性,这是米特迈尔的学说为人所诟病的地方。米特迈尔将绝对不能犯与相对不能犯的区分只限于手段不能犯,而贝尔纳试图将其适用于客体不能犯,指出:

> 要实现犯罪行为所必须具备的要件有三:主体、客体、手段(方法)。关于方法,可以分为可能的手段与不可能的手段,而后者可以进一步分为绝对的不能与相对的不能。这种分类也适用于客体的不能。例如,试图杀人而对象实际上是树木的场合,试图毒杀而毒药实际上是砂糖的场合等,都是绝对的不能。而在对象偶然不存在或者投放的毒药未达到致死量的场合,则是相对的不能。[1]

按照米特迈尔和贝尔纳的思路往下走,就必然得出事实的欠缺的概念。例如,在客体不能犯的情况下,根本不存在被杀的对象——人,这是客体的欠缺。此外,在主体不能犯的情况下,根本不存在具有特定身份的主体,这是主体的欠缺。这种观点甚至得出手段不能犯,将那种根本不可能达致既遂的手段称为手段的欠缺。对于事实的欠缺的观点,李斯特也是赞同的,但认为它不属于不能犯未遂。[2] 换言之,事实的欠缺也就是构成要件的欠缺,因而不具有可罚性。

从费尔巴哈开始一脉相承的客观危险说均以绝对不能与相对不能为主要分析工具。当然,相对不能与绝对不能的区分可能性受到质疑,如德国学者指出:

> 这种绝对不可能造成结果的未遂,被以前的理论称为是绝对不能犯。该观点认为,绝对不能犯未遂与相对不能犯只是因为"偶然"而失败的未遂(比如,受害人偶然将已经下毒的饮料打翻)不同,后者被视为应受处罚。尽管进行了多种尝试,也不能令人信服地将这种两种不能犯加以区别,比如,向"偶然"穿上了防弹服的人开枪,或者用"偶然"未上膛的武器开枪,是绝对不能犯还是相对不能犯?因此,一百多年前就已逐渐放弃对这两

---

[1] 陈家林:《不能犯初论》,16页,北京,中国人民公安大学出版社,2005。
[2] 参见[德]李斯特:《德国刑法教科书》(修订版),徐久生译,341页,北京,法律出版社,2006。

者加以区别……①

正因为相对不能与绝对不能在区分上的困难，在不能犯与未遂犯问题上出现了引人注目的转变，主观说应运而生，其代表人物是布里（Buri）。李斯特在论及德国的不能犯理论从客观说转向主观说时指出：

> 自1872年起，冯·布里在发表了一系列论文之后成为主观理论的新的创始人。主观理论认为，特定的已实行的行为在造成特定的结果方面，要么只能是能犯未遂，要么只能是不能犯未遂，也就是说，要么有因果关系，要么没有因果关系，而不存在或多或少的因果关系。缺少客观构成要件的未遂的本质特征，存在于行为人的意志的体现上，而行为人这种意志的体现以同样的方式也存在于所谓的不能犯未遂中。②

布里将不能犯未遂与能犯未遂的可罚性根据都归结为行为人的意志，在这一点上两者是相同的。至于客观方面，布里认为因果关系上是相同的，不存在程度上的区分，因而否定了从客观上区分能犯与不能犯的可能性。这里所谓因果关系相同，是指采用条件说，每一个条件对结果发生的作用是等同的。因此，条件说又称为全条件同价值说。基于条件说，因果关系当然是一个有还是没有的问题，而不存在程度问题。既然没有程度问题，区分能犯与不能犯就是不可能的。在这种情况下，对不能犯与未遂犯的区分就不能求之于客观，而只能求之于主观。所以，布里认为，未遂犯的处罚根据是通过行为（为实现意思而付出的所有努力）所表明的意思。③ 在这个意义上说，布里主张的尽管是一种主观说，但毕竟还是强调通过行为体现出来的犯意，因而其主观说不同于那种纯粹的主观说。

在费尔巴哈和布里的客观说与主观说以后，又出现了李斯特的客观说。为区别于费尔巴哈及此后的米特迈尔、贝尔纳等人的旧客观说，可以将李斯特的观点

---

① ［德］冈特·施特拉滕韦特等：《刑法总论》，Ⅰ·犯罪论，杨萌译，265页，北京，法律出版社，2006。
② ［德］李斯特：《德国刑法教科书》（修订版），徐久生译，340~341页，北京，法律出版社，2006。
③ 参见陈家林：《不能犯初论》，18页，北京，中国人民公安大学出版社，2005。

称为一种新客观说。① 李斯特同样从不能犯的危险性出发探寻其可罚性根据，指出：

> 意思活动的危险性，亦即其导致结果发生的客观特征，对刑法上的未遂概念具有重要意义。由此可认为不危险的（"绝对不能犯"）未遂犯并非刑法意义上的未遂犯，而是一个幻觉犯（Wahnverbrechen），由此不处罚。②

李斯特强调客观危险性对于未遂犯受处罚的重要性，因此李斯特的观点也被称为具体危险说。如果没有这种客观危险性，未遂犯就不应受处罚，由此界分不能犯（即李斯特所说的"绝对不能犯"）与未遂犯。那么，如何判断客观危险呢？这里涉及李斯特关于危险的概念。李斯特在论及危险概念时指出：

> 危险本身也是一种结果、一种产生于外界的状况。不过，该结果只有与其他为我们关注的、未发生的、我们并不希望的状况相联系才具有意义。因此，我们可以说，危险是一种已有的在意思活动时刻可为大众认识或只为行为人知晓的可能出现侵害结果的状态。③

李斯特还把上述危险概念引入未遂犯论，强调应受处罚的犯罪未遂也具有危险状态的特征。值得注意的是，在上述危险概念中，李斯特引入了"为大众认识或只为行为人知晓"这一主观判断要素。就此而言，李斯特的客观说并非纯粹的客观说，这种主观化的危险概念使客观说本身潜藏着与主观说同流的蛛丝马迹。李斯特根据对客观危险的事后判断、事后预测，借助于行为时的犯罪手段的情况和行为人对事实的认识，对不能犯的危险作出以下认定：

> 如果行为人想以砒霜杀人，但使用了过小的剂量，则对评判人而言该问题具有下列含义：使用此等剂量在行为人就可以辨认之情况下，是否能够证

---

① 参见［日］大塚仁：《刑法概说（总论）》（第3版），冯军译，260、263页，北京，中国人民大学出版社，2003。
② ［德］李斯特：《德国刑法教科书》（修订版），徐久生译，342～343页，北京，法律出版社，2006。
③ 同上书，180页。

明发生死亡的较大可能性。如果行为人由于疏忽大意使用白糖，则同样的问题也相应地适用于白糖，而且——这是每个客观理论所坚持的——即使在行为人错误地认为，他使用的是砒霜的情况下，亦如此。在第一种情况下死亡危险是存在的，可认为存在未遂犯；后一种情况则不同，它不存在未遂犯问题。如果行为人用未装子弹的手枪瞄准他人，意图射杀之，或者行为人使用杀伤力不够强的武器，属于此的一般可辨认的事实，只是使用射击武器本身，不包括偶然未装子弹或该枪支的杀伤力不够大，因此，可以认为在这两种情况下，同样存在未遂犯问题。使用超自然的力量（祈求他人死亡，施魔力杀人等）永远不构成应处罚的未遂犯。①

应当说，李斯特的客观说为区分未遂犯与不能犯提供了一种可供选择的理论框架。李斯特在因果关系问题上同样主张条件说，那么，为什么李斯特仍然可以从客观上判断危险性呢？其实，李斯特的概念如前所述，不是一个纯粹的客观概念，而是一个主观化的概念。这样，所谓具体危险就不完全是一种客观状态，而以人的这个认识为转移。因此，德国学者弗兰克认为李斯特的客体不能犯未遂学说存在一个颇受指责的错误：

> 因为行为是否将给客体造成危险的问题，是以存在客体为前提条件的，关于存在客体的问题应在关于客体的危险性问题被提出之前作出肯定的回答。由于李斯特忽视了这一点，他偏离了由他自己在本教科书中提出的客观危险的概念，并使该概念主观化：他以取决于行为人或法官（或评判人）主观态度的存在同一关系客体的可能性，替代了实际存在关系客体的位置。由此，虽然李斯特主张客观理论，但几乎完全得出了帝国法院的主观理论的结论，也就不难解释了。②

在以上论述中，似乎李斯特的危险概念是客观的，只是在不能犯中才被主观

---

① ［德］李斯特：《德国刑法教科书》（修订版），徐久生译，344~345页，北京，法律出版社，2006。

② 同上书，343页。

化了。其实不然。李斯特的危险概念本身就包含了一般人认识和行为人特别认识的内容,所以危险的有无并非完全取决于客观,而是在很大程度上取决于一般人或者行为人的认识。在这种情况下,没有客体本来就必然没有对客体的危险,因此不存在所谓客体不能犯。但根据李斯特的危险概念,虽然没有客体,但如果一般人认为具有客体存在的可能性,就仍然具有对客体的危险。由此可见,客体是否受到侵害不是一种客观事实,而是一般人的一种主观认识。

值得指出的是,《德国刑法典》在不能犯问题上并没有采用客观说,而是明显地采用了主观说。对此,德国学者指出:

> 《德国刑法典》第23条第3款在系统上的真正效果也就是,恰恰没有如客观说所希望的那样,将不能犯未遂规定为不受处罚。这条规定其实要求得出相反结论,即撇开严重无知这一疑难情况不谈,未遂的可罚性并不取决于它的危险性。确切地说,法律基本上采纳了主观的未遂理论。这不仅是帝国最高法院在这场争论中从一开始就选择的立场,也是理论界经过数十年的抵抗后,最终在很大程度上同意的观点。①

如前所述,《德国刑法典》确认了不能犯未遂的可罚性。这实际上是与主观说不谋而同的。主观说受到立法的青睐,而客观说与现行刑法相矛盾,所以不为通说所主张。目前德国不能犯理论的通说是印象说。相对于李斯特的具体危险说,印象说是更接近于主观说的,因为印象说之所谓不能犯的危险已经完全不是客观存在,而是社会中是否存在犯罪行为的印象,因而是一种心理事实。② 德国学者在论及印象说时指出:

> 根据印象理论,成为未遂可罚性标准的,虽是行为人敌对的法律意识,但这并非仅仅作为现象理解的敌对意识,而是被作为从行为中产生的对社会

---

① [德]冈特·施特拉滕韦特等:《刑法总论》,Ⅰ·犯罪论,杨萌译,267页,北京,法律出版社,2006。
② 关于印象说的学术史,参见陈家林:《不能犯初论》,28页及以下,北京,中国人民公安大学出版社,2005。

有深刻影响来理解的敌对法律意识。如果对计划的并开始实施的严重的犯罪不加以处罚，将会动摇公众对法秩序有效性的信赖。由于行为人忽视了重大障碍，行为不能既遂的，同样具有这样的效果，因为这已经显示行为人有实施该行为的能力，结果不发生是基于偶然的原因。无论是可能犯未遂还是不可能犯未遂，均会造成对社会的危害，造成对法律所保护的法和平意识的危害；在可能犯未遂的场合，还会增加对被保护的行为客体的危害。从作为刑法任务的一般预防中诞生的该学说，在今天占有统治地位。[1]

印象说并非纯粹的主观说，而是在一定程度上糅杂了客观说的内容，因而其具有折中说的性质。但是，就主观说与客观说而言，印象说是以主观说为基础的，即：印象说不是在客观上考量未遂犯所具有的危险，而是将行为人的法敌对意识作为未遂犯的可罚性根据。只是在对法敌对意识的判断上，引入了一般预防观念，以是否会动摇公众对法秩序有效性的印象作为判断标准。在这种情况下，行为人的法敌对性意识不是一种纯粹的主观存在，反而具有客观可把握的外在形态。由此，尽管印象说具有主观说的鲜明色彩，但它还是在很大程度上限制了不能犯的可罚性范围。

不同于《德国刑法典》明文规定不能犯具有可罚性，《日本刑法典》对不能犯未作明文规定，因而不能犯在日本刑法中就纯粹成为一个法教义学问题：既可以将其解释为未遂犯而应处罚，亦可解释为法无明文规定而不应处罚。日本刑法学界的通说认为：不能犯没有受处罚的必要，不成为未遂犯。[2] 因此，在日本刑法理论上，不存在能犯未遂与不能犯未遂的区分，而存在未遂犯与不能犯的区分。换言之，日本刑法学否认不能犯的本质是不可罚的未遂。就此而言，日本刑法学与德国刑法学对未遂犯与不能犯的界定是完全不同的：在德国刑法学中，未遂犯与不能犯的关系是交叉的：未遂犯可以分为能犯未遂与不能犯未遂，而不能

---

[1] ［德］汉斯·海因里希·耶赛克、托马斯·魏根特：《德国刑法教科书（总论）》，徐久生译，635～636页，北京，中国法制出版社，2001。
[2] 参见［日］大塚仁：《刑法概说（总论）》（第3版），冯军译，259页，北京，中国人民大学出版社，2003。

犯可分为可罚的不能犯（相对不能）与不可罚的不能犯（绝对不能）。而在日本刑法学中，未遂犯与不能犯是互相排斥的两个概念：某行为若被认定为未遂犯，就不可能成立不能犯，反之亦然。因此，未遂犯与不能犯是罪与非罪之分。

那么，在日本刑法学中如何区分未遂犯与不能犯呢？日本刑法学界主要存在具体危险说与客观危险说之争。日本学者大塚仁是具体危险说的主张者，其指出：

> 具体的危险说认为以行为当时行为人特别认识的事情和一般人能够认识的事情为基础，以客观的见地，作为事后预测（nachtragliche Prognose），判断有无实现犯罪的危险性，肯定有实现犯罪的危险性时，因为能够承认具体的危险（konkrete Gefahrlichkeit），所以，就是未遂犯，但是，否定有实现犯罪的危险性时，因为不存在具体的危险，就是不能犯。例如，行为人认为尸体是活人而用刀刺了它，行为人以外的一般人也认为该尸体是活人时，就是杀人罪的未遂，但是，一般人认为明显是尸体时，就是不能犯。[①]

具体危险说可以被认为是李斯特的观点在日本刑法学的延续。具体危险说在对危险的判断上考虑一般人的认识，以此为认定具体危险的根据，而印象说中的行为人的法敌对性也以给一般人造成侵害法秩序的印象为标志，因而在具体危险说与印象说之间其实存在某种相同之处。就以行为人认为尸体是活人而刺刀为例：根据具体危险说，是否存在具体危险要看一般人对尸体是否为活人的认识——一般人也会认为尸体是活人时，存在具体危险；一般人不会认为尸体是活人时，不存在具体危险。在此，具体危险已经不是尸体是否会死，因为这已经是不可能的。也就是说，人不能死第二次，这是客观事实。所以，是否存在具体危险只能以一般人认为的具有实现犯罪的危险性为标准。这里一般人认为的具有实现犯罪的危险已经不是纯粹的客观危险，它与印象说所主张的给一般人造成侵害法秩序的印象这种主观危险，实际上大同小异。因此，日本学者大塚仁在评论印象说的时候才会

[①] ［日］大塚仁：《刑法概说（总论）》（第3版），冯军译，262~263页，北京，中国人民大学出版社，2003。

得出结论：印象说虽然使危险概念转向于社会心理学方面，但是，在实际适用上，会得出与具体的危险说几乎同样的结果。① 而日本学者西田典之径直把日本的具体危险说称为印象说，指出：

> 具体危险说以行为时点为基准进行事前判断，并以一般人是否具有危险感为标准，认定是否存在未遂犯的危险。这是以一般人的印象作为处罚根据，因而又称为印象说。②

如果这一观点成立，那么我们就会看到这样的结果：在德国根据印象说被认定为不能犯未遂受到处罚的，在日本根据具体危险说被认定为未遂犯而受处罚。换言之，德国的不能犯在日本成了未遂犯。因此，尽管德、日两国在是否处罚不能犯方面规定完全相反，但通过法教义学的演绎，其结论完全相同。这种法律规定与法教义学的相关性是一个值得思考的问题。

在日本除具体危险说以外，还出现了一种客观危险说。该说不同于行为无价值论所主张的具体危险说，往往为结果无价值论所主张，因而更具有客观主义的色彩。客观危险说认为，不能简单地根据一般人的认识进行危险的判断，而是要对行为不能产生结果进行科学的因果法则的判断，从而区分绝对不能与相对不能，从而贯彻事后的、纯客观的判断。例如，日本学者山口厚指出：

> 在判断有无具体的危险时，首先，应立足于事后的立场，如果没有发生法益侵害结果的话，就以此为前提。其次，代之以现实存在的事实，考虑大体上存在什么事实的话，法益侵害——根据科学的因果法则——会发生。问题便在于这种现实并不存在的（假定的）事实被认为具有何种程度的存在可能性，即应通过考虑"根据科学的因果法则使法益侵害结果发生的事实虽然是现实并不存在的事实——被认为具有何种程度的存在可能性"来判断具体

---

① 参见［日］大塚仁：《刑法概说（总论）》（第3版），冯军译，263页，北京，中国人民大学出版社，2003。
② ［日］西田典之：《日本刑法总论》，刘明祥、王昭武译，251页，北京，中国人民大学出版社，2007。

危险。在这个意义上说,应当将现实存在的事实置换为假定的事实,通过考察假定事实的存在可能性来具体判断有无具体的危险,而且只能这一进行判断。①

山口厚以法益侵害结果发生的现实可能性为标准判断客观危险是否存在。如果没有这种可能性,则是绝对不能,不构成未遂犯。例如,误认尸体为活人而杀害,无论一般人是否将尸体作活人,死亡结果都不可能发生,因此成立不能犯。而在法益侵害结果可能发生的情况下,要判断结果发生的可能性,应从科学的一般人的立场出发考虑具体情况,作出符合事实的判断。对于这种可能性,日本学者西田典之称为盖然性,因而西田典之将其客观危险说的观点称为假定性盖然性说,指出:

> 如果进行严密的事后性、科学性判断,所有的未遂均难免不成为不能犯。因此,在判断结果发生的可能性之时,既要探究未发生结果的原因、情况,同时也要探求存在何种情况变化便得以发生结果,以及这种情况变化具有多大程度的盖然性。只有在经过这种探求之后,仍然得出并无结果发生的盖然性或者盖然性极低这一结论之时,方可否定可能性,认定构成不能犯。我们可以将这种观点称为假定性盖然性说。②

显然,客观危险说所界定的不能犯范围较广,从而使未遂犯的范围变得较窄。客观危险说与具体危险说之争,仍是行为无价值论与结果无价值论的争论在不能犯问题上的反映:行为无价值论所主张的是行为的危险,而结果无价值论所主张的是结果危险。

从《日本刑法典》没有关于不能犯处罚的规定与《德国刑法典》明文规定处罚不能犯这立法差异来看,笔者以为,日本刑法学的具体危险说将日本的不能犯范围限定过窄,而使未遂犯范围界定过宽,其结果与《德国刑法典》关于处罚不

---

① 转引自张明楷:《未遂犯论》,265 页,东京,成文堂;北京,法律出版社,1997。
② [日]西田典之:《日本刑法总论》,刘明祥、王昭武译,253 页,北京,中国人民大学出版社,2007。

能犯的规定效果相同，其合理性是值得关切的。而日本刑法学的客观危险说从结果无价值论出发，对危险作事后的、客观的判断，严格限制未遂犯的范围，使根本不具有发生法益侵害结果可能性的情形通过不能犯出罪，更符合日本刑法的立法精神。

二、我国台湾地区："修法"前后对不能犯的学说抉择

我国台湾地区"刑法"对不能犯的规定，在2005年"修法"前后发生了重大变化。"旧法"第26条后半段规定："其行为不能发生犯罪之结果，又无危险者，减轻或免除其刑。"而"新法"第26条后半段则规定："行为不能发生犯罪之结果，又无危险者，不罚。"由此可见，我国台湾地区"刑法"从不能犯可罚（但减免处罚）到不罚，经历了一个重大变化。其"修法"理由如下：

> 关于未遂犯之规定，学理中有采客观未遂论、主观未遂论或折中之"印象理论"。参诸不能犯之前提系以法益未受侵害或未有受侵害之危险，如仍对于不能发生法益侵害或危险之行为课处刑罚，无异对于行为人表露其主观心态对法律敌对性之制裁，在现代刑法思潮下，似欠合理性。因此，基于刑法谦抑原则、法益保护之功能及未遂犯之整体理论，宜改采客观未遂论，亦即行为如不能发生犯罪之结果，又无危险者，不构成刑事犯罪。[①]

由此可见，我国台湾地区"刑法"对不能犯从可罚到不罚的转变，是从采主观未遂论转向采客观未遂论的结果。如果我们把这一改变放到整个中华民国（1912—1949）刑法史中去考察，其意义愈见重大。[②] 1911年颁布的《暂行新刑律》对不能犯规定可罚。该法第17条第1项规定："其不能生犯罪之结果者，亦同。"也即规定对不能犯与未遂犯同等处罚。及至1928年民国刑法，同样规定不

[①] 转引自陈子平：《刑法总论》（2008年增修版），273页，北京，中国人民大学出版社，2009。
[②] 关于我国近代以来不能犯的立法演变，参见陈子平：《我国近现代不能未遂之沿革》，载《刑事思潮之奔腾——韩忠谟教授纪念论文集》，143页及以下，韩忠谟法学基金会，2000。

能犯可罚。该法第39条第1项规定:"已着手于犯罪之实行而不遂者为未遂罪。其不能发生犯罪之后果者亦同。"民国学者在论及不能犯的主观说、客观说及折中说时指出:

> 以上三说,各有相持不下之势,其是非似不能以理论决之。而各说之论争,不外由刑法观念之主义不同而起,置重人格主义者,走于主观说,置重事实主义者,走于客观说,采用折中主义者,取折中说。就立法上言之,刑法之目的,在于预防将来之犯罪,欲达此目的,应注重行为者之意思,而因行为所生之实害,不过认定意思恶性之一凭证而已,故不问其发生结果与否,苟犯人表示其意思于实行行为时,以未遂罪而处罚之,诚为刑事政策之得者,然就本法之规定观之,虽认不能犯为未遂罪之一种,而解释上又不能如主观说之广泛也。①

由此可见,1928年民国刑法对不能犯采主观说。但在处罚上,该法第40条之但书规定:"犯罪之方法,决不能发生犯罪之结果者,得减轻或免除本刑。"对此,民国学者认为,按照该法,"不能未遂罪之处罚,如系相对不能者,与障碍未遂罪同科,照既遂罪之刑,得减二分之一。如系绝对不能者,则得减轻或免除本刑也"②。民国学者指出:

> 我国旧暂行刑律亦仍不能犯与未遂犯之区别,现行刑法(指1928年刑法——引者注)始修正之,概以为未遂犯,然于其处罚,就方法不能犯,规定与一般未遂犯不同,科以既遂犯之刑固可。然除得减轻本刑外,并得免除本刑,且对于减轻,不特设限制,仍使依第84条,至少减轻本刑二分之一,惟只限于方法不能犯,特别待遇,客体不能犯,未一同规定,立法上殊未见其允当。③

由此可见,1928年民国刑法相对于1911年《暂行新刑律》相比,对绝对不

---

①② 郗朝俊:《刑法原理》,249页,上海,商务印书馆,1930。
③ 陈瑾昆:《刑法总则讲义》,吴允锋勘校,188~189页,北京,中国方正出版社,2004。

能犯的处罚作了特别规定：不仅减轻其刑，而且可以免除其刑，但绝对不能犯只限于方法不能犯，并未包括客体不能犯。及至1935年民国刑法，即我国台湾地区沿用的"旧法"，才认为对不能犯均减免其刑。因而，不问方法不能或目的不能，如无危险者，即必予减免，似较允当。① 我国台湾地区"新法"对不能犯从处罚改为不罚，由此带来了立法上的重大变动。从法条规定来看，对不能犯的法定要件未作修改，都是"行为不能发生犯罪之结果，又无危险者"。从法律规定来看，不能犯成立必须具备以下两个要件：一是行为不能发生犯罪之结果，二是又无危险。在我国台湾地区"修法"以后，对不能犯与未遂犯的区分如何理解，可谓聚讼不定，但从总体上看，存在偏向于采用德国学说的见解与偏向于采用日本学说的见解这两种理论取向。对此，我国台湾地区学者陈子平指出：

> 关于如何判断不能未遂之"有无危险"问题，有以日本学者见解为蓝本所为之理解者，例如，以"主观之抽象危险""客观之具体危险"为内容，或以"主观或抽象之危险""客观或具体之危险"为内容，或以"实质（具体的实害的）危险"与"形式（抽象的可能的）危险"为内容；有以德国学说见解为蓝本者，例如，以"行为人重大无知"为内容，或以"行为人之重大无知以及手段是否恒常的无效"、攻击对象"恒常地、终极地"不存在，而非"偶然不存在"为内容，等等。虽然于危险之判断上，多数见解皆以"一般人之观点"作为基准，唯如此分歧之内容，颇令人感到无所适从。②

当然，德国学说和日本学说也并不是截然不同的。事实上，日本学说亦由德国学说演变而来。例如，日本较为通行的具体危险说，就是李斯特的具体危险说的翻版，并与德国通行的印象说大同小异。唯日本的客观危险说，强调对危险的客观判断。此与德国的立法相悖，是一种适合日本的不能犯学说。在我国台湾地区"修法"之前，对不能犯的处罚规定与德国的较为接近而不同于日本的。因此，我国台湾地区学者对不能犯无论是采德国的印象说还是采日本的具体危险

---

① 参见陈朴生：《刑法总则》，155页，台北，正中书局，1969。
② 陈子平：《刑法总论》（2008年增修版），280页，北京，中国人民大学出版社，2009。

说，均无大碍。但是，在"修法"以后还能维持其说吗？这里的问题意识是：如果维持原说，则无论是按照"旧法"还是照"新法"，其所确定的不能犯与未遂犯的范围均不变，只不过对不能犯从处罚到不罚。这样，"修法"的效果才能在个案中彰显。但问题在于：采用日本的具体危险说，固然不会与立法宗旨相背离。而采用德国的印象说，因为该说对不能犯与未遂犯的关系是按照刑法主观主义或偏重于刑法主观主义而建构的。换言之，"旧法"的不能犯是主观未遂论的产物，而"修法"体现了从主观未遂论到客观未遂论的转变。如果仍然维系"旧法"的不能犯学说，则与"新法"所主张的客观未遂论相违背。在这种情况下，采日本学说的学者较为坦然，而采德国学说的学者面临学说的抉择：是继续采用德国的印象说还是改弦更张、另选他说？

关于是否维系"旧法"对不能犯的解释问题，我国学者蔡圣伟主张对不能犯的判断继续采德国的印象说，以是否出于重大无知作为标准判断有无危险，坚持对"新法"规定的不能犯采与对"旧法"的解释相同的解释；并指出：

> 无论是客观理论还是主观理论都是从"危险性"的角度立论，差别只是在于"究竟应该针对怎样的危险"，因此在解释"刑法"第26条"无危险"这个要素时，不仅可以从客观的角度来看，而且也可以从主观的角度切入。再者，这次关于第26条的修改仅在于将原来"减轻或免除其刑"的法律效果改为"不罚"，而对于适用的前提要件没有作丝毫的实质更动。因此，从法条本身来看，"修法"后也还是可以援用"修法"前对于"无危险"的解释，问题的重点只是在于标准本身是否足够明确以及是否具规范上的正当性。[①]

基于以上立场，我国学者蔡圣伟主张采用德国的是否出于"重大无知"标准判断有无危险。如果有危险，则非不能犯而系未遂犯；如果无危险，则非未遂犯而系不能犯。这一观点，保持了对"旧法"与"新法"前后一致的解释。那么，

---

① 蔡圣伟：《刑法问题研究》（一），98页，台北，元照出版公司，2008。

这一解释是否符合"修法"宗旨？"修法"宗旨在于改主张未遂论为主张客观未遂论，但基于重大无知对不能犯的解释明显不符合客观未遂论的"修法"宗旨。对此，我国学者蔡圣伟指出：

> 立法者在"立法"或"修法"理由中所提到的意见虽然在很多情形可以供作解释的参考，而且是一个相当重要的参考，但居于关键地位的还是法条的明文规定。在本次"修法"中，"立法"者在"修法"理由中所表示的意见与其所订出的条文已不尽相符，再加上其将无危险之不能未遂规定为不罚这点，并不是一定要采取客观未遂理论才能说明，因此"立法"者在修改理由中所提到的立场，并不足以成为反对采取重大无知标准来认定有无危险的理由。①

以上辩解稍显乏力，虽然立法者的意图有时难以把握，但立法者明示的立法宗旨对于解释法条，应当具有较大的拘束力。因此，在"修法"以后，仍然采用具有主观主义色彩的印象说作为不能犯与未遂犯的区分标准，确实有所不妥。随着立法上从主观未遂论向客观未遂论的转变，在未遂犯与不能犯的区分标准上，也应该有所调整，采用客观危险说。

对于采日本学说者来说，这不存在太大的学理上的障碍，因为日本刑法并未规定不能犯可罚，虽然亦未规定不能犯不罚，但学理上一般均认为不能犯不可罚，只是在学说上主要存在具体危险说与客观危险说之分。例如我国学者陈子平就主张具体危险说，指出：

> "刑法"第26条对不能未遂规定"无危险"，虽属于客观之概念，然应属于规范性概念而非单纯之客观事实概念。在此前提之下，具体危险说与抽象危险说应较为可取。惟抽象危险说系以"主观未遂论"或"主观、客观混合未遂论"为基础，而此二理论既有违刑法之法益保护原则，同时亦违反刑法作为最后手段之谦抑性原则，有诸多尚待商榷之处，从而，以"客观未遂

---

① 蔡圣伟：《刑法问题研究》（一），111页，台北，元照出版公司，2008。

论"及"结果反价值暨行为反价值二元论"为基础之具体危险说应较为可采。①

如前所述，具体危险说以一般人所能认识及行为人特别认识的事实作为判断危险性的根据，在一定程度上与印象说相重合。其关于危险的客观判断程度有所欠缺。就此而言，客观危险说似更为妥切。

对于采德国学说者来说，如果不能采用印象说，则会对其理论带来较大冲击。在这种情况下，他们只能回到德国的客观说。德国的客观说存在旧客观说与新客观说之分，那么，到底是选择旧客观说呢还是新客观说？对此，我国台湾地区学者许恒达主张对旧客观说进行"古酒新酿"，即接受绝对不能与相对不能的分析工具，但在具体区分上主张以事后观点判断有无危险（无从完全控制的他种损害途径出现的可能性），并提出了具有可操作性的具体方式：

（1）先从所有已知的事实中，找出无法满足既遂构成要件的关键因子。

（2）视关键因子是否属行为人无法控制的随机事件。若是，则关键因子属于防果变项，这时必须再决定，该变项是否可能以致果变项的方式出现，从而损害法益。

（3）最后审视致果变项作用的时、空关系，该作用必须发生在原犯罪流程的着手后至最终效果完成前，也必须是原犯罪处所的相同或紧邻地域。若能肯定其时空关系，则个案中有事后危险，可判断属于相对不能的障碍未遂。②

以上描述有些抽象，直白地表述，就是一个法益侵害结果出现概率的判断问题：如果出现概率极小，就是绝对不能；出现概率较大，就是相对不能。相对不能属于未遂犯，应罚；绝对不能属于不能犯，不罚。当然，在我国台湾地区学者中，采德国学说者大多对不能犯的"修法"持消极乃至否定的态度，对于改采旧客观说也是如此。例如我国台湾地区学者黄荣坚就曾经指出：

---

① 陈子平：《刑法总论》（2008年增修版），281页，北京，中国人民大学出版社，2009。
② 许恒达：《论不能未遂——旧客观说的古酒新酿》，第二届海峡两岸刑事法论坛（2011—3）论文。

> 对于德国古老观念里面对已经过往的世界所说的"客观能"与"客观不能"或是"绝对不能"与"相对不能"的区分说法，早已为今天的刑法学理所扬弃，然而我国台湾地区"立法"却反而揭示此一违背事物基本性质的法律概念。①

由此可见，我国台湾地区学者黄荣坚也认为我国台湾地区"修法"以后的不能犯是建立在以绝对不能与相对不能这样一些观念为基础的德国古老的客观危险说之上的，只是认为这一观念违背事物基本性质而已。可以说，德国的旧客观说与当今日本兴起的客观危险说是极为接近的。我国学者在比较日本的客观危险说与费尔巴哈的客观未遂论时指出：

> 近年来，日本学界的不少学者基于"结果无价值论"再度兴起对费尔巴哈"客观未遂论"的探讨，并对通说理论（指具体危险说，亦即李斯特的新客观说——引者注）提出了尖锐的批评。日本学界的结果无价值论者，虽然同样倡导"客观未遂论"，却与通说的观点不同，主张既然是"客观的"就应排除危险判断对象中的主观因素，使"客观说"更加彻底化。这样，对行为是否具有"侵害法益的危险性"的认定，就只能着眼于行为的客观面并根据科学因果法则进行判断。因此，在结果无价值论者所主张的"客观未遂论"中，"危险性"概念是对行为的客观事实进行判断后得出的，针对特定结果的客观的、实在的可能性。这一点显然与费氏的客观未遂论一脉相承。②

因此，学说无论新旧，还是因时而异。在笔者看来，在我国台湾地区对不能犯"修法"以后，采客观危险说更为可取。当然，不能犯中的危险是一个仁者见仁智者见智的问题。如何判断不能犯的危险也许是一个永无定论的问题，必将持久地争论下去。学者可以坚持自己的观点，但却不能与立法相违背。这也许正是德国学者面对采主观未遂论的法律规定，不得不妥协而放弃客观未遂论的原因所在。面对"修法"以后采用客观未遂论的我国台湾地区学者，也许也不得不妥协

---

① 黄荣坚：《基础刑法学》（第3版）（下），341页，北京，中国人民大学出版社，2009。
② 郑军男：《不能未遂犯研究》，128页，北京，中国检察出版社，2005。

而放弃主观未遂论。

三、我国大陆：从苏俄化到德日化的不能犯理论嬗变

我国刑法对不能犯并无规定，但我国刑法理论将不能犯未遂作为未遂犯的一种而加以处罚。我国关于不能犯的理论，是从苏俄引入的。例如，苏俄学者在论及不能犯未遂的处罚根据时指出：

> 不能犯的未遂，照一般常例，应依其他一切未遂犯之理由论罪。不能犯的未遂是社会危险行为，因为犯罪者自觉地期望达成犯罪的结果，并且使用了对社会主义法律秩序具有实际危险性的那些工具。如果某人以为他人之钱囊中有贵重物品，伸手窃取，虽未达到目的，然此种行为无论对社会主义法律秩序，或对公民之个人财产来说，都表现了实际的危险性。只因为某种偶然的情况（该人的贵重物品适不在该处，而置于另一囊中），才使犯罪者未能实现其犯罪之意图。只有在犯罪主体极端无知与迷信中，将其犯罪的阴谋置于实际上绝对不能实现的错误的因果关系假定之上的时候，才可以承认在其不能犯的未遂中，未包含犯罪意图实现之实际可能。此种不能的未遂不适合于未遂的一般概念，因此，亦不能负责任。①

在此，苏俄学者将不能犯当作一般的未遂犯处理，只有迷信犯才因其绝对不能而被排除在外。然而，苏俄学者只是一般性地提及不能犯的未遂是社会危险行为，对不能犯未遂的刑事责任根据并无专门论述。

我国刑法学从苏俄引入的未遂理论中就包含了不能犯理论，基本上是把不能犯未遂与能犯未遂相并列，作为犯罪未遂的一种类型加以研究。因此，虽然我国刑法对不能犯没有规定（在这一点上与日本刑法相同），但我国刑法理论上将不能犯包含在未遂犯的概念之中予以处罚（在这一点上又与德国刑法相同）。我国

---

① [苏] 孟沙金主编：《苏联刑法总论》（下册），彭仲文译，436页，上海，大东书局，1950。

刑法教科书在"犯罪未遂的种类"这一标题下论及不能犯未遂，把不能犯未遂分为工具不能犯的未遂（相当于德日刑法学中的手段不能犯）与对象不能犯的未遂（相当于德日刑法学中的客体不能犯）。在论及不能犯未遂的可罚性根据时，我国学者指出：

> 不能犯未遂仍然是危害社会的行为，因为犯罪分子根据自己设想的情况，如果对事实不发生认识错误，一定会发生自己追求的危害结果。在这种情况下，其犯罪行为仍具有社会危害性，所以不影响犯罪的成立。
>
> 但是，如果行为人出于愚昧无知，竟把实际生活中根本不能发生的事，作为自己行为的基础，这种行为并不存在社会危害性，当然不应负刑事责任。①

由此可见，我国学者主要还是从社会危害性着手揭示不能犯未遂的刑事责任根据。如果我们把这里的社会危害性与德日刑法中的危险概念相对比，就会发现，社会危害性概念虽然亦如危险概念存在客观属性（客观危险）还是主观属性（主观危险）的争议，但两者之间存在一个根本的差异，这就在于：对于危险是在三阶层的犯罪论体系之内进行判断的，只不过是在构成要件阶层还是违法性阶层判断存在争议。而社会危害性不是犯罪构成要件，因而在四要件的犯罪构成体系中没有其体系性地位，它是四要件所具有的犯罪的本质属性。例如苏俄学者特拉伊宁明确地提出了社会危害性不是犯罪构成的一个因素的命题，指出：

> 正因为社会危害性不是犯罪构成的因素，所以由此比如会得出一个重要的结论：不能证明，法律所惩罚的行为不是危害社会的行为，问题在于，证明某人行为中具有法律所规定的犯罪构成的一切因素，也就是证明了这些行为具有社会危害性。反之，证明或者要求证明犯罪人的行为中除了具备法律所描述的构成因素之外，还具备另一个补充因素——社会危害性，这就意味着对立法者关于该构成要件要素的总和危害社会的原理的修正。②

---

① 高铭暄主编：《刑法学》，修订本，179 页，北京，法律出版社，1984。
② ［苏］A. H. 特拉伊宁：《犯罪构成的一般学说》，王作富等译，65 页，北京，中国人民大学出版社，1958。

根据上述分析，可以得出结论：行为只要符合四要件的犯罪构成，必然具有社会危害性。因此，社会危害性就不是一种需要独立判断的要素，而是依附于四要件的犯罪构成。根据这一逻辑，四要件的犯罪构成具有形式化的特征。由此反映出在不能犯未遂中，需要解决的是在犯罪构成并不完全具备的情况下何以应负刑事责任的问题，而不是不能犯未遂行为是否具有社会危害性的问题。因此，只要解决了第一个问题，后一个问题就当然迎刃而解了。这样，不能犯未遂和普通未遂（能否未遂）的刑事责任根据是完全相同的。由此可见，在四要件的犯罪构成理论中，并不存在不能犯未遂负刑事责任的特殊根据，因而也就未能形成不能犯与未遂犯的一般理论。在这种情况下，我国刑法中的不能犯未遂的范围是较为宽泛的，例如对象不能犯和手段不能犯，一般来说都应当作为犯罪处罚。我国司法解释对不能犯未遂亦有处罚性规定，例如，1994年12月20日最高人民法院《关于执行〈全国人民代表大会常务委员会关于禁毒的决定〉的若干问题的解释》第17条规定：对于不知道是假毒品而当作毒品走私、贩卖、运输、窝藏的，应当以走私、贩卖、运输、窝藏毒品犯罪（未遂）定罪处罚。根据这一规定，虽然走私、贩卖、运输窝藏的不是毒品而是假毒品，也应以走私、贩卖、运输、窝藏毒品罪的未遂论处。这就是一种不能犯未遂。在司法实践中曾经处理过类似的案件，例如张某筠等运输毒品（未遂）案[①]：

1997年11月29日胡某将韩某杀害。次日晨，胡某用羊角铁锤和菜刀将白某、韩某的尸体肢解为5块，套上塑料袋后分别装入两只印有"球形门锁"字样的纸箱中，再用印有"申藤饲料"字样的编织袋套住并用打包机封住。嗣后，胡某以内装"毒品"为名，唆使张某筠和张某峰帮其将两只包裹送往南京。张某筠、张某峰按照胡某的旨意，于1997年11月30日中午从余姚市乘出租车驶抵南京，将两只包裹寄存于南京火车站小件寄存处。后因尸体腐败，于1998年4月8日案发。

上海铁路运输中级人民法院认为：被告人张某筠、张某峰明知是"毒品"仍

---

① 参见最高人民法院刑一庭编：《刑事审判参考》，第5辑，北京，法律出版社，1999。

帮助运往异地均已构成运输毒品罪，但因二人意志以外的原因而犯罪未得逞，系未遂，应依法从轻处罚。

关于该案中误认尸块为毒品并予以运输行为的定性，裁判理由指出：

> 被告人张某筠、张某峰意图运输毒品、实际运输尸块的行为，属刑法理论上行为人对事实认识错误的一种，因此不能实现其犯罪目的，属对象不能犯。对于不能犯能否予以治罪，应当区分绝对不能犯与相对不能犯两种情形作出处理。
>
> 所谓绝对不能犯，是指行为人出于极端迷信、愚昧无知而采取没有任何客观根据，在任何情况下都不可能产生实际危害结果的手段、方法，企图实现其犯罪意图的情况，如使用烧香念咒、画符烧纸、香灰投毒等方法杀人等。所谓相对不能犯，是指行为人在对自己行为的性质及实现行为目的的方法、手段的性质没有发生错误认识的前提下，由于疏忽大意等心理状态造成了对实施犯罪的工具或手段的误认，以致选择了实际上不可能实现其犯罪意图的工具或手段的情况，如误把白糖当砒霜用来毒人等。
>
> 绝对不能犯与相对不能犯的主要区别在于：前者意欲实施的行为与其实际实施的行为是一致的，但因使用的手段与目的之间的因果关系是建立在反科学、超自然的基础上，故该种手段行为在任何情况下都不可能引起危害结果发生，不具有实质的社会危害性；后者所认识到的手段与目的之间的因果联系是真实的、有科学根据的，只是因为行为人一时疏忽，致使意欲实施的行为与其实际实施的行为形似而质异，才未能造成犯罪结果，否则，其所使用的手段或工具就能合乎规律地引起危害结果发生，实现其犯罪目的。因此，刑法理论上一般认为，绝对不能犯不构成犯罪，而相对不能犯则构成犯罪未遂。
>
> 本案被告人张某筠、张某峰的行为不属于手段或工具不能犯，当然不能归属绝对不能犯。因对象不能犯不影响对行为人犯罪故意的认定，只对其犯罪形态产生影响，故对两名被告人误认尸块为毒品予以运输的行为，应以运输毒品罪（未遂）定罪。

在以上裁判理由中，论者采用了绝对不能犯与相对不能犯的分析工具。但其所述绝对不能犯，实际上是指迷信犯。关于迷信犯与不能犯的关系在我国刑法学界是存在争议的：第一种观点认为，迷信犯属于不能犯，它完全符合不能犯的构成要件。[1] 第二种观点则认为，迷信犯的行为无危险性，不符合我国刑法规定的犯罪构成，因而不属于不能犯。[2] 笔者认为，以上两种观点的分歧，主要源于对不能犯的理解。第一种观点理解的不能犯与不能犯未遂是相区分的，两者区分的标准是有无危险性，因此，迷信犯当然可以被涵括在不能犯概念当中。而第二种观点理解的不能犯等同于不能犯未遂，迷信犯当然不能包括其中。我国刑法通说是第二种观点，上述案子的裁判理由也是如此。将绝对不能犯与迷信犯相等同，其他不能犯都属于未遂犯中的不能犯，即相对不能犯，这在很大程度上扩张了不能犯未遂的范围。就上述案子而言，误把尸体当作"毒品"而予以运输的，其行为性质是否还属于运输毒品呢？关键在于，这一行为是否具有法益侵害性？这些问题都是值得反思的。

以1997年刑法修订为标志，我国刑法学界对不能犯的认识发生了一个根本的变化。如前所述，我国传统的通说认为除迷信犯以外其他不能犯都应受处罚。1997年刑法对不能犯未作规定，因而从法律规定来看，1979年刑法与1997年刑法并无区别。但我国学者对1979年刑法与1997年刑法作出了如下判断：1979年刑法是向主观主义倾斜的，而1997年刑法是坚持客观主义的，因此，从1979年刑法到1997年刑法，是一个从主观主义刑法向客观主义刑法转变的过程。[3] 这一转变同样反映在不能犯与未遂犯的区分上，就是从主观的未遂论向客观的未遂论转变。例如我国学者张明楷认为我国的通说是抽象的主观说（此后又称为抽象的危险说），抽象的主观说以行为当时行为人所认识的事实为基准，从客观的见地判断有无危险：如果行为人按其计划实施行为就有发生结果的危险的话，便成立犯罪未遂；反之，则不成立犯罪。我国学者张明楷对上述通说提出了质疑，明确

---

[1] 参见张永红：《未遂犯研究》，183页，北京，法律出版社，2008。
[2] 参见陈家林：《不能犯初论》，238页，北京，中国人民公安大学出版社，2005。
[3] 参见张明楷：《刑法的基本立场》，60页及以下，北京，中国法制出版社，2002。

地提出了自己的观点,指出:只有当行为人主观上有故意,客观上实施的行为具有导致危害结果发生的危险性时,才应认定为犯罪未遂。如果客观上实施的行为没有任何危险性,则不能以犯罪未遂论处。①

这一观点被我国学者张明楷后来明确为客观危险说,即:只有当行为人主观上具有罪过,客观上实施的行为没有侵害法益的危险时,才能被认定犯罪未遂;行为人主观上具有犯意,其客观行为没有侵害法益的任何危险时,就应被认定为不可罚的不能犯,不得追究行为人的刑事责任。至于客观行为是否具有侵害法益的危险,应以行为时存在的所有客观事实为基础,并进行一定程度的抽象(舍弃细微的具体事实),站在行为时的立场,根据客观的因果法则进行判断。②显然,客观危险说是以日本不能犯的学术资源为背景的。

从抽象的主观说到客观危险说的转变,反映了我国刑法知识从苏俄化到德日化的转变。

我国学者陈家林则采取了维护通说的立场,其基本出发点是否认1979年刑法是主观主义的而1997年刑法是客观主义的判断,指出:我国1979年刑法并不像有些学者所主张的那样实行的是主观主义。相反,1979年刑法是一部以客观主义行为刑法为基调的刑法,其不足反映的是时代的局限性,与主观主义无关。正因为如此,1997年刑法在刑法的基本立场上并没有任何重大转变。具体而言,它的进步更多地应当归功于理论积累以及司法实践经验不断增多,归功于立法技术的进步,从而使原来想做却无法做到的立法精致化的目标终于有了实现的可能。由于我国两部刑法都是客观主义的刑法,因而我反对从刑法基本立场的角度出发批判现行通说的观点,具体到不能犯领域也是这样。③

关于我国1979年刑法到底是客观主义刑法还是主观主义刑法,当然是可以讨论的。但在不能犯通说中,主观归罪的色彩是十分明显的:在行为没有法益侵

---

① 参见张明楷:《刑法学》(上),260～261页,北京,法律出版社,1997。
② 参见张明楷:《刑法学》,2版,301页,北京,法律出版社,2003。
③ 参见陈家林:《德国的不能犯理论及对我国的启示》,载陈兴良主编:《刑事法评论》,第20卷,467页,北京,北京大学出版社,2007。

害危险性的情况下,只是因为行为人主观上存在所谓犯罪故意,就对之论以犯罪未遂。对此,将其归入主观的未遂论是合乎事实的。我国学者陈家林将主观未遂论分为主观主义刑法的主观未遂论和客观主义刑法的主观未遂论这两种情形,认为在客观主义内部也存在主观未遂论和客观未遂论的区分,并引用日本学者中山研一的论述,认为现代的主观未遂论将处罚未遂犯的根据求之于行为的危险性。① 因此,处罚未遂犯的根据究竟是行为的危险性还是结果的危险性,就成为客观主义刑法内部的主观未遂论与客观未遂论区分的根本标志。我国学者陈家林指出:

> 既然我国刑法是一部客观主义刑法,我们应当在此基础上继续坚持主观的未遂理论,在判断危险时又应当着眼于行为的危险。因此,划定我国的未遂圈所采用的标准应当是抽象的危险说,即以行为人在行为当时所认识的事实为基础,从一般的立场来判断行为有无危险,如果一般人认为按照行为人的计划实施行为具有发生结果的危险,那么就是未遂犯,反之,则是无罪的行为。从这个意义上说,笔者赞成目前我国刑法理论中关于未遂犯范围的通说的观点。②

显然,我国学者陈家林在此所说的抽象危险说就是我国学者张明楷所说的抽象的主观说。无论是抽象危险说还是抽象的主观说,都是德日刑法学的概念,用来概括我国刑法通说尚存疑问,因为:抽象危险说尚需考虑一般人认为是否具有发生结果的危险,因而是以客观主义刑法为前提的主观未遂论。但我国通说根本不考虑所谓一般人认识,只要在所谓犯罪故意支配下实施了构成要件行为,即具有可罚性。因此,笔者赞成我国学者周光权的观点:我国关于不能犯未遂的通说是纯粹主观说。我国学者周光权指出:我国的通说实际上赞成纯粹主观说,从行为人的主观恶性出发,考察行为人的心理状态,强调行为人在该主观目的支配下实施了行为,并希望发生结果,因此推断主、客观是统一的,从而首先肯定其构

---

① 参见陈家林:《不能犯初论》,166页,北京,中国人民公安大学出版社,2005。
② 同上书,172~173页。

成了犯罪,只是由于对工具或对象的认识错误才没有事先所希望发生的结果,所以成立未遂;除迷信犯之外的不能犯均为未遂犯。但仅仅以行为人主观上的危险性为判断依据来认定犯罪未遂和犯罪成立,采取了从主观到客观的思考方法,有主观归罪之嫌,是刑法主观主义的集中体现,是应当受到批评的刑法学立场。[1] 我国学者周光权的以上判断笔者是十分认同的。我国通说实际上是主观主义刑法的主观未遂论,而非客观主义刑法的主观未遂论。主观主义刑法的主观未遂论是一种纯粹的主观说,将危险性归于主观上的犯意。而客观主义的主观未遂论,例如抽象危险说或者主观危险说,虽然仍然以主观危险为判断对象,但在判断方法上引入一般人认识:一般人认为存在危险的,就是未遂犯。一般人认为不存在危险的,就是不能犯。因此,这里的危险判断依据具有一定程度的客观化。在我国司法实践中,误认尸块为"毒品"而运输的,按照抽象危险说或者主观危险说也难以得出一般人从行为人的危险意思中感受到危险的结论。只有纯粹主观说才会仅仅根据行为人主观上具有运输毒品的故意,而将其误认尸块为"毒品"而运输的行为认定为不能犯未遂。

目前我国刑法学界关于不能犯的通说虽然仍是纯粹主观说,但以德日刑法知识为学术资源的新说已经颇有影响。例如,我国学者赵秉志亦从主张通说改为主张具体危险说,指出:笔者以前也曾赞同通说的观点,认为所有因认识错误而致不能达到犯罪既遂的行为原则上均应成立不能犯未遂并按照未遂犯予以处罚。[2] 现在看来,有必要对此观点予以反思。正如批评通说的学者所指出的,通说观点将由于认识错误而客观上不能达到犯罪既遂的行为一概认为属于可罚的未遂犯,对某些一般人看来并无任何侵害法益的危险性的行为也按照未遂予以处罚,在一定程度上的确存在主观归罪的倾向,容易造成处罚范围的不当扩大。应当明确的是,刑法上处罚未遂犯的根据,不在于未遂犯存在主观恶意,而主要在于未遂犯具有侵害法益的危险性。所谓犯罪的实行行为,也必须是具有导致法益侵害的危

---

[1] 参见周光权:《刑法总论》,271~272页,北京,中国人民大学出版社,2007。
[2] 参见赵秉志:《犯罪未遂形态研究》,175~180页,北京,中国人民大学出版社,1987。

险性的行为。对这种侵害法益的危险究竟应当如何理解？虽然刑法理论上尚存争议，但是像我国刑法理论通说那样几乎完全以行为人的主观认识作为判断危险性的根据，则明显不够妥当。因此，笔者认为，应当通过对侵害法益之危险性的界定来排除部分由于认识错误而客观上不能达到犯罪既遂之行为的可罚性，而不应像通说那样对此类行为的可罚性予以普遍承认。[1] 我国学者赵秉志明确主张具体危险说，通过对具体危险的判断来限制不能犯未遂的范围。可以说，我国目前的新说中，主要存在客观危险说与具体危险说之争。这一点与从日本同时引入的行为无价值论和结果无价值论的争论有关。我国学者黎宏指出：主张结果无价值论的纯粹客观危险说认为，刑法是裁判规范，行为是不是具有侵害法益的危险，应当以在行为时和行为后所查明的全部客观事实为基础，以裁判时（也有人主张行为时）为标准，从事后（或者行为时）的客观立场来加以判断。与此相对，主张"二元论"（指行为无价值与结果无价值的二元论，也就是通常所说的行为无价值论——引者注）的具体危险说认为，刑法是行为规范，以向一般人命令、禁止实施某种行为为内容，因此，作为实行行为的实质内容的发生结果的危险，不一定是物理的、科学的危险，而是以行为当时一般人所能认识的事实以及行为人所特别认识到的事实为基础，从一般人的角度出发，在事前所判断的危险。[2]

一般来说，客观危险说往往为结果无价值论所主张，而具体危险说常常为行为无价值论所主张。在我国刑法学界，对结果无价值论与行为无价值论虽然没有深入地展开论述，但在不能犯与未遂犯的区分上已经有所反映。例如主张结果无价值论的我国学者张明楷坚持客观危险说[3]，而主张行为无价值论的我国学者周光权坚持具体危险说。[4] 相对来说，依具体危险说所确定的不能犯范围较小，而

---

[1] 参见赵秉志：《犯罪未遂形态研究》，2版，193～194页，北京，中国人民大学出版社，2008。
[2] 参见黎宏：《刑法总论问题思考》，18～19页，北京，中国人民大学出版社，2007。
[3] 参见张明楷：《行为无价值的疑问——兼与周光权教授商榷》，载《中国社会科学》，2009（1）。
[4] 参见周光权：《违法性判断的基准与行为无价值论——兼论当代中国刑法学的立场问题》，载《中国社会科学》，2008（4）。

依客观危险说所确定的不能犯范围较大，因而具体危险说更容易为我国司法实践所接受。这一点，当然是不能回避的。但从法益的圆满性来说，笔者还是赞同客观危险说。未遂犯虽然应当被理解为具体危险犯（相对于抽象危险犯而言），但不能犯与未遂犯的区分应当以是否存在客观危险确定。这种客观危险应当是事后科学判断的结果，并不以人的主观认识为转移。

在此还应当说明，我国目前一般都按照苏俄刑法学将未遂犯分为能犯未遂与不能犯未遂，并对不能犯未遂予以处罚。这一理论模型与处罚不能犯未遂的德国相同，而不同于不处罚不能犯未遂的日本模式。既然我国刑法理论上逐渐采用具体危险说或者客观危险说，那么笔者倾向于采日本的模式，区分未遂犯与不能犯：对于没有客观危险的不能犯，不予处罚将具有客观危险但未达到犯罪既遂的情形都称为未遂犯。在未遂犯中，不再区分能犯未遂与不能犯未遂。其实，我国台湾地区刑法理论同样面临这个问题：在"修法"以前，不能犯可罚，因而属于未遂犯，即未遂犯被区分为能犯未遂与不能犯未遂。但在"修法"以后，不能犯不罚，因而未遂犯中不复存在不能犯未遂。

四、结论

从以上德、日两国，以及我国台湾地区与我国大陆关于不能犯与未遂犯的理论演变中，我们可以得到以下启示：

（1）法理在很大程度上受制于法条。德日两国对不能犯的处罚与不罚的不同规定，塑造了德日两国不能犯理论的不同品格。

（2）法理在一定程度上能够超越法条。法理并不是法条的奴仆，而是具有相对于法条解释的能动性。德日两国对不能犯的处罚与不罚虽然规定迥异，但通过两国学者对各自法条的解释，实际差异并没有我们想象的那么大。

（3）法条的修改会带来法理的嬗变。例如我国台湾地区"刑法"对不能犯从罚到不罚的改动，表明立法者的理念从主观未遂论到客观未遂论的改变。在这种情况下，不能犯理论也应作出积极呼应，以便对法条作出更为贴切的解释。

（4）法理的变迁会在法条没有修改的情况下使法条的内容发生变更，这无异于一种无形修法。例如，我国从苏俄化到德日化的知识转型，使不能犯的理论发生了重大转变，这必将在很大程度上影响对法条内容的理解。

（本文原载《清华法学》，2011（4））

图书在版编目（CIP）数据

刑法研究. 第八卷，刑法总论. Ⅲ / 陈兴良著. -- 北京：中国人民大学出版社，2021.3
（陈兴良刑法学）
ISBN 978-7-300-29098-0

Ⅰ.①刑… Ⅱ.①陈… Ⅲ.①刑法-中国-文集 Ⅳ.①D924.04-53

中国版本图书馆 CIP 数据核字（2021）第 081880 号

国家出版基金项目
陈兴良刑法学
刑法研究（第八卷）
刑法总论Ⅲ
陈兴良　著
Xingfa Yanjiu

出版发行	中国人民大学出版社		
社　　址	北京中关村大街31号	邮政编码	100080
电　　话	010-62511242（总编室）		010-62511770（质管部）
	010-82501766（邮购部）		010-62514148（门市部）
	010-62515195（发行公司）		010-62515275（盗版举报）
网　　址	http://www.crup.com.cn		
经　　销	新华书店		
印　　刷	涿州市星河印刷有限公司		
规　　格	170 mm×228 mm　16开本	版　　次	2021年3月第1版
印　　张	37.5 插页 4	印　　次	2021年3月第1次印刷
字　　数	563 000	定　　价	2 980.00元（全十三册）

版权所有　侵权必究　印装差错　负责调换